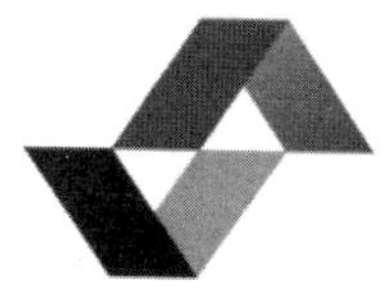

了解社会/理解社会/改造社会

社会力学

郭玉生 著

责任编辑：董　巍
责任印刷：李未圻

图书在版编目（CIP）数据

社会力学／郭玉生著．-- 北京：华龄出版社，2019.12
ISBN 978－7－5169－1508－0

Ⅰ.①社…　Ⅱ.①郭…　Ⅲ.①社会发展—研究—中国　Ⅳ.①D668

中国版本图书馆 CIP 数据核字（2019）第 290006 号

书名：社会力学
作者：郭玉生 著

出 版 人：胡福君
出版发行：华龄出版社
地　　址：北京市东城区安定门外大街甲 57 号　**邮编：**100011
电　　话：010—58122241　**传真：**010—84049572
网　　址：http：//www.hualingpress.com

印　　刷：三河市华东印刷有限公司
版　　次：2020 年 5 月第 1 版　2020 年 5 月第 1 次印刷
开　　本：710×1000　1/16　**印张：**31
字　　数：557 千字
定　　价：95.00 元

序　言

我们人类在长期的生活和生产活动中，已经研究了自然科学中的多种力，如重力、万有引力、电磁力、热力、流体力、空气动力、核力、机械力、弹力、碰撞力、摩擦力、作用力、反作用力等；经科学家研究总结了这些力的理论，形成了各种力学科学：运动力学、机械力学、电磁力学、核力学、热力学、量子力学、流体力学、空气动力学、弹性力学、碰撞力学、摩擦力学等等，写在了教材和专著中，总结了许多公式、公理、原理、定理。

我在写《适度论》和《信仰论》时，经常考虑一个问题：我们学过很多自然科学中的力学，可是谁学过《社会力学》呢？没有。为什么？社会科学书籍很多，但没有一本书上升到力学这个层次，人类的思想还没有认识到这个层次。所以，完成以上两书出版后，就进行社会力学的研究。于是冥思苦想要理出个头绪来。经过六年多的思索，终于完成了本书的初稿。

商海之说，不乏欺诈；网络之言，不乏胡喷；写手之作，不乏卑粗；唯求实求是，最为珍贵。

权力是永恒的，但掌权人似如走马灯不断换来换去；财富是客观的，但掌握财富的人，却是此起彼伏的。唯创造伟大思想的人，却能永远光照人间。但达到这个高度的，寥若星晨。

“钱学森之问”是钱学森先生提出了一个令人深思的、极具冲击力的社会问题：“现在怎么出不了大师?”他提出了这个问题，当时并未解决，遗憾地带着这个问题离开了人世。他是伟大的科学家，“钱学森之问”受到极大重视。客观地讲：时势造英雄。时势、环境是造就大师级的人物土壤。有人说：“现在高水平人才太多，分工太细，相差距离拉不开，显示不出大师级人才。”这话也不一定全对。当代英国的霍金，就是一个大师级的特别人才，而且他患有重病，只有三个手指可动，身体的其他部位都动不得，但他提出了某些不平凡的思想。试问，我们哪个名校能容得下霍金？爱因斯坦是当代最伟大的科学家，但他中小学时，表现得并不聪明，试问哪个名校会录取他？

在一个“称斤卖书”的时代，培养大师谈何容易！确实值得反思。

写书是件费时、费财、费精力、不容易被理解的事。就像马克思当年写《资本论》时一样，以顽强的毅力在贫困中著书立说，他花了40年完成了《资本论》。当时他发现了这本书的伟大意义，顽强地坚持下来了。但很多人并不认可这本书，资本家还极力反对他、迫害他。任何一本经典著作，都体现着作者的辛勤努力，拼命的挣扎，否则不可能成为著作。

为什么要写社会力学？就是社会中存在许多力，非常复杂，需要精准研究，为人类社会服务。

社会科学发展至今，在现代社会出现了社会力学的萌芽：有些学者，开始有了社会力学的萌思，如心理与力学、论语力、道德力等就是近年出版的著作，开始上升到力学的角度考虑社会问题。

每个问题都用社会力学去观察，去处理，就会有新的思维方式。

当然，思辨社会力学问题，需要大智慧。作者深感个人的功力不足，必须借助于大众的智慧，借助科学家、哲学家、思想家、政治家的智慧，站在巨人的肩上，以便站得高些，看得远些，论述精准些。即使如此，也不一定能辨析得清澈通透，有的仅是抛砖引玉。所辨析的问题，只是影响社会发展最主要的力学，而不可能是全部的社会力学。有些问题，还需要有关专家进一步去探讨。

有人写了《推背图》，有人写了《烧饼歌》，认为能预测社会发展；有人把社会发展比做“滚滚长江东逝水，浪花淘尽英雄”，为是非成败之事；有人把历史发展概括为周期律；有人概括为阶级斗争，一些阶级胜利了，一些阶级失败了，这就是历史，这就是几千年的文明史。……这些都是认识社会的大智慧。

社会力学推动了社会的发展，过去是这样，现在是这样，将来还是这样。社会能不能发展，人类能不能进步，世界能不能和平，世界能不能大同，也用不着看李淳风的《推背图》、刘伯温的《烧饼歌》，只看看我们如何思考、如何用力、如何行动就会明白。李淳风为写预测未来社会的书而苦苦思索，袁天罡在背后猛推一把，说不要太多泄露天机。于是这本预言学就叫《推背图》，为世人所敬仰。《烧饼歌》是明朝军师刘伯温在烙烧饼时对从政的感悟：社会的发展，朝代的更叠，就是翻过来再翻过去，像翻烧饼一样的相似。《社会力学》的境界要高得多，要实际得多。

我前半生从事自然科学，即科学技术；退休后从事社会科学，即科学思想。我们每个人都生活在社会中，对社会问题并不陌生，只要你愿意，并肯下功夫，社会科学就是你熟悉的专业，不存在跨专业问题。我是以研究自然科学的思维来研究社会问题，也是一种交叉学科，是一种很好的研究方法。

郭玉生

于西安石油大学 2019 年 5 月

前　言

社会运动力何求？力学茫茫无尽头。
社会力学多无穷，推着社会往前走。

天下纷争事，尽在情理中；开始到终止，全凭力鼓动。

波涛凶涌，翻江倒海，是力之所至；浪起浪涌，川流不息，是力之所至；风起尘扬，云卷云舒，是力之所至。社会发展，时变时新，是社会力所至。从力学角度来观察分析社会，就会发现杂乱纷繁的社会变得简单、通透，容易看到社会本质，有利于改造社会，推动社会发展。

社会要发展，必须有力的推动。没有“力”，社会将保持静止状态；这和牛顿力学类似，只不过社会运动是社会力学推动的。所以，对社会的前进、倒退、动荡、静止（平衡），应从力学的角度加以研究。这样可以看的深一些，远一些，掌控、预测几十年、几百年，或更长时间。

社会力学是个大题目。社会力学和自然力学有相似之处，也有不同之处。自然界力学的发展形成平衡：如高温低温的平衡、高压低压的平衡、风雨阴晴的平衡。自然科学力的平衡，使状态稳定：静止或匀速运动，能量越低越稳定。社会力学发展形成制衡。制衡运动，制衡状态，维持惯性或发展。社会界各派力量平衡——制衡，使社会稳定。自然科学与社会科学的连接点，就像自然科学中质量转变为能量类似。物质问题可转化为能量问题。饿肚子问题可转化为社会问题。社会力学太复杂，努力寻求社会力学的公式、公理、原理、定理，是本书的任务之一。

世界分实、虚两种境界，人生活在实虚之中；实的，如衣食住行，各种物质及形成的物质享受；虚的如想像出来的东西：思想、意识、故事、神话、谣言……没有前者，人类不能生存；没有后者，人类生活单调，社会不能向前发展；实与虚各占半壁江山，真与假各为半数于世。许多事实千方百计去掩盖，常常以假乱真，就是想用美丽掩盖其丑陋。有时真像很丑陋，美丽的却不一定是真实的。

我们希望国人以怎样的精神状态生活；我们希望人类以怎样的精神状态生活呢?

社会力学的洪流滚滚向前，或时而向后、向左、向右，谁能把它停下来，谁能使人心静如止水，动于无力，虽然虚无主义者想如此，但其本身就暗藏着起爆的能量。谁能驾驭它，才是时代高手。

事有必至，理有固然。对一个问题而言，谬误答案有多种多样，但正确只有一种，这就是为什么失败容易成功难、脱靶容易中靶难的缘故。即使上帝也无法改变过去。但造谣者却可以说这说那，变来变去。

社会发展，由低等动物进化到较高等动物，由动物世界进化到人类社会；由奴隶社会到封建社会，再到资本主义社会，再到社会主义社会和共产主义社会，都是在力推动下完成的。一种社会现象的形成和发展，都是力在发生作用。一种纷争、一种斗争、一种冲突、一场战争的产生和发展，都是力在运作。可以说，从达尔文的物种进化，到人类社会的发展，都是力在发生作用。所以，杂乱纷繁的人类社会，其实就是社会力学支撑着社会、推动着社会前进、搅动着社会混乱、阻碍着社会发展。因此，只要从社会力学观念来分析社会、研究社会、运作社会、改造社会、掌控社会，就抓到了社会发展的本质，整个社会就变得条理、简单、通透、容易掌控了；就能科学地、深刻地变革社会，调整社会，整个社会就会繁荣昌盛，为之一新。

什么是力，什么是力学呢? 物理学中定义是：物体之间的相互作用，是使物体获得加速度和发生形变的外因，这个外因就是力。力有三个要素：即力的大小、方向和作用点。运动力学是研究物体机械运动规律及其应用的科学。能，是度量物质运动的能力，能的单位和功的单位相同，也叫能量。在社会科学中，能量是使社会运动的能力。

物理学中，能量是标量，没有正负之分。正能量的说法在物理学中不科学。但在社会科学中，能量是分正负的，就是对社会起好作用是正能量，对社会起坏作用是负能量。“正能量”的流行，源于英国心理学家理查德·怀斯曼的专著《正能量》。

力是一种能量趋向。力一旦做了“功”，就变成了“能”。自然力是这样，社会力也是这样。力学是研究力的学说，涉及面很广。在自然科学研究中，力是最活跃的因子，是动力，是最核心的学术内容。由此受到启发，社会活动中也存在力，称社会力，社会力学。过去人类的历史，就事论事的多，没有抓住社会力的本质。如果从力的角度来分析研究社会，就能抓住社会发展的主线，抓住本质，从而使杂乱纷繁的社会变得简单通透。人们学会用力、力学来分析解决社会问题，是社会发展的一大进步。用力学来观察研究社会，会发现各种奇妙的力，大的、小的、正方向的、反方向的、突如其来的、搞不清方向的力，在不断地搅动着社会。相对较强的力，锐不可挡地推动事物的发展，推动着社会的车轮滚滚向前。人们将会发现社会力学中的公式、公理、原理、定理等，就像自然科学那样丰富多彩。

哲理接近本质。社会力学更接近社会发展的本质。马克思写《资本论》发现价值规律，那是总结了亿万次商品交换得出来的结论。观察的是商品买卖的关系。牛顿发现“万有引力定理”，是总结了亿万次物体落地现象得出的结论。观察的是物体落地的重力现象。而社会力学，要研究影响社会发展的各种力，则显得更加复杂和紊乱，只有深入系统研究，才可能获得成功。要真正认识世界，必须进行理性思考，穷其至理，从雄辩中胜出，从道理上占据上风，而不是经不起理论检验，或在雄辩中败下阵来。然而，以往许多社会问题只作一般论述，从未提高到力学的角度，从社会力学角度观察社会，所以，直到现在还没一本系统深刻的社会力学专著。

本书涉及面很广，涉及的问题很多，对所涉及到的每一个问题都要认真梳理、广泛求证、深刻理解、综观辨析、理性评判，力求对每个问题都作出正确的回答，真诚地表达自己的社会观点。因此，完成这一任务，是一种社会责任。

本书只是总结了社会中的主要力学问题，仍有一些没有总结到。在理论上也不够深刻成熟，即使付出最艰辛的努力，也只是抛砖引玉、吹簫引凤而已。

时代是思想之母，实践是理论之源，问题是时代的声音。理论是更深层次的概括，理论与实践的统一，理实交融，强调实践、实际与思考。

知识是学得来的，智慧是想得来的，思考出智慧（包括从书本中思考、从实践中思考）。仅读书、仅实践而不思考，是得不到智慧的。因此，要十分重视思辨力教育，培养爱思考、有思想的人，特别应重视培养思想独立、对社会发展有预见力的、有责任感的、仰望星空的人。

社会力学，首要的是思想力学，就是先进正确的思想引领社会前进的力学，这是非常重要的。

思想力学是重要的社会力学之一。由什么管控躯体和大脑呢？靠思想。思想（精神）管控大脑，大脑管控躯体。当代研究神的问题，其实质就是研究精神问题。因为科学已经证明实体神是不存在的，只有精神之神是存在的。并对人的行为起着决定作用。破除迷信已有几百年的历史，但迷信仍然存在，仍然很强大。扫帚不到，灰尘是不会自动跑掉的；科学不去占领迷信的阵地，迷信就不会自动退出历史舞台。

在中华民族上下五千年的历史中，出现过某些冲击力极强的思想，极大地启迪人的思维，极大地影响社会的发展。拜读上下五千年，中国通史，地球通史、论语、孟子、老子、诗经、庄子、易经、三十六计、孙子兵法等可获得很多有益的启示。

人类最大的社会力学应是生命力学——不想死，想活得好、活得有价值。这是社会发展的基本动力，只有在其他力的作用之下，才会产生自杀和“破罐子破摔”的念头，并由此演绎出人类形形式式的表演。这是社会力学的重要原理之一。

希望力学是人生之光。人在希望中生活，学说在希望中传承。佛教的六道轮回说；儒学的祖先崇拜说；伊斯兰教的大审判说，好的升天堂，坏的下地狱；基督教的天堂地狱说等，都给人留有美好的希望。没有希望的理论，就没人接受。

“科学就是力量”，这是大家熟知的正确理念。但非科学的力量也是巨大的，如想像力、迷信力、传统力、榜样力、宗教力、神力、鬼力……从几千年的社会看来，这些力对社会的影响也确实非同小可。

……

每个问题都用社会力学去观察、去分析，就会产生新的思维、新的思想。

社会力学支撑着整个社会；革命、变革是社会面临崩溃时出现的变革力。无望、绝望，就引发变革和革命，改朝换代。社会力学平衡发展，就不容易动荡，社会就稳定。所以，领导者常常给予民们一个美好的愿望，那怕是画中饼、镜中花，来保持想像力、愿望力。

社会力学搅动着社会，也推动社会前进。任何一件事物中都包含一种或数种力在进行较量，较强的力决定事物之走向。——社会力学的重要原理。

社会力对社会作用的强弱，取决于力的大小、力的方向、力的切入点、力的作用时间及其他力的相互作用。——社会力学的重要原理。

和自然科学中的力不同，社会力的性质分明：正义力，非正义力；先进力，落后力；新生力，腐朽力；革新力，保守力等。正义战胜邪恶，先进战胜落后，新生战胜腐朽，革新战胜保守，是社会力作用的发展趋向。——社会力学的重要原理。

社会力，是由人来运作的。所以受人的主观因素较多，易被人的主观力量所左右，不像自然力那样简单、直朴。所以，社会力学更为复杂，更为难以掌控。——社会力学的重要原理。

对社会的前进、倒退、动荡、静止（平衡），从力学的角度加以研究。没有“力”，一切都将保持原来的状态，不会动的。——社会力学的重要原理。

社会力学的规律在不断研究，探索，它的公式、公理、原理、定理也在不断被发现、被完善。

一种概念认为：社会是由上层建筑和经济基础构成。其实，上层建筑和经济基础都是由许多力学构成经济学平台，是力的复合体，可以分解成许多单元力，它们各自符合社会力学的原理。

研究社会力学，是为了社会健康发展，为了社会和谐，为了世界和平。对矛盾的形成，从社会力学的角度进行化解；对战争斧底抽薪；对英雄观、幸福观、财富观拔乱反正；从力学的角度，使问题系统化、形象化、简单化、科学化，有利于看清问题的本质。

历史上发生过许多残酷的战争，人类文明残遭践踏，血流成河，尸骨堆山，生灵涂炭，这是社会力失控之悲哀！

人类应研究社会力学，惊奇地发现，那里也有许多公式、公理、原理、定理之类，说明社会是如何运动、如何停止、如何转向、如何调整、向正方向或反方向发展，人类会发现，如何利用社会力学，去阻止战争、去争取和平；如何消除社会矛盾，促进社会和谐。掌握社会力学于股掌之中，令社会运动于可控之下。

我是站在高人之肩，潮流之中，时代之前，写这本书的。因此，在深度、广度、高度，时代性上都具有先进性。

我是一个化学教授、化学家，在化学领域小有建树。因为对社会问题很感兴趣，退休后，时间比较充足，一方面在本专业继续发挥余热，一方面研究社会问题。我是以研究自然科学的方法观察研究社会问题的。所以，我的哲学思想，我的著作，都是以科学的原理推导出来的。跨专业研究社会科学，这是我的短处，也是我的长处。

我平时喜爱对问题追根问底，遇事较真，爱好国学，从不迷信权威，积极参与时政问题讨论，特别退休以后，更与这些问题结下不解之缘，经常在网上参与讨论。力求见真，力求见新，追求真理。

我非常珍惜自己的著作，因为那是我一个字一个字写成的，是我的心血的结晶。如果有人提出批评意见，添花斧正，我极为高兴，万分感谢。

原本是献给社会精英的书，因为每个人都想成为精英，或希望自己的子女、亲朋好友成为精英，所以，也就成了献给您的书。

写一本书要费很大的力气，不是为了出名和利益，而是为了社会需要，就是社会需要这本书，社会上应该有这本书，即使自己不写，别人也会写的。当仁不让是种积极的姿态，既然自己先认识了这本书的价值，就应排除万难，促使其早日问世。

在写书和出版的过种中，得到了李曙光院士、张学俊教授、苏立小教授、谷忠祥教授的热情鼓励和大力支持，特别是中国科大6009级“老同学”微信群提供了许多的宝贵资料和极具启发性的智慧，在此表示衷心的感谢！

本书是站在巨人的肩上完成的，查阅了不少的文献资料，吸收了有关的研究思想和研究成果，对此表示真诚的敬意！

在出版过程中，责任编辑精心筹划，细心审校，精以求精，确保质量，对责任编辑的辛勤努力，表示衷心感谢。

郭玉生

于西安石油大学 2019 年 5 月

目　录
CONTENTS

第一章　自然科学力学的启示 …… 1

1. 丰富多彩的自然科学力学 …… 1
2. 社会力学也很丰富多彩 …… 1
3. 努力探索促进社会力学的发展 …… 2

第二章　社会力学原理 …… 3

1. 社会力学概论 …… 3
2. 社会力和社会力学 …… 6
3. 历史长河中的社会力学 …… 7
4. 社会心理力学 …… 9
5. 社会向心力学和社会离心力学 …… 18
6. 社会作用力和反作用力原理 …… 22
7. 社会力学中的碰撞原理 …… 24
8. 社会力学中的平衡和制衡 …… 26
9. 社会力学中的适度原理 …… 29
10. 形形式式的社会定律 …… 32
11. 研究社会力学的重要意义 …… 40

第三章　社会力学各论 …… 44

1. 大同世界力学 …… 44
2. 生命力学 …… 48
3. 思想力学 …… 55
4. 利益力学 …… 60
5. 权力力学 …… 63
6. 长官命令力学 …… 68
7. 腐败・反腐败力学 …… 70

8. 封建官场力学…………………………………………………… 74
9. 文化力学…………………………………………………… 79
10. 公平正义力学 …………………………………………… 85
11. 舆论力学 ………………………………………………… 87
12. 礼的力学 ………………………………………………… 90
13. 期望力学 ………………………………………………… 93
14. 想像力力学 ……………………………………………… 95
15. 性格力学 ………………………………………………… 98
16. 嫉妒力学…………………………………………………… 104
17. 炒作力学…………………………………………………… 106
18. 慈善力学…………………………………………………… 108
19. 情绪·民众运动力学…………………………………… 111
20. 天命与命运力学………………………………………… 114
21. 科学技术及伪科学力学………………………………… 118
22. 知识与智慧力学………………………………………… 124
23. 财富力学…………………………………………………… 128
24. 挣钱力学…………………………………………………… 134
25. 消费·节约力学………………………………………… 137
26. 神力学……………………………………………………… 140
27. “圣人”力学 …………………………………………… 145
28. 灵魂·鬼魂力学………………………………………… 149
29. “神”“教”力学 ……………………………………… 156
30. 信仰力学…………………………………………………… 164
31. 祖先崇拜力学…………………………………………… 177
32. 人格尊严力学…………………………………………… 181
33. 家庭·亲情力学………………………………………… 186
34. 情欲·爱情力学………………………………………… 190
35. 恋爱·婚姻力学………………………………………… 193
36. 爱子护子力学…………………………………………… 197
37. 可怕的儿童富裕病力学………………………………… 199
38. 教子力学…………………………………………………… 202
39. 君子力学…………………………………………………… 207
40. 健康·高寿力学………………………………………… 209
41. 责任心力学……………………………………………… 212

42. 勇敢力学 …… 216
43. 读书力学 …… 217
44. 书本力学 …… 220
45. 惜时力学 …… 223
46. 交友力学 …… 225
47. 谦虚力学 …… 230
48. 感恩力学 …… 233
49. 流言蜚语力学 …… 235
50. 家训·家规·家风力学 …… 237
51. 社会环境力学 …… 252
52. 诚信力学 …… 254
53. 谎言力学 …… 257
54. 荣誉力学 …… 259
55. 赞美与虚荣心力学 …… 261
56. 言语力学 …… 265
57. 求美力学 …… 269
58. 快乐力学 …… 272
59. 宽容力学 …… 275
60. 立志奋斗力学 …… 278
61. 权威力学 …… 283
62. 创新力学 …… 286
63. 难得糊涂·韬光养晦力学 …… 290
64. 愤怒力学 …… 292
65. 人生压力力学 …… 295
66. 敬业力学 …… 297
67. 适度表现自己与影响力力学 …… 299
68. 贪婪力学 …… 303
69. 修身养性·成熟力学 …… 306
70. 习惯力学 …… 311
71. 心态力学 …… 318
72. 英雄观力学 …… 322
73. 教育力学 …… 324
74. 考试（监督、检查）力学 …… 329
75. 明哲保身·一盘散沙力学 …… 332

76. 虚无主义力学 …… 335
77. 吃饭力学 …… 337
78. 饮酒力学 …… 339
79. 葬礼力学 …… 341
80. 幸福观力学 …… 344
81. “窝里斗”力学 …… 348
82. 师承（继承）力学 …… 351
83. 酱缸文化力学 …… 355
84. 邻里关系力学 …… 359
85. 地球村力学 …… 361
86. 选举选票力学 …… 364
87. 民主心理力学 …… 366
88. 自由心理力学 …… 370
89. 人性善恶力学 …… 377
90. 阶级斗争——群体意识力学 …… 381
91. 仇恨与报仇力学 …… 390
92. 自然灾害力学 …… 392
93. 批评·批判力学 …… 395
94. 道德力学 …… 398
95. 随大流跟风力学 …… 405
96. 自然环境力学 …… 407
97. 法治力学 …… 410
98. 人口力学 …… 414
99. 资本力学 …… 417
100. 新孔子学说将影响全世界 …… 421
101. 神·鬼力学 …… 427
102. 有神论力学 …… 434
103. 无神论力学 …… 438
104. 迷信·破除迷信力学 …… 441
105. 疯狂的造神运动力学 …… 446
106. 战争与和平力学 …… 450
107. 武器力学 …… 455
108. 熵增原理力学 …… 459
本书名言警句 …… 462

第一章

自然科学力学的启示

1. 丰富多彩的自然科学力学

理出于易，道不在远。人类在长期的生活、生产活动和科学研究中，发现了许多力：重力、万有引力、电磁力、热力、流体力、空气动力、核力、机械力、弹力、碰撞力、摩擦力、作用力、反作用力等等。经科学家精心研究总结，发现了这些力的理论，形成了力学科学：运动力学、机械力学、电磁力学、核力学、热力学、量子力学、流体力学、空气动力学、弹性力学、碰撞力学、摩擦力学等等；也发现了许多力学的理论、公式、原理、定理，并写在教材和专著中。

科学家也发现，宏观现象的力是由微观现象的力决定的，微观现象的力是由更微观现象的力决定的。只有深入到微观更微观，才能揭示力本质。

2. 社会力学也很丰富多彩

在自然科学中，力学中最活跃的因子；在力学中，力是最活跃的因子，是事物发展的动力，是最核心的学术内容。由此受到启发：社会活动中也存在力，社会力。社会力可推动社会向前发展，可阻止社会向前发展，可搅乱社会，可治理社会，可使社会和谐昌泰，也可使社会发生动乱和战争。过去的人类历史，就事论事，看到现象，没抓到本质。而从力的角度来分析研究社会，就能抓住社会发展的本质，杂乱纷繁的社会就变透明、简单得多了。人们学会用力、力学来分析和解决社会问题是一大进步。各种奇妙的力，大的小的，正方向的，反方向的，突如其来的，搞不清方向的力，在不断地、无时无刻地作用于社会，它们的合力锐不可挡得推动事物的发展，推动着社会的车轮滚滚向前。

社会科学的论文、著作十分丰富多彩，其种类、数量不亚于自然科学。但社会科学论著，还没有提升到力学的层次。近年来出现了论语力、道德力、心理与力学等提法或著作，社会科学开始萌生了以力学观念来分析讨论问题的幼芽。这是社会科学的一大进步。

“他山之石，可以攻玉。”自然科学和社会科学互为它山，可以相互借鉴。如力作用的三要素，力的惯性、摩擦力、分力、合力、内耗力、吸引力、排斥力、离心力、向心力破坏力、力的数学表达等，在社会力学中，都有类似现象。在自然科学中都已研究得相当成熟，受自然科学力学的启示，社会力学中也可能概括为若干种力学分支，来精准地分析讨论社会科学。相信社会力学也会发现它的理论、公理公式、原理、定理，像自然科学一样丰富而精彩。相信社会力学的丰富内涵，不亚于自然科学力学之内涵。

3. 努力探索促进社会力学的发展

丰富的自然科学力学，是无数自然科学家长期努力探索的成果。这里有无数科学家不辞劳苦，善于观察，善于总结，深入到事物的本质，才能总结出各种力学理论。就以牛顿的万有引力定理来说，众多的人看到类似苹果落地的现象何止千万次，只有牛顿冥思苦想，再加灵感一现，深入到事物的本质，发现了万有引力定理。社会科学又何赏不是呢！在社会科学中，商品交换，每天都进行千百万次，人们并没看到什么奥秘玄机。卡尔·马克思经过反复研究，揭开了商品交换的本质，完成了伟大名著《资本论》，发现了商品交换中的“价值规律”，揭露了资本主义的本质。所以，应学习科学家的探索精神，努力研究发现社会力学的现象和本质，为这个新的领域做出贡献，是社会科学工作者的共同责任。

第二章

社会力学原理

1. 社会力学概论

社会力学之歌

社会力学是何求？社会之中处处有。
社会纷乱力搅动，社会治理力整殇。
时而战争风云起，时而新朝代旧亡。
和谐社会需柔功，变革社会需霸王。
君生君死力推动，物来物往莫异样。
自然科学力无穷，社会科学力神通。
他方唱罢你登场，唱来唱去拼力量。
社会力学深而广，殚精竭虑莫彷徨。

社会力学——研究影响社会发展的各种力的学说。社会力学无疑对社会的发展是极为重要的，但也许因为太复杂，很少有人涉及它。

社会力学是个大题目。我们生活在历史悠久的社会中，深感社会杂乱纷繁，不能够纲举目张，不容易管理和掌控。社会力学，是以科学思想为依据，探讨社会力的本质，对社会问题的认识和解决，必然产生崭新的观念。

社会在不断发展，我们往往看不清它为什么要发展，怎样发展？

我们对社会问题往往得出似是而非的结论。

有人认为“分久必合，合久必分”是社会发展规律，社会在分分合合中自然而然地前进。

有人认为，历史是胜利者编写的，代表“成王败寇”的历史，社会在不断的“成王败寇”中前进。

有人认为，历史的发展是上帝按排的，上帝派真龙天子——皇帝，来管理江山。“天高何许问苍龙。”有问题问上帝去。上帝管理，就是派天子管理。

有人认为，水能载舟，亦能覆舟，舟就是皇帝，就是朝庭，就是统治者；水就是人民大众。社会的选择决定于民众。人民，只有人民才是推动历史前进的动力。

从相揖相让，相互推让王位去管理江山；到苍天如圆盖，陆地如棋局，争夺江山；到“枪杆子里出政权”，是对社会力本质的认识越来越清楚，越来越深刻。

中华传统文化崇尚的是包括天下万物运行规则在内的“天道”。天道是什么？其实天道就是客观存在的自然运行力和社会伦理运行力，及其运行规律，概括为天地君师亲的内涵。这就是中华文明追求的最高境界，中国人的传统信仰。这里面包含了许多力的元素，但并没有上升到社会力学的层次，是一笔笼统糊涂账。

中国文化大统，乃常以教育第一，政治次之，宗教又次之，其核心观念是儒家学说的影响。

“宗教”在中国传统文化中的地位，也体现了中华文明对宗教的理解。中华文明可以包容外来宗教，但其自身的土壤——儒家的伦理中，却无法产生西方一神教性质的宗教。

与西方文明不同，中华文明不提倡个人主义，强调的是社会公德和万物众生都应遵循“天道”，这是另一种道德伦理体系。

中国人坚信“天下大同”是人类的共同理想；“天道秩序”是终极力量。认为人应该“知天命”，“畏天命”。“有教无类”的教化就是使人感悟、接受“天道”的过程。

人类早已体会到了生命的价值，但没有上升到社会力学层次，人们昏昏噩噩，不知道为什么生，不知道为什么死。

人们早就意识到为了利益产生的动力。熙熙攘攘，皆为利忙。无利不起早。人们起早是因为利益的驱动。人们更可怕的是把个人利益上升到哲理的程度，“人不为己，天诛地灭”。这句话虽有一定道理，但不可到极端的片面。人如果完全不为自已，自已就没饭吃，没衣穿，没房子住，不能维持基本生存，自己必死无疑。我们从动物的角度简单地分析，就会是如此的结论。因为动物是食而为生，生而为食，唯一的活动是喂饱肚子，保住生命。至于繁殖后代，好像是属性，不得不为之，这是最低层次的。但可悲的是人变成自私和贪婪的动物。

但从高尚的品质，从人的角度，甚至从神的角度，就得出完全不同的结论。佛教主张众善奉行，诸恶莫作。基督教主张博爱。现代社会倡导的全心全意为人民服务，毫不利已，专门利人。

当远古的人类以采集食物为生时，平分果实，争夺现象较少。当没有果实可采，饥饿难忍时，就争夺食物，表现出弱肉强食的本性。当生产力发展了，私有财产出现之后，可以争夺的财产多了，争夺的现象愈演愈烈。当物质极大丰富时，争夺现象就会缓和。在利益力学面前：许多政治家、思想家、官员都一愁莫展。因为贪婪，贪污，奢侈腐败，贪赃枉法，就像雨后的杂草处处萌生。认为自私是天然人性之力。这有正确的一面，即人需要维持生命生存，否则就被饿死。生命生存第一原理，显得光辉而强大。但这是一种和动物一样的低级思维。然而，人比动物高尚在于他的社会性，就是只为自己，不为别人，人们觉得是可耻行为。为社会服务是人高尚的表现，也是应尽的义务。

社会力学能否成立？能。机械力学与社会力学有相同之处，即有力的作用必会产生力的效应，如运动、作功、发热、发电等。社会作用力，必对社会产生作用，必产生社会效应。如哪里有压迫哪里就有反抗。没有社会作用力，社会不会产生反响。但社会力学太复杂，比自然科学中的力学要复杂得多，难以总结成原理、定理之类，或用数学公式表示。

社会力是客观存在的一种力，是社会发展的必然产物。这不是个人主观臆造的产物，但这种产物往往是通过社会中的人表现出来的，增加了人的情绪和主观色彩。随着认识的深化，必然产生社会力学。

社会力学和自然力学有相似之处，也有不同之处。自然界力学的发展形成平衡；如高温低温的平衡、高压低压的平衡。社会力学发展形成制衡。制衡势力，制衡运动，制衡顷向，由制衡达到平衡。自然科学力的平衡，使状态稳定：静止或匀速运动，能量越低越稳定。社会界各派力量不平衡——制衡——平衡，其中增加了人的意志。社会力学太复杂，努力寻求社会力学的原理、公式、定理，是本书的任务之一。

同一件事，从科学、文化、思想不同角度观察，可能结果是不完全相同的，如玉皇大帝等诸神，从科学的角度，无论怎样是讲不通的；但从文化的角度确有这种现象，人们对神崇敬万分，顶礼膜拜，延续了几千年。但思想上对神的认识又各不相同。从这类事件可见，自然科学与社会科学的相互转换就像自然科学中质量转变为能量一样，是一种深刻的质的转变。如物质转化为精神，精神转化为物质。

杂乱纷繁的人类社会中，推动或搅动社会的是什么？是社会力，或社会力学。对社会的前进、倒退、动荡、静止、平衡，从力学的角度加以研究。没有“力”，一切都将保持原来的状态，不会动的，这和牛顿力学是类似的。

哲理接近本质。社会力学的滚滚洪流向前，时而向后、向左、向右，谁能把它停下来，谁能使人心静如止水，动于无力，虽然虚无主义者想如此，但其本身就暗藏着起爆的能量。谁能驾驭它，谁才是时代高手。

“大自然的全部工作是强者与弱者之间的剧烈斗争——强者统治弱者的永恒胜利。如果不是这样，整个大自然只有衰亡。违背这个基本规律的国家也将衰亡。”这又是一种社会力——这是战争狂人希特勒的言论，是种野兽的心态。人是社会性的，表现出人性的同情和关爱，不是野兽性的。这正是社会力学要讨论的问题之一。

2. 社会力和社会力学

成败相因，理不常泰。

波涛凶涌，翻江倒海，是力之所至；浪起浪涌，川流不息，是力之所至；风起云涌，云卷云舒，是力之所至。社会发展，时变时新，是社会力所至。社会变革，暴风骤雨，是社会力所至。从力学角度来观察分析社会，就会发现杂乱纷繁的社会就变得简单、通透、容易看到社会本质，有利于改造社会，推动社会发展。

每个社会问题，都包含一种或多种社会力，对其影响着、推动着、阻碍着，所以，每个问题都可以从力学角度来研究。

社会中存在向前的推动力，向后的拉力，搅乱社会的搅动力；有直接感受到的明显力，有不易感受到的潜移默化力；有力量巨大的社会变革力，有微小的普遍的持久力；有温和的改良力；有摧枯拉朽的爆发力；有持久力；有革命力；有改良力；有和谐力等。

要真正认识世界，必须进行理性思考，穷其至理，从雄辩中胜出，从理性上占据上风，而不是经不起理论检验，或雄辩中败下阵来。

人类有史以来，许多社会问题只作一般论述，从未提高到力学的角度和层次。从社会力学角度观察社会，可以看得深一些，远一些，可以回顾总结人类历史，可以掌控、预测社会未来几十年、几百年、几千年。

(1) 社会力和社会力学

在自然科学中，力是一种做功的本领。在社会科学中，力是一种影响社会发展的一种本领，是一种能量趋向。自然科学中力有三要素，即力的大小、方向、作用点，构成的能够作功的本领。社会力学中，力有四要素：即力的大小、方向、作用点和作用时间。力学是研究力的学说，涉及面广泛而深刻。自然科学研究中，力是最活跃的因子，是最核心的学术内容。由此受到启发，社会活动中也存在力，称社会力，研究社会力的科学称社会力学。社会力，可推动社会向前发展，可阻止社会向前发展，可搅乱社会，可治理社会，可使社会和谐昌盛，也可使社会发生动乱和战争。过去的人类历史，就事论事的多，没有抓住社会力这个本质。如果用社会力学来分析研究社会，就能抓住了社会发展的本质，使杂乱纷繁的社会就变得简单、通透。人们学会用力、力学来分析解决社会问题，这是社会发展的一大进步。用力学来观察研究社会，会发现各种奇妙的力：大的小的、正方向的、反方向的、突如其来的、搞不清方向的力，在不断地，无时无刻地作用于社会，它们的合力，锐不可挡的推动着事物的发展，推动着社会的车轮滚滚向前。人们会发现社会力学的某些理论、公理、原理、定理、公式等，就像自然科学那样丰富多彩。

（2）社会力学的萌生和现状

为什么要研究社会力学？就是社会中客观地存在许多力，非常复杂，需要精准研究，为人类社会发展指明方向。

我们学过很多自然科学中的力学，能背出许多公式和定理。你学过社会力学吗？没有。但是，社会在不断的运动、搅动、前进、倒退，肯定是有力在作用。的确，社会力是大量存在的，但人类还没有建立起社会力学。关于社会科学的书籍很多，但没有一本上升到力学层次来系统研究社会，人类的社会科学知识还没有上升到这个层次。本书试图研究这个问题。

社会科学发展至今，在现代社会出现了社会力学的萌芽：某些学者，开始认识到了这个问题的重要性，有了力学的萌思，如心理与力学、论语力，道德力等就是近年提出的思想和出版的专著，开始上升到力的角度研究社会力学的某个分枝。这是社会科学的一种进步，但还很不普遍。发展社会力学是本书的任务，也是社会科学的任务之一。

3．历史长河中的社会力学

人生是一条长河，得高人指明方向则幸也；人生如一部大书，深度阅读可乐在其中也！《社会力学》就是一条又宽又长的河，一部又大又厚的书，深入研究，其乐无穷也！

《资治通鉴》，北宋司马光耗时20年主编的一部极其重要的史书，从周威烈王写到五代后周世宗，涵盖16朝1362年的历史。论其地位，可用清人王鸣盛的一句话来概括："此天地间必不可无之书，亦学者不可不读之书也。"据说这本书被伟人毛泽东读了17遍。可见此书历史地位之崇高，在中国革命中发挥了多么大的作用！

《三国演义》的篇头词是："滚滚长江东逝水，浪花淘尽英雄……"，它的第一句开宗明义："话说天下大势，分久必合，合久必分。"大浪淘沙、分和合无一不是力的作用。所以说天下大势是力作用的结果。有人写了《推背图》，试图预测社会的发展；有人写了《烧饼歌》，试图把历史的发展概括为反来复去的周期律。

有人说，历史是胜利者编写的，代表"成王败冠"的历史；有人说，历史的发展是上帝按排的，上帝派真龙天子——皇帝来管理江山；天高何许问苍龙？苍龙就是天子，上帝管理，就是派天子管理。

欲问舟船沉浮事，须看民心力所向。有人认为水能载舟，水亦能覆舟。舟就是皇帝，就是朝庭；水就是民众，民众的向心力，或民众的离心力，决定水是载舟还是覆舟，社会的选择取决于民众。人民，只有人民才是推动历史前进的动力。有人相揖相让，禅让江山；有人要争夺江山，夺取政权；"枪杆子里出政权"，武装夺取政权。伟人毛泽东概括为："阶级斗争，一些阶级胜利了，一些阶级失败了，这就是历史，这就是几千年的文明史。"

中国的历史记载了这些斗争、发展和变化。这是一条又长又宽的历史长河。历史长河中社会力学事例各式各样，千奇百怪，无穷无尽，"二十四史"就是其中的经典。没有社会力的推动，哪能产生"二十四史"？可以说，4000多年的中华文明史，是由社会力学支撑的文明史，是由社会力学作用的文明史。二十四史，是中国古代各朝代撰写的二十四部史书的总称，由《史记》开始。由于《史记》的写法被历来的朝代纳为正式的历史写作手法，故将和《史记》一样用纪传体写作的史书称为"正史"。

1921年中华民国大总统徐世昌下令将《新元史》列入正史，与"二十四史"合称为"二十五史"。而多数地方不将《新元史》列入，而将《清史稿》列为"二十五史"之一，如果将两部书都列入正史则形成二十六史。

正史之名，始见于《隋书·经籍志》，世有正史。清代乾隆皇帝钦定"二十四史"。"正史"一称专指"二十四史"。按《四库全书》的规定，正史类"凡未经宸断者则悉不滥登。盖正史体尊，义与经配，非悬诸令典，莫敢私增，"即未经皇帝批准，不得列入正史。

“二十四史”是中国古代24部纪传体史书的统称，按照各史所记朝代的先后排列，分别为：《史记》、《汉书》、《后汉书》、《三国志》、《晋书》、《宋书》、《南齐书》、《梁书》、《陈书》、《魏书》、《北齐书》、

《周书》、《隋书》、《南史》、《北史》、《旧唐书》、《新唐书》、《旧五代史》、《新五代史》、《宋史》、《辽史》、《金史》、《明史》。二十四史共计3217卷，《汉书》、《后汉书》、《魏书》和两《唐书》有重卷，实际为3300卷，约4700万字（以中华书局点校本统计），它记叙的时间，从第一部《史记》记叙传说中的黄帝起，到最后一部《明史》记叙到明崇祯十七年（1644年）止，前后历时4000多年，用统一的本记、列传的纪传体编写，二十四史的内容非常丰富，涵盖我国古代政治、经济、军事、思想、文化、天文、地理等各方面的内容。

以“二十四史”为代表的纪传体史书，在中华文明史上占有极其重要的地位。“二十四史”以本记、列传、表、志等形式，纵横交错，脉络贯通，记载了各个朝代的历史概貌；同时又以中国历代王朝的兴亡更替为框架，反映了中国错综复杂的历史进程，使中国和中华民族成为世界上唯一拥有近四千年连贯、完整历史记载的国家和民族。这是中华民族引以为荣，并值得进一步发扬光大的宝贵的历史文化遗产。

事有必至，理有固然。杂乱纷繁的人类社会，其实只是社会力学之演绎。社会力学在支撑着社会、推动着社会前进、阻碍着社会发展、搅动着社会混乱，只要从社会力学原理来分析研究，整个社会就变得条理、简单、通透、容易掌控了。

按传统概念，上层建筑、经济基础概括了整个社会。其实，上层建筑、经济基础是由许多社会力组成的平台，要精准讨论，就需把这些合力分解成单元力。那么，社会力学各论就是讨论社会中的单元力，即力元素。社会力学中存在着最基本单元力，称力元素，或称力元、或力素，能更深刻揭示社会力学的本质。由力元素组成合力，改变着事物和社会的发展进程。

4. 社会心理力学

哲学家柏拉图有句名言：“人们只在梦中生活，唯有哲人挣扎着要醒过来。”

李宗吾先生在他的《厚黑学》中，以他独特的视角，深刻地揭露了旧社会的黑暗、官场之腐败、人心之斫丧，其中“心理与力学”自称为“厚黑学原

理”。

像一条清沏的河流，自然地流淌，顺畅；但发生堵塞，就不能顺畅，必激起波浪，需要输导。心理产生堵塞，必产生心理的纠结，也需要输导，输导的方式多种多样，心理学家就是指导者。

自信是健康心理的重要因素。唐代李白说：“天生我才必有用。”

底气很足，就是自信。但绝非盲目自信，而是做了很多准备后的胸有成竹。自信的人内心富足，“胸有丘壑天地宽，腹有良书气自华。”自信的人纯净，不在乎别人的无聊看法，能正确处理自我与世界之间的关系，坦然对待生活中的得与失、工作中的是与非、别人的赞与贬。自信的人敢为天下先，用知识改变命运，用真诚赢得喝彩，用智慧获得尊重，用善良打动人心，用真情书写人生。

会调整心态，是健康心理的重要方法。不过分追求完美，要正确评价自己的能力以及客观环境，制定合理的目标和计划，注意追求的目标不要过高。

每个问题都用社会力学去观察，去处理，去解决，就会有新的思维方式。人类应研究社会力学，说会惊奇地发现，在社会科学里也有许多定理、公式、公理之类，说明社会是如何运动、如何停止、如何转向、向正方向或反方向发展、是正能量还是负能量；人类会发现，如何利用社会力学，去阻止战争、去争取和平；如何消除社会矛盾，促进社会和谐。掌握社会力学于股掌之中，令社会运动于可控之下。做事省力，高效率地掌控社会的发展。

现象世界是永远变动的。只有理性才能认识持续不变的东西，只有借助观念和理性才能把握住稍纵即逝的个别现象。

(1) 社会心理力学之产生

李宗吾先生在他的《厚黑学》中，从力学的角度讨论了“心理与力学”，并用数学中的作图法来类比。虽不一定切确，但能较直观地说明问题。

社会力学是通过人的心理发挥作用的，不管什么事都得通过人的思想才能把人和事联系起来。因此，人的心理作用显得特别重要。李宗吾先生在写《厚黑学》后，遂研究心理问题。但他遍寻中外心理学读之，都不足解心理之疑。然用某些物理力学的规律来研究人之心理，觉得人心之变化，处处是跟着力学规律走的。从古人事迹上、今人政治上、日常琐事上、自己心坎上、理化数学上、中国古书上、西洋学说上，四面八方，印证起来，处处可通，乃创一臆说《心理与力学》，藏之于箧中，十六年后方发表面世，大有感慨。他记起唐朝贾岛作了两句诗，“独行潭底影，数息树边身。”他自己批道：“二句三年得，一吟双泪流。”表达了他研究这个问题的艰辛和感慨。

人之心理，变化莫测，哪里会有什么规律呢？人藏其心，不可测度，如何知道他的规律呢？

窈兮冥兮，确实很难。科学上许多定理，最初都是一种假说，根据这种假说，从多方试验，都是合理的，这假说就成为定理了。不合理的遂弃之，其间被否定的远超过被肯定的。

恍兮惚兮。我们的心中，也有一种力，谓之心理力。能把耳闻目睹，无形无体之物吸引来成为一个心，即思想、概念。心之构成，与地球之构成相似，由引力吸引外界的东西构成。地球是通过万有引力吸引外面物质构成。人心是通过耳闻目睹等感观捕捉外界信息而构成。不同的是，地球中吸引而不排斥，很单纯；人是通过心理力对社会发生作用的。心是对捕捉的外来信息，不仅是吸引，也有排斥的，即向心力和离心力。

亲就是向心力，疏就是离心力。爱是向心力，恨就是离心力。尊从是向心力，逆反是离心力。有利益就是向心力，无利失利就是离心力。拥护就是向心力，反对就是离心力。人心中的向心力和离心力，即拉近与推远，或者说人心向背，或者说人心爱憎，构成千变万化的社会力。

（2）心理力学是人对社会作用的基础

心理依力学规律而变化；心理力学依其规律作用于社会。心理力学是人对社会作用的基础。任何社会力，首先要经过“心想”这一过程，在思想的指导下作用于社会。

我们的心中，也有一种力，谓之心理力。人是通过心理力对社会发生作用的。心理力最终表现为心理向心力和心理离心力。能把耳闻目睹，有形无形之物吸之使近，是向心力；能把耳闻目睹，有形无形之物推之使远，是离心力。

盖人之天性，以我为本位，遂产生向心力和离心力。小儿与母亲相对，小儿只知有我，故从母亲口中把糕饼取出，放入自己口中。母亲是哺我之人，哥哥是分饼之人，母亲与哥哥相对，小儿就很爱母亲，把哥哥打开推开。长大了点，出门在外，与邻人相遇，小儿很爱哥哥；走到异乡，邻人与异乡人相对，则爱邻人；走到外省，本省人与外省人相对，就爱本省人；走到外国，本国人与外国人相对，则爱本国人。所以亲疏都是从人心流露出来。爱之，向心力；疏之，离心力，是随境界不同而变化的。

人生活在地球上，对地球最为关注。地球是现存之物，故把地面外的东西向内部牵引，聚结而成。人心也是现存之物，故把六尘缘影向内部牵引。小儿是求生存之物，故看见外面的东西即取来放入自己口中。人类是求生存之物，故见有利己之事，即牵引到自己身上去。天然之现象，人性之使然，无一不向内部牵引。地球也、心也、小儿也、家庭也、集团也、国家也、人类也，将本来万有离力的作用抵消，尽显万有引力作用。在未灭亡之前，它那向内之引力，大于离力，无论如何也不能除去的。当它被灭亡时，万有离力大于引力，将其消亡。如一件事有利（引力）又有弊（离力），利大于弊时可做，弊大于利时不可做。

人心之私，是挥之不去的引力。因为生存、生活都是自己个人的事。既不能除去，我们只好承认其私。把人类画作一个大圆，圈在其中的，使之各随其私，自个管理好自己，人人能够生存，世界才能太平。我们人类，当同心协力，把圈外之禽兽草木地球当作可利用之物，索取其宝，大家平分，这才是公到极点，也可说是私到极点。否则，如果人类相互夺取财物，世界永无太平，每个人的利益也不能保证。

(3) 社会心理力学之特点

①社会心理力依力学规律而变化

如同水之变化，水可以为云雨，为冰雪，为霜露，为江河湖海，时而奔腾澎湃，时而波恬浪静，变化无穷，几乎不可思议。而科学家都能以力学规律加以解释，皆有规律可循。

人的心理，不外相推相引两种作用。相推，离心力；相引，向心力。自己觉得有利的事，就引之使近；自己觉得有害的事，就推之使远。人类因为有此心理，所以能够产生相亲相爱，相帮相助等向心心理；又因有此心理，所以会产生相争相夺，相残相杀等离心心理。

我们细察己心，种种变化，都是依力学规律运行：狂喜的时候，力线向外发展；恐惧的时候，力线向内收敛。如看见宠物，发出喜爱的力线；若看见老虎，发出恐惧的力线，赶快躲避。保险的事敢干，危险的事不敢干。遇意外事变，欲朝东，东方有阻，欲朝西，西方有碍，力线转折无定，心中就呈慌乱之状。对于某种学说，如果承认它，自必引而受之；如果否认他，自必推而去之。遇一学说，似有理，似无理，引受不可，推去不能，就成怀疑状态。

②人的心理力依直线直击，遇阻改变方向

人心推究事理，以直线直击，击至甲处，理不可通，即折向乙处，又不可通，即折向丙处，此心之曲折如同折线，与水流之迂曲相似。例如，某生想考北大，但因某种外力作用，不能如愿以赏，改选它校，又不被录，再改它校。水本来是以直线进行的，虽是迂回百折，是由于外力所致，其运动仍不外力学规律。我们的心也是如此。尚有种种现象，细究之，终不外相推相引之两种作用。若潜心静坐，万缘寂灭，无推无引者，如万顷深潭，水波不兴，即是一种恬静空明之象。此时之心，虽不显任何作用，其实是多种力的作用都蕴藏之中，平衡也。

贪财好色之人，身临巨祸，旁人看得清清楚楚，而本人即茫然不知。因为他的思想感情，依直线进行，直线在目标物上，两旁的事物，全然不顾。寒士想做官，做了官还嫌小，要做大官，做了大官，还是向前不止。袁世凯做了大总统，还想当皇帝。秦皇汉武，做了皇帝，在中国尊称，还嫌不足，要起兵征服四夷，四夷平服了，又要想做神仙。这就是人类嗜欲依直线进行的明证。

③人的心理力随拘束力而变化

水流虽是以直线进行，但若把它放在容器中，它就随器异形，器方则方，器圆则圆。人的心理也是如此。人有各种嗜欲，其所以不能任意发露者，实由于有一种拘束力，把他制住。拘束力各有不同，有受法律拘束，有受道德拘束，有受舆论拘束，有受金钱拘束，有受父兄师长拘束，有受因果报应拘束，有受圣贤学说拘束。若要把心中的拘束除去，他的真欲、私欲、真性立时显露，如贮水之器，若有漏隙，即向外漏水。如果拘束力不能制其心理力，那就是逆反心理，或造反心理。

④心理力在外力的作用下可以发生改变

众人之心理力是种合力，力量强大，常改变个人心理力的方向。如耶教志在救人，以博爱为主旨，其教条是："有人打我左脸者，并以右脸献上。"然新旧教之争，酿成血战残祸，处置异教徒，有焚烧酷刑，竟与博爱教旨相背，是何道理？宗教之间的斗争，宗教内各教派之间的斗争，非常残忍而经常发生，是何道理？法国革命，以平等博爱相号召，竟杀人如麻，稍有反对，或形迹可疑的，即加诛戮，与所标主旨全然相违，是何道理？要解释这个道理，只好求之力学规律。因为此时的信徒之众，只知道他们心中共同的目标物，热情刚烈，犹如火车向前奔驰一样。顺我者昌，逆我者亡。途中人畜敢阻挡之物无不被其碾毙。凡信各种主义的人，追求某种信仰的人，皆可以此公例求之。即强大的众人之心理力，改变了个人的心理力。

凡事都可变，变是由力引起，只要外力足够大，就可引起事变。如事物处于常态，即静态而言，即指未加外力而言。若加诸外力，常态即变。如一虎攻击其兄，他会舍命相救之。故"打虎亲兄弟"，一个"亲"字产生了巨大的力量。有语云："忠臣不事二君，烈女不嫁二夫。"心中加了一个"忠"字，一个"烈"字之外力，往往自甘杀身而不悔。又云："杀身成仁，舍生取义。"为了仁，为了义，不怕杀身。孟子曰："所欲有甚于生者，所恶有甚于死者。"一个"所欲"一个"所恶"的外力，置生死于不顾。目的可以随时转化，其表现出来者，遂有形形式式之不同，然而终不外力学之规律。悟得此理，才可以处理事变，才可教化民众。

人的思想感情，本是以直线进行，但表现出来，却有许多弯弯曲曲、奇奇怪怪的状态，其原因是人群众多，力线交互错综，相推相引，又加之境地时时变迁，各人立足点不同，观察点不同，所以明明是直线，转变成了曲线。“剪不断，理还乱”，就是许多直线相互影响的结果。

人事的千变万化，都可由离心力和向心力表现出来。离心者，力之向外发射也；向心者，力之向内收敛也。发展到极点，则收敛；收敛到极点又能发射，此即古人所说，长盈消虚，循环无端也。以虚为起点，由此而发展则为长，发展到极点则为盈，到了极点即收敛则为消，收敛到极点则为虚。春夏秋冬，即为长盈消虚也。春者长，夏者盈，秋者消，冬者虚。物极必反。所以宇宙间事事物物，都是正负两力互为消长。故古人治国，一张一弛也。

⑤心理力学中的合力与分力

人人有一心，即人人都可产生力线。对同一事物，各人发出自己的力线。如对某事，有赞成的，有反对的，产生的力线各不相同。对社会而言，人人有一种力量作用于社会。各力线俱向外发展，有多种作用形式。因为力线有种种不同，有力与力不相交的，类似同一平面的两条平行线，或不同平面的直线，即事不相关；有力与力相等相消的，即作用力大小相等方向相反，相消后合力为零；有力与力相合的，或有力与力相需的，作用力方向相同，总力增加；有大力制止小力的，即作用力大小不等方向相反，大力抵消小力，仍有剩余，总力减少。诸如此类，力线相互交错，如网一般，有许多力线，有时表现为合力，有时表现为分力，有时相抵消，有时互增加，有时冲突，有时相需相成。人类就生活在这样复杂的心理力学体系之中。

孙子曰：“吴人越人相恶也，当其同舟共济而遇大风，其相救也，如左右手。”就是舟将沉下水，吴人越人都想把舟拖出水来救命，成了方向相同之合力线。所以平日之仇人，有时会变成患难相救的朋友，社会力学之作用也！

观研宋史：秦桧残害岳飞事件，也是力作用结果。岳飞想把中原挽之使南，秦桧想把中原推之使北；岳飞想把徽钦二帝挽之使南，高宗想把徽钦二帝推之使北。高宗与秦桧，成了方向相同之合力线，其方向与岳飞的相反，岳飞一人之力，不敌高宗秦桧之合力，“莫须有！”三字成冤，岳飞不得不死。

通常之人彼此之力大致相等，个个独立。有大本事的人，其力大矣！能够把他周围的人吸引过来，形成一个团体。形成团体之后，其力更大，又向外吸引，越吸引越多，势力越来越大，形成党派。党派多了形成党派对立。历史上党派对立数不胜数，如东汉党人，明季党人，宋朝王安石派新党，司马光派旧党，形成党派对峙。近代各国党派林立，更是如此。当首领者，贵在把内部冲突之力消除，一致对外，力量增强；如其不然，内斗不止，他的团体，就会自行解散。

群体心理，与个人心理不同。个人独居时，常有明了的意识，正当的感情，一遇群体动作，投入其中，个体意识感情即完全消失，随众人动作而动作。往往平日温良恭俭让的人，一入群体之中，忽变而为激进，甚至成横不依理的暴徒。又有平日柔懦卑微之人，一入群体之中，忽变为热心公义，不怕牺牲之志士。

人人有一心，即人人有一力，一人之力不敌众人之力，群体动作身入其中，我一己之力，被众人之力相推相荡，不知不觉随同动作，以众人的意识为意识，以众人的感情为感情，自己的头脑就完全失去自主的能力了。因为有了这个道理，所以主帅才能驱使千千万万平民效命疆场，土匪首领也能指挥许多党徒杀人放火行暴。

水之变化，依力学规律而变化。人之心理变化，也是依力学规律而变化。每每会场中，平静无事，忽有一人登台演说，慷慨激昂，激情立即奋发，酿成重大事变，此会场中的众人，犹如深潭中的水一般，堤岸一崩，水即汹涌而出势不可挡。应对群体暴动的方法，如治水一样：或登高避之，或截堵限之，或疏通流之，或当弄潮儿驾驭之。

（4）社会心理力学之图形图解

物理力之变化，可用数学来表达。心理依力学而变化，也可用公式、图解定性来说明。只是社会心理力学更为复杂，很难以用公式、图解定量说明。一部二十六史，是人心理留下的影像，我们取历史之事实，本力学之规律，把他画出图来，即知人事虽纷纷扰扰，皆有一定的规律。

作图方法：例如心中念及一事，即把它作一物体，心中念及它，即是心中发出一根思考力线与之连接。心中喜欢它，即是想把它引之以近，箭头向内；如不喜欢它，即是想把它推之使远，箭头向外。从这相推相引中，就可把轨道画出来。凡千年历史事件，兼可解释之。

人世间一切事变，皆由人与人、人与物相关联发生出来的，一个人（物），一个我，二元者。可假定为数学上的二元：X、Y。由解析几何可得五种图形：二条直线、园、抛物线、椭园、双曲线。人事千变万化，总不外人与人、人与物的相互关系，所以无论如何，都逃不出这五种图形。

二条直线：直线与直线的关系，相交或不相交。

我们把各种力详细考察，即知我与人相安无事有四种情况：图为不相交之直线。我与人目的不同，路线不同，彼此不产生关系。一是平行线永远不相交，如同平面平行线；二是不同平面上的直线；三是或虽不平行，而尚未接触，不产生关系的直线。这类情况是，两线作用结果，是利己而不损人，或利人而无损己。

两力线相交，力与力形成合力线。我与人利害相同，向着同一目标进行，两线重合，方向相同，则合力增加，是人己两利。方向相反两力，则合力减小，发生冲突，人己两损。

圆：圆心与圆的关系，限制了一个范围。

力与力限定作用范围。我与人各有界限，各自在自己的范围内活动，各自相安，如园。如自由结婚，自由贸易，外来之力不易进入范围之内。又如家庭、单位、区域等势力范围。

抛物线：向上抛力与重力的关系，抛得再高，也得回落。

什么是抛物线？即抛出一物之运动轨迹。向外抛出一石子，这是离心力，地球对它有吸引力，是种向心力。石子离心力，冲不出地心引力，终归下坠，此轨迹为抛物线。A 力想脱离 B 力的控制，是种离心力，但 B 力大于 A 力，能控制 A 力，是种向心力，两力作用结果，A 回到 B 的控制内。就像石子抛得再高，也得落地。强国控制弱小国，小国想摆脱控制，但无力摆脱。家长控制孩子，老师控制学生，领导控制下属等，均与此类似。

椭圆：一个动点与两个半径关系，在一定范围内，两个半径，此长彼消，此消彼长，两半径之和为一常数。

椭圆，数学上定义，有一点至两定点的距离，其和恒等，此点之轨迹。如甲乙合营，赚 100 万元，分给甲乙，甲多乙就少，甲少乙就多，之和为 100 万。甲乙分钱的曲线就是椭圆。要使图形好看，甲乙相差不能太悬殊。

双曲线：有一点至两定点之距离，其差绝对值恒等，此点之轨迹，即双曲线。两条曲线渐行渐远，其形状有点像两张弓反背相向一般。凡两种学说，或两种行事，背道而驰，永远走不到一起，可称为双曲线轨道。虽然渐行渐远，但其差值恒定。就像水涨船高，水降船低。船在水上是个恒定值。你升我也升，你降我也降，保持恒定差值。你让我也让，你争我也争。你亲我也亲，你疏我也疏。始终保持一定距离，永不相交。性善说、性恶说，二者背道而驰；入世法出世法，背道而驰；利人主义、利己主义，背道而驰，保持一定差距，永不相交，都是双曲线状。

我们把上述五种力线求出，就可评价各家学说和各种政令之得失，究其趋于哪种图形。我国古人有所谓“万物并育而不相害，多道并行而不相悖。”可谓平行力线。有所谓“通功全作”者，有所谓“通功易事”者可谓合力线。有所谓君君臣臣，父父子子者，受强力的控制，是抛物线。人人自由，以他人之自由为界限，是圆。

五种力线，是人与人相遇之路线，此五种线是变化不居的，只要心理一变，其线即变。我们每遇一事，当熟察人与我力线之作用，选择路线，使人与我不致发生冲突。

世界之进化遵守社会力学之轨道。人世间之事变，是从人的行为生出来的。而人之心理，依力学规律而变化，故世界之变化，逃不出力学规律。

古人云：“天道循环无端，无往不复。”今人说：“人类历史，永无重复。”其形式为摆动式（波浪式）运行、螺旋式上升。

有人说：“人的意志为物质所支配。”有人说：“物质为人的意志所支配。”其实物质与意志是相互支配的。“英雄造时势，时势造英雄。”

宇宙事物之演变，都是离心力和向心力相互作用生出来的。有一力以直线进行，同时又有一相反之力牵制之，遂不得不作回旋状态，而又前进不已，即成摆线状，如日月迭更，寒暑代运，或螺旋状，鸡与蛋辗转相生。当未参有人类意志时，只是循着自然之道而行，故以摆线式进化，往复如一。机器运转与时势变换，是参与人类意志的。人类之天性，是力求进步为特征，故以波浪式前进，以螺旋式进化。

（5）从社会力学来辩析达尔文和克鲁泡特金之学说

在人类社会中两种学说，似乎有理，似乎无理，长期困扰人类。

一是达尔文的学说，达尔文以动物、植物界为对象进行研究，得出“弱肉强食”、“丛林法则”的互竞说，律之人类社会，显然是错误的，其流弊甚广。因为人类社会是有组织、可协调、有道德、有法则的社会。这是动物界、植物界所不存在的。只有在人类的初级阶段，没有道德、没有组织、没有法则的野蛮时代，才更多显示动物性或植物性的特征。

二是克鲁泡特金之学说。克鲁泡特金，因要批驳达尔文错误，特地在满洲、西伯利亚一带，考察原始人类状态，提出互助说，以反驳达尔文的互竞说。他注意到了人类社会，比达尔文更进一步。但文明社会与原始社会毕竟不同。原始社会，是无组织、无政府状态。克鲁泡特金的互助说，从原始社会来，故他提倡无政府主义。他主张互助不错，但主张无政府主义就错了。

达尔文学说认为，互竞为人类天性。动物界是没有知识、没有感情的，不懂得社会力学的。不懂得社会向心力和社会离心力，显然不适于人类社会。

克鲁泡特金学说，互助为人类天性。我们生在文明社会，要考察人类心理真相，有两个方法：一是，一部二十六史，是人类心理留下的影像，我们考察历史事迹，即可发现人类心理真相。二是，凡物体，每个分子的性质与全物体的性质是相同的。社会是人积而成，人是社会一分子，我们把身体之组织法运用于社会，一定组成一个各司其责、功能协调的社会。

治国之道，采用互竞主义有流弊，采用互助主义也有流弊，必须采用合力主义。人身之组织，即是合力主义。各部器官，各尽其职，心往一处想，力往一处使。如果“五官争功”，那就相互扯皮，将一事无成。

5. 社会向心力学和社会离心力学

(1) 社会向心力和社会离心力

宇宙之内有离心力和向心力相互对立统一，才生出万有不齐之事事物物。地球由于向心力和离心力平衡，而绕太阳运转；月亮由于向心力和离心力的平衡而绕地球运转；人造卫星，由于离心力大于地球引力，而飞出地球；人和物体由于向心力（重力）而在地球表面。表面上看去，似乎参差错乱，其实有一定规律可循。离心力与向心力的存在与大小，改变着物体的状态。人有心理，物有物理。人是特殊之物，故心理与物理，理理相通。离心力与向心力，物理中有，人的心中也有。所以世上有许多事，我们强之使合，它反转相离；有时纵使相离，它又自行结合了。疯狂的人，想逃走的心与禁锢的力成正比例。越禁锢得严，越是想逃走；有时不禁锢他，他反而不想逃走了。欲擒故纵，就是这个道理。父兄约束子弟，官吏约束百姓，须明白这个道理。（李宗吾《厚黑学》）

秦政苛压，群盗蜂起；文景宽大，民风反转浑朴起来。宋江礼义，追随者甚多；张飞性暴，死于手下。期间确有规律可寻，并非无因生果。手搓泥丸，是增加了向心力，越搓越紧，若是紧到极点，即是向心力到了极点再用大力搓之，泥丸立即破裂，出现离心现象。此类现象很多，爱到极处便是恨，恨铁不成钢。

实际上，宇宙界既有万有引力，也有万有离力。引力胜过离力，其物则存；离力胜过引力，其物则毁。目前所存之物，都是引力胜过离力的，故有万有引力之说，其离力胜过引力之物，其物早已消亡，无人看见，所以万有离力一说，无人注意。其实，万有离力和万有引力一样的普遍，同样的重要。

地球是现存之物，故把地面外的东西向内部牵引。心是现存之物，故把六尘缘影向内部牵引。小儿是求生存之物，故看见外面的东西即取来放入自己口中。人类是求生存之物，故见有利己之事，即牵引到自己身上去。天然的现象，人心使然，无不如此。

人之私心是种引力。在他消亡之前，他那向内之力，无论如何也不能除去的。人心之私这个引力既然不能除去，我们只好承认其私。人之私心也是社会发展源动力之一。遵守社会力学的源动力，就能很好处理好社会问题，提出以人为本，关心群众利益，使群众有获得感。如果把人类画作一个大圈，使之各随其私，人人能够生存，世界才能太平。我们人类，当同心协力，把圈外之资源，如禽兽草木地球当作自然之赐物，合理地持续地索取其宝，与人类平分，这才是公到极点，也可说是私到极点。如其不然，则人类相互夺取财物，甚至战争，世界永无太平。

（2）社会向心力和社会离心力，反映了社会的人心向背

何为利益？对生存、对生活有利有益的，称之利益。利益相同，产生向心力；利益相反，产生离心力。

社会的人心向背问题，可归结为社会向心力和社会离心力。得道多助，向心力；失道寡助，离心力。水能载舟，向心力；水能覆舟，离心力；人心所向，向心力；人心相背，离心力。

“屈子之骚”，屈原爱楚国，对楚国的前途担忧而大发牢骚，为的是楚国，是向心力。“焦大之骂”，焦大忠于贾府，骂贾府的男盗女娼，是为了贾府，是向心力。岳飞精忠报国，向心力；秦桧向敌叛国，离心力；忠良爱国，向心力，奸臣祸国，离心力。

“团结就是力量，这力量是铁，这力量是钢……”这是“团结歌”的歌词，是歌讼向心力的。单个、分散的力量，固然也是力量，但团结的力量、组织的力量、政党的力量，成为凝聚的力量，其强度增加千百万倍，才是决定社会走向的力量。

（3）社会动乱是最大的社会离心力

社会动乱是社会离心力远远大于社会向心力，是一部分人要彻底与原来社会决裂而出现的社会乱象。首先表现的是社会舆论：“山雨欲来风满楼”。国情风云的变化出现了可怕的征兆，首先通过社会舆论发酵，是社会离心力的外在表现，此时必须引起注意。舆论是洞察国情风云的瞭望台。

社会风云告诫人们，现在的国情是：或太平盛世、或相对平静、或矛盾重重、或一触即发、或燎原之势、或秘密暴动的危险、或阴谋判乱、或隐藏的战争正在酝酿、或改朝换代的局势正在形成等等。当社会舆论对政府的恶意中伤，

对官员的肆意诽谤，以及对国家不利的谣言传闻肆起，全都属于动乱的前兆，尤其是诽谤中伤频繁发生并公开之际，当谣言传闻不胫而走并被广为相信之时，说明社会离心力已到了危险的边沿。

真理是制止舆论最光明磊落的利器。谣言是制造舆论的最恶毒、最肮脏的尖刀。然而，谣言的的确确是发生社会动乱的前奏。尤其当谣言甚多并导至严重后果时。当对政府的厌恶弥散之际，政府的行为无论好坏都会激怒民众。但别以为既然谣言是动乱的征兆，那对其严加查禁便可防止动乱。其实，到处辟谣只能引起民众久久不消的疑惑，造成更严重的后果。有时对其置之不理往往是制止谣言的权宜之策，而准确地揭露谣言才是最佳手段。

对社会动乱之要素值得认真研究，因为防止动乱最稳妥的措施就是消除这种要素的产生和存在（培根《培根随笔集》）。须知只要有备好的柴薪，很难预测何时火星会将其引燃。“星星之火，可以燎原”，这种可能性迫在眉睫，是可怕的局势。动乱的要素有二：一是贫者甚众，二是不满情绪甚广。这都是社会离心力的根源。毋庸置疑，社会动乱的原因和动机有多种多样，这些都是大造舆论之火的柴薪：经济萧条、炒作甚行、经济泡沫严重、失业众多、政治腐败、贪官污吏横行、宗教之改革、赋税之增加、法律不公、压迫剥削之普遍、财富过度集中、贫富高度悬殊、惯例之变易、特权之废除、好人受打击排挤、小人倍受重用、民族之入侵、兵士之遣散、内讧之激化以及任何会激怒民众，并使其为共同目标而抱团结伙的事件。这些都是可怕的社会离心力。大量的失业人员，是造成动乱的直接因素，失业者越多，赞称动乱的人越多；破产的业主越多，赞称动乱的人越多。于是产生了信任危机和对众人有利的战争土壤。这种对众人有利的战争，便是国家将有叛乱和暴动的明显征兆。若是有产可破者的贫困人群和缺衣少食的贫民连在一起，那么危险就迫在眉睫并将致命。因为为填饱肚子而举行的动乱最难戡平。“生之为性”，为了活命，会有人不惜一切拼命。至于不满，对政府的不满情绪和人心中的抑郁不平情绪，都容易积成一种因异常的愤怒而猛烈喷发的火焰。此时，政府不可凭民怨是否合理来衡量其危害性，也不可凭产生不满的痛苦大小来估量其危险性，因为在危险的不满情绪中，恐惧的成分往往大于痛苦，而痛苦是有限的，但恐惧是无限的。再说迫于高压之下，使人产生的痛苦可以忍耐，但对恐惧来说则不然，它会深刻地留在人的心中。作为政府，切不可因为屡见不鲜或由来已久的不满并未导致险情而掉以轻心。因为虽说并非每一团乌云都会化作暴雨，但暴雨始终是由乌云化作而成。

严重的社会离心力会导致国家灭亡，历来被志士仁人特别重视。

孔子说，世间有五种不祥的事。对个人、对家庭、对社会都是不祥之光，都可产生严重的离心力。说明中国古代就十分重视这个问题。

“夫损人而自益，身之不祥也。”即损人利己，招致别人的怨恨，给自己招致不祥。

“弃老而取幼，家之不祥也。”放弃老年人不去照管，不去关爱，不去赡养，而把所有的关爱都放在了孩子身上，这是不祥。现在的许多父母就是如此。对孩子照顾得无微不至，有求必应。对于他们的父母，却不理不睬，不闻不问。这会给家族带来不祥。考察历史发现，凡是能传承三代以上的都是孝悌传家。富不过三代，甚至富不过两代，富不过当代的，都是不懂得孝悌传家。

“释贤而用不肖，国之不祥也。”对贤人弃之不用，任用的都是不肖之徒。

“老者不教，幼者不学，俗之不祥也。”老者的经验不愿意教年轻人；年轻人自以为是，不把老人的话放在心上，不愿虚心学习，这是不祥的风俗。

“圣人伏匿，愚者擅权，天下不祥也。”有德行的、有才华的圣贤人都隐居起来，不愿出去做事，反而愚蠢的人把持权力，这是天下不祥也。

国之不祥，天下不祥，都是没有任用贤人。如果没有孔子、孟子贤人在世，那会怎样呢？老百姓不知五伦、八德，不知道父子有情、君臣有义、夫妻有别、长幼有序、朋友有信，也不知道孝悌忠信、礼义廉耻，可能出现父杀子、子杀父、兄弟互相争讼、夫妻同床异梦，社会风气日趋日下的混乱局面。

清末重臣曾国藩，分析了国之将亡时人的心理，说明了严重的社会离心力是多么可怕。

曾国藩说，社会大乱之前，必有三种前兆：其一是，无论何事，均黑白不分。其二是，善良的人，越来越谦虚客气；无用之人，越来越猖狂胡为。其三是，当问题到了极其严重的程度之后，偏偏凡事皆被合理化，一切均被默认，不痛不痒，莫名其妙地虚应一番，没有人为这艘破船补补窟窿，权当没有看见。

实际上，曾国藩说的亡国三步曲警告世人：黑白不分，社会丧失了应有的净化与清算功能，就是没有公平正义与邪恶之别，自此踏上了死亡的第一台阶。由此，一个社会，越是小人猖獗，而好人只能忍受坏人的猖獗了。由此就踏上死亡第二个台阶。当事态严重了，于是，越是丑恶，就越是让人所默认，显得无可救药的无奈。不能不说曾国藩高瞩，果不然，在曾国藩闭上眼睛的 20 年后，当慈禧老妖婆蹬了腿，三年后，大清王朝也终就灰飞烟灭了。

从晚清至民国，于佑任先生在《亡国三恶因》中，说的更透沏：民穷财尽——社会破产——国家破产。概括出一部亡国灭政三步曲，道出了蒋家王朝即将灭亡的复杂心情。

国有金，吝不与人，为他人藏。此其一。

善不能举，恶不能退，利不能兴，害不能除。化善而作贪，使学而为盗。此其二。

宫中、府中、梦中，此哭中、彼笑中，外人窥伺中、宵小拔弄中，国际侦探中、金钱运动中，一举一动，一黜一陟堕其术中。此其三。

社会离心力到了极限，不可救药，必至亡国，改朝换代不可避免。

防止动乱舆论的对策，则需具体情况具体分析，对症施策，因事而定。也就是如何改变社会离心力为社会向心力。

第一种方法：消除上述第一个致乱因素，消除国内贫困；最重要的是，保证国家财富不致被聚敛到少数人手中，不然就会出现贫富悬殊的局面；严禁高利盘剥、垄断商品、唯利是图，炒作交易。

如何消除不满情绪，特别是不满情绪中的危险成分呢？我们知道，社会有两类臣民，即平民和精英，这两者之一心怀不满其危险并不可怕，因为平民若是没有精英的煽动，往往不会轻易作乱。而精英若是没有平民支持，则力量不足。真正的危险在于精英们的不满和平民的不满聚积一起，同时暴发。

适当给予民众发泄其悲愤不满的自由，也不失为一种防乱良策；因为若让人把怨气往肚里吞，或者将脓血捂起来，那就会有积郁成疾或恶性脓肿的危险。

给民众以期望。毫无疑问，能巧妙地孕育希望，并能引导民众从一个希望到另一个希望，此乃治疗不满情绪的最佳良药。一个明智的政府的明智之举应该是：当其没法用令人满意的方法赢得民心时，仍能凭各种希望使民心所向；因为不管是个人还是党派都容易为还有希望而暗自幸庆，至少也装出不相信大祸临头的样子。

另一良策则是：争取不满者的领头人物，使其归同；要么使其同党中另一领头人物与之对立，调弄离间，分割其声望，使其内部相互猜疑，力量被消弱或瓦解。

6. 社会作用力和反作用力原理

你在凝视深渊时，深渊也在凝视你。

自然科学中，作用力和反作用力学，是普遍的力学作用规律。当施于作用力时，即时就有反作用力产生，作用力越强，反作用力也越强。

社会力学中也存在作用力和反作用力。

社会力学的反作用力，不一定是及时的，也不一定是一种固定形式，作用力与反作用力也不一定大小相等方向相反，它要复杂得多。当施于作用力时，就应考虑到产生的反作用力，它会以怎样的形式表现出来，如何引导它、控制它、利用它。比如报仇雪恨是最常见的反作用力，但报仇时间和方式千差万别。“君子报仇，十年不晚”，有的事隔几十年甚至几百年，仍要报仇。这就产生了时间方式上的复杂性。

社会力学中的作用力和反作用力复杂而微妙。美国著名物理学家阿·热在《可怕的平衡》一书中，十分动情地阐述了一项理论：自然的基本设计是美好和简单的。上帝在创造世界的时候，他手中原本只握有极少数的几个法则。

比方那个作用力与反作用力的定律，原本是牛顿对物质世界所作的描写。但我们用到精神世界里也不例外，推广到人际间的碰撞，也就变成了蹊跷的一面，形象地描述了社会作用力和反作用力的作用形式及复杂性。

如果你碰撞他，他也在碰撞你。你用过去多大力，换算一下，返回来的力也不会差多少。你背后给它一个毁谤，即使他没有及时反击，他也会抓住你那颗不干净的心；你送他一份温暖，他即使没什么表示，也会在你的“信用卡”上记下一笔好感。帮与被帮，骂与被骂，打与被打，常常是一补两补，一伤两伤的。人性这个东西，有时会呈现隐性和柔性。你一句污言秽语出口，他可能没有脏话反销给你，但会发现一个丑恶的镜头呈人眼前。你把什么感情倾注在别人身上，对方也会以什么样感情转嫁到你身上，今日不反馈，在明日；硬的不反馈，换软的；物质不反馈，取精神。

哪里有压迫，哪里就有反抗，哪里压迫最厉害，哪里反抗最激烈。这是由几千年历史总结出的社会作用力与反作用力定律。阶级斗争的本质就是，阶级压迫与反压迫的斗争，斗争的结果，一个阶级胜利了，一个阶级消灭了。

由作用力与反作用力的原理来剖析社会，可得到有益的启示。有句名言警示得好：“上帝要让他灭亡，首先让他疯狂。”它的深刻内涵是：疯狂的作用力必产生疯狂的反作用力，促使其灭亡。

社会作用力与反作用力常以不同的形式表现出来：

相互对骂；简单低级的语言相互攻击；

相互诽谤、造谣、避谣；语言加计谋的相互攻击；

以牙还牙，以眼还眼；简单的肢体对抗；

肢体对抗，相互撕打，大打出手：直接肢体武力对抗；

结仇、记仇，报仇雪恨；长时间的心理对抗和恃机的暴力对抗；

暴力，反暴力对抗；

战争，反战争对抗；

侵略，反侵略对抗；

打败侵略者，严惩战犯；追纠战争责任。

事物发展到了顶点就要向反面转化。这是社会力学的重要特征之一，是作用力与反作用力斗争的结果。事物在发展的过程中产生反作用力，当事物发展到了顶点，此时，作用力与反作用力相等，再发展，反作用力超过了作用力，引起事物发展的转化。所以要使事物健康发展，健康成长，健康转化，避免不健康转化和破坏性转化。“适度论原理”是自然界和社会中一条基本原理之一，就是使事物健康发展，健康成长，健康转化的原理。人人都讲究“适度”，世界就美好得多。即投之以适度，报之以适度，社会就和谐；相反，如果投之以过度，报之以过度，这时社会就不和谐，就要付出代价。事事尊崇适度，事事处置适度，就会无往而不胜。

7. 社会力学中的碰撞原理

慈不掌兵，善不经商，仁不做官，义不养财。这是最常见的社会力碰撞。是深层次的内涵碰撞。

碰撞，力与力的直接相怼、相撞。碰撞是社会力学作用的重要形式之一。

综观自然界，行星与行星相碰撞，行星碰撞地球，人类用导弹轰击慧星；物理中的物体与物体碰撞；医学中，放射性射线与细胞碰撞……碰撞现象比比皆是。

社会力学中，社会力碰撞形式可分为两类：一是思想、观念、道德、法制的柔性碰撞；二是物质力量（物质、武器、武力）的硬性碰撞。在社会发展进程中，个人之间、群体之间、集团之间、政治派别之间、阶层之间、阶级之间，当利益产生对立时，常以碰撞的形式表现于社会。如社会主义与资本主义的碰撞，不同价值观的碰撞，唯物主认与唯心主义的碰撞，新旧观念的碰撞，公与私的碰撞等。硬性碰撞如：拳头与拳头的碰撞，炸弹与人体碰撞，子弹与人体碰撞，大刀与人体碰撞。战争时就发展成极端的碰撞。

碰撞产生的必要条件是：产生碰撞对。碰撞对，即产生碰撞的两个对立体，是在社会发展中产生的，例如：敌对阶级、敌对集团、敌对个人、对立的主义、对立的意识形态、对立的思想、对立的理念、对立的情绪、对立的利害关系、宗教间的对立、宗教内部派别的对立以及遍布宇宙的各种矛盾等等，这些对立的双方，在一定的条件下，都可以形成碰撞对。在一定条件下，碰撞对就可能发生碰撞。所以，碰撞对遍及宇宙，碰撞现象也就遍及宇宙。没有碰撞对，或消灭了碰撞对，也就消灭了碰撞。

社会中碰撞形式是多种多样的。碰撞对有隐形存在、有显形存在。有时碰撞对虎视眈眈对峙，有时碰撞对间接碰撞，有时碰撞对直接碰撞等。政治集团的碰撞，对立阶级的碰撞，有时表现为你死我活的激烈碰撞，结果是一个胜利了，另一个被消灭了；有时表现为谈判，寻找妥协的条件和办法；或一个包容另一个，或一个改造另一个，或暂时并立存在，以待时机再碰撞。

对于意识形态的对立体，首先是开动宣传机器进行论战，各说各的道理，进而相互攻击，甚至造谣诽谤。这种论战有的对峙几十年、几百年、几千年，除非一派把另一派彻底消灭。

学术观点的碰撞，通过科学实验、通过社会实践、通过追求真理来解决。也就是通过“百家争鸣，百花齐放”来解决。

人与人之间观念的对立、意见对立的碰撞是大量存在的。家庭的锅碗瓢盆碰撞，家庭成员间的碰撞，学校老师学生的碰撞，单位领导和员工的碰撞，多表现为隐形和对峙，不满意、愤怒、争论、吵架、打架、战胜对方等。通过学习，提高知识水平和道德修养，可避免这类碰撞。

人与人之间利益的碰撞，这是世界上存在最多一类的碰撞，也是社会力学中最常见的碰撞问题。表现为个人主义、自私自利、贪得无厌、贪婪成性、唯利是图、越货夺命等低素质的人相互碰撞；也有一方是自私自利低素质的人，另一方是雷锋式的高素质的人之间的碰撞；更多的是有一定的素质，但素质都不太高的人之间的碰撞。

如何避免碰撞呢？对于自然界的大小碰撞，人类仅是观察大自然的好奇和变化，一般不去管它，也无能为力。对于可能碰撞地球的小星体，它能造成人类的灭顶之灾，要特别关注，设法破解这类碰撞。

碰撞的结果，或是一方失败，或是两败具伤。退出碰撞，或集蓄力量，准备再次碰撞；直至一方失败，或一方将另一方包容，就不再碰撞。

缓冲——减少碰撞力，可有效缓解碰撞。当碰撞对呈凶猛之势要碰撞时，缓冲一下是最好的办法。冷静地考虑一下碰撞的后果，所以沟通和包容是解决碰撞的最好办法。通过谈判、妥协来解决；通过道德力量消除碰撞；通过法治制止碰撞；通过时间来稀释碰撞力等办法，都可以起到缓冲的作用，避免或减少碰撞的发生。

8. 社会力学中的平衡和制衡

平衡，是指对立的各方在数量上和质量上相等或相抵消；或者几个力同时作用于同一个物体上，相互的合力抵消。自然科学中平衡状态是：物体保持相对静止状态、匀速直线运动状态或绕轴匀速转动状态。而社会力学中，平衡状态是对立的力量相等或相互抵消，处于平静、制衡状态。

平衡是宇宙间一个重要的概念。地球不平衡会发生地震，天体不平衡会发生碰撞，物体不平衡会倾倒，人心不平衡会逆转，社会不平衡会动乱。作用力和反作用力就是一个由不平衡到平衡的建立和转化过程。

公平正义，是社会力学平衡的标准。两力平衡才能稳定，万事万物以平为归。水不平则流，物不平则倾，道理不平则鸣，生理不平则病。企业家对于员工，强国对于弱小国家，官僚对于平民，城市对于乡村，富人对于穷人，如果正义不存，不平太甚，必将矛盾重重，成为执政者败绩。处顺利之境，心要思危而防骄傲；处忧危之境，心要豪迈而防气馁。使发散收缩二力保持平衡，才能稳定。达而在上的人，态度要谦逊；穷而在下的人，志气要高亢，不如此则不平。倘若在上又高亢，必说他傲慢；在下的又消沉，必说他卑微。我们的心以平和为归。所以我们心中藏着一个“平”字，一个“义”字，即公平正义，为衡量万事万物之标准。

有时在平衡点用力，能起到四两拔千斤的作用。在平衡点，一个微小的力，就能改变局势，决定事物发展的走向，所以智者总是努力寻找平衡点。有个故事：如何把一块百吨重石头放到一个人的肩上？就是利用平衡原理，寻找平衡点，就是在石头的一边挖坑，当挖到一定程度，到达平衡点，再挖一下就失去平衡，石头就向一边倾滚，人在适当的位置，石头就滚到他的肩上。

有句彦语说得好：“众人都往一边站，船就要倾覆。”可见不平衡的后果是很可怕的。

解决社会问题，本质上是解决发展和平衡的问题。就像建造一座高楼，一是要建造，楼在层层升高；二是在建造的同时，保持各部位平衡。不平衡就会坍塌。社会问题也一样，一要发展，二要平衡，否则，社会就不稳定，就会出大问题。

社会最主要的平衡有两类：

思想平衡，或称心理平衡。就是社会公平正义，人人感到公平正义，人人心平气顺，不致于出现怨声载道“路见不平一声吼，风风火火闯九州”的社会现象。

物质平衡，或称财富平衡。财富不能过分集中在少数人手中，不能穷者太穷，富者太富。最明显的是，太富的人，顾有私人保镖，就是想搞力量上的平衡。物质不平衡很容易引起思想的不平衡。

孔子曰：“不患寡而患不均，不患贫而患不安。”不均、不安就是失衡。物质不平衡患不均，思想不平衡患不安。财富分配不均衡，是社会大患。许多思想上的不平衡，是由物质不平衡引起的。由财富分配不公引起了思想的不平衡，是常见的社会问题。

制衡是制约和平衡的简称，也就是通过制约达到平衡。制衡在社会力学中是个重要的原则。许多国家采取立法、行政、司法权力各自分立而又相互牵制和协调的原则。制衡原则与三权分立联系在一起，是资产阶级政治学说的一个重要内容。法国启蒙学者孟德斯鸠在《论法的精神》一书中说：“要防止滥用权力，就必须以权力约束权力。”他认为当权力集中于一个人或者一个国家机关的手中时，自由将得不到保障。美国资产阶级政治家杰弗逊进一步论证了立法、行政、司法三种权力不仅要分开，而且要真正做到互相牵制、互相平衡，不能使其中任何一个权力膨胀到超乎其他权力之上；否则就会发展为专制。现在开明的政治家都努力实行用制度、法律牵制权力，“把权力关进制度的笼子里”。分权和制衡的原则对反封建和防止向封建专制蜕变，起了积极作用。当然分权和制衡并不改变资本主义国家全部权力实际上掌握在资产阶级手中这个基本事实。

社会力学和自然力学有相似之处，也有不同之处。自然界力学的发展形成平衡；如高温低温的平衡、高压低压的平衡、作用力反作用力的平衡。社会力学中不仅有平衡的概念，还有制衡的概念。两种或多种力形成制衡，即一种力制衡另一种力或几个力互相制衡。自然科学力的平衡，使状态稳定：社会界各派力量相互制衡，使社会稳定。

美国著名战略问题专家布热津斯基认为，财富不均匀“二八效应”，即80% 的财富集中在20%的富人手里；20%的财富集中80%穷人手里，财富分配严重不均衡，是个极大的社会问题。

1995年，美国旧金山举行过一个集合全球500多名经济、政治界精英的会议。精英们一致认为，全球化会造成一个重大问题——贫富悬殊。这个世界上，将有20%的人占有80%的资源，而80%的人会被“边缘化”。届时，有可能发生马克思在100年前所谓的你死我活的阶级冲突。日微系统的老板格基表示，届时将是一个“要么吃人，要么被人吃”的世界。

布热津斯基及时献计献策：谁也没有能力改变未来的“二八现象”，解除“边缘人”的精力与不满情绪的办法只有一个，于是推出一个全新的战略——奶嘴乐战略，即在80%人的嘴里塞一个“奶嘴”。要使彼80%的人口安分守己，此20%富人高枕无忧，就得采取温情、色情、麻醉、低成本、半满足的办法，在这些人还没有觉醒时，卸除“边缘化”人口的不满，穷人与富人达到一个暂时的制衡。

“奶嘴”的形式有两种：一种是发泄性娱乐，不满吗？可通过娱乐疯狂发泄，如开放色情行业、鼓励暴力网络游戏、鼓励口水战。

一种是满足性游戏，比如拍摄大量的肥皂剧，大量报导明星丑闻，播放很多真人秀、八卦等大众娱乐节目，消磨穷人的思想和时间。

这样一来，通过令人陶醉的消遣娱乐及充满了感观刺激的产品堆满了人们的生活，让其在不知不觉中丧失思考能力和多余的时间。

此时，那些被边缘化的人只需要给他们一口饭吃，一份工作，便 会沉浸在“快乐”中，无心挑战现有的统治阶级的剥削，这就是所谓的奶嘴乐战略。

奶嘴乐战略，是资产阶级战略家巧妙的心理制衡战，牵制、协调了无产阶级与资产阶级的尖锐对立，取得了相当的成功。但这一战略必竟是站在资产阶级的立场上麻醉无产阶级的恶毒之计，终会被揭穿的。

作用力与反作用力的长时间较量，就是一种制衡的普遍形式。当一个力作用于一个物体时，及时产生反作用力，使系统趋向平衡。否则，不能产生反作用力，或反作用力太小，则很快被击垮。

两个碰撞体碰撞时，形成对峙之势，寻求平衡和制衡的局面。

在平衡问题上，人们总结出人生八大致命错误。之所以是致命的错误，是因为条件和要达到的目标极不平衡，因此就不应该成立。即使成立了，也不稳定，会出大的问题。这九大错误就是人们常说的：

没有付出的收获：付出与收获不平衡。

没有头脑的欢乐：沉思与欢乐不平衡。

没有良知的博学：良知与博学不平衡。

没有人性的科学：人性与科学不平衡。

没有道德的买卖：道德与买卖不平衡。

没有道理的信仰：道理与信仰不平衡。

没有原则的策略：原则与策略不平衡。

没有个性的崇拜：个性与崇拜不平衡。

没有灵魂的猖獗：灵魂与猖獗不平衡。

这是社会中常犯的错误，每个人都应引以为鉴。不要犯不平衡的低级错误，否则你的心将因不平衡而痛苦挣扎。

9. 社会力学中的适度原理

适度用力，人生做事之大道也。

凡事皆有度，必须适而可止。急功近利，欲速则不达。超过一定限度就会适得其反。在快节奏的社会中，只有保持良好的心态，合理安排工作、学习和休息，劳逸结合，学会放松，忙中偷闲，懂得休养生息，并不断消除负面思想情绪，才能实现自己的人生价值，并保持身心健康。

做工作、处理问题，用力要适度，不能太大，也不能太小；行为要适度，不能太偏激，不能太保守；思想要适度，不能太左，不能太右。否则，办不成事，办不好事。这是社会力学中的用力适度原理。

本书写了 108 种主要社会力学，涉及社会的方方面面。与自然科学不同，社会力学更为复杂。其原因是影响因素多而复杂：力的大小、力的方向、力的作用点、力的作用时间、人为因素多。社会力学是通过人的发力、执行完成的，这就存在一个用力过大，或用力太小，或用力适度的问题。用力太大、用力太小都不是最佳状态，只有用力适度，遵守适度论原理，才能取得最佳效果。否则就会“出力不讨好”、“好心办成坏事”。

适度论原理是一个客观存在的普遍规律，也是社会力学中随时可见、随时可思的一个司空见惯的问题，是一个关系成功与失败的原理。本书作者在另一书《适度论》中作了详尽阐述。

人们随时可以提出诸多极有价值的社会力学问题。饭是否吃得越多越好；饭菜质量是否越精越好；钱是否越多越好；穿衣是否越讲究越好；住房是否越大越好；装修是否越豪华越好；汽车是否越多越好；马路是否越宽越好；火车是否跑得越快越好；商品定价是否越高越好；包装是否越精美越好；GDP 是否越高越好；人口是否越多越好；人口是否越少越好；孩子是否越少越好；身体是否越胖越好；身体是否越瘦越好；用力是否越大越好，用力是否越小越好……

人类在生产实践、社会实践和科学实验中，经历了亿万次的成功与失败，失败与成功，遵循什么规律呢？答案是：遵循适度论原理。

无论是高官还是平民；无论是天才还是弱智；无论是亿万富翁还是穷人；无论是做工、种田，还是搞科学研究；无论是政治家、思想家、科学家、军事家……要想成功，就得“适度”，凡是失败皆因“过度”或“不足度”而致。

凡事都有个“度”。从某种意义上讲，“适度”二字支撑着整个世界。宇宙中的一切事物，无论是自然现象，还是社会问题，都存在一个“度”的问题，即都存在一个“适度”和“不适度”的问题。人们清醒地认识这个“度”，恰当地把握这个“度”，就可以事事顺利，无往而不胜。相反，谁要是违犯了这个“度”，凭个人主观想像，人为地去超越这个“度”，碰撞这个“度”，就会碰得头破血流，以失败而告终。那时就知道“度”的厉害，“适度”是多么重要。“度”这个东西有时虽然看不见，摸不着，却无处不在，无事不有。

“三思而行”，思什么？一思“适度”，二思“适度”，三思还是“适度”。人们三思而行，不就是为了使行为更适度吗？不适度的行为是要付出代价的。

人类像猴子的时代，人与动物并无太大差别，没有思想，没有文化，茹毛饮血，过着“生而为食，食而为生”的生活。那时人们做事很少考虑“度”的问题，所以不是发力过度，就是发力不足，常常失败。人类发展至今，积累了许多适度发力的经验，所以常常事半功倍取得成功。随着科学技术高度发展，人类认识了许多事物的本质，显示了极其高超的智慧和创造力，是其他动物根本无法相比拟的。人类的本领太大了，其中某些人变得太嚣张了，甚至达到了疯狂的程度，做了许多疯狂的事。如当代人类疯狂破坏着地球环境，可以使地球上任何生物很快灭绝；当代人类制造了杀伤力巨大的核武器，可使人类自己倾刻毁灭；当代人类贫富差别之悬殊，超过以往任何时代，而且愈演愈烈；当代人类“炒作”的毛病越来越严重，“炒作”即失去真实，人类将在没有真实的炒作泡沫中生活；当代人类的“虚无主义”将会使自己进入“群盲时代”，否定人类自己的存在价值……当今的人类力量太大了，因此，更加需要适度发力。所以，出现了警告人类的严词：“上帝欲使其灭亡，必先使其疯狂。”当今世界，因疯狂而灭亡的人已经不计其数。

也许是人性使然，人性喜爱自由和张扬，不情愿受定律的约束，但是仍然不能违背自然规律的运行。尽管反复强调：“真理超越一步就是谬误。”但是人们仍经常重复着这种谬误，屡屡付出沉重的代价。“适度”二字历来不被人们重视，许多人对“适度”二字一无所知；许多人对“适度”二字置若罔闻；许多人常常“过度”，付出了沉重的代价后才回头；许多人由于“过度”而走上不归路。其实“适度论原理”作为一条自然规律，也应像其它的原理、定理一样被人们遵守和利用，像尚方宝剑一样悬在每个人的头上，感到有压力，必须遵守。

自古以来，在社会活动中，人们就欣赏“适度”，并将永恒地欣赏“适度”。这就是人类对社会力学的正确态度。

“文章做到极处，无有他异，只是恰好；人品做到极处，无有他异，只是本然。”“恰好”、“本然”即适度也，过度了就不好。欣赏“适度”，就是挖掘事物的真谛，向事物的本质靠拢。

“酒饮微醉，花看半开”，是多么美好的境界！“微醉”、“半开”正是对“适度”的欣赏。

古人云：“凡事只达七八分处才有佳趣产生。此时，瞻前大有希望，顾后也没断绝生机。如此自能长存于天地畛域之中。”此番高论，正是对“适度”的赞赏。

欣赏“适度”，适度发力，精准发力，避免并拒绝极端和片面，努力寻求最佳适度值。比如说，极端的自信就成了自傲；极端的勇气就成了愚勇；极端的自省就是自卑；极端的胸怀就是懦弱；极端的积极主动就会变成霸道；极端的服从就会变成盲从；极端的卑谦就是虚伪。所以，欣赏“适度”，就是要拒绝极端，并不是用力越大越好。

遵守适度原理，就要控制极端带来的危险。正如《菜根谭》中所说：“爵位不宜太盛，太盛则危；能事不宜太华，尽华则衰；行谊不宜过高，过高则谤兴而毁来。”意即官爵不必攀登极高，否则，就容易陷入危险的境地；自己的得意之事也不可过度，否则会转为衰颓；言行不可过于高洁，否则会招来诽谤和攻击。

遵守适度原理，就要适度地控制欲望，不要一头扎到欲望里不能自拔。人总会产生各种各样的欲望。人的欲望在一定程度上，是促进社会发展的动力，可是欲望太强烈，欲无止境，就会造成痛苦和不幸。因此，人只可以保持适度的欲望。克制过高的欲望，培养心清欲适，知足常乐的生活态度。

遵守适度原理，就是好事办好，不要办得过了头。“挠挠者易折，洁洁者易污，阳春白雪和者盖寡，盛名之下其实难敷。”过度清高孤傲的行为，以及狭隘偏激的心理应特别为戒。品质高洁是好的，但不能太孤傲，要深知阳春白雪虽雅，但却曲高和寡。就是好事过了头而走向了反面。大凡美味佳肴吃多了，就如同吃药一样难受，只吃适度就好了；令人愉快的事追求太过，就成为丧身败德的媒介，控制至适度，即恰到好处。同样，在追求快乐时，不要忘记“乐极生悲”这句话，适可而止，才是真正的快乐。

遵守适度原理，就是要使自己的生活劳逸适度。正如《菜根谭》中说：“人生太闲，则别念穷生；太忙，则真性不现。故士君子不可不抱身心之忧，亦不可不耽风月之趣。”人生要忙闲有度，快乐有度。

遵守适度原理，就是要深刻理解“物极必反”“乐极生悲”的哲理。正如《菜根谭》中所描绘的：“宾朋云集，剧饮淋漓乐矣，俄而漏尽烛残，香销茗冷，不觉反而呕咽，令人索然无味。天下事多类此，奈何不早回头也。”朋友相聚，痛饮狂欢固然快乐，但等到曲终人散，夜深烛残的时候，面对杯盘狼藉，必然会兴尽悲来，感受到人生索然无味。可谓“花赏极盛，枯残忧隐；酒饮酩酊，呕咽即存。”天下事大凡如此，为什么不及早醒悟呢？

遵守适度原理，就应该“戒高绝之行，忌偏激之衷。”正如《菜根谭》言：“山之高峻处无水，而溪谷回环则草木丛生；水之湍急处无鱼，而渊潭停蓄则鱼鳖聚集。此高绝之行，偏激之衷，君子重有戒焉。”即水至清无鱼，水湍急同样无鱼。容不得瑕疵和过于偏激的人，都不会有容人之量。只有深沉宽广之士，才能包容万象，深不可测。

理出于易，道不在远。“极高寓于极平，至难出于至易”。其实，人类社会中处处体现着适度论的哲理，这些平凡的、司空见惯的哲理，正是适度论原理最坚实的基础。要适度，不要过度，这是许多谨言慎行的人尊崇的规范。人们甚至把这种规范制成对联、日历挂在墙上。请看一幅精美的挂历上的养生十不过度歌：“衣不过暖，食不过饱，住不过奢，行不过富，劳不过累，逸不过安，喜不过欢，怒不过暴，功不过求，利不过贪。”正像“饥来吃饭倦来眠”，“眼前景致口头语”，自然而适度。人生最智慧的哲理，往往出自最平凡的生活；最别致的佳境，常用最自然的诗句表达。

“事物发展到了顶点就要向反面转化”。记住“适度”，回归“适度”，不适度是要付出代价的。及时回归“适度”，切记不要走得太远，切记不要损失太大，无论是个人、集体、国家或全人类。

10. 形形式式的社会定律

人类有智慧的大脑，爱动脑子做事，爱总结经验成章，因而总结出了一些惊人的社会定律。这是任何动物望尘莫及的。由于学术性质不同，社会科学中的定理、定律又不像自然科学中那样严谨，看上去很有道理，但经不起严谨的推敲。这些所谓的定律、定理中，有些是完全正确的，算得上定理、定律；有些基本是正确的，但在某些情况下又是错误的，这就不能称其为定律、定理，可称为哲理或名言警句。作为定理、定律，那一定是完全正确的、严密的。但也可以有特殊情况，就像数学公式中的定义域类似，在特定范围内是正确的。社会是复杂的，特殊情况确实存在。这些社会定律，一种是人们的经验之谈，一种是人们的感情倾向，一种是思想调侃，一种是文字游戏，一种是以点盖面，形而上学。看上去很有道理的，可吸取有益之精华；算不上定理和定律的，可谨慎参考；算不上定量的，也可定性参考。也许其中有些可能发展成为定律或定理，就看是否能经得起实践的检验。本节所收集和解释的是社会上广泛流传的定理、定律，以及由经济学家托马斯·杜瓦（Thomas Bobert Dewar）提出的某社会生活法则等。

（1）错误定律 别人都不对，那就是自己的错。

正解：这句话基本是正确的，因为众人的眼睛是雪亮的，众人的智慧是无穷的，但真理有时掌握在少数人手里。作为定律，不严密。

（2）效果定律 在伤口上落泪和在伤口上撒盐，效果是一样的。

正解：这句话是对的。泪中的盐分同样刺激伤口。它的积极意义是，不要在伤口上落泪，不要用眼泪治疗创伤。

（3）嫉妒定律 人们嫉妒的往往不是陌生人的飞黄腾达，而是身边的人飞黄腾达。

正解：此话基本是对的，但有时对陌生人也有嫉妒的。

（4）方圆定律 人不能太方，也不能太圆。一个会伤人，一个会让人远离你，因此人要椭圆。

正解：太方，有棱有角易伤人；太圆，圆滑，无诚信；椭圆，无棱角，不太圆。此定律以图形比拟性格，类似比拟，调侃。

（5）口水定律 当你红得让人流口水时，关于你的口水就会多起来。

正解：就是当关于你的光辉事绩传闻多时，关于你的隐私绯闻也就多起来了。人性使然，就是这样。

（6）利用定律 不怕被人利用，就怕你没用。

正解：这句话的正解是，既怕别人利用，更怕自己无能没用。这句话是怼无用的人说的。

（7）成就定律 如果你没有成就，你就会因平庸而没有朋友；如果你有了成就，你却会因卓越而失去朋友。

正解：这种情况是存在的，特别是在爱嫉妒的人群中。但更多的是，对朋友诚信、友善，为朋友的平庸而惋惜，为朋友的成就而高兴。

（8）馅饼定律 当天上掉下馅饼的时候，小心地上也有个陷阱在等着你。

正解：天上不会掉下馅饼，一旦天上掉下馅饼，那一定是有原因的。这个原因，可能就是陷阱。

（9）错误定律 人们日常所犯的最大错误，是对陌生人太客气，而对亲密人太苛刻。

正解：严以律己，宽以待人，是种高尚品质。但对陌生人太客气，对亲密人太苛刻，也是错误的。关键是把握好度，要适度。

（10）评价定律 不必好奇别人怎样评价你，想想你是怎样评价他的。

正解：这句话是对的。正确地评价别人是件不容易的事。首先要有较高的思想水准，有较高的专业水准，否则，就不能正确评价人。

（11）葱蒜定律 太把自己当根葱的人，往往特别善于：装蒜。

正解：不够谦虚的人，往往喜欢装腔作势。这句话形象地描绘了这种人，是比拟调侃、文字游戏。

（12）流言定律 流言是写在水上的字，注定不持久，但又传得飞快。

正解：形象地描写了流言的特性。

（13）害怕定律 生手怕熟手，熟手怕高手，高手怕失手。

正解：切确地阐述了这种关系，特别指出即使高手也怕失手，都应谨慎。

（14）难过定律 为你的难过而快乐的，是敌人；为你的快乐而快乐的，是朋友。为你的难过而难过的，就是该放进心里的人。

正解：切确地叙述了人间这种感情倾向。

（15）傻瓜定律 把人家都当傻瓜，那一定是自己傻到了家。

正解：傻瓜必定是少数，把所有人都当傻瓜，那自己一定是傻瓜。

（16）吃亏定律 只要你不认为自己吃了亏，别人也就一定没占着便宜。

正解：其实有时自己吃了亏，别人占了便宜，自己还认识不到，这是常有的事。上当受骗而不觉醒时，就是自己不认为吃亏，别人却占了便宜。所以这句话仅是调侃而已。

（17）本事定律 永远不要让你的脾气比你的本事还大。

正解：此话是正确的警告。“有多大本事，就有多大脾气”也是至理名言。切记，做人应当谦虚谨慎，不要高傲发脾气。

（18）捷径定律 大家都在走捷径，其实这是最难走的路。

正解：该走的捷径还是要走的。但要意识到“捷径”可能是另开辟的新路，往往更难走，要做好思想准备。

（19）成长定律 成长就是将你的哭声调制到静音的过程。

正解：有一定道理。成长是由不理智状态调制到理智状态的过程。形象的调侃。

（20）沟通定律 世界上70%的烦脑由于沟通不畅所致。

正解：确实如此。无论人与人、团体与团体、政党与政党、国家与国家，许多问题都是沟通不畅，不理解，误解产生的。应加强沟通。

（21）马太效应 凡是少的，就连他所有的也要夺过来。凡是多的，还要给他，叫他多多益善。

正解：马太效应说的直白些就是：富者更富，穷者更穷，强者更强，弱者更弱。社会中这种现象大量存在，是种不和谐的社会现象。和谐社会不希望这种现象存在，应通过行政、法律等手段，控制、消灭这种现象。

（22）手表定理 指一个人有一只手表时，可以知道几点几分，而当他同时有两只、多只手表时却无法确定时间。

正解：两只手表并不能更准确告诉时间，反面会让看表人失去对准确时间的判断。所以他应做的是，选其较信赖的一只，尽力校准它，并以此作为标准，听从它的指引行事。

德国哲学家尼采则进一步说："兄弟，如果你是幸运的，你只有一种道德而不要贪多，这样，你过桥更容易些。"

同样，一个人不能同时挑选两种不同的价值观。

一个人不能由两个人同时指挥。

一个人、一个组织不能同时采用两种不同的方法，不能同时设定两个不同的目标。

如果每个人都"选择你所爱，爱你所选择"，无论成败都可以心安理得。然而困扰很多人的是：他们被"两只表"弄得无所适从，心身憔悴，不知道自己该信仰哪一个，还有人在环境和他人的压力下，违心选择了自己并不喜欢的道路，为此而郁郁终生，即使取得了受人瞩目的成就，也体会不到成功的快乐。

（23）不值得定律 不值得做的事，就不值得做好。

正解：它反映出人们的一种心理，一个人如果从事的是一份自认为不值得做的事情，往往会采取敷衍了事，冷潮热讽的态度。不仅成功率小，而且即使成功了，也不会有多大成就感。

关键是哪些事值得做，哪些事不值得做。不然，就会助长一种什么都不想干的懒汉思想。哪些事值得做呢？有三个要素需参考：

①价值观。只有符合我们价值观的事，我们才会满怀热情去做。

②个性和气质。与自己的个性和气质相适应的事。

③现实的处境。同样一份工作，在不同的处境下去做，感受是不同的。首先要考虑自己的生存、生活、养家糊口的现实；并能让我们看到期望。

（24）零和游戏原理 当你看到两个对弈者时，你可以说他们在玩“零和游戏”。因为在所有情况下，总会是一个赢，一个输，或二个平手。如果把获胜方计为1分，输方为-1分，两者平手各得零分，两人得分之和总是0分。

正解：游戏者有输有赢，一方所赢正是另一方所输，游戏的总成绩永远为零。零和游戏之所以广受关注，主要是因为社会的方方面面都发现与“零和游戏”类似的局面，胜利者的光荣后面往往隐藏着失败者的辛酸和苦涩。从个人到国家，从政治到经济，似乎无不验证世界正是一个巨大的零和游戏场。

这种理论认为，世界是一个封闭系统，财富、资源、机遇都是有限的，个别人、个别地区和个别国家财富的增加，必然意味着对其他人、其他地区、其他国家的掠夺，这是一个“邪恶进化论”式的弱肉强食的世界。

但20世纪人类经历了两次世界大战，交战国双方损失都很惨重；战后经济高速增长、科技飞速进步、全球化进程加快、环境污染日益严重，人们的思维发生了变化。“零和游戏”观念正逐渐被“双赢”、“多赢”观念所取代。人们开始认识到“利己”不一定建立在“损人”的基础之上。通过有效合作，皆大欢喜的局面可能出现。但从“零和游戏”走向“双赢”，要求各方要有真诚合作的精神和勇气，在合作中不要小聪明，要遵守游戏规则，否则“双赢”局面难以出现。

（25）酒和污水定律 如果把一匙酒倒进一桶污水中，你得到的是一桶污水；如果把一匙污水倒进一桶酒中，你得到的还是一桶污水。

正解：几乎在任何组织里，都存在几个难弄的人物，他们存在的目的似乎就是为了把事情搞糟。他们到处搬弄是非，传播流言，破坏组织内部的和谐。更糟糕的是，他们像果箱里的烂苹果一样，如果你不及时处理，它会迅速传染，把果箱里其它苹果染烂。“烂苹果”的可怕之处在于它惊人的破坏力。一个正直能干的人，进入一个混乱的部门可能会被吞没，而一个无德无才者能很快将一个高效部门变成一盘散沙。

（26）水桶定律 一只水桶能装多少水，完全取决于它最短的那块木板。

正解：这就是说，任何一个组织可能面临一个共同的问题，构成组织的各个部分优劣不齐，而劣质部分往往决定了整个组织的水平和效率。所以，抓工作要抓短板。一条生产线上有多个环节，生产线的效率取决于最慢的一个环节。所以，要抓薄弱环节。

(27) 蘑菇管理 许多组织对初出茅庐者的一种管理方法。初学者被置于阴暗的角落（不被重视的工作，或打杂跑腿的工作），浇上一大桶粪（无端的批评、指责、代人受过），任其自生自灭（得不到必要的指导和提携）。就像野生蘑菇一样生长在阴暗的角落自生自灭。

正解：相信很多人都有一段“蘑菇”经历，但这不一定是坏事，它能够消除初学者很多不切实际的幻想，看问题更加实际，从中吸取经验教训，尽快成熟起来。但由于环境恶劣，除少数能自生外，大多数自灭了。给初学者创造良好的成长环境，更有利于其成长和发展。

(28) 奥卡姆剃刀定律 如无必要，勿增实体。

十二世纪，英国哲学家奥卡姆对无休无止的关于“共相”、“本质”之类的争吵感到厌倦，主张唯名论，只承认确实存在的东西，认为那些空洞无物的普遍性要领都是无用的累赘，应当无情地剃除。这就是奥卡姆剃刀。

正解：复杂会造成浪费，而效率则来自单纯。如果你认为只有焦头烂额，忙忙碌碌地工作才能取得成功，那么，你错了。在你做过的事中，可能大部分都是毫无意义的，真正有效的活动只是其中一小部分，而它们通常隐含在繁杂的事物中。找到关键的部分，去掉多余的活动，成功并不那么复杂。

在企业管理中，进一步将“奥卡姆剃刀”定律，简化为“简单与复杂定律”：把事情变复杂很简单，把事情变简单很复杂。这个定律要求，在处理问题时，要把握事情的实质、把握主流，解决最根本的问题。尤其要顺其自然，不要人为地把事情搞复杂化。

(29) 二八定律（帕累托定律）你所完成的工作里 80% 的成果，来自于 20% 的付出；而 80% 的付出，只换来 20% 的成果。

1897 年，意大利经济学家帕累托在对 19 世纪英国社会各阶层的财富和收益统计分析时发现：80% 的财富集中在 20% 的人手里，而 80% 的人只拥有社会财富的 20%，这就是“二八定律”。

正解：“二八定律”认为，在任何一个组织中，最重要的只占其中的一小部分，约 20%，其余 80% 尽管是多数，却是次要的。

“二八定律”反映了一种不平衡，但它却在社会、经济及生活中无所不在。“二八定律”恰恰指出了原因和结果、投入和产出、努力和报酬之间存在的一种典型的不平衡现象：80% 的成绩，归功于 20% 的努力；市场上 80% 的产品可能是 20% 的企业生产的；20% 的顾客可能给商家带来 80% 的利润。遵循“二八定律”抓主关键少数，精确定位，加强服务，达到事半功倍的效果。

总之，“二八定律”要求管理者在工作中不能“胡子眉毛一把抓”，而要抓关键人员、关键环节、关键用户、关键项目、关键岗位。

(30) 中国社会“六大定律”

从中国5000年历史中，人们总结出中国社会的“六大定律”。非常深刻，很有教益，但多是形而上学，以偏盖全，算不上严格的定理、定律，但却被人们所接受，视为金科玉律。

定律一 象牙筷定律：奢侈腐败定律。

正解：殷纣王即位不久，命人为他琢一把象牙筷子。贤臣萁子说：“象牙筷子肯定不能配瓦器，要配犀牛角之碗白玉之杯。玉杯肯定不能盛野菜粗粮，只能与山珍海味相配。吃了山珍海味就不肯再穿粗葛短衣，住茅草陋屋，而要衣锦秀、乘华车、住高楼。国内满足不了，就要到境外去搜求奇珍异宝。我不禁为他担心。”侈靡享乐的生活是无止境的，特别是对于有权势的人是十分担心的事。应严格控制奢糜腐败的行为，否则身败名裂，家破国亡。

定律二 兔死狗烹定律：狡兔死，走狗烹；飞鸟尽，良弓藏；敌国灭，谋臣亡。患难易共，富贵难同。

正解：越王勾践，为报仇雪恨，卧薪尝胆，精神非凡，成就了灭吴大业。但他的人品却非常糟糕。在极端困苦的情况下，帮助他筹划大计的有两个功臣，成就大业之后，一个被杀，一个逃跑。杀文钟的时候，勾践说：“你教我灭吴七种方法，我用了其中三种就灭了吴国，你那里还有四种，把它带到先王那里去吧。”此前，范蠡曾规劝文钟：“飞鸟尽，良弓藏；狡兔死，走狗烹。越王为人长颈鸟喙，可与共患难，不可与共乐。”范蠡之智，显然高于文钟终能免于一死。

“兔死狗烹”这样的事，历史上不断地重演。人为什么会是这样，患难易共，富贵难同？这个事件确实很有教益，另人深思。但不可以偏盖全，形而上学。对待功臣不可能都像越王勾践一样而嫉恨杀之，而更多的是封为开国功臣、王侯将相，共同富贵，共治国家。

定律三 包围定律：权力越大包围层越厚，有一个看不见的“权场”，包围着权力。

正解：各种意有所图的人都会在“权场”中向着权力中心作定向移动。于是就有了“包围”。包围是客观存在的，在中国，有权力就一定有包围。对于权利包围，鲁迅先生深感无奈。他说：“猛人尚能脱离包围，中国就有五成得救。”先生因此想作一篇《包围新论》，讲述“包围脱离法”。然而终想不出来。鲁迅先生是最聪明的人，居然想不出好办法。因此，“包围脱离法”成了中国的“哥德巴哈猜想”难题。

定律四 敌戒定律：敌人的对恃，会让我们小心行事，戒骄戒躁，努力战胜敌人，从而使自己更加优秀；如果没有了对手，我们的警戒就松懈下来，反而容易腐败。

正解：一个人、一个国家，并不希望敌人存在。但是敌人的存在，会让我们不断找出自己身上的不足，小心行事，戒骄戒躁，努力超过敌人，从而自己更加优秀，更加成功。然而，如果没有了对手，我们的警戒性一下子就松懈下来了，反而容易失败、腐败。

定律五 朋党定律：各朝各代都有朋党、帮派形成，对社会造成严重的影响。

正解：朋党现象有其深刻的社会根源：中国宗法社会的特征之一就是盘根错节，例如《红楼梦》中贾王史薛四大家族，互相倚持结为势力；更有皇亲国戚，达观贵人，彼此回护，构成一个体系。宗法社会的特征之二：亲不间疏，后不僭先，有规有矩。一个人立于社会，并非是孤立的。在他周围有各种各样的关系：亲戚关系、师生（徒）关系、战友关系、同事关系、朋友关系、帮会关系、志同道合和趣味相投的同志关系等，这些关系构成一个人的社会资源。有人利用这种关系搞得前途无量。因此，无论处庙堂之高还是江湖之远，都能看到中国人在忙着拉帮结派，就像一只勤奋的蜘蛛，编织属于自己的网略。因为网略越大，越结实，捕获的就越多。物以类聚，人以群分。由于历史和社会的原因，中国人常常结为宗派，朋党。然而，这种社会现象往往损毁社会的公平正义，是社会腐败的重要原因。正义的社会要极力消灭这种现象。

定律六 权大欺主定律：权大一级压死人，大官压小官，皇帝是最大的官，权最大。在某些情况下，当大官的实权大到超过皇帝（主人）时，就想夺取皇位，颠复政权，改朝换代。

正解：几千年的中国历史，有一个难解的“结”，始终困扰着历代的政治家，那就是“权大欺主”。从封建道义讲，臣应该忠诚于君，哪怕皇帝是个傻子或娃娃。但历史上权大欺主的事屡见不鲜。楚成王的儿子商巨，逼成王自杀；吴国公子光派专诸刺杀王僚；西汉末有王莽篡汉；晋有“八王之乱”；三国时有曹操挟天子以令天下。清末权臣袁世凯，为大清帝国送了终，人称权大欺主。一个王朝，从建立到兴盛，到腐败，到灭亡，这是个必然规律。它的灭亡有两种形式：一是被农民起义推翻，二是被他的大臣窜权推翻。从历史发展来说，政权需要掌握在有能力的人手中，没有能力掌握重权，力不配位，被推翻是不可避免的。这就是历史唯物主义。所以没有能力而掌握大权是件很危险的事。

蒋介石从这件事中吸取权大欺主的教训，其御下之术是：暗中支持和挑唆各个派别和山头（黄埔系、CC 系、政学系）相争，各派彼此争斗、钳制，没有超过他的实力，而需从他那里寻求支持，于是蒋从各派斗争中胜出，超越各派之上，成为无法撼动的最高领袖。

11. 研究社会力学的重要意义

哲理接近本质。社会力学是研究推动社会发展力的学说。从广义而言，社会力学支撑着整个社会。社会力学的种类繁多，只要有意识地观察一下社会，就会发现整个社会充斥着社会力，就其主要的，本书研究了一百零八种，将在社会力学各论中分别论述。研究社会力学，具有多方面的重要意义。

（1）从力学的角度系统探讨社会问题

我们学过很多自然科学中的力学，但你学过《社会力学》吗？没有。因为直至目前还没有一本系统的社会力学的书，本书是第一本系统研究社会力学的书，尽管还有某些不足甚至错误，但必竟为今后的继续研究奠定了基础，本书至少可以起到抛砖引玉，吹箫引凤的作用，对这个关系社会发展的重大问题，点题破局，以引起学者们的关注和重视，本身就具有重要意义。

（2）探讨了一百多种主要的社会力学

本书探讨了108种主要的社会力学。108，这和《水浒传》中一百单八位英雄好汉数字巧合。《水浒传》中的英雄好汉，个个本领高强。社会力学深刻地影响着整个人类社会，本书讨论的是最重要的社会力学，从不同的角度来观察社会、理解社会、研究社会、运作社会、改造社会，克服人类对社会现象的迷茫性、盲目性、神秘性，更容易看到事物的本质、社会的本质、世界的本质。

（3）研究了某些社会力学原理和定律

社会力学中存在着许多社会发展的规律和奥妙，存在着许多原理和定理，存在着许多探索性问题，等待人们去研究、去发现、去总结。“力”在自然科学中是本质、核心的理念，出现了各种关于“力学”的论著。在社会中，“社会力学”同样也是本质而核心的理念，也会出现许多关于社会力学的论著。社会力学同样是丰富多彩的，它比自然力学更精彩，更复杂，难度更大，更难以探究。本书中得出了某些重要的理念，可能发展成为定理或定律，例如：

碰撞是社会力学作用中的基本形式；平衡是社会力学的重要状态；社会力学中的适度用力原理，已作为主要章节进行了论述。

社会力学中的“生命力学”。社会力学中，首要的是人的生命力学。第一，人要活命；第二，人都想生活的更好、更有价值。由此，演绎出人在社会舞台上的形形式式的表演。人在活命中生活，价值在活命中发展。

思想力学是重要的社会力学。先进、正确的思想引领人生奋斗，引领社会前进。落后、错误的思想将导致人生的失败，将导致社会混乱和倒退。

在中华民族上下五千年的历史中，出现过许多极具冲击力的思想和思想家，极大地启迪人的思维，极大地影响社会的发展。培养思想家，培养爱思想的人，是社会的重要责任。

利益力学是社会中最活跃、最重要的力学。人们多么关心自己的利益！“熙熙攘攘，皆为利忙”、“无利不起早”都生动地描绘了人和利益的关系。“人不为己，天诛地灭”，更是刻骨铭心地诉说了这种关系。

想像力学也是一种重要的社会力学。许多科学假说、科学幻想；许多小说、电影、美术、漫画，都散发着想像力的光辉。爱因斯坦说：“想像力比知识更重要。”没有想像力，社会就暗淡无光。

希望力学如同人生之光，没有希望的人生一定是暗然无光。

给自己以期望，成功和幸福就在前面。毫无疑问，能巧妙地孕育希望，并能从一个希望到另一个希望，此乃治疗不满情绪的最佳良药。人生应始终充满不可枯竭的希望。

嫉妒力学是一种常见社会力学。嫉妒，作为一种古今中外的社会现象，一种破坏力极强的人际关系力，经常影响事物的状态和发展，是搅乱社会的一种丑恶杂力，产生很大负能量。它可以毁坏人与人之间的关系，毁坏一个单位或一个集体的形象，瓦解其力量。

炒作力是人类特有的一种疯狂情绪力。这种力有时极大地影响社会，搅乱社会，是一种不祥之力。

“炒作”是人类一种新的疯狂，也是其它动物所不曾具有的本领。在适当的环境中，炒作力能带领人们进入疯狂炒作的时代。炒股、炒汇、炒基金、炒彩票、炒邮票、炒煤、炒房、炒地皮……凡是能赚钱的，人类都要炒作一番。炒作的规模之大，范围之广，方法之妙，理论之深，可谓空前。一件商品、一个号码、一个人，只要加上“炒作”二字，价钱就没有了谱，整个局面就是沸沸扬扬。炒作的后果是产生泡沫：经济泡沫、政治泡沫、思想泡沫、感情泡沫、人际关系泡沫、信仰泡沫……当泡沫太多了时，整个社会就会被泡沫充满，人类将生活在炒作的泡沫之中，窒息得喘不上气来。

……

(4) 有望总结出更多的原理和规律

“它山之石，可以攻玉。”自然科学和社会科学互为它山，可以相互借鉴。

如力作用的三要素、惯性力、摩擦力、分力、合力、力的内耗、吸引力、排斥力、离心力、向心力、破坏力、力的数学表达等，在社会力学中，都有类似现象。在自然科学中都已研究得很成熟，受自然科学力学的启示，社会力学中也可能概括为若干种力学分支，来精准地分析讨论社会科学。相信社会力学也会发现更多的理论、公式、原理、定理、公理，像自然科学一样丰富而精彩。相信社会力学的丰富内涵，不亚于自然科学力学之内涵。

所以，应学习自然科学家的探索精神，努力研究发现社会力学的现象和本质，是社会科学工作者的共同责任。

（5）对社会的运作和发展有重要的指导作用

研究社会力学，归根到底，就是要认识它的性质，总结它的规律，发挥它对社会发展的指导作用。

首先要明确社会力学的本质。社会力学是推动社会发展的基本动力。没有力就不能运动，力是事物发展的本质和精髓，自然科学是这样，社会科学也是如此。认清这一问题，目标明确，努力去探索事物的本质，快速、准确地认识问题，解决问题，达到事半功倍的效果。

要认识社会力的普遍性。每一种事物、每一个问题，都蕴含有一种或多种力。社会力学搅动着社会混乱，也推动着社会前进。任何一部著作中，都体现一种或数种力，否则不可能成为著作。

要认识社会力学的规律性。社会力学虽然复杂纷繁，但都以其原理和规律运行。本书中阐明了108种主要社会力学的原理和运行规律，对社会的运行和发展有重要的指导作用。例如：

任何一件事物中都包含一种或数种力在进行较量，较量的结果，较强的力决定事物发展之走向。——社会力学的重要定理。

社会力对社会作用的强弱，取决于力的大小，力的方向，力的切入点，力的作用时间及其他力的相互作用。——社会力学重要定理。

社会力学的性质分明：正义力，非正义力；先进力，落后力；新生力、腐朽力；革新力、保守力等。正义战胜邪恶，先进战胜落后；新生战胜腐朽；革新战胜保守，是社会力作用的发展趋向。——社会力学重要定理。

社会力，是由人来运作的。所以受人的主观因素较多，被人主观力量所左右，不像自然力那样直朴、简单。所以，社会力学更为复杂，更为难以掌控。——社会力学重要定理。

社会腐败的力量，腐败就像垃圾一样不断产生，鲜果难存易腐；只有保鲜才可以长存少腐；社会发展周期律和《推背图》就是根据这个道理推导出来的。

社会力的规律在不断研究探索，它的公理、定理也在不断被发现总结。

控制社会力是非常重要的。在人类历史和现实中，发生了许多好事，都是社会力学作用的结果。历史上发生过许多坏事，如残酷的战争，血流成河，尸骨堆山，生灵涂炭，人类文明残遭践踏，这是社会力失控之悲哀！

对社会的前进、倒退、动荡、静止（平衡），从力学的角度加以研究。没有“力”，一切都将保持原来的状态，不会动的；有了力的作用，在社会上就必然要表现出来，社会就动起来。

用社会力学去观察，去处理问题，就会产生新的思维方式。一般认为社会是由上层建筑和经济基础构成，这是对的。但进一步研究，其上层建筑和经济基础都是由许多力学构成的平台，是力的复合体，可以将其分解成单元力，也将符合社会力学的作用原理。

从社会发展的动力学的角度来研究社会力学，是为了社会和谐，为了世界和平；对社会矛盾的形成，从力的角度进行化解；对战争斧底抽薪；对英雄观、幸福观、财富观拨乱反正；从力学的角度，使问题系统化、抽象化、简单化、科学化，来认识社会力学、运用社会力学、发展社会力学。

人类应研究社会力学，会惊奇地发现，那里也有许多定理、公式、公理之类，说明社会是如何运动、如何停止、如何转向、如何调整、向正方向或反方向发展，如何利用社会力学去阻止战争、去争取和平；如何消除社会矛盾，促进社会和谐。掌握社会力学于股掌之中，令社会运动于可控之中。

团结就是力量。社会力学有合力与分力；合成与分解，增强与抵消，向心力与离心力。要使力最大化，就要研究合力；“统一战线”就是聚集分散之力为合力，使力最大化。窝里斗使力内耗，相互抵消 ，甚至成负值。国人切记不要搞窝里斗，要团结，使力量最大化；团结可以产生合力，分裂则形成分力，甚至反向作用力。所以，要团结，不要分裂，

第三章

社会力学各论

1. 大同世界力学

世界大同是人类社会的理想境界。在这个大同世界里，没有压迫，没有剥削，没有掠夺，没有战争，世界和谐，世界和平，人人安居乐业。自古以来，一直是某些志士仁人、社会精英、领袖人物，为此奋斗的崇高目标，是推动社会发展的强大动力。

人性使然。大同世界的美好境界，必然成为人类追求的目标。这是社会发展的客观规律，并不以人的意志为转移。人类有许多向往美好的共性，这些共性，就是人类大同世界的思想基础。如食色性也，都想过美好的生活，都想得到别人的赞颂和尊重，都喜欢真善美，都憎恨假恶丑，都喜欢和平友好，都反对争吵和战争……只是在考虑如何过美好生活时，有人考虑自己的利益太多，考虑别人的太少，或根本就不考虑，甚至强词夺理，无理取闹，这时世界就会不和谐，甚至发生战争。

古今中外，有多少仁人志士在追求大同世界的美梦。二千多年前，孔子就有大同世界的思想。孔子曰："大道之行也，天下为公。选贤与能，讲信修睦。帮人不独亲其亲，不独子其子，使老有所养，壮有所用，幼有所长，矜寡孤独废疾者有所养，男有分，女有归。货恶，其弃于地也，不必藏于己；力恶其不出于身也不必为己。是故谋闭而不兴，盗窃乱贼而不作，故外户而不闭，是谓大同。"（《礼记·礼运篇》）几千年来，历代中国人的大同世界，就是这样一幅尘世间人尽其才、遵守公德、各得其所、夜不闭户、道不拾遗，和谐有序的社会景色。

为什么人类有史以来一直未能达到大同世界呢？因为存在争吵和战争的根源。理论上没有新的突破，只是在愿望上说教，所以没有达到大同世界。

在以色列海法城区有一个著名的“空中花园”景点，是巴哈伊教（在中国被译为“大同教”）的圣地。巴哈伊教是19世纪的伊朗人巴哈·欧拉创建的，其核心价值可简单表述为上帝唯一、宗教同源、人类一家。空中花园是巴哈伊教的圣使巴孛的陵寝，依山而建的花园，共有18层梯田，居高临下，海法的美景一览无遗，令人赏心悦目，被联合国教科文组织列入世界文化遗产。由于巴哈伊教更为开放和宽容，宗教仪式更为简化，更为现代化和世俗化，主张人类大同，因而在世界范围内获得快速的传播和发展。

在以色列这个有着宗教文化尖锐冲突、千年不愈的“伤口”，出现追求跨越文化、超越宗教的巴哈伊教，犹如一个“神迹”和福音，启示着人类文明的走向。这个地区，三教并存，各循其宗，和而不同，是件很困难的事，在其创始地伊朗，巴哈伊教一直是被否定和打压的，一些信徒甚至被追杀。

美国有“大熔炉”的理念，即用普适价值凝聚全体国民。

费孝通先生提倡多元文化的境界：各美其美，美人之美，美美与共，天下大同。但在现实的社会中，如果一个人群处于社会之外的封闭状态，似乎并不容易导致社会和谐，反而成为地区冲突的原因。因而，人们一直有建立一种超越不同文化、不同宗教的基础文明的追求。在哲学、伦理学界，这种具有最大公约数意义的“底线伦理”被表达为“己所不欲，勿施于人”。在宗教界，就是新兴的巴哈伊教了。

尽管世界上有林林宗宗的宗教，信仰任何宗教，都不可能把人类带到大同世界。“大同世界”是个科学的课题，众多不科学的思考与实践，不可能完成同一个科学课题。

人类有很多关于大同世界的梦想，人类的文明进化还远远没有完成，人类大同的理想仍然在路上，在梦中，在怀疑中。

人类的相互了解和理解是建成大同世界的基础。相互不了解，相互猜忌，哲理的悖论，总想侵占别人的利益，是人类争吵和战争的根源；在人类未达到高度文明的阶段，生产力落后，物质匮乏，争夺物质利益也是战争的根源；争名、争利、争地位、争资源、争领土、争夺江山，贪婪别人的一切，也是争吵和战争的根源；哲理悖论：“成王败寇”、“唯我独尊”，也是争吵和战争的根源；为了本国的利益，在全世界到处称王称霸，搞单边主义，也是争吵和战争的根源；当权者的个人英雄主义，也是争吵和战争的根源；相互封锁，互不了解是战争的重要根源。有位朋友问，在夜深人静时，单独一个人行路，你最怕遇到的是什么？我说是狼。他说不对，最怕遇到的是“人”。因为遇到狼，你知道如何对付；遇到人，你可能不知道怎样对付。他是好人、坏人、强盗？你在猜忌，并准备自卫，甚至先下手为强。而对方也在这样猜忌你，也准备自卫。这时，会感到特别害怕。如果你知道他是好人，当然就不怕。国与国之间也一样，多沟通，“多走亲戚”，多做友善的事，完全可以消除误解，避免战争。

从产生战争的根源而论，在人类采集食物阶段没有战争。在农业发展了后，财富聚积多了，战争可以掠夺更多的财富，开始有了战争，而且战争越来越频繁，越来越大。那么，现代如何避免战争呢？就是要改变人们引起战争的观念。

人类必须在某些重大的理念上有基本一致的思考，才有达到大同世界的可能。

人类即将进入大同世界的时代，人类命运共同体被广泛关注，这是因为“大同世界”越来越走近，条件越来越成熟，这些条件是：

（1）物质相当丰富。所有的人基本达到了温饱、小康以上水准。随着科学技术的发展，生产力不断提高，生活资料越来越丰富，加之相互支援，全人类达到消灭贫困，达到温饱水平。这是重要物质条件。

（2）人类英雄观的转变。人类历史上，因为战争产生了无数的英雄豪杰，人们形成了一种战争出英雄的观念，这也是促成人类战争的原因之一。这是一种误导，应拨乱反正。英雄观改变，就是人类一致认为，好战、挑衅、侵略，不再产生英雄，只有捍卫和平，保家卫国，高举和平旗帜的人才是英雄；白种人不是英雄，黑种人也不是英雄，消灭种族歧视的人才是英雄；奴隶主不是英雄，奴隶也不是英雄，消灭奴隶制度的人才是英雄；地主不是英雄，农民也不是英雄，实行土地改革，实行耕者有其田的人才是英雄；制造两极分化的人不是英雄，促进共同富裕的人才是英雄；欺负弱势的人不是英雄，行侠仗义的人才是英雄。人们不再认为位高权重是英雄形象，而认为雷锋式助人为乐是英雄，焦裕录辛勤为人民的官是英雄；贪婪敛财不是英雄，全心全意为人民服务的人才是英雄；好善乐施的人是英雄；救死扶伤的人是英雄；科学家为人类造福，为世界和平奋斗是英雄；科学家、工程师的良知受到质疑，研制杀伤性更大的武器侵略别国，挑起战备竞赛不被人们赞许，很难成为英雄。

（3）财富观转变。人类不再十分贪婪，认为贪婪是人类对财富的误解，是可耻的行为。人类可以有自私心，但不要妨害别人。人类可以有足够的财富，但不要贪婪。人们拥有足够多的财富是好的愿望，但要巨额财富、贪婪财富是人类的不明智之举。巨富们捐助慈善事业，是件了不起的事，意味着人类向传统的财富观念宣战，因而具有化时代的意义。

（4）通过选举产生领导，废除世袭制、终身制，是消除战争的重要举措。历史上，争夺江山是重要战争根源。为政不端，又不肯下台，是引起政变的根源。现代社会，几乎所有的国家都实行了选举，并规定了严格的任期和责任，这是人类的进步。感谢上苍，现在已到选票出政权的时代，应该有新的思维、新的规则。不再是“胜者王侯败者贼”，失败的人除了不能得到政权外，不会有任何其他损失，仍然是堂堂正正的国家公民，具有与“王”同样的尊严。这就宽松多了。

（5）幸福观转变。人们不再认为拥有巨额财富是幸福的标志，不再认为挥金如土，花天酒地的生活是幸福。不再认为骑在别人头上作威作福是荣耀。不再认为压迫剥削别人是尊严。不再认为侵略别国是英雄行为。而认为大家都过上富裕的小康生活是幸福，助人为乐是幸福，有社会责任感是幸福。

（6）加强交流了解，消除误解。现代社会，通讯、交通如此发达，具备了充分交流的物质条件。人们在“地球村”生活，加强沟通了解，非常方便。通过政要的协商讨论，也可以通过体育、文化、艺术、旅游、留学、访问加强沟通。都是熟悉的朋友怎能打仗呢？

（7）发挥联合国更大作用。国与国之间的问题，高举和平的旗帜解决争端。暂时解决不了的，也不可以打仗，随着时间的推移，人们的思想会有新的认识，终会找到高明的解决办法。

（8）严惩战争罪犯，追究战争责任。现代的人类具备了追究战犯的理念和能力。追究几十年几百年，甚至永无了结。彻底追究战争责任是好事，是社会的进步，要追究战争的领导者、元帅、将军、各级军官，以及涉及到的科学家、工程师、武器制造厂等，这样追究下去，看谁还敢发动世界大战！没有大规模的战争，人类就能高速发展经济，高速建设，享受建设成果，建设和谐社会，世界大同。

（9）信仰科学。这是世界大同最根本的问题。“信仰科学”是人类文明、进步、聪明、富有、自信、伟大的思想基础；迷信是人类愚昧、落后、无奈、盲目的祸根。信仰科学使人类生活幸福，使世界多姿多彩，是世界大同的必由之路。

人类做过几千年“世界大同梦”，但都没有实现，就是因为没有一个共同的科学的信仰——信仰科学。各种不科学的信仰，怎能使人类达到大同世界的目标呢？假如“世界大同”是个科研课题，如何达到目标，各国都在研究。只有进行“科学”研究，才能达到一个相同的结论。于是按此方法，各国都在研究这个问题，就可以达到“世界大同”，因为一个课题，科学的研究只有一个正确结论；而非科学的研究，可能有多个结论，这就是几千年来，人类不能达到世界大同的根本原因——没有信仰科学的共同信仰。如果世界上有更多林林总总的宗教，不同的信仰，五花八门，宗教间的斗争，宗教内部的争斗，残酷而悠久，世界能大同吗？

同为人类，必然会有某些共同的问题。寻求人类的“普世价值”，向大同世界渐行渐近，欢呼大同世界的到来。让大同世界的美景遍及全世界，人类将在大同世界的美景中逍遥自在地幸福生活。

2. 生命力学

生命力学是重要的社会力学之一。不想死，希望活得更好，这是人类社会的基础。每一种生命都顽强地表现自己，只有在外力的作用下，包括疾病、各种艰难困苦、各种外力的打击作用下，才会死亡；或感到生不如死时，才会产生自杀和“破罐子破摔”的念头。这是社会力学原理之一。掌握了这一原理，许多社会问题就看得清，理解得透，可引刃而解。如果一种动物，一生来就不想活命而想死，此事是不可思议的，此种动物早已灭绝，不可能屹立于动物之林。

只有人类不仅顽强地表现自己要生存，而且还顽强地表现自己的存在，要在社会舞台上努力表演。从本质上说，人类文明的进程就是不断脱离动物界简单、自然的过程。这一过程主要包括人类体质的进化和心性的进化两个方面。从猿到人的体质进化，人类用了上万年的时间才完成，而人类心性的进化则还要缓慢得多。因为心性的进化，要认识事物的本质，需要知识，需要思想。当人类跨越石器时代、青铜时代，进入铁器时代，以至进入机械化、电气化、自动化、网络化的当今，人的动物性依然顽强地在人类身上闪现着。如何管好人类的思想，使带有野蛮动物性的人变成理性的社会人，这就需要对社会力，对社会力学有精准的认识，需要对社会有更深刻的改造。

人类社会的基本要素是人和人的活动。人，要活命，要活得更好，更有价值，这是社会发展的基本动力，其它的社会活动都由此而产生。因此，演绎出人在社会舞台上的形形式式的表演。人在活命中生活，价值在活命中发展。——生命力学的第一定理。

(1) 人要活命

人由母体出生后，需要空气、水、阳光、食物（能量），还需要能保持体温的衣服等必需品，否则，难以活命。人为了活命，总结出“人不为己，天诛地灭”的警句。言重了，很难听，但是真理。人不为已，不能活命。如一个人长期把饭都让给他人，自己长时间不吃饭，是不能活命的。此话改为“人不为己，不能存活”，更为恰当。

通过几千年的争论，人类终于对人性、兽性、神性有了新的认识，就像爱因斯坦发现《相对论》对自然科学的影响一样，神性——新的神学观对社会的影响也是巨大的。人类对动物、人、神认识的统一，是一个的重要观念，它对人类的影响，犹如爱因斯坦发现《相对论》对自然科学的影响一样强大。

人活着为了什么？这样的终极问题，与生俱来，是人类出现后就存在的问题，是历代仁人智者都在考虑的问题。

从广义讲，人是生物、动物或者说是高等动物，是有机质发展到一定形态的表现，就是有机质结构发展至某种形态，就会产生某种表现，发展到高级结构时，某些细胞能产生思维的功能，对现实问题，就会思考，就会问为什么？

问植物活着为了什么？花草树木不会说话。但只要有生存条件，就顽强地表现生命，繁茂生长，留下种子，或寿终正寝，或再来个生命周期，或无生存条件时就死亡，无怨无悔。这是有机质的性质使然。

问动物活着为了什么？老虎、狮子、飞鸟、苍蝇、蚊子不会说话，但它们生而为食，食而为生，能活命时，绝不想死；能逃命时，垂死也挣扎。

顽强生而不愿死，是生物的属性。活着为什么，除人类之外，其他生物都不考虑。这也是低等生物的特性。

人，人性，有人描写：人，一半是天使，一半是野兽；也有的说：人是半神。从自然的眼光看，人是动物，由低级动物发展起来的高级动物，有兽性的一面，人的身体来源于进化、遗传、基因变化、繁殖。受本能支配，吃喝拉撒睡必不可少，如同别的动物体相比，是更有欲望之物。从宗教的眼光看，人是万物之灵。人会制造工具和使用工具，人会复杂思维，超越于宇宙一切万物，闪放着精神的光华。在人身上，神性和兽性共同存在而彼此纠结、混合、相争、消长，这样产生的结果，我们称之为人性。向上通向神性，向神靠拢；向下趋向兽性，向动物靠拢。所以，人性是神性和兽性互相作用的产物。

人性是介于动物性和神性之间的一种属性，是对动物性的克服和向神性的追求。按照这种解释，人离动物状态越远，离神就越近，人性就越高级、越圆满。

人，是由动物发展起来的高级动物，仍属动物的范畴，但他们会制造工具、使用工具，会思考，有喜怒哀乐的感情。

人类是会思想的动物，由他们的大脑所思想出来的意念，有高尚的、有进步的、有邪恶的、有落后的甚至反动的；然而，如果一定说人类比动物高尚，这可能是文明的一种偏见。譬如说，人类狂热地敛财，奢靡地享受，疯狂地炒作，自私贪婪，妒忌、欺压剥削同类，嫖、赌、吸毒，这一切在动物界是绝对不可想象的，现代人离动物状态的确是越来越远了，但何尝因此而向神靠近了一步呢？实际上，人类也有比动物好的一面，但也有比动物更差的一面。

人性未必总是动物性向神性的进步，也可能是从动物性的退步，比动物性距离神性更远。也许在人类生活日趋复杂的现代，神性只好以朴素的动物性的方式呈显，回归生命的单纯，正是神的召唤。忌讳人的动物性也许是文化的偏见，动物状态也许是人所能达到的最单纯的自然状态。

人类早有混合兽性和人性而成为神的想象，如狮身人面像、美人鱼、白蛇精、黑蛇精、孙悟空等，就是动物与人结合再与神结合，创造了许多人和动物结合成为神的故事。如果人类排除兽性和神性而孤立作人，就是既不想当动物，也难以当神。人就是有精神的动物，神就是人精神的升华。

动物，兽性?:? 动物身上体现了毫无做作的自然性，吃喝拉撒睡、情欲、排泄、鼾声、响屁、饱嗝……这些都是动物特性，动物自然的属性，人也保留了这些基本动物性，尽管人类觉得这些动作并不雅观、高尚，因为它们赤裸裸地暴露了人的动物性一面。

动物性还表现在动物没有思想，或思想简单，不会制造工具，不会使用工具，贪生而不怕死，食而为生，生而为食，弱肉强食，毫不掩饰。情欲、繁殖后代、母亲哺育幼子，长大各自觅食；再长大远走它方，互不相认。这与人类的尽忠守孝、知恩图报的道德相距甚远。

人区别于动物的行为，包括在衣食住行、情欲、婚姻、生儿育女、关爱子女直到永远，亲亲相爱直到永远，死后由后辈祭典，直到永远，都远远高于动物，都可以提升人的境界。唯有排泄、鼾声、响屁、饱嗝之类，这种无可避免的动物行为，人类永远不可能从中获得美感和崇高感，但也设法在改进。

但作为一种信仰，相信自己崇敬的精神，就像崇敬光辉榜样一样，比如雷锋精神、焦欲录精神、钱学森精神、孙悟空精神、白蛇精精神……正是智慧的人提炼了这种精神，是需要的。这和迷信的神不不同的。

承认了动物、人、神的存在和区别，在现实生活中，人可以向动物靠拢，使人变得低下；也可以向神靠拢，使人变得高尚、伟大。某些性学家所倡导的性解放、性自由、裸奔、同性恋，从动物的观念本无错误，因为反映了人的动物性一面，大胆展示动物的习性和欲望、追求性解放、性自由。但这种观念又饱受诟病，因为这种观念将人类降低了几个档次，促使人向动物靠拢，而不是促使人向神靠拢。这就明白了，为什么裸奔、疯狂、不加节制的行为不受欢迎，就是它反映了人的动物性的一面。

（2）人为了生活的更好、更有价值

人是寻求意义的动物，这是任何动物都达不到的。

德国哲学家尼采有句名言："人类的生命，不能以时间长短来衡量，心中充满爱时，刹那即为永恒。"

佛教中有一种悲观的思想：一切行无常，生者必有尽，不生则不死，此灭最为乐。就是人终归要死，最好不要出生。

佛教中有许多热爱生命的教诲："救人一命，胜造七级浮屠。"就是救人一命，胜过造一个七级的佛塔。"放下屠刀，立地成佛。"

每一个人都有生命，但并不是所有的人都懂得生命，乃至于珍惜生命。不了解生命的人，不知道怎样过好一生，生命对他来说，是一种负担、一种惩罚。

有时候我们要冷静问问自己，我们在追求什么？我们活着为了什么？

人生的态度是：抱最大的希望，尽最大的努力，做最坏的打算，承认好或坏的现实。

人为了生活的更好、更有价值，这也是社会发展永恒不懈的动力。如果没有生活的更好的动力，人就无精打采，暗淡无光，社会发展就会停止。人性使然，自有人类以来，人人都在为生活的更好、更有价值而努力。每个人都有自己的奋斗史，更有彪炳史册之风云人物。"江山如此多娇，引无数英雄尽折腰。"仅人生高下优劣，就有许多评说。可见人们对人生奋斗的评价非常重视。如果是非颠倒，好坏不分，人生就必然混乱、颠倒。这也是人生哲理必须要解决的问题。

怎样才是生活的更好呢？什么是"美好人生"，什么是人生价值，什么力产生正能量，什么力产生负能量，这些都是很重要的问题。以正确思想指导自我完善，这就涉及到对人生的高下优劣的鉴赏和评判。这是世界观、人生观、价值观等重要问题的集中表现。要增强自我完善的自觉性，就应该懂得这样的道理。关于评判人生的高下优劣，目前比较认同的有几种理论：

①自我实现论

这是美国当代人本心理学家马洛斯于1954年提出的"自我实现论"。这个理论客观地把人的发展，按人的需求（追求）从低到高分为五个层次，相应把人分为五个等级，根据自己的能力，能追求到哪个层次的需求，就是哪个层次的人：一是生理需求——是饮食、睡眠、性欲等；二是安全需求——住宅、工作场地等；三是归属需求——爱情、友谊等；四是尊重需求——地位、角色等；五是自我实现需求——理想、价值等。只有较低的需求得到了充分的满足，才能依次产生出高层次的需求，人生也相应进入较高的等级。

马洛斯的自我实现论对于评价人生有可取之处，既反映了人的追求愿望，如何生活的更好，也反映了自己实现愿望的能力。但由于该理论过分强调了个人意志的实现，而忽略了人生的社会责任和社会价值，往往会误导人们推卸社会责任，不择手段地去追求个人的人生价值。一个人在自我需求的动力支配下，由于自身素质不同，所追求的目标和采取的方法也就不同，所成就的人生也就各不相同。所以，仅从这个角度很难以完整、准确地评价人生。像希特勒这样的战争狂人和人类罪人，在他覆灭之前的数十年里，其人生似乎都应属于尊重需求和自我实现需求的较高层次。但他们的追求给人类带来了巨大的灾难，是罪恶的人生，是最坏的人生。

②圆满人生论

大隐先生从人本主义出发，综合主观感受和客观存在以及社会责任和社会价值，把人生从高到低分为“圆满人生”、“缺陷人生”、“平庸人生”、“贫贱人生”、“堕落人生”五个等级。(大隐，《发现》2006：7)

第一等是“圆满人生”。就是方方面面都不错，没有大的缺憾，也可理解整体达到“小康”水平。世界上没有完美无缺的人生，却有圆满无憾的人生。主观感受的圆满，不等于客观存在的完美。圆满人生可理解为人生的全面发展。从某种意义上说，人生的优胜者并非竞技场上的单项冠军，而是一个全能选手。有的人并没有什么可歌可泣、值得大书特书的人生经历，甚至只是个普通百姓，但其事业小有成就，与人和谐相处，感情有着落，身体也不错，那就是圆的人生了。

假如把经营人生比做经营企业，经营人生主要做好这五句话：

一是“事业无须惊天动地，有成就行”——不见得非要达到什么水平，攀到什么职位，或跻身于哪一级富豪，只要能胜任某项工作，有所成就也就可以了。

二是“爱情无须死去活来，温馨就行”——只要找到一个能情投意合的人，有一份好感觉，并将爱情进行到底，那也就不错了。

三是“朋友无须如胶似漆，知心就行”——朋友不一定要好得分不开，只要彼此了解，以诚相待，“君子之交淡如水”，也就行了。

四是“金钱无须取之不尽，够用就行”——钱多少才是够？不缺必须品就是够。财富多是好事，但多余的财富常是用于浪费。

五是“身体无须长命百岁，健康就行”——尽管大多数人最终都是生病而死，但通过努力可以提高生命质量，延年益寿，减少生病死亡之痛苦。

从某种意义上说，“圆满人生”的最高境界就是三无而终——无恨而终，无憾而终，无疾而终。

第二等是“缺憾人生”。在其它方面都是“良好”、“优秀”，却有某方面不及格，即存在有较大的缺陷，成为终生遗憾。这类人大都是英雄豪杰、高官巨富、明星大腕、专家学者，他们为了追求一部分的人生价值，于是就铸成了事业成功而爱情失落，幸福来临而死神逼近，外表辉煌而内心痛苦等之类无法弥补的终生遗憾。

近年来，社会上关于“成功”的出版物和培训班风靡一时，所鼓吹的成功仅仅局限于事业方面。不少人在成功的诱惑下，就像一个在“燃烧的地板”上跳街舞的舞者，急速地踢踏着脚步，停止不下来。他们只有事业上的激动和喜悦，而很难体味到人生其他方面的乐趣。其实事业只是人生的一部分，最多也只是最重要的一部分，而远不是人生的全部。事业成功并不等于人生的成功。成功人生并不等于表面上的轰轰烈烈，不是别人心目中的羡慕和渴望，也不是自我感觉中的良好，甚至更不是社会上的褒扬和流芳百世的人生。

人生难满百年，要在每个方面都达到“优秀”是不大可能的，只要各方面都达到“良好”，就是达到了“圆满人生”的底线了。在这个基础上，如果有一项，乃至几项达到“优秀”，那自然更好。如果各方面都强调“优秀”，非但不可能，还会导致某一方面或几方面“不及格”，留下诸多缺憾。

圆满人生与缺憾人生一般都是有较强事业心的人，然而，缺憾人生却缺乏顺其自然的超越心态，即平常心。“平常心”这个词出自禅宗，其中“平”字取稳定、平衡、轻松之意；“常”字取恒常、不乱、不变之意。人不可没有雄心，甚至不可没有“野心”，更不可没有平常心。有了强烈的事业心，必须用相应的平常心来与之平衡。事业心与平常心相互融合是实现园满人生的必备条件。

第三种是“平庸人生”。即各方面都及格，个别方面可达了“良好”，但总体来说是及格水平。

第四等是“不幸人生”。其他方面都是“及格”水平，个别方面还可达到“良好”，但即有个别方面“不及格”，这种“不及格”可能是事业的失败，可能是物质的贫困，可能是疾病的长期折磨，也可能是情感世界的荒芜……

第五等是最低一等，即“堕落人生”。这里所说的堕落是指道德堕落，即为了谋取财富、职位、或名声，在“不能流芳百世，也要遗臭万年”之类的邪念和病态心理的驱使下，走火入魔，铤而走险，危害他人和社会。希特勒的人生就是堕落人生。他虽然身踞高位，腰缠万贯，学有所成，许多方面达到“良好”，甚至“优秀”水平，但其道德品质低下，二战中死伤那么多的人，给人类带来巨大的灾难，堕落为败类。这种人不能归入缺憾人生——缺憾人生可缺这缺那，唯独不能缺德。这种人也不能归入“不幸人生”——不幸人生是值得同情的，道德堕落危害他人与社会，是不值得同情的，甚至是必须遣责的。

用圆满的人生论来指导人生，有利于正确指导自我完善，有利于人的素质的全面提高，有利于人的全面发展。

用马洛斯的自我实现论来指导人生，会导致某些人对道德、心理等方面的忽视与缺失，从而酿成缺憾人生，甚至是堕落人生。我们现在所倡导的和谐社会，其实质是和圆满人生相呼应的一种社会。在文明制度下，作为社会细胞的人，如果大多数都能自觉地追求圆满人生，这个社会自然就血气通畅，趋于和谐；如果说大多数的人都追求所谓的“成功人生”，这个社会势必会恶性膨胀，发生癌变。

如何实现圆人生呢？就是自我完善，即全面提高自身的素质。首先应拒绝和摆脱堕落人生、贫贱人生和平庸人生，向圆人生奋斗。在实现圆人生的群体中，大多有着自己的理想与抱负，但有的正在缺憾人生的陷阱中挣扎，却麻木不仁，甚至自我感觉良好。

对于缺憾人生而言，应该弥补某些缺陷。缺憾人生与圆满面人生相比，主要缺些什么呢？缺的不是别的，而是某些方面的人生智慧。主要有三方面：一是“行乐”智慧；二是“自爱”智慧；三是“知足”智慧。

“行乐”智慧。所谓的及时行乐，并非是一些人误解的趁着年轻行欢作乐，而是抓住时机，把握当下，去做自己快乐的事情，享受生命的幸福，不要等到时过境迁，老之将至而悔之莫及。

“自爱”智慧。人一生可以干很多蠢事，但最蠢的一件事就是忽视健康；然而，许多人却不能正确处理身体与名利的关系，为了追逐名利透支健康，甚至以生命为代价。难怪有人说：“名利”二字甚于利箭。利箭易躲，名利难防。珍惜生命主要在于自己。从某种意义上讲，人只要善于自爱，这爱也就差不多够用了。

“知足”智慧。这里说的“知足”不是满足现状，不求进取，更不是盲目乐观，骄傲自大。而是经过一番努力之后对自己人生的肯定，对人生的感恩和对由此而来的欣然，是对无法改变现状的达观，和由此而来的释然，是因为知道人之心欲难填，进而保持平常心。

③通向盛名之路

人有爱表现的属性，一有机会就表现自己；无本领、无机会，无可奈何才不表现自己——人的生命第二定理。

通向盛名之路的鼓舞力，也是社会力学最活跃的部分。如何通向盛名之路呢？立德、立言、立功。“人生自古谁无死，留取丹心照汉青”。人们特别欣赏这一哲理。

立德者的高贵品质也可垂范于世，给社会做出贡献。无论在平凡的岗位还是不平凡的岗位，都可以不平凡的道德光芒照耀人间。

立功、立言，这是通向名声另两条必由之路。就基本条件而言，立功者需要一颗伟大的心灵、非凡的本领；立言者则需要一个伟大的头脑。两条道路有区别，其得失也显而易见：功业若过眼云烟，而好的著作则永垂不朽。最为辉煌的丰功伟业，对人类的影响都有时限；而一本才华横溢、飞珠溅玉的名著，却是生机勃勃的灵感泉源，历经千年岁月仍可光华四射。

立功能实现多少要靠机遇；立言所依靠的是立言者的品德学问。

名声是比较而存在，主要是品格的对比。新秀的崛起，某人的名声便不知不觉受到冲击或湮灭。而只有出类拔萃，才能傲视同类。所以伟大的头脑和心灵值得我们追求，以增进我们和社会的幸福。没有反射体我们无以看到光线，没有沸扬的名声我们便不能认识真正的天才。然而，名声并不能代表价值，许多天才于默默中沉没。有句名言说得好：“有些人得到了名声，有些却当得未得。”

人要珍爱生命，有效地利用每一天。记住：每一个不曾起舞的日子，都是对生命的辜负。

3. 思想力学

先有思想，后有行动，思想指挥行动。先有伟人后有伟业，先有真人后有真理。

思想力学是最重要的社会力学之一。每个人都有躯体和大脑，由什么管控躯体和大脑呢？大脑管控躯体，精神（思想）管控大脑。当代研究神的问题，就是研究精神问题，研究精神（思想）如何管控大脑的问题。因为科学已经证明实体神是不存在的。只有精神之“神”是存在的，并对人的行为起着管控作用。科学在飞速发展，科学思想也在发展。用科学思想指导社会发展，越来越被重视。破除迷信也有几百年的历史，但迷信仍然存在，扫帚不到，灰尘是不会自动跑掉的，科学不去占领思想的阵地，迷信就不会自动退出历史舞台。用科学思想战胜迷信，是社会发展的必然。

无论哪个国家、民族、个人，无论大事小事好事坏事，都是思想先行，思想指挥行动。对于关乎国家大事而言，也就是思想家先行。思想家产生社会认可的、有进步意义的思想，作为旗帜和引路人，发动民众去实行，推动社会前进。如果一个社会产生不了思想家，没有进步的思想，就不可能有很好的社会设计，社会就只能摸索着行动，将乱发展，慢发展，甚至倒退。

先进正确的思想，是推动社会前进的动力；落后错误的思想，是影响社会前进的阻力。一个国家，一个民族，都以产生杰出的思想家为荣，都以培养杰出的思想家为重要的社会责任。

能从一堆杂乱无章的事物中，把一个新东西清清楚楚指认出来，这就是思想的力量。

人和人之间最大的不同是思想境界的不同。绝大多数人是泛泛之辈、芸芸众生，他们的思想都是杂乱无章，看山是山，看水是水。这种人的思想水平不高，需要努力提高。因此，黑格尔说："一个民族有一些仰望星空的人，他们才有希望。"这些仰望星空的人，就是看得高看得远的思想家、哲学家。中国应有更多仰望星空的人。但有几个这样的人？仰望星空的人，寥若晨星！

拿破仑讲过这么一句话："世界上有两种力量，一种是刀枪，一种是思想，但归根到底，刀枪总是被思想战胜的。"

思想的武器比刀枪更厉害。当年苏联的武装力量十分强大，但被修正主义思想打败了。当年苏联解体，很大程度上是从思想解体开始的。

所以，我们一定要认识到思想的力量。伟大的思想一旦被人民群众所掌握，也能变成强大的物质力量。

世界历史上曾经出现过几个思想家辈出的时代。按照德国哲学家雅斯贝尔斯的观点，公元前八世纪至二世纪是人类的"轴心期"。随着经济的发展，引起了社会关系、政治组织、生活方式、谋生手段等的深刻变化。社会发展到一定阶段，使人感到不安、不舒适。这引起了当时人们的思索，主要问题是：理想政府的道德基础，也就是理想政府应是怎样的政府？社会制度的作用以及宇宙和生命的起源和目的等。那时，整个欧亚大陆到处提出和讨论这些问题。对这些问题的讨论构成了古典时代一些哲学、宗教和社会体系，主要是解决社会秩序"乱"的问题。当时世界上充满罪恶，到处是抢劫、凶杀、奸淫、掠夺、战争。当时的中国处于春秋战国时期，这片土地上诸侯国家林立，整天整年都在打仗或准备打仗。

这个时期是大思想与大思想家涌现的时代。古希腊哲学家苏格拉底、柏拉图、亚里士多德研究了人与自然的关系；印度的释迦牟尼研究了人与神的关系；

中国的老子、孔子、孟子研究了人与人的关系。这些体系的代言人有中国的孔子、印度的佛陀、波斯的琐罗亚斯德、希腊的理性主义哲学家苏格拉底、柏拉图、亚里士多德。

不同的学说蕴含着不同的道德价值观。又由于中国文化传统一直独立发展下来，既没有被切断，也没有受其他大的思想文化系统的改造，也就是道德价值观基本上奠基于孔孟思想。这种思想对中国和世界的影响一直至今。这是人类思想变革第一时期。

第二个时期是13世纪末至17世纪初，欧洲文艺复兴时期，主要解决人类思想解放的问题。由于神学、宗教的残酷压制，严重地束缚了人们的思想。当时的复兴家，通过文学、艺术、诗歌、哲学、科学，特别是科学，来摆脱神和宗教的束缚，解放人的思想，欧洲出现了崭新的局面。

第三个时期是近代及未来，是科学技术高度发达的时代，科学思想、科技成果，深入到人类生活的方方面面。什么事都要讲究科学，人类最重要的问题——信仰问题也要讲究科学，因此，现代及未来，主要解决人类的科学信仰问题，人类向着信仰科学的目标前进。

当今，人类生活正经历着前所未有的巨大转折，特别是二十世纪以来的巨变。这和过去从鱼猎转向农耕，从农耕转向机械生产，从速度和性质上，深度和广度上，都是完全不可比拟的。首先是计算机和软件革命、手机、电话、互联网、移动通讯的革新，以及飞机、轮船、高铁、汽车等交通工具的出现，使人与人之间的关系大大超越了过去所受的时空束缚，形成了一个“地球村”；地球村是个伟大的新概念，地球村的新一代，必然产生新的观念、新的文化。新一代人的成长，在一定程度上脱离了过去继往开来的代际传承，他们在网络的交互影响中长大，自我成长。“不是三娘教子，而是子教三娘。”随着经济信息、科技信息的输入，同时也会发生意识形态、价值观念和宗教信仰等文化的“整体移入”，以至使其他国家民族原有的文化受到冲击，失去“活性”。核武器的发展和蔓延，使人类头上总是悬着无数的核弹，不知何时会引爆。核辐射、水污染、土壤污染、大气层污染、温室效应、大气层空洞都是关系“地球村”的大问题。生物工程技术的开发和应用，人甚至对他的血肉之躯的存在前景也迷茫困顿。生命本是宇宙进化千百万年的亘古造化，但是，现在可以通过转基因、干细胞、克隆、体外受精等人为的手段复制、变性、选优。人的存在，人类的伦理受到了根本的挑战。必然会萌生新的观念和新的伦理，这些都是极具冲击力的颠覆性思想。

现在是科学技术迅猛发展的时代，人们伴随着科学前进，享受着科学技术的成果，人们的生活水平有了极大的提高，生活方式有了极大的变化。在这迅速的变化中，新的不断更新，人们受到了太多的刺激，感到信仰缺失，浮躁，不舒服，主要是有许多不科学的东西仍充斥在社会之中：不科学的思想、不科学的意识形态、不科学的生活方式、不科学的人际关系、不科学的国际关系、不科学的社会制度、不科学的法律和法规、不科学的教育制度、不科学的男女伦理、不科学的婚姻制度、不科学的社会现象……人们希望科学化，各种事物都符合科学化理念。“科学化理念”在过去的人类史上是不可能明确提出来的，可现代就必须提到议事日程上来。否则人们在享受科学盛宴之时，感到不开心、不舒服。

现在，所有关于信仰问题的讨论中，大都主张通过宗教信仰来解决人的信仰问题。通过对各种宗教研究对比之后，得出一个新思路：信仰科学。本书作者在《信仰论》一书中，阐述了这种颠覆性的思想。

神、佛和上帝都是无尚崇高的偶像，有高尚的品质和超高的本领是人远不能及的。但是，这些偶像实际上是不存在的，要实现神、佛和上帝这些无尚崇高的偶像的理想，必须靠自己，如果按神、佛和上帝崇高的偶像精神去努力，可以得到好的结果；如果不努力，神、佛和上帝帮不了你任何忙。依靠自己，所以，我就是神、我就是佛、我就是上帝。这是一种颠覆性思想。神、佛和上帝都是人类塑造的完美偶像，纯粹的高大上。既不像动物自然、简单、真实；也不像人类既具动物自然性，也有高尚的美德，又有卑劣思想和丑陋的行为。人在那里可以学习到本领和精神，要具有神和佛的学识水平和本领，必须靠自己，有强烈的自信心，才能学得一二。否则，也谁也代替不了你。

本文不详细讨论中国古代思想史，也不讨论近代、现代的思想史，而只是阐述思想力在社会发展中的力学作用。

历史学家认为中华民族，上下五千年的历史，在古代有辉煌的古代思想，产生了许多对社会极具冲击力的伟大思想和思想家。同时也认为，自孔子以后，直至清朝灭亡，整个封建社会，几乎没有产生大的思想家。几千年来中国人的特点，反映了国人的思想保守、落后、随大流、明哲保身，不敢标新立异，辨别能力差的弱点，从下面几件事例就表现得非常清楚。

(1) 在中国，女子缠足事件延续千年之久，这样残忍、愚昧、落后的事件，很少有人反对，很少有人问个为什么、提出疑问、想出解决的办法。让这种丑恶现象延续千年之久，让中国妇女忍受屈辱和痛苦达千年之久。

(2) 在中国对各类教派都能接收、吸收、融合，显得没有选择性，缺乏明锐鉴别力。

（3）对各民族的统治都能接收，最后再将其同化。

（4）对孔子的思想、学说采取实用主义，几千年来，一时极力赞扬，一时极力批判；大起大落，后人缺乏继承的智慧。

（5）文风偏激，说你好，全是好，坏也是好；说你坏，全是坏，好也是坏。从小学生作文训练就是这样教的，为了突出主题，不实事求是，有时片面吹捧，有时片面打压，文风不正。

（6）恶婆媳的关系延续千年。恶婆婆残酷地压迫儿媳，婆媳关系就像仇人一样，极不正常。儿媳当了婆婆一样压迫新任的媳妇，也延续千年，无人无力能改变。

（7）皇帝统治中国延续两千多年。皇帝在上，下面跪倒一群大臣，山呼“吾皇万岁、万岁、万万岁”！当官的下面跪倒一群百姓，山呼“父母官，大老爷”！

（8）明哲保身。一直被正面理解，没有认识到它的负面作用。

（9）一盘散沙。中国人不团结，窝里斗。

（10）民不举，官不咎。一种无正义感的懒政学说。

……

中华民族上下五千年，也产生过一些具有冲击力的思想，这些思想，对社会都产生了巨大的影响。

（1）孔子提出的儒家学说，君君臣臣，父父子子，三刚五常等。

（2）汉武帝推行董仲舒提出的“罢黜百家，独尊儒术”。

（3）唐朝李世民提出的“水能载舟，水亦能覆舟”的兴亡观。

（4）宋朝王安石提出的“天命不足畏，祖宗不足法，人言不足恤”的革新观。

宋朝文天祥提出的“人生自古谁无死，留取丹心照汉青”的生死观。

宋朝范仲淹提出的“先天下之忧而忧，后天下之乐而乐”的人生忧乐观。

（5）清末顾颜武提出的“天下兴亡，匹夫有责”的责任观。

清末龚自珍提出“我劝天公重抖擞，不足一格降人才”的选拔人才观。

……

一种伟大的思想，可以影响社会几百年几千年。自孔子以后到清朝灭亡，中国没出过几个大思想家，所有的文化人都是注释孔子的学说或其门徒的学说。出了几个思想家、革新家还受到了打击，如王安石等。

近代以来，是人类历史上大思想家和大思想辈出的时代，极具冲击性的思想，磅礴而出，表现在会议上、报刊上、专著中、演讲中、网络上，常常有新思想出现，对社会影响很大。要通过社会实践、调查研究、敢于思考、善于思考。思考、思考、再思考，培养出更多的思想家，涌现出更多的伟大的思想，使中华民族成为大思想、大思想家辈出的民族。

4. 利益力学

“利益”是利、益两字的组合，是人们需要和向往的东西。

私，就是为了自己的利益；公，就是为了大家的利益。所以公和私的核心内涵是“利益”。

“义感君子，利动小人。”《晋书·符登传》对利和义的性质作

了明确的鉴定，是君子和小人的差别。

“至人无己，神人无功，圣人无名。”庄子认为不争利禄功名的人，是另一种境界，是至人、神人、圣人。

佛教对利益更为看开：世界原本就不属于你，因此，你用不着抛弃，要抛弃的是一切的执著。万物皆为我所用，但非我所属。

“无利不起早。”“求利”是一种普遍的社会心态。

《红楼梦》言：“天下熙熙，皆为利来；天下攘攘，皆为利忙。”人们熙熙攘攘，为“利益的希望”而忙碌。利益常常是人们的希望，利益常是人们的动力，追求利益是重要的社会力学。有时是正能量，有时是负能量。

自我即自私，我即谓私，为我就是为了自己的利益。人性：自私，是最好的品质，也是最恶的品质，就要看出发点和自私的程度。以人性作为切入点，人性有善的一面，也有恶的一面。人天生既不善也不恶，人的善恶是后天培养的。人与人的关系，人与大自然的关系，是社会力学的基础。要把“私”字研究透彻，就是把利益研究透彻，就是抓住了社会力学的核心。没有私，就像没有万有引力一样，社会的发展，向好或向坏，都与“私”字的鼓动有关。把自私分为等级，有利于向好的方向发展。

柏拉图有句名言：“你不求回报的伟大，注定我们悲剧的结局。”意谓完全摆脱自己利益的伟大，其结局是悲剧。

人性离不开“私”字。但自私是人性中最低级的因子，属动物级别的；高一级是自私不影响别人，利己不损人；再高一级利已又利人；再高一级是利人又利已；再高一级，毫不利已，专门利人；再高级是当仁不让；最高级是杀身成仁，舍身取义。这是无私，是无私的最高层次。许多人都为此努力攀登，成

了大公无私的典范，全心全意为人民的英雄。与此相反，自私到极点就是贪婪，为了自己的利益，不惜谋财害命，杀人越货，行凶械斗，发动战争。如果一个人处处自私，专门利己，毫不利人，唯利是图，会被许多人鄙视的。

人类的自私思想和行为应分成等级，由私向公发展，由满足自身的需要，到考虑满足社会的需要，担当社会责任。人的思想层次越来越高，由低级变为高尚，由动物性的人变为高尚的人，脱离动物性向神性靠扰。人类明确公与私的等级，也就明白了高尚、低劣的标准，这是十分重要的。认为自私是种动力，这是一种自私的动力。为公，包括为自己在内的为公也是一种动力，这是一种为公的动力，而且是一种高尚的动力。要使每人知道自已是什么级别，自私的程度，“私”字的大小和水平，制造一面照看“私”字的镜子，明镜高悬，鉴别自己公心和私心的程度，为改进自己的思想、推动社会进步指明方向。

“己所不欲，勿施于人。”这也是一个思想层次。就是以自已的感受，设身处地为他人着想，是一种高尚的思想。在二千多年前，孔子发现了这种思想，并倡导之，一直为人们当作格言奉行。

私即我，为我即为私。关于“私”字，李宗吾先生在他的《厚黑学》中作了深刻的剖析。在一定的程度上，“私”是决定人性的根本。“私”可以获得个人利益，安身立命，甚至享受。但过度的私就是贪婪，将危害他人，也断送自己。人类相争相夺，出于人心之私；人类相亲相爱，出于人心之私。阻碍世界进化，固然由于私心作怪；世界能够进化，也与人之私心息息相关。社会的发展，由渔佃而游牧，而耕稼，而工商，进而工业化、现代化、自动化、信息化，或成就种种社会文明，也全靠人有私心在暗中鼓荡。因此，人们对于“私”字，应当研究其性质，并有效利用之。“私”字不可去，就是人的生命要靠自己维系一样，尤如万有引力不可去一样，我们只好承认其私，使人人各遂其私，你不妨碍我之私，我不妨碍你之私，这可以说“私”到了极点，也就“公”到极点。可这样推想，即可知道：遍世界找不出一个独立的“公”字，通常所谓公，是相对于一定范围而言，如个人、家庭、单位、村、县、省、国、地球村等，范围内谓之“公”，范围外谓之“私”。如家庭的财产对家人是公有，对别人而言就是“私”。又可知道：人心之“私”通于万有引力，“私”字去不了，等于万有引力之除不去，如果除去了，就会无人类，无世界，或是另一个世界。

为我是人类天然现象，一是生存之必须，二是人性之必然。因此，不能说它是善，也不能说它是恶。告子言人性无善亦无不善之说，最为合理。告子曰：“食色性也。孩提爱亲者，食也；慕少艾、慕妻子者，色也。”食色为人类生活所必需，求生存者，人类之天性也，“生之为性”。

孟子言性善，是劝人为善；荀子言性恶，是劝人除恶。为善除恶，原本是一回事。善，就是能考虑他人利益；恶，就是只为自己利益。

孙中山先生曾说，马克思信徒，进一步研究，发现了“生存为历史重心”的说法。如告子说：“生之为性”。为了生存，要进行奋斗。

达尔文生存竞争之说，即动物植物为了生存而竞争，本没有错误；错在因生存竞争而倡言“弱肉强食”，为了“我”，而妨害别人之“我”。已达到生存点了，还竞争不已，就是贪婪。导致欧洲列强，掠夺弱小民族生存之资料，以供其无厌之享乐。尼采则比达尔文主义更疯狂一步，倡超人主义，谓爱节为奴隶道德，谓剿灭弱者为强者天职，因而出现德皇威廉第二，造成第一次世界大战；出现墨索里尼、希特勒和日本军国主义，又造成第二次世界大战。推原祸始，实由达尔文对人性欠研究之故。假使达尔文多说一句话“竞争以达到生存点为止”，也就是利益满足生存点为止，何有此种流弊？达尔文先生在研究进化论时，忽视了人的社会性，夸大了人的动物性。因而得出了某些错误结论。比起孔子“己所不欲，勿施于人”的思想相差甚远。

中国哲学家不然，告子说“食色性也”，荀子主张限制；孟子对于“食”字，只说到“不饥不寒，养生丧死无憾”为止；对于“色”字，只说到“无怨女无旷夫”为止，达到生存点，即截然止步，随即讲究礼仪，因之有“衣食足而礼仪兴”之说。

人类是贪婪的动物，也就是为利益而贪婪。和其他动物相比，人是最贪婪的。没有一个动物具有许多财富和巨额财富。人类对财富的贪婪有其深刻的原因：

一是来源于人类的原始贫穷。一个人长期贫穷，惧怕贫穷，遇到财富可能产生贪婪敛财的想法。

二是来源于追求享受。想拥有显赫的地位，奢侈的享受，攀比的虚荣，超越别人的荣耀。

三是来源于对财富金钱的盲目追求。在财富排行榜上名列前茅。各类财富排行榜，把人类的财富观引入歧途。

好像美国人最自私，从总统、国务卿，再到各级其他官员，都毫不掩饰地大谈特谈“为了美国的利益”如何如何。这和为了全人类的利益相比显得太眇小了，这和“构建人类命运共同体的思想”相差甚远。什么时候强大的美国政要也能说为了全世界人民的利益如何如何，那美国就长大了。要不然，大个子美国，总是说幼稚的话，像个小顽童一样，总想抢夺别人手中的食物——长不大的顽童。原谅你，让你占点便宜。为你的自私，长大了你会觉得好可笑。

5. 权力力学

哲学家柏拉图说："我宣布，强权就是公理，正义就是强者的利益。"可见强权多么可怕。

权力是一种极其重要的社会力学，这种力对主导社会发展起极大作用，是最活跃、最有力的一种力，有时起好的作用，有时起坏作用，有时起毁灭性的作用。

所谓权力，就是管理力、审批力、控制力、决定力。通俗地讲，权力就是操纵钱、人事的力量；是进行审批、决策的力量。签字后能报销，说话有人听，能按自己的意志办事，别人的职务由权力来安排。如果说社会是架庞大、复杂的机器，权力就是发动机，能使它进行正常运转的能力。人类社会从来如此，只能有少数人（个别人）说了算，这就是权力。谁都想拥有权力，关键是有权人的产生、培养和授权。整个社会发展史、战争史，都可概括为争夺权力的历史。

俗话说："官大一级压死人。"这是中国几千年来官场得出来的警告。是真理吗？是谬论吗？是现实吗？确有这种情况，如在官本位时代，官僚主义十分严重，就是下级服从上级，不允许下级说话；上级凌驾于下级之上，以势压人，绝对服从，官大一级确实会压死人，这是事实。

大官的权力能压死小官和平民。据人们的切身体会，权力是最大、最直接的一种社会力，它可以指挥千军万马，可以命令千百万人干这干那，可以为官一任，造福一方；也可为官一任，祸害一方。可以打击、迫害、处死他人。可以发动战争，甚至发动世界大战。在民主时代，官大一级只能说是责任更重些，水平应更高些，官大一级不会压人，反而是更加负责，会教育人，会帮助人，以身作则做榜样。

人类几千年的历史，都是帝王将相、达官贵人、地主、奴隶主掌权的历史。社会发展到今天，才提出掌权人是人民公仆、公职人员、公务员、是为人民服务的，这是历史的巨大变化。公民要提高自尊心，自信心，认真履行自己的选举权利，投下自己神圣的选票。既然公务员是人民的公仆，人民就应该以主人的姿态要求公务员，审计、检查他们的工作。有些人还是陈旧的观念，总是把掌权人看的高人一等，阿臾奉承，把自己降低到奴仆的地位，这是一种陈旧的观念。

权力是普遍存在的，一个人表现为自己的意志，当两个及以上人数时，就会产生指使别人的力量——权力。人数越多，权的成分就越大。权力并非坏事，关键是掌权人的品质和能力。事实上，政治家、社会学家、历史学家以及人民大众都在寻找最优秀的掌权人，也在评论历朝历代的掌权人。

当人们普遍贪婪嗜权时，人类的素质并不高尚。有人利用权力徇私舞弊、贪赃枉法、欺压百姓；有人玩弄权术害人。清朝大贪官和珅，极会玩弄权术，讨好乾隆皇帝，不择手段贪污、受贿、敛财，最典型一案例是，和珅夺取了一女子家的一处财产，女子无奈之下将和珅告到官府，和珅玩弄权术，不仅变本加利夺取女子家的全部财产，还把这女子玩成了自己的老婆。他给乾隆皇帝抹了不少的黑！

当人们奉行权力神圣而不贪权时，人类的观念就向前飞跃了一大步。“神圣”是权力的性质决定的，它重要、庄严、神圣、不可随意；不贪权，是掌权人的品质决定的。但对贪权者而言的，嗜权、贪权、乱用权，以权谋私，人们认为这是低级、无趣、无耻，甚至是种犯罪行为。人们也以此来裁判一个人对权力的态度。通过对财富观、英雄观、幸福观等重要观念的更新，对权力和战争来个斧底抽薪，是永保世界和平、社会和谐，走向世界大同的重要的思想基础。

假如你的父亲或亲朋好友担任要职，他们都很清贫廉洁，没有多少钱；或如果他们有很多钱、很有势力，一呼百应，追捧的人很多。你希望他们是哪一种?

由于权力的极端重要性，为了寻找权力和利用权力的最佳形式，人类历史上创造过多种掌权形式：

皇帝（国王）：争夺江山，成王败寇，成功者成为皇帝，而后世袭掌权；

皇（王）储：皇帝（王）的继承人，设立太子、王储，特殊培养，继承皇位、王位；

各级官吏：按照皇帝的意志，国家的法律，选定各级官吏，行施权力。

由于最高掌权人很难选择，往往形成一种争权夺权的局面。所以，有的地方由“天意”选择，从一个婴儿培养起。如按宗教仪式，当宗教领袖归天后，就规定在某时、某地、某方向，寻找宗教领袖的转世灵童，然后对其进行特殊培养，避免对权力争来争去。

民选总统：通过发表演说，竞选，得票多者获胜。

政党：集中集体智慧作为权力的执政者。竞选中胜利的政党组阁掌权。通常是政党推选出侯选人，由选民投票选举。

争权：往往是最可怕的，反目为仇，甚至发动力战争，腥风血雨，尸骨堆山，夺取政权。

培养：对选择的接班人，要进行严格的培养，能上天开飞机，能下海驾潜艇；会游泳、敢空中跳伞；会开车，敢赛车，培养勇敢精神。

有的派到部队服役，到工厂劳动，到农村体验生活；有的要到战场打仗，指挥战斗；有的承担重要使命。即使如此，仍担心政权腐败，效率低下。

韩国民选总统芦武铉为显示自己的清白，跳涯自杀，世人称道；陈水扁贪赃枉法，当了几年总统，进了监狱，受牢狱之苦，遗臭万年！韩国总统朴瑾惠因亲信干政，被弹劾入狱。

交权：一种是自愿交权，通常是到任期满或年老体弱交权；一种是掌握不了而被动交权。凡掌握不了，又不愿交权的，社会需在发展中等待；强迫交权，就是矛盾、冲突、斗争、战争。“成王败寇”是历史的一个阶段，不可逾越的阶段；当“成王败寇”被批判之后，而是在竞选中获胜或失败，有勇气祝贺对手成功当选，或向失败者致敬，就是另一种高风亮节的境界。

权力力学是影响社会发展最重要的力学之一，因为掌握生杀大权、指挥大权、控制大权、人事大权、资源大权、财政大权等的各级各类官员直接在影响社会的状态和发展，可以是正能量，也可能是负能量，就看是好人掌权还是坏人掌权，是德力配位，还是德力不配位。

佛陀有句名言：“欲为诸佛龙象，先做众生牛马。”

身居高位须清醒。凡攀登到高位者，均需一番难苦奋斗，实属来之不易。

经过如此奋斗攀到高位，为了什么？为国家为民族干一番事业，“鞠躬尽瘁，死而后已”；还是自恃高位，胡作非为；是力争流芳百世，还是不怕遗臭万年。在登高位之前和之后，一定要思想明确，并要经常自省。

古往今来，身居高位者有许多共同特征。身居高位者，大权在握，有条件行善，也有条件作恶。行善之目标，则是当权者天经地义的责任。恃权作恶者，总会留下祸根。故消灾弭祸之前提，则应是既无作恶之念，又无作恶之力，这就需要加强监督，加强权力制约。

当官便露真相，更确切的是掌权便露真相。有句古话所言极是：“当官便露真相。当官使有些人变得更好，也使有些人变得更糟。”想一想，你是哪一类？

有些古人把位高权重描写得可怕至极。正像《菜根谭》言：“公平正论，不可犯手，一犯，则贻羞万世；权门私窦，不可着脚，一着，则沾污终身。”即凡是大众所共同遵守的道德和法律，都不可以去触犯，一旦触犯了就会遗臭万年；凡是权贵的营私舞弊之所，都不要轻易参与，一旦参与了就会沾污一生清白。

登高位而德行愈增者，乃高洁之士的明显标志。登高位而德行愈减者，此乃小人得道，祸患即至，或将遗臭万年。

当官便露真相。因为当官，身居高位，遇事多，表现机会也多，善性能充分展示，恶性能充分暴露。身居高位，因为有权有势，受到的吹捧多，糖衣炮弹的攻击也会倍增，可使贪婪、骄横表现得淋漓尽致；也可能利令智昏，自私自利、贪污、受贿、买官卖官、腐化堕落、粗暴专横、打击报服、欺上瞒下、好大喜功……均可在有权有势时充分暴露，更可在得意时而肆无忌惮。

“人只一念贪私，便销刚为柔，塞智为昏，变恩为惨，染洁为污，坏一生人品。故古人以不贪为宝，所以度越一世。”可谓“一念贪私，万劫不复。”多少贪官惨败在“一念贪私”之上。

英国哲学家培根曾说：“身居高位者可谓三重之奴仆：君主或国家的奴仆，公众舆论的奴仆，职权职责的奴仆；以致他们在人身、行动和时间上均无自由。”看来身居高位，要有当奴仆的思想准备。身居高位者，为追求权力而丧失自由，或为求治人之权，而失律己之力。权位越高越是如此。欲登高位者，须历尽艰辛，然世人偏愿以吃苦头求其更大的苦头。这种欲望似乎匪夷所思。钻营之术不失为卑劣，然世人偏以卑劣行径求得位高权重，古今中外，比比皆是。居高位者，常感如履薄冰，特别是不干不净的贪官污吏，其退路若非垮台，至少也是隐退，其结果都是可悲可叹。这是四百年前哲学家培根的观点，是深刻的官场哲学。以此镜鉴照看现代官场，仍不减哲理之光辉。

人们孜孜以求其高位，绝非仅想吃如上述之苦。居高位者也有飞黄腾达之乐趣，也有功成名就之成就感，更有流芳百世之条件。身居高位，既有一头栽死于高位的贪官污吏，也有流芳百世的清官，更有身居高位而高风亮节的仁义之士。诸葛亮身居高位曾说：“鞠躬尽瘁，死而后已。”范仲淹有句名言：“先天下之忧而忧，后天下之乐而乐。”鲁迅虽未作大官，但在文坛地位崇高，他有句名言是：“横眉冷对千夫指，俯首甘为孺子牛。”有位犯罪的高官也定下一个远大目标，他计划贪污受贿六千万，儿子两千万，女儿两千万，自己留两千万。可见，身居高位者，其所思所想确有天壤之别。真正光明正大，光辉磊落，青史留名清官，永垂不朽地活在人民心中。

身居高位者，往往染上很深的官气，往往不能认识自己。此时百姓的口碑便是一面镜子，也就是借这面镜子多照自己。身居高位者，对自己的过失最为木纳，最不肯承认自己的错误和失败，因为他更看重自己的面子和仕途前程；越是身居高位，越怕承认错误和失败。他们知道，一旦承认错误和失败，后果不堪设想，所以常常欺上瞒下，报喜不报忧。知错、改错、不认错，就是这些高官的特征。

人最大的问题是不能正确认识自己。一旦身居高位，就更不能正确认识自己。有的官员，原本是个好人，身居高位地位变了，思想变了，得意忘形，忘乎所以。有的官员，原本就是恶人，或素质较差的人，骗取信任身居高位后，原形毕露，专横跋扈，气指颐使，不知道自己是老几。甚至认为，谁能奈何得我！于是乎，金钱大把抓，女人随便要，别墅好几处，小车好几部；打击报服，陷害忠良，甚至和黑社会勾结，恶人当道，百姓遭殃。这些人有一个共同的特点，就是从不能正确认识自己开始，最后自己打倒自己。多行不义必自毙，做的坏事越多，就越接近自己打倒自己，终有一天，东窗事发，琅铛入狱。如此落马高官，可谓数不胜数。

奉劝身居高位者，要正确认识自己，正确评估自己。手中的权是人民给的。“水能载舟，水亦能覆舟。”要兢兢业业，踏踏实实，两袖清风，一尘不染，做人民的好公仆。

从某种意义上讲，权力是有毒的，当权当得久了，难免要中毒的。因此，为官者要十分警惕，像防止传染病一样，防止权力中毒。

有人狂言，世界上所有的“大人物”似乎不必个别研究，他们共享一则讣文和一部传记——《权力的滋味》就足够了。因为他们都可能中毒。

爱情是一种致命的吸引力，人们为了爱情可以改变航道，可与情敌决斗，甚至发动战争。权力则是一种比爱情更致命的吸引力，它的能量超过爱情千百万倍。一个尝到权力滋味的人，最初不过欲仙欲神，到了后来，则终必陷于既疯又狂。不同的是，爱情失败虽然悲惨，但也有可能凝聚成一段浪漫的情愫，带领青年男女顶礼膜拜。而权力的失败者能够留个全尸，已经值得额手称庆了。爱情的吸引力无毒，容易收场；权力的吸引力有毒，会纠缠终身。

每个象征权力的金交椅上，都隐藏着一颗尖端向上的权力毒牙，人们只要坐上去，无论是“大人物”还是“小人物”，毒牙都会插入他那可敬的白胖的屁股，用不了多久，他就会忘记他自己是谁——忘记自己曾是一个抵抗外侮、不折不扣的民族英雄；忘记了千百万人响应他的号召挺身作战，临死时还为他高呼万岁的悲壮情节；忘记了所有救过他的命，使他感恩落泪的刎颈友情；忘记了他信誓旦旦，慷慨激昂地向人民所做的承诺。甩掉这些“包袱”，使那个“大人物”即令诚实地面对过去，也毫无愧疚。揽镜自照，对自己的才智魄力和纵横捭阖，忍不住向自己呈递“佩服书”！

然后，权力的毒素顺着脉络和神经系统，从他白胖屁股逐渐侵入心脏和大脑。他渐渐习惯于被歌颂和奉承，一些向他乞讨一官半职者谄媚的表情，以及从前轻视、侮辱、虐待过他的敌人，现在则跪在地上，爬来爬去捡他抛出饲喂膺犬的面包屑。

毒牙使“大人物”只有坐在那个金交椅位置上，才感到舒服与安全。然后他摊开地图，凝视他所改造的世界，他已办到了上帝都办不到的事。他想起幼年时候跪在床前向上帝祷告：“主啊，赐福给我！”他有点羞愧，上帝算什么？拿破仑说：“上帝永远站在大炮最多的一边。”事实上，上帝永远站在权力最大的一边，那就是“大人物”这一边。而且上帝的位置，还要他安排，还要仰头看他的脸色！

优越感终于达到顶峰，毒牙里的毒液在他可敬的屁股上射出最后一滴，麻痹了他残余的人性和思维，权力痴呆症逐渐显现，眼睛耳朵开始异化。他深信他的权力来自全民的恭顺，所以他无所不能，看到的都是“大人物”最喜欢看到的，听到的都是“大人物”最喜欢听到的。他已超越上帝，可以随心所欲、毫无忌惮地膨胀权力和道德能量，因为他已经什么都不清楚了。他唯一不能做的是：无法选择荣耀中死，或是屈辱中死，更无法选择死后是被鞭尸或仍被奴才继续供奉。

象征权力的金交椅上，权力的毒素何等厉害！古今中外，无数个帝王将相，达官显贵，都被毒牙刺中，身败名裂。李自成是最典型的一个，身经百战，浴血奋斗夺得了权力的金交椅，刚坐上十八天就被掀翻。郭沫若先生为此曾写下《甲申三百年纪》，以资祭典。当前中国声势浩大的反腐运动，拍蝇打虎，哪一只大老虎逃脱了坐在权力的金交椅上被毒牙刺中的下场！

捷克作家穆纳克所写的《权力的滋味》一书，展示了这些情节，这是一部奇特的文学作品，它在时间隧道中把死亡放在最先，“大人物”的诡异变化，作者归因于他尝到了权力滋味。但更深层次探讨的话，历史上几乎没有一个“大人物”可以拒抗这种滋味，他不能不中毒，因为他那伟大的屁股正坐在权力的毒牙上，除非他特别的警惕。

6. 长官命令力学

有一种权力叫长官命令，即长官以命令的形式作用于社会。它直接影响着社会，是重要的社会力学之一。

长官命令力学，其核心是上级命令下级，下级服从上级，甚至不管对错，必须服从。长官命令是许多社会的重要特征之一。发号施令的长官处于指挥命令中心，所以发号施令长官的能力、水平、责任心、自律能力是十分重要的。好的领导，下达好的命令，可使政治清正廉洁，国泰民安，社会进步；反之，社会混乱，怨声载道，民不聊生，社会倒退。

长官命令的形式，上级对下级的强制指令，必须执行。特别是军人，执行命令为军人的天职，命令如山，尤以军令为甚，即使错了也得执行。不执行命令就要受处罚，以至处以极刑。命令是社会中一种必须执行的强制力，甚至用枪指着脑袋强迫执行，对社会的影响是巨大的。许多事情是执行命令完成的，许多战斗是执行命令取胜的；许多危机是执行命令挽救的；许多失败是执行错误命令造成的。

军队上的命令，也称军令；即军队系统的强制性指令，最为严厉。其他强制性指令，多以重要文件下达，很少以命令形式下达，但特殊情况也以命令形式下达。

一般情况，不提倡长官命令的工作方法，而采用从群众中来到群众中去，走群众路线的领导方法；采用民主协商，集思广益的领导方法。

但是长官命令的霸道形式也很常见，有些长官、老板、头头说一不二，唯我独尊，霸道刻薄，完全是当官作老爷的那一套，多见于民企的老板和某些官僚主义严重的领导。在这种情况下，官大一级压死人就是实实在在的现实。

一把手绝对权力，是官大一级压死人的形式之一。所以提倡集体领导，人民代表制、议会制，多数人参政。只要当权者心里有人民，就能想出各种适合民众的政策。

长官命令是一种权利力学，是以强硬的态度来管理世界和改造世界。长官，就是下达命令的人，就是谁掌权的问题，是好人掌权，还是坏人掌权，是明主掌权，还是昏庸人掌权，将把社会引向不同境界。老百姓一般情况下听天由命，盼望明主。因为，一是不了解情况，二是没有时间和力量，不关心政治问题。只有在物极必反时才奋勇反抗，揭竿造反，与政府对抗。王法好受，饥饿难忍。当实在感得饥饿难忍时，反觉得王法酷刑相对好受些，到牢房寻找住处和饭吃。这时就不会顾忌王法，做违法之事。

长官命令力学的关键是“长官”，即长官是否本领高强，运筹帷屋，决胜千里，能有好的命令、好的指导。“命令”是执行的形式和方法。如果发号施令的长官，原本是个好人，一旦身居高位，就不能正确认识自己。身居高位地位变了，思想变了，得意忘形，忘乎所以。这样的长官命令是要出问题的。应时时记住，百姓的口碑是一面极好的镜子，借这面镜子多照照自己。有的官员，原本就是恶人，或素质较差的人，骗取信任身居发号司令的高位后，原形毕露，恶人当道，百姓遭殃。遇到这样的长官发号施令，不仅给国家造成巨大损失，人民就成了苦不堪言的奴隶。那就只有让上级制裁他，人民起来推翻他。多行不义必自毙，做的坏事越多，就越接近自己打倒自己，终有一天，身败名残，被人民抛弃。如此落马的长官，可谓数不胜数。

7. 腐败·反腐败力学

鲜果易腐难存。事物趋向腐败是必然的，所以必须严厉反腐。逆水行舟，不进则退。不反腐败，就会腐败。

任何事物都有新生——成长——发展——顶峰（成熟）——腐败——灭亡的过程。一个人、一个社会的腐败可能发生在任何环节。

社会腐败的力量，就是社会倒退的力量。腐败就像垃圾一样不断产生。只有“保鲜”才可以长存少腐；社会发展周期律就是根据这个道理推导出来的。

贪官的力量，是社会最大的破坏力之一。因为贪官就是坏人掌权，是用权力破坏社会。

有史可考，中国自周朝禹帝将权力传给儿子起，开始了中国的世袭社会，从此，演绎了一部产生贪官，杀贪官的历史。可以说，中国是世界上产生贪官最多的国家之一。在中国，为什么人一旦有了权，就极容易变成贪官，成为社会的腐败力量呢?

这和中国的历史有关。在几千年的封建社会，皇帝是最大的贪官，制度上的贪官。全国的百姓、全国的土地、全国的财产、全国的官吏都是皇帝的。皇帝有至高无上的皇权，谁造反就杀谁，且株连九族。顺我者昌，逆我者亡，没有商量。皇帝有三宫六院七十二嫔妃，后宫佳丽三千，每天过着花天酒地、荒淫无耻的生活，大臣见到皇帝，跪倒一片，山呼万岁，就像老鼠见了猫，战战兢兢害怕得要死。这就是制度上的腐败。所以，谁都想当皇帝，争权夺利，一有机会，就想改朝换代，自己称帝。虽然皇帝也是被精心挑选的，但制度的腐败难以抗拒，况且不称职的皇帝也很多。中国的皇权既不像英国的女王，也不像日本的天皇。王室和皇室好像是全国家族（庭）的典范，对其家庭成员要求很严格。中国的皇权是世界上最腐败的典范，下面的各级官员也都是腐败的次级典范。这种残余是腐败的重要因素。

改开以来，国门大开，妖魔鬼怪一同进来，旧社会沉渣泛起，黄赌毒遍地都是，封资修无处不在。潘多拉魔瓶倒空后，又装进了谁的利益。学界掩耳盗铃，官场追名逐利，富人为富不仁。没有哪个时代有如此多的贪官，没有哪个时代有如此多的盗贼，没有哪个时代有如此多的娼妓，没有哪个时代有如此多的赌徒。

巨大的传统断裂，急剧的道德崩溃，严重的精神颓废，极端的精神霉烂，极致的思想腐朽，罕见的行为猖獗，使我们这个民族丧失了可持续发展的源动力。人类社会与动物世界的根本区别就在于人类有道德情怀，而动物只有单纯的物质需求。如果经济建设一定要以道德毁灭为代价，那么经济建设的意义何在？

崇拜伟人的民族是智慧的民族，崇拜英雄的民族是勇敢的民族，

崇拜金钱的民族是迷茫的民族，崇拜明星的民族是腐朽失落的民族。如今鲜花都献给了美女、戏子，我们拿什么去献给英雄？我们这个时代到底是崇拜什么？明星被崇拜了，所以他们天天唱着“盛世太平”。国际形势如此危机四伏，国内天灾人祸频频发生，他们完全在歌舞升平中粉饰太平。

南宋时有人问岳飞，天下怎样才能太平？岳飞说：“文官不爱钱，武官不惜死，天下太平矣！”看看今天文官贪官有多少？武官呢，原海军副司令王守业，贪污过亿，情妇一大群。窥斑见豹。被抓出来的“老虎”、“苍蝇”数量之多，性质之恶劣，令人发指。这精神的堕落，信仰的迷茫，是最可怕的腐败。

为什么会产生腐败呢？

其实，人人都有欲望，都想过幸福的生活。但如果把欲望变成不正当的欲求，变成无止境的贪婪，就成了欲望的奴隶，就会改变生命的航向。

古人云：“达变不足贵，穷亦不足悲。”当年陶渊明荷锄自种，嵇叔充康树下苦修，两位最为贫寒之士，但他们能于利不趋，于色不近，于失不馁，于得不骄。这样的生活，也不失为人生不腐的极高境界。没有听说哪个真正的学者成贪腐犯。

欲望是人前进的动力。可是我们在欲望的驱动之下，在前进的同时，也要知道量力而为，适而可止。不然，当欲望发展至贪婪，人就会在欲望中沉沦，迷失方向，人生可危矣！

贪婪是一切祸乱的根源。不论做人还是处世，都必须控制贪欲。学会自我放弃一些东西，自我解脱，保持一颗平常心，少一点欲望，就会多一些快乐，活得坦然。

犹太人有则彦语：一杯清水因一滴污水而变污浊，一杯污水不会因一滴清水而清澈。就是人一不小心，就可能沾污自己。一失足，千古恨。

以清白遗子孙，不亦厚乎。（《南史·徐勉传》）保持“清白”，不要堕落为

腐败分子，是人生大节也。

毛主席生前语重心长地说过，我党真懂马列的不多。真正的马列主义者首先应该是一个思想者，而不是只为潮流表面的浪花起哄。有的人现在看来压根儿就不是我党的范畴。不是真正的共产党员，而是不折不扣的贪官污吏，是十足的盗贼。有些所谓的精英，在一套光鲜的外衣内全没了心肝，他们即使有灵敏的大脑却没有脊梁。他们只是潮流中的投机者。他们忘了潜心研究，却没有忘记标新立异，混淆视听。当别人说有异议时，他们却说这很正常；当别人认为很正常时，他们却无耻说出不同见解。这样的精英不属于人民。他们已堕落成腐败分子。

治国就是治吏。官员的腐败是社会腐败的主要矛盾。

虽然当官的身处官位，但思想道德水平不见得高，中国人长期以来，没有高尚的财富观，认为钱越多越好，贪婪无度；认为“有钱能使鬼推磨”，“人为财死，鸟为食亡”，就像土财主，有了很多钱，仍要贪婪钱，也不知那么多钱有何用处，只知道钱越多越好。有人认为赚钱是一种信仰，是崇尚财富的哲学。

财富的大量集中肯定是有原因的：就是在某方面取得了暴利，否则发不了财。这种暴利一般有三种情况：一是某种产业兴隆；二是官吏的贪污、受贿；三是特殊情况下的横财，如捡了一大块狗头金，或官商勾结、投机倒把、抢劫、掠夺。其余就是普通百姓的维持生活的财富。贪官污吏的财富主要是通过克扣、剥削、受贿、买官卖官、官商勾结而来。大官们每年通过祝寿、婚礼、葬礼，所收财礼就可价值连城。《水浒传》中智取生辰纲，就是抢了送给蔡太师的寿礼。小官们的受贿也很颇丰，“三年清知县，十万雪花银”，就是生动的写照。

买官卖官是最大的腐败，是贪官们的无本大利。官利的诱惑使许多人都想当官，所以“治国就是治吏”，切中要害。正常情况是选德才兼备者当官；在腐败情况下，可以买官，甚至明码标价。买官的钱，肯定是搜刮百姓的。所以，买官卖官使整个社会腐败。

贪官是世界上最坏的东西，不仅贪，品质恶劣，而且有权，打着政府的旗号、政党的旗号，颠倒是非，混淆黑白，贪赃枉法，强行压迫人民，勒索别人的钱财。如果政府无能力治理贪官污吏，老百姓就只有造反，就像水泊梁山的英雄好汉们。所以社会力学，很大一部分体现在反贪官领域。

清官力和贪官力，都是对社会发展产生重要影响的力。清官产生的是正能量的力；贪官产生的是负能量的力。“官逼民反，逼上梁山”。人们自知与官府对抗，自己的势单力薄，处于劣势，一般不愿或不敢和官府对抗。对贪官昏官的胡作非为，老百姓一般选择忍耐，在一忍再忍，忍无可忍时，不得不与官府对抗，甚至造反，杀死贪官污吏。于是官府用更大力量，镇压暴民。暴民们不能在社会上生存，只好占山为王，落草为寇。把老百姓逼成“梁山好汉”，是当政者的败绩。

惩治贪腐的最好办法是通过法制严惩贪官，让当官的不敢贪、不想贪，谈贪变色，听贪生畏。贪污犯不仅身败名裂，依法追究刑事责任，在经济上要使贪官望面生畏，亲朋好友为他提心吊胆。本书作者曾对严惩贪官在网上提过微见：对贪官应要严厉的惩罚，让官员不敢贪，害怕贪。就是要大力宣传依法治国，明确告知严厉的处罚条例：没收贪官全部的非法所得，并处于等量的罚金，如贪污1万元，没收1万元，罚款1万元；贪污10万元，没收10万元，罚款10万元；贪污1亿元，没收1亿元，罚款1亿元；株连夫妻、子女、父母、岳父母，因为这些人明里暗里是利益的受益者，财产的继承者，甚至是知情者，不诛连不足以平民愤。这样，少量的赃款和罚款能赔得上，巨额的赃款和罚款就可能赔不起，严厉的罚款使贪污者不寒而栗。除维持犯罪者及家庭基本生活外，可能还欠很多，则挂账在法院，在以后的有生之年挣钱还账，直至死亡。死亡后，在法院挂账一笔沟销。如此严惩，谁还敢贪脏枉法！这比朱元璋的“剥皮塞草”要文明得多。

曾有人说过，总统府（官府）就像个炎热的厨房，总统（官员）就是厨师，好好为民众烧菜，让民众来品尝，怕热就不要来厨房，炒不好菜就别当官。现在当官的要有这个自知之明。你看，美国总统不

是经常挨批评吗？台湾前总统陈水扁不是坐大牢了吗？韩国总统卢武铉不是为部下受贿案跳崖自洗清白吗？日本首相，不是走马灯似的换任吗？……现在是民主时代，官员是为民众服务的。当官就要严格要求自己，因为这是你的位置、职务所要求的，就像和尚不能吃肉、不能结婚，每天要敲钟一样。

腐败是种社会力学，腐败腐蚀社会，拉社会倒退，是一种负能量；反腐也是一种社会力学，打击腐败现象，严惩腐败分子，促进社会健康发展。

面对贪污腐败的“大老虎”，很多人对他们贪欲无度表示不理解——要那么多钱干什么？这样的疑问其实是对人性与权力的不理解。失去理智而掌握权力者，通常会追求权力效用最大化，当社会价值观紊乱，制度出现漏洞，人性与权力中的恶性因子就会膨胀，腐败就会成为潜规则。比如利益分配过度向官员权力倾斜，职务上升到一定程度，几乎拥有不受监督的权力。因此，极大地激发了人们的官欲和贪欲。这时官场腐败堕落必然会出现。

中国历代官场得“官场病”的人不少。这个“官场病”就是贪污、受贿、买官卖官、结党营私、权力寻租、公权私用、损公肥私、权钱交易、权色交易、

生活奢侈糜烂……究其原因，是由官本位文化扭曲和权力异化而来，即把当官的价值推到至高无上。这让为官者获得阶段性的肤浅的荣耀和快乐，同时伴生精神重负和心理痛苦，因此升官的压力如影随形。更为可怕的是，当官本身成为价值和目的后，为权力而当官，便不会有人通过服务社会实现价值，想当官的人越来越多，同时派生官场角逐愈演愈烈，甚至无所不用其极。这时，官员的独立人格逐步丧失，精神境界每况愈下，道德底线、法律底线一再突破。这就是中国官场从来都有腐败发生的重要原因。

“官场病”影响着官员群体，也影响整个的社会风气，因为官风影响民风。特别是我国的制度特点是：资源高度集中于政府，当官员掌握着巨大的资源分配权力后，官场的规则和病灶就传染到民众之中。比如，一些人痛恨权力腐败，未必源自公平正义，而是因为利益分配失衡。很多人更希望自己或自己的亲人有机会攫取权力，以享受权力带来的快乐，而不是根本上反对腐败。

正是上述问题让我们更深刻理解，反腐对官员、执政党乃至中华民族的重要意义。只有反腐才能消除腐败土壤，改变官场生态和官员的价值追求。当官不再是一切，权力不能过度张扬，更不能滥用，促使当官价值观念发生深刻改变。

当权力受到严厉的监督和责任追究时，当“权力成为一种负担”时，当官的观念就会彻底的改变：当官就是一种社会职业分工，可以当官，也可以干别的，没有本质区别。当人们都看淡当官，官员就因此而解脱，社会大众也因此解脱，人们的思想得以升华。社会制度必须帮助官员解脱：看淡当官，看重学者。否则，一种深刻的忏悔就永远存在官员群体——“好多跟我一样的人，现在还在外头。虽然没‘进来’，但他心里时刻担心进来，内心的愧疚、恐惧的折磨，是可以想像得到”。可以断言，当新风尚形成，就是中华民族价值观念、人文品质更新之日，就是中华民族精神升华之时。

8. 封建官场力学

封建官场力学，这是中国的特有问题，影响了中国几千年，对现代社会和现代官场仍有极大的影响，所以，仍是影响中国的重要社会力学。旧社会，贪官污吏是如何厚面黑心欺压人民、欺骗人民；如何才能揭穿它，反抗它；如何剖析认识这种黑暗的社会，肃清其流毒，仍是当今社会的重要问题。不揭露，不能明辨是非；不批判，不能肃清流毒。

在现代中国社会，曾出现了两本直接“骂”中国人自己的书，一本是李宗吾先生的《厚黑学》，一本是柏杨先生的《丑陋的中国人》。书名就如此扎眼刺耳，内容锋芒辛辣，作者以深刻的洞察力，勇敢无畏的精神，揭露中国深层次问题和同胞的伤疤，引起了国人极大的反响。他们揭露的是封建社会的伤疤，虽然时代久矣，但伤疤的余毒很难彻底根除，时而萌发，甚至比较严重，根除其留毒，谈何容易！

李宗吾先生是诚实之人，正人君子。他创立《厚黑学》，并自称厚黑教主，无非是揭露黑暗腐败的社会，制面明镜，警示世人，采取了以毒攻毒的方法对抗厚黑：你厚我也厚，你黑我也黑，以毒攻毒，好人才能不吃亏；或者，大家都提倡不要厚不要黑，你不厚我也不厚，你不黑我也不黑，把“厚黑”批得体无完肤，打翻在地，还社会于清正，还民风于淳朴，谁也不吃亏。告诉了善良人如何对抗坏人的一个方法。

《厚黑学》作者李宗吾先生，少时曾从孔子“后世以为楷”之语，改名为世楷，字宗儒，表示以孔子为榜样，师宗儒家。后来在成都读书时以为儒家学说缺点殊多，宗孔子之儒学不如宗自己，遂改名为宗吾，从此进入每读古人书，必生怀疑，以思想独立之精神审视历史和社会。

1912 年他以“独尊”之名，撰写了轰动一时的《厚黑学》；1927 年发表《我对圣人之怀疑》；1928 年发表《社会问题之商榷》；1936 年他将历年所作的一部分，融合自己的新观点新思想，重新以随笔体裁整理成文，在成都《华西日报》上开辟《厚黑丛话》专栏连载发表，后以同名集结成书；1936 年发表《中国学术之趋势》；1938 年，重新整理发表《心理与力学》亦称之谓《厚黑学原理》。以上所作集成《厚黑大全》一书。

尽管有人批评此书偏见颇深，但并非作者一时心血来潮，而是体现了作者长期的深沉的观念和思想。以“厚”“黑”为特征，揭心底之伤疤，立警世之学说。此书一出现就成了畅销书，与社会思潮一拍即合，对社会产生着深刻的影响。作者以强烈的责任感和敏锐的洞察力，以犀利的文笔、辛辣的讽刺，对封建社会的政治黑暗和官场腐败予以深刻揭露和严厉批判。

作者通研二十四史，结论是：如果不是彻底的厚颜黑心，就不能成为大奸大雄。他将厚黑学分为三个时期：第一时期，代表人物是尧舜，学说是孔孟之道。其特征是人民浑浑噩噩，无所谓厚无所谓黑，纯是天真浪漫，人心皆童心状态。此时提倡道德，欲返民风于太古。第二时期，代表人物是刘备、曹操，刘备是厚颜的代表，曹操是黑心的典型，他们都是为了“权钱名利”而厚颜黑心的。学说是《厚黑学》。其特征是人民知识渐增，机变百出，世故奸猾，阴险狡诈。第三时期，代表人物还未出现，学说是作者的《心理与力学》。其特征是以孔孟之道行刘曹之术，就是将孔孟之道，嫁接至刘曹之术上。在第三时期，即使孔孟复生，必归失败者，谓其无刘曹之术也；刘曹在世，亦归失败者，谓其无孔孟之心也。

作者认为，厚黑学分三步功夫：第一步是“厚如城墙，黑如煤炭”。城墙虽厚，可用火炮轰破；煤炭虽黑，且颜色可憎，人们不愿接近它。第二步是“厚而硬，黑而亮”。同第一步相比虽有天壤之别，可毕竟有形有色，别人通过观察，便可知蛛丝马迹。第三步是最可怕的黑厚：“厚而无形，黑而无色”，进入“无声无臭，无声无色”之境界。臻于此境，就可以攻无不克，战无不胜，锐不可挡，所向披靡。所以，厚黑术被封建社会政治家奉为圭臬，是其争权夺利的锦襄妙计。封建政治家未必懂政治学，但不可不懂厚黑学。

从学术渊源而言，儒家学说的消极面——愚忠，是“厚学”的理论基础；法家的消极面——黑狠，是“黑学”的理论基础。

《厚黑学》的具体行为上，可归纳为《求官六字真言》，《做官六字真言》，《办事二妙法》等，对封建社会官场求官、做官、办事敷衍技巧剖揭颇深，戳穿了封建官吏官运亨通，青云直上的隐秘。

所谓求官六字真言，即空、贡、冲、捧、恐、送。空即别无他求，一心求官，不达目的决不罢休；贡即投机钻营，逢场做戏；冲即话语惊人，哗众取宠；捧即溜须拍马，曲意逢迎；恐即对上司表面上阿谀奉承，实际上暗击对方要害；送即损公肥私，请客送礼。

所谓做官六字真言，即空、恭、绷、凶、聋、弄。空即凡事不必认真，难得糊涂；恭即对上司卑躬屈膝，胁肩谄笑；绷即对下属和百姓假装满腹经论，威风凛凛；凶即为了不可告人的目的要不择手段，而表面上又要温良恭俭让，以仁义之名行厚黑之实；聋即对批评装聋作哑，充耳不闻；弄即千方百计中饱私囊。

只有会求官，才能高官任做，骏马任骑；只有会做官，才能官运长久，任凭风浪起，稳坐钓鱼船。

办事二妙法即锯箭法和补锅法。此二法画出了封建官吏作官的行为特征，入木三分。

锯箭法：有人中了箭，请外科大夫治疗，医生将箭杆锯下，即索谢礼，问他为什么不把箭头取出？他说：那是内科的事，你去找内科好了。就是敷衍、推诿、极不负责的办事作风。诸如“这个事我很赞成，但是，要同某人商量。”“很赞成”是锯箭杆，“某人”是内科。“我先把某部分办了，其余的以后办。”

“先办”是锯箭杆，“以后”是内科。诸如此类的敷衍、推诿就是锯箭法。

补锅法：做饭的锅漏了，请补锅匠来补。补锅匠一面用铁片刮锅底煤烟，一面对主人说：“请点火来我烧烟。”他乘主人转背的时候，用铁锤在锅上轻轻敲几下，那裂痕就增长了许多，及主人罢了来，他就指与他看，说：“你这锅裂痕很长，上面油腻了，看不见，我把锅烟刮开，就现出来了，非多补几个钉子不可。”主人埋头一看，很惊异的说：“不错！不错！今天不遇到你，这个锅子恐怕不能用了！”及至补好，主人与补锅匠，皆大欢喜而散。这就是医生把好肉割坏了来医，把事情故意弄糟再办理，多么丧天害理！

办事二妙法是封建政治家在政治舞台纵横捭阖，常胜不败的政治秘密。

我们用厚黑史观去看社会，社会就成了透明体，既把社会真像看出来，就可想出改良的办法。

中国传统文化最能代表其特色的是“官场”。我们从历史上发现，中国社会有一个很奇怪的现象，是其他国家所没有的，那就是所谓的“官场”。官场来自科举制度。中国科举制度有它的功能和贡献，但也造就了中国的官场。官场是一个非常奇怪的蛛网，看不见，摸不着，可是你可感觉到你已进入了盘丝洞。中国的官僚有其特征，效忠的对像绝对不是国家，也绝对不是领袖，他只效忠给他官做的人。王朝政府可变，官场不变。统治汉人的方法，就是科举。他们知道中国人的毛病，就是好做官。我给你做官的希望，你就会服服帖帖的，把你的民族意识、人性尊严全部交出来。官官相护，关系非常复杂。所以，官场是一个神秘的社会层面，官场有特殊的行为标准和价值观念。他不效忠皇帝，皇帝换了，他还可以做官；他不怕国亡，亡了国，只要你给他官做，他还是做他的官。

旧社会的知识分子读书的目的非常明确：就是为了做官。这对中国的文化影响极深。这个看不见摸索不着的“场”，是由科举制度形成的。一旦读书人进入官场之后，就与民间成了对立状态。所谓“书中自有黄金屋，书中自有颜如玉”，读书可以做官，做了官就有金钱和美女。

中国文化四千年来，除了当官，其他职业全都不被重视，所有的职业都以当官升官为最终目标。从前有人说，行行出状元，其实除了读书人里有状元，其他就是不值一文的工匠。那个时候对其他行业的人有许多限制，如不许穿某种服装，不许乘某种车子，不许到某些地方。封建社会一切都以做官人的利益为前提。柏杨先生指出，中国的传统文化以高官厚禄，黄金美女引诱人去读书，养成了知识分子阿谀奉承，以升官发财为目的，去追求功名富贵。长期的科举制度产生了士大夫阶层，这就是中国近代社会发展慢的主要原因。西方没科举制度，日本虽然吸收了中国文化，但拒绝了缠脚、宦官和科举制度。

封建社会控制中国那么久，产生了巨大的影响力，在经济上贫穷落后，在政治上使我们长期处于酱罐文化之中，其特征之一就是以官标准为标准，以官利益为利益，使我们的酱缸文化更加深，更加浓，官本位根深蒂固。在这种长期酱缸文化的窒息下，使我们中国人变得自私、猜忌、缺少朝气、阴沉、相互倾轧，一盘散沙，绝不合作。

当医生的将来想当御医，学木工的当到宫庭做工匠，学水利的手中想有权……都想向官靠拢。而所有的知识分子，所有求学求知的目的，也都是以参加科举考试为最高目的。直至现在报考公务员仍是最热门的选项，为了一个科长、处长的职位，引无数教授、博士竞折腰。中国的文化教育遂因变成“政治文化”，官员间的运作规则，更发展成为官场文化，酱缸的成分愈发加浓加臭。世界上没有一个民族像中国人这么喜欢政治又害怕政治。这是两个极端，但都是狭隘的“政治一元化”和“官场一尊化”的体现。

中国传统的官僚制度，是帝王通过科举考试，选拔知识分子，所建立起来的统治构架。这个构架的成员称“士大夫”。科举考试是小民唯一一条可以当官之路。可是，一开始就出现了弊端，向主考官贿赂，由权贵们把持，加上稍后的八股化，根本选不出优秀人才，只能选出顺从较重的知识奴隶。他们质量不高，才智平庸，形成一个官僚势力集团，却虚伪地以道统自任，表面上忠于帝王，实际上只忠于权势，当旧帝王失去权势时，他们立刻转而效忠新的帝王，称“识时务者为俊杰”。数千年来，中国的帝王可换，朝代可换，“士大夫”统治构架不换，成为一个奇特的既得利益阶层，连帝王也无能为力。偶然也出一两个杰出人物，像宋朝的王安石的变法，清朝光绪皇帝的改革，都败于一批自以为是的道统主流士大夫之手。

士大夫自成一个体系，用儒家经典作号召，以当官和当大官为唯一目的，像一张巨网隔在皇家与小民之间，即令不影响他们既得利益的改革，甚至是可以提出高他们身价的改革，都有会引起巩惧和抗拒。所以中国的改革比其它国家更加困难。

由于长期的封建社会制度的斫丧，中国人在酱缸里酱得太久，我们的思想和判断以及视野，都受酱缸的污染，跳不出酱缸的范畴。年代久下来，使我们多数人丧失了辨别是非的能力，缺乏道德的勇气，一切事情只凭情绪和直觉反应，而不能思考。一切行为价值，都是以酱缸里的道德标准和政治标准为标准。因此，没有是非曲直，没有对错黑白。在这样的环境里，对事物的认识，很少有人去进一步的了解分析。在长久的因循敷衍之下，终于来了一次总的报应，那就是“鸦片战争”——外来文化横向的切入。

9. 文化力学

文化力学——文化对社会发展的作用力和影响力之学说。

什么是文化呢？广义而言，文化是人类历史发展中创造的物质财富和精神财富的总称，包括经济、政治、人文、道德、科学、教育、文学、艺术等，包罗万象。通常特指精神财富。较高层次的文化戴上文明的桂冠即称文明。所以，文化含意非常广泛。也可理解为人类创造的社会氛围。它的基本要素是人类和社会。

文化就像是无孔不入的社会氛围。就像地球表面无孔不入的空气一样。空气构成地表的氛围，文化构成人类社会的氛围。空气可以流动，文化也不是刚性的，可以传承、发展、变化。文化可分为主流文化和非主流文化。可分为正能量文化和负能量文化，可对社会产生积极影响和消极影响。

什么是中华民族的主流文化，它有何特点呢？

中国文化可显明地分为传统文化和“五四运动”以来的新文化，特别是新中国成立后的新文化，以及改开以来的侵扰文化。其内容都非常丰富。

文化是种思想、精神、习惯的氛围，其中包含的内容很多：如语言文字、思想观念、伦理道德、风俗习惯、文学艺术、衣食住行、婚丧嫁娶、信仰、审美、审丑等等，都是文化。要建立一种文化是个漫长的过程，要清除一种文化，也不容易。要消灭一个民族，就要颠覆其文化。这就是文化力的特征。文化侵略是重要的侵略方式，就是渗透自己的文化，颠覆别人的文化，同时思想洗脑，征服其国家。

文化是社会大环境，文化是个社会大染缸，有什么文化，就产生什么样的社会状态，就塑造什么样的人。文化是影响社会发展的重要力量。不是千军万马，胜似千军万马。先进的文化对社会起推动作用，产生正能量；落后腐朽的文化，对社会起倒退的作用，产生负能量；酱缸文化将使一个民族、一个国家腐败灭亡。

人们常说：“没文化真可怕！”可是有文化到底是什么样呢？

我们不想当绵羊，也不想当豺狼，我们应做有文化的人。

我们不想当奴隶，也不想当奴隶主，我们应做有文化的人。

社会上有文化人的基本特征是什么呢？

1. 知书达理，对事物和问题有较深刻的认识和理解；
2. 当仁不让，对社会有责任感，勇于担当；
3. 具有根植于内心的修养；
4. 具有无需提醒的自觉性；
5. 严以律己，以约束力为前提的自由；
6. 道德高尚，有为别人着想的善良！

具备了这些特征，有文有“化”，就是个有文化的人；不具备这些特征，无文，不是文化人；有文无“化”，也不是有文化人，最多是个识字的人。

中华民族经历了多种的文化阶段：奴隶社会文化、封建社会文化、半封建半殖民地文化、资本主义文化、社会主义新文化。

历史上对中国影响最深最远的是儒家文化。儒家文化有三个重要特点：一是儒家是维护君主专制，永不开启宪政；二是儒家迷信个人能力，寄希望于君主的贤明；三是儒家过于强调个人道德，形成道德原教旨主义，形成虚伪道德观。儒家文化的核心是社会等级秩序，各守本分不能乱，不能逾规。用礼来强化和固化这种社会等级。所以，儒家特别重视礼。为什么儒家特别重视厚葬，厚葬其实就是一种礼，强调突出死者应享受什么样的等级待遇。所有的人都应该在等级制度下循规蹈矩，不能随随便便地做超出自己身份的事，也不能胡思乱想。为了不让人胡思乱想，就提倡人民学习诗词，用文学修养来消磨意志。中国古代诗词特别盛行，形成一种特色文化。而一个伟大的、符合儒家思想的贤明君主，也是通过文学修养来巩固自己的理念。

儒家迷信道德原教旨主义。儒家后来把道德提高到虚伪的层次，道德的功能被神话了。在他们看来，道德是决定国家生死存亡的核心。

与世界上许多以宗教为核心的文明体系相比，中华文明体系最重要的特征就是其世俗性。什么是世俗性呢？

中华文化是人本主义，在中国传统文化中最高崇拜的对象并不是什么宗教，而是天、地、君、师、亲。中国人尊崇的是人世间的圣贤先哲，祖先崇拜的实质是先贤崇拜。流传于基层社会的各种民间信仰（城隍、龙王、土地、山神等各路神仙）则是这一主流文化的草根补充，可被视为人间秩序在鬼神世界的投影。中国的民间信仰是高度世俗化，并与民众日常的生活生产、社会礼仪、节日庆典密切结合，强调行善戒恶和因果报应，警示世人遵守社会伦理行为规范。这些民间信仰倡导的伦理必须符合“天道”，否则会被视为“邪神”，为主流社会禁止。

考古学家苏秉琦先生（1909—1997）认为：中国除了有些政教合一的少数

民族以外，从来没有高于王权的宗教，也就是没有国教。西方文化是神本主义，信仰宗教。一些外国人不能理解，于是想出了一个中国人自己并不认可的宗教——儒教——没有教主、没有教规、没有教仪，也没有宗教意义的经典的宗教。

春秋时代的孔孟以及后来的二程、朱熹被后世视为尘世的先师先贤，而不是天上的神和教主，其性质与基督教的上帝与基督、伊斯兰教的真主和穆罕默德、佛教的如来佛主等全然不同。无神论和一神宗教都是西方文化的极端产物。不过是对超越凡世的造物者的崇拜和对末日审判的恐惧，是教徒们的核心观念。而人间尘世中的社会秩序和人际伦理（三纲五常、忠孝仁义礼智信等），则是构成儒学和中华文明的宇宙观和基本社会伦理基础的核心观念。所以，中原皇朝大多数皇帝不把中华文明体系与任何具体宗教对立起来，也不把自身的宗教倾向强加于臣民。

如果只讲科学技术，不讲社会文化，那么社会就会荒芜，就不会有思想、感情、情理、礼貌、文学、艺术，那么，社会就只知道细胞、分子、原子、电子、原子核、化学、物理；人与人之间只有员工、病材（体）、战斗力、增员、减员、棋子……这些东西没有文化的粘合剂，像一盘散沙，冷漠无情。没有健康文化的社会，是可怕的社会。所以，没有文化，忽视文化，是一种极端。文化就是社会科学研究的重要内容。人由父母所生，发育生长，从而产生了天然的父爱和母爱，这是一种感情文化，为了孩子父母花了多么大的精力，寄于多大的期望。如果人由高科技生产，人类文化就要发生颠复性变化。人在社会中，常遇到的有两种情景：一种是道理，一种是感情。自然科学是讲道理的，不讲感情；社会文化是既讲道理又讲感情的。道理是严格的，感情是滋润的。有时，人会产生失落感，看透一切的消极感，而忘记了美好、奋斗和责任。无论谁，消极地“看透”所谓的人生，都是一种害怕奋斗的消极情绪，是对社会感情的淡漠，是对人生亲情、爱情、友情、社会关爱和社会责任漠视的表现，是人生最大的悲哀，是社会文化病态的表现

文化作为一种力量，具有明显的特色：文化力不是一种直接作用的力，它是通过影响人的思想和习惯对社会发生作用的。其显现及发挥作用，必然要通过一定的载体或媒介；或者是附着在人们的思想观念，或者是物化在一定的物质产品或精神产品上。只有通过精神的或物质的载体，文化才有了真实的存在感。也就是说文化力并不是那种立竿见影地显现力量，大都是潜移默化；坏的文化也往往是慢性中毒，并非直接作用。这也正是千百年来对文化力认识不足，或根本就不认识的重要原因之一。

“片面”几乎是文人的特点之一，也是文化人的一个坏毛病。因为老师教作文时就要求文章的片面地表达效果：表扬一个人时光说好的，或主要说好的；批评一个人时光说坏的，或主要说坏的，甚至要夸张一些，这样才能突出主题。久而久之，形成了一种爱片面的习惯。每个事物都有两面性，只说一面，掩盖另一面，才能突出自己的观点。但脱离了实事求是这一根本原则。这样文人们继承了老师的写法，代代相传，所以片面写作也就成了习惯。因此，文化中通常充斥着片面。如果不允许片面，可能许多人就不会写文章了。这是文化界不可忽视的现象。

中国的传统文化，是以情理为基础的，追求真理为目标，一向追求：天下太平，天下为公，世界大同，中和之道、睦邻友好，仁义礼智信孝等伦理观念。这是人类关系中最基本的观念，就像公式公理一样，具有普世价值，永远光芒四射。孟子提出：“老吾老，以及人之老；幼吾幼，以及人之幼……举斯心，加诸彼……推恩足以保四海。”“四海之内皆兄弟。”可谓民族和谐，社会和谐，世界和谐的文化。对于“地球村”而言，都是非常理想的社会景色，是值得借鉴的文化。这就是中国的传统文化的中国梦。

然而，秉承传统文化的中国人，在中国历史上出了严重问题，甚至沦为半封建半殖民地，这就需要反思。东方的和谐文化，终被西方的竞争文化打得一败涂地。所以，对中国的传统文化提出质疑。就是谨慎地吸取中国传统文化中的精华，坚决弃其糟粕，与时俱进，不断发展。在社会前进中发展，不可复归，不可复古。但是，当前有种“复古”的倾向，一部分人寻求的只是势头很猛的夸张性复古，完全漠视几千年中国传统文化的负面影响。当一提及传统文化，就想到“复古”、“复归”。这显然是一种“复古”的思潮。实现和谐文化是有条件的，就是要看对方是否为可和谐的人。如果对方根本就不是真诚和谐的人，甚至是爱沾便宜的人，或是侵略掠夺者，则讲和谐就要吃大亏。

情理文化，常常忽视斗争性，容易腐败变质为“酱缸文化”，这是必须引以为戒的。中国人在筑中华民族伟大复兴的中国梦，美国人也在做美国梦，他们不愿意看到中国的复兴，时时处处干扰、打压。掌握金融资本的华尔街老板，掌控着整个西方资本主义体系，奉行的是自由开放的市场经济和金融体系，因此，金融资本无人无国可以匹敌。它的最大敌人是谁？国家主义、社会主义的奉行者。因此，社会主义国家都被贴上邪恶轴心国的标签，被金融资本仇视。金融资本挟“自由”、“民主”利器向邪恶轴心国开火。金融资本今天最大的对手是中国。

中美之间的对抗，本质上是中国和金融资本的对抗，是人民币和美元的对抗。金融资本如何疯狂地围剿中国呢？首先是文化的颠覆，文化的侵略。

一是向大众阶层。以强大资本力量及掌握的全球媒体舆论改变中国的文化，向中国输出拜金主义、享乐主义、消费主义、娱乐主义，让中国人羡慕美国、学习美国、成为美国。这也是今天我们国家迅速增长的文艺节目、大众传媒、游戏竞技以及肥皂剧等泛滥的根本原因，让广大中国人沉迷于此，乐不思蜀，不关心国际大事，不关心国家大事，成为一具不读书、不学习、不思考，只懂得吃喝玩乐的行尸走肉。

二是精英阶层。通过收买以及培养大批第五纵队及汉奸型专家教授学者，控制中国的文化，在国内大力宣扬新自由主义理论，配合国际层面设立的诺贝尔经济学奖、和平奖、文学奖，树立国际学术权威样板，进行文化领域自由主义形态的输出及渗透，以影响中国的文化、金融政策，改制中国国体，力图中国放弃国有化、公有化，推行完全的市场化，私有化，使中国像其他国家一样，成为金融资本可以自由收获的财富掠夺场。这是多么危险的情景！

文化是重要的，高度发展的科学技术，数量庞大，掌握了文化科学知识的现代人，不可能再去信神信鬼，不可能继续迷信，必然产生新文化。这种新文化，就是信仰科学的文化，这是当今文化的发展方向。

我国提倡的是社会主义新文化，实质上是信仰科学的新文化。这是一种积极上进的先进文化。但是，由于千百年来封建文化，以及改革开放以来蜂拥而入的西方文化的影响，所以，当今的中国，要把握现在和未来文化的主弦律，建立自己的文化自信。那么，当代和未来的文化主弦律是什么样呢？应该是：崇尚科学，强化道德，适度的民主、自由，必要的法制。

崇尚科学：科学就是自然规律，可以利用，但不可违抗的。历史证明，人类愚昧、迷茫、落后，犯了许多错误，都是因为不懂科学，或不尊重科学。现代人类社会如此发达，就是因为科学技术发达，如果把科学技术成分去掉，人类立刻变回愚昧、落后的原形。

现代社会充满了科学技术的竞争。社会发展至今，可谓学派林立，信仰林林总总，多元化琳琅满目。各种思想、各种学派、各种教派、各中宗教、各种会道门，都应该亮出自己存在和发展的科学道理，让世人裁判选择，谁是科学的、进步的，谁是迷信的、愚昧的、欺骗性的，现代的社会科学和自然科学完全有能力担当此重任。让各派的学说在理性审判中，判断其沉浮和发展。每个人都应不固执己见，应遵守科学规律。

强化道德：道德是人类社会活动的优秀的准则。我国几千年来，有着丰富的道德内涵，应总结整理出高尚的道德标准。道德可分为基本道德和高级道德。

基本道德必须实行，违反者要受到处罚；高级道德积极提倡，量力而行。要编成教材，教学生学习践行。道德标准由德高望重的道德委员会制定，必须是科学的，而不是独尊一家。

民主和自由是人类文化高尚的目标，是必须保护的基本权利。但必须适度，不可违法，就是自己的民主自由，不可妨碍他人的民主和自由。

必要的法制：对严重违反道德，违法乱纪的要用法制来惩处。

当今人类的问题是主弦律不明确，道德标准不够明确具体，实施不够强化，教育方法不够科学。

我们现在面临的最大问题是发展文化，重构文化。要按以上主弦律的要求，来重构人类文化，要继承人类一切文明成果来丰富主弦律的内涵。在重新整理中华文化传统的基础上，广泛汲取全人类创造积累的先进文化成果。

把文化作为一门产业，生产出的产品要在全国、全世界推广，不言而喻，其先决条件是文化要“优良”，你的主流意识形态、观念、理念、价值观和信仰要明确清晰，要有世界性的吸引力。要有独树一帜的文化，能够被人民所接受，并能经得起历史的考验。

我国是涵盖56个民族的中国文化，其历史特点是“多元一体”，必须认识到多年来对这方面研究的缺失；从外部来说，目前正在形成一个各民族文化多元共生的全球化，只有理解和容纳世界各民族的多种文化，学习“地球村文化”，才有可能在这个世界里找到自己的位置。“大国心态”是做到这一点的最大障碍。当国家贫弱时，它会演变成阿Q的精神胜利法；当国家强盛时，它就滋生为企图覆盖他族文化的东方中心主义。历史已经证明西方中心主义是行不通的，同样，东方中心主义也不会有好的结果。只有世界和谐，建立人类命运共同体的文化，才是正确方向。

中国的志士仁人，一直在为中华民族伟大复兴而前仆后继地奋斗。在总结百年来中国屈辱的历史后，提出了实现中华民族伟大复兴的“中国梦”，摆脱贫穷和屈辱，建设繁荣富强的国家。中国梦的本质内涵是“国家富强，民族复兴，人民幸福，社会和谐。”实现中华民族伟大复兴的中国梦，也是每个中国人的梦：学有所教、劳有所得、病有所医、老有所养、住有所居，共同享有人生出彩的机会。并由我国的社会主义的伟大实践、吸取中国传统文化精华及人类的先进文明，提出了社会主义核心价值观：富强、民主、文明、和谐、自由、平等、公正、法制、爱国、敬业、诚信、友善，高度概括了人类社会的物质文明和精神文明，是最全面、最科学的核心价值观，在人类社会发展中具有普遍而重要的意义，也是“地球村”可以借鉴的优秀文化。

10. 公平正义力学

公平，就是处理事情合情合理，不偏袒哪一方。

正义就是公正的道理，以及为此道理的义举行动。正义的思想、正义的事业、正义的战争等是为人民所赞扬的正义。正义感是被正义所感动的情绪，同情正义、拥护正义、主持正义，伸张正义，从而产生正义的呼声、正义的行动。公平正义是一种浩然正气，是推动社会前进的强大动力，是社会强大的正能量。为公平正义的奋斗目标是，获得人民满意的公平正义，扫除人间不公平、不正义的丑恶现象。

公平正义是人性的升华，具有强大的感召力。路见不平，拔刀相助；杀富济贫，志求公道。公平正义是面伟大的旗帜，许多仁人志士为宏扬公平正义而英勇奋斗，许多英烈是为公平正义而光荣牺牲。坚持公平正义就是光明的社会，不坚持公平正义就是黑暗的社会。一个健康的社会，必须人人都高举公平正义的旗帜，特别是党政机关、教育界、意识形态界、宣传舆论界。否则，就是黑暗的社会。

哲学家柏拉图有句名言："在这个世界上，你总得捍卫些什么。"试问，你要捍卫什么？

法国是崇尚哲理的国度，把哲学作为必修课。2011 年法国升高中考题之一是："人是否有追求真理的责任？"而张扬人生哲理。追求真理是每个人的责任。

坚持真理，追求社会公平正义，是每个人，特别是社会精英的重要任务和基本品质，是推动社会进步的重要社会力学。

社会为什么会不公平，会黑暗呢？因为社会上有许多人在制造不公平。这些制造不公平的人是可耻的，但他们往往恬不知耻，一再制造不公。

人为什么会产生公平正义感呢？人性升华使然。人性的升华使之有一种追求公平正义的倾向，这是人们通过自己的确身体验、人际感情、社会经验，总结出来的理念。知道什么是公平正义，它对个人、对社会是多么的重要！视之为高尚的品质。然而，有的人性没有升华，故意颠倒黑白，混淆是非，制造人世间的不公平。一切背离了公正的知识都应叫做狡诈诡辩，就不称为知识。社会上有一些人狡诈诡辩，特别是那些无良公知，黑心黑肺，使社会更加不公，更加黑暗。他们邪恶霸道、强词夺理、欺行霸市、压迫剥削平民，制造人类的不公平，制造非正义种种。世无公平正义是多么可怕！"路见不平一声吼，风风火火闯九州”就是公平与不公平的对峙，正义与非正义的拼搏。坚持公平正义是保护社会，也是保护自己，所以倍受社会的赞扬和推崇。为公平正义而战斗的人是可歌可泣的英雄，牺牲了的成为人民敬仰的烈士。那无数的英雄纪念碑，都是为维护公平正义的英雄和烈士建造的。

公平正义包括了忠勇义仁的深刻内涵，是我国传统文化的重要内容。所以我国历史上出现了无数的仁义忠勇之士。他们杀身成仁，舍生取义，赴汤蹈火，为公平正义而战。

正义感产生于同情、真理、义气，产生于社会责任感，是种正义力。路见不平，挺身而出，拨刀相助，一种社会同情力，是典型的正义感，在一定程度上它推动着社会前进，通常是正能量。追求正义、宏扬正义应是每个公民的光荣义务。

什么是公平正义呢？对具体事件，往往是模糊的。因此，对公平正义的辨析是十分重要的。公平正义感产生于对事物的深刻认识和理解。各人的出发点不同，产生认识上的分歧，不容易形成社会共识。犹如，在大自然中你同情谁？憎恨谁？确实存在个立场问题。立场不明确，公平正义无从谈起。比如，棕熊吃大马哈鱼，抓到了，棕熊饱餐一顿，自然高兴；可大马哈鱼一命呜呼！如果大马哈鱼逃跑了，棕熊要饿肚子。你同情谁？达尔文说：“弱肉强食”，棕熊应该吃掉大马哈鱼。“弱肉强食”公平正义吗？科学家说：“尊重大自然，自然而已！天然的食物链而已！”“天然的食物链”公平正义吗？动物保护主义者说：“保护大马哈鱼！也保护棕熊！”让两者和平共处，可能吗？宗教人事说：“善哉！善哉！棕熊吃草吧！”许多人都不是改吃素食了吗！哲学家尼采则更是荒谬绝伦，他提出“剿灭落后民族，乃先进民族之天职”。公平正义吗？许多人都打着“圣战”的旗帜发动战争，成千上万的军人和平民为此丧命。所以，产生正义感的基础是“正义”，首先要明白什么是正义？这种理念、这种思想、这种行为是否正义？正义才能激发正义感，正义感的力量是伟大的；非正义的只能激发邪恶感，邪恶感的力量也是很可怕的。

恻隐之心、怜悯之心、同情之心是公平正义力学的初萌之芽。没有这些幼芽，产生不了公平正义。许多同情感汇聚成共识，成为一种不可小视的社会力学。对某一事件，同情力常形成聚众议论，发表演说，游行示威。如果没有同情感，就没有正义感，没有社会责任心，就会麻木不仁，事不关已，高高挂起，就不会有社会的公平正义。

人们宣扬公平正义，反对邪恶，这是人性、道德、文化所形成的高尚理念。大多数人拥护公平正义的社会，希望生活在充满公平正义感的社会中。公平正义感的力量是巨大的，有时可形成一种潮流，摧枯拉朽，推动社会进步；有公平正义感的社会是进步的社会，无公平正义感的社会是黑暗的社会；事不关己，高高挂起；各人自扫门前雪，何管他人瓦上霜；明哲保身，一盘散沙，都是缺乏公平正义感的表现，显示出冷漠、黑暗、邪恶的严重社会病态。夏明翰的正义歌鼓舞一代又一代人："砍头不要紧，只要主义真，杀了夏明翰，还有后来人。"就是千古传讼的一种伟大正义精神。

人们厌恶无公平正义的黑暗社会。人们欢呼公平正义的社会，欢呼有公平正义感的志士仁人。

公平正义是英雄人物、正人君子的思想基础。孟子曰："恻隐之心，人皆有之；羞恶之心，人皆有之；恭敬之心，人皆有之；是非之心，人皆有之。恻隐之心，仁也；羞恶之心，义也；是非之心，智也。"说明我国古代就很重视社会的公平正义。

"富贵不能淫，贫贱不能移，威武不能屈"的人；侠肝义胆，见义勇为的人；杀身成仁，舍生取义的人，都是品质高尚的正人君子，都是坚持公平正义的社会精英和勇士。坚持公平正义是每个公民的神圣义务和光荣责任。

11. 舆论力学

若问舟船沉浮事，民众之中观舆情。

社会舆论是民众心声的反映。社会舆论就是民众对社会的意见和态度；对某人某事的舆论，就是民众对某人某事的意见和态度。社会是民众构成的，因此，民众的意见和态度是十分重要的。舆论战就是争取民心的战争。但是，舆论并不那么简单，为了夺取政权和巩固政权，舆论的作用是非常重要的，不是千军万马，胜似千军万马。打好舆论战，是一个特殊的战争。

舆论能把人置于死地。"千夫所指，无疾而亡。"千夫所指就是众多人的社会舆论指责，在这种情况下，即使没有病，压力太大，也是活不下去的。

枪杆子，笔杆子，夺取政权靠两杆子。笔杆子就是文化大军，是制造、控制社会舆论的。它是夺取政权、巩固政权的重要方面军。

制造舆论的目的是，对己方：争取人心，统一思想，鼓励士气，团结民众，孤立敌人。对敌方：揭露敌人，扰乱敌人，搅乱人的思想，使民众对其失望，让民众群起而攻之。据说，当年陈胜、吴广起义时，在买来的鱼肚子里发现一张纸条，上写"陈胜王"。说这是天意！对触发起义起了巨大推动作用。还有大家熟知的韩信策划的蜜蚁成字“兴汉灭楚”、“四面楚歌”瓦解楚军。动摇民心军心的舆论，这是比千军万马还厉害的。

舆论的重要性敌对双方都是明确的，都很重视，所以，敌对双方的舆论战，是必不可少的。但是，并不是敌对双方都能打赢舆论战。有的能争取到群众，有的背离群众。

舆论战的基础是真理。如果舆论代表真理，通过宣传可以争取民心，得到群众的拥护和支持。如果舆论纯属谬论，甚至是谣言，那是欺骗民众，那就是越宣传越暴露自己的嘴脸，越说越丑，越描越黑。舆论工作说到底是做人心的工作，舆论战要有群众基础，因此，只有站在人民大众一边，才能发动群众，争取群众，打好舆论战。站在人民大众的对立面，是无法争取群众的，在舆论战中最终必败。

舆论战也是战争，要认真对待才能取胜，才能取得最佳效果。因此，舆论战也分战役、战争、战斗。舆论战要有感染力、鼓动力，形式要新鲜有趣。传单、报纸、图书、演说、游行、示威、批判会、音乐、舞蹈、秧歌、戏剧、快扳、相声等，都是制造舆论的武器，只要是民众喜闻乐见的都是好的、有效的形式。

舆论战要有震撼力，一次舆论斗争，就可以震撼社会。如土地革命时期，一次诉苦会、一次批斗会、一次戴高帽游街，就可使地主的威风扫地，丑态百出。

童谣是一种常用的有力的舆论工具。历史上在社会风云突变之时，常是童谣先传，通过简单明了的语言，让儿童在民众中广泛传播。童心诚实，更容易使人相信；儿童都知道，大人更知道了。

如何辨别舆论，如何掌控舆论，对当权者是十分重要的问题。舆论中最可怕的是造成社会动乱的舆论，当政者必须引起高度重视。消除这种动乱的舆论，最好的办法是通过反制舆论进行对抗。因此，舆论成了观察国情风云的瞭望台。国情的风云变幻是有迹象的，“山雨欲来风满楼”。国情的风云变化有种种征兆。国情的前哨，就是舆论。敌对双方的前哨战，就是舆论战。

舆论风云的特征告诫人们，现在的国情：是太平盛世、是相对平静、是欢欣鼓舞、是怨声载道、是矛盾重重、是一触即发、是燎原之势、是秘密暴动的危险，是阴谋判乱和隐藏的战争正在酝酿，或者是改朝换代的局势正在形成等等。当对政府的恶意中伤，对官员的肆意诽谤，以及对国家不利的谣言传闻，全都属于动乱的前兆，尤其是诽谤中伤频繁发生并公开之际，当谣言传闻不胫而走并被广为相信之时。

谣言是制造舆论的最恶毒、最肮脏的武器；真理才是制造舆论最厉害、最光明磊落的武器。然而，谣言的的确确是发生社会动乱的前奏。尤其当谣言甚多并导至严重后果时。当对政府的厌恶弥散之际，政府的行为无论好坏都会激怒民众。但别以为既然谣言是动乱的征兆，就对其严加查禁便可防止动乱；其实，到处避谣只能引起民众久久不消的疑惑，造成更严重的后果。有时对其置之不理往往是制止谣言的权宜之策，而准确地揭露谣言才是最佳手段。

无风不起浪。对不利的舆论，要找到起风的根源。对产生舆论的要素须认真研究，对可能形成动乱的舆论要特别注意。最稳妥的措施就是消除产生严重舆论的要素。须知只要有备好的柴薪，很难预测何时火星会将其引燃。接着就是“星星之火，可以燎原”，这种可能性迫在眉睫。产生动乱舆论的要素有二，一是贫者甚众，二是不满情绪甚广。毋庸置疑，民生问题、社会热点，都是大造舆论之火的柴薪。经济不振、失业众多，政治腐败、贪官污吏横行、物价高涨、货币贬值、房价炒高、房奴愤怒、赋税增加、法律不公、炒作盛行、商人贪婪，高利贷吃人，压迫剥削猖狂、财富过度集中，贫富高度悬殊，无良公知嚣张，明显不公的事例频出，惯例之变易、特权之废除、好人受打击排挤、小人倍受重用、民族之入侵、兵士之遣散、内讧之激化，以及任何会激怒民众，并使其为共同目标而抱团结伙的事件。大量的失业人员，是造成这两者的重要因素，失业人越多，赞称动乱的人越多；破产的业主越多，赞称动乱的人越多。于是就产生信誉危机和对众人有利的战争的土壤。这种对众人有利的战争，便是国家将有叛乱和暴动的明确无误的征兆。若是知识精英和缺衣少食的贫民连在一起，那么危险就迫在眉睫并将致命。因为为填饱肚子而举行的动乱最难戡平。“生之为性”，为了活命，谁都会不惜一切而拼命。

对政府的不满情绪和人们心中的抑郁不平情绪，都容易积成一种因异常的愤怒而猛烈喷发的火焰。此时，政府不可凭民怨是否合理来衡量其危害性；也不可凭产生不满的痛苦大小来估量其危险性，因为在危险的不满情绪中，恐惧的成分往往大于痛苦。痛苦是有限的，但恐惧是无限的。当迫于高压之下，使人产生的痛苦可以忍耐，但对恐惧则不然，它会深刻地留在人的心中。作为政府，切不可因为屡见不鲜或由来已久的不满并未导致险情而掉以轻心。因为并非每一团乌云都会化作暴雨，但暴雨始终是由乌云化作而成。

防止动乱舆论的常规对策，则需具体情况具体分析，具体措施则需对症下药，因事而定。一般消除产生动乱舆论的办法有四：

一是消除上述产生动乱舆论的直接因素；

二是适当给予民众发泄其悲愤不满的自由，也不失为一种防乱良策；因为若让人把怨气往肚里吞，或者将脓血捂起来，那就会有积郁成疾或恶性脓肿的危险。

三是给民众以希望。毫无疑问，能巧妙地孕育希望，并能引导民众从一个希望到另一个希望，此乃治疗不满情绪的最佳良药。

四是争取不满者的领头人物，使其归同，良策也。要么使其同党中另一领头人物与之对立，挑拨离间，分割其声望，使其内部相互猜疑，力量被消弱或瓦解。

有报导，中国这30年的社会乱象：伦理颠倒、荣辱不分、唯利是图、荒淫浪荡、醉生梦死、笑贫不笑娼。总有一天，社会要做个彻底清算。把脱掉的衣服穿上，把颠倒的荣辱观修复，把荒淫的价值观抛弃。

12. 礼的力学

词典查阅：礼：社会生活中由于风俗习惯而形成的为大家共同尊守的仪式。一般是指礼仪、礼节、礼貌、礼物等，是一种较高层次的社会文化形式。

礼，就是天地的秩序。礼就是德行的外露，是人们规范的法则。

佛教有句名言："对人的恭敬，就是在庄严你自己。"

荀子说："人无礼则不生，事无礼则不成，国无礼则不宁。"

礼是规范人们行为的仪式，是人的社会形象和姿态。礼作为文化的重要内容之一，对社会的状态和发展有重要的影响。

在万马奔腾的社会中，"礼"是一种秘密武器，一旦混乱或失传，势必造成社会混乱，甚至全军覆没。所以，礼是维护社会秩序的重要社会力学。

周朝是中华文明的奠基者。周人奠定了什么呢？最重要的是人本精神：以人为本，以德治国，以礼维序，以乐致和。礼是维护社会秩序的，人们也亲身体会到礼对维护社会秩序的重要性。

《论语》中有个故事，孔子警告他的儿子说："如果不学《礼经》的话，是没有办法在社会立足的。"成了"不学礼，无以立"的千古名言。

可见，"礼"在孔子心目中是多么重要！四千年来，"礼"的种种规定，成为儒家学说的中心思想，并且冉冉上升，化成千年来的风俗习惯。正像《水浒传》或其它的传统小说中，常常会发现一声断喝："不得无礼！"或大喝一声："无礼致极！"于是手起刀落，人头滚地。"无礼"遭到报应，"无礼"在中国传统文化中发生很大的阻吓作用，演变成只问当时行为的是非，而不问事情的根源和程序的正义。“礼”已经不仅是行为规范，而且是行事的指针。然而，因为礼的内容和形式长年累月的僵化，反而被掌握权力的人巧妙利用了，“礼”遂变成了禁锢无力反抗者的铁牢，成了擒拿弱势者的囚笼，历史上多少冤案，由此产生。

所以，二十世纪初，鲁迅先生喊出“吃人的礼教”，因为有很多善良的人民，被那些熟悉“礼教”的正人君子和大人先生所迫害，而且是义正词严的迫害，使后人们或旁观者除了流泪叹息外，无可奈何。

然而，时代在变，如今在自由、民主的号召下，社会走到了另一个极端。旧的“礼”实际上已被抛弃得一干二净，“礼”所规定的人伦行为法则，已被抛弃，新的“礼”没有形成习惯，或难以深入人心。法律在权钱交集下，公正性受到质疑，社会上上下下，不但可以污辱别人，也可以漫骂别人。理由是：现在是民主社会、自由社会，是市场经济时代，网络时代。于是，真自由、假自由，真民主、假民主，充满整个社会。各种丑恶的社会现象，各种旧社会的污泥浊水沉渣泛起，各种吭蒙拐骗层出不穷；假药、假货、假论文、假成果、假证据、假证人司空见惯……用四千年前孔子的话，现在是生活在一个无礼的社会中。

“礼”是高层次的内心法则、内在秩序。“礼”，必须建立在诚信的基础上。每个人都应当站在“礼”规定的岗位，说“礼”倡导的话、做“礼”倡导的事。并且要用舆论来监督，甚至用法律来维护。如果用“礼”整人、控制人，就失去了礼的基本涵义，则完全变成了不讲“礼”，甚至是不讲“理”。

礼——最讲“适度”的表面文章。礼是社会公德中最讲适度的，过度和不及，都会受到众人嘲笑和指责。

我国历史上就是礼仪之邦，《周礼》一书是周文王的著作，由孔子记述的，是我国最早的《礼经》。圣人之道，优优大哉！礼仪三百，威仪三千。礼的内容十分丰富，礼的大纲三百条，礼的细目三千条。

孔子在论语中对“礼”大加赞颂：提出“克己复礼”，“非礼勿视，非礼勿听，非礼勿言，非礼勿动”。即视听言行都要有礼。有礼走遍天下，无礼寸步难行。

与普通人关系最密切的是礼貌。礼，或者说礼貌，是一个人的社会姿态，是非常重要的。不知礼，就不知道自己应取什么姿态，不知如何站得好，如何坐得对；不知怎样说话，不知怎样应答；举手投足都可能出笑话。孔子曰：“不知礼，无以立也。”伊莎贝拉女王说：“举止优雅乃永不过时的推荐信。”而要得到这种推荐，你只须对它不小瞧就差不多可以到手。相反，举止不雅，自然无疑于自贱自残，或自我检举了。

不注意礼貌修养，其形象可能不雅。一个人如果静时东扭西歪，动时蛇首豸行，坐时小动作太多，不坐时大动作又过于张扬，说话时声嘶力竭，吃饭时丑态百出。这些毛病，有很多是少年时任性肆意，没有父母、老师的必要指点和约束养成的。之所以这样，是不懂礼的重要性，不懂讲礼貌的好处，不懂不讲礼貌的危害。如果有这些毛病的人去参加应聘，会给人怎样的印象呢？可以肯定，这对录取是很不利的。

英国哲学家培根对礼节和俗套曾作过精辟的论述："待人不拘礼节者，须有非凡之大德，正如镶嵌时不用衬箔的宝石须十分珍贵。但若仔细观察就会发现，世人获得好名声的情形，就如同赚钱获利的情况，须知小钱装满大袋子是个不谬的格言。因为小钱经常可得，而大利并不常来。与此同理，小小的优点，可获得大大的赞扬，因为小优点可天天显示并为人注意，而展示大德的机会如同过节。由此可见，讲究礼仪小节，可替人增添美名。"

人际交往中，礼节应该适度自然，不可无礼，不可礼数过度。须知一个人若是在言谈举止上过度煞费苦心，矫柔造作，他就会失去其应有的风度和魅力；如果一个人过度拘礼，举手投足就过于呆板，就像每个音节都推敲过的诗句。一个在鸡毛蒜皮上绞尽脑汁的人又何以能领悟人生之宏旨大义呢？不分场合地过度地讲究礼节，会使别人厌烦，也使自己显得庸俗。把礼节看得高于一切，不仅感到礼仪俗套可笑，而且减少别人的信任。但全然不讲礼貌者，无异于教别人待自己也怠慢非礼，不必尊重。

外交场合是最讲礼节的。不同级别有相应的礼仪规格，如礼炮数目，欢迎的级别，场地、仪仗队，服装、步履、握手、拥抱、拍肩、接吻，每个动作都讲究适度，不可不热情，也不可过度热情。否则，偌大个场合显得失礼、不雅。

中国人的见面礼是握手、问好，非常自然、亲切、和谐，只是握手时要真诚热情，落落大方，彬彬有礼，不可过度，不可用力太猛，不可漫不经心。

日本人的见面礼是深度鞠躬，每天都要大幅度弯腰鞠许多躬，也显得彬彬有礼，风度可掬。

欧美人喜欢更热情奔放的见面礼，拥抱、贴面、接吻，显得热情大方。

每个国家，每个民族都有自己的礼节，人们以适度的方式行施礼节，整合着人类的文明和谐的社会秩序。

13. 期望力学

期望力亦称希望力、愿望力、理想力。它是影响人生成败的重要因素之一，对的社会的影响也是巨大的。

哲学家柏拉图说：“理想是灵魂中最高贵的因素。”

一个人的期望是非常重要的。人在一个接着一个的希望中前进，才感到充实而有意义。

综观各个宗教，都是给人以巨大的希望，诱惑信徒拜在脚下。佛教的极乐世界、生死轮回，人生不死的理论，所有的人都很向往；儒学的祖先崇拜、功名利录；伊斯兰教的大审判，好的升天堂，坏的下地狱；基督教也是好的升天堂，坏的下地狱，都是以美好的希望鼓动信徒。没有希望的理论，是没人接受的。

每个人都有很多期望，人是生活在期望海中的一条鱼。期望考上好的大学、找个好工作、找个好的爱人、生个聪明的儿子；期望父母和家人平安健康、好运多多；期望天上掉下馅饼来、上山能捡块狗头金、顺风顺水发大财；期望风调雨顺、国泰民安、太平盛世、万事如意。祈求神灵保佑，是种迷信的期望，但是许多人都有。每个人的期望，汇集成期望之洪流，推动着社会前进。所以期望力是重要的社会力学。人如果没有期望，社会也就停止不前。

马洛斯的五层次理论反映了人生发展的动力。它是以人的期望为基础的，以不断追求满足为动力。追求满足某种期望，是种动力。首先从较低层次满足开始，逐步追求高层次的满足。这个理论客观地把人的发展，按人的需求（追求、期望）从低到高分为五个层次，相应把人分为五个等级，你的能力能追求到哪个层次，你就是哪个层次的人：一是生理需求——是饮食、睡眠、性欲等；二是安全需求——衣物、住宅、工作场地等；三是归属需求——亲亲、爱情、友谊、人际关系等；四是尊重需求——地位、角色、权力等；五是自我实现需求——理想、价值等。只有较低的需求得到了充分的满足，才能依次产生出高层次的需求，人生也相应地进入较高的等级。马洛斯看准了人的期望之光，发明了期望实现之理论。人往高处走，实现了哪一级的期望，就努力再往上攀登。期望之光，只有通过智慧、勇气、奋斗、想象才能产生。

期望是种未来的景色。美好的未来是期望；拥有财富是期望；甜蜜的爱情是期望；小康生活是期望。读书是期望，投资教育就是投资未来，投资期望。健康是期望，身体不健康，就没有希望。子孙是期望，青少年是期望，良友是期望，六道轮回是欺骗的期望，祖宗崇拜是敬盼的期望……经常盘点你的期望之星，会使你兴奋，使你自信，激励你前进。

“天下熙熙，皆为利来，天下攘攘，皆为利忙。”人们熙熙攘攘，为“利”的期望而忙碌。利益常常是人们的期望，人们为利益努力奋斗。

人生活在期望之中。要是我们期望一件事物对自己有用，那它就会真的有用。要是我们期望一件事物对自己没用，那它就会真的没有用。要是心里不期望做好一件事，这件事就永无完成之日；要是一开始就坚信可以完成，事情就等于做好了一半。因为心里怀着期望，身体就会跟着去努力完成。

期望是产生信心的前提。假使他期望能够怎样，他就能够；假使他不期望能够怎样，他就不能够。当然这一信心是建立在客观规律的基础上的，胡思乱想是不行的。

人们不是热烈地、顽强地期望成功，那就不可能成功。不期望成功、不期待成功而能取得成功，天下决无此理。成功的先绝条件是期望成功或强烈期望成功。

期望是比金钱、势力、家世、亲友更为有用的条件。它是人生必备的资本。它是使人努力克服困难、排除障碍去争取胜利的动力。

有人说，你有多高的期望，你就可能有多大的成功；你只有微小的期望，你最多也只有微小的成功；你没有期望，你就绝不会有成功；如果一个人绝望，那就可能要出大问题。因此，人要靠自己的能量去激发期望之光，家庭和社会也要尽量帮助他激发出期望之光。要珍惜自己的期望之光！

“期望”使我们产生勇气和力量。一天苏轼把三个人领到山涧旁边说，你们三个人谁能跳过山涧，我就承认谁胆子大。苏轼的话激活了三个人中胆子最大的一个，他勇猛跳过了山涧。苏轼伸出大拇指赞扬他胆子最大。这时苏轼拿出一块金子，对另外两个人说，你们俩谁能跳过这个山涧，我就把金子给谁。第二位胆子大的人跳过了山涧，他得到了这块金子。最胆小的人没有为金子所动，还是没跳。这时出现了一只老虎，向他扑去。他发现自己的生命就要结束了，就赶紧起跳，结果比谁都跳的远。

这三个人都跳过了山涧，但使们跳过去的动机不同，期望值不同。第一个是为了名，第二个是为了利，第三个是为了保命。这三个人的收益也不一样，第一个收到了美名，第二个收到了金子，而第三个跳得最远，却什么都没有收到。做人要有明确的目标，更要有激情，非要等到要命时才有激情，那不是明智的人。

人最怕没有期望或绝望。“少年丧母，中年丧妻，老年丧子”，就是因为在关键时刻丧失了关键的期望，或者说期望受到了重大伤害，所以是人生最大的悲痛。

人生无望，必堕顽空。有人说，有一种痛苦叫“没有期望或绝望”。的确，一个人如果没有一点期望之光，那是很痛苦的。破罐子破摔就是期望被崩溃了的行为，是很痛苦的。“期望是半个生命，淡漠是半个死亡。”

《菜根谭》言：“寒灯无焰，敝裘无温，总是播弄光景；身如槁木，心似死灰，不免堕在顽空。”孤灯寒光，破衣烂衫，心灰意冷，一派绝望的惨景，人生最容易陷入萎靡不振的境地。多么凄惨无望的景象！“人生无望，必堕顽空”，这是人生最危险的时刻。

要珍惜自己的期望之光！有理想的地方，地狱也是天堂。有希望的地方，痛苦也成欢乐。人是生活在“期望”之中的动物。这是其他动物所不可能有的。哪一天满怀期望，哪天就风和日丽；哪一天没有期望，哪天就暗淡无光；哪一天绝望，哪天就天混地暗，风雨交加，可能大祸临头。

但是，期望不是天上掉下来的，也不是救世主施舍的，而是我们用勇气和双手创造出来的。期望之光，只有通过智慧、勇气、奋斗、想象才能产生。

14. 想象力力学

想象是在已知觉材料的基础上，经过新的组合而创造出新形象的思维过程。想象力：是完成想象过程的能力。对个人而言，想象力是一个人的基本能力之一，聪明、平庸、灵活、笨拙，取决于想象力。想象力决定人一生的基本成就，缺乏想象力，很难做出大成就。对社会而言，想象力丰富了人类的生活，文学作品就是人类想象力的杰作，科学发明的前凑是想象，创新源于想象力，想象力是推动社会发展的重要动力，所以想象力是伟大的社会力。

诗言志，诗是想象力的杰作。凡是高明的诗人，他们的优美诗歌，无论是史诗或抒情诗，都不是以技艺来完成的，而是靠灵感，灵感就是想象力。

一位先人曾因诗能满足想象力，而将诗称为“魔鬼的酒酱”，其实诗不过是带有想象的影子罢了。可见人们对想象力的神秘和崇拜。

人类通过想象力，创造了神和神话故事，诸如上帝、耶和华、天主、佛、菩萨、老天爷、原始天尊、太上老君、玉皇大帝等等；还有无数的神话故事，诸如女娲补天、后羿射日、夸父追日、阴朝地府、小鬼判官、古希腊神话……这是对人类影响最大想象力事件，影响了人类几千年。如果从科学的严谨态度研究，这些东西是推导不出来的，但它们出现了，这就是想象力的杰作。而且，这些想象不断涌现，想象不一定是科学，然而，科学的利剑也并不消灭它们，只能和它们并举同行，一边是严谨的科学成就，一边是奇思妙索想象力的杰作。这就是社会，一个丰富多彩的社会。

社会科学中的想象力丰富了人类的生活，起着指导启迪的作用，其中有正能量的启迪，有负能量的启迪。想象力既可以是科学也可能是迷信；既可能是正确，也可能是错误。既可能成功，也可能失败。既可能当时实现，也可能若干年后才实现。想象力中给人类造成最大危害的是想象力制造了迷信，如对神鬼的迷信，对宗教的迷信，影响了人类几千年。

确实不可低估想象力对社会的正面影响，也不可低估想象力对社会的负面影响

文学作品就是人类想象力的杰作，每部小说，构成一个完整的情节，就是一个想象力的世界，众多的文艺作品，构成了丰富多彩的人类想象力的世界。由想象力交织而成的美丽的、丑陋的、混合的社会画面，起源于生活，高于生活。《红楼梦》、《西游记》、《聊斋志异》、《三国演义》以及所有的小说和故事，无一不是想象力的杰作。如果用科学的概念推导来写，那就很难写出想象力很强的作品来。

想象力是人思想的升华。没有想象力的世界，人类社会就不完整。所以人类有史以来，就是不断创造想象的世界。

想象力使社会丰富多彩，也使社会杂乱无章。既是巨大的正能量，也是巨大的负能量。想象力并不按一定的逻辑出牌，而是按想象出牌。一部《西游记》生动地把孙悟空、唐僧、猪八戒、沙和尚、观音菩萨、玉皇大帝、西天如来、各路神仙、诸路妖魔，有趣的复杂的故事情节有声有色地展现地读者面前。没有想象力，哪能有《西游记》！可以说每部文艺作品都是想象力在运作，没有想象力，就没有文艺作品。

想象力是推动社会发展的动力，“极乐世界”、“佛法无边”、“轮回转世”、“因果报应”、“神恩默佑”……都是伟大的想象，在迷信时代，这种想象推动了迷信社会的发展，因为当时可知觉的素材多是迷信的，想象的多是有神论种种。在科学高度发达的今天，新的伟大想象力将推动科学社会的发展，因为现代可知觉的素材多是科学的，想象的多是无神论种种。聪明的人类，一定会使美丽的科学的想象将代替迷信的想象，在科学的想象中推动社会的发展。

爱因斯坦说：“想象力比知识重要。”科学发展的前凑是想象。创新源于想象，没有想象力就不能创新，想象力是创新的必备条件。

没有想象力，就没有科学技术的发展。首先要靠想象力提出假说，再通过实验建立理论，或通过逻辑思维想象，直接建立理论。想象力是科学发展首要的、最有活力的条件。可以说想象力是社会发展最活跃的因素之一。新的见解、新的理论、新的作品、新的画卷、都从丰富的想象中诞生。

想象出来的东西，有真的，也有假的。符合客观实际的就是真的，不符全客观实际的，就是假的。有些想象在若干年后就变成了现实。如在古代就有千里眼、顺风耳的想象，现代的收音机、电视机等就实现了这种想象。

现代人的想象力更是丰富多彩，想象出了太空人、星球大战、克隆人与人类大战、机器人与人类大战等等。也有疯狂的想象，想象出了一些绝对不可能的，有些文艺作品胡编乱造，不合情理；有些诗人的想象力太古怪了，古怪的想象使诗人本人都失落、浮躁、反感，甚至走上自杀。自杀的诗人屡见不鲜，甚为可惜，其重要原因之一是想象过度。适度的想象是好事，是正能量；过分的想象，极度的胡思乱想，是负能量。前者使人开阔思路，憧景美好；后者使人浮躁、反感、失落、空虚。

要培养、珍惜自己的想象力，培养想象的习惯。这是老师、家长和孩子须共同注意的问题。

童话作家郑渊洁先生提出了一个新论：请让孩子输在起跑线上。针对中国现代的教育状况是很有启发的。因为他是作家，不是科学家，所以只是想象，不是严格的科学论述。

他认为，近年在教育领域对家长误导最严重的一句话是“别让孩子输在起跑线上。”一些家长由于担心自己的孩子输在起跑线上，通过各种培训班给孩子超前大满灌与其年龄不同步的知识，拔苗助长，搞得学生和家长都非常紧张，整个社会都沸沸扬扬。

倘若将人生形容为一场竞赛，“起跑线”的比喻是恰当的。但是，“输在起跑线上”只适合短程竞赛，例如百米赛。如果是马拉松那样的长跑，就不存在输在起跑线上的担忧。相反，马拉松比赛赢在起跑线上的运动员，往往由于没有保存体力，致使起个大早，赶了个晚集。

长跑的要诀是保存实力，这和孩子学习知识的道理一样。当孩子没有一定的阅历时，给其灌输与孩子年龄不相符的知识，孩子没有生活经验，对知识的感悟不会深刻，不但没有共鸣感，甚至会有厌恶感。

衡量教育是否成功，不是看分数，而是看受教育者对所学知识的兴趣越来越大还是越来越小。如果受教育者对所学知识的兴趣越来越大，说明教育成功了；反之，通过教育，学生反感读书了，教育是失败的。受教育者对于所学知识感兴趣的程度，除了老师的教授方法，还取决于孩子对知识的感悟程度。举个例子，一个五岁的孩子对于《静夜思》只是机械背诵，而一位远离家乡的二十岁青年如果第一次看到《静夜思》，可能泪如泉涌，百感交集。

人在童年，大脑像张白纸，孩子有兴趣填满它，所以孩子的好奇心很强，是用想象力填满，还是用知识填满，这是个关键时刻，也是个关键问题。

爱因斯坦说："想象力比知识重要。"对儿童而言，培养想象力比灌输知识更重要。有想象力的人才能进行创造性劳动。但想象力和知识是相互影响的，对儿童而言，想象力和知识是相互制约的，互为天敌。儿童在获得知识的过程中，想象力会消失。因为知识符合逻辑，而想象力无章可循。换句话说，知识的本质是科学，想象力的特征是荒诞。儿童的大脑简单，一山不容二虎。在学龄前，想象力独占鳌头，脑子被想象力占据，是培养想象习惯的极佳时机。如果不注意培养想象力，想象力可能被知识驱逐出境，甚至成为知识渊博但丧失想象力，终身只能重复前人发现的知识。对成年人而言，想象力和知识是相互促进的，若有人能让知识和想象力在自己的大脑共存并进，此人就是能进行创造性劳动的成功人士了。在孩子童年时，让其晚接触知识，有意识培养想象力，有利于想象力在孩子的大脑里安营扎寨，倘若孩子成为想象力和知识并存的人，您就能给大师当爹当妈了。

幼儿和少年应多启发想象力，上学以后，学习知识与开发想象力并举。让孩子赢在起跑线上，过早接受知识，挤掉了想象力，可能输掉人生。输在起跑线上，在幼儿时期，适合培养想象力，可能赢得人生。欲将取之必先与之，是大智慧。

创新者的特色是想象力特别丰富的人。人类通过想象，创造成了如此的社会：有美丽的，有丑恶的，有真实的，有虚假的，有故事，有谣言……如果人类没有想象力——像动物一样不会想象，社会就不会这样丰富多彩。所以，人类应该积极地、科学地、充分地发挥想象力。

15. 性格力学

在诸多的成功因素中，性格是最重要的。性格的缺陷使人生充满不平之路，行走艰难，甚至在关键时刻，性格缺陷会对人生起关键作用，成为阻碍发展和成功的绊脚石。小心你的性格毁了你。

人们十分重视人的性格，性格左右人生命运。因此，总结出很多有关性格的名言："大刚则折，至察无徒"（《晋书·周岂页》）。"有什么性格，就有什么脾气"；"有多大本领，就有多大脾气"。"性格决定一切"。因为每人都有自己的性格，一个人可以有两种或两种以上的性格。每个人的性格都在影响社会。所以，性格对社会的影响是巨大的，性格力学是重要的社会力学。

本性——人与生俱来的人格特性。与遗传有关，也与习惯有关。有的人文静，有的人刚勇，有的人暴躁，有的人温柔；有的人爱形象思维，有的人爱逻辑思维；有的性格外向，有的性格内秀……人之本性存在，是客观的事实。生命科学研究证明，人的本性与其生命基因有关，取决于父母的基因及其组合，这也决定了人类性格的客观性、多样性。

人之本性是人之性格的基础。本性与遗传有关，与每个人的生理构造特征有关。本性是与生俱来的，性格是本性的外在表露——有优良性格，也有不良性格。好的性格让人不管是在顺境还是逆境中都能积极面对，不懈努力，最后取得成功。相反，不良性格往往在关键时刻毁掉人的一生，造成悲剧性结局。良好的性格能成为人生走向成功的助推器，不良性格也能成为人生走向成功的拦路虎。应改变不良性格，使自己更加完美，这是人生的必修课。

心理学家认为，人的性格各有不同，可分为五类：

（1）敏感型。这类人的特点是精神饱满，好动不好静，办事情爱速战速决。但行为常有盲目性，与人交往中往往拿出所有热情，但受挫时又容易消沉失望。这类人最多约占 40%。

（2）感情型。这类人感情丰富，喜怒哀乐溢于言表。别人很容易了解其情绪，不喜欢单调的生活，爱刺激、爱感情用事。讲话写信热情洋溢，对新鲜事物很感兴趣。与人交往中有时容易冲动，有时易反复无常敖慢无礼，所以有时不易与人相处。约 25%。

（3）思考型。善于思考，逻辑思维发达，有较成熟的观点，一切以事实为依据，一经做出决定，能够持之以恒。生活工作有规律，爱整洁，时间观念强。重视调查研究，和精确性。但这类人比较教条、僵化纠缠细节，缺乏灵活性。约占 25%。

（4）想象型。想象力丰富，喜欢思考问题，憧景未来，在生活中不注意小节，有时行为刻板，不易合群，难以相处。这类人约占 10%。、鲁莽等。

（5）缺陷型性格。成功的性格是可以塑造的。不良性格，是可以改造的。不良性格本质上是某种性格缺陷，是人们在自我开放中常常出现的气质障碍和性格障碍。如抑郁质的人易表现孤僻乖戾、不善交际；黏液质的人易表现优柔寡断，缺乏魄力；多血质的人缺乏毅力；胆汁质的人办事武断。这些特征与人的生理有关。

性格，是对人对事物和行为方式所表现出来的心理特征，具体的如宽容、勇敢、热情、乐观、顽强、坚忍、自信、温和、懦弱、粗暴、固执、呆板、悲观、冷漠等，都是人的性格特征。

人类有哪些主要的良好性格呢?

宽容：其核心内涵是兼容并包。法国著名作家雨果说："世界上最宽阔的是海洋，比海洋更宽阔的是天空，比天空更宽阔的是人的心胸。"一个人的气量大小，在心平气和时很难鉴别，但发生矛盾争执时，就容易看清楚。气量宽宏的人，不把小矛盾放在心上，不计较别人的态度，待人随和。

顽强：其核心内涵是能在逆境中崛起。人的一生不可能一帆风顺，总会存在这样那样的挫折和困难，正因为如此，很多人在挫折和困难面前丧失了挑战的勇气，从此甘于平庸；而有些人则凭着自己顽强不屈的性格，勇敢地挑战挫折和困难，并最终取得了成功。

勇敢：其核心内涵是无所畏惧地挺进。只要拿出勇气来，许多"不可能"也会变为可能。只要善于抓住机会，并有勇气适度冒险的人，才会获得事业上的成功。有些人很聪明，对不测因素和风险看得太清楚了，不敢冒一点险，失去了应有的勇气，错失良机，结果聪明反被聪明误。

坚忍：其核心内涵是具有顽强的持久力。坚忍是克服一切困难的保障。一些人失败的原因，并不是他没有能力、没有信心、没有希望，而是因为他们没有坚忍不拔的持久力，常常虎头蛇尾，半途而废。

良好性格是人生的一笔巨大财富，在错综复杂的人际关系中，表现得游刃有余。良好性格是内在散发的魅力，让我们在坎坷的路上战无不胜，成就辉煌的人生。

人类有哪些主要的不良性格呢?

不自信：不自信的性格，他们怀疑自己的成功，三心二意，无精打采，做事往往虎头蛇尾，东拼西凑。缺乏自信，就会经常处于不安定状态。因此，他也面临心理混乱的问题。

心胸狭隘：其心胸、气量、见识等不宽广、不宏大，都局限于一个狭小的范围内。心胸狭隘的人，他们只喜欢听好的而听不得坏的，只能接受成功，不能接受失败，稍遇挫折、坎坷就会出现过激行为。总是斤斤计较，总是拿自己和别人比较，一旦发现别人比自己强，他们就受不了，总会想方设法把别人拉下阵来。

狭隘和自私如同孪生姐妹。有这种性格障碍的人，不会体会别人的感觉和心情，非常自私任性，总是把目光投向自己，唯我独尊，固执己见，时时处处从自己的利益出发，排斥异己，给人生造成难以预料的后果。

自负：夸大自己的优点，以自我为中心，不考虑别人。看不到自己的短处和别人的长处，往往是成事不足，败事有余。

孤僻：自闭不合群的性格。害怕与人交往，对周围的人常有厌烦、鄙视或戒备心理，朋友很少甚至没有。思想上感情、上孤独，无以沟通，无倚无傍，无人理解和认同。后果是常与幸福和机遇擦肩而过。

孤僻自卑性格的人，在意识层次上无法掌握自己，无法给自己适当评价，因此产生心理上的不安定。这种不安定，也就是自我统一性、自我认同发生了障碍，可能导致行动与感情出现异常。这种人由于搞不清楚自己到底有什么长处、有什么短处，所以无法让自己得到定位和认同。他们的自我形象非常破碎，无法统一。

懦弱；畏缩在阴暗的角落。懦弱的人胆小怕事，遇事好退缩，容易屈从他人，逆来顺受，无反抗精神，进取心差，意志薄弱，害怕困难，感情脆弱，经不起挫折和失败。

我们每个人的性格中都或多或少有懦弱的成分存在。因此，我们往往在困难和灾难面前退缩。能鼓起勇气面对失败和挫折就是勇敢和坚强的人，相反，被失败击倒就是懦弱的人。

“江山易改，本性难移。”本性的特征往往是藏而不露，难以改变。正像英国哲学家培根所说：“本性往往藏而不露，它有时可以被压抑，但很少能被易移。强行压抑只会使本性越发强烈，谈经论道仅可使本性稍有收敛，惟有长期养成的习惯才能改变和制服人之本性。”就是说“习以成性”是改变本性的最好方法。欲彻底改变本性者，只有通过长期养成新的习惯，而抑制固有的本性。

古训云：“矫枉不妨过正，不过正不能矫枉。”因此，可用完全相反的良习，去矫正不良之痼习，不失为之良策。如某君脾气暴躁，就规定在一段时间内必须用谦卑的态度，如有违犯，必须赔礼道歉。又如某君生性懒惰，就规定在一段时间内必须早起晚睡，事事勤快，如有违犯，加倍重罚。久之必可矫正。改变本性时，应举措具体，检查认真，要求严格，赏罚分明。给自己规定的措施不可太多，也不可太少。举措太多，往往顾此失彼，从而使人灰心丧气；举措太少，难以达到习以成性的目的。

哲人言：“人的思维取决于性格倾向，其言论多取决于被灌输的知识和主张，但其行为多取决于长期养成的习惯。”思维取决于性格，言论取决于知识和主张，行为取决于习惯。

但也不可过分相信性格之改变，不可过分相信言辞之豪迈，除非他们能被习惯证明。必须清醒地认识人之本性的顽固性，它会长期潜伏，一旦受到诱惑，便可能故态复萌，就像伊索寓言中那位猫变的姑娘，“她本一直娴静地坐在桌子的一端，可当一只老鼠从她身边窜过时，她马上旧病复萌。”

如何窥测人的本性呢?《菜根谭》中说得好，“遇艳艾于密室，见遗金于旷野”，“受眉睫之横逆，闻萧墙之谗诟”，是两块检验本性的试金石。“密室”、“旷野”是独处之地；“横逆”、“谗诟”是情感激烈之时。人之本性最见于独处幽居之时，感情强烈之际以及新的尝试之中，因为独居之时不必矫揉造作，感情强烈之时忘掉了清规戒律，而在新的尝试之中无惯例可援引。所以，此时本性极易真现。

应发挥优良本性的优势，在工作中发挥积极作用。在升学、选专业、就业时，如果其本性适于职业者乃幸运之人。他若研究的某一学科符合他的本性，此时其本性表现为专业爱好，他的心思会自然而然地尽可能花在上面，不觉其累，反觉其趣，很容易出成果。那些所从事的职业与其本性不相合者，只能悲叹：“我的心久久寄人篱下!”若强迫自己研究某一学科，他得安排出固定时间，以任务压制服从，以习惯培养兴趣。人之性格可成长为芳草，亦可长成杂莠，因此，应适时浇灌前者，而革除后者。在可能的条件下，社会应鼓励人们：人尽其才，首先应是人尽其优良本性。

古人也非常注重对性格的研究，指出性格对人生的重要影响。如《菜根谭》中说：“躁性者火炽，遇物则焚；寡恩者冰清，逢物必杀；凝滞固执者，如死水腐木，生机已绝。俱难建功业而延福祉。”

性情急躁的人，就如同烈火一般，凡是跟他接触的人物都会被焚烧；性情刻薄的人，缺乏人情味，就如同冰雪一般，不论任何人和他接触都会被残害；性情古板而不能变通的人，就像死水枯木一般，完全没有生机。这些都是不好的性格，这些人不可能成就事业，造福世人。

人的本性很难改变，但本性又是可以改变的。每个人的性格不同，但向完美的性格努力是人之共性。恶劣性格已根深蒂固的人，也还是可望矫正的。首先要认识到，这种恶习实际上是一种心理态度，一种心理行为，但它能造成人生的严重后果，带来真正的悲哀和不幸。性格急躁的人，常常说话不经思索，还不知道什么事情，就急着发言，先声夺人，常以疾言厉色伤害他人。这种人常成为人群中的“刺猬”。性情刻薄的人喜欢与人斤斤计较，当他觉得自己被亏待时，就会毫不留情地开展攻击。这种人往往只看到自己，也只在乎自己的感受。性情古板者，通常缺乏与人交往的热情，缺乏体贴别人的心，原则也特别多，常使周围的人身心疲惫，无所适从。具有不良性格的人，要有意识、有决心，用与之相对的良好性格培养、训练自己，甚至可以用“矫枉过正”的方法，进行强化培养，形成习惯，性格就能更加完美。

人们会经常发现，世界上有两种性格截然不同的人：一种乐观的人，一种悲观的人。当他们的财富、健康以及生活的享受上大致相同时，结果却大相径庭。一种人感受到是幸福的，另一种人却感受不到幸福，而常常沉闷不乐。因为他们对人、对事、对物的出发点不同，因而，他们心灵上的感受差别很大，乐观的人感觉幸福，悲观的人总感受到不幸福。

问题出在这里。一个人无论处在什么地位，无论做什么事，无论遇到什么事，都会存在好的一面和坏的一面；存在有利的一面和不利的一面；存在令人高兴的一面和令人悲观的一面；存在阳光的一面和阴暗的一面。在社交场合，接触到的人和谈吐，总有人喜欢的和不喜欢的；餐桌上的饭菜，总是有可口的和不可口的；天气总是有晴有阴的；诗文总是有美点和瑕疵；就是一张脸也总有优点和缺陷……在这种情况下，以上两种人有着完全相反的看法。乐观的人总是从复杂事物中，看到积极的一面，如顺利的机遇，谈话有趣的部分，精制的佳肴，香甜的美酒，明朗的天气……同时尽情地享受；而悲观的人，总是从复杂事物中，所看、所想、所谈、所感受的却都是消极的一面，总是令人厌烦的。他习惯于从积极中挑点消极；从美丽中挑点瑕疵；从光明中挑点阴暗；从优点中挑点缺点；从鸡蛋中挑点骨头。因此，他永远感受到的是悲观，永远感受不到快乐。他的言论在社交场合，总是大煞风景，有时还要得罪人，和人相处格格不入。这种性格有的是天生的，有的是模仿别人不知不觉养成的。但这种吹毛求疵的脾气，对他一生有极大的负面影响。

悲观性格的人，常得罪别人，久之谁都不爱和他交往，成了孤家寡人，常招别人反感，至多以平常的礼貌和敬意跟他敷衍。如果他想晋升和加薪，别人是不会支持他的，没有人会为成全他的抱负而出力和进言。有这种性格的人，常会招受公众的责难和羞辱，而且也没有人肯为他们的过失辩解和开脱，甚至还会夸大其词同声攻击。有这种性格的人，如果不愿意矫正，不肯迁就，不肯宽容，不肯喜欢别人喜爱的东西，而总是怨天尤人，总是生活在阴暗的角落，他就会完全孤立，沉闷不乐而一事无成。必须改变这种遇事就悲观、愤世的态度，向乐观的人学习为人处事的经验和方法。

16. 嫉妒力学

忌妒是对才能、名誉、地位和境遇比自己强的人的怨恨心态。人们嫉妒的往往不是陌生人的飞黄腾达，而是身边的人飞黄腾达。当你红得让人流口水时，关于你的口水就会多起来。

嫉妒，是对能人贤士及其成就采取仇视打击的态度，是极不健康的性格。作为古今中外的一种社会现象，极大地影响社会状态和发展，是搅乱社会的一种丑恶力量，是产生负能量的社会力。

对于嫉妒这种丑恶的社会心态，哲人们在古代就有深刻的论述。有人问亚里士多德："为什么心怀嫉妒的人总是心情不好呢？"答："因为折磨他的不仅是他本身所受到的挫折，还有别人的成就。"

英国哲学家培根对嫉妒的剖析更是入木三分："世人历来注意到，所有感情中最令人神魂颠倒的莫过于爱情和嫉妒。这两种感情都会激起强烈的欲望，而且均可迅速地转化成联想和幻觉，容易钻进世人的眼睛，尤其容易降落到被妒者身上。"事实表明，嫉妒的情绪可迅速转化为反感、敌意、诬蔑、诽谤、打击，被妒者陷入莫名的灾难之中。《圣经》中把嫉妒称为"毒眼"，占卜士把这不吉之星称为"凶象"。当今称嫉妒为"红眼病"，当妒火怒生之时，嫉妒者眼睛会发红的。在各种人际关系中，嫉妒是最不健康的人际关系，它既危害被嫉妒者，对嫉妒者也毫无益处。人们非常讨厌嫉妒，然而，嫉妒仍时时游荡在我们周围。

应该多些同情心、赞扬心，少些嫉妒心。可是有人对别人的苦难，常以明目张胆，兴高采烈的看热闹方式；或冷眼旁观；对于别人的成就和幸福则以讳莫如深、极端隐秘、极端恶毒的嫉妒心待之，这就是现在社会流行的红眼病。

嫉妒的基本特征：闻人善则疑，闻人恶则信；看到自己的成功，100% 高兴；看到别人失败，而 100% 高兴。

哲学家尼采有句名言："千万不要忘记，我们飞翔得越高，我们在那些不能飞翔的人眼中的形象越是渺小。"

哪些人最易嫉妒别人呢？自身无德者，常嫉妒他人之德；自身无成就者，常嫉妒他人之成就。所以，常常极力贬低他人的德行和成就，以达到心理平衡。

好管闲事和好探听隐私者爱嫉妒别人。因为这种人往往心胸狭窄，心存不善，费力劳神去打探别人的事情，常常是为了旁观他人祸福，以博得一种观剧般的乐趣。

爱攀比的人，容易产生嫉妒之心。也可以说没有攀比就没有嫉妒，攀比之心，是嫉妒的根源。所以，卑微之人在刚发迹时容易遭到嫉妒。品质优秀者在他的好运不断之时，遭受的嫉妒也最甚。

轻薄自负者想在各方面胜过他人，常常嫉妒别人进步得快。这种人常有没完没了的嫉妒，因为比他强的人总是会有的。

世人有句名言："如果你没有成就，你就会因平庸而没有朋友；如果你有了成就，你却会因卓越而失去朋友。"做人难，难做人，这就是复杂的社会。遭人嫉妒就是难做人的重要因素之一。

哪些人容易遭人嫉妒呢？

大富大贵且趾高气扬的人尤其易遭嫉妒。因为这种人的言谈举止常是神气活现，或总是想压倒一切不同意见者或竞争对手，不炫耀自己，就觉得不舒服。

官场同僚、同族亲友、少时伙伴、同窗同学，这些人在升迁之时易遭嫉妒。因为心怀不正者，常认为平辈的升迁，无异于对自己进行指责，所以嫉妒之心悠然而生。正如《菜根谭》言："炎凉之态，富贵更甚于贫贱；妒忌之心，骨肉尤狠于外人。"

竞争对手容易遭嫉妒。竞争之下，有胜有负，胜者骄傲欣喜，败者沮丧羞愧。当一个人失败时，他的情绪可能转向内省，检讨自己；也可能转向外达，嫉妒、仇视那个胜利者。

如何避免别人嫉妒呢？首先，嫉妒者和被嫉妒者，都应提高思想认识，搞清楚嫉妒的本质和危害性。嫉妒是一种消极的情绪，使团结涣散，关系紧张，相互向后拉，阴险地阻止别人的前进，卑劣地阻止人们达到高尚和完美，使人变得猥琐、卑贱。嫉妒是精神方面的高血压症，它会使我们的精神瘫痪。嫉妒者常怀着仇视的心理和愤怒的目光去估量他人的成功，而自己在这种危险的情绪中也受到极大的伤害。

世人应认识到，招致他人嫉妒是十分失败的事。因此，被嫉妒者也应审视自己的不足，审视为何招至嫉妒，如何避免。也可作一些技术改进，如在竞争对手面前，有时宁肯吃点小亏，给嫉妒者一点实惠，有时在无关紧要的事上让对手占占上风，诸如之类的缓冲平衡之术。

世人可见，那些常把自己的显赫成功和风险、辛劳、焦虑连在一起的人，较少成为嫉妒的对象。因为世人会觉得他们的成功来自不易，甚至产生同情怜悯之感。而怜悯往往可以治愈嫉妒。世人可见一些老谋深算的政治人物，在位高权重之时，常常向人诉苦，说自己活得多苦多累；其实他们并非这样感觉，只是想减少别人的嫉妒而已。

学会谦逊处世，适度地对待成功和荣誉，成绩尽量归功于同事、领导和社会，或者归功于什么运气、“上帝”之类，是免招嫉妒的有效方法。美国前总统林肯在《告别》中说：“没有上帝的扶持，我不会成功；有了上帝的扶持，我不会失败。”就是把“成功”巧妙地归功于上帝了。

如果真被别人嫉妒，也应豁达对待。佛说：“沉默是对毁谤最好的回答。”

拥有一颗无私的爱心，便不惧怕别人嫉妒，也不会去嫉妒别人。

《菜根谭》言：“谗言毁士，如寸云蔽日，不久自明；媚子阿人，似隙风侵肌，不觉其损。”

嫉妒者的人生是灰暗的。如果我们不想过灰暗的人生，平时就要尽量放松自己，以恬淡闲适的心情面对他人，微笑常住，善于欣赏别人的成就，善于祝贺别人的成功。

劝君莫要嫉妒人，劝君莫要惹人妒，祝君没有人嫉妒。

犹太人有句名言：“别人的喜悦，就是自己的喜悦。”犹太人认为欲测知一个人是否真敬神，只要看他是否嫉妒别人就知道了。

17. 炒作力学

当代人类有一种新的本领叫“炒作”。这是其他动物所不曾具有的。炒股、炒汇、炒基金、炒彩票、炒邮票、炒煤、炒房、炒地皮、炒文物、炒宝石、炒字画、炒演员、炒运动员、炒教育、炒车牌号、炒手机号、炒酒、炒饭、炒商品……凡是能赚钱的，人类都要炒作一番。炒作的规模之大，范围之广，方法之妙，理论之深，可谓空前。有关炒股的书就有几十种，据说巴菲特由100美元起家，炒了一辈子股，炒成了股神，成了全世界最有钱的亿万富翁之一，常出现在财富排行榜的前几名，股民们趋之若骛，视之若神。一件商品、一个事件、一个号码、一个人，只要加上“炒作”二字，价钱就没有了谱，整个局面就会沸沸扬扬。一粒漂亮的石头，在拍卖场上，一次举牌几千元，二次举牌几万元，三次举牌几十万元，四次举牌几百万元……一锤定音时上千万元；一幅名人字画，也可拍卖到百万元、千万元，甚至上亿元。人类进入了疯狂炒作的时代。翻手云，覆手雨，炒作是种翻云覆雨搅乱世界的负能量。

炒作的后果是产生泡沫，经济泡沫、政治泡沫、思想泡沫、感情泡沫、人际关系泡沫、信仰泡沫……当泡沫太多了时，整个社会就会被泡沫充满，人类将生活在炒作的泡沫之中，难受得喘不上气来。“什么都不真实，什么都不可信，什么都打上怀疑的问号”，人类将很难呼吸到“真实”的空气，人类的思想会因为缺少“真实”而窒息死亡。

朴实、真诚、信义、耿直、忠勇的品质离人们越来越远；奸诈、浮躁、欺骗、唯利是图离人们越来越近。炒作使人类精神每况愈下；炒作使人类得了利益疯狂病，炒作使社会害上了唯利是图、尔虞我诈病。

人们应清醒想一下，炒上去的泡沫算“价值”吗？花了几千万买了块宝石，花几千万买了幅字画，有多大价值呢？

戴上一千克重的金戒指、价值连城的项链，简直像戴上了刑具一般 。去掉戴在翅膀上的金子，才会感觉舒适，才有利于远翔高飞。

价值连城的钻石、珠宝确实很珍贵。但放在谁的家里，确实是沉重的负担，你得精心照料它，怕偷、怕抢、怕丢、怕别人知道，还得费心劳神把它放进匣子里，再放进保险柜里，再放到密室里。再好的东西，不让人见到，有什么价值呢？因此这种贵重的宝贝，不要私买私存，只有赠给公共博物馆展览，让众人参观，见识见识，饱饱眼福，才有价值。

炒股是最大的炒作。据经济学家说，炒股是将资金集中起来，交给最聪明的人来经营管理，给投资者赚钱，应是相当稳妥的投资方式。实际上，炒股是上市公司的圈钱运动。大大小小的公司迫不急待地想上市，就是想上市圈钱，想通吃社会。赚了，大股东奖金超高，很少想到向股民的回报；赔了，是股民运气不好，活该！“股市有风险，入市要谨慎！”怎么能粗心大意呢？至于欺行霸市、暗箱操作、哄抬打压、造谣误导都是股市常规。股市只是给了一个发财的希望，实际上，是大资金控制，想涨就涨，想跌就跌，与企业业绩基本没有关系，中小股民被搅得晕头转向，根本斗不过他们，没有不栽的。

炒房是当今第二大炒货了。房地产商、中介商、银行、炒房人、炒房团、投资人，常常垄断房源，哄抬房价，发布假信息，制造抢房假象，误导民众，使老百姓买不起房，望房兴叹！炒房的结果，出现了一批搞房地产、炒房的亿万级的富豪；同时出现了数以千万计的买不起房的刚需，以及数以千万计的房奴。住房本是人们生活的必需品，竟敢拿民众保命的生活资料——住房来炒作，真可谓丧尽天良，罪大恶极。

炒作文化，是第三大炒作。炒文化，就是炒明星、炒徘闻、炒片酬、炒票房、炒剧本、炒历史，炒来炒去，污染了文化，污染了社会，伤害了人们的心灵，给人类带来极大的危害。文化的腐败，必然导致社会的腐败，导至文化的灭亡，甚至导致社会的灭亡。

为什么人类会沸沸扬扬风行炒作呢？不能简单地说，炒作就是“吹牛”。炒作具十分明显的功利色彩，为了钱，为了名，为了利，为了张扬自己，为了压倒对方，为了疯狂地标榜自己，把假的说成真的，把坏的说成好的，为了使人上钩就范。炒作，特别是恶性炒作，可以使人暴富，也可以使人暴穷，使财富大量迅速集中，贫富更加悬殊。特别是别有用心的人，通过炒作搞乱社会，搞乱国家。

炒作是人类最大的恶习之一，是大多数人所不需要的。普通人不需要炒作，而需要真诚和真实。希望掀起炒作的多是些所谓的名人、名星、庄家、巨富及某些精英。在炒作的大战中兴风作浪，混水抓鱼，捞取巨大利益。

我国是礼仪之邦，以人为本，以诚立身，以礼立世。沸沸扬扬的炒作，与我国的传统文化格格不入。炒作使我们三观颠倒，思想混乱，黑白难分，道德失准，前途茫然。炒作倒底为了什么？我们应该多问几个“为什么?”清醒清醒头脑，振奋一下民族精神！

18. 慈善力学

“慈善”是对人类社会影响最大的词汇之一。从古至今，“慈善”二字，在人类社会的进程中发挥了巨大的作用。慈善理念、慈善事业、慈善义举，协调着人与人的关系，塑造着美好的社会形像。慈善力学是特殊的社会力学。

人际关系的基础是慈善，这样才能诚信和谐；如果人际关系的基础是邪恶，那就很危险了，恐怕天下大乱，人都难以活命。

慈善之真义是造福于人的愿望，亦即仁慈之心。善性是与人为善的性格倾向，善举则是善性的具体行为。

在人类的高尚的品行中，慈善是至高至美。若无慈善，人类将变得庸庸碌碌，有害无益，犹如虫豸蠹蛆之类，豺狼虎豹之属。

善性与善举具有诸多的要素和特征。不一定要花很多钱财，主要是精神。如果他对别人的苦难会产生同情，那说明他的心是善良的。倘若他对别人的冒犯能宽容不究，那说明他的心远在伤害之上，因此他不可能受到伤害。倘若他对外邦人谦恭有礼，那说明他是四海为家者，他的心不是一座与世隔绝的孤岛，而是与五湖四海相连的一片大陆。倘若他对滴水之恩能以涌泉相报，那说明他看重人的精神，而不重视他们的钱财。倘若他能“己所不欲，勿施于人”，那他是彻底理解了善之真义。

慈善是人类崇高的美德：慈爱、和善，对人关怀，富有同情心。人有一种特殊的感情，历来被人们所关注：人人都喜欢慈善友好的社会环境，人人都讨厌凶险冷漠的社会环境。观音菩萨是中国人心中的慈善偶像，人人都敬仰她。

世界充满慈善，那是人间美景；世无慈善，那是很可怕的凶残。有人说，上帝是无私的，他给谁也不会太多，给谁也不会太少。同时，他又偏爱那些善良的人，对于“罪人”往往发雷霆之怒。而善良的人在冥冥之中，似乎真有一种无形的力量来帮助自己。这是人们对慈善的态度和期望。

许多宗教都是打着慈善的旗帜生存和发展的。用“慈善”二字争取人心、体贴人心、抚慰人心。有人说人之初性本善，有人说人之初性本恶，还有人说人之初如璞玉。说明人性善恶是人们最关注的大事。在慈善文化氛围中生活，人们感到愉快。行善让自己感到快乐。而损人利己则往往使自己忧心重重，人体内发生有害的化学反应。慈善者帮助别人，也许一时看不到实实在在的好处，但他心情非常愉快，这难道不是好报吗？多一份快乐心情，有利于健康长寿，这就是好报。

宗教的思想基础是慈善，高举慈善大旗，争取民众，和谐社会。佛教、基督教、伊斯兰教、道教、儒学等，都是如此。其中以佛教、基督教更甚。慈善是百姓最爱接受、最受欢迎的理念，也是能给百姓带来和谐、安宁的理念。

佛教中慈善的理念很多：慈悲为怀；放下屠刀，立地成佛；苦海慈航，普渡众生等。佛教中慈善最极端的例子是“以身饲虎”。佛教《本生谭》中有一个著名的“舍身饲虎”的故事。日本最古老的寺院法隆寺现存的尽人皆知的国宝——“玉虫厨子”（吉丁虫纹饰佛龛）的门扇上，就绘有这个极富戏剧性的故事。这个故事是记述释迦牟尼佛过去世的传说。

传说曾为国王摩诃罗陀幼子的萨埵太子，在深山中看见七只小虎围着一只饥渴羸弱的母虎。王子遂生大慈悲心，舍身以饲饿虎，拯救生灵。法隆寺的佛龛门扇上栩栩如生地绘制了这一场景，使络绎不绝的参拜者为之感动景仰。

位于古丝绸之路上的敦煌莫高窟第 428 窟壁画上也描绘着日本奈良法隆寺佛龛门扇上绘制的萨埵太子纵身跳下深谷之后的场景。场面栩栩如生，令人感慨万千。壁画上形象逼真地描绘了母虎正在吞噬萨埵太子的腹部，而 7 只小虎蜂拥在萨埵太子身边，拼命地啃食全身的场景。萨埵太子就是释迦牟尼的过去世。这种极端慈悲的传说，常人难以理解，更难仿效，树立了释迦牟尼高不可攀的慈善形像。

基督教的基本教义也是以善心善行为基础。基督教产生于公元一世纪，信仰上帝（天主）创造并管理世界。耶稣是上帝的儿子，降世成人，救赎人类，替全体人类赎罪。基督教产生于一个混乱不宁的时代，苦难的生活使人转向各种救世宗教，以寻求安慰，在百姓感受到无家可归，为生活所抛弃之时，提供了友谊。所有的基督徒都是兄弟姐妹，他们的聚会常被称作“阿加比”，意为希腊语中的“爱”。他们相互帮助，用自己的虔诚和克己树立了一个能鼓舞人的、富有感染力的榜样。1986 年 10 月 27 日“世界和平祈祷日”基督教祷辞选段最能说明问题。

“我对你们说，听着，要爱你们的敌人，要善待那些怨恨你的人，要赞美那些诅咒你的人，要祝福那些痛骂你的人。如果有人打了你的一边脸颊，就给另一边让他打；如果有人取走了你的斗蓬，就不必再留住你的上衣，对每个乞求你的人，给他们所要的东西；对拿走了你的东西的人，不要再找他们归还。如果你希望别人怎样对你，你就要怎样对他。”

基督教劝人：“迫害你们的，要祝福；只可祝福，不可诅咒。与喜乐的人一同喜乐，与哭泣的人一同哭泣。”

慈善，作为许多宗教的核心思想，在人们的心目中、社会运行中，具有特别重要的意义，是巨大的社会力学，对人类的思想和社会的发展有巨大的影响。

行善，不仅要有行善的思想，还要有行善的本领。在善性善举方面，犹太人有他们的睿智灼见。犹太人认为，善能增加人性之美，善恶之辨具有永恒的人格魅力。一个人只有具有善的力量，才能吸引住别人。犹太人不仅注意培养知识和能力，更强调教育应该培养辨别善恶的能力。因为为人处事的目的不外乎二个，一为过好人的生活，二为增加人性之美。并用培养起来的善恶观念，来影响周围的人和环境，也就是要阻止别人作恶。犹太人认为，无论谁，如果他能够阻止家里人作恶而没有去阻止，就要为家里人的罪恶而受罚；如果他能阻止身边的人作恶而没有阻止，就要为身边人的罪恶而受罚；如果他能够阻止整个世界作恶而没有去阻止，就要为整个世界的罪恶而受罚。

犹太人虽然认为每个人都应该以善来改造自己，改造世界，但并不单纯地认为个人活着就是为了他人和社会。

《犹太法典》上指明个人的处世目的是：“人是为保存自己和帮助别人而生。”因此，他们认为人不能只为自己，或只为他人而活着，光想着自己是卑贱的；而光想着怎样做自我牺牲的人，则有丧失理智的嫌疑。因此，犹太人的善恶观是很有分寸的。

世界上确有由真理引导的善性，而且有些人天生就有从善的倾向；可另一方面，人世间确有一种天生的恶性，因为有些人生来就不具有对他人造福的愿望。恶性较轻者，如性格暴躁、鲁莽、好斗和固执等，但恶性较重的则会嫉妒并伤害他人。这种人爱落井下石，见不得别人的进步和成功，专以他人的痛苦和不幸为乐。这种憎恨人类者以引人上吊为职业。这种恶性是极大的人性之误。

“物竞天择”，“弱肉强食”是英国科学家达尔文的《进化论》的基本思想，如用于豺狼虎豹之类自然属性，甚为符合。如果作为定律，用于人类社会中，那是极大的不善，因为它否定了人性，否定了人的社会性。人总是有强者和弱者，民族总是有强者和弱者，国家总是有强国和弱国，如果“弱肉强食”奉为铁律，那就必然导致你争我夺，恃强凌弱，永远是没完没了的战争、统治和奴役。动物在极低级阶段，是“大鱼吃小鱼，小鱼吃小虾”，不分同族同源，能食即食。“饿来觅食饱来眠”，很少考虑其他。再发展到较高级阶段，就认族认源了，“虎毒不食子”，较高等的动物都不食同类。人类像猴子的时代，“为食而生，为生而食”，没有社会性，接近于动物。当人类提出“己所不欲，勿施于人”时，已有相当高的道德水准了。人类越接近于动物，人类越野蛮。所以，有人说，达尔文的进化论思想，错误地应用于人类，是导致第一次世界大战和第二次世界大战的思想根源，是导致各种侵略、掠夺战争的思想根源。达公若在天有灵，一定会给后人纠正的。

当今的慈善事业如火如荼，方兴未艾，是人性本善的表现，是人的社会性的表现。一方有难，八方支援。君不见，如果一处发生地震、洪水、飓风、海啸、干旱、水涝等灾害之际，不仅本国，而是举世之人纷纷关注，先是道义同情，精神支持，而后是送医送药，捐物捐钱等实际支援。一些大款巨富，常把自己的巨额财富捐赠给慈善机构，赈济贫穷，办希望小学，资助贫困学生，或资助医学研究，战胜某种疾病，造福人类。随着社会的发展，善性必将根植于人类之心中，善行必将发育于社会之中。因此有人说，最完美的祷告，应该是：“主啊！求你让我有力量去帮助别人。”

19. 情绪·民众运动力学

物以类聚，人以群分。羽毛相同的常聚在一起。这是一种天然现象。

庄子说：“同类相从，同声相应，固天理也。”

众多的人聚在一起就是民众聚集，力量可谓大矣！民众常因某种利益、状况、诉求相同而聚在一起。为争取某种利益，满足某种诉求而行动起来，就形成了民众运动。

人类社会的发展和进步是人和人群推动的。伟人毛泽东认为：“人民，只有人民才是推动历史前进的动力。”因此，在人类的各个历史阶段，民众用“民众运动”的形式推动人类历史的前进，是最重要的社会力学之一。

“水能载舟，水亦能覆舟。”水，就是民众，老百姓。舟就是皇帝、统治者。“水能载舟”就是民众拥护统治者，这是风清气正，国泰民安，太平盛世；“水能覆舟”就是社会黑暗，民众反对统治者，甚至造反，把统治者推翻。对统治者来说，这是最可怕的事。唐朝皇帝李世民深谙这个道理，对这个敏感的社会问题，提出了如此的警告。

史学界把自下而上反对、颠覆统治者的行为，称为造反或民变。从国家层面，中国历史上由民众起来推翻统治者的事件很多。真正由底层精英领导广大民众起来，如陈胜、吴广起义，朱元璋领导的农民起义，李自成领导的农民起义，洪秀全领导的太平天国起义，毛泽东、共产党领导的工农革命。其中，有纲领、有目标、有信仰、有严明组织纪律的，取得巨大成功的就是毛泽东、共产党领导的工农革命，建立了中华人民共和国。其次是朱元璋领导的农民起义，建立了改朝换代的明朝。其余的改朝换代多是统治阶级上层的更换，如隋朝、唐朝、宋朝、清朝都不是广大民众的运动自下而上的起义改朝换代，而是由本朝内部的实力派，夺取政权而改朝换代。

民众运动具有天然合理性。生之为性。当统治阶级压迫得人民不能活命时，为了活命，人民只有起来造反，推翻它，找条活路。毛泽东的《湖南农民运动考查报告》就真实地描写了农民运动的场景。

民众革命运动是一个阶级推翻另一个阶级的革命行动，不是请客吃饭，不是作文章，不能那样雅致，不能那样温良恭俭让。民众运动通常要触动原来的社会秩序，所以统治者称是犯上作乱。民众认为这是改变社会的伟大行动。这完全是立场问题。

从社会层面，常有或多或少的民众联合起来表达某种诉求，而进行申诉、举行某种或大或小的民众运动，如结社、集会、演说、罢工、静坐、绝食、游行、示威等活动。这些活动有的和政府意愿是一致的，一般为集会、游行示威、庆祝活动支持政府。另一种是民众的诉求与政府的意愿不同，甚至相反，这时的民众运动，表现为与政府对抗。这时社会就不和谐，不利于政府的舆论就会增多。这是考验政府是为民众服务，还是与民众对立，以及如何处理这种民众运动的问题。

无风不起浪。民众运动是在特定的社会背景下产生的。此时，民众诉求、舆论的风云会告诫人们问题之所在。当对官员的肆意诽谤，对政府的恶意中伤，以及对国家不利的传闻，全都属于动乱的前兆。尤其是诽谤中伤频繁发生，谣言传闻不胫而走之际。

谣言是制造舆论的最恶毒、最肮脏的武器。但谣言的的确确是发生社会动乱的前奏。对不利的舆论，要找到起风的根源。对产生舆论的要素须认真研究，对可能形成动乱的舆论要特别注意。最稳妥的措施就是消除产生严重舆论的要素。须知只要有备好的柴薪，很难预测何时火星会将其引燃。接着就是“星星之火，可以燎原”之势。产生动乱舆论的要素有二，一是贫者甚众，二是不满情绪甚广。若是知识精英和缺衣少食愤怒的贫民连在一起，那末危险就迫在眉睫并将致命。因为为填饱肚子，住上房子而举行的动乱最难戡平。“生之为性”，为了活命，谁都会不惜一切而拼命。

对政府的不满情绪和人们心中的抑郁不平情绪，都容易积成一种异常的愤怒而猛烈喷发的火焰。此时，政府不可凭民怨是否合理来衡量其危害性；也不可凭产生不满的痛苦大小来估量其危险性，因为在危险的不满情绪中，恐惧的成分往往大于痛苦。痛苦是有限的，但恐惧是无限的。此时政府应进行疏导和安抚.

当代社会，虚无主义思潮的泛滥，不仅有民众运动，也有可怕的另一种民众运动——群氓运动。法国哲学家吉尔？利波维茨基著的《空虚时代——论当代个人主义》一书，深刻反映了这种思潮。

一个称之谓“群氓时代”也许更深刻地揭示了这个问题。正如法国社会学者塞奇·莫斯科维奇《群氓时代》中曾预言，“我们将进入一个群氓的时代。群氓的精神没有领袖，却更容易轻信；没有信仰，却更容易被煽动”。在这个喧嚣的时代，没有目标，没有信仰，人人都在跟风，人人都在抱怨，而那些奢侈、势利、焦虑、恶俗、虚假等等正在绑架我们，奴役我们的肉体和灵魂。有人将此称为现代人的“现代病”。

群氓时代，是人类自身消亡自己，这不是因为物质的匮乏，而是精神之狂巅，使人类自身觉得生命不过如此，人生不过如此，生活的追求不过如此。众多的人“看破红尘”，因而失去生活的动因，这是多么可怕的一天啊！这种群氓是一种可怕的颓废的民众思潮，它比通常的民众运动更可怕，这时人们变得浑浑噩噩，不满情结严重，精神不振，但不知诉求什么。这是另一种可怕的民众情绪。

财富高度集中，贫富相差悬殊，是当代不满情绪的重要原因。对于解决民众的不满情绪，不同的人，不同的立场，有不同的方法。美国著名战略问题专家布热津斯基认为，财富不均匀的“二八效应”，即 80% 的财富集中在 20% 的富人手里；20% 的财富集中 80% 穷人手里，财富分配严重不均衡，是个极大的社会问题。80%的穷人又形成了另一种潮流。

1995年，美国旧金山举行过一个集合全球500多名经济、政治界精英的会议。精英们一致认为，全球化会造成一个重大问题——贫富悬殊。这个世界上，将有20%的人占有80%的资源，而80%的人会被“边缘化”。届时，有可能发生马克思在100年前所谓的你死我活的阶级冲突。届时将是一个“要么吃人，要么被人吃”的世界。

布热津斯基及时献计献策：谁也没有能力改变未来的“二八现象”，解除“边缘人”的精力与不满情绪的办法只有一个，于是推出一个全新的战略——奶嘴乐战略，即在80%人的嘴里塞一个“奶嘴”。要使彼80%的人口安分守己，此20%富人高枕无忧，就得采取温情、色情、麻醉、低成本、半满足的办法，在这些人还没有觉醒时，卸除“边缘化”人口的不满，穷人与富人达到一个暂时的平衡。

此时，那些被边缘化的人只需要给他们一口饭吃，一份工作，便 会沉浸在“快乐”中，无心挑战现有的统治阶级的剥削，这就是所谓的奶嘴乐战略。全世界将出现亿万个嘴里叼着奶嘴，盲目欢乐的穷人群体，是一种被征服了的民众状态。

奶嘴乐战略，是资产阶级战略家巧妙的心理制衡战术，平衡了无产阶级与资产阶级的尖锐对立，取得了相当的成功。但这一战略必竟是站在资产阶级的立场上麻醉无产阶级的恶毒计谋，终会被揭穿的，无产阶级终将会觉醒。

20. 天命与命运力学

《论语》中有这样的教诲：“不知命，无以为君子；不知礼，无以立也；不知言，无以知人也。”

做一个知天命的人。知天命，也就是知道自己的历史使命，即历史使命感，从而顺应既定的条件、背景和凭借，乘势而为，百折不挠地向着命定的方向前行，完成自己的历史使命。孔子说：“四十而不惑，五十知天命。”人活到五十，对自己的历史使命和完成情况就很理解了。

自己的天命与命运极大地影响着自己的思想和行动，特别是“宿命论”者和有迷信思想的人。因此，人们常常会遇到“命，命由天定”这样的问题。其实人是否有天命，“命”是什么？每个人的命，是否由天而定？这是个古今中外的玄题。它直接影响着人对自己前途和命运的思考，是推动人们去探讨的问题。

因此，天命与命运是重要的社会力学。

著名作家杨绛先生在《命与天命》一文中有一段精彩的论述令人深思："神明的大自然对每个人都平等。不论贫富尊卑、上智下愚都有灵魂、都有个性、都有人性。但是每个人的出身和遭遇、天赋的资质才能，却远不平等。有富贵的、有贫贱的，有天才、有低能，有美人、有丑八怪。凭什么呢？人各有'命'。'命'是完全不讲理的。孔子曾慨叹：'命也夫！斯人也而有斯疾也！'是命，就犟不过。所以就只好认命。'不知命，无以为君子'（《尧曰二十》）。曾国藩顶讲实际，据说他不信天，信命。许多人辛苦一世，总是不得意，老来叹口气说：'服命吧！'"

现代生物学早已证明，人的生命来源于父母爱情的结晶，是由父亲的精子和母亲的卵子结合、发育而来。生命的原质是父母基因的组合，根本不是什么灵魂转世，天地造化而来。因此，人生的"命"应由此而开始，也是讨论"命与天命"的基点。

人的命运是怎样形成的呢？人生有许多项目是自己不能选择的：一是出生的父母不能选择；二是出生的家庭不能选择；三是出生的性别不能选择；四是出生的时间不能选择；五是出生地不能选择；六是兄弟姐妹不能选择；七是出生的民族不能选择；八是自己的天资和丑美不能选择。

正因为这些自己不能选择的因素，使得人一生下来就具有很大差别。有的家很富贵，有的家很贫贱；有的父母知识丰富，有的父母知识贫乏；有人的父母是有权、有钱、有势的权贵之人，有的人一生下来就是罪犯的儿子；有的家居住大城市，有的家居穷乡僻壤；有的出生于太平盛世之年，有的出生于战乱多灾之秋；有的出生于名门望族，有的出生于寒门小户；一生下来就有聪明、有低能，有美人、有丑八怪……对每一个人来说，这些都是自己不可选择的客观存在。如果说这是"命"，或曰"天命"的话，那么这种"天命"就是客观存在的。说"命"是不讲理的，"造化小儿作弄人！"这只是人们的无奈和推脱。只好"知命"、"服命"吧！而实际上是无法改变这种客观存在的托词。

那么一个人的"命"或"天命"是否可定义为"自己不可选择的强加于自己的客观存在"呢？这也许是有其道理的。如果认为"自己不可选择的客观存在"，一定会影响自己的一生，这就是"宿命论"。如果立志改变"自己不可选择的客观存在"给自己带来的不利影响，也可称谓自我"革命"。

《菜根谭》言："执拗者福轻，而圆融之人其禄必厚；操切者寿夭，而宽厚之士其年必长。故君子不言命，养性即可以立命；亦不言天，尽人自可以回天。"这段话的意思是，固执任性的人必定没有福气，而圆融、宽厚的人必得丰厚的回报；性情过于急躁的人往往寿命很短，而宽厚的人往往长寿。就是人的祸福在很大程度上取决于自己的个性和修养，而不能信命，修身养性就可以立命；不可以信天意，做自己应做的事就可以成功。可见，先人中也有不信命、不信天、相信自己可以改变命运的。

天有不测风云，人有旦夕祸福。在现实生活中，一些不可抗拒的自然灾害无法逃脱，一些倒霉的事件突然降临，一些竞争场上的失败，人们往往归咎为命运。因此，老年人集一生之坎坷经历，抗争中的屡战屡败，更容易相信命运。

正像哲学家歌德说："人生每一阶段都有与之相应的哲学。……当他老了，他会承认自己是神秘主义者：他看到许多东西似乎都是由偶然的机会决定的；愚蠢会成功而智慧会失败；好运和歹运都意外地落了个同样下场；现在是如此，而且从来就是如此，以致老年人对现在、过去和未来所存在的事物总是给以默然的承认。"这可能是长者的经验之谈，也可能是老年人年老力衰，再也没有抗争之力的表现。可见弱势群体认命者较多，即任命运摆布，也就是任人或大自然摆布。

人们常常把自己的成功和胜利，或捡到了"天上掉下来的馅饼"，归功于"命"或命运，这多半是自谦的托词，减少别人的妒忌，其实心里并不一定真信。

人们也常常把自己的失败和倒霉，或天上掉下来的石头砸到了自己头上，归咎于"命"或命运，这多半是推脱和无奈，减少一些自责，心里可以多一些平衡。

天命与命运是"自己不可选择的客观存在"。这些条件对人的发展有一定的影响，但不是决定性影响。而决定的因素是后天的奋斗和选择。

任何事物都存在两面性，有好的影响，就有坏的影响；有坏的一面，就有好的一面。比如家庭富有，既可有条件培养出杰出人才，也可因条件太好，而培养出养尊处优的败家子；而贫穷之家培养的杰出人才为数更多。权贵之家既可以培养出清正廉洁的高官，而平民之家培养出清正廉洁的高官更多。天生之丽质，可能成为红颜祸水；聪明之人可能反被聪明误……况且，人出生后的条件大都差不多，条件特别好的和条件特别差的极少。因此，有足够的理由把先天条件看得很轻。

奋斗与选择是改变命运的重要方法。人的一生，除了"自己不可选择的客观存在"之外，还有许多的客观存在，是自己可以选择的。比如，努力学习，还是不想学习；学什么专业；成为谦虚的人，还是成为骄傲的人；做好事，还是做坏事；做好人，还是做坏人……这就是选择。选择的正确，成功了，就是与命抗争胜利了；选择的不正确，失败了，就是“造化小儿作弄人!”

人的一生，自己不可挑战“自己不可选择的客观存在”，但可努力挑战自己可选择的客观存在，弥补一些先天的不足，使自己获得成功。

因此，人的一生，应专注于选择。实际上，人的一生在选择中度过。人生选择，意味着取或舍、坚持或放弃、爱或恨、赞成或反对。人生的选择，就是人生走到了岔路口，向左还是向右，向前还是向后，向上还是向下，这对今后的影响极大，甚至影响一生，可谓“失之毫厘，差之千里”。

人生最大的选择是做好人，还是做坏人。这并非多余之谈。一般人是不希望做坏人的，但选择时并非不知不晓，如打架斗殴、酗酒滋事、吸毒嫖娼、吭蒙拐骗偷、贪污盗窃这些坏的行为，常常就是明知故选的。坚持做好人，决不做坏人，应是人生最基本、最重要的选择，切不可掉以轻心。

做好人或坏人的界限是容易区分的，主要是经不起金钱、美色的诱惑；或者是思想稀里糊涂懒于思考；或者是没有考虑到走错路的严重后果，踏上了坏人的贼船。“上贼船容易，下贼船难。”可见，选择多么重要。

对于政治人物而言，好人和坏人的评价是不一样的。一个派别的首领，则被反对派斥责为敌人或坏蛋；反则亦然。最基本、最有效的判别方法是，看谁代表民众的利益，谁和民众的亲合力更强。着根于民众之中的人，本质上是好人；着根于民众对立面的人，发展下去，不可能是好人。对待民众的态度是个分水岭。

其次是选择做社会精英，还是做普通人。当然作社会精英需自身具有良好条件外，还要比一般人付出更多的努力和艰辛。社会精英就是对社会承担更多的责任，做出更多的贡献的各行各业的杰出人才。贪图安逸的人，没有艰苦奋斗精神的人，是当不了社会精英的。三百六十行，行行出状元。状元就是社会精英。所以，走向社会精英的道路多而宽广。

如果说你的父母是高官显位，你可能极易受到由此带来的恩惠，更有条件成为社会精英。但如果他们堕落为贪官污吏，受到百姓唾骂、舆论谴责、法律制裁之时，你也可能难免其咎。如果你家是千万亿万富豪，你可以利用这个条件很好地发展自己，成为社会精英；但你也可能心无大志，沉迷于享受，过花天酒地、纸醉金迷的生活，成了社会的寄生虫。可见，选择多么重要。因此，明智的富豪之家，常选择“给子女留本领、知识，胜于留下万贯家产”的智慧之举。

第三是职业的选择。人的一生在选择中度过，其间有几次大的选择外，小的选择伴其终生。学会选择是智慧的表现。机遇加上正确的选择，是成功的关键。对绝大多数人而言，职业的选择和对待职业的态度的选择，是决定个人命运的关键。

人生下来后，由父母扶养成人。由父母的教养，恩师的培养，你有了知识，有了本领，你要走上社会了。在社会中你要担当什么角色呢？你做什么样工作来养家糊口，安身立命，进而体现自己的人生价值呢？是上大学，还是上职业技校，还是干其他工作。如果是上大学，将来当工程师、教师、医生、科学家等，那么，此后你就可能是科学家一类的命运。如果上职业技校，根据自己的爱好取向，学一门技术，当个技工或技师，当一个著名的大国工匠也很好。选择当农民，建设新农村。适合自己发展的，都是好的选择。一个人进入而立之年后，应把自己从事的职业定下来，不可东山望着西山高！不知道干哪行好，结果哪一行也干不好。如果是干一行，爱一行，钻一行，搞出名堂，成为某行的专家，此后你就是专家的命运。如果你选择不当，或努力不够，或是其他原因，没有进入高级行列，那就是普通员工的行列。

佛主教导我们要精心选择，改变自己的命运。他说："当你手中抓住了一件东西不放时，你只能拥有这件东西。如果你肯放手，你就有机会选择别的。人的心若死执自己的观念，不肯放下，那他的智慧也只能达到某种程度而已。"但是，当你把抓到的东西都放了，两手空空，你什么都没有。可见，选择多么重要。

21. 科学技术及伪科学力学

本质上，社会发展前进的历史，就是科学技术发展前进的历史。无庸置疑，社会发展的里程碑是以科学技术标记的：石器时代、青铜器时代、铁器时代、蒸汽机时代、电气化时代、计算机时代、互联网时代、智能化时代。每一个时代，都有明显的科学技术特征。科学技术的进步，从进步走向更大的进步，社会从昌明走向更辉煌的昌明。

因此，科学技术是推动社会进步的巨大动力。有时产生巨大的正能量，有时产生巨大的负能量。

科学是反映客观世界（自然界、社会和思维等）的本质联系及其运动的知识体系，它具有客观性、真实性、系统性，是真正的知识体系。科学研究的方法，一是实验方法：要用实验观察、实验检测来证明；二是理性推理方法证明：归纳逻辑、演绎逻辑来推理证明。

技术是人类利用自然和改造自然过程中积累起来的经验和知识，包括各种操作方面的技巧。

科学研究就是研究客观存在的自然规律：原理、定律、定理、公式等。人类发现了科学技术，应用了科学技术，使社会大大向前进步，人类文明向前发展，人类生活水平大大提高。几千年的文明史告诉我们，在没有发现科学之前，人类社会充满迷信色彩，只能缓慢的、无方向的爬行。自从科学发展后，人类社会不断地大踏步向前。电灯、电话、计算机、电视机、手机、飞机、火车、汽车、高铁、互联网、机器人……如果把科学技术删除，人类立即退回到愚昧、无知、落后的原始状态，美丽繁荣的大千世界，立即暗然失色。

人类比动物高明之处是，人类能动脑子认识世界和改造世界，人类能制造工具和使用工具，动物则没有这种智力。认识世界就是科学，制造工具、使用工具就是技术。动物不懂科学技术。所以，随着科学技术的发展，人和动物的差别越来越大。

科学技术的发展，不断地改变人类的信仰。人类的信仰可概括为迷信信仰和科学信仰。在人类不掌握科学技术的蒙昧时期，人类的信仰是迷信的信仰。随着科学的发展，人类的信仰逐步向科学靠拢。

为什么科学技术能改变人类的信仰呢？

科学可以给人类治病，无论是中医还是西医。科学可以给病人移植心脏、肾脏、肝脏、将来可能会移植大脑；可以做男变女，女变男的性变；可以生产试管婴儿；克隆技术可以产出自己的生命体；如果此时还祈祷观音菩萨、王母娘娘送子，那就太可笑了！

科学可以准确预报天气：晴天、阴天、气温、风、雨、雷、电，此时还相信龙王、雷公、电母吗？

科学可以解释宇宙、银河系、太阳系、星球的运动、物体的运动，准确预报日蚀、月蚀、流星；并发射航天器到月球、火星；此时谁还相信神仙住在天上！想象中的庄严、美丽的天宫真的存在吗？

汽车、火车、飞机、轮船、高铁……使偌大个地球来往十分方便；信息科学、电脑、手机、收音机、电视机、互联网，联系十分方便，使偌大个地球变成了“地球村”。科学多么神奇伟大！

在科学高度发达的今天，你不信仰科学，还能信仰什么呢？“信仰科学”使人类文明、进步、聪明、富有、自信、伟大；迷信使人类愚昧、落后、无奈、不知所措。信仰科学使人类生活幸福；使世界多姿多彩；是世界大同的必由之路。

人类做过几千年“世界大同之梦”，但都没有实现，就是因为没有一个共同的科学的信仰——信仰科学。各种不科学的信仰，怎能使人类达到大同世界的目标呢？假如“世界大同”是个科研课题，如何达到目标，各国都在研究。只有进行“科学”研究，才能得到一个相同的结论。于是按此方法，各国都在研究这个问题，就可以达到“世界大同”。因为一个课题，科学的研究只有一个结论；而非科学的研究，可能有五花八门的结论，这就是几千年来，人类达不到“世界大同”的根本原因——没有信仰科学。如果世界上有很多林林宗宗的宗教，不同的信仰，五花八门，宗教间的斗争，宗教内部的争斗，残酷而悠久，世界能大同吗？

现代社会，如果去掉科学技术的成分，思想的、物质的，人类立即变成野生的猿猴一般。科学使人聪明，科学扫除愚昧，科学中止迷信。

科学技术是把双刃剑。

科学技术也给人类带来巨大进步的同时，也给人类带来了可怕的隐患。甚至某些科学的发展，会导致人类走向毁灭。

人类有史以来，不知进行了多少“权贵龙骧，英雄虎战；如蚁聚膻，如蝇竞血；是非蜂起，得失猬兴”的场面，好像这些成了人类恶劣的习性，使人类蒙受了巨大的痛苦和损失，不知多少人为此丧命。随着科学技术的发展，这种场面会越来越大，以致毁灭人类。

人类社会发展至今，科学技术发展到了极高的水平，人类显示了超高的智慧和创造力。科学家研制了原子弹、氢弹、中子弹等可以毁灭人类的武器；化学家发现和制造了上千万种物质，其中有剧毒的、剧爆的、恶性病菌、强放射性的等；信息科学，使偌大个地球变成了“地球村”……人类的超高本领，可以做出很多有益的好事，但也可以做出许多疯狂的傻事。

学问本应是为人类生存需要而产生和发展的。但是，在当今社会，许多人忘记了这个不说自明的道理，人们已经不再学习和遵守这个做学问的基本原则，甚至产生了“失去人性的学问”，而一味追求最新、最奇的成果，甚至是对人类有巨大危害的成果。当今人类可能通过某些先进的科学技术，把人类推到生死存亡的边缘。核爆炸、核反应产生的放射性元素，对人类的危害极大。

1945 年 8 月 6 日，美国在日本的广岛投下了第一颗原子弹，揭开了人类使用核武器的序幕，并围绕核武器开展了军备竞赛。许多国家都进行了原子弹和氢弹的研制和试验，其威力之大令人惊心动魄。在上世纪 90 年代，所有国家的核武器储备之和已经超过 1 万枚，足以摧毁地球许多次。核爆炸产生的极强的光波、冲击波、持久的放射性，对人类的生命和健康，以及人类所建立的一切文明，都有极大的杀伤力和破坏力。

1986年4月26日，前苏联的乌克兰共和国切尔诺贝里核发电厂发生了严重的泄露和爆炸事故。事故导致31人当场死亡，上万人由于放射性物质的远期影响而致命或患重病。至今仍有受核放射性影响而导致畸形的胎儿出生，成为人类有史以来最严重的核事故。

据报导，核反应产生的放射性元素，有的毒性极大。如放射性元素钋－210的毒性比剧毒的氰化物高2.5亿倍。与钋元素致毒机理类似的剧毒元素还包括锕系元素的锕、钍、镤、铀以及11种超铀元素，尤其是人工合成的锕系超铀元素，以钚为例，一片阿司匹林大小的钚，足以毒死2亿人，5克钚足以毒死全人类。

人类制造了最肮脏、最危险的四大生化武器：

炭疽热：是一种由炭疽热杆菌引发的急性传染病，主要以孢子形式存在，孢子囊且有保护功能，使细菌不受阳光热和消毒剂的破坏而能长期存活。

沙林神经毒气：是二战期间研发的一种致命的神经性毒气，它可以麻痹人的中枢神经，可以通过呼吸道或皮肤黏膜侵入人体。日本的奥姆真理教曾经用它制造了东京毒气恐怖事件。

天花病毒：恐怖分子之所以青睐天花病毒，除了它具有极大的传染性和杀伤力外，一个重要的原因是全世界的人都已失去了天花免疫力。因为1980年，联合国卫生组织正式宣布天花绝迹，所有成员国相继停止接种牛痘疫苗。所以如果天花漫延，人类将无法招架。

人造微生物：这是现代版的炼丹炉。自从美国科学家合成了自然界不存在的微生物噬菌体之后，人造微生物开始进入了公众领域。目前多种合成装置已经出售。然而，这项技术如果落入恐怖分子手中，那就如同打开了一个潘多拉的盒子。

克隆技术是现代发明的新技术，普通人感觉是陌生而新奇。克隆技术的发展如果漫延到克隆人类，也可能给人类带来毁灭性的灾难。克隆人不仅具有先天的缺陷，因为对于克隆人来说 ，他生活在这个世界上，会遇到很大的心理危机。“我是谁?”，“我是人吗?”等问题干扰其一生。如果他的环境——社会把他看成一个非正常人或一个怪物的话，那么克隆人就很难自在地生活下去。克隆人的原型承认他是自己的“孩子呢?”还是“兄弟姐妹呢?”

因此，人类绝不能滥用克隆人技术，克隆人威胁到人类最核心的领域——伦理道德。克隆技术和转基因技术结合，可以设计所需要的生命。而且科学家已经开始研究人造子宫技术，一旦这种技术成熟，人类繁殖就像生产汽车一样进行设计制造，可以流水线作业。如果生育可以工业化，那么家庭、爱情、父子情、母子情都失去生理基础，社会细胞——家庭，就被彻底破坏，整个社会就患上一种“社会艾兹病”，人类还叫人类吗？社会还叫社会吗？

大片《逃离克隆岛》中虚构了这样一个故事：居住在这个小岛上的居民全是克隆人，而他们的存在，就是为了给他们的原型提供各种更换用的部件：心脏、肝脏、肾脏、眼睛、耳，甚至大脑。这些克隆人不堪忍受耻辱和暗淡的前程，造反了，与人类展开一场殊死的战争，残不忍睹。

克隆人技术如果任其泛滥发展，将是一种可导致人类毁灭的技术，而绝非危言耸听。

现在已没有人否认科技是改变世界的根本力量，但这种改变有好有坏，特别是科学技术高度发达的今天，其双刃剑的作用越来越明显，一个小的失误，就会造成巨大的损失。科学技术的滥用，可能导致人类的毁灭，我们人类已经犯下了很多诸如灭绝物种等无可挽回的错误，我们不能一而再、再而三地打开“潘多拉的盒子”。

“不要搞没有人性的科学。”这是对科学家的严厉告诫，每个科学家都必须引以为戒。不要辛辛苦苦成为历史的罪人。所以，科学家不应把精力放在研制杀人武器上，现在的武器已经够先进了，手枪、冲锋枪、炸弹、匕首可立刻使人毙命。原子弹、氢弹可使人类毁灭于一旦。现在的人类非常聪明，为什么不换个角度思考，不要你争我夺，而是去发展生产，去减少灾害，去歌颂和平呢！从文学、历史、哲学、经济学、自然科学，去研究如何避免战争，如何争取和平。

现代科技已经发展到如此高度，一般问题都基本解决了。现代科学家更应研究如下问题：

科学家应研究“呼风唤雨”这个重大课题。大风、大雨给人类带来的灾害太大了。台风、飓风、大旱、大涝、洪水、土地沙化，哪一项的损失不是巨大的！“呼风唤雨”的关键是研究“风”的形成机理和控制，就是风是怎样形成的，如何在源头控制它，它的流量、流速、方向、高度如何调控。只要控制了风，就控制了云，也就控制了雨。所以只要控制了风，人类常见的大灾大难就可减少约80%，把风控制在8级以下，危害就不大了，这是对人类多么大的贡献！现代话语中有个“蝴蝶效应”，说的是一只蝴蝶翅膀的煽动使平静的气流运动起来，能引起一场风暴。所以，科学家和政府要花大力去研究“呼风唤雨”。只要像研究核武器、航天技术一样的重视，一定可以取得伟大的成功。

科学家还应大力研究“循环经济”问题。这个问题已经在研究，并取得了一定成效。“循环经济”本质是个“循环化学”的问题，“在化学家的眼中没有废物”，就是任何已消耗能量制取的物质的有效循环利用，不使它弃之不用，成为影响人类生活的废物或垃圾。这样不仅回收大量物资，对环境也有极大好处。解铃还须系铃人。商品厂家对于他们的产品所用的原材料，如何回收，如何再利用，厂家最清楚。因此，大的厂家都应有旧产品回收分厂，进行回收，循环利用。

科学家还应研究预防地震问题。地震、海啸对人类的灾害也是很大的。要研究准确预报地震，研究建筑物的抗震性能，保证7级以下地震损失很小。

科学家还应研究人的长寿问题，减少疾病，提高生活质量，益寿延年，具有永恒的研究魅力。

让“信仰科学”成为人类的共同信仰。现在有些人，明里暗里、拐弯摸角鼓动人继续信仰宗教——这是不可能的。有的宗教的教义中有科学的成分，所以给教徒们有一定教益，但其中有迷信、荒诞的成分，必将使其渐行渐灭，最终被信仰科学所取代。

然而，正因为科学技术力的伟大，一些别有用心的人，着意打着科学的旗号，招谣撞骗，行破坏科学之实，那就是臭名昭著的伪科学。

什么是伪科学力呢？就是打着科学的旗号，从事反对科学，搅乱科学，欺骗社会，是一种负能量的力。其特点是：违背科学规律，否定已有的科学公理，拒绝科学的基础实验。无视理论逻辑的自圆其说，它的核心是冒充和欺骗，主要目的是贪图暴利。

伪科学是近代科学出现以后的产物，它是人类认识史上的怪胎，它就像癌细胞一样，顽强地寄生在科学的肌体上，只要稍微降低免疫力与抵抗力，它就会肆意猖獗，破坏健康之生命体。

伪科学有什么特点呢？

拾科学之牙慧；善于故弄玄虚；求助于神话；搜索不真实的证据；不能驳倒的假说；从虚假的相似中得出结论；用情景描述来说明；靠寻章摘句进行研究；拒绝批评；从事伪科学的人往往缺乏系统的专业教育和学习，缺乏科学精神和道德水准。

伪科学在下列问题上最容易迷惑世人：

（1）科学感到困惑的地方，伪科学就乘机曲解、刺激人们的思维，冒充科学活跃起来，如生命活动、宇宙起源等问题；(

（2）在随机性的复杂系统及因果关系不确定之处，伪科学则先声夺人，胡言乱语，如对未来世界的判断等；

(3) 科学现实的无能为力之处，如对死亡问题、癌症等疑难病征；

(4) 人们获取成功的愿望过于急切之时，就成为假医假药、伪保健品、伪养生食品产生的温床；科学的局限性与人们的心理渴望的失衡，成为伪科学现象层出不穷的原因。因此，科学在发展过程中不断与花样翻新的伪科学进行斗争，将成为科学发展的永恒主题。

伪科学披着科学的外衣，盗用科学的概念、术语，利用科学的传播媒体，以科学之名，行反科学之实，比普通迷信危害更大。伪科学也大谈“生命科学”、“信息科学”……也出版图书、音像资料，也上网传播。因此，伪科学力是不可小觑的破坏力、负能量。

必须认真鉴别科学力与伪科学力的区别，揭露批判伪科学：

(1) 科学不怕质疑，伪科学最怕质疑，问几个为什么？就原形毕露；

(2) 科学承认局限，伪科学自吹全知全能；

(3) 科学追求实是求是，伪科学则故弄玄虚，扰乱别人视听；

(4) 科学需要复杂的智力劳动，而伪科学只需想当然；

(5) 科学是负责任的，伪科学责任由上当者负责；

(6) 科学是解放人类的，而伪科学是给人类制造精神枷锁。

22. 知识与智慧力学

知识是人们在认识社会、改造社会的实践中所获得的认识和经验的总和，偏重于认识、学习和积累。

人类的认识可分四个层次：知识、智慧、觉悟、哲理。由感性上升为理性，由感知上升为理论。

不懂哲学的人，容易成为浮躁的人；哲学贫乏的民族，容易成为浮躁的民族，没有前途的民族。

人类认识的高级阶段是：宗教向科学靠拢，科学向宗教渗透——解释宗教，揭露宗教的本质，最后使信仰科学成为人类的终极信仰。

哲学家柏拉图说：“知识确实是灵魂的食粮。”

一个民族最大的智慧是“学习的智慧”。有了高超的学习智慧，也就能学习高超的其他智慧，就能立于世界民族之林。

“知识就是力量”，这是无比正确的；自然科学知识是巨大的力量；但是非自然科学的力量——社会力量，也是巨大的，如想像力、迷信力、传统力、榜样的力量、宗教力量、鬼的力量、神的力量……从几千年的社会看来，确实不可小看。

佛说："虽有多闻，若不修行，与不闻等，如人说食，终不能饱。"

智慧是分析判断、发明创造、解决实际问题的能力，偏重于运用和创新。也可以说，知识是认识问题阶段，智慧才是解决问题阶段。

知识就是力量，智慧是更大的力量。知识在书本上能找到，智慧是根据实际情况想出来的。在书本上找到的是知识，不是智慧。知识是学来的，智慧是想来的。

聪明不一定有智慧，但智慧一定包括聪明；聪明的人得失心重，有智慧的人则勇于舍得。真正的耳聪是能听到心声，真正的目明是能看透心灵。

知识是学到的教条，会运用知识就是把知识变成了智慧。有智慧的人才是真正聪明的人、有用的人。知识不等于智慧，智慧超越知识。

能赢，而不一定要赢，要能善解人意；生活又何尝不是如此呢？这就是"输和赢"的智慧。

看到，不等于看见；看见，不等于看清；看清，不等于看懂；看懂，不等于看透；看透，不等于看开。这就是"看"的智慧。

知识能解决许多问题，但不能解决重大问题，智慧才能解决重大问题。知识能解决"照猫画猫"的问题；智慧能解决"照猫画虎"的问题，甚至能解决"画龙画凤"的问题。人类的许多大事都是用智慧完成的。苏秦提出的合纵，张仪提出的连横；曹冲称象、司马光砸缸、草船借箭，都是智慧的杰作。《三十六计》每一计都是大智慧。《孙子兵法》充满大智慧。《三国演义》就是一部斗智慧的书。所以，中国从古以来，都非常重视智慧、应用智慧。

美国的强大主要表现为四个方面：强大的武力、巨大经济实力、先进的科学技术、强大的智库。智库是四大力量之一。智库就是智慧之库，集中了许多有智慧的人，以智慧治国，以智慧取胜。建设智库，利用智库成了国家战略。

现代的人类特别重视知识，更重视智慧，单位设有智囊团、国家设有智库，经常为国家重大问题出谋划策。

中国是个智慧的民族，自古以来，智慧层出不穷。孙子兵法、三十六计、神机妙算都是智慧的结晶。中国古代这方面的智慧特别发达。

《三十六计》也称三十六策，是指中国古代三十六个兵法策略，源于南北朝，成书于明清，它是根据中国古代军事思想和丰富的斗争经验总结而成，全书充满大智大慧：如瞒天过海、借刀杀人、声东击西、笑里藏刀、借尸还魂、欲擒故纵、斧底抽薪、金蝉脱壳、偷梁换柱、暗度陈沧、美人计、苦肉计、走为上计等，是人们熟悉的大智慧。

《孙子兵法》是本关于打仗的书，如何保存自己，如何战胜敌人，如何以智慧取胜，处处充满智慧的光芒，是本典型的智慧之书。

希伯来语称有智慧的人为“赫黑姆”。在众多智慧人当中，最有智慧的称塔尔米德·赫黑姆。在犹太社会中，当一个年轻的学生，逐渐累积知识，发挥知性，培养洞察能力，并且开始了解到一个人必须谦虚时，他才可以成为“赫黑姆”。

犹太人认为“赫黑姆”已经付出了很多心力，对整个社会有莫大的贡献，对他十分尊重，所以不但不让他们交税，反而以整个社会的力量去帮助他们。

智慧重于知识。在犹太的社会中，几乎每个人都认为，学者比国王伟大，也远比富翁伟大。这是犹太人的大智慧。

犹太人认为，学习知识的目的是增长智慧。犹太民族非常看重学问，但与智慧相比学问略低一筹，他们仅把有知识而无智慧的人，比喻为“驮着很多书的驴子”。在犹太人看来，这种人即使有很多知识，也派不上用场。而且，知识必须为善，用知识做坏事，知识反而有害了。为此，犹太人认为，知识是为磨炼智慧而存在的。假如只是收集很多知识而不消化，就等于徒然堆积许多书本而不用，同样是种浪费。

犹太人是个智慧的民族。在人类历史的长河中，各民族群星灿烂，都有自己的生存发展智慧。可是，没有一个民族像犹太人这样，没有家园、没有土地、没有生存的权利，被其他民族追杀、迫害，四处漂泊而存续下来，并且深刻地影响着全世界。犹太人用宗教建立民族的信仰，凝聚了犹太民族的思想；犹太人是世界最聪明的民族，他们的智慧是神奇的，并且举世绝伦，在常年的漂泊流浪中，在从未有过的大迁徙中，是苦难和艰辛、饥饿和折磨、杀戮和欺侮……一切的不幸迫使犹太民族不得不用智慧去生存，去获取一口果腹的饭、一丝遮体的衣。犹太人智慧的诞生是被迫的，是在屈辱中诞生的，但犹太人的智慧无所不在：在自然科学、社会科学、文学、艺术等领域；在宗教中、在与敌人的较量中、在处世、生活、爱情中，处处闪烁着智慧的光芒。

最令人称道的是犹太人的教育智慧。犹太人认为，财富不是最重要的东西，早上腰缠万贯，晚上一贫如洗，这几乎是犹太人的家常便饭。金钱可以被带走、被剥夺，唯有知识才是一旦拥有，就永不流失的东西。要穿破迷雾顽强地生存下来，人们最大的护身符就是知识和智慧。这是犹太人颠扑不破的真理。

“好学即敬神”。犹太人把好学和敬神放在同等的地位，是犹太人的一大智慧。典型的犹太人家庭有个风俗，就是把蜂蜜滴在《圣经》上，让略谙世事的儿童去舔，尝到知识的甜蜜。培养儿童从小就热爱书籍，热爱学习。

“知识胜过财富”是犹太人的重要智慧之一。犹太人非常重视知识，在他们看来无知的人，不可能是虔诚的。知识具有崇高的价值，犹太人认为：“没有人是贫穷的，除非他没有知识。”胸中有黄金的人是不需要住在黄金屋顶下面的。胸怀宽阔的人，是不需要住宽大房子的。许多著名学者的房子并不大。

犹太人是酷爱学习的民族。培养爱学习的风气，是犹太人的大智慧。在日常生活中，经常会有人说，我的年纪太大了还学习什么？或者工作太忙，没时间学习。这对犹太人来说是不可思议的事。在犹太人看来，不管一个人到了多大岁数，也不论他有多么贫穷，只要他是人，就可以学习。因为犹太人认为，人们可以通过学习保持“青春”，保持年轻人的心态，取得精神上的满足；通过学习获得“财富”，取得物质上的富足。

犹太人中流传着许多爱学习的故事。有一本《虔诚者的书》上记载着古犹太人的墓园里常常放有书本，因为他们认为当夜深人静时，死者会从坟墓里爬起来看书。虽然这种事是不会发生的，但是犹太人对求知的态度是：生命是会有终结的，但学习却不会终止。犹太人认为学习可以让人获得生命和更多的奖赏。

把书本当作宝贝是犹太人的重要智慧。在古代，书往往被犹太人翻得破破烂烂，但他们仍然不舍得扔掉，一直要等到整本书都七零八散，字迹模糊不清，再也不能翻阅时，四邻才会聚到一块，像埋葬一位圣人一样，恭恭敬敬地挖个坑，把这本书埋掉。

崇敬师长是犹太人的重要智慧。犹太人认为教师和父母如同山一样崇高，比普通人高出许多。因为师德崇高，垂范后世，也因为上帝奖赏有知识的人，所以犹太民族无比崇敬师长。

犹太父母还十分注意明智地处理长幼之间的关系，《犹太法典》上就有这样的话：“5 岁的孩子是你的主人；10 岁的孩子是你的奴隶；到了 15 岁时，父子平等，以后就要看你如何培养他——他可以成为你的朋友，也可以成为你的敌人。”

犹太人认为智慧生于知识。智慧比财富和地位更重要。如果有人问犹太人这样一个问题：“人最重要的是什么？”犹太人一定回答说：“智慧。”

在犹太人心中，学者才是人们尊敬的中心，把学者置于一切人甚至国王之上，就可看出犹太人多么重视智慧，这一点是犹太民族可借以自豪的传统，因为其他民族都把王侯、贵族、军人和商人放在学者之上。

犹太人认为，学习知识的目的是增长智慧。犹太人特别重视学问。

犹太人是嗜书如命的民族，弯下腰就能拾到真理，学问不只是学习，什么时候学习都不迟。投资教育即是投资未来。有人来借书，不出借的人，要科以罚金。

举行隆重的成人礼，让孩子深刻意识到自己是成年人，要履行责任，是犹太人的大智慧。

随着社会的发展，人们越来越认识到知识和智慧的重要性。集古今中外之智慧，充实我们的头脑，建立智慧个人、智慧家庭、智慧城市、智慧国家，使我们的民族成为智慧的民族，处处放射智慧的光芒。

缺乏智慧的国家，一定是贫穷的国家；缺乏智慧的城市，一定是落后的城市；缺乏智慧的家庭，一定是贫穷的家庭；缺乏智慧的人，一定是贫穷而无所作为的人；因此，每一个人都应努力成为有知识、有智慧的人。

23. 财富力学

何为财富？凡是具有价值的东西，都是财富，如自然财富、物质财富、精神财富。在通常情况下，用钱能买到财富，金钱又称“通货”，就是各种财富的代名词，用钱能衡量财富。本节主要是讨论物质财富。

财富是象征国家强大、社会繁荣、人民生活水平提高的标志。国家如果拥有大量的财富，可以用来办好教育、医疗卫生、社会福利、建设国防。财富是最强大的社会力学之一。

社会财富观，可分为与民众生活、社会伦理相关的财富观和与经济、政治相关的财富观。两者都很重要，但两者的观念相差很大。因为现在的社会财富相当丰富而庞大，政府有责任管理好财富，否则可能形成巨额财富聚集到少数人手中，给民众和社会造成极大的伤害。

财富是世界上最重要的东西，是须臾不可缺少的东西，也是人们奋斗以求的东西。理智地认识财富，可以减少许多社会矛盾，可以减少追求财富的盲目性，不去做那些“人为财死，鸟为食亡”的蠢事。从根本上认识人为什么要追求财富，为什么要追求巨额财富，人拥有多少财富最为适度？从而辨析人类有史以来的许多矛盾、许多纷争、甚至许多战争。

有十万个理由说明人们需要财富。人们每天衣食住行需要财富，没有财富就不能生存，不能干事；有了财富人们可以生活得很好，干自己想干的事，体现自己的人生价值。还可以建设自己的家庭、让亲朋好友过上好日子，在社会上也可以做体面的事业。常言道，“贫居闹市无人问，富在深山有远亲。”人情冷暖，世态炎凉，人们竟以财富来评价生命存在的价值和意义。没有财富，别人就看不起你。所以，追求财富有绝对的理由。

但是，并不是所有的人对财富都是恭敬有加的，特别某些学者，对巨额财富颇有不同见解。《资治通鉴》中说：“如贤而多财，则损其志；愚而多财，则益其过。且夫富者众之怨也，吾既无以教化子孙，不欲益其过而生怨。”所以应辩证地看待财富。

哲学家柏拉图在《理想国》中说：“财富与贫穷，一个是奢华和懒惰之母，一个是卑劣和恶毒之母，而两者都是不知满足的源头。”

英国哲学家培根说的更是深刻：“财富顶多不过是德行的包袱。因为财富之行于德行，不啻辎重之于军队；辎重不可缺少，亦不可置后，但它妨碍军队之行进，有时军队因为它而贻误战机或失利。巨大的财富并无什么真正的用处，除修斋布施之外，其他用途都只是幻想而已。”可见，在培根眼里，巨额财富好像是影响前进的包袱，并没有多大的用处。

华西村党支部书记吴仁宝说得好：“家有黄金千斤，一天也只吃三顿；房子独占鳌头，一个人也只睡一张床。”

从个人的实际需要而言，任何人的个人享受都不可能达到非要巨额钱财的地步，因此，大富豪们只是保管着大量钱财，或拥有捐赠和舍施这些钱财的权利，或享有富豪的名声，巨额钱财对他们并无实际用途。

君不见，一幅名画拍卖几百万、几千万、上亿元之巨；一盆美丽的花卉可拍卖出百万元高价；几粒漂亮的石子或罕见之物可拍卖出天价……巨额财富有何用处！千万别为摆阔炫耀而追求财富。世人的财富经典是：“只挣取之有道，用之有度，施之有乐，遣之有慰的钱财”。但人们也绝不要像修道士似的不食人间烟火，对金钱全然不屑一顾。应该拥有适度的财富，至少是能过上小康生活的财富。人们应当用汗水、智慧和诚实来挣取财富，社会也应该帮助每个人都拥有小康生活的财富，这样社会就会和谐，就是真正的太平盛世。

从人个的正常消费，以及充分享受的角度，人不需要巨额财富。但从掌控社会力量而言，需要巨额财富。巨额财富的力量是巨大的。有人追求巨额财富，自觉或不自觉地都会掌控社会。正因为如此，国家一定要控制财富，否则财富就会绑架社会、绑架政府、绑架国家。

随着社会的发展，人们的财富观发生了极大变化。人们应有“适度”的钱，或足够用的钱，为了自己的生活和发展。但太多的钱，或过多的钱是无用的。人们不可能像帝王将相一样，修建皇宫宝殿，不可能像中国古代修建大片的庄园；不可能像皇帝一样，造豪华的行宫和坟墓，人们不可能在法律规定的范围之外活动，拥有几亿、几十亿、几百亿、几千亿的财富，有什么实质性用途呢？没有。人们像清除垃圾一样清除自己身边多余的东西，像清除垃圾一样，清除自己身上过多的财富。因为它会影响你的生活和幸福，使你的生活很紧张和不安。当然钱对社会来说还是好东西，可以奉献给教育、科研、慈善事业。捐助社会是最明智的举措。你切不可用大量的钱让你的子孙纸醉金迷的享受，也不可让自己躺在钱堆里，也不可用来炫富、挥霍，留下不佳的名声；更不可拿来修庙、造神，显得愚昧、无知、无品位，并且毒害世人。

“拼命赚钱，赚钱享受。”这是几百年资本主义发展形成的理念，也成了某些人的人生目标。

财富，特别是巨额财富，是把双刃剑。不可否认，财富有极大的用途，有钱能办很多好事；但也能办“有钱能使鬼推磨”的坏事。有钱能替人消灾解难；但钱财给人招灾致祸的事也实在不少。巨额财富集中在少数人手中是件悲哀和危险的事。它会导致贫富极度分化，许多人沦为贫穷，沦为受歧视和被压迫的境地。它会导致社会畸形，出现极度不和谐的声音和行为，甚至私人的巨额财富可以左右政府行为，失去社会公正。私人拥有巨额财富，使贫富两极严重分化，社会底层产生悲观绝望心态，使穷人产生极度的自卑感，社会将会浸透在极端富有和极端贫穷的不和谐气氛之中。政府应当限制巨额财富被少数人携取。政府应鼓励人们达到小康阶层和中产阶层，而限制达到超级富豪。世界上各种富豪排行榜，赞誉各种富豪，使人类的财富观误入歧途，是人类的悲哀。从已查出的案件证明，凡是成为富豪的，许多都与某种权力、垄断、操纵股市、官商勾结、投机倒把、与黑社会勾结有关。真正诚实经营，勤劳致富而成为富豪的极少。

经验证明，一般的工薪阶层和行道只能老老实实挣小钱，其致富的手段主要有二，一是勤劳奋勉，二是诚实经营。靠固定收入者难成巨富，只能达到温饱或小康水平。有人说，挣小钱难挣大钱容易，这话不无道理，但需拥有雄厚的资金。如若利用雄厚的资金恃强凌弱，囤积居奇，哄市杀价，或乘人急需而漫天要价，或贿赂官员欺行霸市，虽能赚取大钱，但此种富贵不被人钦佩，甚至认为是卑劣之举，一旦东窗发事，就会身败名裂，人亡财尽。所以，大凡巨富之人，要留下好的名声，那是很困难的。

现代社会最大的问题是，大量的财富集中要少数人手里，产生了许多矛盾，所以，对私人资本、私人企业应作限制，如不要超过一定的数量（如1亿或10亿元），太多的财富，私人会搞垄断，也会用巨额财富左右政府、政策、法律。

让更多的人富起来，培养更多的一亿元小富翁，而不提倡几十亿、几百亿、几千亿的巨型富翁。更大的企业应收回国有经营，而不是让私企任意发展。私人的巨额的财富很可能成为地方霸权势力，绑架政府、绑架银行、绑架社会。

美国是个老牌资本帝国，是个可怕的国家。之所以可怕，是因为巨额财富掌控在极少数人手里。国家利益实质是大财团的利益。在《美国控制世界，谁操纵美国》一文中指出：美国总统可以换来换去，但美国的金融、印钞大权却牢牢地掌控在美联储手中。谁要夺这个大权，就把谁干掉：如1864年4月14日林肯总统；1963年11月22日，约翰·肯尼迪总统；在美国历史上有7位总统在任上被挂掉，还有更多的议员被挂掉，因为他们想夺美联储的印钞大权。美联储是美国联邦储备委员会的简称，相当于美国的中央银行。“联邦”多好听的名词，但它实际是一个私人银行家和大企业集团的组织，也就是纯粹的私人组织，美联储所有的高层都是这些集团的首脑，然后美国政府从这些首脑中“任命”主席。我们所说的美元，每一张都出自美联储之手，而不是美国政府。美国政府没有发行货币的权利，只有发行国债的权利，正像一个银行家所说：“只要我能控制一个国家的货币发行，我不在乎谁制定法律。”——梅耶·罗切斯尔得（银行家）。美元的流通是由美国政府向美联储“贷款”所有的美元，在美国和世界范围内流通，而以美国国债作为抵押。美国人民每年交纳的税收，直接进入美联储的帐户，作为美国政府贷款的利息。今天，美国人民欠下的国债中有外国购买的，不足2.5万亿美元，欠美联储的债务达44万亿美元，而这笔债务只会越来越多，永远没有还清的那一天。在美国，欠债的话，就老老实实当孙子，让你上就上，让你下就下，让你干什么，就老老实实干什么，没商量。

共和党和民主党是两个傀儡组织，背后站的真正主人是华尔街财团：盎格鲁撒克逊财团和犹太财团。

盎格鲁撒克逊财团就是当年从英格兰最早逃到美洲大陆的盎格鲁撒克逊人。盎格鲁撒克逊人是日尔曼族一支，罗马帝国崩溃时入侵不列颠，是近代英格兰人的祖先。日尔曼族是什么人呢？在罗马帝国统治欧洲大陆时，日尔曼人是区别于欧洲主人罗马人的未同化蛮人，今天看起来牛气哄哄的西欧人祖先，主要就是日尔曼蛮人。

犹太财团更牛气了。犹太人很聪明，靠经商起家。早在欧洲混战的年代，犹太人就通过给欧洲王室放贷赚的盆满钵满。仅是放贷，而不是生产。理解这点，就能理解西方资本主义的真正源头，以及今天所谓金融垄断资本主义的核心本质——金融才是资本主义的本质。这也是几百年来欧洲反犹运动（含二战纳粹屠杀犹太人）此起彼伏的真正原因，这里包藏的是欧洲底层人民对放贷犹太人的阶级仇恨和民族仇恨。在整个资本主义体系中，今天的德国日本等只掌握工商业和服务业的低级资本。居于高端资本的金融资本被犹太资本垄断！你为什么不懂？因为全球的主要媒体舆论也被犹太财团垄断！对全球人洗脑，这才是真正的洗脑！你已经是长着眼睛和耳的瞎子和聋子！

两个财团都在华尔街。盎格鲁撒克逊财团以摩根斯坦利等投行为主，犹太财团以高盛等投行为主，这才是翻手为云覆手为雨，才是能真正搅动世界风云的力量，并且投行还有控股人！控股人！控股人！可怜的美国人民为什么发起占领华尔街运动，这回你懂了。

这些金融投行还控制着一个全球最牛逼一个机构——美联储！

美元捆绑在石油上，就是石油美元，必须用美元结算。全世界都使用石油，全世界都流通美元。所以，中东产油国谁不听话，美元就指使美国灭了谁，萨达姆、卡扎菲就是这样倒下的。这就是克林顿哀叹的——你做了总统，却发现决策都是别人做的。

据报导，由于美国梦，近30年来放松信贷，鼓励借贷消费，使美国人养成了花钱大手大脚的习惯，寅吃卯粮成为信用好的标志。目前，美国政府、公司和私人累计欠债已高达天文数字。据国际经合组织的统计，如果按照美国现有人口3.05亿计算，美国人均欠债70万美元，每个家庭（按3.1人计算）欠债217万美元，折合成人民币，美国的每个家庭都成了千万“负”翁。而债权人是全世界。美国人就像是办了一个巨大的“会”，全世界都来买他们的证券，都期望拿到回报。美国开动印钞机，大量印美元，美元贬值还债，从而剥削全世界人民。

《华尔街日报》做了“千年来最富之人”的调查（《发现》2007：4），榜上50个人，有6个中国人，分别是元太祖成吉思汗、元世祖忽必烈、明朝太监刘瑾、乾隆年间的宠臣和珅、清代商人伍秉鉴、宋美龄的弟弟宋子文。

这个调查很笼统，因为成吉思汗、忽必烈都是皇帝，皇帝向来都是“家天下”，国库就是自己家的钱库，想怎么用都可以，千年来所有的皇帝都应当榜上有名。伍秉鉴是十三行买办商人，在清代，十三行是外贸通道，他继承了买卖丝绸和瓷器的特权，累积身家数千万两。雅片战争后，他曾独力捐巨款给清廷作为赔款。外国人认识他是因为他曾投资美国的铁路和股票。太监刘瑾以权谋私，横征暴敛，据粗略估算，他被处死时家中白银725万公斤，黄金有330多公斤。明朝亡国时，国库中的白银也不过200万公斤。他的总财富比清代大贪官和珅的550万公斤白银还多。

到头来刘瑾在明武宗时被抄家，不仅查出了巨额财产，还发现了印玺、玉带，认定他阴谋篡位。他被千刀万剐，行刑 3 天，受害人家属为解心头之恨，花钱买他被慢慢割下来的肉吃。清代大贪官和珅的下场也是操家灭族，十分悲惨。也给一向风风光光的乾隆皇帝抹了洗不净的黑。这些案例说明，巨额财富对社会的影响是巨大的。

其实，古训“勤俭致富”才是致富的真理，勤俭可使人不受穷，不饿死，有的可积累大量财富。社会需要这种致富。若想积累巨额财富，从千年首富的名字来看，都得有“权”。或是要有政权，或是某种垄断特权。专制时代若有人比皇帝有钱，背后总有昏君做靠山。“权钱交易双谋利，一富成功万骨枯”，钱与权总是双胞胎，狼狈为奸欺压百姓。有巨富，就有倒霉的老百姓。不过，再有钱，用到的也很有限，都是一时爽快——平常人尽可以拿此当作幸灾乐祸的借口，活得更自在。

为此，美国兴起了反思浪潮。为了下一代的“健全”，父母们要思考的已经不是如何让他们生活的好一点，而是怎样让他们“少一点富裕”。1/5 富豪宁捐出财富也不留给子女。美国的百万富翁在 10 年内增长了 400%，如今美国人对财富却出现了反思浪潮：2003 年哈佛大学募款人柯立尔估计，全美国 320 万百万富翁中的 60 万人，因担心宠坏子女而将捐出大批财富。他说：“许多新富之家希望子女享有中产阶级的生活状态，这样可以让他们拥有快乐的婚姻，并且可以养育快乐的子女。”

那么这些新富会留多少钱给子女？柯立尔表示，资产超过 3000 万美元的富豪，会留给子女每人约 150 万美元。这笔钱可以买一幢房子，并且受良好的教育。

连续 12 年蝉联《福布斯》全球富人排行榜第一名的微软创办人比尔·盖茨则早在 1999 年就宣布，他和妻子将他们的两个孩子的遗产继承金额限制在 1 亿美元以内。在 2008 年 6 月 27 日，盖茨宣布退休，不再担任微软执行主席，集中精力打理基金会，将把自己的 580 亿美元财产全数捐给名下慈善基金比尔和梅琳达·盖茨基金会，全部用于慈善机构和社会福利事业，一分一毫也不会留给自己的子女。盖茨希望以最能够产生“正面的影响”的方式回馈社会。

彼尔·盖茨与巴菲特倡导美国巨富捐助慈善事业，共捐款 4000 亿美元。并来中国与巨富座谈，倡导这一事业。这是了不起的事件，意味着向人类的传统财富观念宣战，因而具有化时代的意义。

24. 挣钱力学

挣钱是一种很强烈、很普遍的社会驱动力。人人都要生活，还要养家糊口，所以人人都要去挣钱，否则你就生活不下去。人人都想成为富人，所以想方设法挣钱致富。人类的挣钱活动，充满整个社会的各个角落。因此，挣钱成了重要的社会力学。

人人都必须去挣钱来维持自己及家庭生活。那么，除了政府创造条件积极支持外，自己也应当想想办法，学习些赚钱的方法，合理、合法去努力赚钱。在经济如此发达的今天，有人剖析了穷人和富人在心理上、思维方式、行动上的某些差别；有人总结出了致富的“赚钱定律”，也是想让更多人能挣到钱，尽快富起来。

也许你是穷人，也许你是富人，你们心平气和地在一起讨论一下“如何赚钱的问题”，会得出怎样的结论呢?

穷人和富人在心理上、思维方式、行动上的确实存在某些差别。是千古不变的定理吗?是不可调和的斗争吗?天下人都可能成为富人吗?穷人、富人最明显的差别是什么?

穷人，人穷志短，常把希望寄托在下一代人身上；富人，财大气粗，则是把希望寄托于自身。前者把赚钱寄予希望，后者把赚钱付以行动。这是两者主要的赚钱理念差别。

穷人很少想到如何去赚钱和如何才能赚到钱，认为自己没有经济实力，不相信会有多大改变。富人有强烈的赚钱意识，他会想各种办法试图去赚钱。

穷人的时间是不太值钱的，有时甚至是多余的，如何打发时间是他必须考虑的事。买一斤白菜多花了一角钱他会气恼不已，却不为虚度一天而痛心。一个享受充裕时间的人不可能赚大钱的，因为轻松悠闲，就会失去更多的赚钱机会。穷人的闲，常表现为思想在闲，而他的手脚却在忙，忙着在麻将桌上多玩几把。富人认为时间很宝贵，“时间就是金钱”是他们的口头禅。富人的休闲，闲在身体，修身养性，而脑子却想如何赚钱。

穷人的圈子多是穷人，喜欢走穷亲戚，一般排斥与富人交往。久而久之，心态成了穷人的心态，思维成了穷人的思维，做出的事情也是穷人的模式。大家每天谈论着打折的商品，交流着省钱的技巧。虽然有利于训练生活能力，但眼界变狭窄了，雄心壮志被消磨了。富人喜欢与成功者为伍，即使穷，也要站到富人堆里。

穷人喜欢学手艺，着眼于小富即安。富人喜欢学管理，或技术加管理，着眼于赚大钱。

穷人缺乏激情，善于按部就班，很难出大错，也很难做得最好。没有激情就没有兴奋，就不会全心全意投入工作。穷人的激情表现为一种情绪，如商品打折，他会激动；上司表扬，他会激动。富人具有激情，“燕雀安知鸿鹄之志？王侯将相，宁有种乎？”有了这种激情，穷人终将不会再是穷人。没有激情，就干不成事业。

穷人的经济理念是少用等于多赚，即使有钱，也不舍得拿出来，不愿意冒险。富人的经济理念是万本万利，只要能赚钱，就舍得花本钱，具有冒险精神。

当然从哲学上讲。“存在决定意识”，正因为人穷，才产生了穷人的思维，穷人的意识，这就需要学习，需要改变。

人人都想成为富翁，人人都在想法赚钱，可能与自然科学和社会科学的原理、定理一样，赚钱也是有规律的。因此，有人总结了“成就富翁：赚钱八大定理”（《发现》2006/08）。在此摘录一二，其中有些内容不一定适合于你，但也值得深思。

定理三：最简单的方法最赚钱。

天下赚钱的方法千千万，但最简单的方法最赚钱。虽说条条大路通北京，但万法归一，最简单的最好，复杂的方法只能赚小钱，简单的方法才能赚大钱，而且方法越简单越好。

商品零售业沃尔玛，始终坚持“天天平价”，想方设法以最低价取胜，结果做到世界最大。比尔？盖茨只做软件，就做到了世界首富。沃伦？巴菲特专做股票，结果达到了亿万富翁。乔治？索罗斯一心搞对冲基金，结果做到金融大鳄。

在股市，沃伦？巴菲特始终坚持“如果一支股票我不想持有它十年，那么我就根本不碰它一下”，以这样一个简单的原则炒股。

定理四：赚大钱一定要有目标。

年年岁岁花相似，赚钱方法各不同。但有一点是相同的，就是赚钱一定要有目标。成功之路是用目标铺成的，没有目标的人是为有目标的人完成目标。有大目标的人赚大钱，有小目标的人赚小钱，没有目标的人永远为衣食发愁。

要赚钱，就要有赚钱的野心，也就是赚钱的雄心，野心就是梦想，就是企图，就是理想，就是目标，就是行动的动力。野心不是坏事，有野心才有动力、有办法、有行动。有赚钱的野心，不是教你干坏事，干坏事的心一点也不能有。

试看天下的财富英雄，哪一个不是雄心勃勃！

从现在开始，你要立即设定你赚钱的目标，比如终身目标，十年目标，五年目标，一年目标等。然后制定具体的计划，开始果干行动。

定理五：一定要用脑子赚钱。

在财富时代，你一定要用脑子赚钱。你见过谁用四肢赚大钱的？用四肢只能赚小钱，用脑子才能赚大钱。一些运动员可能赚钱不菲，但也离不开脑子赚钱。迈克尔？乔丹说："我不是用四肢打球，而是用脑子打球。"仅用四肢不用脑子只能是别人的工具，是赚不了大钱的。

赚钱始于想法，富翁的钱是想出来的。人的想像力太伟大了。爱因斯坦说过"想像力比知识更重要"。美国通用电气公司前总裁杰克？韦尔奇说过"有想法就是英雄"。

世界上所有的富翁都是会用脑子赚钱的。洛克菲勒曾放言："如果把我所有的财产都抢走，并将我放到沙漠上，只要有一支驼队经过，我很快就会富起来。"

定理六：想赚大钱，一定要学习赚钱。

天下的聪明人很多，为什么绝大多数的聪明人都不富呢？在财智时代，要赚大钱，一定要学习赚钱。

你学过赚钱吗？绝大多数人没有，所以绝大多数的人不会赚钱。我们在小学没学过赚钱，在中学没学过赚钱，在大学没学过赚钱，就是在金融类、财经类的专业也没有真正学到赚钱的知识。

聪明的穷人啊，你们的智商很高，但财商很低。不过高尔基说过："自学是没有围墙的大学。"可以自学赚钱的知识。财商和智商不同，智商有先天成分，而财商完全是后天学习的。谁天生会赚钱？全是学习来的。聪明不等于智慧，聪明不能赚钱，智慧才能赚钱。真正白手起家的富豪学历不一定高，但一定很有智慧。他们是善于学习赚钱的一族，掌握了赚钱的门道。你想致富吗？赶快学习如何赚钱，读赚钱的书报，听赚钱的讲座，向会赚钱的人请教。

定理七：赚钱一定要有选择。

成功的关键在于选择。选择就是命运，选择就是财富，选择错了就会迷失方向。比如说，"要想富，多修路"，"要想富，多种树"，"要想富，少生孩子多养猪"这都是致富之路。"要想富，去盗墓，一天一个万元户"，这是错误的选择。"要想富，盗金库"，这是选择了邪道、黑道、不归之路。

在市场多样化的今天，只有选择正确，才能取得成功。可口可乐选择做饮料；沃尔玛选择做商品零售；肯德基只卖烤鸡；麦当劳只卖汉堡；日本的松下、三洋、索尼只做电器。选择就是选择正确而专注。

定理八：要赚钱一定要敢于行动

不行动赚不了钱，不敢行动赚不了大钱，天上不会掉下馅饼的。不敢冒险，只能赚个小钱，敢想敢干才可能赚大钱。试看天下创业致富者，哪一个不是敢想敢干，有胆有识。想当年比尔？盖茨放弃哈佛大学学业，白手起家创立微软，是何等的胆识和行动。美国最年轻的亿万富翁迈克？戴尔在大学读书时就组装电脑，感到不过瘾，就开办电脑公司，是何等的敢想敢干。

问问自己，你想致富吗？你敢致富吗？其实大多数人不想富，更不敢富。现在人们谈论财富越来越多，但行动的太少。要想富，快行动，先迈出一小步，再迈出一大步，有行动才会有实效。

25. 消费·节约力学

没有钱的要研究如何挣钱；钱多的，特别是大款富豪，更应该研究如何花钱。不然，辛辛苦苦挣了那么多钱，很可能在社会上落个骂名，在家里养出一群不肖子孙。这是多么可悲呀！花钱和挣钱同样重要。因此，消费－节约力学，是运用财富、节约财富、积累财富的理论，对幸福美好的生活，对人的道德品质培养，对社会的良好风气的形成，对社会发展都具有重要意义，是影响社会的重要的社会力学。

消费和节约是人们每天都会遇到的事，正确的消费－节约观念、是人类社会的重要理念之一。赚钱是为了享受，生产是为了消费，不消费、不享受，也就不生产了。节约是精打细算的消费，是为了更好的消费。处理好生产、消费、节约三者的关系，对家庭生活、对社会发展都是重要的问题。

人类每天都在消费物质财富，所以，如何选择最佳的消费方式，这是人们关心重要理念。以消费促进生产，增加社会财富促进社会发展。消费要适度；挣钱——消费——再挣钱——再消费，一方面维持了人的生活，一方面维持了生产的运行。挣钱是为了花钱，有时举债消费，但最好是量入为出的消费。

挣钱是为了消费，但挣钱不是为了浪费。勤俭节约是高贵的品质，对社会发展起良好的作用，它可使社会财富有效利用，精打细算，减少浪费；挣钱——消费——消费中节约——再挣钱——再消费——消费中节约，积累一定财富，养成积蓄的好习惯；

由于消费给人带来愉悦，所以，人们常常过度消费，甚至疯狂消费。“钱是你的，资源是社会的。”因此，谁也没有浪费资源的权利。其实“适度论原理”作为一条自然规律，也适用于消费－节约之中，“适度消费”也应像其它原理一样被人们遵守、利用，像尚方宝剑一样悬在每个人的头上。

人们深有体会，正派赚钱很不容易；旁门歪道赚钱，除声名狼藉外，还时刻担心牢狱之苦。当你砺练“十大修养”（道德、学习、才智、才识、洞察、体魄、胆略、创新、情感、公关）驰骋于企业之林，当你身怀“九心”（信心、雄心、热心、诚心、爱心、虚心、耐心、细心、苦心）闯荡于茫茫商海，你可能成功了，成了千万、亿万的富豪，也深刻体会到了财富来自不易。此时你会不会感到迷茫呢？此时，挣钱与消费的问题突然摆在你的眼前，这么多钱可以随便花吗？用不完怎么办？

有位年轻的企业家说：“当他发现自己赚钱超过一亿元时，突然感到很茫然，失去了生活的目标。”这有一定的代表性，绝非个别现象。一个头脑清醒的企业家，在赚了一大笔钱后，他会面临两种选择：其一，他发现自己找到了赚钱的方法，于是便没完没了地拷贝下去，使财富变成几十亿，甚至几百亿；其二，是考虑怎样花这些钱。这么多钱，自己的衣食住行无论怎样享受，都是用不完的，要使其用有所值，确不是件容易的事。生活奢华放荡，会留下很坏的名声；全部留给溺爱的子孙，可能会让他们挥霍无度，什么都不想干，什么都不会干，个个成为败家子，走“富不过三代”套路；抱着财富进棺材，也用不了那么多，还会引来盗墓贼。历史和生活的经验证明，当一个人生后没有任何财富，说明他一生搞得并不完美，也很遗憾；但一个人生后留有巨额财富，也很难获得美名。要不是活着时为富不仁，要不就是临终时还缺德少义。现代的富翁很多，他们都在考虑这个问题。其中有人已经悟出了“捐赠公益，行善积德，回报社会，名留青史”的最佳选择。

然而，十分遗憾的是，许多人选择了疯狂消费的理念。在消费和节约的问题上，出现了疯狂的理念和举动。

20 世纪 40 年代，二次大战后不久，美国零售分析家维克特·李伯夫（Victor Lebov）说过一段这样的话：“我们这庞大生产力的经济，需要倡导消费的生活方式，将购买和使用物品转化为仪式，在消费中寻求精神满足和自我满足，以不断增加的速度把生产出来的东西消费掉、烧掉、坏掉、汰换、丢掉、倒掉。”从而把生产和消费引上了邪路。

正因为这样疯狂，由欧洲起源，由美国而大成的西方财富文明，就是一个大量消耗，大肆挥霍的败家子文明。他们一方面把财富的拥有与享受发挥到了极致，一方面却已经走进了困境。竭力创新技术，开采能源，再竭力促进消费，将创造出来的尽快消费掉。根本就不考虑“钱是你的，资源是社会的”的崇高理念。毕竟这个世界在无限开拓之后会出现许多新问题。财富与消费极大化之后，产生的问题也极大化。看看以下几个数字就不难了解：

第一，人口数字：19 世纪，全世界总人口 10 亿；今天 60 亿；2015 年可能达到 72 亿；2050 年可能增至 80—100 亿。人本来是世界上最宝贵的，但人的数量太多了，即不适度的繁衍增长，使人类本身成了一个重大的社会问题。人类的过度增长，给人类的就业、住房、粮食、饮水、上学、殡葬等带来了一系列的严重问题。显然，适度的消费和精打细算的节约是很重要的。

第二，由于人类不断地创新技术，开采能源，强力促进消费，结果今天人类破坏地球的速度是：“每分钟”失去 21 公顷热带林，流失 50 吨肥沃表土，大气中增加 12000 吨二氧化碳 ；“每小时”有 685 公倾具生产力的旱地转为沙漠，整个亚洲为沙尘暴而苦恼；“每天”有 25 万吨硫酸以酸雨的形式落在北半球。高温天气、狂风暴雨、久旱不雨等异常气候频繁发生。人们必须花巨资进行环境保护。大量消费使地球难以承受。

李伯夫的以不断增加的速度把生产出来的东西消费掉、烧掉、坏掉、汰掉、丢掉的财富文明，是否能够持续不断运作下去呢？多年来已经有许多哲学家、思想家为之敲响警钟，即使享受到好处的台面人物都为之担心不已，但偏偏今天这种财富文明还正好继续，是众多发展中国家以及落后国家羡慕、学习、模仿的对象。李伯夫的消费观念多么疯狂！给人类文明造成巨大的伤害。

以汽车为例。汽车本来是很好的交通工具，但汽车太多了，马路上密密麻麻，川流不息全是汽车，有时汽车走的没有步行快，太多的汽车使人产生厌烦感。长期以车代步，人的腿功能萎缩。大量汽车废气造成空气污染及温室效应，已经成为地球最严重的问题之一。世界银行已经提出全球车辆到 2010 年时高达 10 亿辆，能源需求会比今天增加一倍，但是，从美国所立的榜样，大多数后进国家仍然把拥有汽车视为财富的象征。有谁考虑过全世界拥有多少辆汽车最适度呢？本国、本地区拥有多少辆汽车最适度呢？现在供享自行车相当广泛，既节约又方便；可是，类似汽车如何做到共享呢？

因此，树立正解的消费 - 节约观念，对每个人、每个家庭、每个国家以至全人类都有重要的意义。

26. 神力学

神与人的精神世界有密切的关系，没有人的精神世界，就不会有神，在动物界就没有神的概念。神就是人的精神世界向上的升华；鬼就是人的精神世界向下跌落。神性就是人性的升华。神人一体，虚实交融。这是新的神学观的重要内容。

什么是神?

古代先民探索世界的起源、自然现象和人类社会的主宰者，主观想象和幻想有个超自然的偶像存在，并拟人化、形象化把他描绘出来，构成了偶像之神，在民众中口头传播，即成神话。由于当时科学技术水平低下，人们不能科学解释世界起源、自然现象和人类社会的矛盾和变化，并经常遭受自然灾害和疾病的威胁，产生了幼稚的想象和主观的幻想，创造出了神的偶像。表现为古代先民对自然力的原始理解。随着宣扬，先民们就越来越信仰这种偶像之神。那时产生了许多神，表现在古希腊神话中。古希腊神话对欧洲的文学艺术的发展起了很大作用。中国古代也产生了许多神，表现在古代著作中，如《山海经》、《楚辞》、《淮南子》等。中国神话极为丰富，是小说的渊源。许多神话保存在历代文艺创作中，模拟神话，假借传说中的神来反映现实或讽喻现实。形成了神的文化范围，此时的人类神处于神话阶段。

耶稣说:“天主是神，应当以心神以真理去朝拜他。”

宗教认为，神是天地万物的创造者和统治者。迷信的人指神是能力德行高超的人死后的精灵。神话传说中的神，都具有超人的能力，出奇的本领、令人崇拜不已！由于有神论长期统治世界，在人们的心目中，神的力量是巨大的。这种思想统治了人类几千年。其影响之大之深，是人世间各种其它力量难以比拟的。

随着社会的发展，神由民间自由传播，演变成集体意志，以某个神为基础，形成有组织的宗教，每个宗教的后面就有一个神，并对神进行了理论上的研究和包装，形成了神学。此时人类处于神学阶段。

神学，希腊文词源 thcologos，意为“神和学说”。广义泛指各宗教的宗教学说，或泛指一种宗教教义的系统化。基督教占统治地位后，狭义指基督教神学，即基督教论证上帝（亦称天主）的存在和本质，研究教义和教规的学说。罗马帝国后期及中世纪前期的基督教神学，主要是教父哲学或教父学。欧洲中世纪时代，意识形态的其它一切形式（哲学、政治、法学等），都被合并到神学中成为神学中的科目。当时占据正统地位的哲学是经院哲学，它因产生于天主教的经院而得名，主张“哲学是神学的婢女”，即哲学地位低微，是为神学服务的，以此论证基督教的信条和教义，并使之理论化、系统化。它的主要代表是托马斯·阿奎那所创立的基督教神学《神学大全》，称为托马斯主义。十九世纪末二十世纪初，欧美基督教内流行的神学思潮，主要有新托马斯主义、现代主义（主张从现代知识水平对传统教义重新进行阐释），基要主义（仍主张对《圣经》逐字逐句绝对信仰）等。

神力主要体现在神权及其影响力。神力就是宗教迷信宣扬的所谓鬼神系统的权力。在旧中国，神权是指由闫罗天子、城隍庙王以至土地菩萨的阴间系统，以及由玉皇上帝以至各路神怪的神仙系统——总称谓之鬼神系统的权力。早在夏代奴隶主就用天命鬼神来束缚和统治人民，封建统治者一直利用宗教神学谶纬迷信等维护其统治。在世界其他国家，封建君主和封建教会同样也利用神权来束缚和统治劳动人民。西欧中世纪时，天主教会企图倚仗当时它在经济上、政治上的强大力量和在思想上的统治地位，使封建政权服从神权，使世俗君主服从罗马教皇为首的教廷。

什么是神力？为什么神力如此巨大呢？

人们最崇拜的是神的本领——神力。神为什么有如此大的力量呢？有如下原因：

（1）人们希望神有无比强大的力量来抗拒自然灾害和疾病，能保护自己，默佑自己。所以在神话传说中，神的力量越传越玄乎。

（2）科学不发达，人们迷信，把大自然的力量误以为是神的力量。日月的运转、寒暑的交替、风雨雷电、火山爆发、海啸、地震、洪水、流星、慧星、旱灾、涝灾、蝗灾、疾病、瘟疫等都误认为是神力所为。所以，神的力量就无比巨大。在科学没有突破性进展之前，人类的迷信一直到 19 世纪，直至现在迷信没有完全破除。

（3）人们通过文学、艺术，塑造了本领巨大的神，如佛、菩萨修有“五眼”、“六通”的本领，孙悟空有七十二变的本领，神是心想事成的典范，人们仰慕不已。

几千年来，人类创造了各个级别的神，神成了人类敬仰崇拜的对象，其中包括安拉、上帝、耶和华、释伽牟尼等，以及被人们崇拜的其他神，如玉皇大帝、孙悟空、雷公、电母、风婆、灶君、财神、门神等。神似有若无，谁也没有见过神，但神对社会的影响力是无比巨大的，影响了人类几千年。可以说，神是无以论比的社会力学。

神，神性：人类自己创造的、理想中一类高尚的偶像，其特点是：本领特别巨大、无所不能、轻松地呼风换雨、神奇的七十二变；不食人间烟火、没有人间情趣和烦恼，漂漂洒洒天地行，不吃不喝立乾坤；神才是心想事成的典范，远远超脱于人类，成为人类崇拜的对象。只有人，才能想象、塑造出神，因为在困难时人们需要神，有的人自己也想成为神；其它动物想象不出神。在人类社会发展中，神起了巨大的作用：它尉藉了不少人；它支持了不少人；它鼓励了不少人；它欺骗了不少人；它吓唬了不少人。在维系社会秩序中，神起了无可代替的作用，在几千年的社会发展中，神在管理世界、管理人类、管理一切……

神，是人想象出来的、本领之大无所不能的偶像。几千年来，人们总是认识不清这个关系，对神迷惑不解，既怕谈论神，又想谈论神；既离不开神，又害怕神；既欢迎神，又排斥神。神似乎在人间，似乎在思想中、意识中；神似乎存在，又似乎不存在，人类有时信仰神，有时否定神；有时大塑神像，有时大拆神像，反反复复，神成了铲除不掉、挥之不去的幽灵。为什么？因为科学不发达，人类没有以科学态度对待神，没有认识了神的本质。科学是最重要的，是解开一切问题的金钥匙。几千年来，“神”一直困惑着人们，说他不存在吧，那么多人求神拜佛，那么多神像、那么多神庙，那么多人跪拜在神的脚下，有的还念念有词；说他存在吧，有谁见过神呢？

神，这类崇高的偶像，是人类想象出来的，人类希望这是真实的，所以尽量向真实靠拢、宣传、引导；实际上，这是不真实的，几千年来证明不了它的真实性，现代科学技术高度发达，证明神是不可能存在的，谁都没有见过，地球上、宇宙中没有这种事情。

神性，是人类以最美好的想象塑造出来的，是由人性升华出来的一种精神。人们认为最好的精神，就是神，比如，慈善、公正、无私、普度众生、本领特别巨大。神能自由自在的生活，不吃不喝，没有吃喝拉撒睡情欲的烦脑；没有鼾声，响屁，饱嗝坏毛病；没有为生计奔忙的疲劳……人们需要什么神，就造出什么神，中国有中国的神，东方有东方的神，西方的西方的神，农家有农家的神，城市有城市的神，在人类的眼中，神是理想的、纯粹的、本领极大的、无所不能的理想之偶像，不是具体之物。几千年来，很多人都相信确有其神，在现代科学技术的考量下，有神论者受到前所未有的挑战，被现代科技打得一败涂地，快要投降了。

人类对神炒作之狂热，造神之疯狂，是世上任何事都难以比拟的，如建设了无数的寺庙、塑造了无数的神像，巨大的神像令人害怕，如乐山大佛、哼哈二将，神像越塑越大，显得人和其他动物越来越眇小。

在科学不发达的过去，人类处于蒙昧时代。科学发达的今天，人类处于验证时代，凡事都要经过验证才能被承认。谁能验证神是真实存在的？尊重科学验证，不相信玄言妙语等不实之词。人类已有了验证的能力，可以理论辩证，可以实验验证。有病了，医生要给你验证一下，做个常规化验、做个CT、核磁等；良种好不好，要验证一下，看能否增产；真理也要验证，”实践是检验真理的唯一标准”；人体是着实存在的，几斤几两可以称出来；灵魂存在吗？是怎样的形态，如何检验？思想存在吗？存在的，能说话、想问题、解决问题、写文章，就是证明；鬼存在吗？不存在，谁见过鬼，是什么样的，几千年来关于鬼的传说很多，但谁也没有证明鬼确实存在；神存在吗？同样几千年来关于神的传说很多，一波又一波的造神运动，建的寺庙神像不计其数，但谁见过神，如何验证神的存在？

神的本质是什么？妖魔鬼怪的本质是什么？

综合几千年来人类对神的认识历史，地球上不同地域的先民，都在不同时期提出一个同样的问题：天地是谁造的，万物是谁造的？苍茫大地谁主沉浮？人类不行，其它动物更不行，于是想象出一个超自然的偶像——神来主宰，或神派使者来主宰社会。神的特点是；

（1）神是人塑造的，是人想象的、企盼的；

（2）神的本领是巨大的，是心想事成的典范，这样人才信服；

（3）聪明的人类把希望寄托于神，把困难和问题推给了神来解决；

（4）没有人见过神，神是通过天使来管理社会的，为什么神不直接管理社会呢？因为原本就没有神。

有神论者信仰神，他们认为世界上有许多神，中国的老天爷、外国的上帝、安拉、真主、耶和华、还有印度的佛陀，都是超自然的神，这是一种造物主之神，是主宰宇宙的最高之神。传统中的每个神对社会的影响都是巨大的，影响时间都达几百年，甚至几千年。

比如安拉之神力是这样描写的：

据《古兰经》记述，伊斯兰教诞生前，麦加等地就信奉安拉为最高神灵，他们相信安拉“创造了天地”、“支配着日月”、“降了甘霖”，还“救人于危难”。而《古兰经》则认为安拉是绝对唯一的。他既无伙伴和对手，也无子嗣，并说如果天地万物由多神共同主宰，那将会导致宇宙的混乱而毁坏。安拉是具有绝对权能的，他无求于任何东西。天地万物的创造，日月星辰的运行，昼夜的循环，风云雷电的发生，植物的生长，人类的产生和繁衍，以及人生的富贵贫贱和生死祸福等，都是安拉的意志决定的。安拉是永恒的，先于万有而存在，无始无终，是永存之神，一切东西都会消亡，而安拉的本体永存不灭。安拉是绝对完美的，具有一切完美的德性，他的高超完美是人类语言无法形容的，“任何东西都与他不相似”，由于安拉具有上述的特性，人类在这个唯一和高超的主宰面前是特别弱小的。故人们应诚心诚意地顺从他，敬拜他，祈求他的怜悯和恩赐。

有神论者，相信神真的存在，就像安拉一样超高完美，是人类语言无法形容的，几千年来有神论者就是这样信仰神的。这可能是人类的聪明所在，把难以理解、难以解决的问题都推给了神。

《古兰经》让信仰天使，认为天使是安拉用光创造的妙体，它们的本能就是顺从和忠实地执行安拉的命令。天使行动神速，为数众多，各司其职。有的肩负安拉的宝座，赞颂安拉的高超；有的传达安拉的启示于众先知，并支持先知们传教；有的记录人们的善恶言行；有的为信教者向安拉说情求饶，或在人的寿命将尽时索取其命以及专司末日号角和管理火狱等。在《古兰经》中，特别提到一个被称作“圣灵”和“忠实的精神”的天使吉卜利勒，是专门将启示传授给先知穆罕默德的。

基督教对上帝（天主）神力是这样描述的：

神学家阿奎那认为天主的存在并非可以不证自明的，但也不是无法证明的。在《神学大全》中他提出了证明天主存在的五个证据，这个理论又常被称为“五个证明的方法”。

在讨论到上帝的本质时，阿奎那认为证明天主的最好方法，便是先排除那些不可能是天主的东西，这个方法又常被称为否定神学。他提出了五个上帝可能拥有的属性：

（1）天主是简单的，并没有各种组成的部位，例如身体或灵魂、或者物质和形式。也就是天主是无身无魂无质无形的。

（2）天主是完美的、毫无破绽的。亦即，天主与其他事物的差异便在於完美无暇这个特征上。

（3）天主是无限的，亦即上帝并没有如其他事物一般有着实体上的、智慧上的、情绪上的限制。但这个无限与体积或数量上的无限并不相同。

（4）天主是永远不变的，上帝的本质和特征是无法改变的。

（5）天主是一致的，上帝自己并没有多样的特征存在。天主的一致性本质就如同天主的存在一般。

阿奎那的这个证明方式也是来自於其他许多之前的思想家。阿奎那的这个证明的结论，与对安拉的描述是一致的。

可见，神学家对神的描述如此神气，走向了极端，实质上是否定了神的存在，即无身无魂无质无形。这样的事物无人见过，无人可以理解，和不存在类同。

一神论认为宇宙中只有一个神，可是，安拉是一神教的神；上帝也是一神教的神。这两个神就是冲突的。类似神的冲突也很多。

在一个电视剧中，有两个最高的神：上帝和佛发生观念冲突：北京某高校的几个大学生到新疆进行《寻找王洛宾》毕业论文素材考察。有一次他们深陷茫茫戈壁，手机处于盲区，汽车油料用尽，三天没吃东西了，他们在路上检到了一只小羊，一个来自法国男留学生说，这是上帝给我们的礼物，把它杀掉，补充我们的蛋白质。一位来自台湾的女学生说，善心善行，不能杀生，并以割腕自尽相威胁。法国留学生是信仰上帝的理论；台湾的女学生是信仰佛教。上帝和佛发生了冲突，让人也要打起架来了。可见神与神之间观念相差也很大。

可喜的是，现在许多学者、许多大师、许多宗教领袖都向科学靠拢，生怕被科学的潮流抛弃，被科学利剑斩尽杀绝，被懂科学的人嗤笑。这是当今一个可喜的、重要的现象。试看，哪个宗教敢和科学对抗？许多高僧大师都在寻找科学的依据，来进行自圆其说。一旦揭示原来的“神”根本就不存在，那些经不起科学考验的巨量文化大厦——纸质的、电子的、思想的、建筑的、官方的、民间的——将轰然地倒塌，就像一个天文数据乘以零等于零一样残酷，世界就得重新洗牌，就会产生新的思想。

27. “圣人”力学

圣人问题是中国的特有问题。圣人对中国社会的影响可谓大唉！“两耳不闻天下事，一心只读圣贤书”，“圣人云”，“圣人曰”充斥文书。这些都是圣人的影响力。影响最深最广的莫过孔子，“孔圣人”，其他圣人还有尧舜禹汤文武周公黄帝等等。圣人的说教、圣人的思想，影响中国社会几千年，有正面的，也有负面的，公正评价，应择其善而赞之。

何谓圣人？庄子说：“天地有大美而不言，四时有明法而不议，万物有成理而不说。圣人者，原天地之美而达万物之理。”即圣人者，具天地之美德，通万物之真理，而谦虚者也。

可见，古代对圣人的讨论很多、很深。一般都是歌讼圣人的。庄子就是其中之一。

庄子说：“至人无已，神人无功，圣人无名。”

庄子又说：“众人重利，廉士重名，贤人尚志，圣人贵精。”

庄子还说：“凤兮凤兮，何德之衰也。来世不可待，往事不可追也。天下有道，圣人成也；天下无道，圣人生也。”

圣人的威力还不够大，因此，圣人们悟出了内圣外王之道。

内圣以修养，外王以刚强。内圣，人首先应是培养自己的品德；然后要立德、立言。外王，要做出大成绩，要建功立业。

心，在人类的世界里，有着超越其文字本身的含义。它不仅是心脏，更重要的是思想。人们往往用它来表达最纯粹、最真实的感情，表达人们内心最热切、最在意的期盼。如果一个人，一个领导，一个政党与民众有这样的心：同心、信心、关心、爱心、核心、心连心——表达自己的思想，他就做到了“内圣”，他一定是个好人、好领导、好政党。

中国近代以来，没有哪一个政治团体像共产党那样，拥有这么多的为胸中主义和心中理想抛头颅，洒热血、前赴后继、义无反顾、舍生忘死的有志之士。这批人，他们不为官、不为钱、不怕死，只为主义，只为信仰便可用一生去奋斗。这些人也接近于圣人。

通常认为圣人是神圣之人，是比权威更高的人，接近于神，是神和人之间的一种人。中国历代的圣人是怎么造就成的？圣人力如何影响中国社会呢？这是中国特有的问题。

《厚黑学》的作者，李宗吾先生对圣人的质疑，揭露了圣人的秘密，是对中国传统文化研究的一大贡献。

世间顶怪的东西，要算圣人，三代以上，产生最多，层见叠出，同时可以产生许多圣人。三代以下，就绝了种，并莫产生一个。秦汉以后，没有一个成为圣人。这是为什么？难道人越来越退化了？这是“独尊儒术”之后形成的圣人问题，是积二千多年的“圣人”问题。

三代上有圣人，三代下无圣人，这就是中国特有的圣人现象，是古今最大怪事。我们通常所称的圣人，是指尧舜禹汤文武周公孔子。我们把他们分析一下，其中只有孔子一个人是平民，其他的圣人，尽是开国之君，并且是后世学派之始祖，他们的破绽，也就由此出现了。

原来周秦诸子，各人特创一种学说，自以为寻着真理了，自信如果见诸实行，立可救国救民，无奈人微言轻，无人信从。他们心想，人类通性，都是悚慕权势的，凡是有权势的人说的话，人人都能够听从，世间权势之大者，莫如人君，尤莫如开国之君。兼之那时的书，是竹简做的，能够读的书很少。所以创新一种学说的人都说道，我这种主张，是见之书上，是某开国之君遗传来的，于是道家的托于黄帝，墨家的托于大禹，倡农耕、著本草的托于神农，著医书的、著兵书的俱托于黄帝。此外百家杂技，各种发明无不托于开国之君。孔子生当其时，当然也不能违背这个公例，他所托的就更多，除托尧舜禹汤文武之外，还把鲁国开国的周公加入，所以他是集大成之人。周秦诸子个个都是这个办法，拿些嘉言懿行，与古帝王加上去，古帝王坐享其名，无一不成为后世学派之祖。这就产生了远远超群的中国式的权威——圣人。

周秦诸子，各人把自己的学说发布出来，聚众讲授。为了博得听众，都说我的先生是圣人。原来圣人二字，在古时并不高贵，依庄子《庄子？天下篇》所说，圣人之上，还有天人、神人、至人等名称，圣人位列第四等。圣字的意思，不过是闻声知情，事无不通吧了，只要是聪明通达之人，都可呼之为圣人。周秦诸了的门徒，尊称自己的先生是圣人，孔子的门徒说孔子是圣人，孟子的门徒说孟子是圣人，老庄杨墨诸人，当然也有喊他为圣人的。学说太杂了，圣人太多了，到了汉武帝时，表章六经，罢黜百家，从周秦诸子中把孔子挑选出来，承认他一个人是圣人，其他诸子的圣人名号，一起削夺，孔子就成为唯一御赐的圣人了。孔子成了圣人，他所尊崇的尧舜禹汤文武周公当然也成为圣人。所以中国的圣人现象，是“独尊儒术”造出来的，只有孔子是平民，其余的都是孔子尊崇的开国之君。

圣人对中国社会的影响是巨大而深远的。汉武帝把孔子尊为圣人以后，天下的言论，都折衷于孔子，不敢违背。孔融对于父母的问题，略略地讨论一下，曹操就把他杀了。嵇康非薄汤武，司马昭也就把他杀了。儒教能够推行，全是曹操、司马昭一般人的维持之力。后来开科取士，读书人不读儒家的书，就莫得进身之路。一个死孔子，他左手拿官爵，右手拿钢刀，哪能不成为万师之表呢？宋元明清学案中人，都是孔圣人马蹄脚下的人物，他们的心坎上受了圣人的摧残蹂躏，他们的议论，焉得不支离穿凿？焉得不迂曲难通？

中国的圣人，是专横极了，他莫有说过的话，后人就不敢说，如果说出来，众人就要攻击他。朱子发明了一种学说，不敢说是自己发明的，只好把孔门的“格物致知”加一番解释，说他的学说是孔门嫡传，然后才有人信从。王阳明发明了一种学说，也只好把“格物致知”加一番新解释，也说他的学说是孔子嫡传。本来朱、王的学说都有可独树一帜，无须依附孔子。无奈处于孔子的势力范围之内，不依附孔子，他们的学说万万不能推行。如此一来，圣人更圣，但始终产生不了新的圣人，中国文化就是如此悲哀！

学术上的黑幕，与政治上的黑幕是一样的。圣人与君主，是一胎双生的，处处狼狈相依。圣人不仰仗君主的威力，圣人就莫得那么尊崇；君主不仰仗圣人的学说，君主就莫得那么猖獗。于是君主把他的名号分给圣人，圣人就称起王来；圣人把他的名号分君主，君主也称起圣来了。君主钳制人民的行动，圣人钳制人民的思想。君主任便下一道命令，人民都要遵从；如果谁要违犯了，就是大逆不道，为法律所不容。圣人任便发一种议论，学者都要信从；如果有人批驳了，就算是非圣无法，为清议所不容。中国的人民，受了数千年的君主的摧残和压迫，思想不能独立，无怪乎学术消沉。可见圣人对社会的影响是巨大的。

中国古代影响最大的圣人是孔子，是读书人崇拜的偶像。儒家的学说，以仁义为立脚点，定下一条公例，行仁义者昌，不行仁义者亡。古今成败，能合这个公例的，这引来做证据，不合这个公例的，就置诸不论。所以儒家越来越盛行，别家越来越湮灭。

不敢说孔子的人格不高，也不敢说孔子的学说不好，只是除了孔子也还有其他人，也还有其他学说。孔子并没有压制他们，也未禁止他们别创异说。无如后来的人，偏要抬出死孔子，打倒一切异己，“百花齐放，百家争鸣”湮灭，使学者的思想不敢出孔子的范围之外，学者的心坎被孔子盘据久了，理应把他推陈出新，思想才能独立，宇宙真理才能研究出来。

凡事以公平为本，君主对人民不平等，故政治上发生纠葛；圣人对学者不平等，故学术上发生纠葛。学术上人人平等，才能学术独立，思想自由，才能把真理研究出来。

牛顿和爱因斯坦的学说，任人怀疑、任人攻击，未赏强人信从，结果反无人不信从。注《太上感应篇》的人说道：“有人不信此书，必遭种种恶报。”关圣帝君的《觉世真经》说道：“不信吾道，请试吾刀。”这是由于这两部书所含学理经不起考究，无可奈何，才出于威吓之一途。

有人说：假如人人思想独立，各创一种学说，思想界岂不成混乱状态吗？这是不会的。“百花齐放，百家争鸣”只会促进文化的繁荣。世事的真理只有一个，如果说有两种或数种学说互相违反，你也不必抑制哪一种，只叫彻底研究下去，自然会把真理发现出来。真理所在，任何人都不能反对。例如穿衣吃饭的事，叫人人独立研究，得的结果必是相同的：饿了要吃饭，冷了要穿衣，同归一致。凡是所谓冲突，都是相互抑制出来的。假如各种学说，个个独立，犹如林中树木，根根独立，茂然生长，有何冲突？树木生于林中，相互独立，相互竞争；各种学说宣布于世，相互独立，相互竞争，听凭众人评说，哪能有闲心打笔墨官司。如果务必要强天下之人尽从己说，真可谓自取烦恼，于是冲突起矣。

人世间怪事多多，讲因果的人，说有个阎王，问阎王在何处，他说在地下。讲耶教的说有个上帝，问上帝在何处，他说在天上。讲理学的，说有许多圣人，圣人在何处，他说在古时。这三种怪物，都是只可意中想像，不能目睹，不能证实。惟其越不能证实的，他们的道理就越玄妙，信从的人就越多，影响就越来越大，这就是中国圣人的奇怪影响力。

28. 灵魂・鬼魂力学

在人类社会中，灵魂常和鬼魂联系在一起。人们认为，人死以后，高尚的灵魂就是神，低下肮脏的灵魂就是鬼。迷信的人认为，灵魂是鬼神间活动的重要元素。

哲学家尼采说："所谓高贵的灵魂，即对自己怀有敬畏之心。"反过来讲，对自己不怀敬畏的人，其灵魂也不高尚。

灵魂这个幽灵，似有、似无、似真、似假一直影响人们，认为灵魂控制着躯体，指挥着行动，作用于社会，影响着社会，是一种重要的社会力学。

灵魂的本质是什么，有没有灵魂，它以怎样的形式存在，一直是悬而未决的问题。人们感兴趣而无法解答，并形成了几种不同的观点，争论不休。唯心主义者以灵魂真的存在而编写故事；唯物主义者以灵魂真的不存在而编写故事，著作千千万，谁真谁假？谁是谁非？

（1）灵魂是一个重要的概念

一提到灵魂，人们就会与魂、心灵、精神、思想、信仰、本质、重要、关键、核心、生命线、核心价值观等重要词语联系起来。说明灵魂一词在人的心目中是很重要的。如果说一个人、一件事、一篇文章没有灵魂，那是糟糕透顶的事。但要给灵魂下个切确的定义比较困难，因为，几千年来，在人类社会中有两种完全不同的灵魂观，即唯物主义的灵魂观和唯心主义的灵魂观，彼此争论十分激烈。

（2）唯物主义的灵魂观

人死之后留下尸体，尸体腐烂留下骷髅，骷髅面目可憎，而且美女、俊男、智者、弱者、伟人、平民的骷髅都一样丑陋难看。这时人体的有机质腐烂了，留下了无机质——骷髅，没有了灵气、没有了精气神，彼此的骷髅，没有太大的差别。

人有灵气才精明，灵气包括精神、思想、气质，通过语言、动作反映出来，这种灵气产生于人的大脑。大脑是种高级的物质——主要是高级蛋白质，具有进行思维产生思想的功能。就像一台电脑，裸机时不会进行程序运作，装入程序后才能运作。大脑是产生程序的。

人刚生下来，大脑类似裸机，除了本能的会吃、会拉、会呼吸外，什么都不会。随着不断的发育——构建存储器；通过学习知识——装入程序；有了程序，就会简单的运作。有些人的大脑很难装入程序，所以很笨。当大脑装入了很多程序（知识），就会产生程序间的联系、组合、分析、判断，产生更高级的程序，从哇哇学语到老谋深算。所以，创新的本质就是程序间的联系、辨析、判断、推理、组合，产生更高级的程序。

大脑的程序靠大量的脑细胞存储，脑细胞是高级蛋白质的有机体，靠血液营养，一旦脑细胞有病（如供血不足）、死亡，程序被破坏，人失去思维和思想，也就是失去了灵气（精神、气质、思想），人就变成了植物人或死亡人。精神、气质、思想是灵气在不同场合的表现。植物人最能说明灵魂是物质的属性，脑机体受到了创伤，思维失去了功能，但人还活着，其他器官可能很好。

关于灵魂历来有两种严重的分歧：一种认为灵魂是物质的属性，即高级脑细胞的属性，就是如上所说的灵气（精神、气质、思想），随着脑细胞的死亡，精神、气质、思想也就消失，这就是唯物主义的灵魂观。

（3）唯心主义的灵魂观

另一种是认为灵魂是一个永不死亡的独立的精神实体，灵魂附存于人，使人有了灵性，即精神、气质、思想。这个人死了，灵魂又转世到另一个人或动物身上，即灵魂转世。许多宗教信仰这个观念，如佛教、基督教、伊斯兰教、道教、许多神学家，几千年以来都是这样信仰，势力很大。这就是唯心主义灵魂观。其中佛教的灵魂转世理念最完备，影响也最广。

苏格拉底（公元前469—399）是开创希腊哲学研究新方向的划时代的思想家，他把研究对象从自然转向了社会和人类，对灵魂进行了研究。

苏格拉底关于灵魂的学说：灵魂不灭说，进一步使精神和物质的分化更加明朗起来。苏格拉底以前哲学家的灵魂不灭说法，已有唯心主义和唯物主义的对立的萌芽，但他以前哲学家对灵魂的看法比较模糊，有的把灵魂看成是精细的物质，因而，唯心主义和唯物主义界限还不明确。到苏格拉底时才明确地将灵魂看成是与物质有本质不同精神实体。在苏格拉底看来，事物的产生与灭亡不过是某种东西的聚合与分散。肉体是“多”，它可以聚合和分散；灵魂是“一”，是单一的东西，没有部分，它不能分散，无所谓聚合，所以灵魂是不会生灭的，它永恒存在。这种单一东西，不是物质性的原子，而是精神性的实体。从哲学思想的发展看，苏格拉底的精神实体和物质实体的区分，是唯心主义和唯物主义的对立，脱离了早期的哲学的朴素阶段，而进入更加成熟的阶段。苏格拉底作为西方哲学史上第一个系统的唯心主义哲学家，开始了夸大主体和理性，夸大抽象思维，以哲学唯心主义的神话代替宗教神话。苏格拉底将精神和物质明确对立起来，就成为西方哲学史上唯心主义哲学的奠基人。

（4）唯物主义和唯心主义对灵魂认识的共同点和不同点

共同点是：灵魂是重要的，是客观存在的。灵魂（或灵气），即精神、气质、思想，是客观存在的，是人最重要的内在功能和外在表现，它的重要性就决定了人是聪明还是笨蛋、是活人还是死人。

不同点是：唯物主义：灵魂（或灵气）是物质的属性，即高级脑细胞的属性，随着脑细胞的死亡，精神、气质、思想也就消失。唯心主义：灵魂是一个永不死亡的独立的精神实体，灵魂附于人，使人有了灵性，即精神、气质、思想。人死了，灵魂又转世到另一个人或动物身上，即灵魂转世。

通过几千年的争辩，随着科学的发展，有力地支持了唯物主义，批驳了唯心主义，但唯心主义仍很顽固，苦心积虑地要找什么灵魂和灵魂转世的证据。找了几千年仍没有找到任何有说服力的证据。但信仰的人仍还很多，其中不乏盲从者和迷信者。

有一种论调叫不可知论，站在唯心主义立场，搪塞唯物主义。认为对这个世界，科学能够解释的只有十分之一，也许只有百分之一，更多的事情科学的解释力达不到，人类的智力也达不到，无法真正了解和解释。以此辩解唯心主义并没失败。比如灵魂的重量。美国一位科学家的实验证明，人死去的瞬间，体重减轻 21 克，他认为这是灵魂的重量——灵魂走出了躯壳。这样所谓“灵魂”的重量就可解释了，也就证明灵魂存在了。但该实验的重复性差，被质疑。本书作者认为：这种事实是可能存在的。这可能是人死去的瞬间，因生理上的生化反应停止，组织液中氧气、碳酸根、碳酸氢根以二氧化碳气和水的形式的逸出体外损失，因而体重减轻。因为，此时人体不需要这些物质了。这个减轻的重量和病人的病种和身体状态有关，与人的体重有关。如果身强力壮死去，可能就是这个数；如果害肺病的人，可能会少些；大个子可能多些，小个子可能少些。基督教士们对于灵魂有重量的发现一度欣喜若狂，好像这是灵魂存在的证据，也是神存在的证据（既然灵魂存在，神就存在）。但是，即使灵魂以第五种物质形式（非固体、非液体、非气体、非等离子态的第五种存在形式）存在——灵魂态或意识态，也并不能直接成为神的存在的证据，因为第五种物质也是物质，是人体的组成部分，也不是神。因为人不是神，他的某一部分也不是神。

笔者认为，传统意义上的神是不存在的，但精神或精神之“神”是确实存在的。这种精神称为精气神之神，通常称为精神或灵魂。人们的精神产生于人体，通过人的意志、决心、意愿、气质、语言表达于世，通过行动践行于世。这种精神之神，是人行为的动力，是人的魅力所在。人不可没有精神之神，否则，就会无精打采。这种精神就是通常所说的人的灵魂；没有精神，就是没有灵魂。所以，人们形容没精打采的人：丢了魂啦！

人的精气神之神是需要激发和凝聚的，是需要做思想工作的，念名言警句、念语录、喊口号、唱歌曲、开声讨会、作气功等形式都可激发起来，使之付诸于行动，由精神力量变成物质力量。也可以通过求神拜佛、诵经文、许愿、或祈祷“伟大的神给我力量吧”等形式激发起来。这种作用确实很灵，所以烧香拜佛之后，精神会有所好转，好像神在暗中默佑。有句名言：“诚则灵。”就是自己必须真诚地调动自己的精神，才能有激励精神的作用。所以“信神不如信自己，自己才是真神”。如果自己的精神不振，萎靡颓废，神是帮不了你任何忙的，只能说你气数已尽。由精神力量变成物质力量，是个重要原理。就像爱因斯坦质量转变能量原理一样的重要。称为由精神力量转变成物质力量原理。

美国毕竟是建立在基督教上的国家，基督教的灵魂观认为，死亡无非是再生的开始，是去天堂和天父以及先行的亲朋好友团聚，还能获得不再生病痛苦的身体，好事一桩，没有什么可怕的。这也是一种美好的想象。一个人活着的时间，比死的时间短得多。活着是暂时的，死亡是永恒的。对死亡看通点，想象化一点，活得也轻松些，自我安慰而已。

其实，多数中国人对于宗教，一方面是追求精神的慰藉，一方面是功利的索取。在社会动荡，世事无常之际，要慰藉保命，安慰自己的命运：在太平无事之时，则索取，争取满足某种要求。所谓的慰藉，就是让自己躲进一个精神的躯壳里，任何佛理都不用讲，只一个因果报应就足够了：我不造孽，因此，我会得到好报；那些造孽者一定会得到恶报，这就是命。而所谓的索取，其方法亦很简单，即通过僧人和寺庙的中介，通过付出一点金钱，向神行贿，以交换更多的利益，比如求子、求妻，考大学、升官发财等。

(5) 宗教的灵魂观

许多宗教的灵魂观是唯心主义的。如佛教、基督教、道教、伊斯兰教等。

几千年以来，这种灵魂观占统治地位，势力很大。其中佛教的灵魂转世理念最为完备，影响也最广。

佛教的灵魂观：不死的生命（灵魂），不灭的灵魂 ，死亡不是一切终止，而是新境界的开始。

佛教创建了生命不死的理论，人死而神识（灵魂）不灭，即死之后，皆由这一不灭的神识，挟持着生平的善恶的业因，或上升天堂，或下坠地狱，或者转生人间，去接受或苦或乐的果报，这就是六道轮回的基本原理。

这是多么诱人的理论，谁都希望它是真的。然而，这不是真的，是种愿望，是假的，必须揭穿，因为，科学发展到现在，不能永远给人以欺骗的假像。

六道轮回是佛教的重要理论，是灵魂流转、生命生生不息的支撑学说。轮回面前众生平等，祸福都是自作自受。因为人都不想死，都想在轮回中活着，所以，这种理论很受欢迎。假如我们相信轮回的现象，接受轮回的思想，轮回对我们的人生究竟有什么价值，对生命有什么意义呢，社会将是怎样呢？答：生命都在轮回中，社会将是千奇百怪。请看一则故事：

“六道轮回苦，孙儿娶祖母，牛羊席上坐，六亲锅内煮。”梁武帝时，有一位志公和尚，是位高僧，他有五眼六通，前因后果一一明了。某次，一个有钱人家有婚事，便请志公和尚去念经。他一踏进门口，便叹息道：

古古怪，怪怪古，孙子娶祖母。

猪羊炕上坐，六亲锅里煮。

女吃母之肉，子打父皮鼓。

众人来贺喜，我看真是苦！

这是什么意思呢？“孙儿娶祖母”，你说怪不怪？原来，这位祖母在临终时，她拉着孙儿的手，心里很舍不得。她说：“你们都成家立业了，惟独我这个小孙儿，没有人照顾。唉！怎么办呢？”说完便去世了。

她到了地府，阎罗王便判她：“你既然这样宠爱孙儿，还是回去做他的妻子，好好照顾他吧。”于是，祖母便托生来做孙子的太太。所以世间上的前因后果，有时是很荒唐可怕的。

志公和尚往炕上看看，便说：“猪羊炕上坐”，往菜锅里一看，便说“六亲锅里煮”。原来，从前被人宰的猪呀羊呀，现在都回来吃人，抵偿宿报！以前曾吃猪羊的六亲眷属，现在反而回来受人烹割，在锅子里还债。

“女吃母之肉”。在外面，一个女孩子正在吃猪蹄子，吃得津津有味，这只猪原来是她前世的母亲。“子打父皮鼓”。志公和尚再看看那些奏音乐的，打锣鼓、吹喇叭、吹笛子，好不热闹！有个人用力地打鼓，鼓是驴皮造的，而这驴竟然是他前世的父亲啊！于是，“众人来贺喜”大家都以为这是喜庆之日，但志公和尚只叹息：“我说真是苦！”其实是人稀里糊涂，以苦为乐呀！于是，如此的婚礼变成了一榻糊涂，孙子娶祖母为妻，想来真是啼笑皆非，谈何幸福美满！

当我们确信有轮回受生的状况，人生就有了延续，而不仅是短暂的百年岁月；有了轮回，生命充满无穷无尽的生机。

人生在轮回里，这一期生命结束了，下一期生命又开始，生了又死，死了又生，生生死死，死死生生，绵延不断，希望无限。好比燃烧薪木，一根木柴燃尽了，再加上一根，一根一根地添加上去，虽然木材各不相同，但是火焰不停地延续下去，就能薪尽火传。又好比点燃油灯，一盏油尽灯枯，再点上一盏，就能灯灯相续，为人间照破黑暗。我们的身体在六道轮回里，张三李四，天上人间，形躯虽然有种种差异，但是生命之火却燃烧不熄，灵魂不死，转来转去。

佛教创造了“生命不死的理论”。因而赢得了信徒的追求。“生命不死”这是许多人梦想以求的。同样，孔子创造了祖先崇拜论——“生命不朽的理论”，也受到千年来追捧，这都是迎合了人们不想死的心理。轮回使我们的生命与宇宙大化一样，亘古至今而常存，历万劫而弥新。

有人说法律面前人人平等，但是法网恢恢有时难免疏而有漏。佛教以为，唯有在因果轮回面前，才能达到人人平等的境界。不管达官贵人、平民百姓，都不能免于生死轮回。杜牧诗曰：“公道世间唯白发，贵人头上不轻饶。”

时间岁月是世间最公平的判官。生老病死是一视同仁的裁决者。因果轮回并不是由阎王小鬼所操纵，也不是上帝造物者所能支配，而是由各个有情颠倒妄作的不同，招感各种的异熟报识（业识），根据有情自作的业识，而产生千差万别的苦乐果报。因此，佛经上说：“假使百千劫，所作业不坏，因缘际遇时，果报还自受。”五趣六道的轮回，不管贤愚智劣、贫富贵贱，都是自己过去所作、今生所受。

轮回使我们从神权的控制之中超脱出来，主宰轮回的是我们自身的业力，上帝天神既无法赐福给我们，也不能降祸给我们，一切的祸福都是我们自作自受。因此，从轮回的观点来看，有情众生是个完全自由平等的个体，幸福快乐的人生靠我们自己的双手去创造，不幸悲惨的命运也是我们自己所造成。造物者不能为我们一手遮天、掩蔽一切的罪孽，天神也无法剥夺我们既有的功德幸福。在因果轮回之前，没有投机侥幸可言，我们自己才是自己的造业者。

人生像车轮的转动一样，永远向前，生生不已，才能保持永恒鲜活的生命。罪业就像车轮的回旋，假以时日的忏悔改过，终有去除的一天。轮回给众生带来无限的希望，寒冬虽长，春暖花开的日子总会到来。

轮回不是口舌逞强、相信与否的问题，我们纵然顽固不信仰轮回，但是放眼宇宙的现象，自然界、人世间、物理界甚至你我都在轮回的圈圈里流转。如何理性地去认识轮回，跳出轮回，超越三界，转生死轮回为诸佛菩萨的菩提法轮，才是智慧之举

有了佛教的灵魂观，便产生了佛教的生死观。

佛教对生死是这样观念：死是人人必经的过程，只是迟速有别、种类各异。即使如显贵秦皇汉武唐宗宋祖，虽然可以拥有世间一切，征服天下四海，但是也无法获得长生不老；传说彭祖高龄，有八百岁的高寿，从宇宙大化来看，也不过如蜉蝣之朝生暮死而已。

佛教教理认为：死亡不是结束，不是一切终止，而是另一种境界的开始。这是佛教的主要论点之一。佛经上说，我们每个人活在世上，转化成有形的生命，好比乌龟背着躯壳。有些人临死的时候，苦苦恋栈世间的七情六欲，放不下子孙家产，不想死、不肯死，好比乌龟脱壳之被撕裂、被锉刮一样痛苦。佛教不是这样，在佛教里，人死亡之后，脱离了千钧万担的躯壳，感到无比的轻松，就像“行也布袋，坐也布袋；放下布袋，何等自在”，一身飘然，悠游逍遥。

宇宙一切众生，有生必有死，只是死亡的情况千差万别、各各不同，可归纳成四大种类：一是寿尽而死；二是福尽而死；三是意外而死；四是自如而死。

一般人认为：好死不如赖活着，死了以后再也看不见花花世界了，所以人都不想死。佛教认为，人是不会死的，死亡不是结束，不是一切终止，而是另一种境界的开始。了解死亡的种类和症状后，再来谈一谈人死亡之后的情形，依佛经里面的种种记载来看，佛教教理认为，由于躯壳形体从有形有限转化为无形无限，人死后的境况要比生前好多了，主要表现在：

（1）无时空的限制

人在生前受了时间和空间的限隔，不能随心所欲万里遨游，也无法返老还童纵情恣性；可是一旦死亡而脱离形体的桎梏，他的道心真性就可以自由自在来去，穿越三界时空。

（2）无肉体的负担

《法句经》上说：“天下之苦，莫过有身；饥渴寒热，嗔恚惊怖，色欲怨祸，皆由于身。”活着的时候，身体是我们的大负担——饿了要找东西喂它吃，冷了要替它加衣服，生病时要忍受牵肠腐胃的痛楚……这个身体所带给我们的烦恼，远比带给我们的快乐多。而死亡之后，魂魄不再受躯壳的牵制，不必再去侍候这个色身，就没有饥寒、病痛的生理折磨，也没有种种触受压迫的负担。

(3) 有达天的神通

活着的时候，人的种种能力都受到躯体限制；死后则不受物理世界的拘束，能够穿墙越壁，看到肉眼所看不到的事物，听到耳朵所听不到的讯息。而且灵魂具有浮留在空中的能力，能够自由自在地飞行，其运动的速度可以随意念所生而无远弗届。除了佛陀的金刚座、母亲的子宫胎不能穿越之外，其余物理世界的任何阻碍都可以穿梭自如，念动即至。

所以，死亡不是一种结束，不是一切的终止，而是另一种境界的开始。灵魂从旧有的身体出窍之后，等于离开了生长数十年的人世间，开始为他另一次生命的开展寻找出口。从死亡到投胎转世的这一段时间，佛教称为“中阴身”，中阴身会随着前世的业力寻找他投胎转世的因缘，等到因缘具足转生之后，便会忘记前世的经历，这个叫作“隔阴之迷”，民间称“喝迷魂汤”，因为有这种隔世遗忘的现象，所以今生不记得过去生的种种困苦，而投胎再生后也会忘记今生的烦恼。顺治皇帝有一首诗说，“未曾生我谁是我？生我之时我是谁？长大成人方是我，合眼朦胧又是谁?”，就很能说明死亡状况的流转。

其实，知不知道过去生，晓不晓得未来世，都不是很重要的问题。在佛法里面，人是死不了的，死去的只是这个四大假合的身体、躯壳，而生命却是绵延不断的。如法正觉的道心、自性，虽历千秋万世亦常存不灭；佛法就是要我们知道这身体如水泡，觉悟世间如幻化，能够如此，对于死亡的存在便能顺其自然、处之泰然。

29. “神”“教”力学

如果要问什么力量对社会的影响最大？答：宗教力量影响最大。因为宗教绑架了人的思想，也就架绑了人的行为。所以，要研究神和宗教的社会力学。现实就是这样，宗教已深刻影响社会几千年，还在继续着。

在人类发展的历史进程中，迷信、不科学的思潮有时能统治社会几十年、几百年、几千年。这是为什么？神和教就是这种迷信、不科学思潮中的重要现象，统治了人类社会几千年。在人们的期盼中产生了神，在神的威严下产生了宗教，由宗教统治人们的思想，宗教的背景就是神。犹太教、基督教信仰耶和华，佛教信仰释迦牟尼，伊斯兰教信仰安拉，道教信仰太上老君，等等。

神，就是人类想象中的超凡力量和普世价值哲理的化身或偶像。没有普世价值哲理，没有超凡的力量，就成不了神。没有神，就产生不了宗教。神和宗教对社会的影响可谓大唉！时间之久，可谓长矣！从有朦胧的人类以来至今；影响力之大：其他力量无以类比。有人利用了这种力量而成就了大业。

神和宗教产生，是人类智者智慧的表现，也是人类无知者盲从的表现。在科学技术不发达的古代，人们幻想通过神来征服自然，通过信仰而凝聚人心。从神和宗教的产生和发展，可以看到它的力量之大，及如何影响社会。由此可见，它将随着科学的发展，神和教而淡出历史舞台，是发展之必然趋势。

神和宗教与自然科学和社会科学有密切的关系，自然科学不发达，便产生了神和教；自然科学发展了，社会科学也就发展了，对风、雨、雷、电、疾病有了科学的认识，原来以为神主宰世界，变成由科学主宰世界。比如，人类一直认为神住在天上，当人类掌握了航天技术，可以到月球上、火星上，用天文望远镜可以观察更多的天体，认为天上的环境太恶劣了，神不可能住在天上。

人类有史以来，因为不认识“神”，因为无力与大自然对抗，希望生活在神的保佑之中，人们不敢不信神，也无法解开“神”之谜。但是，时过境迁，在科学技术高度发达的今天，如果让人们再信什么神呢？再信什么鬼呢？再信什么教呢？思想将会发生猛烈的碰撞。

概括地讲，宗教是相信并崇拜超自然的神灵的社会意识形态。是自然力量和社会力量在人们意识中的一种虚幻的反映。正像恩格斯所说，一切宗教都是支配着人们日常生活的外部力量在人们头脑中的幻想的反映。在这种反映中，人的力量采取了超人间力量的形式；在人类历史的初期，首先是自然力量获得了这样的反映，而在进一步的发展中，在不同的民族里，又经历了极为不同的和极为复杂的人格化；因此，最初仅仅反映自然界的神秘力量的幻想，人格化后，又获得了社会属性，成为历史力量的代表者；在更进一步的发展阶段上，许多神的自然属性和社会属性都转移到一个万能神的身上，如安拉、耶和华、上帝、佛主、老天爷，而这个神本身又只是社会人的抽象反映。

宗教产生于史前社会的后期。原始社会中宗教的最初形式，称自然宗教，如万物有灵论、拜物教、图腾崇拜、祖先崇拜等。宗教观念的最初产生，反映了在生产水平极低的情况下，原始人对自然现象的神秘感。随着阶级社会的产生和发展，陆续出现了多神教、二神教、一神教等形式。在阶级社会中，宗教的产生和发展有其深刻的社会根源：一是人类对自然力量和疾病无力抗拒；二是劳动者对于剥削制度所造成的巨大难苦的恐惧和绝望；三是剥削阶级需要利用宗教作为麻醉和控制民众精神的重要手段。形式上，随着历史的演进，宗教逐步从部落宗教（如通古斯人的萨满教等），向民族宗教（如犹太人的犹太教、日本人的神道教、印度人印度教等），以至世界宗教（佛教、基督教、伊斯兰教等）发展。各种教派、教义、神学、礼仪和典章制度等也日益复杂和多样性，并陆续出现各种专职教务人员和教阶体制。在古代和中世纪，许多奴隶制国家和封建制国家，都有强制性的官方宗教——国教。马克思认为，宗教是人类社会发展一定阶段的社会现象，有它发生、发展和消亡的过程。宗教信仰、宗教感情、以及与这种感情和信仰相适应的宗教仪式和宗教组织，都是社会历史的产物。在人类历史上，宗教终究是要消亡的，但只有经过社会主义、共产主义的长期发展，在一定客观条件具备的时候，才会自然消亡。

“解铃还须系铃人。”也许神和宗教产生的缘由，正能说明它们退出历史舞台的理由。下面的事实，能较切确地说明了神教是如何产生的，智者是如何利用神教影响社会的。

犹太人是一个神奇而智慧的民族，其中不乏有更智慧的人，他们是信仰神和宗教最早的民族之一。也许就是他们明确地创造了人类历史上第一个神——耶和华、第一个宗教——犹太教。

犹太人，古称希伯来人，在未进入迦南之前，生活在艰难之中，他们在茫茫沙漠中，以游牧为主，逐水草而居。千里黄沙，烈日如火，自然界对他们最大的威胁是干旱少雨。

没有水，牲畜无法存活，人也无法维持生命。可是，沙漠里没有河流，没有湖泊，也没有出水的源头，人们只好把期待的目光投向苍天，只要有了雨水，人们就可以储存备用，牧草就可以发芽生长，牛羊也就不会饿死渴死。这样，能下雨的“雨神”，便成了犹太人顶礼膜拜的对象。在急切的盼望中，便产生了“雨神”。他的名字叫耶和华。犹太人不敢直呼耶和华的名字，而称他为“阿特乃”，意思是“我的主”。今天的犹太人仍这样称呼。“神”在人们急切的盼望中诞生了！这也许是人类最早的神。

尽管耶和华很快成了古犹太人的精神，但并非他们唯一崇拜的神。同其他原始部落一样，古犹太人也崇拜岩石、山峦、树木、月亮和牲畜，特别是牛。万物有灵，万物皆神!

虽然古犹太人在迦南过上了安宁的生活，但他们又面临着一个重大的威胁，那就是被经济与文化远比自己先进的迦南人同化的威胁。古犹太人的部落酋长亚伯兰敏锐地认识了这个问题，他便开始从耶和华身上寻求帮助。

当亚伯兰意识到耶和华可以给他一种神圣的力量，凭着这种力量，他可以将犹太人团结起来时，他想方设法将部落神耶和华描绘成一个“万能的神”，到处宣说犹太人是耶和华的特选子民，应以忠诚来换取耶和华的恩惠。

有一天，亚伯兰告诉部落中的人，耶和华显灵了，命他改名为亚伯拉罕，即“万民之父”的意思。“万能的”的神主耶和华已和犹太人定下了圣约，凡犹太男性婴儿，生下来的第八天都必须受割礼，以此作为与耶和华定约的证明。

就在这样的特定环境中，亚伯拉罕创立了当时还朦朦胧胧的一种信仰，崇拜耶和华为唯一的神主。犹太教就在这个时期，在迦南的土地上萌发出嫩芽了。

而在这时，世界其他民族大多还处在古远的茹毛吮血，筑巢而居的蛮荒时代，人类如同他们所生活的时代一样，混沌未开，一片迷蒙。他们怕火、怕闪电、怕惊雷、怕风雨、怕一切足以伤害他们，甚至毁灭他们的自然之物。于是大多数人幼稚而无知的头脑中同样地幻想出了一个超然卓立、掌世界的主——神。他们对这个“神”顶礼膜拜，诚惶诚恐，以求神能不对其动怒。他们崇拜茫茫苍穹，崇拜风、雨、雷、电、太阳、月亮、山、水、木、石，甚至崇拜一株野草。与此同时，犹太人却创立了一神教，首先有了自己唯一的神——耶和华。亚伯拉罕建立起来的唯一的信仰，不仅把犹太人统一起来了，而且使犹太教从此出现，并为它逐渐发展起来、不断向外漫延奠定了基础。

作为希伯来人的领袖，亚伯拉罕与上帝立约，他要子孙永远侍奉上帝，做上帝的选民；上帝许给他迦南地，其后裔“永远为王”。亚伯拉罕就这样成了犹太人的祖先。他创立了崇拜耶和华为唯一神主的一神教，就是最早的犹太教。他死后被葬在麦比拉的山洞里，作为犹太人的始祖被世代敬奉。

在亚伯拉罕之后成为犹太人领袖雅各的时期，迦南发生了大旱，常年不雨，禾苗枯死，颗粒无收，许多人因饥饿而死。于是犹太人在雅各的领导下，又迁居到土肥水丰的埃及尼罗河流域歌珊地区。但是，好日子只维持了400年，聪明能干的犹太人越来越遭至埃及人的怨恨，大批沦为奴隶。埃及法老还下过一道残酷的命令：凡犹太男婴一律杀死。歌珊一带哭声遍野，雅各的后代面临断绝的境地。

侥幸逃生，并被法老的公主收养的犹太男孩摩西长大成人后，决心拯救受难的犹太人。经过多年的努力，他终于在公元前1300年左右，率领获得自由的犹太人离开埃及，回奔那“流着奶和蜜”的迦南。

摩西意识到要拯救犹太人民族，必须让他们集结到已被他们淡忘的耶和华身旁，用耶和华的命令与力量来帮助犹太民族保持特性与独立生存。在返回迦南的途中，当他们来到遍地岩石的西奈山区后，摩西命令大家在山脚下安营扎寨，整顿休息。他自己独自登上西奈山顶，去倾听耶和华的召唤。

40个日夜后，摩西终于归来，他手中拿着两块大石板，上面刻着耶和华的约法，即众所周知的“十诫”，耶和华授给摩西约束犹太人的十条诫律：

（1）除了耶和华外不得信别的神；

（2）不可以为自己雕刻和崇拜任何偶像；

（3）不可妄称耶和华的名字；

（4）当守安息日为圣日；

（5）当孝敬父母；

（6）不可杀人；

（7）不可奸淫；

（8）不可偷窃；

（9）不可作假见证陷害人；

（10）不可贪婪他人的一切。

这是人类最早的“圣经”。大都是最基本的伦理。

接着就是大造成声势。摩西让犹太十二支派都设立了祭坛。宰杀羔羊，把羊血洒在信徒们的身上，以示与耶和华立下誓约。以后犹太人时时事事都必须严守“十诫”。

有了约法，摩西又下令修建祭祀场所（教堂）和祭司，主持礼拜仪式。从此犹太教就在西奈半岛诞生了。

公元前1028年左右，犹太人建成立了王国。后来由大卫登上王位。大卫不仅是一位骁勇善战的军事领袖，而且是一位具有远见卓识的政治家。在他统治时期，王国的版图空前扩大——从地中海到幼发拉底河，从大马士革到埃及边界。

为了进一步巩固民族团结、王国统一，维护自己的统治，大卫大力扶持犹太教立为国教，建立了等级分明的祭祀制度。犹太教征服了自己的国度，成为全民的信仰。

犹太教成为国教虽然经历了几百年，几经周折和艰难，但是，这是它征服世界的路途上迈出的重要一步。

犹太教征服四邻，源自于犹太教民们智慧的盛举之中。

所罗门继承王位时，犹太民族正处于繁荣时期，百姓安居乐业，一派太平盛世景象。四邻诸国如腓尼基、叙利亚争相与之建交；埃及国王送来公主，以联姻方式建立睦邻友好关系；连远至示巴的女王也送来大批的礼品以示敬仰。

所罗门生活极为奢华，但他并未忘记耶和华，他用七年的时间为耶和华在首都耶路撒冷建造了一座极为雄伟壮丽的圣殿。

圣殿坐落在耶路撒冷的锡安山上，圣殿的中心是“至圣所”，这是一个正方形的小房间，长宽各30英尺，房里立着两个木雕的天使，在其伸展的羽翼下，将安放神圣的约柜。

圣殿竣工之时，所罗门举行了隆重的庆祝仪式。他邀请犹太各界领袖会聚耶路撒冷，并亲自带领他们步行前往锡安山的基列耶琳迎取约柜。这个外形普通的木匣伴随犹太人漂泊了近600年，里面珍藏有当年耶和华在西奈山顶与摩西订约的“十诫”石板。

安放仪式十分庄严肃穆。所罗门身着紫罗袍，头戴金王冠，端坐殿中，身后站着500名手持金盾的王宫侍卫。身穿白袍的祭司、长老、贵族、奴仆、歌队、琴师和号手围聚在祭坛的周围。殿中香烟缭绕，鼓号齐鸣。当祭司们肩抬“约柜”进入大殿时，大殿内外顿时雅雀无声，人们静心聆听国王的祈祷。

在至诚至圣的祈祷声中，约柜被安放在神秘而幽静的“至圣所”内。此后，每年只有大祭司在赎罪日那天走近圣灵一次，将牛血洒在地上，以示赎罪，后即行退出。饰以香花和棕榈图案的包金大门终年紧闭，只有肃穆的雕像伸展着翅膀警卫着约柜。

这场盛大的庆典活动一直持续了两个星期。举国上下，一片欢腾，杀牛宰羊，大肆庆贺。

圣殿的建成轰动了四邻各国，来圣殿觐观者络绎不绝。耶路撒冷成了人人向往的圣地，犹太之王声名远扬。犹太教得以广泛传播，主神耶和华的形像和威力大大加强，逐渐上升为犹太民族的保护神。

圣殿的建筑成功，在以后的岁月中，筑起了犹太人宗教信仰的圣所，使他们身有所往，心有所归；无论征途如何坎坷，人生如何多舛，心中的圣殿永远不倒。

所罗门建造圣殿的举措，正是犹太人智慧迸发的举动，它的意义远不是一座锡安山上的建筑，而是透过时空、透过灵魂，集聚犹太民族心与灵一致的归宿。

犹太人的智者，亚伯拉罕、摩西、大卫、所罗门巧妙地利用了神和宗教的社会力，成就了许多大业。

耶稣利用神和宗教社会力，创建了影响世界二千多年的基督教。

基督教产生于公元一世纪，信仰上帝（天主）创造并管理世界。称耶稣是上帝的儿子，降世成人，救赎人类，替全人类赎罪，以《旧约全书》（继承犹太教）和《新约全书》为圣经。主张今生要忍耐、顺从，把希望寄托于来世。顺从上帝的意志，就可以升入天堂，获得永恒的幸福，反之，将堕入地狱，遭到永久的惩罚。当时苦难的生活使人转向各种救世宗教，以寻求安慰。基督教在一个混乱不宁的时代，在老百姓感受到无家可归，为生活所抛弃之时，提供了友谊。所有的基督徒都是兄弟姐妹，他们的聚会常被称作“阿加比”，意为希腊语中的“爱”。他们相互帮助，用自己的虔诚和克己树立了一个能鼓舞人的、富有感染力的榜样。

“我对你们说，听着，要爱你们的敌人，要善待那些怨恨你的人，要赞美那些诅咒你的人，要祝福那些痛骂你的人。如果有人打了你的一边脸颊，就给另一边让他打；如果有人取走了你的斗蓬，就不必再留住你的上衣，对每个乞求你的人，给他们所要的东西；对拿走了你的东西的人，不要再找他们归还。如果你希望别人怎样对你，你就要怎样对他。”（1986 年 10 月 27 日“世界和平祈祷日”基督教祷辞选段。）深刻地反映了基督教的核心理念。

释迦牟尼创建了佛教，利用神和教影响社会二千多年。

佛教的创始人乔达摩？悉达多（释迦牟尼，公元前 563—483 年）原属释迦族，贵族出生，因对自己周围见到的种种不幸深感苦恼，而舍弃优裕舒适的家庭，去过四处漂泊的苦行者生活。终于在似乎受到天启的刹那间，达到了彻悟的境界，从此被称为佛陀，意即“觉悟者”。

佛教的核心是四大真理：（1）人生是苦的；（2）苦的原因在于欲望；（3）只有消灭一切欲望，才能消灭苦因，断绝苦果；（4）要做到这一切，只有通过“八正道”修练。“八正道”包括正见、正志、正语、正业、正命、正精进、正念头、正定；以涅槃为终极目的，所谓“涅槃”，译意为“无为”、“寂灭”。在世顺从、忍耐，追求来世幸福。

“唯愿世间万物，凡受身心之折磨者，皆可获无尽之幸福与欢乐。”（1986 年 10 月 27 日“世界和平祈祷日”佛教祷辞选段。）

穆罕默德创建伊斯兰教，利用神和教的社会力，影响社会一千多年。

穆罕默德，中世纪最有影响的历史人物，生于 569 年。六岁时母亲去世，先由祖母，后由伯父抚养长大。有关他青少年时期的情况知道很少。传说他十二岁时曾随伯父的商队去过叙利亚，在这次旅行中，可能获得了一些有关犹太教和基督教的知识。穆罕默德二十五岁时同一位富孀结婚，她为他生过几个女儿和两个儿子，儿子都早年夭折了。

穆罕默德四十岁时，经历了一段精神极度紧张时期，在此过程中，他开始相信上帝选他为先知，选他当亚伯拉罕、摩西和耶稣的继承人。有人要他描述默示经过，他回答说，《古兰经》的全部经文在天国里，每次他能得到的只是一部分，通常由天使加百列传授给他，并让他一字一句重复。穆罕默德这时认为，他已接受了神的感召，要去证实安拉的唯一性和超然存在，去警告人们最后的审判日即将来临，去告诫他们对忠实的报答是上天堂，对邪恶的惩罚是下地狱。

穆罕默德的教诲，在他死后不久被记录成书，成为伊斯兰教的圣典。“伊斯兰”意为“顺从上帝的旨意”。穆罕默德没有建立教士组织，也没有确定专为拯救灵魂的具体圣事。但是，他确要求信徒们履行某些仪式，即伊斯兰教的“五功”。它们是：

（1）念功：信徒一生必须完全理解、绝对接受背诵“除安拉外，再无神灵；穆罕默德是安拉的使者。”

（2）拜功：信徒应每日礼拜五次，分别在晨、晌、晡、昏、霄五个时间内举行；脱掉鞋子，戴上头巾，在一张地毯上面朝麦加方向祈祷。

（3）课功：穆斯林应慷慨施舍，作为献给安拉的贡品和虔诚的行为。

（4）斋功：穆斯林必须在斋月每日从黎明到日落禁食。

（5）朝功：穆斯林一生如条件允许应朝觐麦加一次。

这些仪式为信徒们提供了一种特别强有力的社会纽带。他们一起祈祷、斋戒，一起为不太幸运的兄弟承担责任；他们——富人和穷人，黄种人、白种人、棕种人和黑种人一起到麦加去朝觐。而且，《古兰经》还对虔诚徒众的各个方面，对风俗和卫生、结婚和离婚、商业和政治、犯罪和惩罚、和平与战争等都予以指导。因此，伊斯兰教既是一种宗教信仰，又是一种社会法规和政治制度。它不仅为信徒提供宗教戒律，而且为个人和公众生活提供明确指导。

由上可见，神和宗教的产生和发展无不带有神秘色彩，就是以神为背景，这是智者所为，无知者盲从跟风。宗教一般都是以慈善为怀的，但是，宗教间的斗争，宗教内部的派系斗争，有时是十分惨烈的，往往是派斗和战争的根源。所以，已经历了神学阶段和玄学阶段，走到科学阶段的神和教，显然应淡出历史的舞台，让位于科学。

直至今日，西方国家的文化基调和道德基石仍是基督教。所以，大多数文明，以宗教和法律为政治及社会制度正当性的根据，对于大多数西方人而言，没有宗教的道德是不可想象的。唯中华文明以道德作为政治和社会行动的根据。可见中华文化的独特，这是中西方文化差异的源头。

1721 年，位于德国东部的哈雷大学副校长沃尔夫（chriversity of Wolff，1679—1754）在一场演说中宣称：“在中国的典籍里，没有提到上帝和对他的信仰，也没有提到对上帝的爱和恨，更谈不上对上帝的信心。”他告诉听众，孔子创立的儒家思想，集理性、道德、传统、常识于一体，影响了中国上至皇帝下至百姓两千多年，这足以证明没有神权，人类依靠自己理性的力量也可以建立一套完整的伦理道德体系。“世界上所有其他不相信上帝的民族都堕入偶像的崇拜，中国人惟一保持了自然所赋于的力量。”不仅如此，古老的中华文明和伦理哲学比《圣经》和西方基督教更古老。

相比之下，宗教战争几乎贯穿基督教诞生后近两千年的欧洲中东历史。人类在信仰宗教中走了不少弯路，但这也可能是必须交的学费。

30. 信仰力学

人生本来没有价值，是信仰标记了人生的价值。人有不同的信仰，有的人信仰神、有的人信仰鬼、有的人信仰科学、有的人信仰钱、有的人信仰祖先、有的人信仰奴隶主义、有的人信仰封建主义、有的人信仰资本主义、有的人信仰共产主义、有的人无信仰。信仰自由，每个人都以自己的信仰标记自己的人生价值。

信仰——信而仰之，深信而敬仰——人的心灵之光，人的灵魂安放之所。信而不仰，或仰而不信，都不是完整的信仰。有信仰就是有信而仰之偶像——它可以是宗教、神、鬼怪、人、主义、思想、观念、事物、自然现象等。

无信仰——无可信之或无可仰之的偶像，或对信仰采取否定的态度。这也是一种信仰的状态。

选择信仰之偶像是件不容易的事，其中包括着丰富的内涵：人生观、世界观、伦理观、自然观、生命观、幸福观、财富观、英雄观、神鬼观……是对信仰理解的过程，因此，需要思考，需要辩析。

(1) 信仰的力量

信仰具有强大的力量，有时是不可思议的力量。

有人为了抢烧头柱香，不怕严寒，提前二十多个小时在庙门外排长队；

某地，十万信徒浩浩荡荡迎财神；

某中学附近，有棵“神树”，成千上万的家长，抢着烧高香，求神保佑自己孩子能考上好大学；

一个漂亮的女大学生，放弃学业，离开亲爱的父母，出家为尼。

当有人问她哪来的勇气？她轻松地说：“出家不需要什么勇气，就像手里有了金子，把废铁扔掉一样。”且不说这位女生是哪所大学培养出来的。她的勇气着实令人不可思议。

无数的和尚尼姑为了信仰，终生不娶不嫁，违背人理天性。

无数的僧人道士为了信仰，终生过着清苦的生活。

有人认为佛能镇三江之水患，于是不惜劳命伤财，历经 90 年建造了乐山大佛。

有人为了宗教发动“圣战”，圣战就是打信仰战。如五次“十字军”东征，历时 200 多年。

有人鼓动亿万民众修庙造佛，修了成千上万个寺庙，塑造了千千万万的神像……

有人为了信仰不惜抛头卢洒鲜血，而无怨无悔。

信仰产生力量，有时产生难以想象的巨大力量，有的人为信仰而生，有的人为信仰而死，有的人为信仰而聚集成立宗教，有的人为信仰而发动战争。

有人说，信仰不在于对错，而在于坚定，在于有力量。

有人说，信仰可能有无穷力量，关键要看是怎样的信仰。

一个人的信仰可以改变自己的生活和人生道路；众多人的信仰可以改变国家和社会的面貌和道路。

（2）人类早期的信仰是迷信信仰

天地玄黄，宇宙洪荒。人类在蛮荒时代，世界文明处于零点，没有任何的科学技术，世界各民族处于茹毛吮血，筑巢而居的蛮荒时代。人类如同他们所生活的时代一样，混沌未开，一片迷朦。没有力量与自然灾害抗衡，没有办法和疾病抗衡，他们怕疾病、怕干旱、怕洪水、怕大火、怕闪电、怕惊雷、怕狂风、怕暴雨、怕一切足以伤害他们的，甚至毁灭他们的自然之物。于是大多数人幼稚而无知的头脑中幻想出了一个超然卓立、掌控世界的主——神。他们对这个“神”顶礼膜拜，诚惶诚恐，以求神能不对其动怒。他们崇拜茫茫苍穹，崇拜风、雨、雷、电、太阳、月亮、山、水、木、石，甚至崇拜一株野草。他们不懂、他们迷信。这就是人类早期的迷信信仰。这是一个不可避免的阶段。这个阶段持续到宗教出现之前。

（3）信仰神和宗教阶段

随着社会的发展，人类由朦朦胧胧的个人迷信过度到集体迷信阶段——信仰神成为集体意志——其组织形式就是宗教，于是产生了宗教，每个宗教的后面都站着一个神。于是神和宗教成了人们的信仰。犹太人是最早建立宗教的民族之一。

犹太人最早创建了犹太教，释伽牟尼创建佛教，老子创建道教，耶稣创建基督教，穆罕默德创建伊斯兰教，借助神的力量，有力地推进有利于人类的理念。

神力是什么？这是当时人类文明根本不能解释的问题。因为宗教是以神为基础的，所以仍是迷信。但随着时代的进步，某些科学理念也深透到宗教之中。

宗教的本质是虚拟的前程、美丽的谎言、善意的欺骗，一种想象中的慰藉文化——未来文化及来世文化。这在佛教中表现最为明显。

佛教创造了一个无限慰藉的来世文化世界：六道轮回——人生不死的理论；极乐世界理论——追求幸福的理论；佛法无边理论——虔诚修炼的理论等。可是谁到过极乐世界，谁修炼成了神通广大，佛法无边的菩萨和佛。除子想象中的神，哪个人能修炼至“五眼”、“六通”的佛呢？

佛教描写了一个无限美好的世界——极乐世界。深刻剖析极乐世界，就是当时人类文明所能认识到的美景，这乃是几百、几千年前科学技术的构思水平，比起现在的水平要落后很多。如吃食之精美、穿着之华丽、交通之方便、住宅之豪华、家电之丰富：收音机、录音机、电视机、洗衣机、电脑等。比如《大闹天宫》中，天兵天将用的兵器，哪比得上现代的枪炮、坦克、飞机、火箭、原子弹。

有神论者、无神论者、神职人员、大师、和尚、尼姑都会遇到以下问题；

①现在是验证时代，任何问题都要经过验证，你们的理论能经得起科学的验证吗？

②神是否真的存在？谁见过？如何验证神的存在？

③轮回现象是否真的存在？谁见过？如何验证？

④因果关系有一定的科学性，但前世因，后世果是否存在？

⑤灵魂是否存在？如何解释某些鬼异事件？

⑥为什么人们几千年来信神，建了那么多神像、寺庙、古刹，那么多人坚定不移信神，一波一波的造神运动此起彼伏？

⑦信仰是什么？人的信仰是怎样来的？有信仰有什么好处，无信仰有什么坏处？

现代人已经认识到，神就是美好的愿望，也是力量、本领、享受、善良、正义的化身。比如说大旱无雨，就希望有个雨神；希望猛兽不要吃人，就产生山神；希望阳光普照，就产生了太阳神；希望人间和谐，就产生了菩萨；希望灵魂转世，人永远不死，就产生了佛陀和佛教；希望爱情美好永恒，就产生了爱神……每个神都是由人们的愿望而产生的。在人类没有力量解决这些愿望时，就寄托于神，这时人类不能没有神。当人类有力量能通过科学技术手段解决这些问题时，神就逐渐退出历史舞台。

过去的历史，是神统治人类精神的历史。神的本质：过去的神就是美好的理想愿望；人们无力实现，就寄希望于神，所以信仰神。现代人类的科学技术进步了，以先进的理念、纯粹的精神、高尚的情操、统领人类和社会。神逐渐退出历史舞台是自然而然的事。

对每个人来说，就是用科学武装头脑，增强自信，自己就是神，自己就是佛。“放下屠刀，立地成佛”，可见成佛并不难，成神也不难，其本质就是高尚的精神。

(4) 中国人的传统信仰

由于旧中国的经济、思想、文化都比较落后，也很封闭，几乎

没有人站在理性的高度来讨论中国人的信仰。但中国人还是有信仰的，那就是传统文化的信仰，基本是随波逐流的信仰。信神、信鬼、信佛、祖宗崇拜等都可以，是一个有特色的文明体系。连皇帝的信仰也不尽相同。宋真宗和宋徽宗崇信道教，清雍正帝笃信藏传佛教，明崇禎帝与大臣徐光启等信仰天主教，但都没用权势加以推行。作为中华文明主脉的儒家学说，把鬼神宗教信仰看作是皇帝和臣民们个人私事。只要信仰者不违反“天道”，不触犯法律，不影响社会与经济活动正常运行，就不主张干预，体现出“政教分离”的世俗化。所以，中原皇朝大多数皇帝不把中华文明体系与任何具体宗教对立起来，也不把自身的宗教倾向强加于臣民。

与世界上许多以宗教为核心的文明体系相比，中华文明体系最重要的基本特征就是其世俗性。

何谓世俗性呢？中华文化是人本主义，西方文化是神本主义。以人为本就是世俗的。中国人尊崇的是人世间的圣贤先哲，祖先崇拜的实质是先贤崇拜。春秋时代的孔孟以及后世的二程、朱熹被后世视为尘世的先师先贤，都是人，而不是天上的神和教主，不是对超越凡世的造物者的崇拜，不是对末日审判的恐惧，而是人间尘世中的社会秩序和人际伦理，中国传统文化中确有最高崇拜的对象，这就是天、地、君、师、亲。天地代表自然，天道；君师亲表现为人伦，三纲五常、忠孝仁义礼智信等，构成的儒学和中华文明的宇宙观和基本社会伦理结构。其性质与基督教的上帝与基督、伊斯兰教的真主和穆罕默德、佛教的如来佛主等全然不同。

中国的民间信仰是高度世俗化，并与民众日常的生活、生产、礼仪、节日庆典密切结合，强调行善戒恶和因果报应，警示世人遵守社会伦理行为规范。而流传于基层社会的各种民间信仰，如城隍、龙王、土地、山神等各路神仙，则是这一主流文化的草根补充。可以视为人间世俗秩序在鬼神世界的投影。这些民间信仰倡导的伦理必须符合“天道”，否则会视为“邪神”被主流社会禁止。

考古学家苏秉琦先生（1909—1997）认为：中国除了有些政教合一的少数

民族以外，从来没有高于王权的宗教，也就是没有国教。一些外国人不能理解，于是想出了一个中国人自己并不认可的宗教——儒教，没有教主、没有教规、没有教仪，也没有宗教意义的经典。

现代人的思想有了很大进步，站在理性的高度讨论信仰问题。一个人的信仰就是他的价值观；没有信仰，就没有价值观；信仰混乱，就是价值观混乱。

普世价值观。多少年来人类在追求普世价值观，中国的社会主义核心价值观，就是最好的价值观。如果将“爱国”改为“爱村”，即爱“地球村”，可成为“地球村”的普世价值观。

人类历史上出现的信仰种类很多：古代的自然崇拜、有神论、无神论、近代的马克思主义、自由主义、法西斯主义等都可视为信仰，但未必是宗教。必须承认，中原皇朝历史上从未发生过真正意义上的宗教战争，中原地区也从未出现“政教合一”政权。相比之下，宗教战争几乎贯穿基督教诞生后近两千年的欧洲中东历史。直至今日，西方国家的文化基调和道德基石仍是基督教。所以，大多数文明，以宗教和法律为政治及社会制度正当性根据，对于大多数西方人而言，没有宗教的道德是不可想象的。唯中华文明以道德作为政治和社会行动的根据。可见中华文化的独特，这是中西方文化差异的源头。

站在理性的高度审视信仰，人类，特别是社会精英，应以科学为信仰，追求真理作为己任，才能生生不息地走完美好而有价值的人生之路，否则，就是无信仰、无目标的活着，在信仰面前，就是个糊涂人。比如，一个有钱人花了十个亿，修了三个庙，供苍生们求神拜佛，真是愚昧无知，给社会造成了伤害。

由于历史的原因，人们一提起信仰，就与宗教连在一起。应认识到这是传统而言，其实，无信仰、信仰自由、信仰科学都是信仰。

还应认识到，各种宗教、教义能传承几百年、几千年，正是教义中有一定的科学成分；邪教之所以短命，就是缺少科学成分，邪恶成分太多而至。如因果论有一定的科学性，种豆得豆，种瓜得瓜，有什么因，便结什么果。改变因，果也相应改变。神是不存在的，信神就是迷信；精气神是存在的，信精气神就是科学。命运是存的，客观的；宿命论是错误的。鬼魂是不存的；疑神疑鬼是存在的。

信仰科学不是完全否定现有的宗教的教义和教规，而是尊重其科学的部分，剔除其非科学部分，使懂科学的人能够接受，比如佛教理论中的因果报应有一定道理，较容易接受；而六道轮回、阴曹地府、十八层地狱、极乐世界、中阴身等就是不科学的，懂科学者无法接受。

可能除了邪教外，每种宗教都或多或少含有科学的成分，否则，它就不能长存于世。信仰科学，就是剔除不科学的成分，保留科学的成分。

（5）当今人类的信仰危机

上世纪80年代，英国前首相撒切尔曾说："中国不可能成为世界大国。"为什么？她说因为中国没有一个可以输出的主流意识形态。这话既尖刻又到位！中国现在的主流意识形态是什么？是宗教还是非宗教？是资本主义还是社会主义？好像很难说清楚，疑虑重重。我们现在缺少的就是人心皈依的力量，也就是信仰。说到信仰，必须是"理念的灯塔"，与现实的政治理念、社会理想有区别，信仰有更深的精神内涵。我们现在不仅有"信仰危机"、"信念危机"，还有"信任危机"，社会普遍无诚信。所以，要重建我们的信仰，重建人的价值观，是我们面临的一个很大的难题。如果我们不能重建我们的信仰，构建我们的价值体系，即便GDP超过美国，也不会成为世界大国。这又是困惑的事情之一。我们首先要在这个社会建立信任，在人们相互信任的基础上建立起信仰。有信仰就会有坚守，就要努力奋斗去实现。信仰危机的主要特征是：信仰什么不确定，原来的信仰动摇，思想混乱，莫衷一是。信仰什么？找不到切确的理论根据，缺乏信仰，没有信仰，胡乱信仰。

为什么当代会产生信仰危机呢？现代科学技术如此发达，原来信仰神或以神为基础的信仰受到了挑战。信仰神的基础动摇了，这是产生信仰危机的根本原因。

人类的思想自由化程度提高了，思考问题比较自由，对原来的信仰产生了怀疑。人们发现，原来顶礼摸拜的信仰——所谓的神，却是个假的，实际上不存在的东西，人们普遍觉得上当受骗了几千年，感到很无知、很失败，很失落。当虔诚的信徒发现自己上当受骗之后，就感到像吃了"地沟油"一样，想起来就恶心。

有人说信教的人无知、愚昧，被人笑话；有人说不信教的人无知、愚昧，被人笑话。正确的答案是什么？将逐渐明朗了。

另一个原因是，原来信仰马克思主义的人，由于苏联的解体，世界上第一个社会主义国家的失败，受到了严重的挑战。这对一些国家，一些人群的影响是很大的。这是人类信仰中的一段曲折。在腐朽的资本主义面前，马克思主义必将越来越显示其科学的光芒。

当代的人类认识到，一个幽灵在人们的思想中动荡，无论是东方还是西方，无认是发达国家还是发展中国家，这个幽灵就是人的信仰。现在的世界，发生了巨变，人们的信仰受到了挑战，人们的灵魂不知如何安放，仿佛漂浮在地球之上，难以沉稳下来；在物质极大丰富或比较丰富的现代化的今天，这种气息在动荡着漫延着，也许不久会形成狂风巨浪，对人类的信仰产生实质性的猛烈撞击。

信仰，信而仰之，相信而崇敬。可以是科学的信仰，也可以是迷信的信仰，两者皆可达到信而仰之的状态。只是前者应提倡、推崇；后者应劝诫、取缔。

有篇文章《中国人为什么失去了信仰?》可谓窥豹一斑。

上世纪的80—90年代，那是一个气功热的年代。气功大师层出不穷，轮番登场。人们信仰气功到了着迷的程度。什么千里取药，万里治病，耳能听字，眼能取物，身不怕火，横穿长城，发功能灭大兴安岭之火，运气能改变天上卫星轨道……这些都是中国气功大师的特色。“大师”登高一呼，盲从者拜倒一片的例子都不胜枚举。

某时，报纸电视还是网络，曾疯传大师王林杀害徒弟，华藏宗门吴泽衡奸淫女弟子。细究两人的发迹史，可发现诸多相似之处。他们皆行走江湖多年，号称拥有特异功能。吴泽衡自吹有“天眼通”“宿命通”，会隔空取物，能治各种疑难杂症，仅靠见面对话就能用气功治病。王林经常演示空盆来蛇、空杯来酒的把戏，还经常称要用气功戳死得罪他的徒弟、采访中对他不够恭敬的记者。而且两人都有众多粉丝，并因此名利双收，聚敛了惊人的财富。在被抓前，活得很滋润。

在当今中国的乡村社会，像这种“大师”也广泛存在，其中名望高的，在十里八乡不乏信众。王林这样的“高端大师”吸引全国范围的名人高官，“低端大师”吸引十里八乡的普通人，基本就是这样的格局。王林们通过变戏法蒙骗大众，正是说明了当今的信仰危机多么严重。像王林这种耍蛇的“大师”能吸引大批名人的现象，归根结底，正是因为中国的信仰危机的形势给了王林们获得巨大成功的机会。

根据2007年中国零点研究咨询公司“中国人精神生活调查”所提供的数据，16岁及以上人口中，85%的中国人有某些宗教信仰或宗教实践，只有15%的中国人是真正的无神论者。

没有信仰的人群是思想空虚的人群，是不明方向的人群。信仰低下、信仰邪恶比没有信仰更危机。中国人现在到底信仰什么？有人说，今天的中国，最普遍的信仰是权力和财富。所以如今，在大力发展经济，GDP至上的口号的鼓舞下——经济至上、金钱至上，笑贫不笑娼，物欲横流，金钱第一，人跟钱跑。有了钱就精神，没钱就失落，金钱成了主宰一切的根本准则。而信仰金钱既不需要付出代价，又满足生活需求；既符合人生目标，又改善生活水平；既提高社会地位，又满足了欲望。简直是有百利而无一弊，所以大家都争先恐后。

严重的问题是，信仰金钱，改变不了信仰危机，而且越来越危机。现代奢侈糜烂的物质生活，掩盖不了摆在我们面前的信仰危机。人们深深体会到信仰危机的后果：国家无信仰则亡，民族无信仰则衰，社会无信仰则乱，大学无信仰则烂，教授无信仰则迷，百姓无信仰则愚，家庭无信仰则散……在金钱主导的社会中，一切都变的轻飘飘，忽悠悠，无论是信仰、理想、观念、友谊、亲情，都变的微不足道。而金钱的信仰者，目标短浅，人格轻浮，他可以一边在法律、祖宗面前发誓，一面偷偷的做着违背誓言的行动，誓言对于金钱信奉者来说，就是如何获得更多金钱的一种欺骗手段。所以造假成风，吹牛成风。

信仰不是商品，信仰不能市场化。但有人把信仰当商品，把信仰取向当作市场来经营，说什么“信仰市场供需失衡，发展也不成熟，市场机遇”等等庸俗观念。西方人也有信仰，大多是传统的宗教信仰，但随着科学技术的发展，他们也产生信仰危机，例如，他们寻求灵魂是否存在？他们研究灵魂的重量，怀疑有没有灵魂？有人做频临死亡的试验——到阴曹地府的世界体验一把。他们将病人冷冻起来，希望医学发达后再解冻治病，向灵魂转世挑战。他们调侃宗教，把“我们信奉上帝”印在每张美元上，有一种化妆品叫“九头蛇——禅宗”，还有一种快餐配料，竟然叫“禅宗宴会混合料”。西方人受传统宗教的影响很深，“伦理宗教”为核心的气氛较浓。西方明星也追捧大师，但是他们追捧的基本还是那种高僧大德。

西方社会靠什么维持其生命力呢？是因为有两根绳子捆住了欧美所有的人：一条是宗教，另一条是法律。不管是统治者，还是平民百姓，都逃脱不了这两条绳子的束缚。宗教信仰这条绳子，它规范人们的精神层面。这条绳子越来越腐朽无力了。法律这条绳子，它规范人们世俗层面。当年美国总统的尼克松、克林顿，仅仅是因为“水门事件”、“拉链门事件”这样的小事，就弄得一个总统大位不保，黯然下台；而另一个灰头土脸，反复向人民群众交待所犯的生活作风错误，做了n次检讨才勉强过关！

如果国人没有自己的信仰，在思想上缺少统一的精神支柱，在行为上就会导致自我泛滥，缺少约束，也没有统一规范的道德意识和真理意识，每个人只相信他自己，每个人按自己的意志确立行为，每个人都有他自己行为的道理，这导致人们在各个行业和生活领域中没有统一意识。由于缺乏信仰，就没有是非感、没有罪恶感、没有亏欠和内疚感，只要犯罪不被知道，就是无罪，这导致人们在内部矛盾分歧时，出现人性中的残忍和冷漠，纵观中国整个历史，最残忍的争斗和屠杀都来自于我们自己内部。

信仰危机另一种表现是，我们看到过太多的本本分分凭良心做事的人，在社会上混得并不好；反倒是一些不择手段没有底线的人吃香的喝辣的。撑死胆大的饿死胆小成为常态。既然没信仰会有那么大好处，谁还会抱住一个所谓的信仰不放呢？现代人大多是功利的，每天为了衣食住行而奔忙，不由自主地变的很现实。信仰说到底是个虚的东西，不能给我们带来金钱物质利益。简单一句话：“信仰中没有颜如玉，信仰中没有黄金屋”。

反倒是王林这样的假“大师”的信仰比较“实在”，据报道，王林就曾对原铁道部部长刘志军说，要帮他办公室弄一块靠山石，“保你一辈子不倒”，从而得到了不少好处。有些商界大佬，也热衷寻仙拜佛，寻求保佑事业成功，家庭安康。

（6）信仰科学阶段

当科学思想渗透到人类生活的方方面面，人类将抛弃陈旧的信仰，进入信仰科学的时代。

其实，在科学技术高度发达的今天，信仰科学并不难理解，比如病人信仰医生，而医生信仰他掌握的知识，这些知识就是科学，因此病人也是信仰科学。

农民信仰的是农业专家，农业专家信仰的是农业知识，这些知识就是科学，所以，农民信仰的也是科学。诸如此类，一并如此。

科学家、医学家、天文学家、气象学家、社会科学家、物理学家、化学家等都要积极解释传统信仰中可能存在的科学道理，揭示社会发展的科学程序，说明由信仰宗教进化到信仰科学是必然的规律。如盘腿静坐有利于健康；叩头也能锻炼身体；烧香可以提神；有的民族脯复地上盍长头，可以锻炼身体，有个小毛病，盍几百个长头，准有效果。

现在讨论信仰问题，比起人类历史上任何时期，都显得必要而深刻。因为现在科学技术高度发达，人的文化水平空前提高，自然科学家、社会科学家、博士、硕士、大学生比任何时期都多；化学、医学、生物学、遗传学、心理学、哲学、科学仪器都取得巨大的进步。人们的信仰必将发生深刻的变化。探讨新的信仰，成为历史之必然。

僧人的困惑：随着科学的发展，僧人也会学习一些科学知识，从而感到困惑。身穿腥红道袍，光头素食，不结婚、不生子，完全寄托于来世，当证实来世就根本不存在时，原来的信仰是迷信，除了诚心诚意享受“迷信”之外，一无所获，就会感到极大的羞耻和失落。

有神论的困惑：究竟有没有神，若有神，谁见过？若无神，我们为什么要蒙蒙胧胧忙忙碌碌崇拜一个不存在的东西。

无神论的困惑：随着科学的发展，对宇宙有较多的认知，看到了神的本质，神根本就不存在，世界竟是赤裸裸的、没有遮掩、没有润滑，现实显得太冰冷，太残酷，原来世界就是如此，让人难以接受。

神——是人们想象的产物，完全是由作家、思想家、政治家、艺术家想象出来的，通过编书、绘画、表演，广泛流传于社会，满足人们的思想上好奇、心理上的需求、精神上的寄托、理想上的追求，

人类的历史上始终会定义出许多“神”，过去有之，现在有之，将来有之，只是过去迷信的成分多些，现在迷信的成分少些，将来更科学些。

神是人类自然而然产生的，因为人们需要它，就像一个病危的人多么需要高明的医生一样；像大旱之年，多么需要来个雨神——果然，聪明的犹太人造出了世界上第一个雨神——耶和华；一个有深仇大恨的人多么需要一个有力量的神，为他报仇雪恨，人们称他为青天大老爷。因此，不同的人向往着不同的神：读书人拜孔子为神——孔夫子；渔民、水手拜妈祖为神；木匠拜鲁班为神；人们敬重忠义仁勇，推崇关公（关云长）为神；人们盼望社会和谐、灵魂转世，拜释伽牟尼为佛；中国人信奉老子的哲学思想，称老子为太上老君，甚至西度转世为释伽牟尼。将来也可能把现代的伟人、善人、有贡献的人演绎、神化为神。只不过崇敬之心增加，迷信的成分减少。

因为人类追求美好，所以美丽之神也会不断涌现出来，因为理想之美超过现实之美，想象之美较实际之美更新颍、更奇葩、更容易些。

其实对佛的认识差别也很大，有的认为：只有佛陀一个佛，他成佛之前是一个菩萨。弥勒也是一个菩萨，再修五十六亿万万年才能成为第二个佛。观音菩萨、地藏菩萨、普贤菩萨、文昌菩萨都是菩萨，只有菩萨才有资格修炼成佛，可见佛的等级非常森严。

但也有把佛看的很普通：佛就是觉悟者，谁都可以成为觉悟者，谁都可以成佛。

“放下屠刀，立地成佛。”只要放下屠刀，不行凶作恶，就是佛了；

“人人都可以成佛，佛就是你自己。”笔者认为：佛就是“善而哲”的人。行善是基础，哲就是对社会有深刻的理解和认识，有一套哲理思想。这样理解佛更为恰当。

善，就是善心、善事、善举，没有善成不了佛。但仅有善，没有哲理思想也成不了佛，就是思想水平不够高。

僧人也开始学习新理论、新知识、学电脑、学心理学、炒股、做生意——向世俗靠拢，向社会靠拢。

人类的信仰归结起来可分为：有神论者、无神论者、精神论者、模糊论者、

信仰科学者，五种状态由低级到高级，由迷信到科学。

信仰是种社会力学，它推动社会向前或向后、深刻地影响社会的发展。

你信仰什么？我信仰科学；你信仰什么？我信仰佛教；你信仰什么？我信仰儒学；你信仰什么？我信仰道教；你信仰什么？我信仰伊斯兰教；你信仰什么？我信仰犹太教；你信仰什么？我信仰基督教；你信仰什么？我无信仰……信仰自由，宪法保护。

这里的“信仰科学”，是一种独立的信仰，就像信仰佛教、信仰道教、信仰基督教、信仰犹太教、信仰伊斯兰教、信仰天主教教……一样并列，就里的“科学”二字，就像是某某教一样的名词。而不是“科学的信仰”和“信仰的科学”的概念。

一种新的理念，一种新的信仰——信仰科学，在人类社会中，像早晨的太阳渐渐光茫四射——无论是国家领袖、公众人物、社会精英、僧人长老、芸芸众生……最终都与之有挥之不去的关系。

现在是科学技术高度发达的时代，什么都要讲究科学，吃饭要科学，穿衣要科学、住房要科学、出行要科学，看病要科学、生育要科学、生产各种产品要科学，科学逐步深入人心。人类最重要的问题——信仰问题，也应讲科学，人为什么要有信仰？信仰什么？那么，信仰科学，将是各种信仰博弈的最终结果。

科学就是客观存在的自然规律和社会规律。所谓信仰科学，就是相信科学，崇尚科学，利用科学，发展科学；破除迷信，杜绝迷信。对原来信仰的，就是挤掉其中不科学的、迷信的内容，保留其科学的内容，以达信仰大同，世界大同的目标。这时人们会惊奇地发现，各种宗教（除了邪教）的核心是基本相近的：慈善、诚信、和谐。

现在是一个“验证的时代”，什么都要经过检验、验证人们才会相信。验证就是通过实验、实践证明理论是正确的过程，是可以重复的，因此，各位学者的理论、各类宗教的理论、理念，都应经过验证的检验。玄言妙语、妄人狂语的时代应该结束，科学的验证时代已经来临。这将是一个严竣的考验。这和佛陀的教诲是一致的。

佛陀最伟大的教诲之一，往往未被重视。佛陀所教诲的通过实践来验证的重要性，在《羁舍子经》、汉文大藏经中的《伽蓝经》中记载，佛陀对迦摩罗人的建议阐明了这一观点。迦摩罗人的情况和我们今天暴露在众多的教法之下的情况很相似。他们找到佛陀后询问道：世间有如此多的老师，他们个个都宣称自己的教理是真实的，而怎样才能够知道到底谁说的是事实呢？佛告诉他们：

不要仅仅由于某种权威而接受任何事物；不要因为这种东西碰巧被记载下来而去接受它；不要仅仅因为对老师的尊重而去接受任何事物；不要因为道听途说或某事听起来有道理而接受任何事；而是要去验证，根据自己的亲身经历去检验所听到的事情。当自己知道某事是有害时就摒弃它。而当知道某事是有益，可以使人幸福和平静时就去做这件事。佛陀建议，一个人得根据自己亲身经历去验证所听到的事。

可喜的是，现在许多学者、许多大师、许多宗教领袖都向科学靠拢，生怕被科学的潮流抛弃，被科学利剑斩尽杀绝，被懂科学的人嗤笑。这是当今一个可喜的、重要的社会现象。试看，哪个宗教敢和科学对抗？许多高僧大师都在寻找科学的依据，来进行自圆其说。一旦揭示原来的“神”根本就不存在，那些经不起科学考验的巨量文化大厦——纸质的、电子的、思想的、建筑的、官方的、民间的……将轰然倒塌，就像一个天文数据乘以零等于零一样残酷，世界就得重新洗牌，就会产生新的思想。

人们有时也可以在倒塌的废墟上捡些有用的东西，但决不是它的全部。可以把那些古迹放入博物馆，供人们参观、旅游、讲故事……

由热爱科学、相信科学、科学的信仰，信仰的科学直接升华到“信仰科学”，这是人类信仰的一次大飞跃，从此人类有了终极信仰，“信仰科学”也就成了美丽的、永恒的灵魂安放之所。无需再信仰什么不自信的、束缚思想的、无用的、迷信的、骗人的、清规戒律的东西了。一种实事求是的、科学的、有益的、自信的、有理有据的信仰——“信仰科学”的旗帜，高高飘扬在人类社会上空。

长期以来，人们提倡科学已成了一种口号，说明人们已经有信仰科学的理念，人类已经做到了相信科学、热爱科学，遵守科学发展观，享受科学成果，离信仰科学只有一步之遥。跨过这一步之遥，人类一旦能升华“信仰科学”为一种信仰，是人类认识的深化标志，全人类都信仰科学，这将是人类一次最伟大的进步，是认识史上一次伟大飞跃。

将所有寺庙、古刹、僧院、佛院，妥善地保管好，作为博物馆、旅游地、思想圣地、教育基地、休闲娱乐、讲故事的场所，你仍然可以到那里观光、旅游、赏景、怀旧、思考、讲故事……

信仰科学包括着丰富的内涵：人生观、世界观、伦理观、自然观、生命观、幸福观、财富观、英雄观、神鬼观……都应该是科学的。

伟大的人类啊，你们信仰科学吧！伟大的人类啊！你们不要迷信，你的信仰中不要有迷信的内容。因为迷信是人类的愚昧和无奈。

信仰科学有百利而无一害。科学可以给人类治病，无论是中医还是西医。科学可以给病人移植心脏、肾脏、肝脏、将来可能会移植大脑；可以做男变女，女变男的性变；可以生产试管婴儿；克隆技术可以产出自己的生命体；如果此时还祈祷观音菩萨、王母娘娘送子，那就太可笑了！现代科学高度发达，让你不得不信仰科学。

科学可以准确预报天气：晴天，阴天、气温、风、雨、雷、电，此时还相信龙王、雷公、电母吗！

科学可以解释宇宙、银河系、太阳系、星球的运动、物体的运动，准确预报日蚀、月蚀、流星；并发射航天器到月球、火星；此时谁还相信神仙住在天上！想象中的庄严、美丽的天宫真的存在吗？

现代交通十分发达，汽车、火车、飞机、轮船、高铁……使偌大个地球来往十分方便；信息科学、电脑、手机、收音机、电视机、互联网，联系十分方便，使若大个地球变成了“地球村”。

“信仰科学”使人类文明、进步、聪明、富有、自信、伟大；迷信使人类愚昧、落后、无奈、不知所措。信仰科学使人类生活幸福；使世界多姿多彩；是世界大同的必由之路。

只有信仰科学，人类才能实现世界大同。人类做过几千年“世界大同之梦”，但都没有实现，就是因为没有一个共同的科学的信仰——信仰科学。各种不科学的信仰，怎能使人类达到大同世界的目标呢？假如“世界大同”是个科研课题，如何达到目标，各国都在研究。只有进行“科学”研究，才能达到一个相同的结论。于是按此方法，各国都在研究这个问题，就可以达到“世界大同”，因为一个课题，科学的研究只有一个结论；而非科学的研究，可能有五花百门的结论，这就是几千年来，人类达不到“世界大同”的根本原因——没有信仰科学。如果世界上有很多林林宗宗的宗教，不同的信仰，宗教间的斗争，宗教内部的争斗，残酷而悠久，世界能大同吗？可见信仰科学多么重要。

现代社会，如果去掉科学技术的成分，思想的、物质的，人类立即变成野生的猿猴一般。科学使人聪明，科学扫除愚昧，科学中止迷信。

如何信仰科学？如何在行动上倡导科学精神？

这不是神的指令，这不是上帝的胁迫，这不是佛劝导，这是人类几千年来的经验和教训的总结。曚昧的世界，明朗的世界，战乱的世界，和平的世界，血色的世界，鲜花的世界，诚实的世界，欺诈的世界……形形式式，酸甜苦辣，我们人类都必须承受！我们从中悟到了“信仰科学”的伟大真理，为此，我们信仰科学的人要定立自己的信仰诫律：《信仰科学十二倡》，使信仰科学的理念世代相传。

①信仰科学，非科学的不信仰；

②迷茫时，进行科学研究探索；

③学习、发展科学知识，为人类服务，为社会服务；

④推动社会不断发展科学，包括自然科学和社会科学；

⑤科学的态度是实是求是，诚实求真、不造假、不迷信；

⑥崇尚科学，崇尚创新，崇尚发明创造；

⑦尊敬科学家，尊敬劳动人民，尊重劳动；

⑧当守“科学日”为重要纪念日，积极参与；

⑨感恩师长，忠实积极传承科学技术；

⑩信仰科学者要道德高尚，不做下流无耻、丧天害理的事；

享受科学成果，推动社会进步；

倡导科学研究协作，不可贪婪他人的劳动成果，包括论文、著作。

科学要促进经济发展，利于世界和平，提高人类生活水平。要宣传科学道理，尊重科学，尊敬科学家。现有的庞大的科学机构：科研院、研究所、大学、博物馆、展览馆，其规模之大，人数之众，是任何宗教都无法相比的，是科学战线的主力军。科学应向迷信宣战，战胜迷信。

信仰科学应成为仪式，进入博物馆、展览馆要庄严肃穆，进入《科学名人堂》者要行鞠躬礼，适时朗诵赞美科学、科学家的诗词，用新颖、先进的仪式，展示信仰科学氛围。科学日，组织活动，张灯结彩，纪念科学家和重要科学事件，其规模应超过宗教仪式。

信仰科学，是种信仰，是种理念，还没有发展到“信仰科学教”的实体，也许人们为对抗不科学的宗教理念，信仰科学的人、崇敬科学的人，也会成立“科学教”——信仰科学的团体，也会产生它的教义、教规、信徒、活动场所，当然这都建立在科学的基础之上。这也区别于其它任何宗教。那时人类的信仰将进入一个崭新的时代——信仰科学时代。

监督评判者不是上帝，不是神，不是佛，而是信仰者的高度自觉性；是道德、群众、家庭、朋友，以及良心和君子慎独。

31. 祖先崇拜力学

祖先崇拜力学是中国社会特有的重要的力学，影响中国几千年，深刻地影响着社会的发展和稳定。它既可以是正能量，也可以是负能量，就看社会的驾驭能力了。

宗教由"宗"和"教"两个字组成，"宗"：一是祖宗、家族；二是宗派、流派；三是血缘和精神上的传承，认祖归宗。而"教"则为传授和教导的意思。即对“宗”的传授和教导。大户人家都建有宗祠，里面供奉着祖宗的灵位，是同族的神圣之地。同族设有族长，具有很强的号召力，极大地影响乡村和社会。如《白鹿塬》中白家族长白嘉轩就是典型代表。在中国人的观念中，祖宗、家族是区分人群的最重要标志，落叶归根，认祖归宗，是含混不得的大事。

联合国前教科文执行局主席特维叟·莱特说：“中国人并非没有信仰，只是他们信仰的是自己的祖先，而不是宗教人物。”所以，“魂归故里，落叶归根”，“不给祖先蒙羞”，是中国人的奋斗目标。在中国人的心中，这是比财富更重要的事。许多人因不能为故乡出力而蒙羞，为自己给祖先蒙羞而自责。西方人的信仰是宗教，让人“忏悔而奉献”。中国人的祖先崇拜，就是对祖宗传承的信仰，所以他们生来就懂得继承与奋斗。祖先崇拜让他们同时具有守护和奋进两个特质；一是守护祖先的荣誉，不给祖宗丢脸；二是奋进争取更大的荣誉，光宗耀祖。

(1) 祖先崇拜的社会基础

中国中原黄土地带的独特地理环境，诱发了华夏先民的整体性和经验性的思维倾向——宽厚容忍。所以，没有形成单一或若干个排他性宗教，而是逐渐形成了一个多元复杂的宗教体系。儒、佛、道及民间信仰、民间习俗并存，都是这一体系的组成部分。有学者认为，儒教是汉代在上古传统宗教的基础上进行宗教改革的产物，为适应中国早熟的官僚政治需要，它走向了政治化、理性化、伦理化、世俗化、精英化的道路，与缺少文化的下层民众有一定的距离。道教和汉传佛教则是汉晋时期民间新兴宗教运动的产物，它们逐渐从挑战儒教转向与现实社会秩序相适应，从而相继获得了主流社会认可。至南北朝时，中国形成三教并存格局，此后逐步成为稳定的传统。这种观点承认儒教也是宗教，但认为它只是精英阶层的宗教，是政治宗教，与缺乏文化修养的民间社会关联不大。而基层社会的祖先崇拜也是一种宗教，它是儒教的一部分，尤其是乡土儒教的一部分，且人数众多，影响力更大。

从信仰而论，宗教是一种与神圣事物有关的信仰和仪轨所组成的统一体系，这种神圣性与众不同、是不可冒犯的。这些信仰与仪轨将所有信奉它的人结合成一个道德共同体，被称为"教会"。这个定义表明，宗教的观念中存在着神圣事物与凡俗事物之分，宗教信仰是特定集体的共同信仰，这个集体不但忠于信仰，还奉行相关的仪规。作宽泛的理解，祖先崇拜显然可以归入宗教一类。祖先崇拜中，视祖先为神圣的事物，它与凡俗事物有着明显的界线。对祖先崇拜可理解为整个宗族的共同信仰，宗族组织可理解为信仰的" 教会" 组织。祖先崇拜有着复杂的程序：如生辰、忌日、祭祀，清明、春节、元宵等时节祭祀，还有墓祭和祠堂祭祀等，每种祭祀都有特定的仪规。

祖先崇拜的宗教性之所以被人忽视，是因为它过于强调宗法伦理性，常常被当作不成体统的民间信仰。在中国祖先崇拜的历史悠久，从现有的考古资料至少可以上溯到六千多年前。原始祖先崇拜不具备宗法和孝德的意义，只是先人出于对祖先的感情和神秘的神灵力量的崇敬，祈求祖先保佑后人。西周以后，祖先崇拜既是为了得到祖先福佑，也是为了敬宗睦族、张扬孝德，具有了宗法性和道德性。祖先崇拜超出了宗教范围而具有宗法和孝德意义，标志着祖先崇拜世俗化，从而改变了原始祖先崇拜的单纯宗教性质。尽管如此，其宗教意义依然不可小觑。尤其是在宋代重建宗族，祖先崇拜在乡野小民中日益普及之后，更是成为了中国人生活中的一种宗教。儒教在原始宗教的基础上发展起来的，并走向了精英化道路，从而为精英人物提供安身立命的基础。但同样不可否认，祖先崇拜在宋代宗族重建之后，使得儒家能够有效为乡野小民提供安身立命的基础。

（2）祖先崇拜的本质

宗教在本质上是突破人生局限的思维方法，宗教活动是寻求突破人生局限的途径。如佛教创造了人生不死的理论，使人生无限，实施了局限性的突破。其它宗教也有上天堂，下地狱，人生不死的理念。但人生总是有限的，要使有限的生命获得无限的意义，在有限的生命中追寻无限的意义，这就有了宗教的产生。生命的有限是确定的，而意义是否无限则是主观的，要这种主观变得真实可信，就必须创造特定的文化和意义之纲，这就是宗教。把宗教界定为对人生局限性的突破和对人生终极意义的追寻，这是一个很有意义的宽泛的界定。就其实质而言，祖先崇拜和那些宗教一样，也是人们追寻人生局限性的突破，也是探索人生终极意义的方式。而且，对于中国人来说，有了这种探索生命意义的方式之后，对其他宗教的方式的需求就不再那么强烈了。

在将祖先崇拜界定为宗教的基础上，则对中国农民的宗教可分为根本性宗教和辅助性宗教。在中国农民的生活中，存在着各种各样的宗教实践形态，农民在其中自由穿梭，但各种宗教的重要性并不相同，其中最重要而不可替代的是根本性宗教。根本性宗教是从根本上探索人生终极意义，突破人生局限性的宗教。除此之外，中国农民在社会人生中，还会遇到各种各样的实际问题，试图通过超自然力量解决这些问题的信仰和仪式，是辅助性宗教。辅助性宗教是可以替代、可以转换的。

祖先崇拜是中国农民的根本性宗教。它是人与神灵世界之间宗教性联系的一部分。最初，由于原始人对生死现象感到恐惧而不理解，因此将生死这种自然现象神秘化。早期的祖先崇拜表现为对死去亲属的哀悼和怀念，常把死者的工具、武器、喜爱之物等放入墓穴。久而久之，便成为人们对祖先崇拜的一种象征。在父权制确立之后，由于父辈家长的权威与作用，在他们死后，人们依然认为其灵魂可以护佑本族成员安居乐业、永远幸福，因而相应地形成了一系列崇拜仪式。早期的祖先崇拜多局限在达官贵人家庭的范围里，宋代以后祖先崇拜才被允许平民化，逐渐成为人们最主要的信仰之一。祖先崇拜有一套制度性的仪式规定。

祖先崇拜解决了中国农民有限的生命与无限的意义之间的联系，突破了人生的局限性。将己身放入历史与未来的长河之间，放入了祖先与子孙的链条之中。在这种链条中，人们对生命有限的恐惧淡化，有限的生命因在祖先和子孙的链条中而获得了永恒。人生短暂的几十年光阴在历史长河中不过短暂一瞬，时间是永恒的，己身却是有限的，生命是有限的，但己身所在的链条却可以是无限的，正是这种无限呼应了时间的永恒。对中国农民来说，侍奉祖辈亡灵是一祖之孙的共同责任。这不仅因为祖先对后代有生养之恩，后代理应奉祀祖先亡灵予以报答；更是因为祖先是自己的将来，待到己身有限的生命陨落之后，也会在祖先的位置上享受无限的香火。对中国农民来说，生育儿子、延续香火是一辈子最大的事情。这不仅是因为己身年老之后需要儿孙供养，百年之后需要子孙送终，更是己身对祖先的责任。每个人从祖先那里来，也有责任将自上而下的链条传下去，因为链条一旦断裂，不但己身将来享受不到香火，灵魂无法延续，也在百年之后无法向祖宗交代。孟子曾说：“不孝有三，无后最大。”被视为传统文化经典。

正因为祖先崇拜在中国人的宗教信仰中具有根本性，所以祖先崇拜的排斥性就如同西方基督教教派之间的排斥性一样强烈。一个男子通常不可能到异姓祠堂去拜异姓的祖宗，也不可能去异姓墓地祭拜异姓的祖坟。倘若有人有此类行动，定会遭到异姓的抗议，因为他们的祭拜可能会带走祖先的保佑和庇护。在这种宗教传统中，对人最恶毒的诅咒不是死后能否进入天堂，而是“断子绝孙”，是对祖宗的侮辱。正是在这种宗教传统中，我们才能够理解，1980 年代中国全面实行计划生育以后，为什么有那么多农民风餐露宿，在外游荡数年甚至十数年，身体和精神都达到崩溃的边缘，为的就是生育一个儿子！在这种宗教环境下，侵犯他姓的祖宗祠堂、祖宗墓地等行为，会遭到不计后果的报复。从这里我们才能理解，为什么历史上有那么多争夺坟山的宗族械斗，其中很多械斗甚至持续了上百年。中国农民对祖宗信仰的虔诚程度，丝毫不亚于西方人对上帝的信仰。

中国农民敬仰祖宗，为了祖宗愿意去做一切，他们也相信祖宗会在阴间护佑自己。但是，他们并不认为祖宗是全能的神，并不认为祖先可以解决一切问题，他们知道祖宗毕竟不能解决自己在生活中所遇到的具体问题。因此，当他们遇到难题时，会求助于其他各路神仙。除了极少数将自己完全献身道教、佛教的神职人员之外，对于绝大部分中国农民而言，道教、佛教以及其它各种各样的信仰，都只是辅助性宗教。它们解决的不是有限生命获取无限意义的根本性问题，而只是日常生活中的辅助性问题。而面对这些问题，农民对各路神仙的求助，表现出极强的实用主义情绪。哪个神仙可能帮助他们解决问题，他就会求助于他。一旦发现他不能解决问题，就会冷落他。“平常不烧香，急时抱佛脚”是常态；“宁可信其有，不可信其无”是普遍心态。同时拜各路神仙大有人在，人们从一个宗教走向另一个宗教非常容易，从一个神仙脚下走到另一个神仙脚下没有任何心理障碍。

认识了中国农民的根本性宗教和辅助性宗教，就能很好面对“中国人的宗教信仰是实用主义的，是不虔诚的”这样的命题。宗教实践中，在根本性宗教领域，像西方人一样，中国人有着虔诚的宗教信仰；在辅助性宗教领域，则像西方人所理解的那样，是实用主义的，是不够虔诚的。

宗教人士认为，宗教信仰有认知、适应、整合三项重要功能。由根本性宗教和辅助性宗教组合而成的中国宗教可以同时满足这三项功能。根本性宗教满足了农民对于终极意义的困惑，向他们提供人生观和世界观，具有认知的功能；辅助性宗教帮助农民克服生活上和心理上的挫折、困难、恐惧、不安，借助信仰获得安定、安心与安全，具有适应的功能；两者结合，在村庄中借共同信仰巩固了村庄共同体的凝聚力，整合了村庄组织力，具有整合的功能。

32. 人格尊严力学

国有国格，人有人格，都很重要。一个国家没有尊严的国格是件可悲的事；一个人没有尊严的人格，同样是件可悲的事。

人格，具有多方面的含意：指人的性格、气质、能力等特征；指人的道德涵养；指人的权利、义务的主体资格。人格权就是人身权的一种，是公民应有的权利。

每个人都有人格，每个人都想有人格尊严，每个人都应该有人格尊严。然而，并不是人人都有人格尊严。人格尊严是社会健康的标志之一。然而，有些人被迫失去人格尊严，有的人不在乎人格尊严，更多人对人格尊严没有正确理解，甚至严重曲解了人格尊严。

人格尊严支撑着健康的人类社会，人格越有尊严，社会越健康，否则，到处都是没有尊严的人，就是不健康的社会。人格尊严是评价社会的重要标志，争取人格尊严，是推动社会发展的重要动力，它极大地影响着社会。

什么是人格尊严？就是人格是高尚的、庄严的、受人尊重的、受法律保护的。然而，在病态社会，在不发达的社会，却没有人格尊严可言。奴隶有尊严吗？奴隶主有尊严吗？长工有尊严吗？地主有尊严吗？打人的人有尊严吗？被打的人有尊严吗？被压迫的人有尊严吗？压迫别人有尊严吗？答：他们都没有人格尊严，他们甚至不知道什么是人格和人格尊严。

人格尊严是社会进步的标志，是人类认知的进步。历史上，人类并不真正认识自己的人格尊严，大都在朦胧中度过，干着许多没有人格尊严的事而不自知。

女子缠脚是件最没人格尊严的事，却延续了一千多年。最早从八九世纪开始的一千多年来，直到二十世纪初期，假如你于午夜时分，低空掠过中国广大的土地，你会听到，几乎每个中国人的家里，都会发出五六岁或七八岁小女孩惨痛的哭泣声。那一种哭声，使你心痛如割，你却无可奈何。因为摧残这些女孩的凶手，正是她们的亲生爹娘，尤其是她们的母亲，每天晚上都要向小女孩伸出毒手，把她们长方形的脚，用布条缠起，硬生生缠成一个三角形，骨折肉烂，奇痛难忍。双脚被缠之后，完全失去活动能力，双足残废又不识字，遂不得不依赖男人（父亲、丈夫、儿子），任男人宰割，这就是女人的命运，没有一点尊严。然而，更令人震惊的是：这样一种丑陋和残忍的现象，中国人不但不觉得羞耻，反而引起一片赞美，把它称之谓“三寸金莲”、“瘦不盈握”，用诗词歌赋极力赞美，大儒大贤们说什么：“女子无才便是德。”“三寸金莲使一个女人行走起来婀娜多姿。”而在我们的历史上竟长达一千多年之久，没有人说他违背自然，有害健康，反而认为缠小脚值得赞美。这是对人格尊严的严重曲解！

酱缸文化培养出来的另一特长，就是自己的尊严，永远建立在伤害别人尊严之上——伤害别人的人格尊严、身体尊严、生命尊严，而且成了牢不可破的传承，构成一种“恶婆媳心态”。

传统社会，婆婆对媳妇有无上的权威。虽然她非常疼爱自己的女儿，但她对别人的女儿，却百般地凌虐。媳妇心中充满了痛苦、怨恨，却无力反抗，唯一的盼望是让恶婆婆早日死去。有一天，恶婆婆死掉了，媳妇欢天喜地地坐上婆婆的位置。人们一定认为：这位受尽恶婆婆虐待的媳妇，绝不会再虐待自己的媳妇。可是，恰恰相反，这个受苦的媳妇，一旦变成了婆婆，成为“主子”后，立刻也就成了恶婆婆，变本加厉地虐待新任的媳妇。代复一代，婆婆媳妇都毫无尊严。

而对男人的迫害呢？就是宦官，阉割男子。根据记载，宋王朝以前，但凡有钱有权人家，都可以自己阉割奴仆。这种事情直到十一世纪，也就是宋王朝开始后，才被禁止，但宫庭中的阉割一直未停。这种情况正说明我们的文明里有许多不合理性的成分，根本就不懂得人的尊严。

我们社会的传统中，有长有幼，有富有贫，有贵有贱，等级森严，层层分明，威力无边。贵的一层永远乐意虐待贱的一层，剥夺他们的人格尊严。市井小民虐待妻子、女儿，但自己却永远是蚁族一样卑微的族群；任何一个小官小吏只要看他不顺眼，都可以把他揪翻在地施以鞭打；而大官对小官也是如此。全国最大的官，莫过于宰相，然而，宰相也不能免此一劫。自公元前三世纪稍后的西汉王朝开始，皇帝可以随时把大臣揪翻在地，骑在他背上，抓住头发，任意打他。东汉王朝时，皇帝就在金銮宝殿上，欧打大臣。到了明王朝，更是令人战栗，有名的“廷杖”，不管是宰相还是大臣，皇帝只要发怒，立刻就有行刑队扑上来，把他揪翻在地，用四根绳子，绑在早已固定好的木桩上，用黑口袋罩住他的头部，一块木头塞住他的嘴巴，脱下他的裤子，用木棍打他。

即令到了二十世纪二十年代，就在北京，一个清王朝的家奴型的小官，手提灯笼，走到西单大街上，趴在地上，脱下裤子，教他的家人在他的屁股上，痛打五六大板，然后爬起来，向围观的群众说：“这样的滋味好久不尝，痛快！痛快！”凌辱与被凌辱都怡然自得。甚至贱的一方，千方百计自己作贱，想出种种妙计，使主子动手，因为，如不被主子虐待，如不主动向主子献媚、主动献上银两，他就没有安全感。所以，中华传统文化中，谄媚成为主流，马屁和行贿手段之精妙，令人拍案叫绝，却完全忘记了人格尊严。

《红楼梦》中，王熙凤责罚丫环，丫环跪在地上，一语一叩头，王熙凤喝令打嘴，丫环浑身发抖，抬起头来等候。王熙凤又喝令丫环：“你自己打！”那个可怜的女孩，开始用左右手分别打自己的双颊，一面痛苦地哀嚎，一面用力地抽打。眼泪和打出来的鲜血同时流下。

大分裂时代，一个王爷，喜欢吃血痂，王府之内的几百官员，每天的工作就是轮流接受鞭刑，等到伤口结痂，王爷就揭下血痂下酒。另一桩有名的“儿口承唾”。符坚大帝的孙子，逃到江南，无论什么时候，只要他一咳嗽，旁边侍候他的书童，就会跪下，张开大口，那位王孙就将浓痰吐到书童的口中。

这还是小儿科的做法。在北齐帝国统治者的人家中，一位王爷在高楼上拉大便，下面的仆人就得张开大口承接。长江南岸的王爷更凶，当他的铸剑完成后，总是用别人的脖子做试验，如果一剑下去，人头落地，就证明那是一把好剑；如果不能一剑人头落地，而仅受重伤，它就作废。

从这些故事可以看到，在很长时间里，人类并没有把“尊严”二字提到日程上。一个人，一旦成了“主子”，一旦有恶婆媳角色的传承，思考模式就变了，好像人生唯一的目的，就是等到自己当上婆婆，一定向新媳妇讨债，计息还本。似乎，中国人什么能力都有，尤其是窝里斗的能力，唯独没有“尊重别人”的能力。中国人一旦有了钱、有了权，他就把摧残别人尊严的丑恶性格，发挥到极致。其实他自己更没尊严。中国人几乎没有自尊，以至于中国人很难有平等的观念。你如果不是我的主人，那我就是你的主人。毁坏别人的尊严，自己也没有尊严，甚至自己就根本不懂尊严。

柏杨先生发现了许多摧残人格尊严的故事，说明中国人长期生活在缺少“尊严”的环境中，不知道什么是人格尊严。柏杨先生研究表明，中国虽然有五千年的历史，但直到新中国成立之前，对人性尊严摧残的封建力量，不是一天天减少，而是一天天增加。春秋战国时候，君臣之间是平起平坐的，帝王和大臣平起平坐在一个榻榻米上，议论国事。一直到公元前二世纪，西汉王朝的叔孙通制定了朝仪，就是在刘邦当皇帝时，也就是儒家学派当权的时候，叔孙通制定了这个朝仪，使帝王成了一种很庄严、很肃穆、甚至很恐怖的权威。大臣朝见皇帝时，有卫士在旁边监督，任何人的态度不合乎规格，像偶尔台一下头之类，就要受到处罚。这样的改变使君王远离人民，与人民保持一段距离。但是，在皇帝手下，大臣们还是有个座位。到了十世纪宋王朝，连这个座位也开始消失，皇帝和宰相坐而论道的日子，一去不复返了。这虽是一个很小的变革，但它象征的意义很大，那就是，君和臣、官和民，距离越拉越远。到了十四世纪的明王朝，人格的尊严更受到了彻底的伤害，谁也没法想象，一个君王会对自己国家的人民那么仇视。明王朝建立了一种“君父”观念，君就是父，皇帝就等于你的父亲。于是“父母官”林立。这种观念一经建立，所产生的流弊，无穷无尽。其中最可怕的症候，就是廷杖。上至宰相，下至小民，只要管辖你的官认为你犯了法，他就可以把你的四肢捆起来，就在金銮殿上或公堂上，也就是官府所在地，加以拷打，把你打得皮开肉绽。因此有了“伴君如伴虎”之说。这种廷杖制度，与这种君父思想的结合，使中国人的自尊，几乎泯灭，使中国人的人格，几乎摧残殆尽。那时，中国人唯一保持自尊的方式是，只有在受廷杖时，无论怎样痛苦，不喊出声音。可是，却不能提升到反抗的层面。

在中国，人格观念被这种悠久的封建制度，一天天摧残，简直几乎泯灭，对人的影响太大了。中国人的自尊心没有办法保留完整，假如说有保留的话，那就是鲁迅先生说的阿Q精神，那就是只好在情绪上满足自己，而不是在真正内心上获得充实。

中国的历史特点是战乱多。中国五千年的历史，只有三个黄金时代。第一个黄金时代是春秋战国，那个时候的各式各样的思想，各式各样的生活方式，同时并行。第二个是唐王朝，唐太宗李世民的贞观之治，到唐明皇李隆基在位中期，不过一百年左右。第三个黄金时代是，十七世纪六十年代至十八世纪六十年代清王朝中叶。中国五千年的历史里，只有这三个黄金时代，其余四千余年里，几乎每年，甚至每天都有战争。柏杨先生写过一部《中国历代战乱编年史》初稿。发现中国历史上每年都有战争。由此看出，中国的战乱非常可怕。一个王朝取代另一个王朝过渡期间的大混乱，总有三五十年，由政权的夺取到政权的安定，又要二十年左右。然后政权再腐败，反抗的力量再起，大混战重新到来，陷入治乱相迭的恶性循环。因此，根据经验，李淳风写出《推背图》，刘伯温写出《烧饼歌》。

中国人可以说是长期地生长在贪污、混乱、战争、杀戮、贫穷里面，因而中国人始终没有安全感，总是觉得惶惶不安。因为长期的贫穷、杀戮、猜忌，使得我们的心胸十分狭窄。战争、旱灾、水灾、蝗灾，赤地千里。在历史上“人相食”三个字，不知道出现过几十次、几百次。在种情况下，中国人的人格尊严同时被摧残。

尊严：尊贵庄严；可尊敬的身分和地位。民主、自由、平等是尊严，思想独立是尊严。坚持正义是尊严，反抗压迫剥削是尊严，公平正义是尊严。人的一生就是为生存而奋斗，为尊严而奋斗。

哲学家柏拉图说：“无论如何困难，不可求人怜悯。”

哲学家尼采说：“没有悲观的权利。一个受苦的人，如果悲观了，就没有了面对现实的勇气，也没有了与现实抗争的力量，结果是他们将受更大的苦。”

一个人真正的尊严是：自己的思想和见解受到尊重。历史上所有的伟人都是这样。他们为了一种思想，毫不犹豫地牺牲自己的一切，为了自己的主张，艰苦卓绝，英勇奋斗。狗之所以没有尊严，因为它接受了别人套在它脖子上的箍圈——即使它是金子做成的。

历史无情的证明，尊敬自己的人格尊严，同时要尊敬别人的人格尊严，才能赢得尊严。口出恶言，态度蛮横，赢不到尊严；飞扬跋扈，面子十足，赢不到尊严；大批购买钻石名表，赢不到尊严；拥有一万个奴隶，赢不到尊严；前呼后拥，颐指气使，赢不到尊严；收购价值连城的象牙和犀牛角，赢不到尊严。在一个没有终极关怀和终极理念的社会，荣华富贵往往使人心贪婪，人生空虚，即令热闹喧哗，也会霎时消失。人格为每一个人所拥有，一个热爱生命的族群，如果不同时具有尊严的人格，生命就卑屈可耻。建立人格尊严，是人类社会重要的任务之一。

33. 家庭·亲情力学

家庭是社会的细胞，社会是由家庭组成的，健康的社会细胞，有利于社会的健康发展；不健康的社会细胞，不可能造就健康的社会。家庭不和谐，不仅个人感到痛苦，对社会也不利。家庭亲情力学是最普遍最重要的社会力学之一，是健康家庭，和谐社会的重要正能量。

人一出生来，便和家庭结下了不解之缘。和谐的家庭对每个人来说都是十分重要的。家庭的基础组合是由一男一女组成的夫妻，因此，婚姻是家庭的基础，没有婚姻就没有家庭。婚姻是以爱情为前提的，因此，没有爱情就不应该有婚姻。人们应以爱情为基础圆满婚姻，以婚姻为基础建立美好家庭。

亲情力，是以血统关系为基础产生的天然情感力，包括父母子女、爷爷、奶奶、兄弟姐妹、堂表堂妹、姨表姨妹、叔伯姑、外公、姥姥、舅父、姨妈等，他们之间有着或近或远的血缘关系，也就有着一种天然的感情。“打虎亲兄弟，上阵父子兵”，就表达了这种情感力的特殊性。

这种亲情力，是由血统关系产生的，加上生活在一起，或经常来往培养加强的。亲亲力非常强烈，割不断，打不散，打断骨头连着筋。失散几十年的子女父母千方百计寻亲，离家六七十年的老兵，想方设法回家探亲。亲情力是最真实最朴实最普遍的一种力，客观地存在于社会，作用于社会，影响到社会的方方面面，是一种非常重要的社会力学。

社会的发展可能出现两种情景：一种是科学理念的现实，以物为主；一种是科学加感情的现实，以情为主。如果人类只讲科学理念，不讲文化，不讲感情、亲情，那么，社会就只知道分子、原子、电子、原子核、化学、物理；人与人之间只有细胞、人体、动物体、病材（体）、战斗力、减员、员工、棋子就是些冰冷无情的名词了。这些东西就像沙子一般堆在那里——就是可怕的无感情的冰冷的社会。所以，在科学技术理性更加高深的今天，更要重视文化，重视感情、亲情。其实文化、感情、亲情本身就是社会科学研究的重要内容。人没有亲情、感情就会产生失落感，无论是子女还是父母。看透一切的感觉，是这种失落感的极致。而亲情、感情是种朦胧的美好感觉。人在无情和冷漠中看透人生，就泯灭了人生的亲情、感情、爱情、友情的共享，这是人生最大的悲哀。

不可仅用细胞、精子、卵子、受精卵、病材（体）医生的语言；也不可仅用战斗力、棋子、减员、增员、长官等军官的语言；更不可用恶言恶语，而要用富有亲情、感情、热情的语言。其实人类通过恋爱、结婚、生子，是一个感情发展的过程。父母要付出巨大精力来生儿育女，又抱有多么大的期望，投入多大精力和心力培养子女！子女是自己生命的延续，从细胞学的角度来看，是有科学道理的。人是感情的动物，这就是人的特征。所以人应该尊重亲情，尊敬亲情。

世界上各个民族都以亲情为基础构建家庭，以家庭作为社会细胞，构建社会。以细胞学观念，家庭是社会的细胞，父母子女是家庭的细胞，这是以父母的受精卵为基础，发展起来的，产生了一系列的血统关系以及次级血统关系——亲情。儒家学说以亲情为基础构筑社会，以父父子子的链条，形成祖宗崇拜理论，子子孙孙在这个链条上延续生命，成为生命不朽的理论。“杀父之仇”、“杀兄之仇”、家族之仇都是亲情力的复杂表现。复仇和雪恨是我们传统文化的一种特色，也是亲情力的自然延伸。

克隆技术破坏了人类的亲情关系，丧失了人类的伦理。

克隆技术已成功地克隆了羊牛猪猴等动物，没有引起伦理的争论。但如果漫延到克隆人类，那也可能给人类带来毁灭性的灾难。克隆人不仅具有先天的缺陷，因为对于克隆人来说 ，他生活在这个世界上，会遇到很大的心理危机。“我是谁?”，“我是人吗?”等问题困扰其一生。如果他的环境——社会，把他看成一个非正常人或一个怪物的话，那么克隆人就很难自在地生活下去。克隆人的原型承认他为自己的“孩子呢?”，还是“弟妹呢?”

克隆人技术如果任其泛滥发展，可是一种可导致人类毁灭的技术，而绝非危言耸听。

家的概念和内涵是不断发展的。各地各国的家庭观念不尽相同，但人类仍有一个比较公认的家庭模式。

男子的力量是积极的、进取的、捍卫性的。显然，他们是实干家、创造者、发现者和保卫者。他们的智力适于推测和发明；他们的能量适于进取、适于战争、适于征服。

妇女的力量不适于战斗，而适于断决；她们的智力不适于发明创造，而适于下达悦耳的命令，适于巧妙的安排和决定。她们了解事物的性质、要求和地位。她们的伟大在于赞扬。她们不参与竞争，但能万无一失地判断王冠的归属。由于她们的地位，她受到保护，不受一切的危险与引诱的损害。

男子在外部世界中从事艰辛的劳动，必须面临一切危险和考验，因此，他们必须面对失败、进攻和不可避免的错误。不时受伤或被征服，也常常误入歧途。因此，他们在任何时候都应刚毅坚定。但对于妇女而言，她们坚决保护自己免受这一切的损害。在他们的家里——妇女料理的家——除非妇女本人出于志愿，否则，她们没有必要卷入危险、引诱、错误和进攻之中。

这便是家的实质——它是和平之宫、庇护之所，不但能使人逃避损害，而且可以逃避恐惧、疑虑和分裂。家倘若不是如此，便不是真正的家了。倘若外界生活的焦虑渗透到家中；倘若夫妻任何一方允许外界的、陌生的、没人爱的敌对社会跨入家的门槛，那么，家便不成为家。只能是外部世界的，被人蒙上了屋顶，在其中生火做饭罢了。

妻子就是家。真正的妻子，她无论走到什么地方，家便围绕着她出现在那个地方。她在哪儿，家便在哪儿。对于高洁的妇女，家在她周围覆盖的面积更广阔，胜过松柏树遮住的天空，甚至为无家可归的人洒下了柔和的光。

亲情是爱情的衍生系列。家是一个充满爱的集体，这里有夫妻情爱，有父爱，有母爱，有兄弟姐妹之爱，有亲情之爱。家是一个温馨的避风港湾，是男女双方齐心协力，白头偕老，相处一辈子，而不是相处一阵子的地方。家能使你成长，家能使你温暖，家能挡风避雨。家是人一生中有三分之一时间休息的处所；当你有病时，家是你躺在床上养病的地方；家是一家人团聚栖息之地。有人说没有妻子（丈夫）家就不完全；有人说没有房子就无家可归。

家，也意味着责任。因此，也是一个“明知山有虎，偏向虎山行”的地方。因为有了家，就会产生许多事务，称“家务事”，也产生一系列的新问题，称“家庭问题”。某西方人士曾说“结婚是自掘坟墓”。这话不无道理。试想，未婚时，只有一个包袱：没有爱人。有了爱人，随之而来的一系列包袱。两个人的住房问题，生活问题，爱人的工作问题，一两年后生孩子问题，保姆问题，孩子的教育问题。这问题，那问题，没完没了。这些问题，有时可使你焦头烂额，疲惫不堪。所以，婚后的种种问题，事先应有个通盘考虑，要有精神和物质的准备。

钱是支撑家的经济基础，没有钱，家庭生活就不能维持；家庭经济困难，就会缺吃少穿，寒酸度日。因此，父母亲，特别是父亲，主要精力用于振兴家庭经济，养家糊口，求得宽裕和富有。家庭成员都应为振兴家庭经济而努力。

孝是家庭的思想灵魂。百善孝为先。孙中山先生说："讲伦理道德，国家才能长治久安。孝是无所不包的道德，不能没有孝。"

孝心是做人的基本准则之一。你应该常回家看看，孝颜常开。问君能有几多孝？问君已有几多孝？当你身强力壮年轻有为之时，你是否在父母、岳父母面前当过孝子，不是一阵子，而是一辈子。比如，你的父母年高体衰，丧失劳动能力而生活无着落，你应该按时把柴米油盐酱醋茶送上门，夏有夏衣，冬有冬装，衣服被子常洗常晒，日用杂品考虑周全。当患了重病需住院治疗，慷慨解囊，住院就诊；而且喂水喂饭，擦屎倒尿，日夜看护，精心侍候。要知道，人生能孝敬父母，仅在父母晚年是主要机会。当父母寿终正寝，再想孝敬些什么，已悔之晚矣。实践证明，没有孝的家庭，经常和父母吵架的家庭，是没有前景的家庭。

父母是子女第一任天然老师。你对父母的孝敬，你的儿女看在眼里，记在心上，他很可能仿效你孝敬父母的样子来孝敬你。俗话说，前 30 年孝父教子，后 30 年看子敬父。想让子孝，必先当孝子。人之孝心，不是从娘肚子里生下来就有的，而是后天培养的。所以，父母对子女要进行孝的教育。当然，敬孝是永恒的，但敬孝的内容和形式，会随社会发展而有所变化。也不应当提倡把子女当成父母的私有财产，不应当提倡什么"君要臣死，臣不死为不忠；父要子亡，子不亡为不孝"等愚忠愚孝之类的孝道。孝应符合科学伦理，符合时代精神，

符合先国后家的利益。

人，因有家为福；家，因有人为贵。家中最宝贵的是人，人才。如果家里培养出了为国家，为社会，为乡里做出了杰出贡献的人才，全家感到荣耀。所以培养人才是家的重要责任和义务，也是家的头等大事。要教育子女为自己争光，为父母（家庭）争光，为单位（学校）争光，为国家争光。家，因人为贵。伟人毛泽东 1893 年 12 月 26 日出生在湖南省湘潭县韶山冲南场上的西南屋。这南场上的西南屋成了人们的瞻仰圣地。凡是到过毛泽东故居的人们，无不到此缅怀。无数家庭，因家里出了为国家、为人民、为社会有杰出贡献的名人而骄傲。

世界上每个民族都为营造美好的家庭倾注了智慧，形成了有自己特色的家庭观念。比如，东方人素有养儿防老的观念，这本并没有什么不对之处，但犹

太人的智慧是孩子娶妻之后，父母就让他们离开自己，与所爱的人一起生活，与妻子联合，二人成为一体。这样能让年轻人独立成长，同时也减少了婆媳矛盾，可以说是一举数得，他们巧妙地在爱情和亲情中做出了选择，处理好了爱情和亲情的关系。

在家庭生活中，犹太人的特点是重视和关爱女人。“失去一根肋骨，换来一位侍奉你的女人是值得的事。”在犹太人眼中，一切全取决于女人，在婚姻和爱情生活中，好的女人是一所学校。在犹太人家庭中每个安息日晚上，当全家人一起用餐时，丈夫们都要唱一首赞美妻子的诗歌：“你披着力量和温柔，你一张口就会说出有智慧的话，愿神祝福你，并保护你的孩子。”

34. 情欲・爱情力学

现代科学证明，情欲的生理基础是性的成熟，即体内性器官分泌性激素苛尔蒙等——激发对感兴趣的异性产生情欲，特别是青年男女。因而产生了人类情欲与爱情的种种事件，枚不胜数——美丽的、深沉的、丑恶的、凶险的。所以，在各种社会中，情欲与爱情是一种搅动社会的重要力学。

情欲是爱情的基础，爱情是情欲中健康、美好、专一的分枝。爱情是一种致命的吸引力，人们为了爱情可以神魂颠倒，可以改变航道，甚至发动战争。爱情的力量有多大呢？有人常与影响力极大的权力相比，是仅次于权力吸引力。权力则是一种比爱情更致命的吸引力，它的能量超过爱情千百万倍。一个尝到权力滋味的人，最初不过欲仙欲神，到了后来，则终必陷于既疯又狂。当被情欲迷恋的人，也会神瑰颠倒，情病缠身——相思病。不同的是，爱情失败虽然悲惨，但也有可能凝聚成一段浪漫的情愫，带领青年男女顶礼膜拜；而权力的失败者能够留个全尸，已经值得额手称庆了。爱情的吸引力无毒，容易收场；权力的吸引力有毒，会纠缠终身。

情欲的力量之大有时是难以想象的。历史上精采的故事，悲惨的场面太多太多：有死去活来的；有棒打鸳鸯不散的；有患相思病的；有私奔的；有犯罪的；有亡命的。为了争夺一位相恋的美人，可与情敌“决斗”，以性命相争。男女为了情欲，有弃离父母亲人私奔的；有道德败坏通奸的；甚至违法犯罪强奸的；有色钱交换的；有色权交换的。俗话说“英雄难过美人关”，多少人栽在了情欲之中！不仅人，就是动物，在情欲的支配下，也会神瑰颠倒的。发情期的动物，变得凶猛无比。海象为了拥有更多的老婆，要驱逐所有来争夺的情敌，一头强壮的海象可拥有几百个老婆。

至于爱情，那是更理智、道德、美好的情欲。古今中外，爱情是个说不完的话题，也是个说不清道不明的题目，常有人用“剪不断，理还乱”来形容。在中国古代的封建社会，基本上是只有婚姻没有爱情，父母之命，媒妁之言，就把一双男女捆绑到了一起。有的先结婚后恋爱，长期的生活中产生了爱情，则是幸运；有的则终生沉浸在没有爱情的婚姻苦海之中，抱怨终身。有的爱情被迫而成悲剧，只有在文艺作品中留下了诸如《梁出伯与祝英台》、《贾宝玉与林黛玉》等悲泣动人的故事。

对于爱情的理解，即使哲学家的言语，有的也是荒谬无比。如哲人们把爱情描写的有的如魔似鬼，有的则如仙似神。

英国哲学家培根曾如是描述：“舞台较之人生更受惠于爱情。因为对舞台而言，爱情有时是喜剧，有时是悲剧；但对人生而言，爱情却始终招灾致祸……它有时候像一位魔女，有时候像一个复仇女神。世人也许注意到，在我们所记得的古今伟人当中，还不曾有谁被爱情弄到疯狂的地步，这说明高贵的心灵和伟大的事业均可抵御这种愚蠢的激情……似乎爱情不但能钻进无遮无掩的心扉，而且还会闯入森严壁垒的灵台，如果守卫疏忽的话。”这就是当时一位伟大哲学家对爱情的认识。爱情和憎恨一样时常被高度扩张。除此之外，还不曾见到有谁对爱情作如此尖刻的批判。

与此相反，雨果极力赞扬爱情：“把宇宙缩减到惟一的一个人，把惟一的一个人扩张到上帝，这才是爱。”

恋爱可以使人精神发狂，甚至可达到神魂颠倒的地步。无休无止的恭维，大大小小的夸张言辞仅适用于爱情，而不适用于其它任何事物。情人们只有在如醉如痴结束时才能看到对方的缺点。鲁易斯说：“只要是爱情，就都有招人当烈士的倾向。”所以古人说得好，爱情和智慧不可皆而得之。热恋者这一弱点，并非只是旁观者清，其实大多数被恋者也看得分明。爱情终会得到报偿，要么得到被恋者回恋，要么得到一种深藏于心的轻蔑。可见，世人应当更多地提防这种激情，因为它不仅会使人丧失爱情，而且会使人丧失理智、丧失自我。

爱情泛滥之时往往是人们软弱之际，也就是在人鸿运高照或背运倒霉的时候，更容易点燃爱情之火，因而也可以说明爱情是愚蠢的产物。如果有人不得不接受爱，并能将其摆在适当位置，使之与人生的重要使命截然分开，那就算把爱情处理的妥当。

与哲学家的批评相比，犹太人对爱情就理智得多。在犹太人眼中，爱情不能像婚姻那么持久，因此，犹太人绝不赞成热恋，犹太人是彻头彻尾地用冷静的眼光注视男女关系。犹太人认为恋情愈炽烈，恋爱的生命愈短，因为热情是无法持久的。为此，《犹太法典》中有许多警告人的句子——

“恋爱是果酱，但是必须沾在所谓‘人生’的面包上吃，否则人绝对不能活下去。”

“爱情使得精神发狂。”

“轻率的恋爱常导致不幸的后果。”

“一个礼拜能结束蜜月旅行，但是绝不可能在一个礼拜之内结束一生的生活。”

其实，人类对爱情的认识是经历了自任管理、蒙昧管理、理性管理的过程。借鉴先人之经验教训，用现代知识理念武装的现代人，具有更理智、更科学的爱情观念。揭开了某些神密，去掉了某些愚昧，实行了男女平等，提倡男女交际，自由恋爱；现代社会物质更加丰富了，人们更加注重感情；人们的爱情、婚姻观念更加理性、成熟，抛弃了爱情、婚姻中许多陈规陋习。

现代人对爱情更加理性，因为心灵少了许多羁绊，追求爱情的真缔，其言语字字珠玑，闪耀着哲理的光辉——

给爱下个定义是困难的。我们只能说：在灵魂中，爱是一种占支配地位的激情；在精神中，爱是一种相互的理解；在身体方面，它是一种隐密的羡慕和优雅的占有。

爱是寒夜里的烛光，是荒原上的星火，我们可能在危难中而窘迫，却会因爱而坚强；可能因意外而流泪，却会因爱而充满希望。爱，点燃了我们心灵中的圣火。

世界上唯有爱是恒久不变、永无止息的。真爱无价，真爱没有年龄界限，是生命吐露的芬芳。

夫妻之爱使人类繁衍，朋友之爱使人类完善，但淫荡之爱使人类堕落。

爱不能抢占，你喜欢月亮，不能把月亮拿下来放到你家里，但月亮的光辉仍可照进你的房间。

每个人的一生都会找到四个人，第一个是自己，第二个是你最爱的人，第三个是最爱你的人，第四个是与你共度一生的人。然而，现实生活中，这三个人通常不是一个人，你最爱的，往往对方没有选择你；最爱你的，往往不是你最爱的；而与你长期相处的，偏偏不是你最爱的，也不是最爱你的。

现实生活告诉人们，世界上所有的伴侣，几乎没有一对是十全十美的。所以爱情理想主义者，应回到现实中来。

你与经济上没有独立能力的人结合，几乎十个有十个在后来要分手的。同理，你与一个思想没有成熟的人结合在一起，到头来只好无可奈何地说声“拜拜”。

爱美之心，人皆有之。选择心上人，外表美与心灵美，二者皆而有之，当然美。然而，生活中的具体人，有的心灵美，有的外表美。如外表美，心灵不美，那是狐狸精，千万不可要；如心灵美，外表不美观，却不妨纳之。因为心灵美是永恒的，外表美是短暂的。一个人外表美，不管是男是女，没有几年的光景，今天外貌俊俏，仪表堂堂，到了明天就成了满脸皱纹，老态龙钟了。

陶行之先生有句名言：“爱情之酒甜而苦。两个人喝，是甘露；三个人喝，是酸醋；随便喝，要中毒。”

35. 恋爱·婚姻力学

情欲、爱情、恋爱、结婚，是通常婚姻四部曲。

情欲是在性激素作用下的一种生理反应，爱情是对感兴趣的异性的爱慕之情，恋爱是爱情的深入发展，婚姻是恋爱的娇美人生之花结的珍贵之果。普惠于世的、轰轰烈烈的、喜怒哀乐的、倍受当事人和家庭关注的恋爱与婚姻，是重要的社会力学，对社会产生着广泛而深刻的影响。

古希腊有个神话：最初的人是球形的人，两个个体背靠背粘合在一起，有两张脸，八只手和脚，两副生殖器。宙斯和众神担心人类过于强大，不敬神灵，于是把球形人劈成两半。所以，我们每个人都一直在寻求与自己相结合的另一半，使自己强大起来。

信佛之人是不结婚成家的，他们对恋爱婚姻是怎样的心境呢？佛说：“人系于妻子舍宅，甚于牢狱。牢狱有散释之期，妻子无远离之念。情爱于色，岂惮驱驰。虽有虎口之患，心存甘伏。投泥自溺故曰凡夫。透得此门，出尘罗汉。”显然是种消极观念。

佛说：“不懂得自爱的人，是没有能力去爱别人的。”就是在恋爱前就必须培养自爱的品质。

人世间的婚姻是多种多样的。有纯真美满健康幸福的婚姻；有一见钟情的婚姻；有久恋不决的婚姻；有父母包办的婚姻；有买卖婚姻；有委身求荣的婚姻；有委身求富的婚姻；有同床异梦的婚姻；有将就凑合的婚姻；有欺骗受骗不幸的婚姻；有强迫罪恶的婚姻；有抢劫掠夺的婚姻等。人类为争取自由美满的婚姻顽强奋斗，许多国家都基本达到了这一目标，但不幸的婚姻仍然很多，超高的离婚率就是证明。纯真的爱情固然美好，但许多婚姻潜藏着愚蠢和脆弱。有多少不幸女子，为了被践踏的爱情而伤心落泪，死去活来。现在纯真美满的爱情婚姻越来越多，悲剧的婚姻越来越少，这是值得庆贺的。

因为婚姻大事重要，所以有人把它看成有危险性的喜事。有人把恋爱比做飞机起飞前的滑翔，结婚好比飞机离地升空。能否起飞决定于恋爱，只有恋爱关过得好，才能起飞。恋爱和结婚的激动是人生之旅的开端。在起飞前，你一定要选择一架好飞机，并检修好它，以经得起任何狂风暴雨和任何恶劣环境的考验。否则，后果不堪设想。

恋爱使你爱上一个人，如果说爱情是真诚的，那就会决心此生休戚与共。这样走上结婚之路才是最恰当的。从这个意义讲，恋爱就像试探婚姻能否幸福的演习。

男大当婚，女大当嫁。从而组成了一个新的社会细胞——家庭。美满的爱情，必定是永不变心的深情厚爱。而恋爱时的浮浅，任凭感情的支配，随心所欲地生活，像热病一般的狂热是不行的，是精神上的幼稚病。杯水主义的爱、一时冲动的爱，时过境迁，就会被置于脑后，会带来惨痛的后果。英雄难过美人关。性爱，有时能使人神魂颠倒，死去活来，失去理智；有时宁肯丢掉名声、地位、家庭、甚至父母；有时甚至冒各种风险，这是愚蠢而危险的，可能损毁自己的一生。

家庭的基础是由一男一女结合成的夫妻，他们由不认识到认识，由不了解到了解，由片面了解到全面了解。这也是二人由无情到有情，从无爱到有爱，这就是恋爱过程。经过长时间的相处，或举手拜拜，或者双方拍板，结为夫妻。长期相恋者居多，一见钟情亦有之。

女人出嫁之前，考虑最多的是自己爱不爱他；结婚后，考虑最多的是自己是不是被他爱；婚后看的是对方的感情，安全感。女人与男人相处一段后，感觉很好，担心男人会变心，才和他结婚；男人以为女人不会变心，才和她结婚。婚姻的结果是夫妻相濡以沫，互相依靠，共建美好幸福的家庭。

世界上没有完全合乎男人要求的女人；同理，也没有完全合乎女人要求的男人。世上千般情，唯有爱情最神圣；世上万般爱，唯有爱最难说清。家庭是讲感情的地方，不是讲真理的论坛。情理交缠，清官难断家务事，此时，“难得糊涂”最为可贵。

结婚登记，领取结婚证书，是得到法律承认，得到法律保护的必要程序。结婚仪式，是向世人宣布他们结婚了，也是结婚之喜的庆典。综观古今中外，婚礼都是以当时的，本人力所能及的最高礼仪举行，借以表达结婚是件大事，不可轻率；同时，高贵体面的婚礼，给夫妻双方留下深刻美好的纪念，有利于巩固婚姻；高昂的结婚成本，令夫妻双方更珍惜婚姻来自不易。

对待婚姻，各民族都有自己的理念和传统，甚至凝成了名言哲理：

若爱，请深爱；若不爱，请弃之；不要暧昧，伤人伤己。

爱需要有足够的空间和时间，才能茁壮的成长。爱，不是牺牲，不是占有。拥有爱情的时候，要让对方自由；失去爱情的时候，更要让对方自由。爱就像风筝一样，你要给他飞翔的自由，也要懂得适时把它拉回来。没有自由的爱情，也会趋向自然死亡。爱需要自由，正如同爱也需要呼吸一样的。距离和神秘感，才是维系爱情的好方法。

恋爱，在感情上当你想征服对方的时候，实际上已经在一定程度上被对方征服了。首先是对方对你的吸引，然后才是你征服对方的愿望。

每一个沐浴在爱河中的人都是诗人。充满着美丽的感情和想像。所以，柏拉图说："当爱情轻敲肩膀时，连平日对诗情画意都不屑一顾的人，都会变成诗人。"

爱情的力量是巨大的，可以使人敢于为所爱的人献出生命；这一点不但男人做得到，女人也做得到。

感情的事没有谁对谁错。正如歌里唱的那样："不在乎天长地久，只愿曾经拥有"，就是件不知对错的事。

在恋人的意念里，这个世界上存在一个生动而又完美的他，他对你而言是毫无瑕疵，唯一永恒的。也许他不会出现在现实，但永远存活在你的心底。

任何一种快乐都不如肉体的爱来得更巨大、更强烈，但再没有比这更缺乏理性了。

爱一个人不一定拥有，拥有一个人就一定要好好去爱他。

有时，爱也是一种伤害，残忍的人，选择伤害别人，善良的人选择伤害自己。

柏拉图说："分手后不可以做朋友，因为彼此伤害过；也不可以做敌人，因为彼此深爱过，所以他们变成了最熟悉的陌生人。"

相爱是种感觉，当这种感觉已经不存在时，却还在勉自己，这叫责任。分手是种勇气！当这种勇气已经不在时，却还在鼓励自己，这叫悲壮。

想哭就哭，想笑就笑，该爱的时候就去爱，无需压抑自己。

所谓花心，就是有了爱情的面包，还想吃蛋糕的心情。所谓外遇，就是潜出围城，跌入陷井。所谓浪漫，就是帮老婆买包心菜时，还会顺便带回一支玫瑰花。所谓厨房就是结婚时红地毯通向的正前方。

犹太人是个智慧的民族，在婚姻问题上也显示出他们超高智慧的光芒。

无论犹太教还是拉比，都反对一个人去选择独身，认为独身的人是不完整的，主张人去结婚。这既是社会的要求，也是人性的要求。犹太的拉比强调这个观点："不结婚的人生活中没有快乐，没有祝福，没有幸福，没有好事。"

犹太人认为结婚就意味着成家，妻子就意味着家，这和许多民族是类似的。

犹太人的婚姻理念是不要重美貌，要注重家庭。其实质是重视品行和涵养的教育。在挑选对象时，《犹太法典》中有这样一段话劝告男人不要重美貌，要重家庭："年轻人睁开眼睛挑选你自己的新娘吧。不要只看外表，而要重视家庭背景，因为优雅的风度是虚假，美貌是徒劳，敬畏上帝的女子才值得赞美"。因为只重美貌，夫妻间就会出现不忠诚的事。

爱，要坚定，强调坚定的爱是应有的义务，在物欲横流的社会里，犹太人对于爱情往往表现出更多的坚定性。

犹太人有句俗语："家中的不道德，犹如菜上的虫子。"这盘美味的菜上有条虫子，多么尴尬！这句话既适用于丈夫，也适用于妻子 。对于夫妻之间的相互忠诚，犹太人则有趣地说："当丈夫和妻子高尚时，舍金纳与他们同在；当他们不高尚时，大火吞没他们。""从牵手到分手，上帝也会落泪。"

犹太人倡导高质量的家庭生活，他们说："爱妻子如爱自己，敬妻子胜过敬自己，将儿女们引向正路。"

犹太人尊敬妻子、爱妻子，"不要让女人哭泣"是爱的重要理念。男人不应该认为自己高人一等，而不与妻子商量事务。犹太人有一则谚语劝人们说："如果你的妻子矮小，你要弯腰跟他说话。"在犹太人家庭中，父亲的权威最大，但是他们也从不轻视女性。

在犹太人社会中，男人必须娶妻，否则便不被视为是一个独立的人。但是，一个最理想的犹太男人，必须同时具备男人的力量和女人的温柔。于是，在《犹太法典》中有一句很美的话："像爱你自己一样爱你的妻子，好好保护她，不要让女人哭泣，因为神将一滴一滴地计数着她的眼泪。"

在犹太人社会中，殴打妻子是最可耻的行为。但是，这在欧洲和其他中东民族中，欧打妻子如同家常便饭。在其他民族里，殴打妻子就如同天降雨，是件极其自然的事。

《犹太法典》中，犹太人把性称作生命的河流，河流固然会引起洪涝，泛滥成灾，肆虐大地，然而，同时也能养育万物，丰收果实，润泽人间。犹太人有自己关于性的理念。

性是自然的一部分，因此，性事本无任何不自然之处。

犹太人认为，正正当当、清清白白作爱，便是一种喜悦。

性是一种创造行为，少了它就无法成就自我，无法以成就家庭。

未获得妻子同意，不能和妻子发生性关系；妻子若无兴趣，不能强求。

对于男女性事的认识是每个民族都有的，但是犹太人对此既不隐讳，也不放纵，表现了高度的理性和科学性。

36. 爱子护子力学

父母与子女是家的核心，具有最特殊的亲情关系。父母对子女自然而然产生父爱和母爱，这种爱心远远胜过爱自己；关心子女的生活胜过关心自己的生活；关心子女的前程胜过关心自己的前程。可怜天下父母心！这是因为，子女是父母基因的传承，是父母生命的延续；子女是家庭的前景，父母的期望。因此，爱子女就成了父母的天然感情和天性。为了保护孩子，他可以拼命，向豺狼虎豹扑过去；为了孩子，他可以含辛茹苦，挣扎着活下去。

世界上最真诚的爱是父母对子女的爱。世界上最勇敢的行动是父母的护子行动。父母的护子行为无以伦比，母亲宁肯自己饿死，也要将仅有的一口饭让给儿子吃。母亲从担惊受怕的怀胎，到悉心的哺育，到精心的培养，含辛茹苦一辈子，直到死，有的还带着思念和忧愁闭不上眼睛。并没有人一定要他这样，而是真诚感情的流露，本性而已。这就是父子情、母子情。然而，什么是理性的爱子护子行动呢?

柏拉图说：“对一个小孩最残酷的待遇，就是让他‘心想事成’”。所以，爱子护子要有智慧，要有利于孩子成长。

有三个爸爸，分别代表了三种护子行为。中国爸爸：孩子问爸爸：“爸，你有钱吗?”“我有很多钱，你是我儿子，这些钱将来都是你的。”

美国爸爸：孩子问爸爸：“爸，你有钱吗?”“我有很多钱，你没有钱，我的钱和你没有关系，你要自己去赚钱。”

犹太爸爸：孩子问爸爸：“爸，你有钱吗?”“我有很多钱，这些钱我要留给你，但是，你留给你儿子的，一定要比继承的多些。”

这三个爸爸的护子行为，反映了不同的文化、不同的智慧。显然中国爸爸很富人情味，但可能培养出好吃懒做，胸无大志的庸才。美国爸爸，毫无人情味，但能培养孩子的自立自强精神。犹太爸爸，既有父子情，又能激励儿子赚更多的钱。显然，犹太爸爸的智慧更高些。

较高级动物皆有护子行为，其真诚勇敢之精神，也很感天动地，让人感叹不已。企鹅、鸟、鸡、狗、虎等动物都有强烈的护子行为，为了自己的儿子，精心哺育，在遇到危险时，不惜舍命相护。除个别种动物食同类外，一般的动物不食同类。虎毒不食子，就是这个道理，也是亲情力的一种表现。有一种昆虫，雄性交配后即死，雌性产卵后即死，他们为遗传后代献出了生命。一只小鸟为了挽救他的儿子，不惜生命竖起羽毛与一只大狗对峙。袋鼠为保护幼崽，生长了一个育儿袋，专门护理他的儿子。如此感天动地的护子行动，不胜枚举。其力何来？天生本性而已。如果人不注重亲情关系，常被骂为禽兽不如！动物虽有很强的护子行为，仅是对幼子，成年后就离开父母，不再相认。

正如哲学家培根所言，为人父母者将爱的喜乐忧惧都藏在心头，因为有些感受不能说，有些感受不愿说。子女可使父母的辛劳苦中有乐，但又可使父母的不幸加深；子女会增加父母对生活的忧虑，但也会减轻他们对死亡的担忧。动物皆能生殖繁衍，代代不绝，但在身后留下名声、功德、财产和伟业的，唯人之独有。

平心而论，对父母来说，孩子健康地成长，便是一份千金难得的厚礼；而对于孩子来说，子欲“爱”而亲犹在，也是至高无尚的幸福。父母与子女在一起，其乐融融，就像天天都在庆祝节日：每天都是母亲节，日日都是父亲节，时时刻刻都是儿童节！同样的，父母与子女，只要活得健健康康结结实实，就每天都可以对着自己愉快地高唱“节日快乐！”

“望子成龙，望女成凤”，为父母者皆有此心。“儿子聪明其父开颜，儿子愚笨其母赧颜”。“恨铁不成钢”，爱到恨的地步，是爱之极致。父母希望子女学到更多的知识，具有更高的学历，如学士、硕士、博士等，将来能找一份体面而有前途的工作，更好地为社会服务，同时能挣更多的钱，过上高质量的生活。此时，父母不仅在物质生活受益，更重要的是精神的满足。但一切应从实际出发，不可能个个都成龙成凤。一个人的成才与本人条件及社会环境的关系密切，有道是“三百六十行，行行出状元”，应鼓励孩子选择适合于自己的成才道路。

当父母的应及早选定他们想让孩子从事的职业和学业，因为孩子越小，可塑性越大；同时父母不可过分注意孩子的意向，别以为孩子想做的事他们将来也会喜欢。毫无疑问，若孩子的爱好或才能超凡出众，那当然顺其自然为好；不过对一般人来说，这句格言倒很恰当：“选择最佳的生活道路，习惯会使那条路走起来轻松愉快。”

孝是家庭的思想灵魂。子女要感谢父母的养育之恩，此恩深似海，高如山，自己即使至孝，也只能回报其一二。更重要的是传承孝的思想，使尊敬父母的美德代代相传，家庭才能其乐融融。不可想象，一个没有孝的家庭能够和谐昌盛。父母是子女的第一任天然老师，想让子孝，必先当孝子。前 30 年孝父教子，后 30 年看子敬父。如此而已！

子女结婚后，无论留在身边，还是让其离开父母独立生活，其出发点都是为了子女。如犹太人的习惯是，儿子娶妻之后，父母就让他们离开自己，与所爱的人一起生活。这可使年轻父母以平等的立场来照顾自己的下一代，而父母不太干于他们的生活，又能让年轻人独立成长，同时又减少了婆媳矛盾，一举数得。

为子女结婚买房子，被许多父母看作是父母天经地义的任务，也是中国人的最重要爱子护子行动。殊不知，对子女的责任，18 岁即可告终止。子女赚钱买房子的过程，是个很好的成长过程，能综合锻炼其理财能力、工作能力、坚忍与决心……能通过这种考验的年轻人，再不会害怕任何难关。

父母在孩子的零花钱上，过分吝啬则有害无益，因为那会使孩子变得卑劣，学会欺诈哄瞒，甚至交不三不四的朋友，而且将来有钱时会挥霍无度。所以最好的办法是，给孩子适度的零花钱，鼓励其节俭，培养理财能力。

父母奋斗一生，赚下一定的财产，一般是要留给后代的。世人证明，给子女留知识胜过留财富。因此，在力所能及的条件下，投资教育，让子女多学知识。知识是无穷尽的财富。不留知识，仅留财富，会留下不良习惯，财富终会花光的，“富不过三代”，就是这个教训。即使家庭很富有，给子女留下的财富也应注意：“富人给自己的孩子留下足够的财富，以便让他们干他们想干的事，但不能让他们有了足够的财富就什么都不想干了。”

37. 可怕的儿童富裕病力学

儿童是家庭的希望，国家的未来，是父母生命的延续，所以说儿童多么重要都不过分。正因为如此，儿童的健康成长问题，引起社会的特别关注，当代“儿童富裕病”，就是其中问题之一，它是危害严重的负能量，而且这种作用力的影响十分深远，影响一代至几代人，其结果是儿童前程毁灭、家庭衰败、社会危机。所以，它是阻碍社会发展的一种重要力学。

儿童富裕病是当今社会发展的新问题，而且越来越严重。特别是城市的儿童，往往一个儿童便拥有来自父母双方家族，好几个大人灌注的关爱和资源，于是，一种被称为“富裕”的儿童病毒也就悄然而生。“富裕病”一词于 20 世纪后期源于美国，指由于父母供给太多，造成孩子过度沉溺于物质享受和挥霍，生活缺乏目标等后遗症。(陈雅玲，《发现》2006：8)

据一份美国调查报告表明：继承15万美元以上财产的小孩，有二成会放弃工作，多数一事无成。他们得到的越多越不满足，甚至失去奋斗目标。这股“富裕病毒”正席卷全球，从美国、日本到中国……

因此，“好好对待你的小孩，但不要给他太多财产，不要让他害上富裕病。”这已成为人们谈论的热点问题。

佛主有句名言：“感谢上苍我所拥有的，感谢上苍我所没有的。”

哲学家柏拉图说：“对一个小孩最残酷的待遇，就是让他‘心想事成’。”

“富不过三代”，这是中国人的教训。其实，许多国家也大致如此。如美国家族企业在第二代能存在的只有30%，第三代只有12%，第四代及以后的只剩3%了。童年富裕，长大负债。美国年轻人破产族每年增加16%。德国人说：“创造、继承、毁灭。”描述了三代人的命运。这可能都与这种病毒有关。

究其原因，不是因为年轻人没有钱，而是他们太爱乱花钱了。物质越多，快乐越少，供给过多，反而导致不易满足。研究表明，当人的需求与供给刚好平衡时，满足感与愉悦感是最高的；而过多的供给，反而让人感到比物质匮乏时更为失落。

研究发现，许多物质过剩的铂金小孩，反而可能是满足感被剥夺的一代，富裕的小孩较易出现物质滥用、焦虑、抑郁等问题。美国卡内基基金会曾经做过一项调查，在继承15万美元以上财产的子女中，有二成的人数放弃工作，他们的大多数一事无成，整天沉溺于吃喝玩乐，直到倾家荡产；有的则一生孤独，出现精神问题，或做出违法乱纪的事。

为此，美国兴起了反思浪潮。为了下一代的“健全”，父母们要思考的已经不是如何让他们生活的好一点，而是怎样让他们“少一点富裕”。1/5富豪宁捐出财富也不留给子女。美国的百万富翁在10年内增长了400%，如今美国人对财富却出现了反思浪潮：2003年哈佛大学募款人柯立尔估计，全美国320万百万富翁中的60万人，因担心宠坏子女而将捐出大批财富。他说：“许多新富之家希望子女享有中产阶级的生活状态，这样可以让他们拥有快乐的婚姻，并且可以养育快乐的子女。”

那么这些新富会留多少钱给子女？柯立尔表示，资产超过3000万美元的富豪，会留给子女每人约150万美元。这笔钱可以买一幢房子，并且受良好的教育。

连续12年蝉联《福布斯》全球富人排行榜第一名的微软创办人比尔·盖茨

则早在1999年就宣布，他和妻子将他们的两个孩子的遗产继承金额限制在1亿美元以内。在2008年6月27日，盖茨宣布退休，不再担任微软执行主席，集中精力打理基金会，将把自己的580亿美元财产全数捐给名下慈善基金比尔和梅琳达·盖茨基金会，全部用于慈善机构和社会福利事业，一分一毫也不会留给自己的子女。盖茨希望以最能够产生“正面的影响”的方式回馈社会。

富人增加是全球的趋势之一。美林证券在《2005年世界财富报告》中指出，2004年拥有100万美元以上流动资产的全球“高净资产个人”达到了830万人，较前一年增加了60万人，其中香港、新加坡的富人增长率达两位数。对于富裕人口也在快速增长的华人社会而言，如何恰当地给孩子金钱、资源也是前所未有的挑战。

犹太人传承千年的用钱智慧，对“富裕病毒”有极强的抵抗能力，让犹太家族可以致富百年。

犹太父母十分注意明智地处理好长幼之间的关系。《犹太法典》上就有这样的话：“5岁的孩子是你的主人；10岁的孩子是你的奴隶；到了15岁时，父子平等；以后就看你如何培养他——他可以成为你的朋友，也可以成为你的敌人。”

在孩子的成长中，犹太民族更注重精神上的传承。“我希望将父亲以前所遗留给我的东西，同样留给我的孩子。”这些东西是什么呢？他们是爱情、勤勉、谦虚以及节约的精神。在犹太人的心目中，这是比金钱宝贵得多的财富，是应该一代一代传下去的。

犹太人有一套积极正面的财富教育思想。说到财富教育，很容易认为是理财教育，就是教孩子如何存钱、赚钱、花钱。事实上，财富教育是要建立一套对应的物质生活价值观。

美国股神巴菲特、量子基金创办人索罗斯、微软公司共同创办人艾伦、华纳电影创办人华纳、路透社创办人路透、《纽约时报》董事长奥克斯、美国石油大王洛克菲勒，他们都是犹太人。犹太人只占全世界人口的0.3%，但据《财富》杂志统计，全世界的超级富翁中，犹太人占1/5—1/4。犹太人之所以具有高人一等的经商和理财能力，就来自于一代传给一代的独特的信仰和金钱观。

犹太人长期的流亡生活，使他们不可能鄙视金钱，因为钱是他们最方便携带的东西，钱是他们在一个国家买下生存权的重要工具，也是和其它宗教打交道时不具异端色彩的东西。中古世纪欧洲的犹太人必须交纳林林总总的人头税和其它特别税，他们赚钱是为了生命安全的需要。至今犹太人家庭还有这样一个习惯：留给子女的财产至少不应比继承到的少。

《塔木德》是犹太人致富的圣经，金钱具有“准神圣性”地位。《塔木德》凝聚了10个世纪中2000多位学者对本民族智慧的探索。当中有许多这样的金玉良言：“身体依靠心而存活，心则依靠钱包而生存。”“残害人的东西有三样：烦恼、争吵、空钱包，其中空钱包害人最甚。”“金钱给人间光明，金钱给众生温暖。”这本经典揭示了金钱的价值，也揭示了金钱是用来做好事的，不是用来炫耀身份的。通过研读这本经典，犹太人教育孩子从小学会管理钱包和正确看待财富的价值。犹太人家庭财富教育从小开始：3岁：父母开始教孩子认识硬币和纸币；5岁：让他们知道钱可以买东西，知道钱是怎样来的；7岁：看懂价签，培养钱能换物的观念；8岁：教他们打工赚钱，把钱存到银行里；10岁：懂得每周省下一点钱，以备大笔开支使用；12岁：看穿广告包装假相，设定并执行两周以上的开销计划，懂得正确使用银行业务术语。

犹太人最擅长运用信托管理遗产。通过信托详尽的规范，犹太人子弟越是优秀越能得到更多资源。例如，家族后代进入大学可以领到若干资金；娶妻、生子、创业，又可以领到若干资金。反之，败家子就拿不到钱。因此，一份庞大的家产，就不会轻易被一个不肖子孙散尽，而可以留给更有出息的子孙使用。以信托的方式照顾亲人、族人，是犹太人的“大算盘”。难怪人口不众的犹太人却能够控制全世界的金融。

中国富裕家庭的青少年是在“漏斗型”的资源灌注下成长的。计划生育时代，一个家庭只有一个孩子，因此，富裕病毒对中国人的考验将比其它国家的更为严峻。给子女多留些知识，少留些遗产是一个不谬的主意。正确的财富教育才是对抗童年富裕病毒漫延的良方。要教育孩子具有三大财富能力：正确运用金钱的能力，处理物质欲望的能力，承受金钱匮乏与金钱过多的能力。其思想核心是对自己的思想和行为负责，能清醒地控制自己，解决自己成长中的问题。

38. 教子力学

一个民族最重要的智慧是“学习的智慧”。有了高超的学习智慧，通过学习，就会有高超的其它智慧，就能立于世界民族之林。

教育孩子是门学问，而且是门大学问。主要包括幼儿、小学、初中、高中、大学阶段的教育。孩子是国家和家庭的未来，是父母生命和期望的延续，教育孩子是头等重要的大事，办好教育是重要的基本国策，是影响社会发展的重要社会力学。办好教育，要重视起来，行动起来。首先把教育放到重要地位，要有先进的教育理念、科学的教学方法。综观国内外的教育，以我国现行教育为基础，吸收其它先进的教育理念，为我国教育服务。

理念一，“好孩子是夸出来的，但不可出口乱夸。”这是一个重要教育理念，但常被忽视。有的家长根本就不知道夸奖和鼓励对孩子的作用，甚至有的家长还抱着“棍棒出孝子”、“不打不成才”的陈腐理念。

深信“好孩子是夸出来的”，这是犹太人教育的成功经验之一。一位以色列女性官员说，她们在向别人介绍未成年孩子的时候往往会说“这孩子是物理学家，这孩子是数学家……”等等，以示父母对子女未来的期许。努力发现孩子的优点和成绩，给予热情的赞扬，从而鼓励和支持了青少年的个性发展。

“夸奖孩子”是对孩子的赞扬，可是什么样的孩子算是“好孩子”呢？这里有个赞扬的标准问题。孩子的心灵像一张纯洁的白纸，且可塑性很强，如何夸奖他，赞扬他，对他的发展将有很大影响。如果以英才的标准赞扬他，则培养英才；以庸才的标准赞扬他，则培养庸才；若以邪恶的行为赞扬他，则培养罪犯。所以，“好孩子”的标准，是培养下一代的重要问题。

理念二，让孩子尝到知识和智慧是甜蜜的，而不是痛苦的。犹太人对儿童教育方式是：让孩子认为知识和智慧是最甜蜜的，而不是枯躁无味的。典型犹太人家庭有个风俗，就是把蜂蜜滴在圣经上，让略谙世事的儿童去舔，尝到知识的甜蜜，培养学习兴趣。

理念三，教师和父母如山一样崇高，比普通人高出许多。父母是孩子的第一任老师，教师是孩子成长中的特殊恩人，要给孩子灌输尊敬父母和师长的思想，培养孩子的孝心和感恩精神。否则，他们就不懂得学习。同样地，师长与父母也都应爬上最高的地方，以“学高为师，德高为范”，作为孩子们的模范。

理念四，不溺爱孩子，要科学地对待不同年龄的孩子。犹太父母有条重要的经验：十分明智地处理好长幼之间的关系。《犹太法典》上就有这样的话：“5岁的孩子是你的主人；10岁的孩子是你的奴隶；到了15岁时，父子平等；以后就看你如何培养他——他可以成为你的朋友，也可以成为你的敌人。”就是5岁前的孩子，他是主人，父母要照顾好孩子。5—10岁，孩子懂点事了，要管理、教育他。15岁的孩子培养他的自立精神。这里有深刻的科学道理。

在孩子的成长中，犹太民族更注重精神上的传承。“我希望将父亲以前所遗留给我的东西，同样留给我的孩子。”这些东西是什么呢？他们是爱情、勤勉、谦虚以及节约的精神。在犹太人的心目中，这是比金钱宝贵得多的财富，是应该一代一代传下去的。

理念五，重视知识，更重视智慧。在犹太的社会中，几乎每个人都认为，学者比国王伟大，也远比富翁伟大。

重视知识，在犹太人心中，学者才是人们尊敬的中心。把学者置于一切人之上，甚至国王之上，就可以看出犹太人多么重视知识和智慧。这一点是犹太民族可借以自豪的传统，因为其他民族都是把王侯、贵族、军人、或商人放在学者之上的。而有些民族常为“读书无用论”、“学而优则士”而争论不休。

犹太人认为，学习知识的目的是增长智慧。犹太民族非常看重知识，但知识与智慧相比略低一筹，他们把仅有知识而无智慧的人，比喻为“驮着很多书的驴子”。在犹太人看来，这种人即使有很多知识，也派不上用场。而且，知识必须为善，用知识做坏事，知识反而有害了。为此，犹太人认为，知识是为磨炼智慧而存在的。假如只是收集很多知识而不消化，就等于徒然堆积许多书本而不用，同样是种浪费。

理念六，正确对待孩子“听话”问题。张结海先生在《聪明的中国人怎样拿到诺贝尔奖的秘方》中（《发现》2005/12），谈了四个问题，其中就有关于青少年的培养问题。他说，几年前，他们做过一项跨国比较研究，对象是日本的横滨和中国的上海，总计1300名父母，请他们回答“什么样的孩子是好孩子？什么样的孩子是坏孩子？”调查的结果非常耐人寻味。

在回答上面两个问题时，日本父母的回答可谓五花八门，但是中国父母的回答却出人意料的一致。46%的中国父母认为“听话的孩子是好孩子”，20%认为“不听话的孩子是坏孩子”。而没有一个日本父母将“听话”列为好孩子的标准，相反，倒是有一些日本父母将“听话”列为坏孩子的标准。类似的，几乎所有的中国心理咨询机构都反映，中国家长咨询最多的问题是“孩子不听话怎么办？”“听话”意味着什么，为什么受中国人欢迎呢？

“听话”就是顺从。但也不能鼓励孩子“不听话”，不顺从。这里有个认识问题。孩子就像一张白纸，什么都不懂，对于孩子而言，家长的话就是经验，就是真理。这个道理要逐步给孩子讲清楚，同时要鼓励孩子，要听正确的话，服从真理，敢于讲自己的话，有自己的独立见解，敢于不听家长不正确的话。我们的传统文化更多的是鼓励听话、顺从，而不鼓励独立见解；鼓励中庸、随大流，而不鼓励竞争、冒尖；鼓励稳妥可靠，而不鼓励异想天开；鼓励心往一处想，劲往一处使，而不鼓励个人的独特作用。看来，中国父母绝大多数认为，乖孩子的标准是：听话、中庸、随大流、稳妥可靠。这只是培养庸才的标准。基本没有采用独立见解、创新意识、竞争、冒尖、敢独挡一面，敢异想天开的精英培养标准。应抛弃庸才标准，以培养英才的标准教育我们的孩子，并从自己的孩子作起。这是中国父母的一大责任。

理念七，犹太人是很讲究教育艺术的，他们有句重要的至理名言："要按照孩子该走的路来充分训练他。"按照孩子的兴趣、爱好、特长、能力充分训练他。三百六十行，行行出状元，培养成状元就是成功，各行各业都需要状元。

理念八，鼓励创新。全民创业，万众创新，我国处于一个创新的时代。犹太人也蔑视一般的学习，他们认为一般的学习只是一味的模仿，而不是任何的创新。实际上，学习应该是思考的基础。学问不只是学习。而是以本身所学为基础，自己再创造出新东西的一个过程；学习的目的，不在于培养另一个老师，也不是人的拷贝，而是在于创造一个新人，世界所以进步就在于此。所以，犹太妈妈在孩子放学回家后，第一句话就问："今天你给老师提问题了吗？你提最好的问题了吗？"

理念九，弯下腰就能拾到真理。人必须谦虚。在犹太人的心目中，智慧和谦虚是分不开的。一个人如果认自己是幸福的，那他必定是幸福的。可是，如果他自以为是聪明人，那他一定是个愚蠢的人。

理念十，注重教学方法。

犹太人对学生有一个著名的忠告："不要说：如果有空的话我就学习，因为你可能不会有空。"

学习什么时候都不迟。此时不学，更待何时？

复习的好处是无限的。一个把书复习了1000遍的人，是一个把书复习了101遍的人难以比拟的。

一个专心的学生会自己阅读，如果一个学生不专心，那么就把他安排在一个勤奋的学生旁边。

如果学生在学习时粗心大意和懒惰，那么老师就应该训斥他们，用责备的话羞辱他们。这就是老师的责任。

培养专注力。你入迷了，就距成功不远了。

提倡好的教育理念，还应该批评不正确的教育理念和做法。一向以"望子成龙，望女成凤"的家长，往往因为自己的行为不够楷模，或对某些问题认识低下，甚至错误，在教育孩子时没起积极作用，反而起了负面作用，因此有人尖锐地提出："中国家长身藏十把刀"（魏书生，《发现》2007：7），砍掉了孩子身上宝贵的优点，助长了恶性因子的滋长，每天不知不觉地伤害着孩子。例如：

第一刀：砍去民主，种下专制的种子。在传统的中国式家庭中，家长说一不二，自己决定孩子应该怎样怎样，而不应该怎样怎样，缺少与孩子的勾通。

长期如此，一刀切掉孩子脑子里的民主意识，觉得家里父母说了算，社会强权主宰一切。

第二刀：砍去爱心，种下自私的种子。当你为如何赡养年迈的父母与你的兄弟姐妹撕破脸皮，或为分父母那点遗产而大打出手时，你的儿子正用一双惶恐的眼睛疑惑地看着你们的表演。在公共汽车上，你装作没有看见那位站不稳的老人，当儿子想起身让座时，你却用暗示的眼光阻止了他。你的每一个行动，都在砍去孩子的爱心，在他幼小的心灵中种下自私的种子。

第三刀：砍去诚实，种下说谎的种子。如果说实话可以得到实惠，谁还去说谎。如果孩子明白说谎可以不挨揍，不挨骂，他就要变成说谎的爱好者。孩子的说谎是大人逼出来的。大人们的说谎对他们有深刻影响，他们是会仿效的。

第四刀：砍去冒险，种下平庸的种子。孩子要下河游泳，危险！孩子要登高，危险！孩子不会自己削苹果，因为用刀子危险！20 岁的孩子不会开火做饭，因为煤气灶危险。一点点危险都不能经历的孩子肯定是平庸的。家长处处护着孩子，孩子如何能长大。但任何人也不能拒绝生活，不可能不遇危险情况，而要教会孩子认识危险，化解危险的本领。

第五刀：砍掉欣赏，种下嫉妒的种子。对一个人或一件事，小孩子会毫不掩饰表达其欣赏和爱好。比如，孩子欣赏某某同学多么优秀时，家长总是拿孩子的短处跟人家的长处比较，要么说，看人家多么聪明，多么努力，哪像你这么懒！要么说，要向他学习，给父母争光！这种批评式的比较，很容易挫伤孩子的积极性和自尊心。最初，孩子会说："我要比他还棒！"可他一次次超越不了对手时，又被父母奚落。这样，孩子的良好欣赏心态，就会变成嫉妒之心了……

家长重要的事是发现，发展孩子天才的一面，好的一面。哲人言："天才的另一面是傻子，傻子的另一面是天才。"只要努力发现和挖掘，每个人都可能成为天才。下面两个故事正说明，如果赞赏对了，他就成了天才；如果指责错了，他就成了傻子。

18 世纪初，俄国的乡间有一个很傻的孩子，他看见数学老师在举例做四则运算题的最后答案是零，他便以为所有四则运算的结果都等于零。所以，他把四则运算题答案都写成零。老师对这个孩子除了摇头，毫无办法。这个傻孩子就是后来写出了《叶甫盖尼·奥涅金》、《上尉的女儿》等世界名著的俄国诗人普希金。

20 世纪中期，北京王府井大街的百货商店来了一个年轻人，他要营业员找回少找给他的一毛钱。当营业员和他核算了好一阵子，终于确认是少找了他一毛钱时，他得到了那一毛钱。营业员觉得此人不可思议，不就是一毛钱吗？值得这么认真？后来知到他是从老远的中科院宿舍花了好几毛坐汽车来要这一毛钱时，更是笑坏了，这不是太傻了吗？此人正是把“哥德巴赫猜想”这道著名的数学难题推进到 1+1 的中科院数学家陈景润。

看来造物主很公平，给你一长，必给你一短；给你一个特别之长，必给你一个特别之短。努力认识自己，发现自己的特长，是老师、家长，也是自己的重要任务。

39. 君子力学

我国是君子之国，国人十分推崇“正人君子”，“君子”是国学的精髓之一。

早在2500年前，孔子和他的学生，口口声声赞美君子，直到现在，君子、正人君子还是国人崇拜的偶像，倍受人的尊敬和赞颂。如“某某是君子”，“某某几君子”。因此，正人君子是中国特有榜样，对中国社会有深刻的影响力，是推动社会发展的正能量。

在中国，人人赞美君子，君子究竟是怎样的形像呢？你想成为君子吗？

什么是君子呢？《资治通鉴》如是注释：君子，立天下之正位，行天下之正道，得志则与民由之，不得志则独行其道，富贵不能淫，贫贱不能移，威武不能屈，是谓之大丈夫。

在中国人的心目中，君子的形像是知书、达理、亲和、可爱、令人肃然起敬。

君子是好人、正义的人、善良的人，诚信的人，高尚的人，不欺骗别人的人。

“义感君子，利动小人。”（《晋书·符登传》）君子重义，小

人重利。这是判断君子最常用的试金石。

君子立身，虽云百行，唯诚与孝，最为其首。（《隋书·文帝纪》）诚与孝是君子的基本品质。

品质较高的君子是，“富贵不能淫，贫贱不能移，威武不能屈”的人。

品质更高的君子是，侠肝义胆，见义勇为，路见不平，拔刀相助的人。

品质最高的君子是，杀身成仁，舍生取义的人。

正因为正人君子名声极佳，所以，一些人冒充君子，成了假君子，伪君子。

这些伪君子“满口仁义道德，一肚男盗女娼”，欺骗了民众，败坏了君子的名声。

长期以来，中国社会把人分为君子和小人，用老百姓的话说，好人就是“君子”，坏人就是“小人”。当初，“君子”是指有钱有地位的人；小人是指穷人。但这经济意义不久就消失，进入政治场合，“君子”就是字典上所有赞美的词汇都戴到头上的圣贤人物；“小人”就是字典上所有下流词汇都堆到头上的坏胚子。所以中国政治永远是“君子”跟“小人”的斗争。你诟骂他是“小人”，自称“君子”，他诟骂你是“小人”，也自称“君子”。总之，结论是一样的：人们赞美君子，人们鄙视小人。

纽曼是外国作家，在他笔下的君子，和中国人的一般君子是极为一致的，但没有中国人对君子的认识深度。可见人性及人之共性之相似。一般意义上的君子是怎样的呢？

纽曼认为，真正的君子在与周围的关系上特别注意和谐，尽量避免冲突，诸如意见的冲撞、情绪的纠结、拘束、猜异、愤怒等。他最关心的是人心情舒畅，自由自在。他的心总是关心全体人们：对于腼腆的，他便温柔些；对于隔膜的，他便和气点；对于荒唐的，他便宽容些；他对正在与自己谈话的人的脾气，时刻不忘；他对那些不合时宜的话题和事件非常留心，以防刺伤对方；在交谈时既不突出自己，也不令人厌烦；当他施惠于人时，他尽量将此类事做的平淡，而不是尽量造势；他绝不靠反唇相机来维护自己；他从不把流言蜚语放在心上；他对各种言论总是善于解释；他与人辩论，从不鄙吝偏狭，绝不有理不让人、无理争三分。

除上品质外，中国人几乎把所有美好的品质都加在了君子的身上，所以要成为君子，须要修身养性。这些品质包括：礼、义、廉、耻、忠、孝、节、仁、勇、诚、信、慈、智、谦、刚、柔的全面发展。只不过随着时代的不同，这些品质的内涵也在与时俱进吧了。因此，把握好内涵，做与时俱进的正人君子，是每个人的努力方向。

“君子慎独”，君子最重要特征是“慎独”，即高度的自觉性。君子很高的自觉性是修炼成的，在独处时能严格要求，是君子的重要特征。“遇艳艾于密室，见遗金于旷野”，都能表现出高贵的品质，就是在密室中遇到美丽的女子，仍不动邪心；在荒郊野外捡到遗失的金子，能拾金不昧。君子具有这种品质：高度的自觉性。

与君子相反，品质不高尚的人，或称“小人”；品质恶劣的人，或称坏人。

我们应做君子，因为君子能做好事、大事；我们也应提防小人，因为小人能坏大事。因为坏一件事要比做好一件事容易得多，所以你做事时，当心小人坏事，谨防你艰苦卓绝的努力，被小人毁于一旦。

俗话说：宁得罪十个君子，不要得罪一个小人。因为君子做事光明磊落，坦坦荡荡，即使与你为敌，也不会用下三滥的阴谋诡计害人。而小人心狠手毒，阴险狡诈，不择手段，诡计多端。从这个意义讲，君子与小人斗难免吃亏。

君子是讲道德的，但道德只能律己，不能治人。道德的效果在于感化，但是人的品流太复杂，每个人的动机太复杂，不感不化又如何？感而不化又如何？所以仅讲道德，好人没办法对付坏人。只有通过教育和法律，才能教育小人，打击坏人，改造坏人。

君子代表一种优秀品质和行为，做君子、近君子，远小人。人人争做君子，小人就越来越少，社会就会和谐健康。

40. 健康·高寿力学

谁都不想死，谁都在力争健康高寿，从皇帝到平民，都在为高寿想方设法。因此，追求健康长寿成了许多人的奋斗目标，成为成就人生最高的目标，甚至成为科学研究的永恒主题。为健康长寿奋斗，推动了人生品德修养、提高生活质量，健身养身，发展体育事业、老年事业，成为推动社会发展的重要动力。追求健康高寿是社会正能量。老年人在张扬孝道、教育晚辈、传承经验、发挥余热、和谐社会、促进老年事业等方面推动着社会进步。

健康高寿力学有最高深的学问。一个人高寿，能活到 90、100、以及 100 多岁，本身就是件了不起的实事，必定有丰富的内涵。高寿的人常被尊敬，“人活百岁即人仙，不曾辉煌亦经典。”高寿亦丰碑。

一个家庭，如果有位八、九十岁老人，甚至百岁的老寿星，那真是一座无言的丰碑，它记载了或正在记载着许多重要的事件。

曾有位 98 岁高龄的老人提出了个问题：“老人活着还有用吗?”这位老人身体尚好，经常看书读报，生活完全可以自理，经济条件尚好，儿孙满堂且孝顺。老人是位老知识分子，提的问题有一定的哲理性，问题的核心是“老人有用”的疑问。当然，敷衍的回答是没说服力的。这个问题关系到亿万离退休老人，及其他老人和将要成为老人的人。是如何认识自我，如何认识社会，如何理顺自我在社会中的一席之地的大问题。所以，老人问题是一种社会力学，老人的心态，老人的状况，影响着自己，影响着子女，影响着社会的现状和发展。

有人把人生比成一本书，少年是开头，中壮年是书的内容，老年是书的结尾。不能因为是结尾，就随意胡来，应保持晚节，至臻至善至美。书的结尾部分往往最精采、最感人，是最令人难以忘怀、余香远幽的部分。

有人说，步入老年，是步入了人生的第二个春天。老年也是人生最后的一幕，不管台下是响起热烈的掌声，还是悄无声息，你都可以安然地走下舞台。退休是人生的一个转折，是新生活的开始，是第二个春天的起点。老年就是这么个人生阶段，谁也回避不了的人生阶段，应该将老年阶段过得更有意义。哲学家康德说过："老年人像青年人一样高兴吧！青年好比百灵鸟，有它的晨曲；老年好比夜莺鸟，应有它的夜曲。"

老年人应充分认识自己，肯定自己。一般来说，青少年是家庭和社会的希望，中壮年人是家庭和社会的中流砥柱，老年人是家庭和社会的功臣。孔子说："六十而耳顺，七十而从心所欲，不逾矩。"人越老越成熟。老年群体是个海纳百川的圣地，也是智慧的海洋，那里有做工种田的高手，有顶尖的能工巧匠，有工程师、教授、科学家、思想家、艺术家、政治家、将军、元帅、国家元首。一个单位，一个地区，一个国家，如果多数老年人都说好，那就是真好；反之，如果多数老年人说不好，那就是真的不好。

老年人经过一生的奋斗，明白了许多人生哲理。"人生自古谁无死，留取丹青照汉青。""人生一世，应做到两条，一是生不愧世，二是死能瞑目。"

人到老年，要使精神愉悦，心平气顺，乐观向上，充满活力，重要的在于思想开明，情绪开朗，观念开放，摆脱心理羁绊，不断调整心态。人生几十年，行程千万里，历经峥嵘岁月，阅尽人间沧桑，成败得失，酸甜苦辣，多少经验，多少教训，多少功劳，多少苦劳，是值得回顾的人生之旅，是青少年没有的宝贵财富。"而今迈步从头越"，人到老年，即到了一个新的"自由王国"，以旷达的心境充实自己，随心所欲地读自己想读的书，做自己想做的事，追求新的生活境界，在人生的第二个春天里耕耘，也是件大快之事。

老年人应有所追求。追求是人生一种本性，人无追求就暗淡无光。青年人有青年人的追求，老年人有老年人的向往，追求不光是青年人的专利。老年人的追求只不过在内涵、形式、速度诸方面与青年人有所不同而已。

老年人应追求健康、快乐、及力所能及的有效益的事情，首要的是健康。在健康快乐的活动中兼顾效益是最好的，须知没有效益的事是不能持久的。若还有精力，还应在你熟悉的专业上继续深钻细研发挥余热。还可以潜心于你喜爱的追求，如学书法，学绘画，搞雕刻，写回忆录，著书立说；种花植草，养鸟钓鱼，绿化庭院；收藏古董，集邮；散步、打拳、舞剑、旅游等。一个人可以兼顾几样，也可以专攻其一。含笑迎接新的追求，含笑迎接新的生活，含笑迎接第二个黄金时代，含笑迎接第二个春天。老年人追求的原则是：力所能及，生活充实，天天有事，不感寂寞，精神乐观，不知老之将至，益寿延年。

在选择追求时最好兼顾效益。笔者认为，如果身体许可，教育好孙子辈是最有意义的追求，也是当仁不让的大事，当然不可过累。一可减轻子女负担，二可增加与孙子辈的感情，三是为家庭、国家培养人才，对社会、对家庭是百年大计之功德。

另一件有效益的事是钻研烹调技艺。离退休人员，大都对一般饭菜轻车熟路，各有高招。但提高到研究烹调技艺，做出花样，有所创新，就不那么容易了。平时调理好自己的饮食，做点药膳补养身体。有兴趣时或逢年过节，做几道菜露一手，全家共享，其乐融融，可谓效益实惠，立竿见影。烹调技艺历史悠久，博大精深，电视节目中常有推荐，很有研究的味道；原料可贵可贱，量力而行；过程可简可繁，但不繁重，每次做一、二道菜，不会很累的。身体和大脑同时得到锻炼，享用时高兴，全家人快乐。若和老伴同时操厨，相互关照，更有情趣，很容易得到子女和亲友的赞誉，精神享受更为重要。

高寿亦丰碑。有句名言：“家有一老，如有一宝。”老年人是家庭的功臣，老人在家庭和社会中有特殊的作用。老人像棵大树的主杆，上面是枝叶繁茂的树冠。老人快乐，全家快乐；老人不快乐，全家就不快乐；老人有病，全家忙乱。老人的健康是全家的幸福。一个家庭，如果有位八、九十岁的老人，甚至百岁的老寿星，那真是一座无言的丰碑，它记载了或正在记载着许多重要的事件。直至现在，百岁老人还很少，西安地区八百多万人口，百岁老人仅九十多个，约十万分之一，多么宝贵！百岁老人是研究人类健康长寿的活样板，活著作，老寿星都有自己的养身之道，是人类的宝贵财富。老寿星说明，家中子女孝顺，家庭和谐，经济条件好，家庭环境好，社会环境好，该地区是宜居地区，进而可推导出政通人和，国泰民安，社会和谐，当地人素质高，品质好，尊老敬老成风，所有一切社会美德都体现在老寿星身上。当地政府和社会对老人会爱护有加，如果有120岁以上的老人，则更是稀世珍宝，当地政府会喜不至甚，国家领导或联合国秘书长也会登门敬意的。相反的情景就大杀风景，如果一个家庭的老人寿命超不过60岁，那这个家庭可能有些问题。显然家有百岁老人就觉得荣耀得多。

社会对待老人问题也应与时俱进。随着社会的发展，人的寿命会大幅度提高，原来“花甲之年”、“古稀之年”的界限也在不断刷新。在孝敬老人的概念上也在不断改变，老人能自立的，就让其自立，能劳动的就让其劳动，切忌为了孝敬老人，什么事也不让老人做，什么事都不让老人参与，这对老人是很不利的。须知，能活120岁的人，在100岁时仍是好劳动力；能活100岁的人，在90岁仍是好劳动力。60—70岁的人仍是相当能干的。

老龄化是个伪命题。因为它是以许多年前人为定的年龄标准确认现在的老年人，是以行政规定为标准，而不是以人的劳动的能力为标准。人类的平均寿命在不断增加，就是人能劳动的年龄也在增加。你看，现在退休的人中，有许多身体还很好，有经验，有技术，仍是好的劳动力。不合理的退休制度定义他（她）是老龄、下岗、退休，然后就说老龄化社会到来，应如何如何。对老龄化的认定应客观科学。中国中位数年龄已经是36.7岁，即有50%的人的年龄大于36.7岁。这样的中国，是3000多年中国历史，乃至100万年的人类进化史从来没有的现象。说明人的寿命增长了，如果以60岁作为退休年龄，就有大量退休老人，如何发挥身体好的老人作用，是应研究的重要课题。

人总是会衰老的，真的到了不能劳动，不能自理的时候，老人应当享受家庭和社会的关照。干了一辈子，为家庭和社会呕心沥血，子女孝敬，社会关怀是应该的，也是社会和谐文明的标志。

41. 责任心力学

国家兴亡，匹夫有责。每个公民都担当起国家兴亡的责任，国家就能兴盛；如果多数人不愿担当国家兴亡的责任，国家就会衰亡。

对待责任的态度，是评判一个人人格的一把尺子，也是国民素质的尺子。王阳明先生有句名言："持志如心痛。"借题发挥，再加一句："守责如心痛。"前者主要是坚守自己的意志，后一句是坚守对社会的责任，两者都很重要。在与你相关的事情中，你应该担当什么责任？你尽到责任了吗？你应当一清二楚，否则就是不负责任。负责、问责、追责是很重要社会力学。承担自己的责任，有任务，有压力，有动力，推动社会进步。承担重大责任，要有使命感，立命感，一切言行以国家利益为出发点，等侯大任的到来。

对待责任有不同的态度：有的积极承担责任，有的不知道自己的责任，有的不想承担责任。一个熟知而深刻的故事："一个和尚担水吃，二个和尚抬水吃，三个和尚没水吃。"这个故事说明，分工不明确，责任心不强，是干不好事情的。也说明，三个和尚的素质都不高，对影响他们生活的水，竟没有一个和尚主动承担去挑水，或去管理挑水的工作，都采取了推脱责任的态度。结果留下了一个影响恶劣的“三个和尚没水吃”的故事。

“原以为一定会有人带蜡烛进来，可是一走进房间，发觉整个房间都是黑漆漆的，没有半个人拿一支小蜡烛进来。其实只要每人拿一支小蜡烛进来，这个房间就会像白天一样明亮。”这是《犹太法典》中一个故事。大家都想让别人担当，都忘记了自己的担当。

事实上，人们生活在一个“责任”的社会中，“责任”和“负责任”维系着这个社会。如果整个社会都毫无责任感，都不各尽其职，社会就要混乱。

人生活在社会里，每个人都有着多种责任。年满 18 岁，成为国家公民，遵守宪法，履行公民的责任和义务，就是为国家尽责任。有的地方还举行成人宣誓仪式，庄严承诺要承担国家和社会责任。

每个人都有家庭责任：孝敬父母是责任；养育教育子女是责任；夫妻间相互忠诚，共同建设家庭是责任。

对朋友真诚相待，热情帮助，尽朋友之友谊是责任。

对你从事的工作，是你最多、最繁重的责任，你每天都应兢兢业业地尽职尽责。

当你对别人有“一诺千金”的承诺时，你有完全实施的责任。

应该正视你的责任，不应逃避责任。自瞒自欺易，但却无法逃离众目睽睽的眼光。

传统上人们以经济独立作为长大成人的标志，但如今的中国，乃至世界上某些国家，出现了“逃避长大的一代”，即不愿担当责任的一代，称 NEET 族，即年轻不就业族。他们主动或被动放弃了谋生意欲，长期寄居于亲人的房檐之下。“长大不成人”，这些成年孩子，成了家长和社会的尴尬。

NEET 发源于上世纪 80 年代的英国，是‘Not in Education Employment or Training’的缩写，系指既没有正式工作，也没有在学校上学，更没有去接受职业技能培训，必须依靠家人为生的年轻人。这个群体的年龄多在 15—34 岁，未婚。

中国的 NEET 可分为三类：一类是寄生虫型失业，不愿辛苦谋生，依赖父母生存；一类是被迫失业型，由各种原因导致就业障碍；第三类是追逐梦想型，但梦想与现实不匹配而造成失业。

无论哪种 NEET，其直接后果就是长大不成人，他们不劳而获，挥霍父母钱财，过着一种病态生活，不仅影响自己，也影响后代，影响他人和社会。有的 NEET 到了 30 岁还处于儿童状态，什么都不敢做，什么都不会做，晚上出门害怕，见生人害怕，谈恋爱也害怕。这些无可事事的 NEET 族更容易走向吸毒、暴力犯罪，更容易成为社会边缘化人群和社会不安定因素。

造成NEET一代的原因是多方面的，但主要是被家庭宠惯了，他们不清楚自己应做什么，也没有能力去做，就业更容易受挫折。舍不得让其受苦的父母，常是撑起保护伞，挡住让他们成长的阳光。

犹太人比较注重从小就培养责任感的，认为放弃自己的责任，是上帝不能宽恕的事情。所以犹太人在现实生活中，从不逃避自己的责任。为了负起自己的责任，他们甚至可以倾家荡产，可以牺牲性命。因此他们有重信誉的美名。

犹太人有个优良的传统，就是男孩、女孩年满13周岁时到犹太教堂举行成人礼，让孩子履行责任。男孩成年礼叫“巴·米茨瓦赫”，意为“诫命之子”；女孩成年礼叫“巴特·米茨瓦赫”，意为“诫命之女”。成年礼当众表明这个孩子已经成年，是犹太社会的正式成员，应履行一个犹太人应尽的责任了。

犹太人将成年礼视为节日，庆祝仪式和结婚一样隆重。成年礼在满13岁生日后第一个安息日，在犹太教堂晨祷仪式上举行。此前这个男孩或女孩要上几年宗教课和希伯来语，并花很多时间研读《托拉》准备演讲。成年礼进行得很庄严。拉比要为这个男孩或女孩进行一次特别的布道，着重阐明他或她今后应承担的责任，特别对家庭的责任和对犹太人社会的责任。同时，还要求他或她遵守《托拉》戒律，将宗教和神的知识向子孙传授。接着，男孩或女孩在聚礼会上登坛诵经。随后发表成年礼演讲，发誓自己将终身遵照犹太教教义生活，献身《托拉》，并对父母的养育之恩表示特别的感谢。

然后，父亲走上诵经坛，朗诵说：“感谢阿特乃（上帝），如今我得以解除对孩子的责任。”

成年礼是犹太人家庭生活中的一件大事，对这个男孩或女孩及其父母来说，这是个节日，庆祝仪式像婚礼一样受到重视。

成年礼为家庭庆祝活动提供了一个重要机会，许多亲戚聚到一起，到教堂参加成年礼，回家后，举行庆贺成年礼家宴并向受礼者赠送礼物和美好祝愿。根据传统，受礼孩子的父亲要在这一天向其子赠送一条犹太祈祷巾—“塔利特”。

隆重、庄严、美好的成年礼，把履行责任的誓言牢牢印在男孩或女孩的心中，这真是犹太民族的伟大智慧。难怪这个人数不众的民族，出了那么多诸如爱因斯坦、马克思、弗兰克、毕加索、海涅、尼尔斯？波尔、奥本海默、弗洛姆等各个领域的名流巨匠，为世人瞩目。

一个人的责任和他的生命价值是密切相关的。承担什么责任，就有什么人生价值，要以能承担重大责任为荣，以不负责任为耻。一个民族有许多能勇挑重大社会责任的人，是民族昌盛的标志。一个人假若在年轻时便急着把人生变得很短浅、很轻率，那就等于放弃了真正担当人生责任的机会，放弃了认真地接受人生乐趣，而仅靠自己固有的本性感受人生，并停止了追求生命价值的努力。我们应该去珍惜重大责任，并努力学习承担重大责任的本领，准备去承担重大的责任。

在责任力学中，有两个重要的群体的责任应特别关注：领导者的责任和富人的责任。他们的责任对社会影响更大，更应该尽职尽责。

明确领导者的责任，并追责问责，是社会的进步。客观地讲，身居领导岗位，是担当重大责任的人，要承担领导责任，为国家服务、为社会服务、为人民服务。不称职的要下台，犯错误的要问责，违法乱纪的要严惩。

明确提出富人的责任，也是社会的进步。在市场经济的发展中，总会产生一批富人和大富豪。他们拥有巨量的私人财富。因而财富和责任的问题摆在了眼前。

财富与责任，是重要的社会问题，广泛、深刻地影响社会。一个社会没有财富不行，有钱人没有社会责任心不行；当一个人有巨额财富时，他占据了大量的社会资源，他应担当怎样的社会责任呢？

随着社会的发展，人们的财富观发生了极大变化。为了自己的生存和发展，人们应有足够的钱。但太多的钱有什么用呢？人们不可能像旧时代的帝王将相一样，修建皇宫宝殿；不可能像中国古代修建大片的庄园；不可能像皇帝一样，造豪华的行宫和陵墓，人们不可能在法律规定的范围之外活动。私有几亿、几十亿、几百亿、几千亿的财富，有什么实质性用途呢？没有。人们像清除垃圾一样清除自己身边多余的东西；像清除垃圾一样，清除自己身上过多的财富（金钱），因为它会影响你的生活和幸福，使你的生活很紧张、不安、不幸。当然钱对社会来说还是好东西，可以奉献给教育、科研、慈善事业。你切不可用大量的钱让你的子孙纸醉金迷的享受，也不可让自己躺在钱堆里自赏，也不可用来炫富、挥霍，留下不佳的名声；更不可拿来修庙、造神，显得无知、迷信、无品位，危害社会。

中国富豪某些不愿承担社会责任的行为，归于他们整体年轻，驾驭金钱的能力有待于提高，可称为“金钱幼稚症”。

可见，学会赚钱不容易，学会驾驭金钱也不容易，学会把财富和责任联系起来更不容易。

42. 勇敢力学

柏拉图给“勇敢”下了个定义：如果一个人的激情，无论在快乐中还是苦恼中，都能保持不忘理智所教给的什么应当恐惧，什么不应当惧怕的信条，那么，我们就因他的激情，而称每个这样的人为勇敢的人。这个定义是说“勇敢是理智加激情”，没理智不是勇敢，仅有理智没激情也不是勇敢。

勇敢是一个人的性格品质，也是一种社会道德品质。一个社会若有很多勇敢的人，说明社会风气正，道德高尚，思想教育成功；如果一个社会很少有勇敢的人，大多是懒汉懦夫、胆小鬼，说明社会是有病的。许多成就的大事，都是勇敢者的杰作。勇敢者的英勇顽强，震憾社会、感动社会、影响社会。所以，勇敢是重要的社会力学。

勇敢，一个金光闪闪的词汇，可它的内涵沉重而危险。

勇敢，是不怕困难和危险，有胆量，有本领，敢作敢为，毫不畏惧的品质。

勇敢，是令人敬仰的品质。知耻而后勇，知义而后勇，可见“雪耻”、“正义”是勇敢的原动力。公平正义、见义勇为、舍生取义、英勇就义，“义勇军”等充分说明了义和勇的关系，正义是勇敢的泉源。

苏格拉底在被教会处死时对看守说：“忠诚的朋友，你精通服毒之道，请指导我如何服下这杯毒酒。”他为了自己的信仰，视死如归，可谓勇敢。

勇敢，并不等于鼓励人轻率鲁莽。勇敢意味着在你经过反复思考后，决定承担一些你力所不能及的事情或后果很危险的事情。由于勇敢，能使肌肉产生一种应急反应，能使你的潜能，如体能、技艺、思维和判断都能超常的发挥，从而可取得奇效。因而，许多奇迹都是勇敢者创造的。

从科学的角度探析，勇敢的力量可能产生于此时此刻过度的专注和兴奋，全部的智慧和全身的力量集中于一点。因为，形势紧迫，此时此刻，非如此，就会失败，或有生命危险。因而，爆发出不可想象的能量。

孔子说：“知耻而近勇。”就是懂得什么是耻辱，为雪耻而奋斗，就产生了无穷的力量，就接近勇敢了。

刘伯承元帅说：“狭路相逢勇者胜。”勇可以产生力量，产生智慧，产生大无畏的精神。

勇敢激励精神。勇敢是和知耻、雪耻、忠义、仁慈、危机、险情连在一起的，否则不会产生勇敢。勇敢意味着行动，进取，克服困难，勇挑重担；勇敢意味着胜利、成功、失败、牺牲。

人们可能都有这样的亲身体会，直面进退两难时，你勇敢就成功了，你懦怯就败下来了。

在人的一生中，肯定会遇到许多意想不到的事情和情景，需要你尽快作出选择，或当机立断的行动；或优柔寡断，贻误战机。此时往往勇敢者胜利，勇敢者取得辉煌。

哲学家亚里斯多德说："在这个世界上，如果你没有勇气将一事无成。勇气是仅次于荣誉的最伟大的品质。"

勇敢能助你取得成功，但是，勇敢并不能保证事事成功。一个人只要勇敢进取，就可能胜利；而不敢进取的平庸之辈只可能失败，不可能胜利。

不勇敢，顾虑重重，谨小慎微，会使我们错失许多大好良机。如果总是优柔寡断，或躺在温暖舒适的床上，就会本能地丧失宝贵的良机和首创精神。

人总是力图征服新的更富挑战性的未知世界。这就需要勇敢精神。要勇敢向前，不要临阵脱逃。勇敢激励精神，要勇敢超越自己，你会发现你的能力大大超过你的想像。

43. 读书力学

读书是人类社会最重要的活动之一。有的人终生在读书，他们的座佑铭是："活到老，学到老，还有很多没学了。"有的人一生读很多书，只有很少的人不读书，或很少读书。在人类社会落后的时代，经济文化都不发达，读书学习是很困难的事，仅是少数有钱有权人的事，绝大多数人是文盲。新社会，发展教育是重要的基本国策，读书是社会发展的重要动力。作为社会中流砥柱的人，大多是读了很多书，或是很会读书的人。教育发达，国家就发达，教育落后，国家就落后。这是全世界的共识。读书，是社会进步的重要动力。

社会发展至今，读书已成为与人生相伴的终生大事了。幼儿教育、小学教育、初高中教育、职业教育、大学教育、研究生教育，还有更大规模的全民教育、终生教育。活到老，学到老，伴随终生之读书学习，使你终生受益。在如今迅猛发展的科技信息时代，谁不终生学习，就必将掉队无疑。正像鲁登斯坦（哈佛前任校长）所说："从来没有一个时代，像今天这样有庞大的知识群体，知识信息爆炸，那种依靠在学校时学到的知识就可以应付一切的时代，已经一去不复返了。而需要不断地、随时随地地、快速高效地学习。"

为什么要读书呢？这是一个重要的问题。

人们通常是为了利益而读书。“书中自有黄金屋，书中自有颜如玉。”这是我国的传统观念。这种观念比较陈旧。

知识胜过财富。这是人们要读书的重要理念。但更高层次，读书是为了成就伟大的精神。义感君子，利动小人。为义读书，而不为利读书。无知识的人是很难辨清是非的，很难产生伟大精神的。

犹太人的读书哲理极为深刻，他们认为：读书使人严谨，严谨使人热情，热情使人洁净，洁净使人克制，克制使人纯洁，纯洁使人神圣，神圣使人谦卑，谦卑使人恐惧罪恶，恐惧罪恶使人圣洁，圣洁使人拥有神圣的灵魂，神圣的灵魂使人永生。灵魂升华是读书要达到的最高境界。可见，犹太人对读书的理解最为独到而深刻。

在犹太教中，勤奋好学就是敬神的一个组成部分。《犹太法典》中写道：“无论谁为钻研《托拉》均值得受到种种褒奖；不仅如此，而且整个世界都受惠于他；他被称为一个朋友、一个可爱的人、一个爱神的人；他将变得温顺谦恭，他将变得公正、虔诚正直、富有信仰；他将能远离罪恶，接近美德；通过他世界享有了聪慧、忠告、智性和力量。”

由于把勤奋好学提到敬神的高度，犹太人在自己“信仰”的鞭策下，形成了一种全民皆有文化的传统。

哲学家培根对读书有深刻的研究，他说：“读书之用有三：一为怡神旷心，二为增趣添雅，三为长才益智。怡神旷心最见于蛰伏幽居之士，增趣添雅最见于高谈雄辩之士，长才益智最见于处事辩理之士。虽说有经验者能就一事一理进行处置或分辨，但若要通观全局并运筹帷幄，则还是博览群书者最能胜任。”

天资之改善须靠读书；学识之完美须靠实践。天资犹如自然之花木，读书就是培育修剪之过程。

读书是学习的最重要形式之一，各民族读书的智慧丰富多彩，且各不相同。

哲学家亚里士多德说：“教育的根是苦的，但其果实是甜的。”

“书山有路勤为径，学海无涯苦作舟。”这是中国人的读书理念。

读书是要讲究方法的。正像哲学家培根所说：“寻章摘句过甚者，显矫揉造作；全凭书中教条断事者，则乃学究书痴；读书费时太多者，皆因懒散不专。”读书不可存心吹毛求疵，不可尽信书中之论，亦不可掠辞夺句，哗众取宠，而应该斟酌推敲，钩深致远。读书可使人增智，讨论可人明辨，笔记可使人严谨。故不作笔记者须有过目不忘之记忆。读史使人明智，读诗使人灵透，数学使人精细，物理学使人深沉，伦理学使人庄重，逻辑修辞使人善辩。正如古人所云：

“学皆成性。”不仅如此，就连心智上的各种障碍，也可通过读适当的书，使其开窍。讲究实际者常鄙薄读书，头脑简单者仰慕读书，惟英明睿智者运用读书。书多如山，有些书可浅尝辄止，有些书可囫囵吞枣，但有少量书则须细细咀嚼，慢慢品味。

知书明理，会读致用，温故知新，爱读书，会读书，是读书的重要哲理。

庄子有句名言：“节饮食以养胃，多读书以养胆。”

“学而时习之，不亦说乎?”“学而优则士。”“读万卷书，行万里路。”“学以致用。”“读书是学习，使用也是学习，而且是更重要的学习。”这是中国人读书的经验之谈。

犹太民族在读书学习方面，也显示其卓越的智慧，且别具一格，值得称道。他们对待学习的态度可用一句话概括：好学即敬神。

在犹太教中，勤奋好学是敬神的一个组成部分。没有哪一个宗教像犹太教一样把读书学习看得如此重要。他们读书的理念丰富而富哲理：

世界上有三样东西是别人抢不走的：一是吃进胃里的食物，二是藏在心中的梦想，三是读进大脑中的书。

如果不读书，行万里路也是个邮差。

学习什么时候都不迟。此时不学，更待何时?

犹太人也蔑视一般的学习，他们认为一般的学习只是一味的模仿，而不是任何的创新。实际上，学习应该是思考的基础。在此基础上产生智慧，进行创新。

犹太人认为没有人是贫穷的，除非他没有知识。“一个人要是没有知识，那他还能有什么呢?一个人一旦拥有知识，那他还缺少什么呢?如果一个人不去学习并拥有知识，那他还能拥有什么呢?”

“读书改变人生，书籍改变世界”（梁衡，《发现》2006：8）一文中谈到，人为什么要读书呢?一句话，为了生命的完整。人的生命，一半是物质，一半是精神。吃饭补充物质的能量；读书补充精神能量。在世界的万类中，只有人有精神生活，有广阔的精神世界。所以，人为爱情而歌唱，为自由而斗争，为理想而献身，都是精神层面的。而其它动物则没有这种意识。图书有两大作用：一是塑造人，二是为社会传承文化。书这种东西，是专门给懂得精神享受，有精神进取的人准备的。

读书是分层次的，根据读者所读书的内容，按其追求可分为六个层次：刺激、休闲、信息、知识、审美、思想。这六个层次由低到高，反映着人们不同的文化程度、修养程度和价值取向。其中追求知识、审美、思想是读书的三大支柱。

一是刺激需求。人们总是企图改变平静，追求奇特，寻找刺激。这种追求与其是精神追求，不如说是心理和生理追求，其中理性的成分不多，刺激成分为主。其书多是黄色、低档出版物，包括纸质的和电子产品。

二是休闲娱乐需求。这是一类轻松的作品，读者最多，不但有休闲阶层消遣，就是专业人员也常翻阅，如鱼虫、花卉、服装、幽默、故事等，闲情怡志，达到心理休闲。

三是信息需求。人们对信息需求越来越大，通过书报获取信息。

四是知识需求。知识使人聪明睿智，没有知识只能算半个人。人们通过上学、阅读书、报、刊物接受知识。

五是审美的需求。爱美之心人人皆有，这种需求，呼唤文学作品、美术作品、审美指导的书刊出版。

六是思想需求。人的精神需求是最高层次的理性思考。只有思想才能进入理性，进入对规律和方法的深刻认识。这种需求促使人们去读理论学术书刊，读启发思维、能解决问题的书刊。

读书是讲究层次的，读低层次的书，是不会有大的长进的；只有读高层次的书，才能有大的长进。根据中国大学的现状，人们提出了一系列的问题：从什么时候开始，许多学生厌恶读书；大学生读书只是为了打发时间？从什么时候开始，大学生读书只读通俗小说和畅销书？什么时候中国有些图书是秤斤卖的？……

中国大学："由你玩四年［University（大学）的别称］"，无聊才读书。书籍任我选，只读休闲书。

这种现象在中国的大学里比较普遍，甚至比较严重。这是一个值得深思的严重问题。

44. 书本力学

书本是知识、智慧的结晶。如果一个国家、一个地区没有一定数量、一定规模的图书舘，图书舘里没有丰富的图书，图书中没有高档次的、有影响力的图书，那这个地区一定是科技文化落后的地区，甚至是思想荒芜之地。一个知识领域，如果没有几本经典的专著或名著，能掌控、预见几十年、几百年，那么这个领域就显得萧条、荒芜。所以，书本是重要的社会力学，对社会有着不可估量的影响。

对待书的态度是个重要的理念。热爱书还是讨厌书，是两种截然不同的态度。书是人的“精神食粮”，一个人，一个民族如果不重“精神食粮”，或者“精神食粮”贫乏，其后果是不堪设想的。因此，对待书的态度，确实能说明许多问题。对一所大学而言，一要看教授，二要看实验室，三要看图书馆。对一个人，一个家庭，也应看有多少书籍和对待书籍的态度。看一个家庭兴旺和未来，首先看家里有无书架，有多少图书，如果家庭没有书架，没有图书，或只有几本小人书，这个家庭的未来堪忧。如果一个学生毕业了，把所有的书都当破烂卖掉，这个学生很难成才。在经济困难的家庭，许多孩子想读书，但买不起书，读不起书，只能眼巴巴地看着。一旦他们有了读书的机会，就奋发图强，如鱼得水。正因为这种态度，许多穷孩子由此成才。

书籍是引导我们走向社会的捷径，是到达最伟大的思想家、科学家、文学家、艺术家那里去的最好的交通工具。是达到能工巧匠、种田能手，各行各业状元的要道捷径。

读书，就是观察第二生活，就像在镜子的深处寻找自己，寻找自己的形像和思想。一个人读一本书，不由自主地将别人的命运、别人的勇敢精神、别人的遭遇与自己相比较，心中产生共鸣：兴奋、遗憾、怀疑、懊恼，甚至快乐大笑、或悲丧落泪；行为上表现出会哭、会笑、会同情、会参与、会憎恨、会行动，这样就开始了书的影响力，即“情感传染”。

一本才华横溢、飞珠溅玉的名著，就是生机勃勃的灵感泉源，历经百岁千年，仍光华四射。伟大的思想从作者的心灵流出，其新颖如初。时间唯一的影响是淘汰坏的作品，推陈出新。因此，只有好的作品才能与世长存。时间对伟大的思想是没有淡化作用的，而有砺练增强、肯定的作用。

许多民族都有爱读书，爱学习的优良传统。犹太人是个人数不众的民族，但他们出了那么多诸如爱因斯坦、马克思、弗兰克、毕加索、海涅、尼尔斯?波尔、奥本海默、弗洛姆等各个领域的名流巨匠，为世人瞩目。这和犹太人热爱书籍、热爱读书有着密切的关系。

犹太民族不仅爱读书，而且在对待书籍的态度上，也显示其卓越的智慧，独特睿智，值得称道。

犹太人是非常重视知识的，知识胜过财富，他们把书本当作知识。知识是夺之不走而能常怀于身行走各方的活财富。知识是藏在书本中的，因此，犹太人对书籍有独特的感情。

有人说犹太人是“嗜书如命”的民族。据联合国教科文组织的一次调查表明，在人均拥有图书和出版社的比例上，以色列超过世界上任何一个国家，为世界之最。除教科书和再版书外，以色列年出版图书2000种以上。

以色列全国公共图书馆和大学图书馆共有1000多所，平均不到4000人就有一所公共图书馆。以色列办出的借书证有100多万张，相当于以色列全国500多万人口的1/5。14岁以上的以色列人，平均每月读一本书。

犹太人真是个书的民族。在耶路撒冷、特拉维夫和其他以色列城市中，最多的公共建筑物是咖啡馆和大大小小的书店。

以色列每年都要在耶路撒冷举办国际图书博览会，成千上万的世界各地客人前来洽谈、采购，国内的参观者、选购者也是人山人海，异常热闹。而每年举办的“希伯来图书周，则是以色列人自己的图书节，不少犹太人早早备好钱，像盼望一次宏大的盛会一样等待图书节的到来。

在《犹太法典》中有许多关于爱书的金玉良言：“生活困苦之际，不得不变卖物品以度日，你应该先卖金子、房子和土地，到了最后一刻，仍然不可出售任何书本。”

“把书当作你的朋友，把书架当成你的庭园！你应该为书本的美而喜悦，摘其果实，采其花朵。”

犹太人家庭还有一个代代相传的传统，那就是书柜要放在床头，如果放在床尾，将是对书的大不敬，这是绝对被禁止的。

犹太人很重视书籍。一个人在旅途中，如果发现一本故乡人不曾有的书，他一定会买下这本书，带回故乡供乡人共享。有人来借书而不出借的人，要科以罚金的。

犹太人认为，智慧与知识相比，智慧重于知识。智慧就是解决实际问题的能力。智慧可以从书本学到，也可从实践中学到，所以有的人读书虽不多，但实践经验丰富，智慧却很高。读书和实践都是把知识变成智慧的重要方法。犹太人把仅有知识而没有智慧的人，比喻为“背着很多书的驴子”，这种人即使有丰富的知识，也排不上用场。

热爱读书，勤奋学习是中华民族的优良传统。现在，随着生活水平的提高，读书、买书、择书、敬书、藏书渐成风气，这对个人的成才，对全民族文化素质的提高是十分重要的。

但在瀚如烟海的书籍中，如何选择读书呢？首先选择你最需要的书，助你成长和解决你遇到问题的书。其次是选你感兴趣的书，以扩大知识面。青少年除学习功课外，要读有德育意义的书，激励意志的书，不读思想不健康的书。读书要取其精华，弃其糟粕。任何时候也不去读无聊的书，因为这只会浪费时间，分散精力，而无任何意义。

要多出版好书，不出版或少出版坏书。因为坏书使读者浪费时间，受到伤害。有人指责坏书是罪犯的替身，不无道理。我们是书的朋友，是书的读者，也是书的裁判者、书的法官。那些曾经浪费我们时间，骗取我们同情的书；那些使我们学不到知识，甚至教人学坏的书，难道不是罪犯吗？那些伪书、坏书、错误百出的书，会使社会弥漫腐朽与精神堕落，难道他们不是无形的社会公敌吗？知识必须为善事服务，用知识做好事；若用知识做坏事，所学知识越多，对社会的危害越大。所以，我们要理直气壮地欢呼好书，杜绝坏书。作家、著书人要写好书，不要写坏书，否则就会成为社会的罪人。

秤斤卖书是中国一个特色，五元一斤、十元一斤，白菜价，售书员在叫卖。这是贬低知识、贬低作者、贬低社会的愚味现象，是社会和民族的悲哀，真是岂有此理！从而也透视出一个严重的社会问题。

当今社会盗版书很多，就是将已出版的书，不经作者许可，不法商人盗版印刷，贩卖，谋取利益。这是不道德的行为，是违法行为。

当今社会还有一种怪象职业——写手。有钱的老板，组织一些写手写书，粗制乱造，胡吹乱喷，言不由衷，目的是赚钱。写手，就像打手、枪手、杀手、刽子手一样，只要给钱就敢写，没有什么社会责任心，是对文化事业的破坏，是种低级的社会现象。

写手写书，不知其何！一部大块头的书，老板出资，纠集若干写手，为了效益，高速乱造。署名作者可能是出资的老板，文化水平可能很低，也可能是个文盲，怎能对书负责呢？

几乎在每个人的生命中，书都起着无与伦比的作用。最令人遗憾的是，人不曾醉心于一本严肃书籍的人——他抛弃了第二实践和第二经验，因而缩短了自己的生命而不自觉。

45. 惜时力学

有句名言：“如果你只是等待，发生的事情只会是你变老了。”

当代伟大的科学家斯蒂芬·霍金，他的名著《时间简史》，深入浅出地介绍了遥远星系、黑洞、夸克、“带味粒子”“自旋”粒子、反物质和“时间箭头”等，用非常客观的视角来阐述时间在何处开始，于何处终结、宇宙的无限性和有限性等问题，引领读者遨游外层空间的奇异领域，领略对狭义相对论及时间、宇宙起源等奥妙。进而引起了芸芸众生对“时间”的兴趣：“时间”是重要的，宇宙的时间是无限的、奇妙的。我们人类的时间是有限的、短暂的。我们个人的时间是极其短暂的、宝贵的。因此，“惜时”成了生命中的大问题。

感叹人生，最常感叹的是：青春流逝，时间流逝，壮志未酬，没有活出滋味，已老之将至。哲学家柏拉图说：“时间带走一切，长年累月会把你的名字、外貌、性格、命运都改变。”时间碾碎万物；一切都因时间的力量而衰老，在时间的流逝中被遗忘。

那么时间都去哪了？答：许多时间都白白地浪费掉了。如果众多人都是这样，那浪费的时间可是天文数字，换算成经济效益，也是天文数字。这对社会的损失也是个天文数字，所以惜时也是重要的社会力学。

哲学家庄子说：“人生天地间，若白驹之过隙，忽然而已。”对每个人来说，惜时是个永恒的主题。许多人说，时间就是金钱，时间就是生活，时间就是生命，时间是属于你的宝贵财富。对待时间的态度，无论是别人的时间，还是自己的时间，是衡量一个人的人格尺度。一个国家、一个社会，如果大家都珍惜时间，养成了珍惜时间的风气，工作和学习效率高，则这个国家一定是兴兴向荣的；否则，不把时间当回事的，一定是懒散颓废的国度。所以惜时的风气，是重要的社会问题。

君可自问：你自己的时间宝贵吗？可能有几种回答：非常宝贵，寸金难买寸光阴，或时间就是金钱；宝贵；不那么宝贵；打发时间。

时间的价值等同于金钱的价值，二者的价值都在于很好地利用它。死到临头才会花钱的吝啬鬼，实际上是个穷光蛋，他的钱就好像一堆废纸。同样，不能把时间用在增加自己和他人的幸福上，他的岁月年华就是虚度，是没有价值的时间。所以，哲学家尼采说：“每一个不曾起舞的日子，都是对生命的辜负。”佛也教导人们：“白白的过一天，无所事事，就像犯了窃盗罪一样。”

珍惜时间就是珍惜生命。有志者把“少壮不努力，老大徒丧悲。”“莫等休，白了少年头空悲切！”这些珍惜时间的警句，写成条幅，挂在自己的案头。许多人时常叹息时间之宝贵，但真正珍惜时间的人并不很多，而浪费时间的人却不少。因为在芸芸众生中，大部分人都没有活在“当下”——不是活在“过去”，就是活在“未来”。柏拉图说：“一个今天胜过两个明天。”人生许多宝贵的时间从“当下”白白地溜走了。“活在当下”即“专注于当下”，就是要把好时间关，不让时间白白从“当下”溜走。这个道理并不深奥，但做得好的却很少。

惜时良方——专注于当下。所以，佛提醒人们：“你希望掌握永恒，那你必须控制现在。”多数人在大部分时间里是不知不觉的，虚度大半光阴并不清醒。

如果你要成为那少数的惜时的清醒者，切记当下，而且只有当下——因为你拥有的只有当下。

把握住当下，抓紧时间做事吧！这也是最好操作的方法。“当下”就是礼物，是自己的生命赐给的宝贵礼物。一天24小时，等于1440分，86400秒。把握住当下的分分秒秒，就是珍惜时间。古人留下了“昨日歌”、“明日歌”，其实最重要的是唱好“当下歌”。逝去不可追，来者犹未卜。最珍贵、最需要是把握好“当下”。

人的生命是由时间坐标筑成的人生画卷，在从生到死的时间坐标轴上，日日清晰，四时分明，历历在案，若想赏心悦目的话，须让你的每寸光阴精彩入画。

人们感叹时间之宝贵，是为了追求“成功之人生”，使自己的一生能为社会做更多的事，自己思想境界能更高，业务水平能更高，能得到社会更大的认可，追求更高的人生价值。所以，把时间看得非常宝贵。现代人认为“成功”的标志有四点：成为清清白白积累很多财富的富翁；成为颇有成就的专家、学者；成为清正兼洁为人民服务的高官；成为精通一门技艺的能工巧匠。所有这些都必须用时间和精力才能铺就而成。

鲁迅先生说得好：“无端地空耗别人的时间，其实是无异于谋财害命。”

犹太人经商中有一句格言：“勿盗窃时间。”就是不得妨碍他人的一分一秒。

敢于浪费一天时间的人，乃是危险的奢侈，是豪华而盲目消耗生命的人，是花费了一个人生命中最宝贵的一部分。

有的人发现自己青春已成过去，不免有许多遗憾追悔，于是开始遗憾这个，惋惜那个，抱怨这个，痛恨那个……因此，世人应记住这个教训：“早知今日，何必当初；珍惜时间，专注当下！”

人就这么一辈子，短短几十年，充分利用时间，是每个人的必修课。昨天就像使用过的支票，明天则像还没有发行的债券，只有当下才是现金，可以马上使用。时间，已不仅仅是一种时空的概念，它是一种责任，它是一种义务，它是上苍赋予的宝贵财富，它是一种宝贵的不可再生的稀有资源。

46. 交友力学

交友，是古今中外的一种社会现象，曾留下了无数名言哲论和许多美丽动人的故事。

朋友——人与人相互有交情的人。

孔子说："有朋自远方来，不亦乐乎！"

亚里斯多德说："喜欢孤独非兽即神。"就是人不喜欢孤独而喜欢友谊。

哲学家培根曾提出一条原则："若是一个人在某方面不能得体地扮演自己的角色，而他又没有一个朋友，那他倒不如退下舞台。"

培根还说："没有真正的友谊，这个世界只是一片荒野。"

现代人真正体会到，如果没有真正的朋友，一座偌大的城市便是一片荒野，是一种纯粹可悲的孤独。即使每天面对熙熙攘攘的人群，眼前闪过如流的面孔，又与画廊之行有何区别！

似乎古人更重视交友，更善于交友，更诚挚交友，他们的交友哲理千载辉煌。

交友有何作用呢？

友谊作用之一是，道相同而相谋也。刘、关、张"桃园三结义"可谓古代交友之典范。"莺其鸣矣，求其友声。"毛泽东"二十八画生"的征友启事，征得了许多志同道合的有志青年，更是伟大的典范。我们普通人能结识志同道合的朋友，相互信任，互相帮助，相互鼓励，对生活、对事业都是极有好处的。

友谊的作用之二是，向朋友宣泄积压的感情使心情舒畅。因为喜怒哀乐均可达到情满欲溢的状态，不宣泄而会滞痾郁疾，对人体健康最为有害。

友谊作用之三是，键全理智。因为朋友间的交流和启迪，会使头脑更加清醒，心智更加豁朗。可把感情之暴风骤雨变成和风丽日，也可把理智混沌的头恼变得明朗。真可谓"与友一小时的交谈胜过一天的沉思"。因为语言犹如展开的文章，心象意念都显现在其中；而思想则如未翻开的书本，心象意念只是被裹在其中。人们向朋友吐露心迹，就如同展开了思想感情之文章，而不让所思所想久久憋在心里窒息难受。

向朋友倾诉衷肠可产生两种相反的结果，一是使欢乐加倍，一是使烦恼减半。因为与朋友分享欢乐，则会其乐更甚；向朋友倾吐烦恼，会觉忧烦顿减。

人的本性之一是：最喜欢奉承自己，自以为是。而医治自以为是的最佳良药是朋友的忠告。世上许多的英雄豪杰，就因为没有能尽忠言的朋友而铸成大谬极误。因为没有朋友忠告的人，"有时也照照镜子，但转身就忘了自己的模样。"

人是社会中一员，生活中不可没有朋友。人的一生，朋友多多是一大幸事。随着年龄的增长，工作的变换，朋友也在变换。如小时的童友、老年的老友、部队的战友、做工的工友、种地的农友、读书的学友等，人生朋友并不固定，老的朋友分手了，新的朋友又来了。

人生朋友可分为三类：交往一般的朋友、交往较深的朋友、至诚至挚的朋友，也称诤友。人在社会交往中，观点基本一致，言谈合得来，品行端正，性情相合，就可以作为朋友交之。在一般朋友的基础上，若对方诚信可靠，办事认真，可以深交。作为朋友，可以相互沟通，遇到困难可以相互出力、出资助之。至于交以心换心的挚友，则是更进一层的朋友了。人生难得一知己，天地间朋友，惟有挚友之友情最为高尚，最为珍贵。所以，应该珍爱它，发展它，巩固它。挚友一句话，在你窘迫时可以解围；在你颓废时，可以重新振作；在你迷茫时，能够帮你端正方向。友情，在你绝境时，向你伸出友谊之手，有力地拉你一把。友情的秘诀是：寓己乐于人乐。但是，“为朋友两肋插刀，死而无憾!”这种哥们义气是千万要不得的，这种狭隘、浮躁的交友思想，会为一点小事断送自己，也断送了朋友。

人的一生，朋友好像一座金字塔，一般朋友最多，是塔的下部，即塔基；交往甚厚之友是塔的上半部；直言诤友数量少，是塔的顶端，最为弭足珍贵。

朋友如此重要，如何交朋友呢？这是许多人遇到的具体问题。

交友和谈恋爱一样，除了一片真心诚意外，还必须讲究许多与为人处事相关的交友灵性，否则很难交到好朋友。

交友从信任开始，信任是交友的基础。信任是一种可靠的感觉，信任是一种相依的感情，信任是人与人连接的纽带，信任一个人有时需要许多时间考验。如果你只信任那些讨你欢心的人，那将有害无益；倘若你信任你见到的每一个人，那你就是一个傻瓜；倘若你毫不犹豫，匆匆忙忙去信任一个人，那你很可能被你信任的人背弃；你若只是出于肤浅的需要而去信任一个人，那么接踵而来的是猜忌和背叛；倘若你迟迟不敢去信任一个值得信任的人，那你永远不能获得爱的甘甜和人间温暖，你的一生也将因此而黯淡无光。因此，你有义务去信任一个人，你也有权去接受一个人的信任，除非你觉得那个人不值得信任。对人不信任，无诚意相交，就不要免强相交。交友中切忌要手段。一个人不应该为会要手腕而自喜，更不应为有手腕而夸口，要手腕是为人所憎恨的，尤其是朋友相交之中。

理智交友，确为交友说谊的妙方良药。否则，你可能交不到好朋友，或在交友中会出问题。

（1）选择良友。

交友有个原则，就是选择良友，拒绝不良之友。唐代李世民《百家箴言》中说：“交有德之朋，绝不义之友……常怀克己之心，闭却是非之口。”

交友对人的一生有莫大的影响，可以说，交怎样的朋友，就会有怎样的命运。在你的生活中，特别在你的奋斗路上，你可能非常需要寻求朋友，但你要注意，不要交结那些有害无益的朋友，不要被拖入他们的浑水泥潭之中。

在选择朋友时，你要努力和那些品格高尚、乐观向上、富于进取心的人交往，这样才能保证你有一个良好的生存环境，获得好的精神食粮以及朋友的真诚帮助。相反，如果交友选择不慎，交上了那些思想消极、品格低下、习惯粗陋、行为恶劣的人，你会陷入恶劣的环境中而难以自拔，甚至受到“恶友”的连累而堕落。“上贼船容易下贼船难!”被朋友拉去违法乱纪，走上不归之路的案件屡屡发生。这是交友中沉痛的教训，千万要注意的。

(2) 君子之交淡如水。

佛说:“人生的真理只是藏在平淡无味中。”

孔子曰:“君子之交淡如水。”两千多年来，已成为中国人的交友原则之一。君子之交淡如水，与《中庸》上的“君子之道，淡而不厌”是一个道理。君子的交友之道，如淡淡的流水，长流不息，源远流长。

古人云:“友如绘画须求淡，文似观山不喜平。”寓于深刻哲理。

朋友交往应是“淡而不断”，“淡而常流”。交往过密，便有势利之嫌；而断了往来，时间便会无情地冲淡友情。“君子之交淡如水”，强调“君子”之交，而非庸人之交，更不是小人之交，突显了交友要高尚、健康、不为功利，不落俗套。

君子之交，就是保持一种淡泊的感觉。君子能与他人以平和的态势相处，不妄加争论，但也决不草率地放低标准，决不丧失自己的见解，作无原则的妥协。

君子之交，以“和而不同”为原则，即朋友归朋友，但必须尊重各自的独立性，绝不丧失原则。丧失自己的原则，与他人相交，最后一定会使自己感到疲惫不堪，像打了一场败仗一样。但是，在现实社会中，人们很难坚持这一原则。也就是说，要成为君子之交，就要清醒地坚持这一原则。“同而不和”是小人之交，即表面是朋友，但相互勾心斗角，彼此暗算。

君子之交是崇尚自然而然形成的友谊，不是刻意为友谊而友谊；是一种心灵、精神上的沟通、共鸣、升华。

(3) 把握友谊之度。

恋人相处的时候是脸对着脸的，心思完全为对方所占据。朋友相处的时候是肩并肩的，占据他们心思的不是彼此，而是他们前方的共同目标和志趣。

朋友之友谊要适度，不可过分亲密，不可过分热情。亲密有度，来往有节，超过这个度，朋友关系就不正常，就会出问题，甚至成为冤家仇敌。

有很多人遇到这种情况：朋友的热情烫心灼手，让你害怕，甚至恐惧。“朋友的事就是我的事。”“为朋友两肋插刀死而无憾!”以自我为中心，经常强求朋友在一起厮守、厮混，形影不离，否则就认为“不够朋友”。这样的交友就为过度，友谊向着堕落转化。朋友之间各有自己的家庭、工作和社交环境，如果不考虑实际情况，这样势必给朋友带来困难。因此，朋友不要交往甚密，否则，不仅影响双方的工作、学习和家庭，而且还会影响感情持久。友情不是爱情，爱情越专一越甜蜜；友谊则不一样，朋友越多越好。友谊本来就是很多人的事，朋友多了，苦恼就少；朋友少了，苦恼就多。

朋友之友谊亲密是好事，但不可到过分的依赖和控制，否则会损坏朋友关系。如果你总想依赖朋友，那是过分之想。朋友并非父母，仅朋友而已，他们没有指导和保护你的义务，在经济和物质上也没有必须支持你的义务。如果过分依赖和强求，则朋友关系将不可维持。

如果你总想控制朋友，想以老大自居，总是对朋友说“你应该怎样”，“你不应该怎样”，“你必须怎样”之类的话，就失去朋友之本义，会使朋友感到很不愉快。

朋友之友谊亲密，不能毫无顾忌，不能打听朋友的隐私，不能不给朋友面子。因为是密友，双方都毫无顾忌，就会思想松懈，而做出不利于友谊的事，就能使友谊向反面转化。过密的友谊一旦破裂，更容易变成冤家仇人。“物极必反”的道理，同样适用于朋友间的交往。

（4）贴心就好，不必知心。

“黄金万两易得，知心一个难求”。可见人们愿花万金去交知心朋友，或是借以感叹交知心朋友太难了。

相交满天下，知心能几人？其实这话是非常真实的。交朋友，习惯说以“知心”为最高境界。其实“知心”是一种理想境界，是做不到的，是不符合实际的。这是长期以来交友中的误区。因此有人提出“贴心就好，不必知心”。

“知心”是什么意思呢？人们真切地感受到，家是人生活的堡垒，每家都有不欲为人知的隐私；每人的内心也都有不欲为人所知的隐私。在这个堡垒里，他是主人，有无上的权威，一旦这个堡垒被攻破，隐私暴露，便产生缺乏安全感的慌乱。所以，对朋友而言，“知心”是达不到的，也是没有必要的。不但我们知不了别人的心，也不愿意让别人知我们的心。而若强知心，就会引起对方的抗拒，启动他的自卫系统于以防范。这对朋友的关系是负面影响。

一个人的心里在想什么你都知道，这是多么可怕而多余的事啊！对上司、对同事、对朋友，对兄弟、对夫妻也都是如此。因此，“知心”不是美德，而是灾难的种子。如果你是一个非常聪慧的人，是很容易知别人之心的人，那你千万不要自以为聪明，当对方表现太多的所知所见时，你应当装作“愚顿”，修炼糊涂。

与其“知心”，不如“贴心”。朋友之间表现“贴心”最为适度。所谓“贴心”，就体贴之心，关爱之心，是一种主动关怀对方的心，是一种主动倾听对方心声的心，这是在感情上的交流。这样做，对方会感觉到一种温暖，而不是压迫；是一种温馨，而不是一种担心。

如何检验是否真正的朋友呢？这是大家所关心的问题。

犹太人有则谚语：“真正的朋友不是在一起有聊不完的话，而是即是不说一句话也不觉得尴尬。”这是检验是否真正朋友的试金石。

佛说：“要了解一个人，只需要看他的出发点与目的是否相同，就可以知道他是否真心的。”

许多哲人对交友有过深刻的研究，他们的教诲非常有益：

哲学家柏拉图说：“和一个人玩一个小时对他的了解，胜过于一年的谈话。”

亚里斯多德说：“羽毛相同的人，自会聚在一起。”

哲学家尼采说：“同情他人是把他当作弱者而使他感到羞愧。对所爱的人，应锻炼他，使他提高，这才是真正的爱。”

佛说：“你不要一直不满人家，你应该一直检讨你自己才对。不满人家，是苦了你自己。”

佛说：“不要刻意去猜测他人的想法，如果你没有智慧与经验正确判断，通常都会有错误的。”

佛说：“不要因为小小的争执，远离真正的朋友，也不要因为小小的怨恨，忘记了别人的大恩。”

真正的朋友是一个灵魂孕育在两个躯体里。

对谁都是朋友，实质对谁都不是朋友。

47. 谦虚力学

谦虚的根是甜的，其果实也是甜的。

谦虚原理：跟着真理走，卑谦地走向真理。站在真理一边思维、说话、行动，是真正的谦虚。

站在浩瀚的大海边，方感自己十分渺小，仿佛是无穷无尽的沙海中一粒沙子；走进图书馆倍觉自己的学识贫乏，在知识的汪洋大海中，即使你是著作等身的人，也是沧海一粟。

先哲们高度赞扬谦虚。

孔子说："三人行必有我师。"

古希腊哲学家苏格拉底说："谦虚是藏在土中甜美的根，所有崇高的美德由此发芽滋长。"

耶稣说："凡高举自己的，必疲贬抑；凡贬抑自己的，必被高举。"

智者千虑，终有一失；愚者千虑，终有一得。《史记·淮阴候列传》

以铜为镜，可以正衣冠；以古为镜，可以知兴替；以人为镜，可以明得失。《旧唐书·魏征传》

居高而必危，处满而防溢。《北史·后妃列传》

智者弃短取长，以致其功。《后汉书·王符传》

哲学家尼采说："谦逊基于力量，傲慢基于无能。"

佛说："今天的执著，会造成明日的后悔。"

佛说："心中执著自己的看法和想法的人，永远听不见别人的心声。"

柏拉图说："不知道自己无知，乃是双倍的无知。"

亚里士多德说："对上级恭谦是本分，对平辈谦逊是和善，对下级谦逊是高贵，对所有人谦逊是安全。"

谦虚的真谛就是正确看待自己，特别是多看到别人的长处，多看到自己的短处，取长补短，完美自身。

弯下腰就能拾到真理。人必须谦虚。在犹太人的心目中，智慧和谦虚是分不开的。一个人如果认为自己是幸福的，那他必定是幸福的。可是，如果他自以为是聪明人，那他一定是个愚蠢的人。

谦虚是美德。谦虚使人进步，骄傲使人落后。世人赞美谦虚，并鼓励人们谦虚起来。人人以谦虚处世，就能靠近真理；拒绝真理，往往是不够谦虚的缘故。

谦虚是美德，懂得谦虚就是懂得人生无止境，事业无止境，知识无止境。海不辞水，故能成其大；山不辞石，故能成其高；有谦乃有容，方能成其广。知之为知之，不知为不知。越有知识越谦虚，越谦虚越有知识。

谦虚是美德，当一个人志向崇高，目标远大，美好的梦想和希望是他生活的动力时，他会深感功力不足，他的目标越伟大，他就会越卑谦，谦虚给人带来力量。相反，目光短浅之人，很容易自满自足，他就谦虚不起来。"一瓶不响，半瓶晃荡。”就是这个道理。

任何人以自己的成功为荣时，都应该想想别人所给的帮助和贡献，与他们共同分享成功的喜悦。当一个人的智慧骄傲到不肯哭泣，庄严到不肯欢笑，自满到不肯看人时，他的智慧就不存在了。

赞美谦虚、厌恶骄傲是各民族的共同美德。《犹太法典》告诫人们：“尽量隐藏自己的优点和功绩，就像是隐藏你自己所做的坏事一样。”还说：“爬上知识之路，即达谦虚之顶。”在知识的道路上越走越谦虚。可见，知识和谦虚是密切相关的。

犹太人的谦虚智慧是值得称道的。在犹太人的历史中，那些贤人拉比不管遇到什么人，都认为有优于自己的地方。假如所遇到的人比自己年长，他就认为他比自己更优越，因为他积善的机会比自己多；假如所遇到的人比自己年轻，他就认为他所犯的罪比自己少，同样值得尊敬；假如所遇到的人比自己贫穷，他就会认为他尝过自己没有经历的痛苦，所以比自己更有修养；假如所遇到的人比自己聪明，他就会对他的智慧表示敬意；假如所遇到的人没有自己聪明，他就认为他所犯错误比自己少；假如所遇到的人比自己富裕，他就认为他比自己做过更多的努力。

可见，处处谦虚，总是可以找到理由的。犹太人的这种谦虚之心是世界上其它民族所罕见的。对于犹太人来说，一个人如果是为了求得别人的赞赏而夸耀自己的谦虚，则是非常卑鄙的行为。在他们的眼中，真正的谦虚绝非有意的做作，而是自然的流露。

谦虚有度是哲理。过度谦虚就是虚伪，是伪谦虚。“过俭者吝啬，过让者卑曲。”凡事都应适度，也适用于谦虚。

过度谦虚背离了实事求是的原则，失去了谦虚之本义，容易走向极端，往往妄自菲薄，不恰当地否定自己，把自己说得一无是处、一无所有。“抛却自家无尽藏，沿门持钵效贫儿。”放着家中金银财宝不用，却模仿乞儿拿着饭碗沿街行乞。妄自菲薄和自夸自大，是两个极端，都有背于谦虚的本质。

有的人过度谦虚，往往是为了张扬自己，故意做作，以求别人夸奖自己谦虚。这种为谦虚而谦虚，是对谦虚的误解。

自满与自卑是与谦虚相背，他们都有可笑的表现。

自满的时候肌肉受到刺激，目光炯炯有神，步态摇摆而轻快，鼻孔放大，嘴角泛起特殊的微笑，像疯人院里的某些病人——极度的自鸣得意，表情愚蠢，走路昂首挺胸，大摇大摆，自满失态。

自卑的人，好像觉得犯下了不可饶恕的罪行，永远失去了希望。他们低头哈腰，畏畏缩缩，生怕他人注意，说话低声下气，不敢正视别人，自卑失态。

静思细想，古今亿万年无有穷期，人生其间，数十寒暑仅须臾尔；大地数万里无有纪极，人于其间，寤处游息，昼仅一室耳，夜仅一榻耳；古人书籍，近人著述浩如烟海，人生目光之所能及者，不过九牛一毛耳；事变万端，美名百途，人生才力之能办者，不过太仓之一粒耳。越想越深越感眇小，没有什么可骄傲的。

知天之长而吾历者短，则遇忧患横逆之来，当少忍以待其定；知地之大而吾居者小，则遇荣利争夺之境，当退让以守其雌；知书籍之多而吾见者寡，则不敢以一得之喜，而当思择善而约守之；知事变之多而吾所办者少，则不敢以功名自矜，而当思兴贤而共图之。夫如是，则自私自满之见可渐渐消除矣。

48. 感恩力学

佛说："良心是一个人最公平的审判官，你骗得了别人，却永远骗不了你自己的良心。"

何谓恩人？

人生在世，每人都有许多恩人，最有恩于你的是父亲、母亲、老师以及在关键时帮助过你的人，还有其他有恩于你的人。事实上，我们每个人的生活都依赖着他人的奉献，也可以说，每个人都生活在别人的奉献之中。广义上，这些人都是你的恩人。根据"感情作用原理"，你应该被感动，并真诚地感激他们。但是，很多人违犯了这个原理，意识不到这一点，落了个"忘恩负义""不知感恩"的坏名声。正因为如此，生活中的种种慷慨行为，总是难以得到真诚的感恩。感恩是一种重要的社会力学，体现了人间真诚、礼貌、善良的社会形象，产生正能量。在宁夏金沙湾的"黄河坛"公园，有三道宏伟的仪门，分别是知恩门、感恩门、报恩门。张显感恩是中华民族重要的传统文化。知恩、感恩、报恩三个层次，你做到了哪些？让感恩形成社会风气，让社会充满知恩、感恩、报恩的正能量。

是不愿意感恩吗？是麻木吗？答案是否定的。忘恩负义的人是极少数，主要是缺乏感恩教育，没有弘扬感恩之美德。许多人不知道感恩，或不知道如何感恩，处于感恩的蒙昧状态。

感恩是美德。假如某人说："世上没人给过我任何东西!"这真是大言不惭，忘恩负义。这种忘恩负义之人，无论是穷人还是富人，他的灵魂一定是很贫乏的，因为他没有意识到自己曾得到过什么，觉得自己贫乏的一无所有。这种人对恩义的感觉特别迟钝，对怨恨却十分敏感；这种人自私专横，只知道得到好处，却不知道回馈；这种人对别人要求特别高，喜欢怨天忧人，却从不检讨自己；这种人绝对没有受过感恩教育，是绝对不知感恩的。这就是忘恩负义之辈。

感恩是美德，多数人不同程度具有这种美德，如孝敬父母，尊敬师长，感激朋友、同事、邻居的帮助，都是感恩的表现。感恩是最朴素的高尚品质。不知感恩，就如同不知孝敬父母一样，更谈不上真诚奉献社会了。感恩不是天生的品质，它是从小培养出来的。我们往往只注意自己需要什么，很少考虑这些东西是从哪里来的；只知道拥有美好的生活，却很少考虑美好生活是怎么来的。这是教育的缺憾。每个人多想想自己的成长、成功，多想想自己所拥有的美好，就会想到很多人很多人，从而培养感激别人的心。

特别是在功成名就之时，更应该想想从先人那里、他人那里所接受的东西，包括思想、经验、智慧和财富。先人、他人为自己提供了经验，设定了方向，奠定了基础，自己所能做的是在此基础上实现先人、他人的理想。你站在巨人的肩上使你成功，你应感恩巨人宽阔有力的肩膀。感谢先人、他人，让感恩的思想代代相传，发扬光大。

有些人很会表达感恩，把内心的感激之情充分得体地表达出来，让施恩者非常高兴。有些人有感激之心，但不会得体得表达出来。因此，恰如其分地表达感恩之情，是重要的品德修养。如何表达对别人的感激之情呢?

（1）用真诚的语言表达：真诚、具体地说出自己的感激之情，并说出你的帮助是多么重要，如果没有你的帮助，我会多么困难。

（2）用肢体表达：鼓掌，握手，竖起拇指，拍拍肩膀，真诚的拥抱，用热情的动作表示感激。用拥抱、亲吻表达对伴侣的万分感谢。

（3）用眼神表达：眼睛会说话，眉目能传情。善用眼神，有时胜过千言万语。眼神能传达出信任、肯定和感恩。

（4）用信函表达：通过信件、传真、E-mail、微信、QQ 等表达，真情所至，同样可让人温馨溢满。

（5）送小礼物表达：“千里送鹅毛，礼轻仁义重”。送个小礼物，小小的礼物凝聚了你的感恩之情。如一枝花、一张贺卡等。

（6）有句格言：“滴水之恩当以涌泉相报。”哪怕对你一点恩情，也应以十倍相报，特别是当你的恩人困境时。

一个坚强而自尊的人，当他意识到上天的恩赐有多么丰厚时，他会卑谦地感天感地，感激大自然；让天恩、地恩、人恩、感恩成为座佑铭。

人类应真诚地感谢太阳。人类应由感谢上帝转为感谢太阳，那真是一个伟大的转变——由唯心主义转变成了唯物主义；由感谢一个不存在的上帝，到感谢一个真正有恩于人类的一个太阳。

有史以来，人们一直都感谢上帝（神），可是谁真正接受过上帝的恩赐呢?没有。太阳，这个遥远的恒星，45 亿年来（地球形成的年龄），每天不断地进行热核反应，向宇宙空间发射太阳能，其中我们的地球也接受它总能量的极小部分。就是因为太阳能，在地球这种环境下，产生了生命，产生无数种的动物和植物，也产生了人类，并生产了人类赖以生存的食物等。我们吃的粮食、穿的棉花、用的木材、用的煤、石油、水力发电、风力发电、火力发电、雨、云、雾、风、炎热、寒冷，全是太阳的杰作。就是那灿烂的星光和明亮的月光，也是太阳光的杰作。没有太阳，肯定不会有人类和人类的一切。我们应感谢太阳神——一个不断进行着热核反应的大火球，人类真正的恩公——太阳。

当一个人坚定地实现他的信念、理想和希望时，他会真诚地感激别人对他的帮助，他会越伟大越卑谦。越是卑谦的人，越知感恩。

人类应有时代性的情真意切的感恩哲理，有优美动听的感恩格言，就像自然科学中的公理一样，光芒四射：

感恩恩公，滴水泉涌；
感恩父母，山高海深；
感恩师长，助我成长；
感恩兄妹，左手右手；
感恩子女，慰我欢乐；
感恩朋友，为我解忧；
感恩英雄，人天共仰；
感恩自然，天恩地恩。

49. 流言蜚语力学

凡有人群的地方，就可能有流言蜚语和小道消息。如何对待这一社会现象，是人生走向成熟的重要标志。流言蜚语猖獗的地方，是混乱肮脏的地方；没有流言蜚语的地方，是风清气正的地方。流言蜚语，常常使人愤怒不已，相互猜忌，团结涣散，关系紧张，影响情绪，影响工作。所以，流言蜚语是重要的社会力学，产生恶劣的社会影响。

流言蜚语产生于恶意攻击，传播于不负责任。世人对流言蜚语有如此深刻的评述：“言者捕风捉影，信口开河；传播者人云亦云，加油添醋；闻者半信半疑，真假难辨；被害者莫名其妙，有口难辩；制造者阴险恶毒，暗中窃喜。”况且，所有的流言蜚语，马路新闻，就像大口袋里的羽毛一样——一旦从嘴里溜出去，就永无收回的希望。

流言蜚语是毫无根据的议论、诽谤、诬蔑、挑拔的言语。可细分为三类：一是别有用心的人，造谣滋事，无中生有，恶意攻击，按流言蜚语方式传播；二是说闲话，偏重于“热点评论”、“时事评论”，夹有捕风捉影之嫌，但无直接恶意；三是捕风捉影的消息，并无恶意，到时候就能证明它是否存在。由于事件的大小不同、内容不同、性质不同，造成的影响也各不相同，且大都是负面效应。

在这个世界上，始终有许多人喜欢传播一些流言蜚语，好像是他们的业余爱好或嗜好。爱说闲话的人通常是流言蜚语的制造者和传播者。这种人到处闹扯，津津有味地传播一些无聊的，特别是传播涉及他人的隐私和谎言，对人家评头论足，丝毫不管当事人的感受。虽然古人早有“谣言止于智者”的明示，但智者必竟很少，谣言总是传来传去。

第一类流言蜚语纯粹是伤害他人的恶语，无论是有意还是无意，此类流言蜚语者不可宽恕。故意的是卑鄙，无意的是草率，何况有时则是言者无心，听者有意，经过许多人的丰富想像，穿凿附会，谣言便产生了。再加上捕风捉影、添油加醋之后，谣言便以加速度传播，远远超过事情本身发展的速度。

传播流言蜚语伤害他人，有时是出于嫉妒、恶意攻击，有时是为了借揭示别人的秘密来抬高自己。这些都是极其令人讨厌的，是素质低下的表现。要提高自己的品格，首先从堵截流言蜚语做起。

“千夫所指，无疾而亡。”须知人的名誉是人的第二生命，因为流言蜚语搞得名誉扫地，以后就无法正当地待人处事，乃至毁掉了名誉的人非常痛苦悲愤。而那些经常制造、传播流言蜚语的人，在他损害别人名誉之时，也毁了自己的名誉，干了损人不利己的傻事。正直的人也许还会听他津津乐道地说别人长短，可内心深处早已充满了鄙夷和蔑视，久而久之就再也没人听他说的话了，哪怕是真话。这又何尝不是自毁前程。人们对这类人的最终鉴定是：暗中伤人，品质低下，没有真才实学，不可信任，不可交往。

如何对待流言蜚语呢？这是每个人必需具有的修养，否则你可能栽倒在流言蜚语之中。“长舌头远比三只手更令人头痛。”假话久传就会变成恶语，谣言足以隔离亲朋好友，因此，确记不要用嘴巴去发现不存在的东西。

犹太拉比告诉人们：“遇到鬼的时候，你一定会拔腿就跑；同样你遇到马路消息时，你也要快速地逃跑。”这可能是对待流言蜚语最好的办法。

不过，任何人听到关于自己的流言蜚语时，心中都会极为愤慨，有些人甚至会去找“好事者”大吵大闹一番而后快。可这样处理的结果只能是沸沸扬扬，两败俱伤。

面对流言蜚语，首先不要暴怒，要想得开些。要知道，已知的流言蜚语要比未知的要好对付得多。也要想到，这证明自己还是很重要的人物，存在制造谣言的价值，能被抬举为议论的中心，还是满有嚼头的！

化解流言蜚语最好的办法是，自信、自尊、自爱。“身正不怕影子邪！”只要自己光明正大，操守无可争议，伦理上没有失足、颓废、腐败的现象，私生活没有出轨之处，流言蜚语自然会减少、化解，不攻自破。

至于“马路消息”和“小道新闻”则另当别论。首先，在动机上多是没有恶意。有的只是好事之人的传言和“时事评论”。还常涉及到公众人物，这是理所当然的，因为公众人物自然把自己放在议论的焦点。这种“时事评论”有的是预防性警告，有些可能是真实的，有的可能不完全真实，有的则可能完全不真实。但只要不是恶意攻击，则应引起警觉，有则改之，无则加勉。

现代社会中，人与人之间变得越来越复杂，神秘微妙。一个人想完全脱身于流言蜚语攻击，似乎是不可能的。心境坦然，“谁人背后无人说，哪个人前不说人”，几乎很少有人一生不曾被流言蜚语中伤过。但我们应该相信，别人的嘴巴长在别人的脸上，不可能管得了；但可以管好自己的耳朵和嘴巴，对流言蜚语我们可以少听、不听，少传、不传。听了谣言而怒不可遏，正好中了造谣者的奸计。更重要的是手脚长在自己身上，我们可以勤奋工作，以实际行动驳斥、破解流言蜚语。让造谣者、传播者现出丑陋的原形。

任凭流言蜚语，我自巍然不动。自信、自尊、自爱，是战胜流言蜚语、歪风邪气的法宝。

50. 家训·家规·家风力学

(1) 家训、家规、家风的基本概念

评价一个家庭的质量，主要看两方面：一是家庭成员教育是否良好；二是家庭经济是否殷实。前者说明家风家教和家长素质，后者说明家庭成员的赚钱本领。这二者都与家训、家规、家风有密切关系。

家训：是对家庭成员，特别是对子孙立身处世、持家治业的教诲，是家庭的指导思想。

家规：指一个家族、家庭所规定的行为规范，也叫“家法”，家人违背家规，是要受到惩罚的。

家风：指一个家庭或家族的传统风气、风格、风尚。当一个家庭的家训、家规长期执行，逐渐形成家庭的公共行为习惯，即家风。家风也就是一个家庭或家族的家文化。其中最主要的是家训，家训是家庭的指导思想，家规是执行规范和惩罚措施，家风是执行家训、家规过程中形成的风气。

(2) 家训的重要作用和意义

没有规矩不能成方圆。一个家庭需要健康、积极向上、简明具体、可操作性强的家训、家规。

家训之所以为世人所重视，因其主旨乃推崇忠孝节义、礼义廉耻、节俭勤奋，邪恶当禁等基本道德和治家理念，提倡什么，禁止什么，都十分明确，而且语言简洁，易懂易记，深受各界家庭的欢迎。

家训，是家长、家族长辈的心底之声，肺腑之言，是疑聚家长、长辈对子孙和晚辈的关爱和期望，积自己和先辈的经验教训和思想精髓总结而成。家训对子孙及家庭成员立身处世、持家治业的教诲，是家庭的指导思想，是家庭建设的重要组成部分。对每个家庭成员的学习、教养、处世原则都有明确指导和严格的约束作用。所以，家训是家庭和社会最宝贵的经典和财富。在家训的基础上，制定出家规，培养形成家风。所以，家训对一个家庭的健康成长和发展有着深远的影响。对社会的健康发展也有着重要的影响。历来的社会都提倡良好的家训、家规、家风，促进子孙晚辈健康成长发展，从而也影响着整个社会的发展进步。

我国古代非常重视家训、家规、家风的建设，历史久远，是中国的传统文化的重要组成部分。广义上讲，每家的父母对子女都有或多或少的教诲，这种教诲就是最简单直朴的家训，但往往不够全面、圆满、优良。完全没有家训的家庭极少。中国的每个家庭都希望建立良好的家训。综观历史，凡是兴盛的大家族，差不多都有严格的家训、家规、家风。

家风是在执行家训、家规中形成的风气，是家庭的文化氛围。家风，作为一种无形的力量，会潜移默化地影响着家庭家庭成员。我们每个人都生活在一个原生态的家庭中，谁也脱离不了。原生态家庭家风好，则个人就会茁壮成长。原生态家庭不重视家风建设，则个人在成长过程中就会走弯路。

好的家风有一个共同的特点，即优良的道德氛围、健康的思想氛围、主动的感情氛围、认真的学习氛围、节俭的生活氛围等。正是这种氛围，造就了一个个身心健康的人、有所作为的人、对社会有突出贡献的人。可以说，好的家风是儿童成长的好摇篮。在市场经济条件下，家训、家风也受到冲击，我国家庭婚姻中出现了一些亟待解决的问题：搞对象上的拜金主义、婚姻中草结草离、孝亲中漠视老人或啃老、对子女的溺爱或管教不严等。

古人云：有家规的家庭，属于书香门第之家。有家规、有家训的家庭，属于豪门贵族之家；有家训、有家规、有家风的家庭，属于王侯将相之家。

家庭是构成社会的基本单位，也称“社会细胞”。在社会主义精神文明指导下，每个家庭在国家法律、伦理道德、健康文化的基础上，制定现代家庭的家训、家规，形成良好的家风，延续家兴业旺、普泽后世，实现幸福家庭四大目标：和谐、文明、健康、富有，具有重要的意义。

(3) 中国历史上主要的家训

远古时代，人类社会虽然经历了氏族、家族、家庭的变迁，然而，以血统关系为基础的家庭和家族，在任何时候都是形成一个国家的基石。

在国家不安定和国法不明确之际，家训即是稳定社会秩序的重要力量。因为，家族为了维护必要的法制制度，就拟定一些行为规范来约束族人，这就是家训家规的最早起源。

自汉初起，家训著作随着朝代的演变渐丰富多彩。有的家谱中记录了许多治家教子的名言警句，成为人们倾心企慕的治家良策，成为“修身”“齐家”的典范。例如“黎明即起，洒扫庭院，要内外整洁”的良好生活习惯，“一粥一饭当思来自不易”的节约精神，今天看起来仍有积极意义。

世事洞明皆学问，人情练达即文章。家训，恰是先辈留于后人的为人处世宝典。最早可追索到周公告诫子侄周成王的诰辞，自此延绵二千多年，精深宏富，在中国传统文化中地位彰显。国学大师钱穆先生说：“凡中国文学最高作品，即是其作者之一部生活史，亦是作者之一部心灵史。此即作者之最高人生艺术。”经典家训就是如此。

中国是十分重视家教的国家，自古以来就形成了许多著名的家训、家规、家风，凝结成历代家庭教育的经验，汇聚着数千年来家庭教育的至理名言，并广泛流传，培养了无数志士名人、英雄豪杰，为成就中华文明、维护社会秩序、推动社会进步，发挥了重要作用。

中国历史上主要的家训有：

孔子家训、司马光家训、诸葛亮的《诫子书》和《诫外甥书》、颜之推的

《颜氏家训》、唐太宗的《诫皇属》、欧阳修的《诲学说》、袁采的《袁氏世范》、朱柏庐的《朱子家训》、李毓秀的《弟子规》、陈毅元帅的《示儿女》（诗）、曾国藩的《曾氏家训》、蔡诗峰的《现代家训》，以及广泛流传的《增广贤文》、《治家格言》、《家诫要言》、《女诫》等。还有集历代家训之大成典集，如翟博编辑的《中国家训经典》，郭齐家、李茂旭主编的《中华传世家训经典》等。

从内容上剖析，历代家训凝结着历代家庭教育的经验，汇聚着数千年来家庭教育的至理名言。不仅涉及家庭家族，进一步关系到国家和民族的爱国情操。如岳母在岳飞背上刺字“精忠报国”，陈毅元帅的《示儿女》（诗）：“国家若有难，汝应当先锋。”“不要空言无事事，不要近视无远谋。”“应知学问难，在乎点滴勤。”“应知重理想，更为世界谋。”

但更多家训中更偏重于传统的内容，虽然不同家庭家族都有不同的家训族规，其基本内容是大致相近的，最为常见的大致包括以下内容：

①注重家法、国法；

②孝顺父母、敬长辈；

③和睦宗族、乡里；

④祖宗祭祀、墓祭程序；

⑤合乎礼教、正名分；

⑥修身齐家、治国、交友、财富；

⑦振兴家庭经济。

中国历代家训中，有许多哲理深刻、内容丰富的至理名言，历久弥新，深受现代家庭欢迎，它是历代家长智慧的结晶，是现代家庭教育的宝鉴。这些家训，在历史上曾培养了无数的志士名人、英雄豪杰，让后人们敬佩。例如：

《朱子治家格言》

自问世以来，流传很广，被历代士大夫尊为“治家之经”，清至民国年间一度成为童蒙必读课本之一。朱柏庐纯其一生致力于研究程朱理学，因此，这篇家训也就是集中体现了儒家学说中修身齐家的思想。这篇家训，影响中国400年，被千万个家庭阅读。诸多名言警句，被许多家庭视为治家之宝，如：

黎明即起，洒扫庭除，要内外整洁。

一粥一饭，当思来处不易；半丝半缕，恒念物力维艰。

宜未雨而绸缪，毋临渴而掘井。

善欲人见，不是真善，恶恐人知，便是大恶。

……

《章氏家训》

原名《太傅仔钧公家训》，作者章仔钧，五代十国之时太傅公，是十大最有名的家训之一。内容非常简洁精辟，如：

传家两字，曰耕与读；
兴家两字，曰勤与俭；
安家两字，曰让与忍；
防家两字，曰盗与奸；
亡家两字，曰嫖与堵；
败家两字，曰暴与凶；

章氏家训中，其他重要的名言警句，哲理深刻，闪烁着智慧的光芒，如：

休存猜忌之心；休听离解之语；休作生忿之事；休专公共之利。吃紧在尽本求实，切要在潜消未形。

子孙不患少而患不才；产业不患贫而患非正；门户不患衰而患无志；交友不患寡而患从邪。

不肖子孙，眼底无几句诗书，胸中无一段道理。神昏如醉，礼懈如痴，意纵如狂，行卑如丐。败祖宗之成业，辱父母之家声；乡党为之羞，妻妾为之泣。岂可立于世而名人类乎哉！

曾国藩家训

曾国藩是个有争议的人物，是晚清重臣，镇压过太平天国，但对子女的教育却留给后人许多可借鉴的经验。曾国藩治家也很有名，具有超高的治家水平。他总结出治家八字格言："书蔬鱼猪，早扫考宝"，十六字箴言："家俭则兴，人勤则健；能勤能俭，永不贫贱。"三十六字家训，以及许多治家理念和名言警句，即是他治家的宝典。在他的言传身教下，曾家子弟代代皆有英才，曾国藩的子孙、曾孙、甚至玄孙里，有很多科学家、教育家、社会活动家，不论从事什么工作，总能以高尚的人格与品行彰显家庭教育的成就与家族传承的辉煌。过去这么多年，曾家后人没有一个丢了祖先颜面的。

曾国藩有段著名评论，说家庭兴亡的规律是，天下官宦之家，一般只传一代就萧条了，因为大都是纨绔子弟；商贾之家，也就是民营企业家的家庭，一般可传三代；耕读之家，也就是以务农与读书为根本的家庭，一般可兴五六代；而孝友之家，就是讲究孝悌的，以和治家的家庭，往往可以绵延十代八代。曾国藩在家庭教育方面至今值得很多人学习。曾国藩 36 字家训字字珠玑，难怪曾家子孙有许多都是人中龙凤。

曾国藩在修身治家方面有宝贵理念和家训、家规值得借鉴，也是成就他一生的法宝。其主要理念：

①读书改变命运：读书有两事：进德、修业。

②读书讲究方法：要读经典，一书不尽，不读新书；要培养个人的读书兴趣和方法。

③自省的力量：曾国藩一生不仅无一日不读书，他修身的

功夫更是后人称道。“人旦有恒，无事不成”。32 岁那年写下《日课十二条》：主敬；静坐；早起；读书不二；读史；日知其所亡；月无妄所能；谨言、养气；保身；作字；夜不出门。

曾国藩 36 字家训，望子成龙的家长可以收藏借鉴。

恒 锲而不舍，金石可缕；欲稍得成，从恒下手；

志 志不立，天下无可成之事；有志者，事竟成；

专 凡为一事，事皆贵专；以专而精，以纷而散；

熟 熟极生巧，妙无不熟；万事皆熟，熟则生强；

裕 海纳百川，有容乃大；心胸广宽，得道多助；

静 静能生明，怒以伤身；静以修身，宁静致远；

淡 人我之际，须看得平；功名之际，须看得淡；

暇 人生苦短，莫图便盖；事忙易错，且更从容；

松 文武之道，一张一弛；忙里偷闲，小处放松；

明 人贵自知，自知则明；偏信则暗，兼听则明；

实 实事求是，精益求精；差之毫厘，失之千里；

硬 刚直不阿，铁骨正之；迎难勇进，雄壮豪迈；

俭 俭以养德，贫而自强；物欲丧志，侈以败业；

重 心胸宽博，举止端庄；步履稳重，字墨刚劲；

廉 洁身自好，严以律己；节欲莫贪，克己复礼；

勤 刻苦求进，勤学善思；懒惰误己，勤奋兴财；

慎 三思而行，谨始慎终；深思熟虑，慎者受益；

忠 忠实处事，忠诚为人；忠孝持家，忠心敬人；

诚 推心置腹，言而有信；精诚所至，始终如一；

仁 仁术并用，以仁爱人；仁礼并施，稳聚人心；

敬 平易近人，不卑不亢；内外兼修，乐道人善；

恕 宁人负我，我勿负人；宽以待人，容人之短；

和 恶语难消，忍过事堪；和睦相处，万事谐通；
谦 谦虚谨慎，好学穷理；满则招损，谦者受益；
挺 艰难险苦，坚定意念；决不气馁，振作精神；
辣 激浊扬清，赏罚严明；恩威并重，治病救人；
变 洞察势情，识破天机；深识远略，出奇善变；
悔 遇有不测，自查反省；汲取教训，以利再战；
缓 事缓乃圆，好从慢得；从缓待变，应对自如；
滑 化危为夷，缓解矛盾；以滑化险，急中生智；
展 化大为小，一展了之；诱其松懈，自我发展；
浑 难得糊涂，愈致混淆；藏锋剑锐，戒骄装愚；
忍 修身养性，志存高远；忍气静心，平息愤事；
退 节制锋芒，谦和退避；激流勇退，养精蓄锐；
圆 既讲原则，也讲艺术；举止留心，内方外圆；
耐 人生六耐，缺一不可；临危应耐，耐以生存。

现代家训

蔡诗峰先生精读历代家训，颇有感触，虽历百年千载，仍有警譬之句，唯感缺少现代意识时代特色，故不揣浅薄，摹仿先贤明文，编此现代家训，以期为父母者教育子女有点滴参考启益。如：

“电视适可而止，必须准时完成作业；稍有闲暇之时，应该多读几本好书。”

“电视瞬变之物，久看不利思考；养性益智启悟，还得静心读书。”

“时代进步，归功科技发展，适时了解科技；社会竞争，全仗过人技能，努力学习本领。”

“人常有错，错而改正，仍是好人；少说慌话，慌话欺人，日久无信。”

“虽是独生子女，不可自为娇宠，有爱人之心；同学亲戚邻居，皆是兄弟姐妹，要平等相待。”

“家有垃圾，用袋装好，放到指定地点，爱护环境；物品虽丰，也要节俭，不得咨意费废，珍惜资源。”

“抽烟百害而无一利，何苦抽得肠肺皆黑；饮酒适量可享其美，醉后伤身也伤情感。”

……

(4) 中国家训的特点

认真分析中国的各种家训，可总结出以下特点：

期望性：家训中凝聚了父母和长辈对家庭家族子孙的殷切期望，希望子孙后代能平安健康、成龙成凤，家庭兴旺发达。

善意性：家训中深刻地体现了家长的心底之声，肺腑之言，语重心长，充满了绝对的爱和善意。

训诫性：父母或长辈以教诲、训诫的语言要求晚辈遵从执行。

时代性：不同时代有不同的主流思想和道德，家训中深刻地反映了历史时代特征。我国的传统家训，在思想上受儒家思想的影响十分深远，受封建社会小农经济影响，受姓氏家族影响，受家庭文化程度影响十分明显。

局限性：家训受时代和社会大环境的局限。

地域性：中国不同地域不同宗族的家训也有所不同。与外国的家训在思想、内容上有明显差异。

发展性：家训的内容和形式在与时俱进的发展。

艺术性：家训一般都是语言精练，内涵丰富，烩炙人口，通俗易懂易记，具有时代精神，与时俱进、亲切感人、语重心长的特点。

由于我国一般家庭的家训受孔孟之道的影响很深，家训的主要内容是修身齐家，治国平天下，比较中庸，缺少自由、民主、博爱精神，缺少创新精神、冒险精神，反抗精神，所以，当代家训中应增加这些精神。如陈毅元帅的《示儿女》中有“国家若有难，汝应当先锋”的家训。

美国《哈佛家训》体现了美国的主流精神，与中国的家训有明显的不同。如《哈佛家训》目录：

快乐——生命跃动的和弦；
博爱——抚慰众生的悲悯；
责任——无私承当的大义；
生存——永不妥协的征服；
幽默——浅含讽喻的微笑；
专注——滴水穿石的定力；
刚毅——坚韧不惧的胆识；
信念——托举灵魂的翅膀；
珍惜——天地厚赐的钟爱。

（5）160 则哲理深刻、寓意深远、简明易记的家训

各名家的家训，本人名望很高，晚辈中龙凤人杰居多，家训才有说服力。普通人家可以学习借鉴。如果洋洋巨著，往往抓不住重点。家训贵在谨记慎行，记住几个字，几句话，就能受益终生。

时代在变，家训也应在变。现在是个高速运转的时代，我们随时可能在无尽的信息和诱感间迷失；面对垮掉的、浮躁的、炒作的、娇惯的、嬉皮、雅痞，迷失方向的晚辈青少，家庭教育显得特别重要。我们究竟应该葆有怎样的精神内核和生存之道，来唤醒痴迷、纯洁灵魂、激发斗志呢？

综观中国的主要家训，可以发现：人有共性，家庭有共性，所以，各家的家训都有许多共同的精神和内容。又由于每个人都有个性、每个家庭都有特性，所以在共性的基础上，增加每个家庭的特性，就可以制定出适合每个家庭的家训。在总结中国历史上的主要家训，结合现代家训，参考国外的一些家训，总结出普遍适用的、哲理深刻、寓意深远、易懂易记的 160 则家训，供每个家庭制定家训时参考。制定家训，条文不要太多，易懂、易记、易检查，一般不超过二十条，根据家庭成员情况、职业、期望等而定。

①黎明即起，洒扫庭除，要内外整洁。既昏即息，关锁门户，必亲栓检点。

②一粥一饭，当思来自不易；半丝半缕，恒念物力维艰。

③学高为师，身正为范，勤学苦练，努力登攀。

④与人为善，与邻为友，严己宽人，既往不咎。

⑤勤为贵，德为先，和为贵，学在前。

⑥尊老敬贤，扶危济困，严以律己，宽以待人。

⑦不做亏心事，不赚昧心钱，心里有盏灯，肚里能撑船。

⑧堂堂正正做人，踏踏实实做事，兢兢业业读书，勤勤恳恳治家。

⑨少壮不努力，老大徒伤悲；无志不立业，老大被人讥。

⑩家有老，千般好，好儿女，多行孝，家有孝是希望，精心栽培生长旺。

⑪干本份活，行侠义事，做正直人。

⑫和睦友善，勤俭节约，科技致富，读书为先。

⑬有胆有识，有礼有节，有情有义，有失有得。

⑭吃不穷，穿不穷，人不读书一世穷。

⑮廉洁奉公，勤政为民，两袖清风，浩气长存。

⑯肩担道义，胸怀天下，读书明理，四海为家。

⑰富贵不能淫，贫贱不能移，威武不能屈。

⑱有毒物莫吃，违章事莫做。

⑲父严子孝，母慈媳敬，兄友弟尊，妻温夫爱，睦邻亲友，家道始兴。

⑳以德服人者昌，以理服人者顺，以信服人者智，以威服人者亡。

㉑是非面前不含糊，原则问题守底线。

㉒宁向直中取，莫向曲中求。

㉓无信不立，心诚则灵；精诚所至，金石为开。

㉔应视国事如家事，能尽人心即佛心。

㉕养不教，父之过，教不严，师之堕。

㉖行要好伴，居要好邻，屋要好住，人要好心。

㉗见利思仁，见财思义，君子爱财，取之有道。

㉘尽孝敬祖，尽忠报国，尽情交友，尽职创业。

㉙债不可轻举，言不可轻信，行不可冲动，学不可半废。

㉚乡穷要办厂，村穷要修路，家穷要喂猪，人穷要读书。

㉛立志、守信、尽孝、重义。

㉜翻身不忘本，重利不忘义，明理要读书，致富靠科技。

㉝尊师重道，谦恭礼让，忠孝并举，励志自强。

㉞以德为根，以诚为本，童叟无欺，买卖公平。

㉟假冒不进橱，伪劣不进店，不做损人事，不赚昧心钱。

㊱瓜田李下，各别嫌疑，不爱小财，不占便宜。

㊲儿孙自有儿孙福，莫为儿孙当牛马，投资教育多读书，莫误儿孙好前途。

㊳处事要公心，办事凭良心，待人有爱心，对己要宽心，遇难树恒心，做事有耐心，万事能如意，水到渠就成。

㊴常将有日思无日，莫把无时当有时，艰苦创业增财富，勤俭持家福万年。

㊵作善降之百祥，作恶降之百殃。勿以小善而不为，勿以小恶而为之。

㊶交友，以辅德也。亲直谅多闻者，远便僻柔佞者。

㊷国家如有难，汝应作先锋。

㊸不要空言无事事，不要近视无远谋。

㊹应知重理想，更为世界谋。

㊺应知学问难，在乎点滴勤。

㊻读少则身暇，身暇则邪间，邪间则过恶作焉，忧患及之。

㊼宜未雨绸缪，勿临渴掘井。

㊽一年之计在于春，一日之计在于晨。

㊾莫道君行早，更有早行人。

㊿一头白发催将去，万两黄金买不回。

(51)枯木逢春犹再发，人无两度再少年。

(52)光阴似箭，日月如梭。

(53)孝当竭力，非徒养生。鸦有反哺之孝，羊知跪乳之恩。

(54)重资财，薄父母，不成人子。

(55)毋令长者疑，毋使父母怒。

(56)妻贤夫祸少，子孝父心宽。

(57)宁可人负我，切莫我负人。

(58)责己之心责人，爱己之心爱人。

(59)美不美，家乡水；亲不亲，故乡人。

(60)割不断的亲，离不开的邻。

(61)远水难救近火，远亲不如近邻。

(62)乡党和而争讼息，夫妻和而家道兴。

(63)施恩无念，受恩莫忘。

(64)凡事当留余地，得意不宜再往。

(65)善欲人知，不是真善；恶恐人知，便是大恶。

(66)匿怨而用暗箭，祸延子孙。

(67)知有己不知有人，闻有过不闻己过，此祸本也。故自私之念，萌则铲之，谗谀之徒，至则却之。

(68)若能知耻，即是上进。

(69)待人要宽和，世事要练达。

(70)一念不慎，败坏身家有余。

(71)毋以己长而形人之短，毋因己拙而忌人之能。

(72)仗势凌人，势败而人凌我；穷巷追狗，巷穷狗咬人。

(73)静坐常思己过，闲谈莫论人非。

(74)得意盎然，失意泰然。

(75)以直报怨，以义解仇。

(76)贪懒沉溺是苦海，利欲炽燃是火坑。

(77)平生不做皱眉事，世上应无切齿人。

(78)饶人不是痴汉，痴汉不会饶人。

(79)不因群疑而阻独见，勿任己意而废人言。

(80)幸名无德非佳兆，乱世多财是祸根。

(81)诚实守信，开明勤俭，低调做人，高调做事。

(82)待人要真诚，为人须谦和，孝道当竭力，亲情互相助。

㊳学会放弃，懂得珍惜。

㊴休存猜忌之心，休听离间之语，休做生分之事，休专公共之利。

㊵夫为家计而辛劳，妻贤勤俭把家持。

㊶尊从父母教导，孝顺双方父母，感恩对方付出，珍惜幸福生活。

㊷君子和而不同，小人同而不和。

㊸家庭以爱为根，生活以和为贵。

㊹不义之财勿取，合理之事则从。

㊺传家两字读与耕，兴家两字勤与俭。

㊻一日“三省”好处多，来日不唱悔恨歌。

㊼百善孝为先，兄弟和为贵，子弟戒骄怠，夫妻莫猜忌。

㊽说一千道一万，不如踏踏实实干。

㊾害人之心不可有，防人之心不可无。

㊿事有可为不可为，利有可得不可得。

96夫不嫌妻丑，妻莫嫌夫贫。

97成家子，钱如宝，败家子，钱如草。

98与人为善，知书达理，勤俭持家，和睦友邻。

99家有一心，有钱买金；家有二心，无钱买针。

100欲让子孝，先当孝子。

101人生都有双重父母，双方父母一视同仁。

102恩义并用，相处合道，扶持并肩，相伴终身。

103上敬下睦，夫唱妇随，崇善孝敬，家庭和美。

104亲不过父母，近不过夫妻。

105家和万事兴，齐力共断金。

106为人父母要涵养天性，懂得必先克己，方能教化儿女。不论儿女孝不孝，但问自己慈不慈。

107为人父母者，要托起一家的福报，创造一家的福德。

108做正直的人，做正确的事。

109不要夫妻千担粮，只要夫妻好商量。

110勤俭治家，虚心治学，仁爱治德。

111贫贱之知不可忘，糟糠之妻不下堂。

112男人无志，家道不兴。女人不柔，把财赶走。

113夫妻以爱为根，相互補漏，互不埋怨。

114要多行善事，广积阴德，保一家兴旺。

⑮男尊女，女尊男，男女平等；夫敬妻，妻敬夫，夫妻恩爱。

⑯以爱兴家，以德治家，以俭持家，以廉保家。

⑰不造是非，不说是非，不传是非，不听是非，担当是非，调和是非。

⑱共同商定家庭事务，各自打理生活圈子，冷静对待琐碎矛盾，宽容接受对方缺点。

⑲不管谁有错，不管面临什么灾难，无论发生何种是非，都不可外扬家丑。

⑳教育孩子，全凭德行感化。不娇、不溺、不打、不骂。

㉑一年只望一春，一日只望早晨。有事莫推明朝，今日就想就行。

㉒越努力，越幸运；越担当，越成长；越感恩，越有福。

㉓不怨恨子女，不打骂子女，身传言教，谆谆引导，子女的成败与父母心性德行有关，学会反思自己的教育方法是否得当。

㉔自己事自己做，今日事今日毕，不可马虎了事，不可无故拖延。

㉕家庭就餐，吃有吃相，坐有坐相，礼貌待客，不无视父母、长辈、客人，不边吃边玩，不浪费粮食。

㉖学习工作，做到学而不废，知而不厌，业而不怠，责而不贷；家庭教育做到老而不唾、童而不惯、强而不屈、弱而不欺；行为道德做到礼而不止、信而不背、伦而不悖、法而不逆。

㉗做人正直，学会宽容，善待家人，学会关爱；博览群书学会修身，尊老爱幼，学会感恩；勤俭节约，学会珍惜，坚持锻炼，学会分享。

㉘凡在童稚，读书为本。勤俭为先，兼知礼仪。及其成人，五常莫废，出则有方，入则孝悌。

㉙夫妻终身伴，结对宜相投；志同道合好，择貌非良筹。自由结婚后，偕老到白头。误会当面解，欢乐度春秋。

㉚为家长者，当以诚待下，一言不可妄发，一行不可妄为。临事之际，毋察察而明，毋昧昧之昏，须以量容人，常视一家如一身也。

㉛爱子宜有度，不得任其求。久而成习惯，长大不易改。导之以礼仪，督其仁德修；立志成大业，服务人民周。

㉜电视适而可止，必须准时完成作业；稍有闲暇之时，应该多读几本好书。

㉝时代进步，归功科技发展，与时了解科技；社会竞争，全仗过人技能，努力学习本领。

㉞电视瞬变之物，久看不利思考；养性益智启悟，还得静心读书。

㉟饮食洁净，饭吃八分饱，可少得疾病；心无邪思，做事顺其然，可益寿延年。

⑬⑥绿水青山，就是金山银山，要珍惜爱护；空气清新，鸟语花香，乃是幸福底色。

⑬⑦人常有错，错而改正，仍是好人；少说慌话，慌话欺人，日久无信。

⑬⑧行事必守法则，不做违法之事；行路要依规则，见红灯止步礼让。

⑬⑨路遇负重之车，助之一臂，帮助别人，也是乐事；果皮空瓶纸屑，不得乱扔，即是修养，也是文明。

⑭⓪临睡之前，察看门窗是否关好，养成习惯；将寝之时，细看煤具是否关紧，小心祸患。

⑭①常用器皿备水，居楼停水不便；起住行走戒躁，不可扰惊四邻。

⑭②爱国之心，不可一日或缺，当自观念由起；

⑭③爱家之心，不可一日没有，应从小事做起。

⑭④他人之物，未经本人同意，不得乱动；所需物品，别人比我急需，可以让人。

⑭⑤一生之中，可无治国之能，免得大任；平常生活，要有一技之长，糊口养家。

⑭⑥常站别人位置，换位思考，可减少误会；不因一时之怒，怨恨是非，应学会宽容。

⑭⑦小时要立大志，有志才能明确方向；学习要求扎实，浅尝辄止无以致远。

⑭⑧谆谆教导，如春雨润泽，在潜移默化之效；以身作则，似明镜立顶，有直观易学之功。

⑭⑨由今及古，由己及人，常怀满足，在满足中生存；由今及后，由人及己，不可止步，在不满中进取。

⑮⓪抽烟百害而无一利，何苦抽得肠肺皆黑；饮酒适量可享其美，醉后伤身也伤情感。

⑮①家有垃圾，用袋装好，放到指定地点，爱护环境；物品虽丰，也要节俭，不得咨意费废，珍惜资源。

⑮②我是父母之子女，也是子女之父母；要子敬孝，须先当孝子。

⑮③身居高楼，不要临窗扔物，小心伤及路人；要有家教，应时拿起电话，首先道声你好。

⑮④家电齐全，更要藏书千卷；财富万贯，不及知识久远。

⑮⑤做人做事，不失认真二字；成功成名，不离勤奋一宝。

⑮⑥人活百岁，行路万里，难免坎坷挫折；树立目标，坚定信心，应当自强不息。

⑮嫁女择佳婿，毋索重聘；娶媳求淑女，勿计厚奁。

⑱见富贵而生谄容者，最可耻；遇贫穷而作骄态者，贱莫甚。

⑲见色而起淫心，报在妻女；匿怨而用暗箭，祸延子孙。

⑯曾国藩“八本堂”：人生有八件根本：读书以训诂为本，诗文以声调为本，事亲以得欢心为本，养身以少恼怒为本，立身以不妄语为本，居家以不晏起为本，作官以不要钱为本，行军以不扰民为本。

（6）儿童家规及其特点

儿童的启蒙教育是人生重要的教育，对一生有深刻的影响。儿童的特点是：无知性，儿童的思想是一张白纸、纯洁简单，可塑性强、模仿性强、幼稚性、任性性。给小孩子立家规，应该具体、亲切、正面，便于孩子乐于执行，树立正面观念，培养良好习惯。要将家规反复告诫孩子，使他熟记这些家规。

在日本家庭中，父亲通常只是经济上的支柱，而母亲才是家庭的基石。孩子每天都和妈妈相处，妈妈的一切行为都在不知不觉中影响孩子，甚至会决定孩子的人生高度。有位日本妈妈给她的两个孩子订了十条家规，可供参考、借鉴。

①见到人先打招乎，受到别人任何恩惠和帮助，必须口头或者书面表示感谢，做了给别人添麻烦的事情，一定要当场道歉。

②在公共场合（除了可以放开玩儿的地方），说话音量控制在不让第三个听到，做事不能随心所欲，从小学会考虑他人感受。

③不愿意告诉爸爸的事情，可以只告诉妈妈；不愿意告诉妈妈的事情，可以只告诉爸爸。但是不能对两者都不说。要让孩子知道，爸爸和妈妈都是最亲近、最值得依赖的人，内心的痛苦可以不必独自忍受。

④诚实是最优良的品格，不许撒谎骗人，失去朋友、家人最宝贵的信任，会让你后悔一生。

⑤如果不能避免打架，不许用工具和牙齿，也不许戳眼睛，除此之外可以狠狠地打，而妈妈希望你能打赢。当遇到欺凌时，只会礼貌谦让的孩子，会成为固定的受气包。

⑥捡到掉在地上的硬币，可以拿回家积攒起来，但是钱包却不能据为已有，拾金不昧是最宝贵的品质之一。

⑦别人真诚款待你吃东西，如果你不喜欢的话，可以说“我吃饱了”，但是绝对不能说“很难吃”。

⑧任何食物曾是有生命的，绝对不能想吃就吃，想扔就扔。正是这种对万物敬畏的观念，让日本仍然保留了美丽的自然环境。

⑨用不着刻意和别人比较，就像名字、长相各不相同一样，每个人都是独一无二的，世界才这样丰富和有趣，人生才这样多彩。

⑩当感觉到危险和有必要的时候，任何规矩都不用遵守，因为生命比什么都重要。在独自遇到坏人和遭遇危险的时候，能够保护你自己的人就只有你自己。

51．社会环境力学

环境是相对于中心而言的。你是中心，你周围的一切，特别是人：父母子女，亲朋好友、师长同学、领导同事、街坊邻居、对你友善的、对你不满的、对你为敌的……就都是你的环境。

社会环境力学是重要的社会力学，它严重地影响着人的情绪、生活质量、事业成败、社会和谐、社会发展。

人类的聪明之举是会适应环境，改造环境。为了生命，人必须适应环境。哲学家尼采说：“在世人中间不愿渴死的人，必须学会从一切杯子里痛饮；在世人中间要保持清洁的人，必须懂得用脏水也可以洗身。”人适应环境的能力是很强的。

大雨漂泊，打把伞可以避雨；烈日当头，打把伞可以遮阳。用伞营造了避雨遮阳的小环境。天气闷热难忍，开启空调，制造成了局部的凉爽环境。不管周围多么脏乱差，我们可以把室内打扫得干干净净，布置得整整洁洁。不管大环境多么糟糕，我们可以建立一个适合于自己生存的小环境。自然环境如此，家庭环境如此，社会环境也如此，这是人的聪明之举。人创造环境的能力是很强的。

佛说：“虽然我们不能改变周遭的世界，我们只好改变自己，用慈悲心和智慧心面对这一切。”

较大的环境，个人无力营造，就像你管不了别家的事、别人的事一样。但是你可以营造属于你自己的小环境。也只有你才能营造属于你自己的小环境，别人谁也代替不了你。

你周围的小环境对于你是多么重要啊！它直接影响你的心情好坏、生活质量、工作成就、事业成败和人生价值。因此，几乎每个人都有强烈的愿望，为自己营造一个健康、和谐、积极向上、有利于成长和发展的环境，使自己在此能愉快地工作，学习、生活，实现自己的人生理想。

哲学家尼采说："世界弥漫着焦躁和不安的气息，因为每一个人都急于从自己的枷锁中解放出来。"

我们所面临的局部环境可能很好，但也可能很糟；可能清新宜人，也可能很复杂，盘根错节，乌烟瘴气。特别是在现今这样一个市场经济的大环境里，竞争激烈，甚至可能是尔虞我诈，你争我夺，唯利是图，冷漠无情，利益冲突比比皆是；嫉妒、流言蜚语，司空见惯；偷摸抢骗时有发生。这种环境只能令人烦恼，也严重影响你的生存和发展。

好办法！来营造一个紧贴你身边的和谐的小环境。请相信，虽然你面临的环境糟糕透了，但和你一样，其中绝大多数人仍在期望好的环境。因为喜欢新鲜的空气，喜欢干净的房子，是人之天性。乐与善人为伍，喜欢环境和谐，也是大多数人的天性。这正是营造和谐小环境的社会基础。

营造和谐社会环境，其实质就是营造积极向上的、和谐的人际关系，是调整如何对待别人的态度，以及别人如何对待你的态度的问题，是为人处世观念的组成部分，有经典的内容，有通常行之有效的方法。但要实事求是，因环境置宜，否则，就营造不好小环境。

"将心比心。你能深刻了解自己，就能了解所有的人。"这是不谬的格言。你希望别人怎样对待你，你就应怎样对待别人。因此，你应这样做：

表现出真诚与善意。这是待人、处世的基础。

尊重别人。懂得了尊重别人的重要性，就获得了与别人建立良好关系的秘诀。因为每个人都有自爱心、自尊心，每个人都觉得自己是重要的。

微笑待人。因为微笑是表白自己，且永不过时的友善信号。

表现出对别人有好感和热情。"热情是半个生命，冷漠是半个死亡。"好感是对人的一种欣赏，热情是对人的吸引力，是打开局面的金钥匙。

养成聆听别人意见的习惯，这是尊重别人的表现。

做些实事建立自己的威信，让对方觉得你是很重要的。

不要想利用别人，不要有耍手腕之嫌，一旦发觉，这是令人很恼火的事。

不要胡乱应允，不要随意许诺，除非你能做得到。

不批评别人的信仰，不探听别人的隐私。

不传小道消息，不传流言蜚语，不说别人的坏话，让别人觉得你品质高尚，为人可靠。经常考虑怎样才能和别人和谐相处的问题，让别人看到你很成熟。

如果你做了以上的事，恭喜你，你的和谐小环境营造成功。你周围的人就会团结、和谐、友爱、互帮互助，表现出强有力的团队精神。在这个环境里，你可以大展宏图。

和谐的大环境是人生之福，优雅和谐的小环境是人的现实之福。每个小环境是社会大环境的组成部分。普通人无力改善大环境，但人人都可以营造良好的小环境，并以此为营造和谐社会大环境作出献。

52. 诚信力学

诚信即诚实，守信用。人生在世，必须注意多方面的品质修养，其中诚信是最重要的修养之一。诚信是做人的根本，中华民族把诚实守信看作安身立命之本——“人无信不立”，“诚立身”。所以，诚信是一种重要的社会力学。

诚信对社会的影响力是十分重要的，这一点在我国古代就有充分的认识。《中庸》是我国一本传统名著，是孔子的孙子子思所著，诚信在中《中庸》中占有重要地位，全书总共33章，其中8章是关于诚信的论述。把诚信提高到极高的地位。诚信是正面影响力；不诚信是负面影响力。

“为国之道，食不如信。立人之要，先质后文。”（《宋书·江夷传》）就是诚信比吃饭重要，品质比本领重要。

“品格成功论”强调，以诚信打开局面，以诚信追求成功。美满的生活和基本品德是不可分的。唯有修养自己的品德，才能享受真正的成功和成功的快乐。”

信誉是运行资本，诚信带来成功。这是一条有用的经验。

产品质量是一种死物，而诚信是一种活的灵魂，是种神圣精神。比利润重要得多。“利润曾可贵，诚信价更高。若为诚信故，利润可不要。”诚信是立身之本，诚信是做人的灵魂，诚信是获得回报的资本。做人，要用诚信擦亮做人的牌子。

哲学家尼采说：“我感到难过，不是因为你欺骗了我，而是因为我再也不能相信你了。”

佛说：“大多数人一辈子只做了三件事：自欺、欺人、被人欺。”

佛说：“当你对自己诚实时，世界上没有人能够欺骗得了你。”

佛说：“诚实的面对你内心的矛盾和污点，不要欺骗你自己。”

佛说：“只要自觉心安，东西南北都好。如有一人未度，切莫自己逃了。”

哲学家庄子说：“真者，精诚之至也。不精不诚不能动人。”

诚信是一个人的美德，有了“诚信”二字，一个人就会表现出坦荡的气度，光彩的人格。自古以来，诚信就是一种人性之美。

一个言行诚实的人，因为有公平正义作为后盾，所以心怀坦荡，正气凌然，能够毫不畏惧面对世界。一个充满欺骗的人，他会内心发虚：“我在说谎话，是一个卑污者，是个戴假面具的人。”

古人云：“人而无信，不知其可。”就是没有诚信的人，不知道会捅出什么乱子。“人无信不立。”人无诚信，难以立志、立业、立人则在社会中无立足之地。交诚信之友，对无诚信的人，不可交也。没有朋友就没有可团结的力量，可能一事无成。

恪守信用，意味着承担责任和义务。诚信意味着说到做到，言必信，行必果，一诺千金，不骗人。即使真的做不到，也要说明不能付信的理由。取信于人是件不容易的事，要靠每件事守信用，长期守信用的积累，才能铸就自己的诚信形象。而且，诚信的形象容易毁于一旦，百件事诚信，一件事不诚信，信誉大毁。所以，坚守诚信需要品质和毅力。那些不注重恪守信用的人，是建立不好自己的诚信档案的。

讲信用是诚信的外在表现。人离不开交往，交往离不开信用。小信诚则大信立。治国也好，治家也好，做生意也好，都需要讲信用。一个人讲信用，则能言行一致，表里如一，人们可根据他的言论去判断他的行为，进行正常的交往。如果一个人不守信用，言行不一，则无法判断他的行为动向，则无法与其进行正常的交往，更无什么人格魅力可言。守信是取信于人的基本方法。具有人格魅力的人，应该是诚实的人，守信的人，靠得住的人。

品格，是一个人生命过程中建立的稳定和特殊品质，无论在什么环境中他都有同样的表现。可见，好的品格源于内心深处，它不受地位、财富、环境等的影响。“诚信”就是这种品格的组成部分。

容易被诱惑的，就不是好的品格。“没有关系，大家都这样。”这就是道德败坏对人性的诱惑，想拥有良好品格的人，必须战胜这种诱惑。人们看到的往往是一点点，看不到的是一大片；看到的是现象，看不到是本质，因小失大的事常常发生。声誉是一个人的无形财富，是每个人的立身之本。人不要为眼前的利益所诱惑，你的脚步才会走的更远。诚信助你远行，没有诚信，你会不受欢迎，处处碰壁。

忠诚是诚信的一种高度。莎士比亚说：“忠诚你的所爱，你就会得到忠诚的爱。”

由诚信发展到忠诚，就达到了新的诚信高度。忠诚是更高贵的品质。忠诚是心底的根本，不是随便可以做到的。做到忠诚首先是心理上、哲理上有所敬佩，行动上必须有所坚守、有所放弃。坚持珍惜的、根本的；放弃那些不诚信的、诱惑的、浮浅的。但是，并不是所有的人都能分清哪些值得珍惜，哪些只是一种诱惑。所以，人很难做到忠诚，因而，显得忠诚更加珍贵。

忠诚即是无声的宣言，是不变的信条，是品质和良心，是为人处事一诺千金的原则。但对不忠诚者来说，则是浅薄的游戏，是说了写了不算数的条文。无论什么诱惑，都是忠诚面前的陷阱。面对利益的诱惑，脆弱的人性就会分裂、扭曲。这是对人性之花的任意蹂躏。

坚守忠诚，要付出代价，但得到的是无尚的荣誉。

丧失忠诚，也要付出代价，而得到的却是无限的耻辱。

诚信是一种高贵的品质，不是为了功利而去诚信。以真诚品质修身，使人与人的关系简单化，善良化，负责任；而不是勾心斗角，尔虞我讹，不负责任。为功利而做派诚信，以做人技巧修身，使人的关系复杂化。近年来“励志书”铺天盖地，很受吹捧。但有文章批评说，有的励志书，过度功利化、庸俗化，激励人们为名利、金钱、美女奋斗，把它作为一种人生成功的技巧，而不是一种深层次的思想品格修养，使人空虚、迷茫，贻害社会，损伤人的诚信理念。因此，有人说有些励志书好像“地沟油”一样害人；不知实情的，也就吃了；吃了有损健康，回味起来令人感到恶心。

用“地沟油作品”形容某些无良的、毁坏诚信的励志书，真是入木三分。社会被这种励志书浸蚀，社会就会更加浮躁、不安。现在的书店里，又大又厚的书很多，十六开纸质版，五六百页，那么大部头版本，看来十分壮观和可怕；但打开一看，内容却不高尚，多是写手搞的，抄来抄去的多，体现的是种社会浮燥。

史蒂芬·柯维博士，他曾入选为全美 20 个最有影响的人物之一，被美国《时代》杂志誉为“人类潜能的导师”。他在《高效能人士的 7 个习惯》一书中曾写到：“我潜心研究 1776 年以来，美国所有讨论‘成功因素’的文献。阅读和浏览过的论著不下数百篇，主题遍及自我完善、大众心理、自我帮助等，对爱好自由民主的美国人民所公认的成功之论，算得上了如指掌。但从这 200 年来的作品中，他注意到一个令人诧异的趋势，那就是近 50 年来讨论成功的论著都很肤浅，谈的都是如何利用社会形象和技巧骗取成功的捷径，往往是头痛医头，脚痛医脚，治标不治本。比较而言，前 150 年的论著则有很大不同，论著强调品德为成功之本，诸如正直、谦虚、诚信、勤勉、朴实、耐心、勇气、公正和称得上是金科玉律的品格。”可见，浮燥损伤诚信，是世界性普遍而严重的现象。

但是，当你诚心诚意待人之时，也应当知人而交。当你抛出赤诚之心时，也要看看站在你对面的何许人也。不应对不可信赖的人敞开心扉，否则，他会认为你是可骗之人，想法子骗你。警惕你的诚信之心受到恶报。

欺骗一个最诚实的人是最容易的，也是最卑劣的。凡是不会撒谎的人都很容易相信别人，凡是不欺骗人的都很容易受他人欺骗。被骗不总是因为愚蠢，很可能是因为纯粹的善良。

53. 谎言力学

佛说："说一句谎话，要编造十句谎话来弥补，何苦呢?"

柏拉图说："讲真话是演说家的美德。"

诚实守信是人之美德，应大力宏扬。与诚信相反，谎言与伪装虽是恶行，但也司空见惯，充斥于社会和我们的生活之中，我们不得不面对。各种情况十分复杂，能清醒认识是人成熟的表现。如个人隐私，他不可能对人实话实说，有时不得不说点谎。也有因工作需要，如商业机密，进货价、成本价、销售价、销售情况等，也是秘而不宣的；技术机密，设计图纸，产品配方等，也是深藏于保密柜中，绝不会如实地告诉别人；特务、特工人员、负有特殊使命者，必须以谎言和伪装生存，其言语必为谎言，其行为绝无诚信，一旦真实暴露，便是灭顶之灾。凡作坏事的，都以谎言骗人。搞传销的用各种谎言骗亲人和朋友上当。"兵不厌诈"，就是堂而皇之用伪装和欺骗迷惑敌人。更有甚者，"大奸若忠"，"不说假话办不成大事"等，把谎言和伪装做到人类之极至。战争狂人希特勒说："愈大的谎言愈多的人会相信。"以谎言发动了第二次世界大战。就数量而言，世人的诚信与非诚信大致相当；真话很多，但谎言也不少。能识别谎言是智慧的表现。人们应有清醒的认识，以免被谎言欺骗。所以，谎言是搅动社会的重要力学，对此应有清醒的认识。

人世间有一种可称之为"美丽的谎言"。之所以说是谎言，因为它不真实；之所以说美丽，因为它出于善心。比如，某人患了癌症，医生一般不以真言相告，而告诉他一个谎言："病情不重，经过治疗会痊愈的。"而只将实情告诉他的家属。而他的家属也是如此安慰他，说他的病情不重，是可以痊愈的。这样可以减轻病人的精神负担，有利于康复。在家庭成员间、朋友间，为达到一个美好善意的目的，也常说点假话，掩饰点实情。哄小孩更是常用美丽的谎言，斗的孩子兴高彩烈。这类假话，实属美丽谎言。类似的美丽谎言的数量也很多，不仅不是欺诈之语，而带有美丽色彩。谎言与美丽谎言的根本的区别在于，谎言：掩饰实情，用心险恶，结果害人；美丽谎言：掩饰实情，用心善良，意在为善。可能人人都说过美丽的谎言，特别是那些德高望重者，他们的美丽谎言更能取信于人。

美丽之谎言是善良和智慧的表现。何时诚实守信，实话实说，何时说谎骗人，何时献以美丽谎言，则需要丰富的智慧和坚毅的个性，以及老道的生活经验和美丽的说谎技巧。不仅要会说美丽的谎言，也要会听。不可将别人的美丽谎言误解为欺骗；也不可将美丽谎言说成令人厌恶的谎话。善讲美丽谎言者，常获得心地善良、心灵嘴巧的美誉；只有说谎骗人者，落下不诚、不信、欺诈狡猾的恶名。

与诚信相反的是伪装和欺骗，其言必谎。伪装和欺骗也是司空见惯的社会现象，有的甚至是自己的工作。骗子、电信诈骗，就是专门编造谎言骗人的。哲学家培根认为："自我掩饰有上中下三策。上策为不露声色，守口如瓶，用此策者可使自己不显破绽，不被看穿；中策为施放烟幕，欲盖故张，用此策者，可故意露出一些迹象以隐其真；下策则为弄虚作假，乔装打扮，用此策者常煞费苦心把自己伪装成另一类人。"

上策者，守口如瓶方能保守机密。实话实说，敞露心扉，常会举措失当；爱高谈阔论，通常是既爱虚荣，又好轻信；凡爱谈己所知者，又爱谈论其所不知者，这些人很难守口如瓶。因此，守口如瓶既是策略，又是品行，有的人天生就不会守口如瓶，很难做好保密工作。

中策者，形象丑陋，名声不好，那就是施放烟幕，就是给对方制造假象，迷惑对方。此策用在有重大秘密要保守的时候。在某种程度上，欲不泄密者必是善放烟幕者。因为世态炎凉，世人狡诈，不容你无党无偏，不容你心藏秘密而不露，终要想方设法挖掘你心中的秘密，即使你杜口不言，也要设法从你的沉默中品出些味道；若诱你开口，便想从言语中探测口风，从你的几句话中找出破绽。所以，若不发挥施放烟幕的才能，任何人都难以保守秘密，烟幕好歹是秘密的一层外衣。

下策者，则是巧装打扮，弄虚作假。因此，除某些重大且罕遇的情况外，此策与其是计谋，不如说是犯罪。弄虚作假成性是种恶习。此恶习的养成或是天生虚伪，或是生性怯懦，或是心中有鬼。由于不得不掩饰这些弱点，就不得不弄虚作假。人们弄虚作假麻痹对手，出其不意而胜之。人们通过弄虚作假可更好地洞察对手意图。"以谎言换取实情"是种常用侦察手段。因为一个人若暴露无遗，其对手就不会表示相反意见，就探听不出对手的意图。

同时，伪装掩饰也有三弊。弊之一，掩饰真相者往往显得发虚，而这种发虚，在任何时候都有碍他射出的箭直中目标。弊之二，假相会迷惑许多人，也可以迷惑你的朋友，结果弄虚作假者往往变成诚信不佳的孤家寡人。弊之三，以假掩真使自己失去信任，这是最大的弊端。所以，最完善的人品素质，须有坦荡诚实的名声，守口如瓶的习惯，适当的掩饰技巧，以及在迫不得已时才使用的伪装能力。

诚实守信，是光明磊落，不需要伪装和掩饰的。有时的伪装和掩饰只是一种权宜之计，变通之策。欲知何时要吐真言，何时该动真格，何时需伪装掩饰，则需要敏锐的头脑和坚毅的个性。不可否认，古往今来英雄豪杰行事都光明磊落，都有诚实守信的名声，但在某些特定的场合也常常以谎言相对。然而他们就像训练有素的骏马，前进时能判断何时停步，何时转弯，何时发力，都在掌控之中。

54. 荣誉力学

荣誉是种赞美，是普遍而重要的社会力学，通常产生正能量。军队中立功，战斗英雄，荣誉勋章、奖章，各级别的劳动模范、更广泛的先进工作者、各行各业各种级别的奖，各种比赛的奖、诺贝尔奖以及其他各种名目的奖，还有众人的口碑。就其级别，有国家级、省部级、厅局级、单位的、企业的、名人的等，可以说，精神大厦是由荣誉作为骨架支撑着。如果黑白不分，是非颠倒，荣誉倒向，社会的精神大厦就会倾斜坍塌，这是十分危险的事。

获得荣誉是个人的功德和价值的体现。心理学家马洛斯认为，荣誉感和成就感是人类的高层次需求。不同层次的人，有不同层次的荣誉感和成就感。一般人都想追求名誉和荣誉，但只有少数人才能得到。而有的人一生的全部所为，好像都是为了追逐名誉，结果常会看到他的张扬，或被公众挂在嘴边，但却很少赢得人们真心的崇敬。而有的人潜心工作，行善积德，淡泊名利，却有美好名声。如果说一个人在行事时不珍惜自己的名誉，他的名誉很容易被损毁。世人都有这样的教训：损毁荣誉容易，赢得荣誉艰难。一辈子荣誉高尚，一件事做不好，可使威信扫地。“百年树人，晚节尤保”。也有的人在展示其功德时有所遮掩，世人往往会低估他的价值，给他的荣誉明显偏低。

荣誉的取得要经过自己的奋斗，否则，荣誉就要大打拆扣。因为真才实学的荣誉最为实在，战胜他人而获得的荣誉最为光彩夺目，犹如经过琢磨的钻石。所以，应力争战胜有声望的竞争对手，脱颖而出，可获得更加光彩的荣誉。

荣誉是功德和价值的象征，所以，荣誉应当奖给对国家有功之人。奖给那些为国牺牲的先烈；奖给那些为国家、为民族英勇奋斗、赴汤蹈火、不怕牺牲的英雄；奖给那些为建设国家，保卫国家在各条战线有杰出贡献的人。古今中外，任何国家，任何层次的政府，对荣誉的授予都是极其慎重的，否则，荣誉将失去其价值，甚至产生负面影响。

荣誉，不仅来自政府的嘉奖，更多来自百姓的口碑。因为任何人的荣誉和名声都是靠人传播的。所以，在群众中树立美好的形象，才能有真正好的口碑。因此，既重视自我，又重视别人，才能得到别人的好评，才是真正重视荣誉的人。因此，有人总结出获得荣誉的哲理：自己要好，要有人说你好，说你好的人要好，自己的身体要好，缺一不可。

嫉妒是荣誉的天敌，荣誉最能招致嫉妒。所以，应努力消除他人对自己的嫉妒之心。要谦虚谨慎地对待自己的成功，把成绩适度地归功于同事、周围的人和好运，而非归功于自己的聪明才智。表明自己所追求的是贡献和功绩，荣誉和名望是别人加于的，并非自己追求的目标。

犹太人非常重视个人的荣誉，自信就是犹太人荣誉的源泉。因为犹太人的心目中，真正能保持高度荣耀，重视荣誉的人，才能在社会上有地位，在人际交往中受到别人的信赖。对于犹太人来说，一个人的精神支柱即在于信念，不具信念的人，同时也欠缺说服力。

在社会上，“荣誉”代表着社会的好评，也代表着自己的成就、德行和信誉。所以，犹太人认为一个人是否能保存自己的荣誉，完全在于自己。因此，荣誉也好，信誉也好，首先是个人的内心问题，其次它也是社会的。

赞美是比荣誉层次低的赞誉和褒赏。同样，赞美也是令人欣喜而反思的镜鉴。赞美是人际间心灵的随时表达，不像荣誉那样庄严和经过繁杂的审批。所以赞美是更常见的荣誉。

自己被赞美和适度赞美他人，是不同的两件事。不仅要会心善嘴巧地赞美别人，也要经得起被别人赞美。这是人生成熟的表现。

人人都愿意听到别人的赞美，并追求赞美。当听到赞美时，就特别高兴，好像自己的成绩得到了别人或社会的认可，就会受到鼓舞，激发更大的积极性。因此，每个人都应高兴地接受别人的赞美。

同时，你也应真诚地赞美别人，因为别人也需要赞美，他的长处和成就也需要社会和别人来肯定。因此，不要吝惜你的赞美，也不要以为只有大成就才值得赞美，而要对每个小小的善举都给予赞美。这样社会更加和谐，你也会受到更多的尊敬和爱戴。当然，赞美必须真诚。如果你不真诚，别人就不会接受你的赞美。

理智地对待荣誉，让荣誉成为风清气正，奋发图强的航标。切莫不理智地仰望荣誉，为荣誉所累。

55. 赞美与虚荣心力学

虚荣心，满足虚荣心，或由虚荣心而产生的种种行为而影响社会，称虚荣心社会力学。

动物有爱表现的属性：孔雀展翅，雄性的孔雀将美丽的羽毛展现给雌孔雀，表现自己。公鸡长有美丽的羽毛，经常展示给母鸡；海象群中，强壮的雄性海象经常展示自己的力量，战胜其它海象，自己霸占很多老婆。猴子也有这种爱表现的习性，以争夺王位，强健者为王。

人与动物有类似的习性。爱表现、有虚荣心是人的属性之一。一有机会就表现自己，无本领、无机会，无可奈何才不表现自己。这也许是人生虚荣心定理。

人性使然，人对自己的爱是非常强烈的。所以有人说“人是虚荣海中一条鱼”。每个人都在虚荣的大海中游来游去，乐此不疲。

因此，应适度赞美别人，适度地满足人的虚荣心。每个人都希望别人眼中有自己，所以，每当别人夸奖自己时，就会感到很高兴，即使人格非常完整的领袖人物也不例外。人需要别人的赞美，这是人的一种本性。所以，做了善事、好事，就应得到赞美，这是一种健康的社会风气。如果做了善事、好事，得不到赞美，反而受到打击，这就是歪风邪气。

赞美别人是一种美德。在我们周围，上至长辈：爷爷、奶奶、外公、姥姥；下至儿子、女儿、孙子、孙女；平辈中的兄弟姐妹，以及亲戚朋友，他们都需要你的赞美，你赞美过他们吗？上至领导，下至普通百姓，以及同事、邻里，他们也需要你的赞美，你赞美过他们吗？

你应努力发现他们的优点，寻找他们的可赞美之处，去赞美他们。把适度赞美别人当成你的义务。所以赞美别人，形成相互赞美的社会风气，推动社会文明和谐发展，是一种健康的社会力学。

犹太人深谙这点，因此，当他们想要鼓励一个人时，常常就是激发对方的“自我爱”，即虚荣心，把人之所欲施于人。聪明的犹太人很重视“奉承”这门学问，在日常生活中，犹太人随时恭维别人的为人、处世、衣着、工作……甚至恭维成为本民族的处世礼貌。因此，犹太人是世界上最会说恭维话的民族，他们奉承人的手段无人能比。一位以色列女性官员说，她们在向别人介绍未成年孩子的时候，往往会说“这孩子是物理学家，这孩子是数学家……”说许多夸奖孩子的话，以示父母对子女未来的期许。

《犹太法典》对恭维话的分量做了如下解释：

夸奖人时要看对象，对愚昧的人要尽量夸奖他；对贤明之人，只要点到为止就好了。在恭维别人时，对有知识的人要适可而止；对没有知识的人，则要强调他的任何一丝优点。

人人都愿意听别人的赞美，并追求赞美。因此，不要吝惜你的赞美，对应该赞美的要大大方方地赞美，要广泛寻找值得赞美的事情，也不要以为只有大的成就才值得赞美，而应对人的每个小的优点都给予赞美。这样，被赞美者会特别高兴，因为他受到了重视，你会得到更多的尊敬和爱戴，因为你表达了善意，障显了人性之美。

赞美能鼓励人前进。心理学家马洛斯认为，荣誉感和成就感是人的高层次需求。一个人有某些长处，取得了某种成就，他需要得到社会的承认。赞美的作用，就是承认他人的长处和成就的一种方式。当他的行为受到称赞，就会受到鼓舞，发挥更大的积极性，继续努力前进。

赞美别人，也是检讨自己。如果你发现某人有与你类似的优点和成就，那你就应当非常慷慨地对其大加赞赏。世人说得十分巧妙：赞赏他人就是褒扬自己，因为别人被你赞赏之处，要么比你出色，要么比你逊色。而如果他比你逊色而受到夸奖，那你就更加值得夸奖；如果他比你出色而未受到夸奖，那你就更不值得称颂。

赞美他人要真诚，赞美的事要“确有其事”，“确是优点”。如果你的赞美不是真诚的，对方不会接受你的赞美，甚至怀疑你的动机。因为人性中有一个优点：“无功不受禄!”或曰“受之有愧”。如果你毫无根据地赞美一个人，他会感到莫名其妙，觉得你油嘴滑舌，别有用心，想利用他。

千万不要过分地赞美他人，更不要出口乱赞。过分而轻易赞美他人，赞美就没有作用了。出口乱赞，就会适得其反。正像俗话说：“每天早晨大夸你的朋友，还不如诅咒他。”

与赞美相反，人的唠叨是一个毛病，就是不断地、心烦意乱地指责别人，被指责者也是心烦意乱，甚至产生抵触情绪，你越说他越不吃你那一套，很少取得积极效果。也许唠叨者认为自己出于好心，但其方法实在是素质低下的表现。应该以多赞美优点，提示缺点来代替唠叨。因为谁都爱听赞美，谁都不爱听批评，这是天性。唠叨常发生在家里，特别是常发生在孩子身上，常产生负面影响。

赞美是人与人沟通的润滑剂。赞美别人，使人产生快乐，同时对方对你也产生好感。有些人批评器官好像特别发达，善长于挑剔别人的短处，却很少看到别人的好处。他们喜欢说人坏话，很难说人一句好话。不善于人际关系者，往往从别人一百个优点中去寻找缺点而去批评；善于人际关系者，则会从别人的一百个缺点中发现优点加以赞美。

赞美需要爱心，只有心里充满爱心，嘴上才能充满赞美。赞美需要细心，要善于在别身上发现可赞美之处，并恰如其分地给予赞美。常怀感恩之心的人，容易发现生活中的光明，发现别人的闪光之点。赞美是种投资，播下赞美的种子，收获的是友好的果实。

不善于赞扬别人是个缺点。《春秋》责备贤者。发扬这种精神的孔丘先生，真使人佩服。他阁下对人有深度的了解，对做人的道理有不可磨灭的贡献。全部《论语》堆满了格言。但他善于责备人，不善于赞扬人。由孔子传下来的教育理念，善于责备人，不善于赞美人。板着面孔的先生、长者大有人在，责备起来口若悬河，勇不可挡。可是请他说出一个他佩服的人，他可能张口结舌。想不出什么样值得他赞美。即使有值得赞扬之处，也不知道用什么样话、或什么方式去表达赞美。因此，在中国社会上，赞美的话总是死了以后再说。以至形成“死出名”——死了以后才被赞扬的社会怪象。

不会赞美别人，渊于中国传统文化中爱心太少，孔丘先生之道，不过忠恕而已，独缺少爱。孔子当年费了很大的劲，才发明了“古”的种种，然后托古改制。翻开古代经典，确实爱心太少，君臣、父子、夫妻、兄弟等，都是一种等级尊严，很少有爱，多是教训和管控。

与赞扬相反，社会常常出现一种怪象——喝倒彩。

任何一种意见出来，都会有人喝倒彩，也有人冷嘲热讽。其实，正确的态度只有一种，那就是帮助。

要记住，往兴高采烈的人头上泼冷水是种罪过。它会严重刺伤人的自尊心。即使有不足之处，要善意帮助他，不要打击他。

要是看见别人充满青春活力、热情洋溢，你就觉得不耐烦，瞧不起他，这是一个人真正老了的表现。有些人爱说长道短，批评器官好像特别发达，长于挑剔别人的短处，却很少看到别人的好处；喜欢说人的坏话，很少说人的好话。批评应遵守一个基本原则：你没有权利批评别人，除非你能做得更好，或者愿意帮助他做得更好。也就是说，只有自己决心把事情做得更好，或者愿意帮助别人去做好，才有权利批评人，否则，免开尊口。

赞美人，与人的虚荣心有非常复杂的关系。

何谓虚荣：表面光彩，感到荣耀；虚荣心，是喜欢表面光彩的心理。犹太人有句谚语："人就是虚荣海中的一条鱼。"每个人的虚荣之心，构成了虚荣心的大海，每个人像虚荣海中的一条鱼。也就是人生活在虚荣的环境之中。

虚荣心是一种"自我爱"的心理，而且每人都有一点"自我爱"之心。这是人生存和发展所必须的。虚荣心有好的一面，因为它能使人重视自己。自尊、自立、上进都是从"自我爱"的土壤中长出来的美丽花朵。因此，虚荣心在某种程度上是被赞许的。所以虚荣心是一种重要的社会力学。保持适度的虚荣心，产生正能量；过度的虚荣心，令人讨嫌，产生负能量。

虚荣心是一种追求表面风光的"自我爱"的心理。可见虚荣心并不全是贬义的。因为人们认识事物总是由表及里的，先求其表面光彩，再求其内部实在，为之完美。如果连表面都不光彩，也谈不上完美。但过度的虚荣心，仅追求表面光彩，而不追求内在的完美，爱做表面文章，那就是令人厌恶的浮夸。

人类是唯一能说出"我"的动物。人对自己的爱是非常强烈的，而且以"自我爱"为中心。这并无不对之处，因为人对自己的爱是绝对需要的、应该的。但是绝对不可过分，因为假如一个人一味地溺爱自己，追求虚荣，势必走向反面，就是对自己的残害。

自我爱可以成为人生的动力。没有一个人被夸奖时会不高兴的，因此，人们应该努力去发现能对别人可以夸奖的小事情，寻找与你交往的人的优点，并加以夸奖。养成一种真诚夸奖别人的习惯，并蔚然成风，以激励人们的自爱心、自信心。特别是对于你的学生和孩子，激励他们的自爱心、自信心会有奇效。就是对你的朋友和所见到的人，也同样是善言善举。

但过度的虚荣心是有害的。人如果过分追求虚荣的话，就很容易引起他人的反感。如果这个世界都要以自我为中心——每个人都想创造一个自以为是的美好的世界，那么这个世界就会矛盾重重，冲突不断。当一个人过分沉溺于虚荣心时，就只会斤斤计较为自己打算，就看不见别人讨厌的目光。

哲学家培根对虚荣心的批评是："世上有这么一些爱虚荣的人，无论何事有何进展，也不管这进展是由能力更强者在推动，只要此事与他挨得上边，他便以为其进展全凭他的力量。"

好虚荣者确有许多毛病，如好自我夸耀、抢功推过、嫉妒他人。而自我夸耀必然形成比长论短的派系斗争。好自夸者都必言辞激烈，以证明他们的吹虚属实。而好吹虚的人必然不能保密，故虚荣心强的人往往是成事不足，败事有余，难以重用之人。

“人就是虚荣海中的一条鱼”。因此，当要想操纵某个人时，常常就是抓住对方的虚荣心，把人之所欲施于其人，引其上钩。因此，在与敌人或竞争对手相处时，就应该力戒虚荣心，否则，就会被人利用。很多实例证明，人常常经不起虚荣心的诱惑而上当受骗。

伤到别人的虚荣心是件不幸的事，因为这种伤痕久久不易治愈，而对你怀恨在心。

马在松软的土地上易失蹄，人在甜言蜜语中易摔跤。人只可保持适度的虚荣心，抑制过度虚荣心，其最佳办法是：谦虚的品质和对别人关爱的心。

其实，去掉虚荣心，就像去掉装在你翅膀上灿烂的金子，你才会感觉舒适，才能飞翔得更高更远。

56. 言语力学

言语即说话，人们每天都在为交流而说话，所以，言语有度，是人生最重要的修养之一。所以会说话是重要的优点，不会说话是严重的缺点。语言是最重要的社会力学。

历来哲学家、思想家对语言有深刻的论述。

孔子主张慎言。子曰：“多闻阙疑，慎言其余，则寡尤。”

耶稣说：“义人的口，是生命的源泉；恶人的口，是残暴的渊薮。”话不可乱说，不懂的事不要强说，否则，会出笑话。所以，庄子说：“井蛙不可以语于海，夏虫不可以语于冰。”

佛说：“毁灭一个人只要一句话，培养一个人却要千句话，请你口下留情。”“恶言永远不要出自我们的口中，不管他有多坏，有多恶。你愈骂他，你的心就被污染了，你要想，他就是你的善知识。”

一言兴邦，一言丧邦。说出去的话，泼出去的水。不慎的言语，会有意无意丧人自尊，影响人际关系。

语言应有强的说服力，有力才能解决问题；但语言不可暴淚，否则，伤人感情。有人认为，说话是没有硝烟的战争，三言两语，说得好能赢得人心，说得不好立马招来杀身之祸。口为祸福之门，懂得谨言慎行，照顾别人感受，才是智慧之举。“祸从口出”，历史上为此丢官、丢命、抄家灭族的实在不少。“话可值千金”，善言者往往能办成许多大事，甚至带来巨大的经济效益。

通常情况下，言语的力量也是很强的，一句粗话，会引起一场争斗；一句无理的话，会熄灭爱的火花；一句诅咒的话，会播下仇恨的种子。相反，一句祝福的话，会使人感到温暖；一句赞美的话，会给人勇气和希望；一句理智的话，会照亮人的心灵。佛说："请你用慈悲和温和的态度，把你的不满和委屈说出来，别人就容易接受。"

言语有度，包括说话的内容和说话的技巧两种适度。说话的内容适度，这是说话的核心，是最为重要的。不同的问题有不同的内容，语言要突出说话的内容。

表达语言的技巧也是非常重要的。有的人巧嘴，有的人笨舌，同样一句话，不同的人说出来，效果会截然不同，可见言语技巧多么重要。

话，有真话、假话、好话、坏话、知心话、贴心话、热情话、大实话、大话、空话、官话、套话、混话、废话、冷嘲热讽、油腔滑调、恶言恶语……语言的准确性，是优良风格的基础。能准确地辨别不同的话，你的言语水平、思想水平就进入了很高的境界，值得钦佩。

说话要讲究技巧，说话最能显示一个人的风度和水平。人每天都要说话，有的人健谈，有的人不善言辞，有的人不会说话。思想是深刻还是浮浅，是适度还是偏激，从言语中便可知一般。说话水平高的称为口才好，表达清楚，入耳中听，办事效率高；口才不好的，人们听不懂他说的意思，办事效率低。可见言语之技巧，不可不讲究，不可不重视。

善言语者，其高妙之处是谈吐适度，能适时地提起话头，缓和话锋，转换话题，这种人堪称交谈的指挥家。高谈阔论中能有抑扬顿挫，在平叙中夹有推理，在时事中加以评论，忽而提问，忽而酬答，时而调侃，时而认真，避免平铺直叙。功夫高超者，出口成章，脱口成秀。

言语有一种特殊性能：跑得快，杀伤力极强。"一言即出，驷马难追"，"利刀割体伤犹合，恶语伤人恨难消"，说得就是这个道理。因此，不懂的事，一知半解的事，可以学习，但不宜乱侃。特别是对宗教、国务、伟人，以及患有值得同情病症的人和有当务之急的人，不宜成为调侃对象。言语应风趣而不刻薄，刻薄是会伤人的。然而，有些人认为，言语不刻薄就不足以显示其风趣，表现其水平，这是一种错误的理解。

不善言语者，或称闷葫芦，或是满肚子蝴蝶飞不出来。往往习惯于老生常谈，而毫无创意，语言贫乏，单调沉闷，甚至荒唐可笑。

言谈中，某些人更喜欢欣赏言语中的趣言妙语，而不注重可辨别真伪的判断能力，仿佛言语主要是为展示其表达技巧，而不是其所思所想。这是一种错误的理解。更有甚者，常被夸夸其谈，油腔滑调所迷惑，并给予不应得的高度评价。这就是本末倒置了。

若作为席谈主人，应学会调节言谈气氛，让每人都有说话的机会，都有说话的积极性。如果某人话锋过健，悬河滔滔，言之不绝，则应转移话题，让别人便于参与。言谈中善于提问，必是肯动脑筋者，常会收益不浅，不断地获取知识。善应酬答而不善侃侃而谈，则显浅陋贫乏；善滔滔大论而不善酬答，则显呆板迟钝。慎言胜于雄辩，话语中肯中听，比妙语连珠更为重要。

善言如金。如何使我们的言语珍贵如金呢？

柏拉图说："讲真话是演说家的美德。"在各种话语中，讲真话是最基本的品德。

人每天都要说话，许多事都要通过语言交流来解决。怎样说话最好呢？言必适时，言必适情，言必适度。不多说话，不乱说话。说实话，说对话，说好话。寡言乏智，轻言自扰，恶言伤心，适言最佳，善言如金。如果说一个人整天沉默寡言，不善与人交流，对解决生活和工作中的问题并不有利，同时也显得死气沉沉，缺乏智慧。但如果某人不分时间、场合，只是滔滔不绝，高谈阔论，那极可能言多必失，招灾惹祸。只有思维敏捷，言辞适度，才能获得最佳效果。要懂得说话时的自我控制是十分重要的，因为话一旦出口，就像射出去的箭，再也收不回来了。

从适度论的观点看，说话是最应讲究适度的，多动脑，善动口。不仅言辞的内容、长短应适度，而且说话的表情、姿态、以及声调的高低、语速的快慢都应适度，否则，不仅效果差，甚至会招至嘲笑，搞得下不了台。许多人言谈怯场，不善言谈。所以，人们把说话当成一种艺术，把如何说话，写成文章和书，教人练习口才。

语言是最基本的交流工具，是说明、说服、动员、鼓动人的基本方法。俗话说"好话值千金"。能言善辩是种了不起的本领。善言，是能说到点子上，切中要害，能说通关系，能解决问题。善言，不是多言，也不是寡言，而是善于辞令者也。诚然，有道德者，绝不泛言；有信义者，绝不多言；有才谋者，绝不狂言。多言生厌，轻言生薄，虚言生侮。善言者可讲得头头是道，口若悬河，论理精辟，对答如流，令人折服。《三国演义》中的诸葛亮舌战群儒，堪称历史上语言功能之典范。三寸不烂之舌，胜过千军万马。

犹太人认为，说话是没有硝烟的战争，三言两语，说得好能赢得人心；同样，三言两语，说得不好，能招来杀身之祸。即所谓"祸从口出，病从口入"把言语不当与祸害疾病并论。正因为许多人不善说话，往往招来许多祸害。

犹太人认为，多嘴有毒，长舌头远比三只手更令人头痛。人有一个嘴二个耳朵，不要说得太多，听的分量要有说的两倍。因此，犹太人在自己的周围，总是尊敬那些懂得听话艺术的人，而讨厌那些只是喋喋不休说个不停的人。犹太人相信善于听话的人易表露知性；而喜欢表现自我，喋喋不休的人通常是傻瓜。所以有句俗语："当傻瓜高声大笑时，聪明人只会微微一笑。"

犹太人认为舌头可比诸刀剑，必须小心使用，否则，不仅会伤害他人，也会伤害自己。要如同对待自己的宝剑一样，慎重地使用自己的舌头。舌头是万恶之源。当它好的时候，没有比它再好的了；当它坏的时候，没有比它更坏的了。

知道怎么说话，知道何时说话，知道不乱说话，是种了不得的软实力。

也许世人在历史上接受"祸从口出"的教训太多，太深了，所以，世人对"说话"的指控，远远多于对"说话"的赞美。多说招怨，瞎说招祸，言多必失。总是滔滔不绝地讲话，说的多了自然而然会暴露出许多问题，而且，你的话多了可能会涉及到其他人。

有人说，语言是一种卑贱的东西，一个喋喋不休者，就像一只漏水的船，每一个乘客都希望赶快逃离它。一个随便说话的人，一定没有责任心。侃侃多言是一种虚浮的特征，口头慷慨的巨人，往往是行动的矮子。

说话是门学问，是有原则和艺术的，通称"口才学"。当说则说，不当说不说，这就是原则。亚里斯多德说："最明晰的风格是由普通语言形成的。"这是讲话的艺术。当说时要用普通的语言把问题说清说透，说的有声有色，娓婉动听；不当说时，或缄口不言，或婉言避辞，或转移话题，或避实就虚。

言辞之忍，是说话的原则。一是少说话，多听别人的意见，虚心学习，取长补短。二是讲话要慎重，不要信口开河、妄发言论，使人感觉你不知天高地厚。三是讲话要注意时间、地点、场合和人物对象，不要不管三七二十一地炫耀自己。四是注意讲话内容选择。

须知，和失意人谈得意之事是处世大忌。因为你的得意之事，若在别人面前夸耀，无形中会让他产生己不如人的感觉。我们常见一些人，稍有成就，便得意忘形，喜欢侃侃张扬，以为自己聪明绝顶。其实这种聪明太显，锋芒太露之人，必遭人忌，树敌必多，事事必受他人阻挠。

语言最能暴露一个人。言而当，知也；默而当，亦知也。恰当的时候说话是智慧，恰当的时候沉默也是一种智慧。

常言道："逢人只说三分话"——还有七分不必对人言。这也是说话的智慧。你也许以为大丈夫光明磊落，事无不可对人言，何必只说三分呢？细察那些老于事故之人，的确只说三分话。这是不诚实吗？非也。说话要看对方是何许人也，对方不是可以尽言的人，你说三分真话，已不为少。事无不可对人言，是指所做事的性质应该是光明磊落的，面对所有的人无惧无愧，并不是必须尽情地向别人宣布。只说三分话，是有些话不必要说，不应该说，绝不是不诚实，也不是狡猾。古人云："非其人不必说；非其时，虽得其人，也不必说；得其人，得其时，而非其地，仍是不必说。"非其人，你说三分话，已是太多；得其人，而非其时，你说三分话，正好给他一个暗示看看他的反应；得其人，得其时，而非其地，你说三分真话，正可以引起他的注意，如有必要，不妨择地长谈。这叫言辞适度，事理通达。

57. 求美力学

爱美之心人皆有之。人心向美，社会向美。在科技、经济高度发达的今天，求美大军浩浩荡荡，人们穿着时毛，化妆艳丽，气质端庄、风度优雅，向着美丽进军。再看各大超市，服装区、化妆品区、金银珠宝首饰区，丰富多彩、琳琅满目，为求美大军提供了物质基础。美丽的鲜花、美丽的景色、美丽的画作、美丽的宝石、美丽的工艺品、美丽的服饰、美丽的化妆、美丽的心灵……人们欣赏美、追求美、创造美、拥有美。整个社会，都在为"美"而努力奋斗。追求美的景色、美的实物、美的境界、美的心灵，美丽家园。求美，推动社会向美的方向发展，构成了强大的社会力学。

何谓美？适度即美。适度者，不大不小、不余不亏、不艳不淡、不上不下、不左不右、不过不欠，谓之美矣。

大凡任何事物，只有各部分适度，并适度地组合起来，才能产生美感，否则，不然也。比如人的面庞，若将其五官分而视之，则一无是处；但将其适度地组合起来，就成了活灵活现，富有表情的人了，甚至可构花容月貌的美人。但若鼻子过大，眼睛太小，耳朵过大，嘴巴太尖，各个元素长的不适度，就构造不成美丽的面孔。国人常用"沉鱼落雁之容，避月羞花之貌"形容美之极致，可见国人特别爱美，否则，没有对美的深刻理解，哪能道出如此千古不朽之绝章。

美，适度即美，不适度就形不成美，可理解为美的另一种定义。一个人是如此，一枝花是如此，一件工艺品是如此，一幅画是如此，一个公园是如此，任何一件事物皆是如此。

自然界的美可以是形形式式的，可根本上却无二致，那就是适度。一朵鲜花、一片树叶、一束阳光、一处风景、一个动物、一个人……在人的心灵中产生美的印象是相同的。它们的共同之处就是完整与和谐，也就是适度，即适度就是美。

有人认为，求美就是追求形象更好。对人而言，相貌之美是人的表面之美，世间真有花容月貌之美女，潇洒俊健之美男。但这并非美之极至。优雅之态是气质之美，此乃非丹青妙笔所能绘之，亦非乍眼一看所能识之，而是更深层次之美。若善性附于美者，并产生美之升华，那就是世上美之极至。相貌之美是天生造成的，是不能选择的。虽然现在有了整容术，那也只能在此基础上妆修粉饰而已。不过美者倒不必相貌特别俊秀，只须气质端庄，仪态优雅，就具美的感染力。至于美女，天生容貌胜过粉黛姻脂，而优雅举止又胜过天生容貌，善行善举则使他们美貌永存。优雅举止的气质，是人的思想、文化、修养、精神面貌内涵之凝，需通过学习、修养，提高自身素质升华才能达到。

正如哲人所言："美貌如夏日鲜果易腐难存，而且它每每使年少者放荡，并给年长者几分难堪。"外表美是短暂的，不管是俏男俊女，没有几年光景，今天美貌俊俏，仪表堂堂，到明天就会成了满脸皱纹，老态龙钟，优势不再了。

容貌之美虽然难以长久，但我们可以选择气度端庄、仪态优雅，我们可以选择微笑，微笑是永恒之美。

中国历史上传说中的四大美人：西施、王昭君、貂婵、杨贵妃不仅美貌出众，而且她们的爱情都与政治有关，都是对社会有影响的人。看来单是美貌，是不能持久留传于世的。美貌、爱情和政治的结合，才能影响社会，才能铸就永恒之美。

心灵美是永恒之美。选择心上人，若外表美与心灵美二者皆而有之，当然更好。然而，现实生活中的具体人，有的心灵美，有的外表美。如果仅外表美，心灵不美，那是狐狸精，则会存在很大的隐患，不可取之；如果说心灵美，外表不美，心灵美是永恒之美。

随着时间的推移，审美观也在前进。从外表进入美的内涵，人之美的最高境界是：精神长相之美，包括体貌和心灵。

五官之美如花开艳阳，直观；而精神之美似暗香浮动，是内涵，靠依托，靠修养方能呈现。心有境界则自正，腹有良书气自华。

颜值可以美容，但掩盖不了本色；气质可以塑造，但脱离不了本性。

相由心生。外表长相，细端则见；一个人的脸就是一张履历表。

性格写在唇边，幸福露在眼角。站姿看出才华气度，步态可见自我认知。

表情里有近来心境，眉宇间是过往岁月。衣着显审美，发型表个性。职业看手，修养看脚。

到了一定年纪，你的形象里就带着你走过的路，读过的书，爱过的人，历过的事，哭过的泪和洒过的汗。

世俗的观念，常常以貌取人。有人说很公平，有人说很不公平。

好看，不止是皮肤的漂亮，更是举止端庄，待人谦卑、谈吐优雅。所有的惊艳，都来自长久的修养。

精神长相，是一种耐人寻味的魅力，这种魅力决定了一个人的精神力量。

让人舒服，是一种顶级的魅力。君子如玉，让人舒服的人，就好像一块温润的美玉

奥黛丽·赫本被誉为女神，不仅仅因其貌美，貌美的人很多，并不能被全世界的人记住，也不是因为学历，比她学历高的比比皆是。

但她用一生诠释了“精神长相”这个词。她在遗言里这样说：

若要优美的嘴唇，就要讲亲切的话；

若要可爱的眼睛，就要看到别人的好处；

若要苗条的身材，就要把你的食物分享给饥饿的人；

若要美丽的秀发，在于每天有孩子的手指穿过它；

若要优雅的姿态，走路时要记住行人不只你一个。

评价一个人的真正核心，不是美貌，也不是金钱，更不是学问，而是精神长相。这种精神长相，有的是自带的，有的是修养而成的，并持之以恒修养而不会消失。

哲学家柏拉图说：“当美的灵魂与美的外表和谐地融为一体，人们就会看到，这是世界上最完美的美。”美有诸多要素，至善方能至美。真是美的核心，失去了真，同时也就失去了美。美好的观念较美人尤为可爱。美，节奏好，和谐，都源于心灵的智慧和良知。

柏拉图认为，人类对美的领悟是渐进的。首先从人世间个别美的事物开始，逐步提升，从一个美形体到两个美形体，从两个美形体到全体的美形体，从再美形体到美的行为制度，从美的行为制度到美的学问知识，最后再从美的学问知识，一直到只有以美本身为对象的那种学问，彻悟美的真谛。

58. 快乐力学

快乐，感到幸福满意的心态，是种美好的心理感受，并没有切确的定义。但是，你能感觉到是否快乐还是不快乐。快乐是有理由的，某种理由使你感到快乐，你就快乐。快乐的理由是多种多样的，并不完全是财富和健康，因为人们也发现有自感快乐的乞丐、久卧在床的病夫以及所谓一事无成、毕生失败的人物。对个人而言，快乐是件最重要的事，快乐是人生必须经营的生活底线，每天问一问你自己："今天快乐吗?"如果不快乐，赶快找原因，尽快使自己快乐起来。一个社会，大多数人感到快乐，这个社会就是好的；如果大多数人感到快乐不起来，这个社会就有问题。所以，快乐是一种广泛影响社会的力学。

现代社会，快乐似乎成了人生要义之首。因为快乐与健康有关，与事业有关，与生活质量有关，人从小到老都需要快乐。快乐成为社会生活中一种力量，一种正能量；相反，不快乐就是负能量。

做一个使自己快乐的人，使别人也快乐的人，是人生最高的境界。使自己快乐，这就很不容易；要使别人快乐，就更不容易；试问，你如何使自己快乐?又如何使别人快乐？自己不快乐的人，很难使别人快乐。因为他的不快乐会影响他人。

佛说："你永远要宽恕众生，不论他有多坏，甚至他伤害过你，你一定要放下，才能得到真正的快乐。"

佛说："当你快乐时，你要想这快乐不是永恒的。当你痛苦时，你要想这痛苦也不是永恒的。"

柏拉图说："没有什么比健康更快乐的了，虽然他们在生病之前并不曾觉得那是最大的快乐。"

快乐，是一种好的心情，是一种愉悦的感受。快乐伴生活而存在，无论谁都可以拥有，但并不是谁都真正拥有。富人有富人的快乐，穷人有穷人的快乐，不同层次的人有不同的快乐感。有些快乐可以用钱去买，如花钱去干自己乐于干的事，去买自己喜欢的东西。有些快乐不需花钱去买，保持好的心情，就得到了快乐，比如，对人选择友善，选择微笑。有些快乐是用钱买不到的。一个人的快乐，全靠自己去寻找、去创造、去经营。

一个快乐的人，不一定是最有钱、最有势的人，但一定是最聪明的人。他的聪明就在于懂得了人生的真谛，花开并不是为了花落，而是为了灿烂。快乐使人生灿烂。

“笑一笑，十年少”，这是最简单的快乐法则。时常喜，时常乐，身体内部可以产生一种对生命有益的物质——内啡肽，从而达到精神愉悦。“笑是百药中最佳的良药之一。”笑一笑，何乐而不为呢！

不要忽略快乐。自感快乐是一种灵魂和性格的享受，而保持快乐是一种责任和成就。但是，在我们的责任中，再没有比保持快乐更易被忽略了，你经常重视快乐吗？因此，我们有理由创造快乐，重视快乐，保持快乐。

自己的快乐应分享给朋友。就像石子投入水中，激起一片不断扩大的涟漪。因此，谋求快乐不是自私，而是对自己和他人的责任。

自感不快乐恰如传染病一样，它使人们远离。而不久就会发现自己十分孤独、苦恼和怨愤不已。这种情况，有一个简单而荒唐的补救办法：如果你觉得不快乐，就假装快乐。

这种办法你会发现效果极好，人们被你吸引，不久你会成为快乐涟漪的中心。

“乐极生悲”，就是快乐到了极度，就要产生悲伤。因此，要保持适度快乐，不要极度快乐，疯狂快乐。

《菜根谭》言：“勿为欲情所系，便与本体相合。心体便是天体。一念之喜，景星庆云；一念之怒，震雷暴雨；一念之慈，和风甘露；一念之严，烈日秋霜。何者少得，只要随起随灭，廓然无碍，便与太虚同体。”

人的身心就像自然宇宙一样，一个喜悦的念头闪过时，就好像天空出现了吉星祥云；一个愤怒的念头出现时，就好像突然一场雷霆暴雨；一个慈善的念头浮现时，就好像滋润万物的和风细雨；一个残酷的念头闪过时，就好像烈日灼人，寒霜杀叶。哪一种情绪少得了呢？但只要这些情绪能随时消失，人就如同宇宙一样，显示宽广无限的包容。

人心便是宇宙，喜怒哀乐如同风雨雷电，是在不断变化的。它会倾刻间电闪雷鸣，转眼间却又阳光灿烂；一时间寒风严霜，不期然又春风化雨。所有的情绪都在瞬息万变，只有让它自然发泄，没有郁积，人才能像大自然界那样风和日丽。

然而，发泄也应有个限度。无休止的急风暴雨，会造成洪涝灾害；长时间的寒风严霜会冰封万物。恶劣的情绪来得快，要去得也快，这样对人对己才不会造成伤害。和风细雨的好天气是人们最喜爱的。

有些人的感情是很敏感的。每个成功和顺利都会使他兴高采烈，而一旦处于逆境或遭到不幸就垂头丧气，沉溺于强烈的悲伤之中。给他一些恩慧和提拔，就能很容易得到他的好感和友谊；而稍微伤害了他一点，就会招致愤怒和怨恨。得到点尊重和夸奖，他就会得意忘形；略受点轻蔑，他就受不住了。比起沉着冷静的人，敏感的人总是有更多的得意和快活，但也有更多的刺痛和忧伤。因为命运的好坏，不是我们自己可以随意支配的，何况现实生活中使人痛苦的事往往多于使人高兴的事。

有人总结出健康快乐妙计：肚子饱加心情好，多看优点少唠叨，化解矛盾靠协调，学会赞美乐淘淘。

肚子饱是人生的第一级需求，为了生存，更多的是物质。心情好是人生的第二级需求，是为了过好，更多的是精神。物质第一性，精神第二性，肚子吃不饱，常为饥饿烦恼，哪能快乐。但肚子饱了，能否快乐，全靠心情好。穷日子难过的是肚子，富日子难过的是心情。心情不好，吃什么都没有味道。若要心情好，知足常乐，自得其乐，助人为乐是三法宝。人要改善贫穷，更要改善心情。富日子加好心情，就是普通人的快乐。

人的唠叨是一个毛病，唠叨多了，快乐就少了。为什么不换种方式呢？用赞美代替唠叨，用提示缺点代替指责，坏话好说，使人高高兴兴地接受，轻轻松松地改进。可是，爱唠叨的人总是不断地、心烦意乱地指责别人，被指责者也是心烦意乱，甚至产生抵触情绪，你越说他越不吃你那一套，很少取得积极效果。唠叨者也不轻松，除自己也心烦意乱外，还被别人暗暗嫉恨。

化解矛盾靠协调。人际间不可能没有矛盾，学会处理矛盾是人生的必修课。“协调”是通过沟通、交流、商量等途径，使鸿沟变通途。生活中，工作中，有分歧有矛盾是正常的事，把它挑明，认真讨论，彼此了解对方的意见、立场和行动，在心平气和中得以解决。要有解决问题的诚意和善意，善于站在对方的立场上考虑问题。遇到矛盾时，要记人之功，容人之过，多想对方的难处，多想对方的长处，使自己的善意彰显于协调的气氛之中。

赞美是人与人沟通的润滑剂，赞美多了，快乐就多了。赞美别人，使别人产生快乐，自己也快乐，同时对方对你也产生好感。不善于人际关系者，往往从别人一百个优点中去寻找缺点去批评，去寻找不快乐；善于人际关系者，则会从别人的一百个缺点中发现优点加以赞美，去寻找快乐。

赞美需要爱心，只有心里充满爱心，嘴上才能充满赞美。赞美需要细心，要善于在别人身上发现可赞美之处，并恰如其分地给予赞美。常怀感恩之心，发现别人的闪光之点。赞美是种美德，播下友谊的种子，收获的是快乐的果实。

萧洒地活在当下，是快乐生活的一种绝妙方式，是最聪明的选择。“当下”随时间而移动，始终萧洒地活在当下，就能永远的快乐。活在当下是一种全身心的投入，力排瞻前顾后的干扰，你的全部能量都集中在此时此刻，生命因而具有最大的能量，人生也能获得最大的成就和快乐。

要学会捕捉快乐，时刻捕捉住当下的快乐，是聪明的做法。不会捕捉快乐，就会失去很多快乐。想想看，人的一生是怎样度过的。年轻的时候，你拼命想进入一流的大学；随后，你又巴不得尽快毕业找一份好工作；接着，你又迫不及待地结婚，生子；然后，你的工作和家务事不断，你又整天盼望孩子长大，寄希望予孩子；后来，小孩长大了，你又考虑退休了，此时你的身体已大不如前了；当你正想停下来好好喘口气时，生命也将要结束了。人生多么不容易，快乐就隐寓在繁忙的间隙之中。所以，要像老虎捕食一样去捕捉快乐，不要寄快乐于未来，经营好当下的快乐，人生就能获得最大的快乐。

世界上不仅有富人和穷人之分，还有快乐的人和不快乐的人之分。富人善于经营物质财富；快乐的人善于经营精神财富。富有而快乐，那是人生高手。

快乐的反面是忧愁。“日坐愁城愁更愁”，“借酒消愁酒醉愁”。心烦意乱，使人失去本真。俗话说：“一愁悴容颜，二愁伤心脾，三愁中膏肓。”在悲哀者眼中，凡事皆忧愁；在乐观者眼中，凡事皆乐观。忧愁有什么用呢？还不如乐观地对待现实，多想办法，战胜困难。请看一位乐观的盲人三比，你就可能永远快乐。某盲人整天乐呵呵的，有人问他，你为什么如此快乐？盲人答：“我与聋子比，听得见声音；与下肢残废比，我能走路；与哑巴比，我会说话，为什么不快乐呢？”乐观能鼓舞战胜困难，悲观只能增添愁容，为什么不选择快乐呢

59. 宽容力学

宽容是对人的一种态度，对自己是种品质修养。宽：就是宽以待人，宽大厚道。容：心胸宽广，大度相容，忍耐性强。人类社会中，人与人之间生活、共事、交友、相处等诸多交往中，宽容是绝不可少的。惟宽可以容人，惟厚可以载物，是人生重要哲理。

你能包容他，因为你比他大，大度宜容；他不能包容你，因为他比你小，器小难容。

宽容是金，世人对宽容有着高度的赞美。哲学家说宽容是人类善意的结晶；文学家说宽容是荆棘中长出来的玫瑰；医学家说宽容是幸福生活的一剂良药；心理学家说宽容是人心灵健康的钥匙。

释迦牟尼说：“一个人如果不能从内心去原谅别人，那他就永远不会心安理

得。”“默默的关怀与祝福别人，那是一种无形的布施。”

宽容是向善的通道，做到和以处众，宽以接下，恕以待人。宽容是一种爱，宽容是以心对心去包容，去化解，去让这个粗糙的世界变得温润一些。

不忘久德，不思久怨。恩不可忘，怨不可记。记住这些话，就可以宽容别人。

古人云：“心若计较，处处都是怨言；心若放宽，时时都是祥和。”心有多大，世界才会有多大。你若计较，没有一样让你满意，量宽才能得人，无我才是境界。

如果世界没有宽容，那处处都会针锋相对，处处充满矛盾和斗争。因为有了宽容，世界就和谐得多了。宽容是一种重要的社会力学，通常产生正能量。

孔子说“己欲立而立人，己欲达而达人”，“己所不欲，勿使于人”，深刻说明为什么要宽容他人，如何宽容他人的哲理。

曾国藩在曾氏家训中说：“我要步步站得稳，须知他人也要站得稳，所谓立也。我要处处行得通，须知他人也要行得通，所谓达也。”宽容他人是善行，也是自我发展的需要。宽容，就是要将心比心，推己及人，设身处地，理解他人。宽容就是正确理解“人非圣贤，孰能无过”，允许人犯错误，允许人改正错误。

《菜根谭》言：“好丑心太明，则物不契；贤愚心太明，则人不亲。士君子须是内心精明而外浑厚，使好丑两得其平，贤愚共受其益，才是生成德量。”

爱美厌丑的心不能过分明确，否则就不能与万物相容，无物可用。褒贤贬愚之心不能太分明，否则就不会得到别人的亲近。所以君子应是内心精明敏锐，而外表浑厚直朴，使美丑之物平衡一些，使贤德之人与愚蠢之人都得到益处，这才是君子应有的品德和胸怀，才是对人对物的宽容态度。

宽容的内涵是多层次、多方面的。如果一个人没有苦难的感受，就不容易对他人给予同情。你要学救苦救难的精神，就得先受苦受难。

首先是人类要对大自然宽容。保护环境，善待动物，与大自然和谐相处。要认识到，现在的人类太强大了，科技高度发达，武器高度先进，如果人类对别的动物不宽容，则可在极短的时间内，使有价值的动物全部灭绝。现在人类对环境的破坏力是极强的，如果人类不善待环境，破坏了人类赖以生存的环境，比如土地沙化、温室效应、臭氧层破坏，都会威胁人类的生存。所以，对大自然的宽容，也就是人类对自己的宽容。

第二是人类间要相互宽容。国与国之间，集团与集团之间都应相互宽容。人类的武器和置人于死地的手段太强了，核武器可使人类毁于一旦；生化武器、细菌武器等也能使人类遭灭顶之灾。即使常规武器对生命的威胁也很大。所以，人类要宽容自己，先息怒，后谈事。以人为本，和谐相处，切勿刀兵相加，造成不可挽回的后果。

第三是对父母长辈要宽容。首先是对长辈要尊敬。但父母长辈是人不是神，他们的言行也不是十全十美。所以，作儿女的对父母长辈的言行过失，应该谅解。即使需要劝告的，也要讲究方式方法，和颜悦色使长辈欣然理解。

第四是对家庭成员要宽容。家庭是我们每天的栖息之所，家庭成员每日相濡以沫，家庭的宽容气氛，会使人倍感舒适美好，轻松愉快。家庭是个温馨的港湾，不是一个辩论真理的论坛，应营造宽容，驱散紧张。伴侣之间以互敬互让、宽容为上。对子女教育，既要严，又要爱，做出榜样，身教第一，言教第二。望子成龙，先望子成人，在父母的呵护下，首先使其感受到温馨快乐。

第五对亲朋好友邻里要宽容。常言道“退一步海阔天空”。人生进退并非绝对，很多时候，退就是进，进就是退。人情冷暖变化无常，人生道路崎岖不平。当遇到走不通的地方，须知退一步的处世方法；在一帆风顺之时，一定要有谦让三分的胸襟和美德。

与亲朋好友邻里同事的交往中，要与人为善，微笑相迎，真诚相待。主动多作善举，大善胜小善，小善胜无善。多一些善良，多一些谦恭，多一些宽容。主动表现出礼让精神，在人们交往中，让人感到宽松、美好、幸福。人人都相互宽容，整个世界将变得更加美好。

宽容是美德，宽容应适度。宽容不是软弱畏缩的表现，不是毫无原则的一味退让；而是一种理性的克制和忍让，是一种善意的等待和期盼。宽容的前提是对那些可宽容的人和事，而不是对任何人和任何事。适度宽容是善行；不宽容、过度宽容就不是善行。

“心旷，则万钟如瓦缶；心隘，则一发似车轮。”心胸宽广的人，不会斤斤计较个人的得失，他们能放下尘世浮华，对人对己都不苛求，以开阔的胸怀面对人生。就像弥勒佛，大肚能容，笑口常开。心胸狭隘之人，视一发如车轮，很难有宽容之心。

《菜根谭》言：“持身不可太皎洁，一切污辱垢秽，要茹纳得；与人不可太分明，一切善恶贤愚，要包容得。”

想想弥勒佛的大肚能容、笑口常开，就知道宽容是人类高尚的理性感情，它来源于充实的知识和崇高的道德修养。

释迦牟尼说：“以恨对恨，恨永远存在。以爱对恨，恨自然消失。”惟有以德报怨，才能赢得一个充满温馨的宽容世界。

60. 立志奋斗力学

(1) 意志和意志力

什么是意志呢？意志即决心、恒心，要达到某种目的而产生的顽强的心理状态，用语言和行动表现出来。意志表现出人的思想品质：意志薄弱、意志顽强、不屈不挠、不怕牺牲。意志是关乎人生价值的重要品质。

意志力是国民重要的素质，如果国民的意志力顽强，勇于克服困难，具有"下定决心，不怕牺牲，排除万难，去争取胜利"的英雄气慨，这个民族是不可战胜的。如果国民意志薄弱，懒散庸堕，这个国家就没有希望。

志不立，天下无可成之事；有志者，事竟成。恒，锲而不舍，金石可缕；欲稍得成，从恒下手；志和恒，就是立大志，下恒心，成就事业的关键。

成功的人士都是意志坚强的人，他们是战胜艰难困苦的胜利者。所以，意志力学是影响个人成败和国家强盛的重要社会力学。

尼采说："谁终将声震人间，必长久深自缄默；谁终将点燃闪电，必长久如云漂泊。"

明朝理学家王阳明有句名言："守志如心痛。"如果一个人坚守意志如感心痛不能忘怀，他的意志就很坚强。

《曾国藩家训》中特别重视意志的训导，字字珠玑。

勤学功夫，第一贵早起，第二贵有恒；帝王将相无种，圣贤豪杰无种，只要人肯立志，都可以做得到的。

盖世人读书，第一要有志，第二要有识，第三要有恒。有志则不甘为下流，有识则知学问无尽，不能以一得自足，有恒则断无不成之事。此三者缺一不可。

苟能发奋自立，则家塾可读书，即旷野之地热闹之场亦可读书，负薪牧豕，皆可读书；苟不能奋发自立，则家塾不宜读书，即清静之乡，神仙之境皆不能读书。何必择地？何必择时？唯意志而已。

世上无难事，只要有恒心。恒心就是意志。顽强的意志，加上丰富的智慧是成功的必要条件。

南宋朱熹说："立志不坚，终不济事。"成功首先靠的是意志，其次才是条件。顽强的意志是成就梦想的可靠保证。意志坚定，是一切成就大事业人所具有的特征。劳苦不足以使他们灰心，困难不足以使他们丧志。不管处境如何，他们总能坚持与忍耐。他们内心强大，神鬼难近。

意志力可剖析为自信、自制和顽强的积极进取精神三个要素。意志力是实实在在的力，能清楚地表现出来，深切地感受到。高度的自信力、高度的自制力、顽强积极的进取精神，成为意志力的三个主要特征。你有顽强的意志吗？就从这三个特征检查、评判、回答。

（2）意志力特征之一——高度的自信力

自信是一切聪明才智的基础。自信是人生重要的品质。你只有先相信自己，别人才能相信你。自己不相信自己，谁还能相信你？不自信就是自卑，自卑就会产生恐惧、畏缩、放弃。自卑的后果是可怕的。

自信产生意志。不自信，产生不了顽强的意志。人旦有志，无事不成。凡大事都是由意志坚定的人完成的，没有顽强的意志，成就不了事业。

自信是成功的第一密诀；真正的快乐源于自信；真正的自觉也源于自信，真正的坚强源于自信。自信，就是相信自己，相信自己的品质，相信自己的判断，相信自己的能力。自信带来事业的飞扬。

自信的力量是伟大的。真正自信的人，非常明白自己真正想要的是什么，所有的心思都放在专注的事业上，改正自己的错误，升华自己。心无旁鹜地朝着目标前进，不容易被别人干扰。越是这样的人越是不会和烂人烂事，小人小事纠缠。不因旁人的看法而患得患失，不因流言蜚语而纠结。这正如王明阳在《传习录》中所说，“持志如心痛。”一心专注心痛，岂有功夫说闲话，管闲事。真正大格局的人，坚守自己的志向，就如同心痛一样。格局越大，越不纠缠。

自信不是孤芳自赏，不是夜郎自大，更不是自以为是、盲目乐观、得意忘形。而是自己的深刻理解和判断，并加以肯定、展示或表达。自信是实力的体现，能够清楚地预见事物的正确性或发展趋势，引导自己做得最好或更好。

如果没有坚定的自信和面对责难嘲讽的勇气，去不断地尝试动摇传统和挑战权威，那么爱迪生不可能发明电灯，莫尔斯不可能发明电报，贝尔不可能发明电话——居里夫人说：“我们的生活都不容易，但是，那有什么关系呢？我们必须有恒心，尤其要有自信心，我们的天赋是用来做某件事情的，无论代价多大，这种事情必须做到。”他们的成功，首先源于自信。

丧失了自信，就丧失了一切。有人说，除了人格之外，人生最大的损失莫过于丧失自信。丧失了自信，所有的一切事情都将不会有成功的希望和可能，正如一个人没有脊骨一样，永远不可能挺起腰。

没有自信，你将一无所有。比如你有 100 万元钱，你自信，你相信它是钱，你能用好它，你相信不会受骗。如果你不自信，你会怀疑，它是我的钱吗？你没有信心用好它，也就用不好它，它就不是 100 万，甚至带来灾难。即使你是天才，没有自信，你也不会相信自己是天才，肯定会被埋没。

（3）意志力特征之二——高度的自制力

哲学家柏拉图说："成功唯一的秘诀：坚持到最后一分钟。"

哲学家尼采说："一个人知道自己为什么而活，就可以忍受任何一种生活。"

意志力的重要表现是高度的自制力，即自己能控制自己、管好自己的能力。高度的自制力是成功的基本要素。自制是自己给自己一个纪律：管好自己，约束自己，控制自己。

凡成大事者都是自制力很强的人，首先能管好自己。无法管好自己的人，也无法管好别人，也无法管好事业。自制是自己管理自己，自己尊重自己，自己塑造自己。

一个不能控制自己的人，往往是情绪激动，头脑昏乱，指手画脚，成事不足，败事有余。

人的一生，有的人成就了一番事业，有的人一事无成。除了机遇外，有的人勤奋，有的人懒堕，有的人虽然勤奋，但注意力不集中，老是漫不经心，朝秦暮楚，效率很低。漫不经心是人最大的弊端，是意志薄弱的表现，蹉跎岁月，无所成就。凡成功者无不懂得自制。要用顽强的自制意志控制自己，心无旁骛，一次专心只做一件事。

自制的方式有两种：一是能顽强地做自己应该做而不愿意做的事；二是能顽强地不做自己想做而不应该做的事。

自制力是意志力的表现，意志力薄弱者自制能力较差，意志顽强者自制能力较强，加强自制也就是磨练意志的过程。自制力在行动中形成，在行动中体现，在行动中检验。仅读几本书，没有具体的行动，也不能成为有自制力的人。

自制的养成是一个长期的过程，要勇于面对挑战、不要轻易放纵自己。

自制需要主动，要提高自觉性，自觉自愿，不是被迫被动。

自制不仅是物质上克制欲望，精神上的克制就是坚守。坚守相信的，否定不相信的。

没有规矩难成方圆。若没有规矩，社会将就会乱得不可想象。做人也有规矩，遵守做人的规矩，就是自律自制，才能实现完整的人格。

自制就是自我克制，是成功的基本要素。要学会自制，这是品格的力量。能够驾驭自己的人，比征服一座城池的人还要伟大。是意志造就机遇、造就成功、造就伟人。

自我克制是刚毅的本质，也是性格的灵魂。自我克制能够造就一个天才，而自我放纵却能毁灭无数个天才。教育界有句名言："教育最有价值的成果，就是培养了自控力，不管是否喜欢，只要需要就去做。”

（4）意志力特征之三——积极顽强的进取心态

心态是心灵深处的思想和态度。积极的心态激发无限的潜能。人的心态塑造着自己的未来。心态成就一切，这是一个普遍规律。意志坚强的人，是有良好心态的人，相信我是命运的主人，我主宰自己的心灵。这是一种积极的心态。

人的一生，就像一趟长途旅行，沿途有看不尽的风光美景，也有数不尽坎坷险阻。意志薄弱者的心态是灰暗的，对美景不感兴趣，也无心欣赏，看到的尽是坎坷泥泞、污水垃圾、一地的鸡毛之类，感觉到的是干涸的心泉，暗淡的生活，失去了生机，丧失了斗志。心态明朗健康的人，看到的是一路美景，听到的是一路高歌，即使是四面楚歌之际，也会想到“山重水复疑无路，柳暗花明又一村”的转机。

不同心态成就不同的人生。同样一件事，心态不同，则做法不同，结果也不同。心态决定人的命运。这是个秘密，现在被揭开了。一位哲人说：“你的心态是你真正的主人。” ·位伟人说：“要么你去驾驭生命，要么生命驾驭你，你的心态决定谁是坐骑，谁是骑师。”

人究竟需要什么样的心态？

物随心转，境随心选，快乐皆有心生，烦脑也皆有心生。每个人的心态都是由积极心态和消极心态构成的。积极的心态是成功的法宝，消极的心态是取胜的障碍。

积极心态使你达到人生顶峰，消极心态使你一生困苦和不辛缠身。心理学家认为，积极心态能充分调动出心灵的巨大能量和智慧，使你的事业、身心、婚姻达到完美的境地；相反，消极的心态，阻碍你心灵能量的发挥，使你暗淡无光。

我们每个人的心灵处于不同状态之中，心灵的智慧和力量虽然无穷无尽，但心灵能发挥多大力量，这完全决定于心灵的状态——心态。它静如止水，动如奔洪，不同的心态，区别就如此天壤。

清理一下你的心态。要学会清扫心灵垃圾。一个人，久处于世，心灵不可避免地会沾染上尘埃污垢，使洁净的心灵被污染和蒙蔽。心理学家说：“人是最会制造垃圾污染自己的动物。”有形垃圾容易清理，内心的无形垃圾，诸如情绪、烦脑、欲望、忧愁、怒气、杂念等最不易清理。

有位僧人说：“身是菩提树，心如明镜台，时时勤拂拭，勿使惹尘埃。”这是他清理心灵的经验。每个人都有清扫心灵的任务。圣者说，无欲之为圣，寡欲之为贤，多欲之为凡，得欲之为狂。圣人之所以为圣人，就是他心灵纯洁，一尘不染；凡人之所以为凡人，就是他心中杂念太多，且蒙昧而不知。

(5) 意志顽强者的具体表现

人有了顽强的意志，就会产生强大的意志力。人与人之间，弱者与强者之间，成功者与失败者之间，最大的差异就在于意志力的差异。人一旦有了强大的意志力量，就能战胜自身的各种弱点。

一个意志顽强的人，他的意志力处处都可表现出来，与意志薄弱者完全判若分明。

学生时代：养成良好的、严格的生活、学习的习惯，这是最重要的。胸有大志，腹有良谋，是他秘而不宣的决心。要学好功课，树立成才的理想，出类拔萃，不达目的决不罢休。

工作阶段：人对社会的贡献，主要表现在工作成果的社会效益，不断学习，勇于创新，克服困难，出色完成任务，不断有所创新。

在各行各业中，行业多多，隔行如隔山，事业有专攻，行行出状元。有人说："成功在 8 小时工作之外。" 此话颇深。8 小时工作之外都在努力，能不成功吗？爱因斯坦在当专利局职员的同时，利用业余时间，完成了《相对论》等大作，说明他下班后在思考和著作。可以说，爱因斯坦在成名前的巨大成就是在业余时间完成的。

面对重大事业，意志力表现为敢于担当，勇于担当。表现为勇敢、顽强、不怕一切困难、极强的征服力。表现为"一不怕苦，二不怕死"的精神。表现为，为自己争光、为家庭争光、为母校（单位）争光，为国家争光的勇气和实干精神。

(6) 顽强的意志力在砥砺中形成

一个人有了信心、有了意志力量，就能挑战自己的素质。有位作家说的好："自己把自己说服了，是一种理智的胜利；自己把自己感动了，是一种心灵的升华；自己把自己征服了，是一种人生的成熟。大凡能说服了、感动了、征服了自己的人，就有力量征服一切挫折、痛苦和不幸。" 由说服了，感动了，到征服了，是个艰苦的砥砺过程。

"无欲则刚。" 有一种梦想叫欲望。欲望与意志有密切的关系。欲望激发意志，欲望也毁灭意志。人有两种欲望：一是追求立志成才，建功立业的欲望。这种欲望激发人励精图制，成就一番事业。二是追求财富和美好生活的享受欲望，这种欲望如果过分的话，变成贪婪和侈奢享受。贪婪就近于危险分子了；侈奢享受就近于堕落分子了。

人的生命是短暂的，但有的人过得丰富多彩，充满朝气和进取精神；有的人过得枯燥无味，没有一点风光和活力。每个人都应醒悟，生活像是一支笛、一面锣，吹之有声，敲之有音，全看你是否去吹去敲，去创造悦耳的节奏和旋律。这是社会给你的权利。要知道，不吹白不吹，不敲白不敲，消极等待只能浪费生命。是的，活在世上，何必等待呢？等待等于自杀，懒汉等于自残。

意志力是一个人的重要修养，包含理论和实练两个方面。

多学习好的励志书。理论上要懂得什么是意志力，它对人生多么的重要，顽强的意志力，是人的重要品质，没有它将一事无成。

实练上，要知道，仅看几本励志书，是远远不够的，要注重实练。首先，要持之以恒，培养良好的生活、学习习惯，这是第一步。第二步是在艰苦环境中锻炼，在大风大浪中砥砺和考验自己。孟子的名言千古辉煌，因为它揭示了砥砺意志的本质："天降大任于斯人也，必先苦其心志，劳其筋骨，饿其体肤，空乏其身，行拂乱其所为，所以动心忍性，曾益其所不能。"

61. 权威力学

权威——令人信服的力量和威望，对社会发展有巨大的影响。正确发挥权威的作用，可产生正能量；权威不能正确发挥作用，产生负能量。尊重权威产生正能量，迷信权威产生负能量。

我们似乎生活在一个"权威"掌控的世界里。权威机构、权威人士、权威报纸、权威期刊、权威意见、权威文献、权威认证、权威评估……使我们不动脑子只有相信和服从罢了。

通常人们尊敬权威，权威也发挥积极作用。当权威到了称霸、伟大到如神时，权威由正面走向了反面。伟人是最大的权威，当伟人只有是人时，他对社会才有积极的一面，对社会才能做出巨大贡献；一旦被捧到神的地位，被供奉为某某神时，或被人神化，固定化了，他就走向了反面，给人类社会带来负面效应；首先他本人被固化，别人不敢批评他的错误，只能迁就、掩筛、奉承、尊者讳；好的不敢发扬和创新，怕触犯神的面子；所以他常起负面作用；历史上多少人被奉为神，他便成了偶像，一直起负面作用，直到永恒。只有把他请下神坛，可以评论，可以褒贬，他才能对社会继续做正面贡献。

我们有一万个理由应当尊敬权威人士。因为他们的学识、智慧、成就、功劳、奋斗历程，令人信服钦佩，并常常以他们的观点作为准绳、以他们的结论作为真理。他们总是目光敏锐、高瞻远瞩，他们的话往往代表着正确和真理，他们对未来的一些预见也往往是一种神示。可以说，权威赢得了人们的尊敬，普通人也很羡慕权威，尊敬权威，甚至许多人也在努力建立自己的权威，也想成为权威人士。

每个领域都有自己的权威，权威在本领域建树丰硕，经验丰富，理解深刻，见解独到，在本领域内说话的分量很重，一般人都喜欢听权威意见，特别是问题争论不休时。

一般而言，权威者对社会的贡献较大，他们成果累累，著书立说，发表演说，敲定方向，甄贬时弊，在某个领域，或整个社会有颇大的影响。学校、研究院（所）、国家机关，能产生权威人士，也就是大师级人物，是件极好的事。但不能迷信权威，权威人士也会有失误的。权威的失误，会给社会带来较大的负面影响。

1875 年，汽车：某权威说“惟利是图者们手中所掌握的汽车，可造成最严重的火灾和爆炸危害。靠汽油驱动的无马的马车，排除了对马的使用，其结果将造成我国农业的毁灭……”

1880 年，电灯：某权威说“爱迪生的电灯绝对不是气灯的竞争对手，因为每 8 盏电灯就要配一台发电机，整个纽约市要配置 25 万台发电机……”

1945 年，原子弹：某权威说“我作为爆炸物的专家要说，原子弹之类的东西是决不可能制造成功，就是制造成功了，它的威力也决不会像有些人所说的那样大……”

1964 年，计算机：某权威说“世界市场对计算机的需求大约只有 6 台。”

19 世纪末，飞机：当时，一些科技人员开始讨论人类上天的问题，着手研制飞机。可是，反对的力量十分强大。他们都是当时的科学名流。最有代表性的有：法国著名天文学家勒让德，这位最早用三角的方法测量月球与地球之间距离的科学大师认为，企图制造一种比空气重的东西在空中飞行是永远不可能的。这一观点得到了德国大发明家西门子的支持，飞机根本上不了天。能量守恒定律的发明者之一德国物理学家赫尔姆霍茨也大泼冷水，认为要将沉重的机械送上天纯属空谈。美国天文学家纽康经过对各种科学数据的反复计算，他得出权威结论：飞机根本无法离开地面。由于众多科学大师与学术权威的坚决反对，金融界、工业界对飞机的研制也持不合作态度，飞机的研制陷入重重困难之中。

1903 年。没有上过大学的美国人莱特兄弟却首次将飞机送上了天。莱特兄弟学历不高，有关知识都是自学得到的。他们如初生牛犊，不惧虎狼，不在乎权威反对。他们细心观察了鸟类的身体结构和翅膀的动作，从中受到启发，再用科学的原理反复实验，终于取得突破性成功。

……

可见，权威们也有大错特错的谬论。科学的理论是相对的，它们具有先进性，也有自己的局限性。有些人虽然知识不足，但有天生牛犊不怕虎的性格，思想活跃，敢于奋斗拼搏，反而增加了成功的希望。权威人士常因头脑中定型的见解和习惯，对自己苦心研究的成果紧抱不放，遇到同类问题，总是以习惯为标准去衡量，而成为创新的障碍。

中国工程院前院长徐匡迪教授感叹："我们国家现有的重大科研项目都是专家评审制，专家们坐在一起评审、投票，最终的结果，往往是把真正具有创新想法的项目给投没了。"能参加国家重大项目评审的，都是中国的大权威和学官。

权威总是被一层神秘和崇高的光环笼罩着，因而人们常常崇拜权威。但是，对权威不可迷信，不可盲从。因为权威也是人而不是神。如果权威认为自己是神，或接近神，那他就违背了自然法则，那就不应该是权威了。权威人士也知道，被推崇为权威之时，确实是成就突出，才学过人。但人不可能总在巅峰时期，况且，权威人士会议多、应酬多、被吹捧的多，有的人一戴上权威帽子，就漂漂然起来，再也不能像原先一样专心研究学问了，有的只能靠名气争取点科研经费，只能在别人写的论文上添上自己的名子，别的实在没有更多时间和精力了。当了权威就逐步落后，这是一般规律。"盛名之下其实难副"，就是这个道理。

著名物理学家杨振宁先生在谈到科学家的胆魄时说："当你老了，你会变得越来越胆小——因为一旦有了新想法，马上会想到一大堆永无休止的争论。而当你年轻力壮时，却可以到处寻找新观念，大胆地面对挑战。"为什么有些大人物成名之后辉煌难再呢？其重要的原因之一就在这里。

权威也会害人的。权威的能量很大，所以对人的伤害也就大。当权威到了学阀、学官时，他就听不得不同意见，压制不同学派，失去了科学立场。这样的权威也是屡见不鲜的。权威可以支持创新，也可能犯扼杀创新错误。大家都知道哥白尼是主张"日心说"的，就是被当时"地心说"的大权威们活活给整死的。哥白尼当时也是小权威的，何况一般刚露头角的鲜枝嫩苗呢！被权威压死的冤魂也是不计其数的。因此，我们有一千个理由，不迷信权威，不盲从权威。

爱因斯坦是20世纪最伟大的科学家，他反对偶像崇拜，厌恶阿谀奉承，他对自己被别人作为崇拜的偶像，感到十分不安。他认为："让每一个人都作为个人受到尊重，而不让任何人成为崇拜的偶像。我自己受了人们过分的赞扬和崇敬，这不是由于我自己的功劳，而实在是一种命运的嘲弄。”

爱因斯坦是犹太人。犹太人有种社会风气，他们总是尽力地控制权威，尽量不树立偶像，不崇拜偶像，这是他们的特殊生存传统。摩西是犹太人历史上一位伟大领导者。在犹太人心中，摩西有崇高的地位，但犹太人却不视他为偶像。

《犹太法典》中有许多鼓励不盲从权威的话，其基本观念是：人必须脱离常规，才能促进进步。犹太人不盲从权威，非常强调自己首先独立。事实上，犹太人从不迷信权威，爱因斯坦、马克思就是因为脱离常规，发现了常人不易发现的问题，才推动了人类历史的前进。

犹太人不盲从权威，但尊敬权威，在日常生活中并不是随意向权威挑战，而是适当模仿别人，服从社会主流就能过得很安乐。但是，一定不要一味地追随，以至于故步自封。如果一旦陷入盲从的境地，就不能算一个自由人了。

基础科学的研究短期内没有任何真的用处，它就是通过创新得出来的结果，以不同的视角、不同的方式去理解自然的木身，从而提高民族的整体素质，所以说，基础研究应该是个品位问题，绝对不能讲数量、靠模仿。否则脱离了它的本质。这对理解创新很有帮助。

一个尊敬权威的民族是理智的民族；一个过度崇拜权威的民族，必定是创造性很差的民族。创新者是不应被束缚在原有的框框内的，过度崇拜权威的人，其思想可能已被束缚，而无所创新。

62. 创新力学

社会需要创新，创新使社会日新月异的发展；不创新，社会就是千年不换的老面孔。创新，是社会发展的正能量。要创新，就要培养创新性人才，首先要培养人的创新性思想，培养人的创新性个性。

何为“创新”呢?

有人说，创新就是创造新的思想和新的产品。

有人说，创新就是说别人没说过的话，做别人没做过的事，制造别人没制造过的新产品。

有人说，没有创新点，不写文章；没有众多闪光点，不写著作；俗套文章家常饭，可吃，不提胃口；不写，少写俗套文章是写作的创新。

本书作者提出了个更广泛创新理念："把自己的工作做得好上加好，就是创新，就是创造。"这样，做馒头的可以把馒头做成各种各样的面包和糕点。做面条的可做出各种各样的面条。研究水稻育种的，可培育出各种优质稻种。制造飞机的，可研制出各种飞机，甚至航天飞机。科学家可进行各种新的探索……能否定旧的，才可能创造出新的。"好上加好"就是不断否定旧的，创造新的。各行各业都可以创新，人人都有创新的机会和可能。

我国有十四亿人，调动全民的创新精神，把自己从事的工作搞得好上加好，我国就是全民创新的国家，各种事情都是好上加好，全国就会将欣欣向荣，傲立于世界民族之林。

创新的本质是什么？就是否定旧的，建立新的。

《犹太法典》有句名言："假如所有的人都向一个方向行走，这个世界必将倾覆。"你这样干，我也这样干，大家都这样干，千篇一律，就谈不上创新。

个性是个人本性的外在表现，每人都有。本性乃根深蒂固的，与生俱来的性格，其特点是可以藏而不露，可以被压抑，但很少能被移易。有好的个性，也有坏的个性，去除不好的个性，培养好的个性，是每个人修身养性的重要任务。有的人喜爱美术，有的人喜爱音乐，有的人喜爱体育，有的人喜爱文学，有的人喜爱数学，有的人喜爱言辞，有的人喜爱深思奇想，像个科学家坯子……创新需有个性，统一个性，就很难创新。

尼采说："你今天是一个孤独的怪人，你离群索居，总有一天你成为一个民族!"

应该保护和培养人的优良个性，除非特殊场合，不要强调大家穿一样的衣服、戴一样的帽子、理一样的发型、走一样的步伐、哼一样的腔调、说一个意思的陈词滥语、要求同一答案的思考。提倡保持个性，提倡"百花齐放，百家争鸣"，提倡异想天开、标新立异。提倡在情理上尊敬老师和权威，在学术上敢于挑战教授和权威。伯拉图有句名言："吾爱吾师，吾更爱真理。"追求真理，应超过感情依附。

数学家丘成桐先生在一次答记者问中曾说，原创本质上是个文化的培养，真正的原创本质是反叛的。学校、教授不批准学生走原创的路，怎么能原创呢？中国基本上还是学徒制，教授希望学生支持他的理论；不支持就得走人。很多青年学者放弃有意思的研究方向是被迫的，少数学者要连群结党，成帮结派才能得到好处。这是很不利于创新的。

如果一个国家的科学家的鉴赏力丧失，怎么还能创新呢？

把一个民族的科学素质——敢于用别人不同的眼光、不同的思路理解问题的气质，彻底消解了，还怎样创新呢？

基础科学的研究短期内没有任何真的用处，它就是通过创新得出来的结果，以不同的视角、不同的方式去理解自然的本身，从而提高民族的整体素质，所以说，基础研究应该是个品位问题，绝对不能讲数量、靠模仿。否则脱离了它的本质。

北京师范大学陈会昌教授曾在报告中介绍说："中国人和犹太人的智商是世界各民族中最高的，据美国心理测量学家研究证明，东亚人和犹太人的智商无明显差别。但自1901到2000年，华人获诺贝尔奖的只有8人，其中获诺贝尔科学奖的6人；但犹太人获诺贝尔奖的超过250人，是世界各民族平均数的28倍，是华人获奖人数的40倍。"

是什么造成了如此巨大的差异呢？陈教授对此进行了研究。他从心理学角度出发，在儿童、青少年个性发展的方面，得出两个心理维度：自我控制和人的主动性。自我控制就是我们常说的听话，按老师、父母的要求去做；主动性就是以内在的兴趣为核心的，以探究精神、好奇性为主，就是"思考自己想思考的问题，做自己想做的事"。

陈教授把这两个心理维度比做两粒种子。这两粒种子在每个儿童出生时在他们身上都存在，就看我们在培养过程中，给孩子创造的阳光、空气、水分、土壤条件，能不能让种子充分的发展。他通过对诺贝尔奖获奖者的文献进行了研究，总结出获奖者在青少年时期的行为及人格特征，主要表现在六个方面：巨大的内在兴趣、极强的自学能力、成长及超越动机、反潮流精神、独立创造精神、孜孜不倦的工作。在以上特征中，只有孜孜不倦的工作属于第一颗种子，其余都属于第二颗种子。而在华人社会里，父母对孩子的高关心、高投入、高控制。于是孩子第一颗种子成长的土壤肥沃，第二颗种子成长的土壤就很贫瘠。而犹太人第二颗种子成长的土壤肥沃。

笔者认为，犹太人获诺贝尔奖多是有诸多原因的。就其冰山一角也有如下几点：

一是从小就培养责任感。13岁的犹太男孩和女孩就要举行成人礼，成人礼就像婚礼一样隆重，在男孩和女孩的心灵中深深地种下了"独立成人的意识"、"承担社会责任"的种子。

二是犹太人是个爱读书的民族。犹太人认为，好学即敬神。智慧和知识是最甜蜜的。典型的犹太人家庭有个风俗，就是把蜂蜜滴在圣经上，让略谙世事的儿童去舔，尝到"知识"的甜蜜，从小就培养热爱读书的兴趣。

据联合国教科文组织的一次调查表明，在人均拥有图书和出版社的比例上，以色列超过世界上任何一个国家，为世界之最。以色列全国公共图书馆和大学图书馆共有1000多所，平均不到4000人就有一所公共图书馆。14岁以上的以色列人，平均每月读一本书。

三是犹太人尊重个性，培育个性成为他们的义务。犹太人认为，一个人诚恳地珍重自己时，便可能产生个性，然后才能透过个性，发挥专长，服务社会。因此，犹太人很注重保持自己的个性和特点。

四是不盲从权威。犹太人有种社会风气，他们总是尽力地控制权威，这是他们的特殊生存传统。摩西是犹太人历史上一位伟大领导者。在犹太人心中，摩西有崇高的地位，但犹太人却不视他为偶像。

《犹太法典》中有许多鼓励不盲从权威的话，其基本理念是：人必须脱离常规，才能促进进步。犹太人从不迷信权威，就是一定不要一味追随，以致故步自封。如果一旦陷入盲从境地，就不算一个自由人了。

五是夸奖孩子。深信“好孩子是夸出来的”。一位以色列女性官员说，她们在向别人介绍未成年孩子的时候往往会说“这孩子是物理学家，这孩子是数学家……”等等，以示父母对子女未来的期许。努力发现孩子的优点和成绩，给予热情的赞扬，从而鼓励和支持了青少年的个性发展。

笔者认为，影响中国人创新意识的另一个重要原因是贫穷，特别是个人贫穷。在旧中国，人们在饥寒交迫中生活，根本没有力量去考虑创新的问题。即使现在，生活水平有了极大提高，但要用自己的钱自由地搞创新，还有很大距离。比如莱特兄弟能制造出第一架飞机，那要花很多钱买材料，自己花很多时间，且无有收入，只有风险，没有经济实力，想都不敢想。而且，没有经济实力，买不起高精尖的仪器设备，使用高精尖仪器，谨小慎微，只怕弄坏了，赔不起，修不起。所以，经济贫穷，是限止中国人创新的重要因素。随着经济的发展，特别是个人有一定的经济实力，衣食无忧，能买得起实验用品，再加上国家的积极鼓励政策，中国人的创新也会如雨后春笋般迅速成长。

每个人都有按照自然所赋予的特性来发展自身的趋势，把自然放在自己身上的东西说出来、做出来、放出来，是每个人的责任。

天生我材必有用。我降临这个世界，必有伟大的目的或意志寄予我的生命之中；万一我的生命不能表现的尽善尽美，对世界将是一个损失。有了这种意志，就一定可以使我们产生伟大的勇气和力量，去创新未来。

犹太人有句名言，是鼓励创新的，深刻地反映了犹太人对创新的理解：宁愿做过了后悔，也不要错过了后悔。

63. 难得糊涂·韬光养晦力学

难得糊涂是巧妙地装糊涂，在某些场合，这样处理问题更好，更

有利一些。韬光养晦，即收敛锋芒，隐藏行迹，隐藏才能，不使外露。深藏真实的优势，故意显露虚弱的劣势，谓之韬光。奋发努力，积蓄力量，以待机变，谓之养晦。韬光养晦是一门深谋远虑的斗争艺术，是种手段。所以，难得糊涂、韬光养晦，是一种很有用的社会力学，常常被人们使用。

老子是第一个推崇“装愚”的人，其实老子是最聪明、最伟大哲学家。他所感悟的“大智若愚”，是人生之大智慧，处世之策略。

老子在《道德经》中辩证地提出了许多故装糊涂、韬光养晦名言警句，充满了深刻的哲理，巧妙运用，可获奇效。这类警句在社会上流行比较广的有：大智惹愚、大勇若怯、大辩惹讷、大巧显掘、大直惹曲、明知故昧、藏锋露拙、匿才显缺、愚如不足，则加以癫等。

韬光养晦，故意显露出弱势、短板，迷惑对方，常作为人处事的重要策略。

韬光养晦是智慧的隐藏术，对个人来说，难得糊涂是其主要表现形式之一。以装糊涂的方式，麻痺视听，隐藏智慧，以待机变。

“难得糊涂”是清代学人郑板桥的感悟。他提出了“难得糊涂”，以装糊涂，隐藏智慧，应对社会。

“大勇若怯，大智若愚”是老子李耳的感悟，是老子的哲学思想。

为什么这些圣贤大师悟出了各种令人难以理解的怪论呢?

答：为了生存，为了发展，为了避祸，为了调节局势，而悟出的人生智慧战术——隐藏术。

苏轼在《贺欧阳少师致任启》中说：“力辞于未及之年，退托以不能而止，大勇若怯，大智若愚。”苏轼在送他的朋友赴任时，说得语重心长的话，我们可以理解为对于那些不情愿去做的事，可以智避之。本来有大勇，却装作胆怯的样子；本来很聪明，硬要装出愚掘的样子。如此装糊涂，可以保全自己的人格，同时也可不做随波逐流的事。真正的大勇大智者未必要大肆张扬，徒有其表，而要有实力，有智慧。

中国古代的道家和儒家都主张“大智若愚”，而且要“守愚”。大智若愚给人的印象是：虚怀若谷，宽厚敦和，不露锋芒，甚至有点木讷。其实“若愚”的背后，隐藏着真正的大智慧大聪明。大智若愚是一种人生智慧的表现。

难得糊涂，这种“糊涂”的含义是善意、宽容、简朴和知足，是一种超然境界。这种“糊涂”是一种处世态度，包括了智者慈善，勇者的智慧，隐者的利益，强者的宽容，柔弱者的抗争，真正谙识世故者的通达简朴。这种境界的达到，往往是一个高深智者在人生的迷恋中幡然悔悟的灵感。

总之，明知的“糊涂”，故装的“愚”，都是在一定条件下，大智大勇，大彻大悟的特殊表现，是在特殊场合表达智慧的一种形式，是人生的重要智慧。

有的人说，某些人就是大事清楚，小事糊涂。其实，大事不糊涂者，怎么可能小事糊涂呢？所谓小事糊涂，其实是装糊涂而已。真正的智者不屑于在小事上浪费时间和精力，巧妙宽容而已。在处理大事与小事的关系上，人们总结出一条哲理：大事小事都精明——少；大事精明，小事糊涂——好；大事糊涂，小事精明——糟；大事小事都糊涂——傻。

因为郑板桥把这类隐藏术，形象地概括为“难得糊涂”。其思想影响甚广，许多人觉得很有道理，所以制成的条幅、牌匾挂起来，到处可见。难得糊涂，“难”——不是谁都会装糊涂，“难”——不是谁都愿意装糊涂，难——不知道什么事可以装糊涂。“难得糊涂”含义极深，绝不是自己糊涂，也绝不是为了求其糊涂。对于郑板桥来说，是因为他看得太明白，太清楚，太透彻，超越于普通人，却又因个中缘由无法解释，无法解决；倘若解释了，反硬生烦恼，于是便装作糊涂，或说寻求逃遁之术。这种“糊涂”实际是大悟大彻的一种境界。就像笑容可掬的大肚弥勒佛一样：“笑天下可笑之人，容天下难容之事。”一个“以笑了之，以容了之”；一个以“装糊涂”了之，都是一种极高的超然境界。

难得糊涂，其特点是表面上隐藏优势，故意显露劣势、缺点，看见当作没看见，听见当作没听见，知道当作不知道，理解当作不理解，使对方觉得你糊涂，麻痺对方，其本质是寓机变于糊涂之中，目的是努力奋斗，以待机变，取得成功。

何为大事？影响全局的事为大事，决定整体的事为大事。所以，着重应先处理好大事，大事要清楚，以大事来影响全局。

有人为老年人修养提出了三个“了之”：遇上不顺心的事，一笑了之；遇上矛盾冲突，一让了之；遇上过不去的事，不了了之。这又是一种超然境界，也是难得糊涂的表现。

《菜根谭》言：“好察非明，能察能不察之谓明；必胜非勇，能胜能不胜之谓勇。”事事都看得明白，不是真正的贤明，能清楚也能糊涂才是真正的贤明；一定要战胜别人，不是真正的勇敢，能胜能败才是真正的勇敢。聪明是需要的，但是聪明并不等于在任何事情上都表现出来，心里明白即可，否则必招至别人的嫉恨。

无需随时保持精敏，迟钝有时也是美德。尤其与人交往时，即使看透了对方的想法和动机，也要装出一副迟钝的样子。此乃社交之诀窍，亦是对人的怜恤。

做人要有雅量，心胸开阔的人能容纳一切荣辱冷暖，这样的人大则能治国经世，小则安身立命。心胸狭隘之人，无论在安邦治国，还是在图谋个人发展，都不可能成其大器。持身太皎洁，与人太分明，对自己做谦谦君子，对别人斤斤计较的人，最终不仅不会受人尊重，也终会因自己的心胸狭隘而郁郁寡欢。这种人没有装糊涂的智慧和雅量，不可能装糊涂。

有些人不懂“难得糊涂”的真谛，事事较真，结果活得很累，甚至很危险。

有些人深谙“难得糊涂”的真谛，处事游刃有余，活得轻松，事事顺利。

64. 愤怒力学

愤恕是情绪的一种短暂爆发力，在情绪激烈时，人根本找不到自己的方向，他的脑海里只有一个冒火的念头，再也容不下别的想法。愤怒，是遭遇愤恨之事的极端情绪流露。有时，可能会气得面红耳赤，暴跳如雷，怒发冲冠，怒不可遏。不良情绪是随时点燃发怒的导火线，造成覆水难收，徒悔无益的局面。

发怒是种最危险的情绪，因为难以控制的怒气，而做出不理智的事，甚至违法至极之事。当怒气消退时，已犯下大错，甚至大罪，悔恨晚矣！《菜根谭》中言：“性躁粗心者，一事无成；心和气平者，百福自集。”躁性愤事，平和徼福。世间发怒的人真不少，所以，发怒也是重要的社会力学，是影响个人情绪、社会和谐，甚至造成严重犯罪的负能量。

一定要学会控制自己发怒的情绪。世人已有切合实际的劝导：“有怒就发，但不可因发怒而犯罪，亦不可待日落西山时还愤愤不平。”

哲人说：“生气是拿别人做错事来惩罚自己，何苦呢!”

佛说：“憎恨别人对自己是一种很大的损失。”

发怒，有时是客观事物所激，自己是正确的；有时是自己的错误或性格所致。愤怒力往往是很大的，超过正常力的许多倍。是极具破坏作用的社会力。动怒的事有时是会发生的，要切记，你可以适度发怒，但不要犯法，不要造成不可挽回的局面。

喜怒哀乐中，发怒是最糟糕的情绪，怒发冲冠、怒气冲天、怒不可遏、怒目而视，每一个成语，都画出了发怒者可怕、狰狞的凶像。更可怕的是发怒时的感情不能控制，以至做出傻事，闯下塌天大祸，断送前程，甚至断送生命。人也可能像蜜蜂一样，为了那愤怒的一螫，而断送了自己的生命。愤怒乃人之常情，但必须在程度上有所节制，在时间上有所限止。发怒者应尽快驱散暴风骤雨，而迎来朗朗晴日。

要想抑制发怒，须知引起发怒的原因。发怒主要可归咎为四个原因。

一是其利益受到伤害，或自己对伤害过于敏感。凡发怒者都觉得自己受了伤害，所以感情脆弱者必然经常发怒。他们总会遇上那么多令人发怒的事。而这些事对性格坚强者则无所谓。

二是认为自己蒙受冤屈和耻辱。蒙受冤屈和耻辱同样可使人怒火中烧，甚至比伤害本身更能使人上火发狂。所以，敏于自己蒙受冤屈和耻辱的人，常常是怒不可遏。

三是舆论或流言蜚语侵害了其名誉和自尊，这也是最能使人发怒的事。

四是与个人的性格有关，性格急躁的人容易发怒。“成也性格，败也性格”，这句话值得深思。爱发怒就是一种败事败家的性格。所谓“躁性者火炽，遇物则焚。”性情急躁的人，就如同烈火一般，凡是跟他接触的人和物，都会被焚烧。这种人常会怒火冲天。

如何抑制愤怒呢?

首先要认识发怒是种极坏的情绪，有百害而无一利。它使人失去理智，使人心神憔悴，使朋友反目为仇……就是对付敌人，发怒也毫无用处，敌人不怕你发怒，而怕你不发怒，怕你的理智和实力，敌人很希望你发怒，故意逗你发怒。想到这些，怒气会顿减大半。

抑制愤怒最有效的办法是用时间作为缓冲剂，使自己相信报仇泄恨的时机尚未成熟，让时间缓解愤怒，让劝解消化愤怒。

佛说：“时间总会过去的，让时间流走你的烦恼吧!”

柏拉图说：“拖延时间是压制恼怒的最好方法。”

犹太人有句谚语：“时间是治疗心灵创伤的大师，但绝不是解决问题的高手。心灵创伤解决了，但问题未必解决。”

“先息怒，后议事”，这是种理智的方法。抑制愤怒，首要之措是使自己平静下来，不至于当场发作，或不让当场发作的愤怒造成严重危害。一是泄愤之言辞不可过于尖刻，尤其是不可指名道姓地恶语伤人，须知泛泛而骂亦可解恨。发怒者不可揭人老底，因为揭人之短是最伤人的，也是最卑劣的品行，这样会使众人回避与你交往。二是不可因一时愤怒而断然抛开自己的职责，断送自己的前程。总之，不管你怎样愤怒，都不要做出无可挽回的事，使悔恨终身而莫及。

避免发怒的最好办法是"斧底抽薪"，使愤怒之火燃烧不起来。要提高自身修养，克服动辄发怒的恶习。要认真想想怒不可遏的严重后果，想想它是如何搅乱你的生活，给自己和他人带来的伤害，以及牢狱生活之痛苦。正如人们所说："怒气就像倾塌的房屋，在其倒下的地方留下一片废墟。"所以你应冷静，不要让那房子倾塌。

不想让某人发怒的办法是讲究交流的技巧。如若向他讲某件可能会让他发怒的事时，开口的时间一定要选在他心情好的时候，因为第一感受非常重要。语气尽可能使他感到虽受伤害，但没有受辱的成分。还可以把那伤害归因于误会、冲动、考虑不周等理由。这样就可能把一场暴怒熄灭。

社会越和谐，发怒的场面越少；反之，发怒的事就会增加。当前，发怒似乎变得颇为流行了。甚至你不对任何人发怒，别人就会说你是没有个性的傻瓜。可见偏见和无知同样可怕。

与人发怒可不是邀人共舞，恰恰相反，发怒意味着恐吓、强迫别人屈从、让步、听话、认输。发怒也意味着反抗、挣扎、无奈和发泄。发怒时可以像突然爆发的火山；发怒时，其它感情降到了次要的地位，往往将事弄得很僵，这是最可怕的。与家人和朋友多谈心，沟通思想，得到家人和朋友的关爱，是消除怒气的有效方法。动怒的事有时是会发生的，要切记，你可以适度发怒，但不要犯法，不要造成不可挽回的局面。

时下有一种专门供愤怒者发泄怒气的地方，叫"发泄吧"，或称"泄吧"之类，就是让悲愤怒极之士把积压的愤怒有意识地发泄出来，以免久怒伤身，或造成不可收拾的后果。"泄吧"是一种虚世浮情的产物，也是直面愤怒可能造成的可怕后果之旁泄之措。当怒不可遏之时，想去"泄巴"也是不错的选择，此时你已经自觉控制了几分发怒的情绪，是一种理智的表现。在"泄巴"可以遣怒于物，尽情摔、砸、打、闹，平息怒气。你觉得清醒些了，可以控制情绪了，付费走人。

无论如何不要在发怒时火上浇油，须知与发怒的人相斗是不明智、不道德的，因为你也把自己归入了鄙贱之列。

65. 人生压力力学

人生随趋动力而行动。人生压力是最常见的趋动力。没有一定的压力，人就动不起来，社会就会凝滞。但如果压力过大，或压力过猛，或压力的方向不明确，或无目标乱动，就会出问题。所以，人生压力是普遍而重要的社会力学。

人生压力可以改变人的生活状态，可以改变人的成长轨迹，就像漂在水中的木块一样，施于不同的压力，就保持在不同的状态，或向某个方向移动。

人生只可保持适度的压力。人在生活中，压力不可过大，也不可毫无压力，要学会增压，也要学会减压，保持适度的压力。

人生的压力有两类，一类是自身压力，一类是外在压力。自身压力主要是目标过高，甚至尽最大努力也达不到；或缺乏经验，水平有限，力不从心，不会处理问题。另一类是外在压力：主要是家庭的经济压力，家务事压力，失业找工作压力，老板、上司要求的压力，同行、同事间的竞争压力，以及有时的天灾人祸等。这些压力有时大的可使人忙忙碌碌；可使人形容焦悴，未老先衰；也可把人压得走上绝路。有些压力是社会造成的，应由社会解决。当你遇到特别大的压力时，你应该勇敢地找亲人、朋友、政府和社会帮你共同解决，相信没有过不去的坎。

如果你给自己设立了不确实际的高标准，高指标、高要求，跳起来也摸不着，你就会感受到压力很大。如果你的上司给你下达了过量的工作任务，会压的你难以承受。过度的压力有时也来自家庭事务，过重的经济负担，过于复杂的人事关系等。必竟这个世界上有太多的诱惑，太多欲望，对欲望满足的追求，产生了不同程度的压力。正像“人生只为欲字所累，便如牛如马，听人羁络；为鹰为犬，作物鞭笞。”总之过度的压力，并非好事，而是很糟糕的事，应学会缓解压力。据报导，有的城市经济很发达，工资也高，但工作特别紧张，竞争激烈，房价奇贵，人们感到压力很大，不是宜居之地，纷纷选择逃离。

人只可承受适度的压力。哲学家莱哈尼说：“身心被压抑到一定的程度，就会产生一种无形的力量，它依然不失深邃的思想和理性。但要是超越这个限度，就会产生浑浑噩噩、绝望的心情，一旦把浑浑噩噩的灰尘抖落，剩下的就是恶毒和凶狠了，那时就不存在智慧，也失去了理智。”可见压力过大是很危险的。

压力过小，或没有压力，就会没有明确的目标，没有奋斗的动力，没有顽强的毅力，会让人觉得时间过多，无所事事，感受到乏味、枯燥、失望和疲惫，认为生活没意思，大好的时光白白地流去。所以人生不可没有压力。

据报导，在考试时，适度的紧张会增加肾上腺素的分泌，产生适度的兴奋，会使应试者受益匪浅。但是，如果过度紧张，造成肾上腺素分泌过多，那么产生的效果会恰好相反——精神无法集中。其实做别的工作也一样，适度紧张可产生兴奋；过度紧张，精神无法集中，效率就会降低。

保持适度的压力，就是保持适度的期望值，经过努力，胜利就在眼前。适度的压力可以变成动力，可以提高人的兴奋感，使人眼明、手快，思想集中，效率提高。

人要学会增压，也要学会减压，学会“放下”、抛弃无形的压力。这些很重要，你会吗？

传说有个怪人走在路上，他看上去行动非常艰难，几乎每走一步都要费尽全身力气，因为他身上挂满了各种各样的物品。每当他看到的任何一样东西，都毫不犹豫地拾起来，挂在身上。于是，他背负的东西越来越多，行走得越来越困难。

行人觉得好奇，问道：“你为什么要背这么多的东西？你完全可以把无用的东西丢掉啊。”

他无奈地回答：“我就是分辨不清究竟哪些东西是有用的，哪些东西是无用的，所以只好统统都背上。”

不久，人们发现他累死在旷野，他身上背了更多的东西。

其实，现实生活中，有许多人就像那个怪人一样，身上背了过多的有用或无用的东西，承受着过多的压力和劳累，因而压得喘不过气来。其中不乏像那怪人一样，分辨不清哪些是创建幸福生活所必需，哪些是根本就不需要的。于是他不停地将一件件东西抓在手里，背在肩上，诸如过多的物质、权力、金钱、名声、美色、家庭琐事、嫉妒、谣言以及小道消息等，统统收为己有，背在身上。这样不仅损坏了身体，破坏了心情，整天生活在紧张和疲劳之中；而且，根本背离了他努力奋斗的初衷，得不到幸福，而且离幸福越来越远。

我们总是将最重的东西作为基石，而那也正是我们所肩负的任务。人生大义重重地压在我们身上，它的重量越重，我们就越能深入人生。在重大的任务中，拥有我们自己的喜悦、幸福及梦想，我们一想到重大的任务，幸福和喜悦就会浮现出来。因为生活在我们身边的不仅仅是快乐，而且还有携带意义的人生。

66. 敬业力学

人是通过自己的工作来体现社会价值的。没有工作，就没有展现自己的舞台，没有工作，就没有工资，可见工作对人是多么重要。当然这里所说的“工作”是广义的，包括对社会有益的各种工作。

兴趣决定选择，最理想的状态是选择感兴趣的工作。但社会常常不能满足你的兴趣，甚至打击你的兴趣，改变你的兴趣。这是最常遇到的问题。所以，大众敬业教育，干一行，爱一行，是推动社会繁荣发展的重要动力。

干自己想干的事，并从中赚钱，既维持自己的生活，又发展自己的事业，这当然是最理想的了，但现实生活中，多数人并非如此。许多人干着自己不愿干的工作，许多人在煎熬中干着自己的工作。

一则流传的故事，十分令人深思：

两匹马各拉一辆大车。前面一匹马走得很好，而后面的一匹马常常停下来。于是主人把后面一辆车上的货搬到前面一辆车上。等到后面车上的货物都搬完了，后面那匹马便轻快地前进，并且对前面那匹马说：“你辛苦吧，流汗吧，你越努力干，人家越要折磨你。”

到马店后，主人说：“既然只用一匹马拉车，我养两匹马干吗？不如好好地喂一匹，把另一匹宰掉，总还能拿到一张皮吧。”据说第二匹马后悔极了，但已来不及挽回了。

可见干活好的，是受欢迎的；干活不好的，或不干活的，会遭冷遇，甚至会被淘汰。

对待工作的态度是个大问题。三百六十行，行行出状元。每人只能干一行或几行的工作。应热爱自己的工作，努力成为行家里手。对待一项工作，一看它是否对社会有益，二看自己是否热爱，三看是否适合自己干。找工作和找对象有点类似，你最爱的工作，不一定让你干；你干的工作，不一定是你最爱干的。

对于“好工作”也有不同的理解。有的认为是轻松而挣钱多的工作；有的认为是能发展自己的工作，能成名成家有成就感的工作；有的认为是适合自己干的工作；有的认为国家的重大项目工作。不管怎样，只要是自己干的工作，就要把它干好，因为这不仅可以赚钱，而且也是你以后跳槽，去干更好工作的跳板和资本。

要敬业，莫把工作当苦役，这是个极有用的敬业理念。对自己所干的工作产生厌恶，是件最糟糕的事，可能的结局就是第二匹马的命运。假若由于生活所迫，或环境所迫，你只能做些乏味的工作，那就努力在工作中寻找乐趣和意义。须知，应当有人做，而又必须有人做的工作，那必定有它的意义。问题是对待工作的态度，良好的精神状态，会使任何工作都成为有意义，有兴趣的。退一步说，如果你对工作无兴趣，而对工资有兴趣，那也应把工作干好。

有一句话似乎非常动听——不值得做的事，就不值得去做好。也许有人会对这条定律表示赞同。它解释了为什么我们时常对工作缺乏兴趣和动力。在做一份自认为荒唐可笑、毫无意义的工作时，唯一的选择似乎就是保持一种冷嘲热讽、敷衍了事的态度。

然而，问题并不如此简单。这往往成为把自己的工作当苦役的托词，这是很危险的。如果我们永远做不好任何事，不管理由多么充足，不管托词如何动听，其结果一定是很悲惨的。而且，把一生浪费在嘲讽和敷衍上，本身就是一件最不值得做的事。因此，出色地干好现在的工作，并以此为跳板和资本，去寻找自己更热爱的工作，这是非常有用的经验。

不妨自问："我真正盼望的是什么工作？我的兴趣是什么？"

可能大部分人不知道自己真正在期望什么，甚至很少有人认真去思考这个问题。有些人期望去做根本不可能达到的事，结果徒劳无功；也有一些人一直在变更期望，因此一事无成。但那些对自己力所能及的事情始终抱着积极态度的人，常常做出辉煌的业绩。

要热爱工作，工作对一个人来说是多么重要。一个人所做的工作，就是他人生的重要表现。而一生的职业，就是他志向的表示，理想之所在。要以最大的决心和信心，尽最大的努力做好工作。做好自己的工作，是自尊自信的表现，是对自己的赞美。如果说对工作不忠实，不尽力，那将无异于贬损自己，糟蹋自己。

要热爱工作，工作态度决定一切。看一个人做事的好坏，首先要看他工作时的精神和态度。如果他皱着眉头，困难重重，无任何兴趣可言，那他绝不会做出伟大的成就。人往往就是在克服困难的过程中，产生勇敢、坚毅和高尚的品格。常常抱怨工作的人，终其一生，绝不会有大的成功。抱怨和推诿，是懦却人的表现。

要热爱工作。不管你的工作是怎样的卑微，你都应当付之艺术家的精神，十二分的热忱，十分的努力。这样，你就可以从平庸卑微中解脱出来，感受到工作快乐，不再有厌恶、劳碌之感。如果我们能以充分的热情去做平凡的工作，则平凡的工作也会产生荣耀，自己也会成为能工巧匠；如果以冷淡的态度去做高尚的工作，高尚的工作也会变为平庸，自己也不过是个平庸的工匠。所以，在整个社会中，各行各业都可以发展成才，都有增进社会地位的机会，实在没有那一种工作是绝对可以藐视的。

一个人的终生职业，就是亲手为自己在作塑像，是美丽、是丑陋，是可爱，还是可惜，都是由他自己完成的。因此，要时刻增加塑像的品质，使它更加完美。

67. 适度表现自己与影响力力学

人，为什么要表现自己，如何表现自己呢？就是为了建立自己的影响力，扩大自己的影响力。

爱表现自己是人的一种天性。一有机会就表现自己，使别人认识自己，相信自己，让自己溶入社会、奉献社会。这是种积极态度。有才能，不能表现出来，是很遗憾的事，不值得提倡。无本领、无机会，贬善可陈，无可奈何才不表现自己。追求满足是种冲动力，爱表现也是种冲动力。马洛斯的五层次需求理论是个人发展的冲动力。其中第四层次是尊重需求——地位、角色等；第五层次是自我实现需求——理想、价值等。这两个层次就是表现自己。因此，适度表现自己，是每个人都会遇到的，都会直接或间接影响社会，是种重要而普遍的社会力学。

在人与人广泛交往的今天，影响力的作用是很大的，甚至有决定性作用。应适度表现自己才能扩大自己的影响力。而过度表现自己，或不会表现自己，其影响力就会大打折扣。

影响力的本质是一种人格魅力的感染力。它是由多种因素形成的集合体，其中包括思想境界、高尚品质、知识、智慧、本领、表帅作用等，使人产生了相信、拥护、跟随的信心和决心。影响力与权力不同，它不是强制性的，好的影响力是一种让人乐于承认和接受的向心力。

影响力时时刻刻影响着周围的人。并且给于对方一种神奇的吸引力，甚至可以影响身边人的一生。所以，有影响力的人，往往是社会中最具成功素质的人物。

在影响他人的过程中，把“强权就是公理”作为影响他人的手段，注定要失败的。强权力支配，双方处于对立状态。当一方强迫另一方做事时，双方间的信任关系就毁掉了，此时影响力丧失，而且很难恢复。

谁都想成为有影响力的人，有影响力的人才能干大事。人与人的交往不仅是相互沟通的交际，有时也是思想与思想的碰撞。不是你影响别人，就是别人影响你。拿破仑·希尔曾经说过，“在别人影响下生活着，就等于被别人的意志给俘虏了，这样的人即使再优秀也不会登上一把手的宝坐”。这就是影响与被影响的关系。

影响力的作用有时是极其强大的。八百里水泊梁山，一百单八条英雄好汉，宋江能坐第一把交椅，靠的就是他的影响力。当年，早在山东郓城做衙司时，他就有很大的影响力，他像“及时雨”一样受人欢迎。提起“及时雨”宋公明，江湖的英雄好汉，哪个不知，谁人不晓。

如何适度表现自己，增强人格魅力，成为有影响力的人呢?

一个人在社会上如何表现自己的智慧和成绩是个重要问题。否则，尽管一身的本领，若不能适度的表现自己，就不会很好的发热放光，就会被埋没，或者被嫉妒，甚至搞得很惨败。

过度的自恃聪明，就会“聪明反被聪明误。”如果智慧深藏，不与世人见面，常被世人明显低估，那也徒有智慧。所以适度表现自己的智慧，是聪明人的智慧之举，是对社会发展极有益的动力。

“聪明”一词很值得玩味，褒贬共存。它既有脑子好，反应快，思维敏捷的含义；又有爱表现，浮躁的含义。“聪明”用在青少年身上，是对其赞美；用到成年人身上，则会另生歧义。天妒聪明，当心你的聪明被嫉妒。

天赋聪明，又肯努力，成为智者，当然是好事。谦虚地表现“聪明智慧”，哲人已升华到了极高的境界。老子说：“大智若愚，大勇若怯，大巧若掘，大辩若讷。”是“聪明智慧”在一定场合的谦虚表现。意思是真正的聪明智慧者，并不张扬显露、自作聪明，而平时像个呆子；真正勇者，不争强好斗，平时表现为懦怯；虽然能言善辩，却好像不会讲话似的。人有才华固然很好，但过度的表露，因“才”致祸的，古今中外也为数不少。适度地表达聪明智慧，不被或少被人嫉妒，避免锋芒毕露，避免功高震主，使之功成名就，才是大智大勇的表现。

适度地表达聪明才智是种艺术和大智慧。力戒锋芒毕露。老子告诫世人：“不自见，故明；不自是，故彰；不自伐，故功；不自矜，故长。”意思是，一个人不自我表现，反而显得与众不同；一个人不自以为是，反会超出众人；一个不自夸的人，反会赢得成功；一个不自负的人，反会不断进步。相反地，老子还告诫世人：“企者不立，跨者不行，自见者不明，自足者不彰，自伐者无功，自夸者无长。”无数的事实证明，如果一个人锋芒毕露，一定会遭到别人的非议和妒忌。“木秀于林风必摧之；堆出于岸流必湍之。”所以有“良贾深藏若虚，君子盛德，容貌若愚”的良言古训。

人只可适度地表现自己的智慧，可以增大自己的影响力，若不能适度表现自己，就会削弱自己的影响力。当智慧骄傲到不肯哭泣，庄严到不肯欢笑，自满到不肯看人的时候，就不成为智慧了。这样的表现就太张扬了。那些自我夸耀，生怕别人不赏识自己的人，通常就是一知半解，不知天高地厚的人。

人只可适度地表现自己的智慧，不夸耀轻漫。《菜根谭》有这样的明示：“鹰立如睡，虎行似病，正是它取人噬人的手段处。故君子要聪明不露，才华不逞，才有肩鸿任巨的力量。”即一个有真才实学的人，遇事能沉着坚忍，不会有丝毫夸耀轻漫的举动，才能肩负重任。

人只可适度地表现自己的智慧，不要强出头。人们常说：“烦恼皆因强出头。”“鸟出头招枪打，人出头招嫉妒”。适度地争强好胜，是好事不是坏事。可以说，社会上的某些人，忙忙碌碌，处心积虑，就是希望有朝一日能出人头地。人想“出头”是天经地义的好事。不想出头的，不是淡泊明志，就是进取心不强，或者本人确是才疏学浅之辈。

想出头，但不要强出头。可以说，许多人都想出头，而且，不争强好胜是很难出头的。这时出头就会带来许多烦恼。强出头必然影响他人利益、团队精神、环境和谐。

如果你实力超群，一枝独秀，那出头是自然的事。强出头就意味着力量并不超群，不成一枝独秀之势，勉强出头，很可能失败。此时，不仅耗其精神，折损壮志，而且被人嘲笑。虽然“失败是成功之母”，但失败必竟是失败。“失败”是一种致命伤，而且还会成为永久的烙印，跟你一辈子。这就是现实生活中强出头的烦恼。

人只可适度地表现自己的智慧，善于审时度势。自己虽有力量，但时机未成熟时，也不可强出头。所谓“时机”就是指“大势”和“人势”，也就是客观环境和人心所向。“大势”不合，若强出头，虽不无成功机会，但费力过多，代价太大。“人势”若无，若强出头，必招别人妒忌、挤压和打击。“强出头”容易伤害别人，播下仇恨的种子，带来无穷的烦恼。因此，本身能力不足时，不要强出头；“大势”不成熟，“人势”不足时，不要强出头。应把“出头”之事，变成创造“大势”和“人势”的过程，变“强出头”为顺其自然地“出头”。

人只可适度地表现自己的智慧，激流勇退，趋吉避凶。

越王勾践经过二十多年卧薪尝胆，终于打败吴国，举国沉浸在喜悦欢庆之中。可是这时，灭吴复国的首要功臣范蠡，却告诫另一个功臣文种：“飞鸟尽，良弓藏；狡兔死，走狗烹。越王获胜，全靠你我，现在大敌已灭，他一定会猜疑我们，不如尽早退隐。”文种却以为越王不至如此绝情，没有听从忠告，不久果然惹来杀身大祸。这是一个激流勇退，避凶趋吉，适度地表现自己的智慧的典型故事。

在激流中前进，要善于判断前景。在客观条件不允许前进时，再前进就会危及自身时，就应果断地退避。历史证明，善于退与善于进具有同等的谋略价值。只善于进，而不善于退的人，绝非高明之人。因此，激流勇退，韬光养晦，收敛锋芒，隐匿踪迹，养精蓄锐，寓机待变，常作为保存自己，以利再进的一种谋略思想。

如何秀出你的影响力呢？主要从以下五方面做起：

(1) 好的形象是最先感受到的影响力

生活经验告诉我们，在人与人的交往中，首先感受到的是人的形象。第一映象很重要。给人的第一映象就是形象。这一点虽然很直观，但并不是每个人都认识到的，并真正去关注自己在社会活动中的形象。这种形象不仅是仪容仪表的影响力，更重要的是温和的性格、积极的心态、文雅的修养带给人的影响力。然后再继续深入下去。第一感观往往形成先入为主的屏障。

良好的形象是美丽生活的代言人，是我们走向更高阶梯的扶手，是进入爱的神圣殿堂的敲门砖。好的形象是人生的一种资本，充分利用它，不仅给你的日常生活添色加彩，优雅的举止助你脱颖而出，更有助于提升你的影响力。

有的人穿戴和外表包装是一流的，但并不能反映他的内在品质。他的行为、举止和修养才能反映他内在的品质。有很多人把形象设计的概念理解为外表包装和视觉感观上的提升，而根本不注重自身内在的修养。形象的包装是简单的，而内在修养是复杂的、深刻的、全面的、长期的。个人的修养包括文化素质的提高、情操的升华、对人心理的理解、对人性、人格、社会、文化的理解。

同是人生，有人过得潇洒，人见人爱，有人却哀叹自己满腹才学无人赏识；有人展现真我，活出精彩；也有人怨天恨地，命运不济。为什么呢？可能是第一影响力就败下阵来。

(2) 思想的影响力是最根本的影响力

要对周围的人有深刻的影响，那就是思想的影响。改变一个人的思想，让他按照你的思路来思考问题，这不能靠强制命令，而要靠思想力的影响。使他感到你的思想是正确的、先进的、有前途的、甚至是伟大的。思想的相交，才是深度的相交，才是深刻的影响力，能够经得起任何风浪的考验，否则，其影响力是浮浅的，表面的，经不起打击和挫折。

(3) 优秀的品质绽放气质的芳香，是影响力的基础

哪些是优秀品质呢?

忠诚是种优秀的品质。忠诚即忠实诚信，是影响力的基本源泉。“人无信不立。”“人而无信，不知其可。”失去信任，就谈不上影响力。忠诚是一种真心待人，忠实于人，勤奋干事的奉献精神，它是发自内心，包含付出、责任、甚至牺牲精神。当一个人失去忠诚时，连同一起失去还有影响力、尊严、诚信、荣誉和前程。反过来也一样。

宽容豁达，是提升影响力的奥秘。

在人际交往中，宽容豁达是一种豪放的气度，是自我精神的解放，“乍暖还寒寻常事，淡妆浓抹总相宜。”精神超脱，高瞻远瞩，宽容豁达是种自信，是种潇洒的胸怀，是种影响力。“功名利禄四堵墙，人人都在里面装，若是你能跳出去，一生快活不嫌长。”宽容豁达就是跳出了功名利禄的墙，一身豪气，众人都佩服，产生了巨大的影响力。

(4) 知识、智慧、本领是影响力的资本

一个人若没有知识、智慧、本领就没有成就影响力的本钱。知识、智慧、本领是靠勤奋得来的。勤奋是资本的源泉。人们取得影响力的最大秘笈和最可靠的保障就是勤奋。天道酬勤。在日常生活中靠天才能做到的，靠勤奋也能做到；靠天才做不到的，靠勤奋也能做到。勤奋是金，懒惰成就不了影响力。

(5) 热情是提升影响力的驱动力和催化剂

在正确前进的道路上，在人际关系中，热情是成功的重要因素；冷漠是失败的重要因素。热情可以积聚力量，协调力量，加速前进；冷漠只能涣散人心，松懈斗志，精神不振，成事不能，败事有余。热情使影响力大增，冷漠使影响力骤减。

68. 贪婪力学

贪婪，是种强烈的自私欲望，有的是思想贪婪，有的变成贪婪行动，而且贪婪的思想，很容易变为贪婪的行动。有贪的思想就是很危险的，而贪的行动就可能犯罪。请看与“贪”字有关的成语，这是古人对贪婪的理解，形成了典故，形象地刻画了贪婪的面貌和罪行，是多么令人愤恨和悲哀：贪得无厌、贪天之功、贪污受贿、贪污盗窃、贪赃枉法、贪官污吏……多少人因贪锒铛入狱，

身败名裂，家破人亡。

人最容易犯“贪”的毛病。贪财、贪利、贪名、贪色、贪物、贪官、贪地位。这些金钱、美色、名誉、地位，适度追求或取之有度不为贪；但过度追求或取之即为贪。取之极度者，就成巨贪。贪和巨贪，就走上了可怕的犯罪道路。“贪”是严重影响社会发展的负能量。

犯“贪”病的人，自古以来就有。贪是人生之一大顽疾，源于狭隘自私的思想和强烈的占有欲。“人心不足蛇吞象”，“贪得者分金恨不得玉，封公怨不授侯。”说的是有些人贪得无厌，永无满足。赌徒都是贪婪辈，吸毒全是堕落人。

人生莫贪，“贪”对人是十分危险的。《菜根谭》言：“一念贪私，万劫不复。人只一贪私，便销刚为柔，塞智为昏，变恩为惨，染洁为污，坏了一生人品。故古人以不贪为宝，所以度越一世。”一念贪私，就改变了人的形象，刚变柔、智变昏、恩变惨、洁变污，由君子变成了小人，由公民变成罪犯。

人生莫贪名与利。名与利常是世人评价一个人的标准，在一般人心目中，名利双收，功成名就，生活得比别人精彩，就是成功。并以此来裁判生命的价值。为此，古往今来，多少人为功名富贵铤而走险。事实上，受功名富贵所羁绊的人，整日沽名钓誉，心灵难以获得真正自由，成了功名富贵的奴隶，功名富贵就如同华丽的囚衣。而只有胸襟宽阔的人，不受功名富贵所左右，脱去那件华丽的囚衣，他的心灵才是真正自由。

人生莫贪色。英雄难过美人关，是千古之教训。人们终难克服私情私欲，多少人因贪色而身败名裂。“弱水三千，也只取一瓢饮之。”不贪色，这是纯洁的爱情，高尚的爱情。如取之二瓢、三瓢就不是纯洁之爱，如果浸泡在爱河之中，贪色成性，那会腐蚀得粉身碎骨。

自私自利是人类与生俱来的劣根性，往往蒙蔽世人的良知，一再做出损人利己的事来。所以人们一再提倡大公无私，来消除自私的影响。《红楼梦》中有一句偈语：“天下熙熙，皆为利来。天下攘攘，皆为利忙。”人们熙熙攘攘，都是为了利益。一旦利益当头，很难不为之动心。“人不为己，天诛地灭”，更深刻表达了这种贪婪。但是，如果一个人过度自私贪婪，小则受人排斥，大则自毁前程。

人生莫贪。看透贪欲，便可治贪。“色欲火炽，而一念及病时，便似寒灰；名利饴甘，而一想到死亡，便味如嚼蜡。故常忧死虑病，亦可消幻业而长道心。”奉劝人们，当贪欲窃生时，多想想“贪”的危害，多想想坐牢和死刑之痛心，便可长些道心，戒除贪欲。胜私制欲之功，有曰：识不早，力不易者；有曰：识得破，忍不过者。盖识是一面照魔的明镜，力是一把斩魔的慧剑，两者不可少也。

人生莫贪。唯“淡泊明志，宁静致远”，才能看透贪婪的劣根性、腐朽性、危害性。淡泊，作为一种人的生活态度，表现出一种超脱和大度，不为眼前的功名利禄而劳神，志在更高远的境界。

淡泊是为了明志，非淡泊不可明志。终日贪婪成性，灯红酒绿，纸醉金迷，何以明志？淡泊不是不思进取，不是无所作为，而是以一种纯美的灵魂对待生活。淡泊不是没有欲望，属于我的当仁不让，不义之得，千金难动其心。淡泊给于你的或许不多，但是，你所必需的东西都给你了；奢华给予你的可能很多，但是人生最重要的东西可能失去了很多。

“多藏者厚亡，故知富不如贫之无虑；高步者疾颠，故知贵不如贱之常安。”即财富积累越多，整天担忧财富被人夺取；地位越是尊贵，整天担心丢官。事实上，人生之苦，往往是放不下功名富贵等身外之物。没有时，日思夜想去争取；拥有时，又患得患失怕丢掉。

人生莫贪。“心无物欲，即是秋空霁海；坐有琴书，便成石室丹丘。”

戴上贵重的饰品，束缚自己的身心，无异于刑具。贪欲是人类心灵的枷锁，只是它绣着华丽的金边，使世人不舍得丢弃。但枷锁必竟是枷锁，最精致的枷锁，也最容易夺去你的自由。琴书是人类的益友良伴，只不过看起来那样清苦，令凡心敬而远之。人之名利，便像鸟儿的翅膀坠上黄金，虽华丽贵重，却无法高翔。去掉装在你翅膀上的金子，会感觉舒适，才有利于飞翔。

不舍得放弃心灵的枷锁，便不能海阔天空自由飞翔；享受不了清苦生活，又怎能去升华自己的灵魂。

明朝太监刘瑾以权谋私，横征暴敛，贪婪成性；清朝乾隆宠臣和珅是清朝最大贪官，富可敌国。最后都是身败名裂，祸灭九族。

现代的贪官更是疯狂，不仅贪官数量多，而且性质极恶。贪污之巨，人民币可成吨计数，可以码成币墙，可以把几台点钞机累垮。

惩治贪腐的最好办法是当事人不敢贪、不想贪、不能贪，谈贪变色，闻贪生畏。贪污犯身败名裂，追纠法律责任。在经济上望而生畏，家庭成员、好朋友也提心吊胆。其惩罚是：所有的非法所得全部没收，并处以等量的罚款。株连夫妻、子女、父母、岳父母。因为这些人明里暗里都是利益的受益者，继承者，甚至是知情者，不株连不足以平民愤。如此严惩，谁还敢贪脏枉法！但这比明朝皇帝朱元璋剥皮塞草严惩贪官要文明得多。

69. 修身养性・成熟力学

修身养性的目的是什么？也就是要修成怎样的人，概括地讲，修养成为一个成熟的人。修身养性，就是提高人的素质。人的素质高了，什么事都可能办好；人的素质不高，好事也办不好。

中国的传统文化特别注重人的修养，产生了许多修身养性的哲理和教条。其中有些是积极的，有些是消极的。需辨析而执行。主要可分为思想境界和身体健康两个方面。

老祖宗为国人修身养性的精髓总结出八个字：站高、望远、广闻、慎言。

站高：登高望远是物理现象。应站在高层，观察事物。北宋王安石说："不畏浮云遮望眼，只缘身在最高层。"

望远：俗话说："走一步看十步。"你能看多远，才能走多远；没有远见必行短见，急功近利没有明天。

广闻：古人云："多见者识广，博览者心宏。"古人云："江海不与坎井争其清，雷霆不与鸟雀争其声。"两者境界天壤。

慎言：谨慎说话。西汉刘向说："君子慎言语矣，毋先己而后人，择言出之，令口如耳。"

中国传统修身养性要求人具有思想品质是：贫而不惭，富而不骄；贫而乐，富而有礼；穷人不仇富，富人不笑贫。

许多智者总结了自己修身养性的目标和体会：

化欲为情，化情为理，化理为哲。这是一个至极的修身高度。

闲时成圣，乱时成雄；内仁外和，内圣外王。

明者见危于无形，智者见祸于未萌。《三国志・魏书二十八・钟会传》

愚人知进不知退，知欲而不知足，故有困辱之累，悔吝之咎。《三国志・魏书二十七・王昶传》

修身即敬神。即敬重自己的精神，或敬重自己是神。修身是修炼人的精气神，与学习同等重要。学习是修身的一部分。苏轼说："天下有大通者，卒然临之而不惊，无故加之而不怒。"

不要一遭遇到不顺心的事情，立即心烦意乱，浮躁紧张，不知所措；内不淡定，外不从容；也不要在顺境时，得意忘形，一副小人得志的嘴脸。而应外存谦和，内存淡定。

身体健康是修身养性的重要方面。世界上最宝贵的是人，人最宝贵的是生命，生命最宝贵的是精气神。精气神使生活充满活力和希望，希望是人生中一盏明亮的航标灯。养身之道，就是养精气神。这是关系到每个人和整个社会的精神面貌和身体健康的大问题。所以，修身养性是普遍的重要的社会力学。

现在人的生活水平提高了，医疗条件好多了，追求健康追求长寿的人越来越多了，所以，修身养性成了神洲大地的时尚风景，特别是老年人。健身操、广场舞、听广播、看电视、唱歌曲、赏音乐、种花草、养鱼鸟、练书画、读经典、制药缮、精烹调、旅游，老名医的经验总结，老患者的切身体验，在网上传播的非常广泛。老年人群，创建了修身养性的智慧海洋，青壮年人也可从中借鉴一二。

古今中外的寿星都有自己的养身之道，名人、医生、哲人对此也各有高论。养身之道包含医学知识和医家规则所没有包含的智慧，丰富多彩，择适己者而用之，不适己者而弃之。

首先，老年人要有适度的追求，这是养身之道的要点之一。而且，健康第一应是老年人的最大追求。当然老年人追求的原则应是力所能及，生活充实，天天有事，精神乐观，不知老之将至，利于健康长寿。

要保持适度的饮食起居，这是养身之道的重要内容。英国哲学家培根在谈养身之道时说："什么有益健康，什么会伤身体，人们的自我观察才是保健的最佳良药。"这里强调"自我观察"的重要性。因为你对自己的病情体会最深。

老年人更要注意饮食，主食之骤变须非常谨慎，如果非改不可的话，则副食亦须相应改变。须知自然之道和治国之道有相同的秘诀，即百事之更新比一事鼎革更为安全。应经常审视你的衣食往行的习惯，戒除有害的，建立有益的。别老想做事不减当年，因为岁月毕竟不饶人。亦应避免智所不能，力所不及的事。须知，少时的血气方刚，往往纵容过度行为。而行为的无度，必将欠下一笔老年时须还的旧债。无忧无虑，自得其乐，此乃延年益寿的良方。人之所感所想，当避免忧烦、焦虑、嫉妒，以及过度喜悦和暗自悲伤，应当心中怀有憧憬，怀有并非狂喜的愉悦，怀有并不过量的多种情趣；并怀有仰慕、惊叹和新奇感。还应让头脑充满庄重而多彩的思考对象，如历史、故事以及对自然的研究等。

老年人体弱多病就不足为怪。老年人要努力抑制老年的到来，像预防疾病一样防备老年。老年人应注意健康，选择适当的锻炼方法健身，用饮食滋补体魄，更应保养智力和心灵。就像油灯一样，如果你不为它加点油，它就会因衰老而熄灭。

对身体的异常不可掉以轻心，应及时问医求诊。生病时注意调养，健康时注意锻炼，微恙时一般不必求医，只需注意饮食和调养便可痊愈。

要自我关注生理平衡。以中医的角度，就是阴阳平衡。人的生命全靠一日三餐来维持，饮食中酸碱平衡、营养平衡、寒火性平衡十分重要。酸碱平衡：米食和蔬菜中含酸较多；馒头、花卷、豆包、油条中含碱较多，适当搭配，保持酸碱平衡。营养平衡：粗细粮搭配，主副食搭配，精米细面少吃，不偏食，不嗜食，营养丰富全面。寒火平衡：饮食中有三性：偏寒、偏火和中性。多数食物和蔬菜为中性。中性食物蔬菜应常吃，偏寒、偏火性食物应少吃或不吃。偏寒生痰，偏火生热。偏寒引起咳嗽，四肢发冷；偏火的引起浑身发烧，头晕，眼花，耳鸣，尿黄，口舌生疮，血压升高等。水中动物多属热性，热性的还有牛肉、羊肉、狗肉；蔬菜中辛辣食物，如辣椒、胡辣、炒芝麻、炒花生等；寒性食物，如苦瓜、绿豆、红小豆、黄瓜、西瓜等，吃后清热，下火，解毒，夏天食用对人有益。以上三种平衡搞好了，也就达到体内的阴阳平衡了。了解些医学保健、饮食营养的常识极有益处。

要调节自己的心理平衡。洪昭光教授讲的《送你一份健康》中，强调要活得高寿必须做到心态平衡，并开出了保持心态平衡的经典处方“养心八珍汤”。张广德先生（《岁月如歌》，336页）终结了老年修养的八个“三”，其中和养身之道有关的几条甚为精辟：

三个忘记：忘记年龄，忘记职务，忘记过去他人与自己的恩恩怨怨。

三个了之：遇上不顺心的事，一笑了之；遇上矛盾冲突，一让了之；遇上过不去的事，不了了之。

三个要：要平和地对待生活中每一件事；要善意地对待身边的每一个人；要永远保持真诚、友爱、宽容、健康的心态。

三个长寿秘诀：上海苏菊仙老人活了108岁，有人问他长寿的秘诀，他答：“天天写字练书法，看书读报听广播，绕桌千步走没停过。”

周有光先生高寿111岁，他是汉语拼音之父，是对国家有重大贡献的老人，100岁后还在写书出书，每月发表一篇文章。修身养性他有很多宝贵经验，他有五句话更是宝中之宝。第一句：人不是饿死的而是吃死的，我从不吃补品。第二句：心宽长寿，遇事不生气。第三句：生活越简单越好。第四句：人到老年，坚持三不主义：一不立遗嘱，二不过生日，三不过年。第五句：夫妻生活要互敬，做到举杯齐眉。

本书作者也有个长寿密诀，一向守密如深，怕人嗤笑，现公布于世。未老先衰，首先是思想上的先衰，使精气神不振，免疫力下降。因此，在健康长寿上，首先要建立信心，将自己的寿命设置在90岁、100岁、110岁、120岁……并为此而积极行动。这样近期不会为死担忧，而活得很轻松，觉得自己还年轻，还能干很多事，因而充满活力。这样更有利于长寿。我就是在退休后，时间充余，在这个秘诀的指引下，完成了《适度论》、《信仰论》、《社会力学》等几本巨著。这和经常挂念死、担心死的人，完全判若两人。有些人，一过60岁，就觉得老了，常将“老”字挂在嘴上，因而失去活力。

动静结合，健体养神。动可健体，老年人散步、快走、体操、打拳，舞剑都是很好的活动，可根据自己的情况，编一套适合自己的活动。研究证明，经常运动可年轻十岁。

静可养神，这也很有学问，但常被忽视。诸葛亮名言：“静以修身，俭以养德，非淡泊无以明志，非宁静无以致远。”即静可修身，静可致远；静可以集中精力考虑重大问题，静可以保养身体，积蓄能量。

南怀谨先生认为：“生命的能量来自宁静。”宇宙万物都在动，世界上没有一个真正意义上的静止状态。静是生命功能的一个状态，植物都是在静态地生长；即使动物也不能一直动，也要睡觉、休息。以前的宗教，人跪在那里祷告一下，或者坐在那里，宁静一会儿，烦恼就解除了。道家的老子曾说：“万物芸芸，各归其根。归根曰静，静曰复命。”意思是，根是万物生命的来源，回归根才是静，静才能回归生命。老子告诉道家修养方法有八个字：“专气致柔，能婴儿乎。”意思是，把自身活动的功能宁静下来，完全恢复到婴儿状态，脑筋是清楚的，精神是快乐的，什么也不想。真正静态是全身心彻底宁静下来，没有思想，但不是睡觉。身体绝对健康才能达到这个程度。当你想静下来却觉得思想很乱，尤其是老年人，你可能已经进入病的状态了。

动以健体，静以养神，动静结合，相得益彰，是适度的养身之道。

修身养性是为了使人成熟。什么是成熟的人呢？

犹太人有句名言：“世界没有悲剧和喜剧之分，如果你从悲剧中走出来就是喜剧；如果你沉缅于喜剧中，那就是悲剧。”成熟就是你能从悲剧中走出，不沉缅于喜剧中。

成长就是你的主观世界遇到了客观世界那条沟，你掉进去了叫挫折，你爬出来了叫成长。成长到一定程度叫成熟。

成熟就是你的棱角磨圆滑了，变得谦虚园容，阻力小了，也不会刺伤别人了。

孔子曰：“吾十有五而志于学，三十而立，四十而不惑，五十而知天命，六十而耳顺，七十而从心所欲，不逾矩。”

孔子列出了他一生从学习到成熟的递进顺序表。可见人是随年龄、知识、经验的积累而逐渐成熟的。一般年轻人总是毛手毛脚，说话做事都显得幼稚、青嫩。人到不惑之年，工作变为得心应手，原来一些怎么也弄不懂的问题，忽然都明朗了。人从不成熟到成熟，再到老练，是个成长的过程，要尽量缩短这个过程，尽早做成熟的人。有的人，成熟的就早些快些，在二三十岁担当大任的并不鲜见。

什么样的人是成熟的人，有何标志呢?

成熟的人，是工作能力强、头脑清醒、冷静、沉稳、考虑问题全面，处理问题适度。

成熟的人，是意志坚强、顽强奋斗、能克服困难、百折不挠的人。

成熟的人，是在学习和实践中积累了一定经验和哲理的人。成熟的人遇事不冲动，不慌张，总能拿出办法来，应变能力强；正如《茶根谭》言："才智英明者，宜以学问摄其躁；气节激昂者，当以德行融其偏。"成熟的人就是用知识来约束自己的浮躁情绪，用美好的品德来消融自身偏执的性格。

成熟的人，外表给人办事可靠的感觉，胸有大志，腹有良谋，具有处世不惊，达观权变的气慨。成熟是从失败中学习、锤炼出来的一种魅力。

成熟的人，一定是谦逊的人，是生活在群众中，善于与人沟通的人；是具有无坚不摧的团队精神的人，能带领一班人马，向预定目标奋勇前进的人。

成熟的人，在团队之中，勇于承担责任，从不表现自己；是善于听取别人意见，乐于接受别人的批评和建议，不断修正自己的奋斗目标。

成熟的人，懂得"完名美节，不宜独任，分些与人，可以无害全身；辱行污名，不宜全推，引些归已，可以韬光养德。"就是为人不可邀功诿过，有好处应留一些给别人，否则荣耀光环集中于一人，必将招人嫉恨；而有过错要担几分责任，如果污名降身时都推给别人，而独善其身者，必将遭到众怒。

《菜根谭》言："建功立业者，多虚圆之士；偾事失机者，多执拗之人。"即谦虚圆通者能够建立功勋，成就大的事业。而那些丧失机会导致失败者，多是任性固执的人。成熟的人必是"谦虚"、"圆通"之人，而不是"偾事"、"执拗"之人。因为虚圆之士，谦虚圆容，能交结朋友，能应变世事，能抓住一瞬即逝的机会，取得成功。执拗之人，必是固执、刚愎自用者，处世不知转弯，不知变通，必然是失败的。

一个成熟的人与一个非成熟的人，在一般问题上的观点可能相同或不同，但在某些重大问题上的观点可能有天壤之别。事后总是证明成熟者是正确的，有远见的，使周围的人心悦诚服。

一般而言，青少年是希望，少年老成者极少。“你还嫩一点!”是常对青少年说的。但也有个别人成熟较早。大多数人，中年以后走向成熟，少数人，生活到老才成熟悉；也有少数人活了一辈子也不成熟。

这种一辈子也不成熟的人，也具有明显的特征：遇事没主见，随波逐流，对什么事都人云亦云；不懂常理，大事小事分不清，动不动就动肝火；听到谣言、马路消息就特别兴奋，并跃跃欲试地传播；唠叨成性，牢骚话满腹，或埋怨领导不支持，或指责他人不配合，或嫉妒他人能力强；观察问题片面，发表意见爱走极端。这种人一辈子庸庸碌碌，毛毛糙糙，不会对社会和家庭做出什么贡献。

其实，任何事的成功都是有道理的，绝不是靠运气和匹夫之勇。儒家主张的内仁外和，从善如流，就是要人内心深处坚持道德原则，外在处世要灵活机动，高质高效地处理好各种关系，事业就极易成功。越是成熟的人，就越懂得这个道理。

70. 习惯力学

我们日复一日做的事，形成了我们的习惯，决定了我们是怎样的人。所谓的卓越，并非指行为，而是习惯。

习惯就是思维和行为倾向重复的惯性，习惯力学就是研究思维和行为的惯性力学。习惯是一种长期形成的思维方式、行为方式、处世态度。习惯力是很强的惯性力，像运动车轮的惯性一样。人们往往会不自觉地服从自己的习惯，重复或部分重复自己的思维和行为，不论是好的习惯还是坏的习惯都是这样。

习惯的力量在不经意中影响人的一生。人的行为，在潜意识中，转化为程序化的重复性，也就是不用多思考，便自动重复。对个人来说，即个人习惯，它对个人的影响很大。命运随习惯转动，习惯影响一生。对众多人来说，形成社会习惯势力。社会的习惯势力对社会的影响是巨大的，有好影响，有坏的影响。人们常常生活在个人习惯和社会习惯势力之中，所以，习惯是一种重要的社会力学。

（1）习惯的某些特点

习惯是养成的。切确地说，习惯是养成的条件反射。有专家指出，在个人的日常活动中，约90%是通过不断重复某些动作的行为，即习惯，仅有约10%是新的行为。

一个动作，一个行为，多次重复，就能进入人的潜意识，形成条件反射，变成习惯性动作。人的经验和知识积累，就是习惯形成的结果。习惯容易形成循环，好习惯易成良性循环，坏习惯易形成恶性循环。人的一生，都受日常习惯的影响，好的习惯，积极的习惯，会造成好的结局。

习惯有好坏之分。人往往按习惯做事，习惯的力量已经形成了一种自然重复的惯性。成功是一种习惯，失败也是一种习惯。好的习惯助人成功，坏习惯使人受挫，必须养成好的习惯，克服坏的习惯。

在我们身上，可能好习惯和坏习惯并存。我们要改变自己的命运，走向成功，最重要的是改变坏习惯，培养好习惯。养成一个好的习惯，使人终生受益；养成一个坏的习惯，那就会在不经意间害人一生。

习惯是无孔不入的。无论我们是否愿意，习惯总是渗透在我们的方方面面，习惯的影响力如此之大，但很少有人明确地意识到。

人们的日常活动，约90%源自习惯。想想看，我们的日常活动多数都只是习惯而已，如起床、睡觉、穿衣吃饭、运动健身、谈吐说笑等等，一天之内上演着上百十种习惯生活剧。

习惯是一种顽强的力量。一旦形成习惯，革除有一定难度。

国外有一位数学家研究得出结论，目前键盘排列是最笨拙的一种。但是，现在出现第二种键盘似乎不太可能，因为人们太习惯第一种了，在强大的习惯面前，科学革新有时也会变得束手无策。

象的力量很大，小象是被实实在在的链子拴住，而大象则是被看不见的习惯拴住，因为它小时候被拴习惯了，本来它可以轻而易举挣脱开。

习惯的影响力是巨大的。习惯对我们的生活有很大的影响，因为它是一惯的。在不知不觉中，经年累月地影响着我们的品德，暴露出我们的本性，左右着我们的成败。习惯可以主宰人的一生，每个人都应养成良好的习惯。看看我们自己，看看我们周围，好习惯成就了多少辉煌，坏习惯又毁坏了多少人的美好人生。习惯一旦形成，就极具稳定性。生理上的习惯，左右着我们的行为方式，决定着我们的生活起居。心理上的习惯左右着我们的思维方式，决定着我们待人接物的方式。当我们的命运面临决策时，往往是习惯帮我们做决定。

习惯的影响广泛而深远，影响我们的成功与失败。习惯能成就一个人，也能摧毁一个人。成功者之所以能成功，不是因为他们有多大的天赋和超常才能，而是有良好的习惯。

（2）什么是好习惯，如何培养呢?

总结我们的成功经验，会发现许多曾经助我们成功的好习惯。同时要警惕自己随便的习惯，注意自己小的习惯。不管男性，还是女性，在公众的面前不能有随便的习惯。女性，应表现出温柔、轻盈、娟静、典雅、礼貌等。男性应表现出礼貌、谦让、诚信、不抽烟、勇敢、正义，见义勇为等。

人们总结了获得成功的十四个必不可少的条件，若养成习惯，将受益无穷：勤奋、诚恳、公正、节俭、适度、清洁、平静、纯洁、谦逊、节制、沉默、秩序、果断、耐心都是好习惯，要努力培养，形成习惯，发扬你的好习惯。

成功是种习惯，失败也是种习惯。有些人习惯了成功，有些人习惯了失败。理由是成功的人不愿意失败，是种习惯；但失败的人没有决心战胜失败，也是种习惯。

“性相近，习相远”，人的本性是接近的，习惯相差甚远。儿童时养成的品格就好像天生就有的，”少成若天性，习惯成自然。”从小养成的习惯比较轻松。

长期养成的习惯就仿佛呼吸一样自然。人们的好习惯很多，要把它变成自己的好习惯。成功从良好的习惯开始，习惯成自然，除这些普遍的品质养成好习惯外，还要特别强调要精心培养某些更重要的好习惯。

①管理好自己的时间是好习惯。

时间是最公平的，每人每天都有 24 小时。时间又是最不公平的，有的人功成名就，生活潇洒；有的人忙忙碌碌，一事无成。同样的时间，产生的效益相差很大。有的人觉得自己的时间很多，无法打发；有的人的时间根本就不够用。回想你的一天，时间安排井然有序呢，还是杂乱无章呢？还是处于漂泊状态无所事事呢？这是很重要的习惯。

②勤奋是种好习惯。

“天道酬勤”，比别人多做一点是种好习惯。很多人寻找成功的捷径，发现“勤”是完成大事的要诀之一，生性懒惰，却还想得道成仙，这无疑于异想天开。

鲁迅先生说得很清楚：“其实即使是天才，在生下来的第一声啼哭，也和别的儿童一样，绝不会是一首好诗。”“哪里来的天才，我是把别人喝咖啡的工夫用在工作上。”

“笨鸟先飞，尚可领先。”有些人过分在意优秀人才的天赋、智商、魅力、工作热情，实际上这些都是“勤奋”习惯的表现，勤奋是天才的本质。

古罗马人有两座圣殿：一座是勤奋圣殿，另一座是荣誉的圣殿。他们安排位置很讲究，必须先通过前者，才能到达后者。勤奋是通往荣誉的必经之路，那些试图想绕过勤奋，寻找荣誉的人，总是被挡在荣誉的大门之外。

③积极思考是种好习惯。

遇到问题，首先要多疑善思。积极思考一旦形成习惯，就会产生真知灼见。

爱因斯坦非常重视独立思考，他说，高等教育必须重视培养学生思考、探索的本领，人们解决世上所有问题，用的是大脑的思维本领，而不是照搬书上的理论。

④正确认识自己是种好习惯。

知己知彼，百战不殆。知己是重要一方面。面对具体问题，要深刻认识一下自己是很重要的。自己的性格、心态和能力是否能胜任。要知道，我们怎样对待生活，生活就怎样对待我们；我们怎样对待别人，别人就怎样对待我们。所以，应正确认识自己，把命运掌握在自己手中，别把自己的命运交给冥冥之王。

⑤“专注”是种好习惯。

集中精力去完成一件事，效果最好。专注就是把意识集中在某个特定的欲望上的行动。直至找到办法并付之于行动。专注有两个重点；一是头脑清醒，二是把握当下。否则，就专注不起来。

瑞瑟采访爱迪生问：“成功的第一要素是什么?”

爱迪生说：“能够将你身体和心智的能量锲而不舍地运用在同一个问题上而不会厌倦的本领——每天你们能做很多很多事，我只能做一件事。如果你将这些时间用于一个方向，一个目的上，你就会成功。”

⑥“三思而行”是种好习惯。

行成于思，没有思考就不会有行动，当然更不会有成功。盲动最容易失败。养成遇事三思而行的习惯。

⑦做事“尽善尽美”是种好习惯。

而成功的最好方法是把任何事做得精以求精，尽善尽美。任何人如果想成功，就必须秉持这种精神去做事。这不但能使你迅速进步，而且能极大地影响你的性格，品德、自尊心。千万不要让那些偷闲、取巧、拖拉、不整、不洁的坏习惯阻碍你尽善尽美!

⑧不“轻易放弃”是种好习惯。

俗话说：世上无难事，只怕有恒心。有了恒心，就不轻言放弃。没有恒心，遇到困难，就会放弃。

要想成就大事大业，一定要有恒心。坚忍不拔的毅力，百折不挠的精神，排除纷繁复杂的耐心，坚贞不屈的气质，就是有恒心的具体表现。

现在有一种流行病，就是浮躁。许多人想一举成功，一夜成名，一夜暴富。浮躁者没有恒心，最易放弃。

恒心是征服者的灵魂，是人类征服世界、个人征服命运的重要品质。

如何培养恒心呢？遇到困难不低头，具有越挫越勇的劲头。完成任务是你坚持下去的动力，不完成任务决不罢休。有合理的计划，既然有计划，就要实现它。

⑨力争站在竞争的潮头是种好习惯。

许多人，许多企业有一个共同的苦脑：好不容易想出一个主意、好办法、好点子，可没多久，就让人偷走了，模仿的、克隆的、假冒的，无所不用其极。纵然是专利保护，也难安宁，打假更是艰辛。

最可靠的办法只有一个，就是思维永远快人一步，习惯于站在潮头，永远高人一筹。虽然别人可以偷走你的成果，却永远偷不走你的智慧。社会就是这样，善于动脑子的人走在前头，其他人则在后头跟着走，如果你是走在前头的人，你就是佼佼者。

⑩说话时多用“我们”少用“我”，是种好习惯。

“我们”一词既包括了自己，又制造了共同意识，拉近双方的距离，有参与感，有团结意识，对培养人际关系有很大的帮助。因此，会说话的人，总是巧妙地应用“我们”一词，尽量用“我们”代替“我”；说话时尽量用“我们”开头；非得用“我”字时，以平缓的语言淡化。

微笑是种好习惯。

一个人面部表情充满喜气、亲切、温和、远比穿一套高档、华丽的服装吸引人，更受人欢迎。如果说行动比语言更有说服力，那么微笑就是有声的行动。对人微笑是种文明的表现，它显示出一种力量，涵养和暗示。

比尔·盖茨先生认为，是四种好的习惯——守时、精确、坚定、迅捷，造就了成功人生。没有守时的习惯，你就会浪费时间，空耗生命；没有精确的习惯，你就会损坏自己的信誉；没有坚定的习惯，你就无法把事情坚持到成功的那一天；没有迅捷的习惯，你就会失去良机，时不再来。

（3）什么是坏习惯，如何革除呢？

坏习惯害人终生。坏习惯如同麻醉药在不知不觉中腐蚀我们的心灵，蚕食我们的生命。哪些是坏习惯呢？

脾气暴躁是坏习惯；吃喝嫖赌是坏习惯；招摇撞骗是坏习惯；懒懒散漫是坏习惯；抽烟酗酒是坏习惯。这些都是常见的坏习惯。此外，要特别强调一些对人影响很大的坏习惯。

①心灰意冷的心态是坏习惯。

或许你习惯了，对生活没有兴趣，做什么事都没有精神，拖延、懒惰、熟视无睹，那你就别再感叹社会对你不公，那是你的坏习惯造成的。

②被习惯牵着走是种坏习惯。

跟着别人的脚印走，你永远都不会走快走远。跟着自己的习惯走，你永无创新。因而，应多思考，走出习惯的旧框框，创出新特点。

③坚持偏见是种坏习惯。

偏见往往莫视真理，常常引导人们错上加错。偏见使世俗的目光，永远看不见自己真实的模样。

④迷信权威是种坏习惯。

科学的理论是相对的，它们具有先进性，也有自己的局限性。有些人虽然知识不足，但初生牛犊不怕虎，思想活跃，敢于奋斗拼搏，反而增加了成功的希望。权威人士常因头脑中定型的见解和习惯，对自己苦心研究的成果紧抱不放，遇到同类问题，总是以习惯为标准去衡量，而成为创新的障碍。尊敬权威，但不迷信权威。

⑤避重就轻是种坏的习惯。

乐于承担大任是好习惯，避重就轻、拈轻怕重，是丧失勇气的表现，会使人堕落，会使人退化。只有勤奋踏实，勇挑重担，乐担大任，才是高尚的品质，才能做出巨大的成功，给人带来真正的幸福和快乐。

⑥眼高手低是种坏习惯。

无知而傲慢的人，最容易养成眼高手低的坏习惯；轻视实践的人，也常是眼高手低。这种坏习惯，是频繁失败的原因。

⑦脏乱差是种坏习惯。

黎明即起，洒扫庭院，要内外整洁，是千古的良训，是种好习惯。整洁有序，从整理家室起居，整理办公室开始。一室不治，安能治天下。脏乱差隐含着你许多的不良的内涵。

坏的习惯很多，如何革除呢?

人的坏习惯是必须革除的，但有一定难度。

革除坏习惯，培养新习惯是自身进步的需要，是社会发展的要求。人们深信，创新是创新者的杰作，习惯是习惯者的惯性。人们往往在习惯中穿行，这种轻车熟路的感觉让人不愿意放弃。我们不想放弃，因为我们曾经成功过；我们不想改变，因为我们曾经受益过。人们往往在习惯中自我陶醉，在习惯中慢慢老去。这是一种守旧病。

但有一天，当掌声越来越少，鲜花越来越暗淡，在行走的路上遇到的障碍越来越多，你会蓦然发现，你曾经的经验早已荡然无存。

曾经的经验变成了桎梏，昔日的模式已经过时，检讨自己，你会发现很多失误源于你的习惯，你的守旧。

尽管改变坏习惯有困难甚至是痛苦，但你也别为此找挽留的理由。因为，在习惯与创新碰撞面前你别无选择。跳出你的旧习惯，有时会眼前豁然开朗，很多难解的症结一下子松动，开始新的征程。

有人研究了革除坏习惯的绝佳方法，找到了一剂猛药：给坏习惯找个“天敌”，让“天敌”消灭它。

改变坏习惯需要动力，动力从何而来？使人产生行为的动力有两类：诱因和恐惧。行为发生了，是因为诱因足够大；行为没发生是因为恐惧不够大。如果一个习惯改变了，是因为诱因足够大，如果一个习惯没有改变，是因为恐惧不够大。

恐惧比诱因具有更大的动力，你可以不为金钱利益所动，但是你怕失去：害怕失去自由，害怕失去健康，害怕失去爱。所以，马基雅维里说：“恐惧比感激更能维系忠诚。”

古今中外都是如此。在古代的时候，君主都是以武力来实现统治，即利用臣民的恐惧达到维系忠诚，而不是对臣民好一点，让他们以感激维系忠诚。因为感激是不可靠的。出于感激，人们只会在满足自己的情况下，再考虑对方。而恐惧则不一样，它以先满足对方的要求，再考虑自己。

一个人改变习惯真的很难，一个不喜欢学习的人要他每天去学习，他会觉得很不舒服，但是到了快要考试时，他就有了压力，考好了受到表扬，考试不及格怎么办？恐惧和诱惑双重影响，他就会自己改变习惯，因为他有了动力。

找个“天敌”，给自己一点“恐惧感”和“诱因”，你的坏习惯会很快改正。

常言道：“播种一种行为，收获一种习惯；播种一种习惯，收获一种性格。”性格多么重要：成也性格，败也性格。

当你觉得自己的人生极不满意时，应决心重塑人生。重塑人生，当从改变坏习惯开始。改变坏习惯是不容易的，因为习以为常，人都有一种抵制改变的本能。但是对坏习惯必须改变。

只要有坏习惯存在，就不可能有大的长进。坏习惯是一个顽固的敌人，消磨你的斗志，妨碍你的成功，阻碍你前进的步伐。改变坏习惯，是你走向成功的重要一步。

71. 心态力学

心态，即心理状态，心灵深处的反映。客观世界作用于我们的主观世界，经过思考，产生心态，再以自己的心态作用于客观世界，所以，人是首先通过心态作用于社会的。人生活在复杂的社会中，心态各种各样，而且在不断变化。一个人的心态是十分重要的，心态成就一切，心态塑造未来，不同的心态导致不同的人生。

心态可分为个人心态和社会心态。个人心态，深层次反映个人的心灵状态，决定个人的行为。社会心态是由众多的个人心态集合而成。众多人的心态，决定了社会心态。社会心态，深层次反映社会状态，决定了社会的现状和发展方向。因此，心态，包括个人心态和社会心态是影响社会的重要的社会力学。

信仰是人心态的终极反映。当前，学者们热烈地讨论信仰危机，各种信仰在中国大地上搏弈。夏学銮先生在《转型期的中国人》中，把转型期称作“天使和魔鬼”并存的时代。多元的时代主体，决定多元的社会心态：它是“最好与最坏、智慧与愚蠢、信仰与怀疑、光明与黑暗、希望与失望、大有与赤贫、天堂与地狱并存的时代”。

刻画一个时代的最好办法，莫过于揭示这个时代的社会心态。因为时代现状与社会心态就像一对孪生姐妹，社会心态是一个时代社会心理的总和。时代决定心态，心态映照时代。我们这个时代是民生时代，与此相对应的心态是忧患与权利；我们这个时代是民主时代，与此相对应的心态是正义与法治；我们这个时代是科技时代，与此相对应的心态是知识与智慧；我们这个时代是市场时代，与此相对应的心态是交易与欺骗；我们这个时代是娱乐时代，与娱乐时代相对应的心态是娱乐与忽悠；我们这个时代是财富时代，与此相对应的心态是炫富与哭穷；我们这个时代是感动时代，与此相对应的心态是英勇与慈善；我们这个时代是炒作时代，与此相对应的心态是浮躁与喧嚣……总之，多元的时代主体，决定多元的社会心态。

据分析，我国当前社会成员心理压力很大，分别是住房太贵、医疗太贵、下岗失业、大学生失业、教育不公、贫富悬殊等。对城乡之间、地区之间、行业之间的收入差距很大，社会保障和财富分配缺乏公平感。这些都是严重影响人们心态重要因素。这种多元化的心理压力感，最易产生社会心态中的不适应感、不公平感、困惑感、矛盾感、浮躁焦虑感、急功近利感等。因而，也最容易产生严重的不良社会心态：浮躁、喧嚣、忽悠、炒作、炫富、装穷、暴戾、冷漠等。

我们是命运的主人，我们主宰自己的心灵。我的心态塑造着自己的未来。因此我们要管理好自己的心态。

人的心态很复杂，而且心态易变，甚至反复无常。人的心态可分为四种：积极乐观心态，消极悲观心态，平衡心态，不良心态。

积极乐观心态是最好的心态。消极悲观心态是种有害的心态。平衡心态是平淡平和的心态，不良心态是消极心态的极端，是种危险的心态。

人的心态控制着人的行为。人生就像一趟旅行，沿途有数不尽的艰难险阻，也有看不尽的清山秀水风花雪月。如果我们的心态是积极的，看到的是一番美好景色，即使是四面楚歌，也会想到“山重水复疑无路，柳暗花明又一村”的未来。如果我们的心态是消极悲观的，看到的是暗淡的目光，干涸的心泉，豪无生机的世界，丧失了斗志的人生，疲惫劳累的感觉。如果是平衡心态，那就是悠然自得，自认为心态良好，不卑不亢，豁达处世。古人云：“达亦不足贵，穷亦不足悲。”南朝无门慧开禅师写了一首诗：“春有百花秋有月，夏有凉风冬有雪；若无闲事挂心头，便是人间好时节。”反映了这种平和心态。当年陶渊明荷锄自种，于利不趋，于色不近，于失不馁，于得不骄。这样的心态，也不失为人生一种高尚境界。

好的心态本质上是注重良心的心态。良心，即与人为善，实事求是心态。对父母表现为孝敬，对师长表现为感恩，对朋友表现为诚信和互助，对社会表现为奉献，对国家表现为精忠。有良心的心态是好的心态，自己欣慰坦然。

积极的心态能激发人的潜能。健康的欲望是人前进的动力。我们的行为在欲望的驱动而行，健康的欲望使我们奋勇前进。生命本身是短暂的，但有的人过得丰富多彩，充满朝气和进取精神。有的人生活得枯燥无味，没有一点风光和活力，为什么？生活就像是一支笛、一面锣，吹之有声，敲之有音，全看你是否去吹去敲，去创造自己生活的节奏和旋律。这是社会赐于的权利，不用白不用。要知道，不吹白不吹，不敲白不敲，消极等待，只能浪费生命。积极心态就是努力地去吹去敲；消极心态不去吹不去敲。是的，人在世上，何必等待，何必懒惰？等待等于自杀，懒汉始终在等待，也始终在自杀。

至于不良心态，佛说：“同样的瓶子，你为什么要装毒药呢？”同样的心理，你为什么要装烦恼呢？

不良心态是自私贪婪的心态。贪婪是一切祸乱的根源。在人与人的关系中，表现为自私自利、唯利是图、斤斤计较。在工作上，表现为拈轻怕重，争功诿过。对父母表现为不孝，对师长表现为不敬，对朋友表现为不诚不义，对社会表现为不负责任，对国家表现为不忠，在高位权重时很容易成为贪官污吏。不论做人还是处世，都必须控制贪欲。学会自我放弃一些东西，自我解脱，保持一颗平常心，少一点欲望，多一些快乐。给生活松绑，活得坦然。

不健康的欲望是败坏心态的重要原因。不健康的欲望使人们变得自私、享受、奢侈、贪婪，最终可耻而失败，在欲望中沉沦，迷失方向，走向绝境。

不健康的欲望使心态变坏。其实，人人都有欲望，都想过幸福的生活。但如果把欲望变成贪婪和疯狂，就成了欲望的奴隶，可怕的报应就会接锺而来。

圣者说："无欲之谓圣，寡欲之为贤，多欲之为凡，得欲之为狂。"圣人之所以为圣人，就是他心灵纯洁，一尘不染；凡人之所以为凡人，就是他心中杂念太多，且蒙昧不知。这里的欲望是不健康的欲望。

伟大的作家托尔斯泰讲过一个故事：有一个人想得到一块土地，地主就对他说："清早，你从这里往外跑，跑一段就插个旗杆，只要你在太阳落山前赶回来，插上旗杆的地都属你。"那个人不要命地跑，太阳偏西了还不知足。太阳落山了他赶回来了，但已筋疲力尽了，摔了个跟头就再也没有起来，于是有人挖了个坑，就地埋了他。牧师在为他做祈祷时说："一个人需要多少土地呢？就这么大！"

消极心态发展致极端就是不良心态是，是种很危险的心态，很容易犯错误，甚至容易犯罪。不良心态主要表现为：暴躁、嫉妒、愤怒、打架、报复、凶杀、赌博、吸毒，甚至专门干引人上吊的勾当。有不良心态的人，缺少同情心，缺少慈善的愿望，缺少道德教育和修养。有不良心态的人，应尽快醒悟，尽快改正自己的不良心态，否则，不良心态发展下去，是很危险的，可能断送自己的前程和生命。

在社会生活中会随时遇到不同的事，也会随时产生不同的喜怒哀乐的心态。

如何改善自己的心态呢？

物随心转，境随心选，快乐皆由心生，烦脑也皆由心生。我们需要积极快乐的心态，坚决克服消极悲观的心态。

人最大的挑战是改变自己的心态。一个人具备了敢于挑战自己的素质，就能很好地改善自己的心态，才能做成一番事业。我是命运的主人，我主宰自己的心灵，由愁转喜，由怒转乐，由矛盾到和谐，放下屠刀，立地成佛。积极的心态就是主动征服自己。有位作家说得好，自己把自己说服了，是一种理智的胜利；自己把自己征服了，是一种人生的成熟；自己被自己感动了，是一种心灵的升华；大凡说服了、征服了、感动了自己的人，就是心态的力量征服了一切挫折、痛苦和不幸，而获得了积极健康的心态。消极心态是悲观、怨气、对征服自己没有信心的心态。

放飞自由的心灵，使自己轻装前进。欲望使自由的翅膀负重，阻碍了飞远飞高。卸下翅膀的负重，哪怕它是金子，便于自己飞翔。

用积极的心态拥抱成功，用积极的心态检讨失败。在情绪转变的关键时刻，操纵好情绪的转换器。不良情绪是随时点燃的导火线，在情绪激烈时，人根本找不到自己的方向，他的脑海里只有一个冒火念头，再也容不下别的想法。

摆脱心灵的枷锁，打破心中的瓶颈；清扫心灵的垃圾，是调整心态的有效方法。

当你突然遇到不幸事时，要有给自己宽心的心态。只有面对现实，你才能超越现实。“人生难挡不幸事，唯在此时需宽心。”以此来改善自己的心态。

心态成就一切，不同心态导致不同人生。同样一件事，心态不同，其结果则截然不同。心态决定人的命运，这是个秘密，现在被揭开。一位哲人说：“你的心态是你真正的主人。”一位伟人说：“要么你去驾驭生命，要么生命驾驭你，你的心态决定谁是坐骑，谁是骑师。”

我们每个人的心态都是由积极心态和消极心态组成的。积极心态战胜消极心态，就表现为积极心态；反之，就是消极心态。积极心态使你达到人生顶峰，消极心态使你一生困苦和不幸缠身。心理学家认为，积极心态能充分调动出心灵的巨大能量和智慧，使你的事业、身心、婚姻达到完美的境地；相反，消极的心态，阻碍你心灵能量的发挥，使你暗淡无光。

《可兰经》里有句哲语说得好：“如果你叫山走过来，山不走过来，你就走过去。”心随境迁，行随心定。这是一种积极心态。

我们每个人的心态处于不同状态之中，时而静如止水，时而动如奔洪。人的智慧和力量虽然无穷无尽，但能发挥多大力量，这完全决定于心灵的状态——心态。

要想心态好，应经常清扫心灵垃圾。人在尘世间走得久了，心灵不可避免地会沾染上灰尘和污垢，使原来洁净的心灵受到污染和蒙蔽。心理学家说：“人是最会制造垃圾污染自己的动物。”有形垃圾容易清理，而无形垃圾，如情绪、烦脑、欲望、忧愁、痛苦等内心垃圾不易清理。

每个人都有清扫心灵垃圾的责任。有位僧人作了一道偈：“身是菩提树，心如明镜台，时时勤拂拭，勿使惹尘埃。”这是他清理心灵垃圾的体会。我们每个人要经常清理心理垃圾，保持良好的心态。

72. 英雄观力学

翻阅历史，各国都有许多英雄，其中许多英雄都是从战争中杀出来的，杀人越多，手段越狠，英雄的大名越响。如人们最熟悉的三国时的关公关云长。斩文丑、杀颜良、过五关斩六将，擂鼓三声斩蔡阳。关公杀得越多，对手越厉害，名声越大，越被历史崇拜，英雄的大名越响。应承认历史，就是承认这些英雄的历史地位。因为这就是历史，不可随意改变。“成王败寇”是一个历史时期的英雄史观，在我国有悠久历史和深刻的影响。

然而，时代发展到现代，人类聪明了许多，“地球村”正在建立，联系十分畅通，许多事都可以通过协商谈判来解决，无需通过打仗、武力对抗来解决，而是去做争取和平的英雄，不做、少做挑起战争的英雄。人类英雄观在转变，人类历史上，因为战争产生了无数的英雄豪杰，人们形成了一种战争出英雄的观念，这也是促成人类战争的原因之一。这是一种误导。英雄史观转变，就是人类一致认为，好战、挑衅、霸权、野蛮、侵略，不再产生英雄，只有捍卫和平，保家卫国，高举和平旗帜的人才是英雄；白种人不是英雄，黑种人也不是英雄，消灭种族歧视的人才是英雄；奴隶主不是英雄，奴隶也不是英雄，消灭奴隶制度的人才是英雄；地主不是英雄，农民也不是英雄，实行土地改革，实行耕者有其田的人才是英雄；穷人不是英雄，富人也不是英雄，促进共同富裕的人才是英雄；制造两极分化的人不是英雄；欺负弱势的人不是英雄，行侠仗义的人才是英雄。人们不再认为位高权重是英雄，而认为助人为乐，辛勤为人民的人是英雄；贪婪敛财，不是英雄，好善乐施是英雄；救死扶伤的人是英雄；见义勇为的人是英雄；科学家为人类造福，为世界和平奋斗是英雄；科学家、工程师的良知受到质疑，研制杀伤性更大的武器侵略别国，不被人们赞许，很难成为英雄。英雄史观的转变，是人类历史最大的转变之一，是一个伟大的进步。

人们敬仰英雄，最美的赞歌唱给英雄，最美的鲜花献给英雄。那么，英雄究竟是什么样的人呢？怎能在关键时刻表现出英雄气慨，产生出英雄壮举呢？

英雄是不怕困难，不顾自己，为人民利益而英勇斗争，甚至英勇牺牲的人。英雄不是天生的，也不是自封的，也不是平常情况下产生的，而是在特殊情况下，用英雄事绩，英雄壮举赢得的。

哲学家培根说：“人的美德犹如名贵的香料，在烈火焚烧中散发出最浓郁的芳香。”英雄的美名往往就是这样形成的。在平时英雄人物就具备优良的潜质，在关键的时刻燃烧发光，散发出最浓郁的芳香。刹那便是永恒。

一个真正的英雄，平时就具有崇高的思想尊严。为了尊严，他可以献出自己的快乐和安逸，可以献出自己的金钱和生命；甚至可以献出自己的亲人和眷属；可以献出自己的喜爱和珍爱。

一个真正的英雄，一定是同情善良的人、是非分明的人、是正义感极强的人、是无所畏惧的人。

一个真正的英雄，应该是有思想、有气质、有本领、有高度修养的人。

有位外国作家，在他的笔下，真正的英雄是：要勇敢，但不急躁；要行动迅速，但不轻举妄动；要机灵，但有决断；要服从，但不是卑躬屈膝；要能统帅，但不能盛气凌人；要做胜利者，但不能贪图虚荣；要气度高雅，但不能骄傲自负；要亲切和气，但不能虚情假意；要坚定，但不要固执己见；要谦虚，但不能言过其实；要招人喜欢，但不能举止轻浮；要博得别人喜欢，但不能施展权术；要善于洞察，但不能诡计多端；要坦率，但不能疏忽大意；要和谒可亲，但不能拐弯抹角；要为人效劳，但不能图谋私利；要坚决果断，但不能顽固不化。

真是人性使然，这和中国人心目中的英雄多么相似！可见，崇拜英雄，是人类的共性，无论是中国人，还是外国人；无论是黄种人，还是黑种人和白种人。因此，每个民族，每个国家都有自己的英雄。

可以说世界是靠英雄的擘膀支撑着。英雄是社会的中流砥柱，是推动历史前进的最活跃的力量。人类历史是由英雄和普通人共同创造的，其中英雄是最为光彩夺目的。因为有了英雄，世界才变得更有希望，变得庄严而美丽。

平庸的人不具备英雄气质，很难成为英雄。英雄是英雄的沃土中培养出来的。平庸、无知、自私、懦怯、无责任感的人，不可能产生英雄行为，创造英雄的业绩，很难产生英雄。佛教倡导善，而不提倡英雄。佛言：“人生在世如身处荆刺，中心不动，人不妄动，不动则不伤；如心动则人妄动，伤其身，痛其骨，于是体会到诸般痛苦。”怕伤害自己而不敢动的人，永远不会成为英雄。

一个国家，一个民族，都希望有更多的英雄；可怕的是缺少这种英雄人物。

英雄是由英雄的品质、英雄的气慨、英雄的壮举筑成的。人类永远欢呼英雄！

73. 教育力学

教育代表着未来，今天的在校生，一二十年后，就是各个行业的生力军、骨干，或栋梁之材。教育是人类社会的重要问题，广泛、深刻、全面地影响着个人的成长和社会的发展。教育强则国家强，教育弱则国家弱，已是全民共识。如何办好教育，世界各国都在研究。办好教育，是国家的百年大计，是基本国策，是影响社会的重要的社会力学。

教育直接影响着青少年成长，直接影响人的一生。不受教育，轻视教育，那是极大的错误，因为无知是不幸的根源。教育影响着国家的一代又一代人，同时教育直接影响社会文化、科学技术和经济的发展。教育的重要性，怎么说都不过分。但什么是好的教育、如何办好教育，因为涉及千家万户，涉及到每个人，所以是大家特别关注的问题。

审视我国的传统教育。早在2500年前，孔子和他的学生就创造了许多关于教育和学习的理念，影响中国两千多年，在某些方面，至今仍闪烁着智慧的光芒。可惜多是格言式的名言警句，是种教育理念，作为教育理论，不够系统和完善。

“传道、授业、解惑”是孔子提出的教育方针。子曰：“学而时习之，不亦悦乎?”“传不习乎?”“温故而知新，可以为师矣。”“知之为知之，不知为不知，是知也。”“默而识之，学而不厌，何有于我哉?”“生而知之者是也；学而知之者次也；困而学之又其次也；困而不学，民斯为下矣。”“仕而优则学，学而优则仕。”这些都是以孔子为代表的传统教育的理念和学习方法。旧中国的教育事业十分落后，没有多少人识字，文盲率很高。

什么是好的教育呢?我国的教育方针是，培养德智体美全面发展的劳动者。几十年来，虽然文字表达有所改变，但基本实质没有改变。因为教育本身是门科学，科学的本质是很难改变的。办好教育就是要在贯彻教育方针上狠下功夫，而不是做表面花样文章。首先从清除教育乱象着手。

办好教育是基本国策。应全民重视教育，对不重视教育的各级官员，问职问责，一票否决。看一个地区是否好，首先看教育，而不是看别的。如果教育存在乱象，要问责有关领导，当作最急迫的任务解决，因为每个青少年的光阴都是宝贵的，而且一去不复返。

钱学森之问为教育提出了振聋发聩的问题：我们为什么培养不出大师?是

的，我国那么多大学、科学家、教授、知识分子，为什么出不了大师呢？钱老语重心长地向教育界、向社会发问。

教育乱象将毁灭教育。现阶段的教育乱象比比皆是，主要表现为：教育界缺少公平正义，政府把学校分成三六九等，矛盾重重；应试教育走向极端，唯分数论优劣，指挥棒效应严重，把教育引向邪路；教育产业化，一切向钱看倾向严重；教育乱收费，补习班繁多，学生负担加重，家长经济压力增大；民办教育冲击公办教育，民办教育高收费赚钱，通过金钱挖优秀教师和拔尖学生；教育质量普遍下降，学生思想道德滑坡，学校中竟出现暴凌欺压事件，思想普遍消极，出现“佛系青件一代”，常有忧郁自杀现象发生。通过几年学习，不是更爱学习，而是厌学情绪严重。近视眼率居高不下，体质不够健壮，自觉锻炼、终生锻炼意识薄弱。学校、教师、学生思想浮躁、造假严重，学校的造假漫延到整个社会造假，与心灵美背道而驰等。

教育不可产业化，教育不应成为赚钱的工具，学校不应成为赚钱的场所。特别是义务教育阶段，更不能搞产业化。否则，教育就会偏离方向，走向邪路，影响学生的思想。

办教育的目的不能是为了赚钱，要赚钱的人，就不要搞教育。民办学校应是，有钱人支持教育的义举行为，不收学费，或少收学费，决不能多收学费，不能超过公办学校的收费，教师的工资也不应高于公办教师，也应是支持教育的义举行为。民办教育一开始，就要立军令状，签保证书：是公益事业，是义举行为，不是为了赚钱；如果是为了赚钱，就应清除出局。更不能让为了发财的人来搞民办教育，这将改变教育的性质，使教育变得唯利是图，使学生唯利是图，从而毁灭教育。

新中国成立后，国家非常重视教育事业的发展。政府、学校、教师、家长、学生都急切地想办好教育，进行了许多探索。理性思考当今的教育理念和教学方法很有必要。现代的教育理念颇多颇新；义务教育理念，应试教育理念，素质教育理念，因材施教理念，教育产业化理念，少年拔尖理念，全面发展理念，题海战术理念，快乐学习理念，“填鸭子”灌输理念等等。其中有些理念是很好的。但是，不管多好的理念，在应试教育面前，都显得十分苍白无力，基本上只有一个以分数为核心的应试教育理念。因为老师、学生、家长都知道，考大学只认分数而不认别的。

伴随应试教育，政府把学校和学生分成了三六九等，国家、省、区、县各级的名校、标准学校、重点学校、普通学校。学校里又分什么实验班、理科班、重点班、火箭班、冲刺班、平行班、普通班等。政府在拔款时向名校倾斜，名校待遇高，可以挖到好的师资，招收拔尖学生，得到社会的赞助多。学校在安排师资方面向重点班倾斜，名校越办越名。至于那些普通学校、普通班，则往往连最基本的资源也得不到保证，进入这些学校的学生处于好自为之的状态。教育界的“马太效应”特别明显。学校的歧视链严重，名校、重点学校、普通学校。学生的歧视链更严重，分什么学神、学霸、学渣，学生的心灵受到严重伤害。这种教育不公平、不公正成了教育中的普遍问题，它伤害了教育的根本，伤害了大多数学生的元气，也带来了极大的社会问题，有相当多的学生有被遗弃感，对社会产生了抵触情绪。

因材施教也存在很大争议。因材施教是教学的一条基本原则，分年级教学是最大的因材施教，办不同类型的学校是重要的因材施教，跳级留级制是很好的因材施教。有些专家误认为培养尖子生是因材施教，花极大力量去培养尘子生，拔苗助长，破坏了学校内部的公平环境，使整个教育误入歧途。拔尖学生应是肥沃的土壤中生长的茁壮苗子。而不是吃小灶、拔苗助长的苗子。

再看大学，更是明文规定分为三六九等，如在本科大学中就分一本、二本、三本、211 大学、985 大学、双一流、教育部属大学，硕士生免推大学，还有北大、清华二所超级大学。社会招聘，也是非985 不要，非211 不要，对别的学校打击太大。历史将会证明，这样明显由行政权力区分大学好坏和级别，并非明智之举。对大学和学生好处不多，负面影响严重。那些被认定的优质学校，又可以招到高分学生，又享受国家优惠政策，所以办学也就未必努力而也名声在外，老师、学生都有优越感，戴着耀眼的光环，浮躁情绪严重，怎能教好、学好呢？而被确定为次等学校，自卑感严重，当然没有劲头努力了，就是努力也用处不大。这样整个大学实际上变得没有真正意义上的竞争，则整体学生也就没有真正意义上的竞争。更严重的是，孩子辛辛苦苦考上个大学，还背一辈子非985、非名校、贴了个一本、二本、三本……的标签，搞的人一辈了难以翻身，多么缺少人性化关爱！有学者认为，现在的教育使社会阶级固化，即穷人固化为穷人，富人固化为富人；上层人固化为上层人，平民固化为平民，很难改变。如果说这种理念被认可，那就是中国教育最大的失败，必将带来巨大的灾难，应该彻底变革。

犹太人有条经验，深信“好孩子是夸出来的”。一位以色列女性官员说，她们在向别人介绍未成年孩子的时候往往会说“这孩子是物理学家，这孩子是数学家……”等等，以示父母对子女未来的期许。努力发现孩子的优点和成绩，给予热情的赞扬，从而鼓励和支持了青少年的个性发展。但是，我们教育确常把学生分成三六九等，给他们造成心灵的伤害。我们的现状是，大夸 985、211

名校，夸出优越感和浮躁，有的考上北大清华的往往是为校名而奔，并非自己的真正爱好的专业。孩子上了二本三本学校，非常自悲，好像一辈子也翻不了身。这就犯了教育的大忌：不是使人自信，而是使人自悲。

学校排名是干扰学校的指挥棒。学校是一个复杂体系，谁有本事能准确排出个名次？可是排名的乱象满天飞，成了教育的指挥棒，搞得沸沸扬扬，非常浮躁。某些人、某些团体，为了个人目的和利益，妄顾社会指责，搞各种学校排行榜，严重干扰了中国的教育。美国通过学校排名，是要把自己的学校排到了前面，打击其它国家，这是美国的计谋，本应揭露批判。我们为何盲目中计、盲目跟风呢？长别人的威风，灭自己的特色呢！

办教育应谨慎提倡“与世界接轨。”我们应学习国内外的先进经验，取其精华，弃其糟粕，建设有中国特色的社会主义学校。如果提倡教育与世界接轨，那就是接到了资本主义轨道。若干年后，我们的子孙后代，就都是资本主义苗子，因为当今世界，除了几个社会主义国家外，都是资本主义国家。我们将不战而败。

手心手背都是肉，所有的学校都是教育部的好孩子，办好每一所学校，不能有不公，不能有歧视，“不要误人子弟”，培养好每个孩子是教育部的责任，必竟每个孩子的青春年华都是有限的。学校的优劣是会有的，应由学校努力争取，由教师的口碑、学生的口碑、用人单位的口碑、社会的口碑评价，并激励其办好学校。办好各具特色的每一所学校，才是政府的责任和义务，政府要用行政权力促进公平，而不应用行政权力制造不公平。

世界上有许多先进的教育理念值得我们学习参考。古希腊有些教育理念值得借鉴。

亚里士多德说：“教育的根是苦的，但其果实是甜的。”

柏拉图说：“初级教育应是一种娱乐，这样才更容易发现一个人的天生的爱好。”“教育的目的是教会我们爱美。”“体操和音乐并重，才能够成为完全的人格。因为体操能锻炼身体，音乐可以陶冶精神。”

犹太人的教育理念是，好学即敬神。智慧和知识是最甜蜜的。典型的犹太人家庭有个风俗，就是把蜂蜜滴在圣经上，让略谙世事的儿童去舔，尝到“知识”的甜蜜。

犹太民族非常尊敬师长。他们认为双亲及老师像巍峨的高山，比普通人高出许多。

犹太民族热心教育，犹太儿童开始接受正规教育，他们必须全心全意在学校或老师家中，接受《犹太法典》、《犹太教则》的灌输，直到长大成人。但是，成人之后继续提高自己的修养是终生的事情，生命没有结束，充实自己的过程也就没有结束。终生学习是犹太人的重要理念。

犹太父母还十分注意理智地处理长幼之间的关系。《犹太法典》上有这样的话："5 岁的孩子是你的主人；10 岁的孩子是你的奴隶；到 15 岁时，父子平等；以后就要看如何栽培他——他可以成为你的朋友，也可以成为你的敌人。"

在孩子的成长过程中，犹太民族更注重精神上的延续。"我希望将我父亲以前所遗留给我东西，同样留给我的孩子。"这些东西是什么呢？它们是爱情、勤勉、谦虚和节约精神。在犹太人心目中，这是比金钱宝贵得多的财富，是应该一代一代地传承下去的。

犹太人有个谚语："弯下腰就能拾到真理。"在他们眼中，智慧和谦虚是分不开的。一个人如果认为自己是幸福的人，那他必定是幸福的。可是，如果他自认为是聪明人，那他一定是个愚蠢的人。因为葡萄长得愈丰满，就愈会俯低下头来；同样的道理，愈有智慧的人，便愈会谦虚。

犹太人认为，学习不只是学习，而是以本身所学为基础，自行再创造出新东西的一种过程。学习的目的，不在于培养另一个教师，也不是人的拷贝，而在于创造一个新的人。世界之所以进步即在于此。

以色列大学校长谈及双一流大学时说：思想自由，环境宽松，工作稳定，没有规定的压力，是办好学校的重要条件。个人的浓厚兴趣是创新、科学研究的基础。这样，学校才能出成果出人才。

犹太人认为，学生有四种类型：海绵、漏斗、过滤器、筛子。海绵把一切都吸收了；漏斗是这边耳朵进，那边耳朵出；过滤器是把美酒过滤掉，而留下渣滓；筛子是把秕糠留在外面，而留下优质面粉。学习知识，应当去做筛子型的。

犹太人很讲究教育艺术，他们有句至理名言："要按照孩子走的路，充分地训练他。"

拉比们认为，如果老师教的课学生不理解，那么，老师不应当大发脾气，或对学生发火，而应当反复重复课程，直到学生们完全理解并掌握为止。但如果学生在学习时粗心大意和懒惰，那老师就应当斥责他们，用责备的话羞辱他们，并由此来激励他们。要给孩子们小小的奖励来让他们高兴。一个专心的学生会自己阅读，如果一个学生不专心，那么就把他安排在一个勤奋学生的旁边。

学生应该讲究学习方法。犹太人对学生有一个著名的忠告："不要说你有空了再学习，因为你可能不会有空。"

复习的好处是无限的，一个把书复习了 1001 遍的人，是一个把书复习了

101 遍的人难以比拟的。

学校和社会对特殊成果要特别关注。这种成果往往是突然冒出来的个人杰作，如曹雪芹的《红楼梦》、马克思的《资本论》、爱因斯坦的《相对论》等。不过，这些人也不是为了提职称，而是仰望星空的人，社会要多加关注，就可能出大的成果。如爱因斯坦的《相对论》是业余写的，那时他是专利局的代理员，下班后，业余时间做出了重大科学成果。这样如此大的成果，当时没有几人懂得，发表论文更困难，有幸在德国发表问世了。要是在某些国家，可能被权威们当成笑话，很难发表问世。因为，据说当时全世界只有六个半人懂一点。

74. 考试（监督、检查）力学

当今社会，“考试”是学习的指挥棒。考什么，就得学什么，而且要学好。考试不及格，毕不了业；考试分太低，升不了学；通过考试选拔人才，分太低，被淘汰。通过考试、检查、监督，是掌握学生的学习情况、老师的教学效果的重要手段。考试是老师教学、学生学习的指挥棒，指到哪就打哪，这根指挥棒特别灵。所以，考试是种重要的社会力学，通常产生正能量，有时也产生负能量。

中国是考试大国，也是考试强国。不仅人数之多，考题之难，而且在考的规模之大、频度之繁，也是大国风范。

应试教育使学生的考试量大大增加，作业量大幅上升，搞题海战术大有人在。老师上课后布置一定量的作业，以加深学生的理解，巩固所学的知识，是非常必要的。但作业量太大，搞得学生过分的紧张，就不会有好的效果。应试教育的特点之一就是，以学生考分和升学率评价老师的教学工作，所以，各科的授课老师，争相布置大量作业，争夺学生的时间，以保持自己授课的成绩。有的课程实行题海战术，有的学校更绝，购买现成的作业册，有大量的习题及其答案，老师一句话：“整本全作!”。这下子可苦了学生，每天早起晚睡地做，加班加点的做，晚上十一、十二点还做不完是常有的事。再做不完，就抄同学的。许多学生被大量的作业压得喘不过气来，“消化不良”，真正学到的知识并不多，也不巩固。

长期的过度劳累，过度紧张，使学生体质下降，产生厌学情绪。中、小学生用眼过度，近视率特高。据报导，某市中、小学生的近视率高达 75%。从现在看来，中、小学生近视眼率居高不下，与布置的作业量过多，“题海战术”横行有直接关系。幼儿园升小学，小学升初中，初中升高中，高中升大学，为了考入重点学校，许多学生浸泡在题海之中。“重点名校”四个敏感大字，搞得学生、家长、校长、老师全都处于紧张状态。教育中的问题已引了人们广泛高度关注，笔者曾建议，把学生的近视率作为评价学校的重要指标之一。近视眼率过高的学校不能评优，近视眼率过高的班级不能评优，借此引起对学生近视眼的关注，控制学生的作业量。近视眼过多，对社会的影响是多方面的，对劳动者的质量，甚至兵源质量都成了问题。这是非常严重的问题。

试题是考学生的，命题是考老师的。古今中外，各国教育系统都很重视考试，把考试作为检查教学质量、评价学生优劣、选拔人才的重要手段。命题就是考老师的基本素质，考老师对教学大纲的理解和执行，考老师对教材的理解是否融会贯通，考老师的师德。

谁都当过学生，谁都参加过考试。作为老师不仅参加过考试，还亲自命题考过别人。命什么样的试题最适度呢？最难的、最易的、最全面、最能检查教学质量的、最能激励学生的，最具选拔性的……可能会有各种答案。

在应试教育中，考题又是老师教学和学生学习的指挥棒，直接指挥教学的方向，是教学中的关键一环，比任何人说一百句一千句还顶用。命题当然应根据教育主管部门颁布教学大纲进行，否则就是不负责任。但这样讲太原则，不易理解，不易掌握。

在一次教学改革讨论会上，时任国务院副总理的李岚清问在座的专家：昆明世博会有多少国参加？专家们摇头。李岚清副总理说，不要说你们，就是我作为组委会的主任，我也回答不出来。可是这个问题居然出现在学生的试卷中，你们说，记住了这个“知识”有意思吗？所以，教学改革必须抓紧进行，一刻也不能耽误。

像这样类似的无聊考题，无疑是庸师扰生，但却比比皆是。有的考题很偏，有的很难，似乎把学生难倒就是好题，就显得命题人有水平。这是命题老师的误解，也是世人的误解。

考题中应杜绝出现无关重要的知识。如“红楼梦里的林妹妹是指谁？”“某公出生的年月日”等，这些内容学生了解一些也可以，但不是必须掌握的。虽说在试卷中占的分值很低，但学生心有余悸，会拿十倍的力量来复习的。所以，应明确杜绝这类试题，学生就可少耽误时间，集中精力学习更重要的知识。

考试中只考学生必须掌握的知识。需要加大难度，就在必须学的知识上加大难度和综合度，不要在支节问题上加大难度。就是不出偏题、怪题。即使在中考、高考这样选拔性考试中也应如此。

除选拔性的考试外，考试还有检查教学质量情况，激励学生学习的功能。考题太易，每人都是高分，不利于激励学生；但考题太难，大部分学生都不及格，个个考得灰头土脸的，也不利于激励学生。有的老师以出难题著称，认为命题越难显得水平就越高。有的老师要求极严，全班同学每次作文，没有一个及格的。有经验的老师总利用考试来激励学生，提高教学质量。

现在对教育的讨论很多，但讨论的结果是学生无奈，家长无奈，老师无奈，学校无奈，都因于考试这根指挥棒，特别是高考、中考这种关系人生命运的大考。考试这根指挥棒特灵，任何素质教育的举措，在它面前都显得苍白无力，败下阵来。

我国可能是个考试大国，也可能是考试强国，培养了不少戴深度眼镜、能力不高，但善于考试的学生；培养一大批编考试资料、复习资料、考试真题、模拟题、金题、奥赛题、办各类复习班、补习班、提高班、火箭班、冲刺班……的教师。

小学、初中、高中，每个阶段都有自己特定的学习培养任务，所以考试的难易应适度，用初中题考小学生，用高中题考初中生，用大学题考高中生，用奥赛题统考学生，这就不适度了，必定要出问题。以高考为例，我国的高考题太难了，而且有相互攀比，有越来越难的趋势，数理题难的带课老师也不一定会作，语文题难的几个出题老师的答案难于统一；自主招生的考题更是难的发怪。有趣的是，一位退休院士专心辅导孙子考小学，也没考上，题太难了。学生的压力很大，每天学习12—16小时，即使学习很拔尖的，也是拼命在学。近视眼率达70%以上，家长非常心疼，“孩子的眼睛600度了，还得拼命学，心很疼呀！”我国参加高考约千万考生没有一个得全满分的，考得灰头土脸的比比皆是。在这根指挥棒下，学生、老师、家长谁敢减负，谁能减负，只能是负担越来越重。

那么是谁助长、推动了应试教育考试，而达到了如此登峰造极的地步呢？这个问题很复杂，是中国的学而优则仕的传统文化，是发应试教育财的利益集团，是某些政策不到位等。应试教育表面上有利于为数不多的几所名校，而实际上不利于整体的国民教育，包括名校；不利于学生，特别是普通学生。所以，高校，特别是名校应为素质教育多作贡献。

考试这根指挥棒如何掌握，考题怎样是适度呢？笔者认为，考题的难度应适度，就现阶段来说应大大降低难度，各科试题难度应掌握在满分率为1%—3%，这样较符合教育规律，也有利于选拔人才。据报导，美国某名校，某年拒绝百名“状元”入学，美国的满分考生都应是状元。所谓状元就是成绩全优或全A。可见美国的满分考生很多。考题难度下降，使教育回归正常，文理就可不必分科，文体活动也可以开展，学生可以全面发展，素质教育可以全面推行，学生身体健康状况会改善，学有余力的学生可以跳级，也可思考些创新的问题。

75. 明哲保身·一盘散沙力学

哲学家柏拉图有句名言："好人若对公共事务漠不关心，为此付出的代价是被恶人统治。"

一个国家的人如果个个都明哲保身，缺乏追求真理的勇气，缺乏勇敢的斗争精神，人人都在自我保身，整个国家必然是一盘散沙，沦为被人奴役的弱国。明哲保身，其本质是一种聪明的自私，而且披了一件庄严的哲学的外衣，是一种社会腐蚀力，产生巨大的负能量。中国过去长期贫弱，明哲保身，一盘散沙是重要的原因之一。

中国传统文化中，有一著名的成语："明哲保身"。在《资治通鉴》中，一再强调"明哲保身"，也就是保护好自身性命和利益是最重要的，以至上升到哲理的高度。其实，暴君、暴官、侵略者、殖民者，最喜欢的就是人人都明哲保身，人人越来越萎缩堕落，都萎缩成一个小圆球，人人成为一盘散沙中的一粒沙子，谁见谁欺，谁也无力反抗。

明哲保身有两个含意，原指明智的人不参与可能给自己带来危险的事。这本来是正确的，是个褒义词。但被历代的聪明人演变成了怕犯错误、怕损害自己利益，而对原则性问题采取不置可否的处世态度。由褒义词演变成了贬义词。

"明哲保身"是酱缸文化产品之一，以自私与不合作为特征。儒家思想在原则上只提倡个体主义，而不提倡群体主义。儒家最高的理想境界，似乎只有两项：一是"明哲保身"，"识时务者为俊杰"，鼓励中国人向社会上反抗力最弱的地方，或有利于自己安全的地方去苟安。另一是"行仁政"，乞求当权者手下留情，在压迫小民时压得轻一点。

儒家"明哲保身"的哲学，毒害了中国人民几千年，至今执迷不悟。最典型的理念是：

"不在其位，不谋其政。"

"邦有道则士，邦无道则隐。"

"危邦不入，乱邦不居。天下有道则现，无道则隐。"

"民不举，官不咎。睁只眼，闭只眼。"

“事不关己，高高挂起。”

一个活脱脱的奸猾、萎缩、毫无正义感、责任感的小人哲学。

皇帝假如偏偏不行仁政只行暴政又如何？儒家没有对策，唯一的就是“进谏”，进谏没被采纳，只好“邦无道则隐”一途也。怕死、怕满门抄斩，怕祸灭九族，上升不到反抗的高度。

中国人崇尚明哲保身。什么是明哲保身呢？通常表现为两个方面：一是绝不触犯天条；二是在灾难中绝不同情任何人，只管自己。本质上就是做一个聪明的奴隶。诚然，他们也不陷害无辜，但也绝不反抗邪恶，他们只求苟安、苟活，无责任感。为了苟安，墙倒众人推时，他们跟着推；破鼓万人捶时，他们跟着捶。

自私之心，在私有制社会中，虽无可特别厚非。但自私也不能超过一定限度，儒家思想是既自私，又怕担风险，就一定成为社会进步的反动力。

一事当前，谁都想“明哲保身”，自己萎缩不前怕负责任，都希望别人出来顶着，事情办成了，争功抢利，奋勇当先。一事当前，神经质的恐惧，唯恐得罪人，不敢当众开口，只有在他不负任何责任时，才敢直言。开会时不敢开口陈词，会后意见不断。这样的社会风气能好吗！

另一情形是，遇到一件事情发生，总是说“算了，算了。”每个人都恐惧得不得了，不晓得什么是自己的权利，也不晓得保护自己的权利，“算了算了”四个字，不知道害了多少中国人，使我们民族的元气受到挫伤，成了没有精神的躯体，没有思想的奴隶，行尸走肉一般。我们几百人、上千人，却被几个鬼子整得服服帖帖，没一个敢反抗，每人都希望别人来反抗，最后全都被整死。有思想、有能力的奴隶是最危险的，主子对这种奴隶不是杀就是赶，主子喜欢的是没有思想的奴隶。这种文化孕育出来的人怎能独立思考呢？没有独立思考的训练，怕独立思考，没有鉴赏力，没有是非标准，和稀泥。这就是我们民族的“明哲保身”。

柏杨先生认为，现代中国，自私观念更进一步，一个计划也好，一个决策也好，一个官司也好，参与的当事人，第一个念头似乎就是：“我在这里头能捞到多少好处？”“我可以少负多少责任？”大家都在这上面兜圈子。

“明哲保身”和“人不为己，天诛地灭”是类似的情理，也算不上哲理，就是如何保护自己，也有一定道理，但“明哲保身”不一定真能保身，人太自私了，就成了没有精神的躯体，没有思想的奴隶，这种人怎能保护自己呢？

要怎么做才对呢？中国人应练着做勇敢人，练着做“傻子”。洛克菲勒的儿子到新几内亚去探险，被土人吃掉了，报导以后，很多人都说，有福不享，自找苦吃，要是我，我才不去呢！相比之下，中国人似乎聪明多了。因为中国人太聪明，总是想着如何既占便宜，又不负责任，这就缺少勇敢精神。冒险的事，都希望别人打头阵，自己坐享渔利。假如是一对一，那中国人一定是胜利者，但是如果是两个以上的话，相互算计，中国人就非失败不可，所以，中国人似乎只知“明哲保身”，不知道团结的作用，只会“窝里斗”。窝里斗是明哲保身的一种形式，就是通过互斗保住自己的利益。

团结的意义就是每个人把自己的权力和利益抛弃一部分。就像两个圆球，只能以表面相切接触，很浮浅，必需用刀削成两个较小的方形，才能紧密结合在一起。中国人太聪明了。聪明到什么程度呢？聪明得每个人都缩成了一个圆球，彼此间只能以表面的浮浅的点相切接触，不能进一步深层接触。聪明到被卖到屠宰场时，还拼命讲价钱。但是，聪明的极至一定是太自私。凡是不自私的行为，不自私的想法，都会被讥笑为傻瓜。中国人不知道宽容，凡是一个人心地厚道、宽恕别人、赞扬别人，就会被骂为傻子。人家打你的脸，你竟敢反抗；人家违法，你竟敢据理力争，你就是傻瓜。一件冒险的事，既不能升官，又不能发财，你去做了，大家当然说你是傻子。中国人应多点傻子的情怀，多点大无畏精神，这个民族才能快速发展。

我们应有充足的智能，能反省我们的缺点，有判断和辩别是非的能力，产生爱思考的一代。以便能识别诸如“明哲保身”和“人不为己，天诛地灭”似是而非的谬误。所以，我们应培养人格的鉴赏家。有了真正的鉴赏能力，社会上才有好坏标准，才不至于什么事都酱在那里，清浊不分，阻碍我们的发展和进步。有鉴赏能力的社会，才能提高人们对好坏事物的分辨。只有掌握哲理，才能成为人格的鉴赏家，才能培养具有健全人格的人。

“明哲保身”，是一盘散沙的理论基础。“明哲保身”是一种自私思想，而且穿了一件哲学的保护衣，历来不曾被批判，反而受到赞扬。“明哲保身”使每个人都有缩成了一个圆球，圆球之间以切点相接触，十分浮浅。每个人缩成的圆球就是一粒沙子，众多人缩成的众多个小球，就是一盘散沙。中国人受“明哲保身”的影响很深，所以中国人历来就是一盘散沙。如果中国人都像直来直去的一条直线，相互交叉，相互缠绵，反而紧密结合在一起。因此，观点直来直去的人，反而能结成不易破裂的友谊。

76. 虚无主义力学

虚无主义是指一种否定人类历史文化遗产，否定民族文化，甚至否定一切的社会思潮，或指没落阶级悲观厌世的颓废思想。这种思想在“虚无主义”一词出现之前很久即以产生，而且中外都有，如中国先秦的《老子》提出“绝经弃智”、“绝学无忧”，就是否定一切文化的虚无主义表现。因为随着社会的发展，总有没落阶级的产生，终会产生悲观厌世的颓废思想。

现在是社会大变革的时代，变革的广度和速度前所未有。所以，虚无主义表现也十分猖獗。虚无主义就是怀疑一切，是一种怀疑主义哲学，产生于19世纪的俄国，认为“世界，特别是人类的存在没有意义。”当代的虚无主义涉及到历史、民族、文化、法律、伦理道德等，最常见的说法是，人不知道为什么活着。有人说，人活着真不容易，明知以后会死，还要努力活着，人活一辈子到底为什么？复杂的社会，听不完的谎言，看不透的人心，放不下的牵挂，经不完的酸甜苦辣，走不完的坎坷，忍不完的无奈，忘不了的昨天，忙不完的今天，想不到的明天，最后不知道消失在哪一天，这就是人生，有什么意义呢？这些追根问底的探索，看起来很实在，而本质上很虚无。这种思想深刻地影响着人类的行动，并作用于社会，是影响当代社会的重要思潮，是重要的社会力学。

人类的思想认识总是趋向于否定之否定。在太多、太快的质疑和否定中，产生了虚无主义。“不破不立，不止不行，破字当头，立在其中。”破了不立，或立的速度滞后，就产生了虚无的空隙。虚无主义是一种否定人类历史文化遗产，否定民族文化，甚至否定一切的可怕思潮，认为社会上没有什么值得信仰，没有什么可以信仰，即所谓信仰危机，特别是怀疑人类存在的意义，即人类存在没有意义这样重大的问题。

虚无主义是随着政治、经济和社会环境而产生的。虚无主义思潮的特点是，诡辩猖獗，好坏不分，对错不分，善无善报，恶无恶报。甚至认为社会虚无缥缈，人类的存在没有意义，认为人总是要死的，所以没有什么可计较的。虚无主义根本上挑战“人（动物）不想死，想活的更好”的基本原理。

历史虚无主义，否定历史、篡改历史，搞得历史面目全非。史学的力量是十分重要的。以铜为镜，可以知面容；以人为镜，可以知得失；以史为镜，可以知兴替。人类历史蕴藏着无穷的知慧和力量，推动或改变社会的发展。因此，篡改修改历史，搞乱历史，是虚无主义重要特征之一，好像历史是任人打扮的小姑娘。

文学虚无主义，否定文学的社会基础，否定文学的历史作用和历史价值，篡改已出版的文学作品；好像文学作品是作者的随心所欲。

社会虚无主义，否定社会的发展阶段性和历史进程，跨越历史阶段，用当代的现实去要求古人。在虚无主义者看来，什么都可由自己的情绪加以否定。个人是虚无主义者，将损毁个人；社会中的虚无主义思潮，将挑战社会，使社会变得很危险，甚至毁灭社会。

饥寒出盗贼，温饱生淫逸。优越的生活条件，极端的个人主义，极端的自由主义的社会底色，不负责任、任性的人生态度，正是虚无主义产生的温床，是没落阶级的颓废思潮表现。现在是后现代社会，正好具备这个温床的条件。虚无主义产生奇怪的思维。用后现代社会的一句话讲，就是所有曾经接受的价值都要重新去质疑。昨天接受的，今天就要去质疑，今天接受的，可能明天就会被质疑。怀疑一切，永远的质疑，是虚无主义的最大特征。无限的质疑，后现代主义基本上把所有限制都化为中立，化为虚无，叫做价值归零。价值归零就是小时候父母教的、老师教的、社会教的价值观都不算，从零开始，只有我自己看到的才相信，才能算数。质疑一切，后现代主义就很可怕了。今天他这样想，明天多了一些信息，观念就不一样了。所以后现代社会是一个解放的、解脱的时代，能给人类带来精神上的无比自由，但其威胁也是无比的可怕。虚无主义是脱离现实，藐视现实的极端思想。

柯比尔在《自由》一文中写道："如果自由就是放纵，可以让你随心所欲，那普天之下就没有自由了。"人人都想随心所欲，谁还能随心所欲？

在没有法律、警察和政府的无政府状态下，你可以来或去，工作或放荡，但你没有真正的自由。因为你可能没有工作、没有饭吃。没有饭吃是可怕的。因此，自由不是放纵，放纵增加，自由减损。

法国哲学家吉尔？利波维茨基著的《空虚时代——论当代个人主义》一书，深刻反映了这种思潮。

虚无主义思潮的泛滥，将会影响到人们的行为，一个称之谓"群氓时代"的人类行为，也许更深刻地揭示了这个问题。正如法国社会学者塞奇·莫斯科维奇《群氓时代》中曾预言，"我们将进入一个群氓的时代。群氓的精神没有领袖，却更容易轻信；没有信仰，却更容易被煽动。"在这个喧嚣的时代，人人都在跟风，而那些奢侈、势利、焦虑、恶俗、虚假等等正在绑架我们，奴役我们的肉体和灵魂。有人将此称为现代人的"现代病"。

人类正在自身消亡自己，这不是因为物质的匮乏，而是精神之狂巅，使人类自身觉得生命不过如此，人生不过如此，生活的追求不过如此，众多的人“看破红尘”，因而失去生活的动因，这是多么可怕的事情啊！

正如哲人所说，在人类鲁莽冲动的青年期，人们常会制造巨大的错误而导致长久的停滞。

网上有篇文章：《文史哲贻害社会》，引起社会争论。实际是文史哲中的虚无主义贻害社会。

文章说，文史哲支撑了社会文化的繁荣，但对社会的贻害也是不可忽视的。这主要是指陷入很深的少数文史哲大家，以及娱乐记者和八卦作者。据说秦始皇焚书坑儒，不烧农书、医书及当时认为科学的书，而焚烧而主要焚烧文史哲的书及其儒生，认为这些人是多余的绕

舌者、滋事者。从18世纪以来，在欧洲产生了自然科学，从那时起，文史哲与自然科学的争论从未停止过。当代的文史哲为什么引起质疑呢？可能有以下几个原因：

（1）文人们学古代名著多，学习科学知识少，不容易建立科学世界观，而建立的是“书本世界观”，书本上讲的就是他的世界观。追求名利，追求艺术，为表现自己，常出奇谈怪论。如《红楼梦》的某些研究者。

（2）随意修改历史，修改已被出版的作品，修改已经上演的影视片，修改文学作品。最恶劣的影响是：书上写的东西不真实，是作家胡编乱造的，写书人不可相信，常常搞乱人们的思想，如一些电视剧的改编与原著差距很大，一版和再版的大不相同，一次制作和二次制作的差别悬殊，观众看了很厌烦，觉得这些作家在无是生非。

（3）名著蛀虫病。对名著如《红楼梦》，就像蛀虫一般在咀嚼，提出一些古怪而毫无意义的观点；改变作者原意，找什么人物原型；因此，一部名著周围，总有一堆被蛀虫们咀嚼的垃圾。为什么不自己写一本呢？

（4）追求艺术、哗众取宠，没有科学根据，胡吹冒聊，如铁沙掌、降龙十八掌、阴阳掌…… 看了现代的中华武功大赛，找不出那些神功的影子，怀疑作者在胡说八道，其作品是一堆垃圾。

如果文史哲作者随心所欲，给社会造成危害，社会能容忍他吗？

77. 吃饭力学

“民以食为天”，就是老百姓把吃饭当作最重要的事、天大的事。有些民谣，

更能说明吃饭问题的本质："人是铁，饭是钢，一顿不吃饿得慌。""手中有粮，心里不慌，脚踏实地，喜气洋洋。"吃饭问题的重要性，怎样说都不过分。一个人，一天没饭吃，饿的难受，二天没饭吃，就会生病，五天没饭吃就会饿死。"王法好受，饥饿难忍"，其实王法就很难受，但比饥饿要好受些。当人没有饭吃时，就顾不上礼义兼耻，就会去偷、去抢，社会就不安宁。从生理学的观点，饥饿是血液里缺乏营养，各个器官得不到营养，不能正常工作，这时要消耗自身的脂肪、肌肉和器官来补充能量，相当于割自己的肉来吃，因此非常难受。历史上许多造反，起义事件，都是由于民众没有饭吃引起的。因此，吃饭问题，是关系民众能否活下去、安居乐业，社会和谐稳定的头等大事，是最重要的社会力学。

吃饭问题主要有四方面问题，一是要有粮食、副食，二是要吃得饱，三是吃得好，四是吃得科学。我国政府十分重视粮食问题，始终把农业、农村、农民三农问题放在第一位。提出"米袋子"工程、"菜篮子"工程，脱贫奔小康工程，都是为解决吃饭问题，已经取得了巨大成就。

对每个人而言，没有饭吃时，要勤劳致富搞饭吃。社会要特别关心没饭吃的人，要帮助他们，使人人都有饭吃，能过上小康生活。

有了饭吃，要学会如何吃饭，按照吃饭的经验和规律吃饭，进而要科学吃饭，健康吃饭，精准吃饭。同样的原材料，要烹调得更精美，讲究色香味，吃高质量的饭菜。现在有很多关于烹调技术的书，可供学习。电视里每天都有做饭吃饭的节目，可以模仿。

人们吃饭是很讲究的，病从口入，病是吃出来的。吃饭有度，不能吃得太多，也不能吃得太少，适度为好。吃得太多，撑得慌；吃得太少，饿得难受。撑和饿都是不良的感觉，而且，这种感觉时间长了，会得胃病的。大吃大喝，暴饮暴食，狼吞虎咽，都是不适度的吃法。吃饭时间极不规律，那更容易得胃病。在饭菜上，荤素搭配适度，主食副食搭配适度，营养搭配适度。在用调料方面，不可太浓，也不可以太淡，适度为佳。

我国古代有关吃饭的事有很多经验教训。《菜根谭》中说，"爽口之味，皆烂肠腐骨之药，五分便无殃"。意思是山珍海味，吃多了便是伤肠损胃、有损健康的毒药，但控制在五分饱，就不会伤害身体。

现代营养学认为，吃饭要吃得好，吃得科学，主张吃饭只吃七分饱（胃的容积)。尤其在晚上，七分饱有利于健康，利于长寿。现在，生活水平普遍提高，脂肪、蛋白质吃得过多，小孩吃成了小胖敦，大人吃成了将军肚，不仅行走做事诸多不便，更主要的是心脑血管病、高血压、糖尿病便早日光顾。所以说，许多病是吃出来的，不是饿出来的，这是一条很有价值的经验。

吃饭的快慢也应适度。吃饭速度太快，咀嚼不细，不利于消化，特别是对有胃病的人。但咀嚼太多，吃饭速度太慢，不仅浪费时间，而且饭菜容易变凉，对消化也不利。

不仅我们吃饭讲究适度，世界上其他民族也非常注意吃饭适度。比如犹太人就是如此。

犹太人把节制饮食，作为健康体格的先决条件，并把它当成与清洁相辅相成的重要之事。

拉比伽玛列说："我因三件事羡慕波斯人：他们饮食有度，如厕有度，房事有度。"

犹太人饮食的"度"表现在：吃三分之一（胃的容量），喝三分之一，三分之一是空的。平时，犹太人无论是出于贫穷还是节俭，通常都是吃最简单的饭。《犹太法典》中提到"穷人"干完活回到家后吃的晚饭是面包加盐。然而，即使是吃得起佳肴美味的人，也是早餐面包加盐，再加一罐水。犹太人把这样的饮食作为能除百病的饮食之道。

犹太人认为，合理的进食时间是感觉需要进食的时候，"饥时食，渴时饮"。犹太人每日两餐，安息日例外，多加餐。晚餐是一天的活计干完之后回家吃，早餐是劳动者在工间吃。

吃饭也是一种饮食文化，各民族，各地域丰富多彩，各有特色。这种文化在不断的进步和发展，相互欣赏，相互交流，相互学习，推动社会前进。现代的美名称"舌尖上的文化"。

78. 饮酒力学

饮酒是种饮食享受，古今中外，饮酒非常普遍。饮酒已是人类一种习俗，一种普通的社会现象。酒，醇香、味美、刺激，提神、助兴，因此，许多人一边指责饮酒的危害，一边却在兴致勃勃地饮酒。

饮酒已发展成了一种文化——酒文化。高级酒店奢侈豪华，常常营造灯红酒绿的场面。商店的酒类齐全，随处可见。酒经济每年上交税收可观。喝酒的人不及其数。酒能调动相互交流的兴趣，常有"无酒不成席"之说。朋友相聚，喝点酒是件兴事。但喝酒要适度，不可过度。古人云："饮酒莫教成酩酊，看花慎勿至离披"。医学研究表明，适量饮酒，每次不超过半两，对血液循环有促进作用；饮酒过度，当心肝脏酒精中毒，发生肝硬化病变是要命的。

饮酒有度。国人的酒文化非常猖狂，劝酒成风，推波助澜，往往纵容人饮酒过度，似乎不喝醉几个，就是没有喝好，招待不周，对不起朋友。酒席桌上，白酒、红酒、啤酒、葡萄酒，各种品牌种类繁多；大杯、小杯、高脚杯酒具齐全。饮酒者神采奕奕，跃跃欲试，作东者简言片刻，酒席宴在举杯共祝的快乐声中开始，进而推杯换盏，觥筹交错，相互祝贺热闹起来。酒的功能渐渐显现出来：一杯下肚，全身放松；二盏为敬，互敬互祝；三杯入怀，宠辱皆忘。“酒杯一端，原则放宽”，善公关者以花言巧语强行劝酒，另有它谋；善饮者以“豪言壮语”自作多情。酒过三巡，菜过五味，酒局就逐渐空前热闹起来，有的高声喊加酒，有的低声绪感情，有的和别人换酒杯，有的以水充酒弄虚作假，有的和别人换座位，总之是一派“熙熙攘攘，胡言乱语”。这时，所有的人既无分主宾，也无分贵贱，似乎人人都是“酒神”，个个都是“酒鬼”，人人平等，打成一片，亲疏贵贱，男女老少，彼此不分，种种差别似乎都被酒精消解；种种规矩、防范、禁忌、礼仪也都被酒气薰散，只剩下不分彼此的融洽气氛。中国人爱喝酒，爱劝酒，爱猜拳行令、吃五喝六，热热闹闹。善酒者说：要的就是这种气氛。善酒者就是会营造如此气氛的高手。在这种气氛中，说想要说的话，做想要做的事，请吃请喝的意图逐渐暴露。带有功利色彩喝酒的不乏其人，活力最为耀眼，恰到好处时，直逼主题。据说，许多大事、商事、合同签约，都是在酒席桌上解决的。也有“以酒浇愁”的，喝一口酒，叹一声气，悲悲戚戚。饮酒见真性。可见酒在这个世界上多么重要。

饮酒虽没吃饭那样刚性，但饮酒也是古今中外普遍的社会现象。饮酒能反映社会文化、社会风气、生活习惯、道德涵养。酒经济是国民经济的重要部分。所以，饮酒也是一个影响社会发展的重要力学。

酒有高雅之气，也有卑俗之情。饮酒不适度，严重过量，就会变成卑俗。经常饮酒，成为“酒鬼”的有之；饮酒过度，发酒疯、大吵大闹、酒后打架的有之；酒后失言，铸成大祸的有之；酒后驾车出车祸被罚的有之；饮酒过度，头晕目眩昏迷呕吐的有之；饮酒过度，当场毙命的有之。劝君饮酒应适度，莫拿生命陪俗情。

酒是一种通用的饮料，世界上有许多民族都喜欢饮酒，人们在享受和创造各自的酒文化。但他们又不断禁酒，甚至颁布禁酒法令。犹太人认为酒是一种好东西，但对于喝酒他们又有自己的看法：“早晨的酒是石头，中午的酒是红铜，晚上的酒是白银，三天喝一次的酒才是黄金。”他们一面介绍饮酒的乐趣，一面又告诫饮酒之危害。犹太人把酒当作生活一样慢慢品尝，酩酊大醉的概率很小。

犹太人有一则关于酒的寓言：喝酒之前的人就像绵羊一样简单，像羊羔一样安静；当他喝了适量的酒，他就感觉像狮子一样强大，认为世界上没有人和他一样强大；当他喝了更多一些，他就像一头猪，在污泥里打滚；当他彻底喝醉，他就变成了猴子，四处跳窜，散发着猥亵的气息，一点儿也意识不到自己在干什么。

其实，每个人都应懂得享受，学会享受，但不沉迷其中。有几种事情少量很有好处，就是享受，但多了就不好，就是一种有害的欲望，饮酒就是其中之一。既不要主张禁欲，又能理智地节制欲望，是科学的聪明之举。

79. 葬礼力学

葬礼是活人对死人的安葬礼仪，是活人对死人尊重，肯定和赞扬，是对死者送一程的后事。对家庭而言，葬礼是子女晚辈对长者的孝敬，或对亲人敬重。死者为大，一般尽其所有，量力而行。葬礼是每人的必经之事，自己要安葬他人，自己也要被他人安葬。葬礼是重要的社会文化，对社会和谐，社会发展有重要的影响，是重要的社会力学。

除人之外，别的生物不存在安葬的问题。因为它们的感情、智慧、能力没有达到需要礼仪安葬的程度。所以，上至恐龙、老虎、狮子，下至昆虫、细菌，所有的动物（除人类饲养的外）都是生死自然，不存在安葬问题。

人类是当今数量最多、智慧最高的大型动物，它不仅创造了活人生活的大千世界，也创造了“死者为大”神圣的殡葬礼仪的死人世界，形成了有理有序，庄严肃穆的葬礼文化。他们的感情、智慧、能力、习俗、尊严达到了如此高的程度。这也是人类与动物的重要区别。

约在六千年前，西安的半坡先民遗址，就是用当时最先进的陶瓮葬死去的儿童，可见对死去儿童的爱和尊重。在《红楼梦》里秦可卿死后就是以贾府当时尽其所有安葬的，葬礼非常隆重。

在《中庸》里有这样的记载：“斯礼也，达乎诸侯大夫，及士庶人。父为大夫，子为士，葬以大夫，祭以士；父为士，子为大夫，葬以士，祭以大夫。期之丧（守丧一年），达乎大夫。三年之丧，达乎天子。父母之丧，无贵贱一也。”可见古人对葬礼非常重视且等级森严。厚葬是对死者的尊重，敬重葬礼是中国人的重要的传统文化。

中国人特别重视葬礼，这和中国人的祖先崇拜信仰分不开的。在人们的心目中，葬礼就是人告别阳间到阴间去的送别礼，由现世到祖宗那里去报到的仪式。所以特别隆重，甚至举家尽其所有而操办之。一般的程序是：人死以后，送进停尸房，或在家中，盖上白布。家中设有灵堂，备有香纸供品，供人祭奠，同时告知所有家人，向亲朋好友报丧，向单位领导报知。或以“讣告”形式告知社会。然后，确定日期，举行追悼会或遗体告别仪式，在沉痛的哀乐声中，诵读祭文，然后向死者鞠躬告别。然后进行火化程序。将部分骨灰放入骨灰盒中，安放于安乐厅暂存。在祭日、清明，由晚辈前来祭奠。

祖先崇拜在我国有悠久的历史，它是人与神灵世界之联系的一种方式，这对民间的葬礼有重要有影响。最初，由于原始人对生死现象感到恐惧和不解，将生死这种自然现象神秘化。早期的祖先崇拜表现为对死去亲属的哀悼和怀念，常把死者的工具、武器等放入墓穴。久而久之，便成为人们对祖先崇拜的一种象征。在父权制确立之后，由于父辈家长的权威与作用，在他们死后，人们依然认为其灵魂可以护佑本族成员安居乐业、永远幸福，因而相应地形成了一系列崇拜仪式。

祖先崇拜解决了中国人有限的生命与无限意义的问题，突破了人生的局限性。在祖先崇拜中，人们将现时己身放入历史与未来之间，放入了祖先与子孙的链条之中。在这种链条中，人们对生命有限的恐惧化为乌有，有限的生命因在祖先和子孙的链条中而获得了永恒。人生短暂的几十年光阴，在历史长河中不过白马过隙。时间是永恒的，己身却是有限的。生命是有限的，但己身所在的链条却可以是无限的，正是这种无限呼应了时间的永恒。因此说：佛教创造了人生不死的生死轮回理论；祖先崇拜创造了人生不朽的链条理论。对中国人来说，侍奉祖辈亡灵是一祖子孙的共同责任。这不仅因为祖先对后代有生养之恩，后代理应奉祀祖先亡灵予以报答。更是因为祖先是自己的将来，待到己身有限的生命陨落之后，也会在祖先的位置上享受无限的香火。对中国人来说，生育儿子、延续香火是一辈子最大的事情。孟子说：“不孝有三，无后为大”。这不仅是因为己身年老之后需要儿孙供养，百年之后需要子孙送终，更是己身对祖先的责任。每个人从祖先那里来，也有责任将自上而下的链条传承下去，因为链条一旦断裂，不但己身将来享受不到香火，灵魂无法延续，也在百年之后无法向祖宗交代。

在祖先崇拜的信仰中，有权势的官员葬礼很隆重，皇帝的葬礼举国哀悼，最为隆重。有的皇帝从登基开始就给自己建造陵墓，直到皇帝驾崩，隆重地走进自己建的富丽堂煌的陵墓。保存到现在的仍有很多皇帝的陵墓和文武官员的陵墓，以及一些名人的陵墓。

各民族各地域都有不同的葬礼习俗。土葬、火葬、树葬、森林葬、海葬、河葬、天葬等。其中以土葬、火葬最为普遍。

死无葬身之地，是人生最可悲的结局，一是穷得没有埋葬的地方，二是没有子女后人料理后事，三是没有亲朋好友帮他料理后事。葬礼肯定是草草了事，毫无尊严。

社会发展至今，科学发达了，人们对生老病死，都有了科学的认识，葬礼要讲求科学。让死者有尊严，让亲人有慰籍，让社会有正气，利于环境保护，少占耕地，利于社会发展。因此，葬礼要继承传统中的精华，弃其糟粕。提倡科学葬礼，文明葬礼，抛弃葬礼中的陈规陋习、封建迷信现象。

土葬，是几千年来最主要的殡葬形式，入土为安，成了人们的共同理念。在地多人少的地方，仍是如此。现在人口基数很大，死人的总数量比活人多得多，据有关报导，人类有史以来，总共死去的人有一千多亿。在地少人多的农村，也存在死人与活人争地的问题。土葬不能占地，就成必然趋势。不留坟堆，下面埋死人，地上仍可种地，地边有安葬图标，这样土葬就可不占用土地，就是较好的形式。

火葬，在地少人多地方，特别是大中城市，没有墓地可用。所以，在城市多推广火葬。火葬就是在举行遗体告别仪式后，将尸体放入火化炉加柴油等（或用电）进行火化，将有机质燃烧分解成二氧化碳和水由烟筒排出，留下无机质——骨灰，取部分装入骨灰盒中，作为祭奠。这是公开的秘密。然后将骨灰盒放入安息厅，再移至陵园公墓。陵园里一排排的墓碑和墓穴一望无际，有的合葬，有的独葬。每座墓碑都记载着一个人的人生和结局。

在环保神圣的今天，火葬的弊端也显现出来了，环境污染和能源浪费。焚烧尸体和燃油会造成环境污染，燃烧的能量不被利用是种浪费。火葬每天都在进行，这种污染和浪费是个严重问题，必须解决。火葬场与热电厂联合是发展方向。

本书作者认为，现在陵园的墓葬是一代（夫妻合葬，两个骨灰盒）居一个墓穴，这样感情上有点孤单，可改进为家庭葬，一个墓穴可建造成三至五个精美的小院（或上中下院，或楼上楼下）每院葬一代人（夫妻合葬），一个墓穴可葬3至5代人，大大节省墓地，也达到了死后家庭亲人团聚的愿望，辈分清晰，合家欢乐。这样墓地可提高利用率3－5倍，同时也符合我国的社会伦理道德。这是个非常好的建议。

其次人类还创造了海葬、河葬、树葬、森林葬、洞葬、天葬等形式，表达了人们入土为安，入土归真，灵魂上天，遗体厚葬的各种美好愿望，应尊重民俗，逐步改进。

除普通安葬外，特殊人要特殊安葬，如建英雄纪念碑、烈士纪念碑、烈士陵园等。

在某种天灾、大灾大难中死去的人，建纪念碑（墙）让后人怀念铭记。

还有一种特殊葬礼，将骨灰撒至某地，以铭志纪念。

周恩来总理骨灰撒在了祖国大地，刘少奇主席的骨灰撒在了大海里，栗裕大将的骨灰撒在了他战斗过的鲁苏皖大地。显然，这是最光辉的葬礼。

80. 幸福观力学

佛说："人之所以痛苦，因为追求错误的东西。"

佛说："人生八苦：生、老、病、死、爱别离、怨长久、求不得、放不下。"这是佛教对苦的理解。苦就不是幸福。

人们强烈地追求幸福。什么是幸福？如何追求幸福呢？人们都在认真思考，积极行动。千军万马的社会活动，概括为一句话：追求幸福。整个社会形成了浩浩荡荡的追求幸福的洪流，影响社会的方方面面。所以，幸福观是重要的社会力学。

对幸福的讨论是个永恒的话题。"什么是幸福"？这样终极的话题，不同的人就有不同的回答，但不可能有终极的答案。对幸福的理解，与个人当时的需求、经济条件、社会环境、性格、信仰、思想素质等因素有关。

幸福学家研究表明，幸福是一种"满足"的体验，简言之"满足即幸福"。幸福是人生追求的一大目标，但幸福却是既不可捉摸，又不可名状的东西。

亚里士多德说："幸福是把灵魂安放在最适当的位置。""幸福属于那些容易感到满足的人。"

池田大作认为：所谓幸福应有两种类型。一种是欲望满足而产生的幸福感；另一种是自己知道应当干些什么并去干了，由此而得到生命的充实感。即幸福是满足感和充实感。

维廉？巴克莱说："幸福生活有三个因素：一是有希望，二是有事做，三是能爱人。"

有人说，幸福是一种个人的主观感受，感到满足即是幸福。比如，饿肚子的人，看到能吃饱的人是幸福；下岗没事做的人，看到能上班的人是幸福；总之，在自己眼里，看到别人能享受到而自己享受不到，则别人就是幸福。

幸福是一种个人的主观感受，没有不变的原则，它随社会的发展而发展，随经济条件的提升而升华。幸福是相对比较而言的，它寄寓你创造幸福的过程中。你若渴了，完成喝水的过程就是幸福；你若累了，床便是天堂；你若饿了，饭菜便是幸福；你若病了，医生便是天使；你若很痛苦，舒服便是幸福。若没有前一种的不幸感受，就断然不会拥有后一种的幸福感受。

有人认为：拼命挣扎于痛苦不幸的人，只要欲望得到满足就会获得幸福，但是，这种幸福是短暂的、虚幻的，一旦得到满足后，幸福感迟早会消失。在下一个瞬间，产生了新的欲望，再一次被痛苦折磨，产生同样的问题。

幸福是一种个人的主观感受，可分为物质感受和精神感受两种。物质感受到的幸福是满足人的身理感受，这种感受是初级的，也是最重要的。如饿肚子的人，吃饱饭就是幸福。但稍微深入研究，一个人的物质生活幸福，应是衣食无忧，有余钱剩米，有房子住，也就是过上小康以上的生活。倘若经常经济紧张，囊中羞涩，吃了上顿没下顿，就没有物质幸福的基础。因此，应努力达到小康生活水平，社会也应帮助每个人达到小康生活水平，建立幸福生活的物质基础。

精神幸福是一种高级的幸福感受，甚至在极其困难，极其痛苦，或牺牲之际，都会感到莫大的幸福。如给国家做出了重大贡献而获奖；自己品德高尚，行善积德，受到众人的称赞；家庭和睦，邻里友好，喜事不断。“久旱逢甘霖，他乡遇故知，洞房花烛夜，金榜题名时”，就是某些人感到的精神幸福。清代张潮先生在他的名著《幽梦影》中是这样概括幸福的：“有工夫读书谓之福，有力量济人谓之福，有学问著述谓之福，无是非到耳谓之福，有多闻直谅之友谓之福。”

莫把堕落当幸福，这是适度幸福观的重要内容。不同出生，不同地位，不同文化档次的人，有不同的幸福观，人的幸福观是千差万别的。树立积极、上进、健康的幸福观是十分重要的。有的人认为，不劳而获，饱食终日是幸福；有的人认为花天酒地，醉生梦死，放荡淫乐是幸福；有的人认为吃喝嫖赌是幸福；甚至有的人把吸毒当成幸福。这是把堕落当成了幸福，是十分危险的。

幸福是和社会大环境分不开的。当社会黑暗，或遇战乱、灾荒时，人们颠沛流离，四处逃命，物质匮贬，个个面黄肌瘦，乞丐成群，饿殍四野的社会背景，绝大多数人谈不到幸福。如果身处太平盛世，国泰民安，丰衣足食，民族团结，国际地位提高，四海宾朋，是国民幸福的大前提。

家庭幸福是人生重要的幸福。家庭幸福是产生个人幸福的温馨港湾，是个人幸福的重要组成部分。这就要求每个家庭成员，尊老爱幼，和睦相处，宽容互让，你恩我爱，共建幸福家庭。林语堂先生对平安和幸福的理解是：一是睡在自己的床上；二是吃父母所做的饭菜；三是听爱人给自己讲情话；四是和孩子们做游戏。画出了一幅活脱美丽的幸福家庭图画。

健康是人生最大的幸福。没有健康就失去了一切，是不幸的。只有有了健康的身体，才能胜任工作，才能搞发明创造，才能创造财富，才能周游世界，才能心想事成，才有幸福可言。这幸福，那幸福，比较起来，只有自己健康才是人生最大的幸福，这在有病时才体会得最深刻。

适度享受是幸福，过度的享受就不是幸福，甚至是不幸。在犹太人的心目中，有几种事情适度有好处，多了就不好：旅行、性、财务、工作、酒、睡眠、热水浴等。最适度的生活方式，才真正有利于健康，有利于人的发展。沉迷于享受而不能自拔，只能遭受毁灭。

生在福中要知福。这也是幸福观的要点之一。会判断是否幸福，是智慧的表现，像学生做题一样，本来做对了，却不知道，必定还要乱折腾。本来是幸福，就要爱护它，珍惜它，发展它，而不要折腾它，破坏它，抛弃它。否则，无异于将黄金无知地乱扔乱抛。

奋斗是通向幸福的必由之路。美国前总统林肯说过：“大抵而言，只要人们决心让自己幸福，就可以得到幸福。”幸福是经奋斗得来的，因此，人人都可得到幸福。幸福重在过程而非结果，幸福感产生于过程之中。一个在溺爱中长大的孩子，他没经过丝毫的奋斗，各种需要都得到了满足，他肯定没有幸福感受。幸福是由无数的“小乐”积累而成的，所以要珍惜小的幸福。

金钱的多少不一定与幸福成正比，的确，有时金钱把人搞得很惨败，很不幸。

幸福与经济发展的关系是若即若离，在某些经济发达的国家或地区，竞争太激烈，工作太紧张，房价奇贵，压力太大，精神抑郁的人数与日俱增，虽然工资高些，但精神压力太大，幸福指数并不高，所以，人们纷纷选择逃离。

好胜心太强的人不幸福。在现代社会，一个人不敢竞争自然不好，但是竞争心太盛就会发展为好胜狂。好胜者经常处于紧张状态，大多心率较快，血压偏高，睡眠不好，消化不良，免疫力下降。有报导，好胜心太强最多可折寿10年。

小康者的幸福感最强。据对上海、北京、杭州等六城市居民的幸福度调查，幸福指数最高的并不是收入最高的大款，而是中等收入的小康人家。小康者之所以比高收入者感受到更幸福，是因为他们工作时间短，压力较小，有时间与家人、朋友团聚，享受到了轻松愉快的天伦之乐。

幸福是一种个人的主观感受，如果你找不到幸福，那不是你与幸福无缘，而是对幸福缺乏感知。找不到活着的意义，就永远找不到幸福之门。幸福不是客观存在的物体，而是一种感知，当你觉得幸福的时候，幸福就来了。

崇尚简单生活——对幸福的另类理解。

人们经过激烈的拼搏和竞争，承受了巨大压力之后，得到了所谓的舒适、甚至豪华的幸福生活。冷静地比较之后，有些人觉得身心疲惫，得不赏失，更愿意选择另一种生活方式，过简单而真实的生活。于是，在现代五彩缤纷的繁华世界里，一种“简单生活”的生活方式悄然抬头，成为一种追求幸福的新理念。

生活的经验告诉我们，事物都有两面性。因此，你要活得辉煌些，你就只能活得辛苦点；你要活得随意些，你就只能平凡点；你要活得长久些，你就只能活得简单点。

丽莎？普兰特在“幸福是什么”一文中认为，幸福来源于“简单生活”。文明只是外在的依托，成功、财富只是外在的光环，真正的幸福来自于发现真实、独特的自我，保持心灵的宁静。

有人问，“简单生活”是否意味着苦行僧般的清苦生活呢？回答是否定的。辞去优厚的待遇，丢弃舒适的条件，过清心寡欲的生活，这是对“简单生活”的误解。“简单生活”追求的本质是，多一份实质，少一份表面；多一份舒畅，少一份焦虑；多一份真实，少一份虚假；多一份快乐，少一份悲苦。表面生活简朴，内心世界丰富，将使人变得更加敏锐，更加真实、透彻理解自己的生活，人们将不再匆忙、疲惫，生活变得更有意义。

“简单生活”是一种生活方式。是对过度追求享受生活的一种反思，是对大自然过分索取的一份愧疚。20 世纪 40 年代，二次大战后不久，美国零售分析家维克特·李伯夫（Victor Lebov ）说过一段这样的话：“我们这庞大生产力的经济，需要以消费作为生活方式，将购买和使用物品转化为仪式，在消费中寻求精神满足和自我满足，以不断增加的速度把生产出来的东西消费掉、烧掉、坏掉、汰涣、倒掉。”

李伯夫这段话，吹响了人类疯狂向大自然索取，疯狂消费的号角，给人类造成了极其严重的后果。“简单生活”就是人们抵制媒体、商人大肆促销的“财富中心论”，平息外部无休无止的喧嚣的一种生活方式。

人们一定会反思，当你为拥有一辆漂亮的汽车、一幢豪华的别墅而拼命工作时，而每天晚上却在高档的电视机前，疲惫地倒下时；或为了无休无止的约会，精心打扮，强颜欢笑，而回家后却面对孤独苍白的、身心疲惫的自己时；或为了一次小小的提升，而默默忍受上司苛刻的指责，并一年到头赔尽笑脸时，你可曾问过自己，这些真的那么重要吗？这些真的那么值得吗？

有人认为，“简单生活”有一个前提，就是通过一段时间的努力奋斗，具有了一定的物质基础，而后，及时审视并修改自己的生活方式，自觉地追求“简单生活”的生活真谛。而没有一定物质基础的生活，只能是不自觉的、被迫的简单生活，类似乞丐一样，这样的生活方式肯定是多数人不响往的。因此，“简单生活”方式，是从享受豪华生活中自觉控制的一种生活方式。当然，简单不是物质的匮乏，但它一定是精神的自在；也不是无所事事，但却是心灵的单纯。

“简单生活”不是浅薄、粗糙、简陋，不是“四肢发达，头脑简单”，更不是叫人懒惰，当懒汉。“简单生活”是深刻、精细、淡定，是为了“生活简单，思想崇高”的生活方式。

通常人们总是把物质拥有的多少、外表形象的好坏看得过重，用过多时间、精力、金钱去追求所谓的豪华和舒适的物质生活，而自己的内心却在不断的枯萎，甚至根本没时间去顾及这枯萎的心灵。

“简单生活”就是让我们削去一些不必要的华丽，压缩一些不必要的应酬，避免一些过度的喧哗，减少一些炒作和浮躁，回避一些虚名和荣誉，回归真实生活的本质。我们需求的越少，得到的自由就越多。因为许多所谓的豪华、舒适生活，不仅不是必不可少的，而且是人类进步的障碍和历史的悲哀。面对豪华和舒适，许多有识之士，更乐于选择简单和粗陋的生活。“简单生活”有利于清除物质和生命之间的障碍，清除生活中嘈杂和琐事。每个人都应懂得，哪些是我们生活所必须的，那些是我们必须丢弃的。事实上，一个人，只有不在乎外在的虚荣，而只为内在的自己而生活，幸福感才来至真实的心灵。只有回归真实的自我，才能让人容光焕发，才能体会简单之美，体会“简单生活”的幸福。

几乎所有的哲人，都提倡“简单生活”方式，因为他们把生活的本质看得更为通透。

81. “窝里斗”力学

“窝里斗”是种内部互斗的社会现象，是相互消弱的内耗，上升为学说称“窝里斗力学”，有着复杂的内涵，是中国旧社会特有的一种社会力学。现在仍有窝里斗的残余和影响。

曾有人这样形容“窝里斗”：一个人是条龙，两个人两条虫，三个人以上都是小虫虫。一个人时很能干，是条龙；两个人时，相互明争暗斗，能量相互抵消近乎于零；三个人以上时，明争暗斗升级，争斗更加复杂激烈，能量可能成为负值，不仅无力抵抗外力，甚至把敌人引来，充当汉奸。窝里斗是一种腐蚀力极强，破坏力极大的社会畸形现象，产生严重的负能量，是影响社会状态和进程的重要力学。

由于历史原因，中国人惯于同类相残，相残同类，也就是“窝里斗”。窝里斗是一种非常丑陋的现象，有明显的人格特征。

窝里斗特征之一是：不合作。想方设法搞垮窝里人，嫉妒、污谄、造谣、说坏话，使绊子，无所不用其极，谁都怕别人好，谁都想搞垮别人。面对暴君暴官的欺压和杀戮，他们的反应不是团结一致起来反抗，反而是同类相残。官府一旦指某人为“贼”为“匪”，他们随之骂“贼”骂“匪”，并助官府一起捉之。同类相残，削弱自己力量，胜利者永远是暴君暴官。

窝里斗特征之二是，人际之间，相互猜忌，互相倾轧，没有诚信感，充满不信任感。这些人心里总是想，对方是不是想从我这里得到什么样好处？是不是想整我？是不是要超过我？常常形成彼此间的怀疑和恐惧。这种疑惧使他们采取了“明哲保身”的防卫措施，人人只管自己，变成了一盘散沙中的一粒沙子。年代久远下来，使我们多数人丧失了辨别是非的能力，缺乏道德的勇气，一切事情只凭情绪和直觉反应，而再不能深入思考。

柏杨先生在《丑陋的中国人》里狠揭国人的窝里斗恶习。在国外，凡是整中国人最厉害的，不是外国人，而是中国人。凡是出卖中国人的，也不是外国人，而是中国人。凡是陷害中国人的，不是外国人，而是中国人。锅砸了大家都吃不成钣，天塌了自有高个子顶着。这种不负责的情绪，正是窝里斗的哲学，它使中国人产生了某些很特殊的变态行为。

窝里斗特征之三是，死不认错。只想斗倒别人，不习惯认错，想出各种理由掩盖自己的错误。“闭门思过”，思谁的过？思对方的过！

窝里斗特征之四是，喜欢讲大话，讲空话、讲假话、讲谎话，讲毒话。认为这是斗败对手的法宝。心口不一致，说的和想的不一样，以此为武器攻击别人，是无知、无能、虚弱的表现。

窝里斗特征之五是，爱记仇，没有包容的胸怀。这种人的心完全封闭，不能开阔，量小难容。如此狭窄的心胸，造成中国人的两个极端：一方面是绝对的自卑，一方面是绝对的自傲，唯独的没有自尊。自卑时成了卑微的奴才，自傲时成了傲漫的主人。自卑时觉得自己是一团狗屎，和权势走得越近，脸上的笑容越多；自傲时，又觉得他人都是狗屎，不屑一顾，变成了一种人格分裂的奇异动物。

为了研究窝里斗现象，有人研究“小白鼠效应”。科学家把一群小白鼠养在一个大的空房间里，发现他们都很安静和睦。可是放在一个拥挤不堪的小笼子里，不久，它们就显得烦躁、易怒，时间更久，甚至发生打斗、嘶咬，开始了窝里斗。人多拥挤，环境吵闹，人情绪不好，小白鼠效应是有一定道理的。

战乱的中国苦难历史，是“窝里斗”的重要根源。

中国五千年的历史，几乎每年，甚至每天都有战争，或准备战争。柏杨先生写过一部《中国历代战乱编年史》初稿。发现中国历史上每年都有战争。由此看出，中国的战乱非常可怕。一个王朝取代另一个王朝过渡期间的大混乱，总有三五十年，由政权的夺取到政权的安定，又要二十年左右。然后政权再腐败，反抗的力量再起，大混战重新到来，陷入治乱相迭的恶性循环。中国人可以说是长期地、甚至是永远地生长在贪污、混乱、战争、杀戮、贫穷里面，因而中国人始终没有安全感，总是觉得惶惶不安。因为长期的贫穷、杀戮、猜忌，使得人们的心胸十分狭窄，十分害怕。战争、旱灾、水灾、蝗灾，赤地千里。在历史上“人相食”三个字，不知道出现过几十次，几百次。人们害怕社会，害怕周围的人，害怕窝里的人。

嫉妒，谁也怕谁好起来，谁也怕谁富起来，谁也怕谁超过自己。幸灾乐祸，当看到敌人、仇人受到灾难，认为是上天的惩罚。冷漠，对陌生人的痛苦丝毫无动于衷。还有弱者的“明哲保身”，保住自己；强者的“定于一”，老子说了算，也是不能合作的原因。“定于一”就是老子在场，一切都得听老子的。这些都有是窝里斗的主要原因。

一部二十六史，便是一部官挤官、官斗官的历史，其中皇帝就是最大的官。不是你挤我，就是我挤你；不是你斗我，就是我斗你！除了动刀动枪，还动谗动谄。刀枪固然可怕，谗谄优其难防。窝里斗的人是悲哀的，百分之九十九的精力，都用在了窝里斗上，使得自己非常丑陋，且执迷而不醒。

窝里斗的本质是一种低素质的人为自己争夺利益的表现，削弱或打击别人的利益，是一种极端的低素质的自私行为，是国民基本素质低下的表现。自私是人的本性倾向，适度自私是可以理解的。但在贫穷、落后、愚昧、战乱环境下，低素质的自私行为就必然产生窝里斗。“窝里斗”现象，是一种社会乱象，是一个民族、一个国家的耻辱。要根除窝里斗的恶习，要大力提高国民素质，提高道德水平，提高生活水平，提高人格尊严，创建和谐社会。

82. 师承（继承）力学

几乎每个人都有老师，而且有很多老师，父母是自己的第一任老师。有人说：父母及老师像巍峨的高山，比普通人高出许多。所以，人们有孝敬父母尊敬师长的优良传统。

师承就是对老师的思想和知识的继承，即继承老师的教诲。继承是讲究方法的，有的继承方法是对的，有的继承方法是错的。时间久了，这种继承方式容易形成一种习惯势力，有力地影响着社会，成为不可忽视的社会力学。

如何师承？就是如何继承老师、父母、先人的教诲，这是一个民族的大问题，但常被忽视。一个民族如果不善于继承祖先留下来的财富、思想、文化，那是莫大的悲哀，是后辈人不孝、不肖、无能、忘祖的表现。但师承需要大智慧，不是简单接收，而是要智慧地继承。中华民族在继承方面犯过严重错误，有过沉痛的教训。

中国文化最大的师承是对一代一代传下来的儒家学说的继承。在对孔子和儒家思想方面表现为两个极端：一个极端是高度的尊孔，千古大圣人，顶礼膜拜；一个极端是，一个旷古今世的大流氓，应该彻底打倒。其实，把孔子作为一个伟大的学者最为合理。他确实是个学者，有伟大的追求和伟大的思想和著作，有许多深邃的格言哲理，有众多的学生。把他作为学者研究，他确实是伟大的。早在2500年前，他研究了人与人之间的关系，与同时代的释迦牟尼、苏格拉底，都是当时重要的思想家。如果把他当成圣人、神人来研究，就是另一个问题。儒家最应该批判的是，把人分成三六九等，用礼制固化三六九等延续两千多年。为了封建帝王的统治服务，他的思想阻碍了中国的前进，而且影响时间很长，他确实很反动。因为学者的思想是可以批判的，与时俱进的。而圣人、神是不可批判的，被固化的，因为统治者在维护圣人、神的尊严。所以，人一旦走上神位，他不可批判固化的一面就开始显现了，表现了他反动的一面。

“继承”是需要智慧的，而且需要大智慧。我们不能苛求祖先尽善尽美，永远不犯错误，在古代就能预言未来，两千年前就能预做两千年后的事。后代们选择性继承才是最重要的，只继承好的，不继承不好的，这是个原则。师承对社会的影响极大，继承得好，能推动社会前进；继承得不好，会阻滞社会前进。

后人不能要求古代圣贤尽善尽美，而是后代人如何取舍，是十分重要的。百花齐放，百家争鸣，取其精华，弃取糟粕，推陈出新，才是最正确的继承方法，才是大的继承智慧，才能避免酱缸文化现象发生。酱缸文化的产生，只能怪子孙们智慧不高，不知如何取舍，只知道把各种文化混合起来，搅拌在一起，在空气不太流通的地方发酵，才搞成了酱缸一般的文化。

对祖先的慎终追远的继承，在本质上应是充满智慧和灵性的，但可惜变质了，变成了对僵尸的迷恋和崇拜，在继承方面出了大问题，造成了中华民族历史上一大败笔。只能怪后人智慧不高。

对祖先的遗产继承的好，是笔宝贵财富；继承的不好，也许就是灾难。中华民族这方面的教训是极其深刻的。柏杨先生认为，孔子是驱使祖先崇拜跟政治结合的第一人，那就是有名的“托古改制”。“古”跟“祖先”遂化合为一。古就是祖先，祖先就是古。这是降临到中华民族头上最早的灾祸。外国人遇事是往前进一步想的，偏中国人遇事都往后退一步想。“退后一步”，看是否“人心不古”，也就是对“古”的迷恋和崇拜，“人心不古”，反而成了一大时弊。

将师承变成了对僵尸迷恋，就是师承的大问题，其表现是：“古时候啥都有”，“古时候啥都好”，包括古人人品好，古代法令规章好，古代的服装好，古代的美食好，古代的医术好，古代的医药好，古代的宝剑好，古代瓷器好，古代书画好，古代武功好，古代音乐好……常常觉得现代没有古代好，以古代为标准，追求古代，留恋古代。

中国的武侠小说中的武功秘笈，最能说明崇古文化，为我们解释了中国文化停止不前，以及中国推陈出新改革困难的重要原因。武侠小说无不认为古代传下来的秘笈才能使武功精进，为获取武功秘笈常常发生争斗和战争。自己无论怎么努力，都无法超越师父，而师父又无法超越他的师父，且自己的徒弟一定不如自己，往上推之，越古越妙不可言，往后代评价，则一代不如一代，越是近代人越是草包笨蛋。形成了一种奇怪的思维逻辑。

同样，在学术上也是如此。汉武帝把儒家学说定为一尊之后，经过一百多年，到了东汉，形成了一个模式。那个时候规定，凡是知识分子，不论他的思想、讲学、辩论、著作都不可以超过“师承”，学生只可以围绕老师的话团团转。如果讲得太多，超过老师，那就无效，而且有罪。不过汉王朝时的罪并不严重，但到了明王朝、清王朝，如果官方规定用朱熹的话解释，就绝不可以用王阳明的话解释，根本不允许知识分子思考。时间一久，知识分子的思考能力衰退，只有尊古的能力，没有思考能力，没有想象能力、更没有鉴赏能力。

因此，自从孔子之后，两千多年间，中国几乎没有出过一个思想家！所有识字的人，都在那里批注孔子的学说，或批注孔子门徒的学说，自己没有独立的见解，因为我们的文化不允许后人创新，不允许后人有见解。所以只好在这潭死水中生存。这个潭，这个死水，就是中国文化的酱缸。酱缸发臭，使得接收臭文化的人变得酸臭，变得很丑陋。这个酱缸深不可测，以至许多问题，无法用自己的思考来解决，只好用其他人的思想来解决——用外来的思想来解决。

一个突出的例子是：宋代大政治家王安石，算是跳出了酱缸的，他说过三句冲击力很强的话："天命不足畏，祖宗不足法，人言不足恤。"结果，一些对僵尸迷恋的人，群起而攻之，这股反对力量，如排山倒海而来，迫使他的变法终归失败。

师承的残留对中国人的创新意识的影响是极大的。中国人常责备人"不孝"、"不肖"、"数典忘祖"、"欺师灭祖"，用来打击进步和改革，打击超越和创新。在这种意义下，中国人只有冒着超越祖先、不孝、不肖的责备，才能推动社会前进。

"师承"是一个毒瘤，它培养奴性，摧残了学生独立思考的能力，把中国知识分子的想象力和思考力全部僵化扼杀。所以，中国除了"军阀"之外，还有"学阀"、"学霸"，主要是学术上的排他性，与"祖师爷崇拜"情结类似。柏拉图说："吾爱吾师，吾更爱真理！"这是智慧的语言，在中国却是很难讲出的。

四书五经"的价值体系，是中国官僚体系的脊梁，两千多年来一直影响着中国。儒家思想的本质特征是"尚古主义"，儒家经典的全部教训之中，很少激发灵性，很少提到权利和义务，很少鼓励竞争，而一味要求他的徒子徒孙崇古复古，安于现状，克己复礼。如果大家如此安贫乐道，整个民族就只有堕落了。

无论是中国儒教也好，还是其他什么教派也好，只要它定于一尊，没有竞争，不容许质疑讨论，它就会丧失生命力，沉淀为一种酱缸文化，僵化停止。

"师承"需要智慧。我们的祖先，给我们留下了宝贵而丰富的文化遗产，我们不能苛求祖先们什么都是正确的、积极上进的、完美无缺的，其中包括先知先觉的圣贤，也包括我们的祖宗和长辈。因为他们都是人，而不是神。先人的遗产，有好的，也有不好的；有适合的，也有不适合的；有先进的，也有落后的。我们后辈人，必须学会选择，不可稀里糊涂全部继承，更不可独尊一家，废除百家。我们不能全部继承他们的，我们只能继承他们留下来的美而善、积极上进的品质和学说。百花齐放，百家争鸣，取其精华，弃其糟粕，推陈出新才是最为正确的方法。这是我们后代人的智慧，否则，就是对不起祖宗。

我们可以参考其他民族的智慧，比如《犹太法典》就是值得参考的。《犹太法典》（TALMUD）也称《塔木德》，意即"伟大的研究"。《犹太法典》目前共有20卷，1.2万页，字数超过250万字，是一部庞大的法典，支持犹太民族5000年之久的生活规范。但它不是一部说教的戒律集子，而是力图去表现犹太人心中的真、善、美的文学典籍。它并非成于一时一地，出于一人之手，更不是独尊，而是由2000多位学者，花了整整10年的功夫，将公元前500年至公元500年间的圣哲之言进行整理、编纂而成的，其后不断增加。这本书自古以来一直支配着犹太人的生活，直至现代仍未改变。

《犹太法典》代表了5000年来犹太民族智慧的精华，也是犹太人一切知识的重要泉源之一。它并非一本纯粹的法典，但法律的精神与源流却尽出于此；它不是一部历史，却能让人从中领略历史的面貌；它不是一本传记，却叙述了许多回味隽永的人物故事；它不是部百科全书，却担当了百科全书的任务。它的最后一页一定是张空白，象征其希望贤智之士继续添写。

每个民族都有自己的特色和可取之处，只有“取其精华，弃去糟粕”，才能吸取好的营养，才能推动民族的进步。如果独尊一家，排斥百家，可能会把精华排除掉，把糟粕留于世。如独尊儒术，就是这样。在两千多年间，一直在儒家思想的统治之下，使很多痼疾根深蒂固地留在了中华民族之中。直至十九世纪，中国成为世界上最弱的民族之一，为世界帝国主义列强所瓜分。这是极其沉痛的教训。中国历史上一而再再而三地重复着一个独尊儒术的模式，成了中华文化之痼疾。社会变革时反孔子，取得政权以后就又尊孔子。而且学者们往往一个腔调鼓吹，形成独尊儒术之势。因为儒家学说很适合当权者。聪明的犹太人，在《塔木德》中是集中了两千多位学者的学说而成，内容十分丰富，哲理深刻，为犹太人的国学。我们总把二千五百年前孔子的学说当成圣经，如此单一，如此久远，怎能不出问题呢！若即孔子在天有灵，他也会骂不肖子孙太无智慧了。

中国的知识分子，也许还有世界的知识分子，有个通病，就是喜欢片面鼓吹自己学说，鼓吹自己的学派，儒家学派就是这样，而且，只要一得势，就疯狂地鼓吹自己，打击别的学说，从而在学术、政治、经济、名声等方面得到好处，这是很危险的。

应成就众家精华之经典，避免形成独尊一家之势，应成立一个组织，编辑《中华之经典》，包括哲学、道德、政治、经济、文学、历史、科技——从青少年起就学习这些精华，把古代的文言文译成现代文。而且，语言优美，艺术性强，使人爱读爱看。

83. 酱缸文化力学

酱缸文化，在内容和形式上都是中国的特有问题之一。

酱缸文化，是中国几千年封建社会文化衍变产物，对中国社会有着极大的负面影响。虽然近代新中国的志士仁人对其进行了严厉的批判，但残余尚存，一有机会便沉渣泛起，兴风作浪，污染社会，仍是影响中国社会发展的重要力量，产生严重的负面影响。

怀哀其不幸，怒其不争之心，柏杨先生终于写了《丑陋的中国人》一书，扎眼刺耳，怎么骂起同胞来了！引起了国人的极大关注。有的人赞成，因为揭了中国人的伤疤，揭露了国人在某些方面的丑陋。也有指责作者的，说他没良心，辱骂祖宗，辱骂了生他养他的祖国，辱骂了父老兄弟姐妹国人同胞，是大逆不道。但出于善意，希望中国人能够觉醒，能够改进，就是最大的忠言，即使扎眼逆耳，挨骂被指，也是值得的。况且每个国家的人，都有丑陋的地方，或一部分人就是丑陋的。外国人和中国人一样，也有素质不高，也会表现出某些丑陋，因此，揭露丑陋是社会的必须。

人类为什么有那么多的毛病，以至令一些作家痛心疾首，著书立说骂人类丑陋。有的人捍卫人类尊严，不允许骂人类丑陋，于是在柏杨先生的《丑陋的中国人》问世后，某些国人群起而攻之。因为我们不知道自己丑陋，觉得自己很美，所以一听到“丑陋”就接受不了。美国人也有本《丑陋的美国人》，写出来之后，美国国务院拿来作为他们行动的参考。日本人也有一本《丑陋的日本人》，作者是驻阿根廷大使，他阁下被解职了。可见，对于“丑陋的国人”，各个国家有着截然不同的态度，这大概就是东方和西方的不同，各自的肚量大小不同吧！

如果中国人能从哲理层面反省几个问题，中国人的品质会前进一大步，素质就会逐步高起来，人格、人的形象就会帅起来。

柏杨先生认为中国几千年来的酱缸文化，是中国愚味落后的总根源，也是中国人某些丑陋的总根源。

“酱缸文化”究竟是什么？柏杨先生定义为：“夫酱缸者，腐蚀力和凝固力极强的混沌社会，也就是一种被奴化的政治、畸形的道德、个体人生观和势利眼主义长期斯丧，使人类的灵性僵化和泯灭的混沌社会。”柏杨接着又说：“奴才政治、畸形道德、个体人生观和势利眼主义，应是构成酱缸的主要成分，因为这些成分，自然会呈现出来几种特征：曰‘对权势的崇拜狂’；曰‘牢不可破的自私’；曰‘文字诈欺’；曰‘对僵尸的迷恋’；曰‘不合作’；曰‘淡漠冷酷猜忌残忍’；曰‘虚骄恍惚’……”

酱缸产品之一，皇帝的权势太大，及对权势的崇拜狂。

在古代中国，皇帝是最有权势的人，中国的圣人为皇帝发明的畸形哲学，曰：“普天之下，莫非王土，率土之滨，莫非王臣。”天下之人，抱括皇帝的家庭成员，亲朋好友，都是皇帝的“臣”和“奴才”。原来人民的生命财产，全是皇帝赏赐的，皇帝宫庭荒淫无耻的生活，“三宫六院，佳丽三千”，常常被称为天子圣明，合理合法，顺天应人。因此，在柏杨看来，圣人们不仅是帮凶，而且是正凶，跟有权的大淫棍们同是共犯。

皇帝的权势太大，都想争夺江山，称皇帝，太有吸引力了！为当皇帝争斗的血雨腥风，父子间、夫妻间、母子间、兄弟间、君臣间、臣臣间……明争暗斗，你争我夺“皇帝”的宝坐，达数千年之久。

以权势绝对崇拜为基石的五千年中华传统文化，使人与人之间只有“起敬起畏”的感情，而很少有“爱”的感情。所谓的“仁”也者，似乎只能在书本上找到，而很难在行为上找到。而且“仁”似乎也不是平等互惠的。

对权势绝对崇拜的结果，缺乏敢想、敢说、敢做的灵性，一定产生奴才政治和畸形道德。没有是非标准，只有和是非不相干的功利主义标准。只有富贵功名才是正路，大家都削尖了头，拼命往官场里钻，只要给我官做，叫我干啥都成。像陶渊明之不为五斗米折腰者，能有几人？“十年辛苦”，不是为了科学发明，不是为了著书立说，也不是为了奔走革命，而只为了“一日成名”，成名者，做官之谓也。

古往今来，做官之所以把人吸引得如痴如狂，其原因有四：

（1）有权在手，在某种程度上，可以为所欲为（视官大小而定）；

（2）受人崇拜，“大人”、“老爷”的奉承；

（3）学问彭胀变大。在中国，权力即知识；在外国，知识即权力；

（4）财产增多。中国人重士轻商，且受孟子“何必曰利”的影响，所以口不言利，但心里却想利，以做官搜刮为致富之源。

在权势崇拜狂之下，不要说政治场合、学术场合，就是人与人之间的友谊，也变了质，变得近视，变得势利。有人认为：中国人虽缺乏公德，但富有人情味。其实所谓的人情味，锦上添花的多，雪中送炭的少。对自已有利时，忙着添花，很少想到雪中送炭。

酱缸产品之二，是自私与不合作。

儒家在原则上只提倡个体主义，而不提倡群体主义。儒家最高的理想境界，似乎只有两项：一是“明哲保身”，“识时务者为俊杰”，鼓励中国人向社会上反抗力最弱的地方走去苟安。另一是“行仁政”，乞求当权者手下留情，在压迫小民时压得轻一点。

一部二十六史，便是一部自私互斗的历史，是官挤官、官斗官的历史，其中皇帝就是最大的官。不是你挤我，就是我挤你；不是你斗我，就是我斗你！除了动刀动枪，还动谗动谄。刀枪固然可怕，谗谄优其难防。中国人的悲哀，大量的精力，都用在了窝里斗上。

酱缸产品之三，是淡漠、冷酷、猜忌、残忍。

在美国，后来的犹太人有先来的犹太人照顾；在巴西，后来的日本人有先来的日本人照顾；只有在海外的中国同胞，淡漠、冷酷，只好一个人乱闯，最多只好找找私人关系，永远也找不到民族感情。

因为人与人处处是淡漠、冷酷，用正常的脚步，寸步难行，特权现象油然而生，找一张有特权人的名片，或找一个能办事的熟人，一些寸步难行的事，马上就能解决。

猜忌也是国民一大弱点，皇帝猜忌臣下，官员猜忌同僚，小民猜忌朋友，上下交错猜忌，则国家危矣。

说到残忍，柏杨更是慨乎言之。他提到宦官的阉割、女人缠足，中国人居然会想得出这种残忍的玩意儿，真是奇耻大辱！更严重的是，圣崽们平时板起一副道貌岸然的面孔，满口仁义道德，要求小民应该做这这这，不应该做那那那，但对于最不应该的割男子之阳，缠女子之足，幽禁女子之青春（皇帝后宫三千人，大官儿姬妾如云），却缩起头来，不敢挺身说话，不但不敢说，反而认为理所当然，这涉及到权势崇拜问题。对女子缠足，不但不于反对，反而表示欣赏，为文研究者有之，吟诗赞美者有之。

另一残忍表现是“刑求”，就是屈打成招，或称“修理”。中国历史上冤狱无数，冤狱虽不一定都来自刑求，但刑求则必然导致冤狱。所谓“三木（古代型具）之下，何求不得！”最常见的是：抓到犯人，不凭推理，不凭证据，送上公堂以后，不问情由，先打他四十大板，来个下马威，假若再不招供的话，那“好戏”还在后头呢。有此被冤枉的人想，落在这般闫王手里，招了不过一死，不招也难逃一死，长痛不如短痛，与其零星受着活罪，不如横心招了罢。招了倒是不再受刑，只等“秋决”时喀嚓一刀而已。在中国古代，比“刑求”更残忍的是“满门抄斩”、“祸灭九族”，令人不寒而栗。

酱缸的产品之四，文字诈欺。

柏杨先生认为，在我们的文化中，似乎只有“美”，只有“善”，很少有真。

“真”在中国的历史文件中，几乎没有地位。儒家开山老祖孔子在其大著《春秋》中，就公然提倡文字诈欺，而其信徒则竭进一步制造诈欺的细节。《公羊传》曰：“为尊者讳、为亲者讳、为贤者讳”，讳者，隐藏也。讳来讳去，就失去了真实，剩下来“不讳”（也就是“真”）的部分，还能有多少？

关于中国正史上明目张胆的文字诈欺，柏杨曾有专著《鬼话连篇集》。里面所收集的，全是历代帝王（特别是开国帝王）装神弄鬼的记载，一望而知其说谎。举例言之：

刘邦之母因在野外与蛟龙性交而有孕，遂生刘邦（此乃龙种也！）。赵匡胤出生时，室外红光四射，室内异香遍布。等等诸如此类的流传很多。之所以如此说谎，原意是，天子之所以为天子，生来就有不凡之处，尔等小民有吗？所以还是安分守己吧，不必梦想皇帝宝坐，以免脑袋搬家，祸灭九族。有时也有些军阀和流氓，知道其中奥秘，硬说自己出生时也是这般如此，说明此公至少已具备做皇帝的必要条件。

更进一步分析，文字诈欺，乃是来自对权势的崇拜。所以中国历史学家没有原则，没有是非，只有功利。在史学家的眼里也是“成则为王，败则为寇”，历史岂能不悲哀！

酱缸产品之五，是对僵尸的迷恋和肤浅虚骄。

对祖先的慎终追远，在本质上应是充满灵性的；但可惜变质了，变成了对僵尸的迷恋。

孔子是驱使祖先崇拜跟政治结合的第一人，那就是有名的“托古改制”。“古”跟“祖先”遂化合为一，这是降临到中华民族头上最早的灾祸。外国人遇事都是往前进一步想的，偏中国人遇事都往后一步想。“退一步”，正是儒家那种对权势绝对驯服的明哲保身哲学。

对僵尸迷恋的第一现象是：“古时侯啥都有”；第二个现象更糟：“古候啥都好”，包括古人人品好，古代法令规章好，古代名词好……社会进化了几千年，反道古代什么都好，怪哉！

这个酱缸文化，自从孔丘先生之后，两千多年间，没有出过一个思想家！所有识字的人，都在那里批注孔丘的学说，或批注孔丘门徒的学说，自己没有独立的解见，因为我们的文化不允许这样做。因为我们要“师承”。所以只好在这潭死水中生存。这个潭，这个死水，就是中国文化的酱缸。酱缸发臭，使得中国人变得丑陋。这个酱缸深不可测，以至许多问题，无法用自己的思考来解决，只好用其他人的思想来解决。

中华民族，我们能不能复兴，也用不着看李淳风的《推背图》，和刘伯温的《烧饼歌》只看看我们做的啥事，就会明白。

中华民族是个有病的民族，年代愈久，病情愈深。这个病起源于汉武帝的独尊儒术，加上后来几位庸医（如科举、宋明理学）一搞，更把中华民族传统文化搞得性灵全失，一息奄奄。

一个有病的民族，正如同一个有病的人，不把病治好，一切无从谈起。若民主、若科学、若法治，是天下至补之药，但对一个患严重肠胃病的人，补药有什么用呢？欲治病，必须先探求病因，病人既不能讳疾忌医，也不能畏痛忌医；在必要时，断擘锯腿、毅然从之；割胃换肾，在所不惜。必须具有如此之勇气，始有起死回生之可能。因此，虚心检讨传统文化是十分必要的。

84. 邻里关系力学

邻里关系是种特殊的人际关系。家庭是社会的细胞，邻里是相邻家庭的关系，也就是社会中相邻细胞的关系，几乎每家都存在这种关系。因此，也是影响社会稳定、和谐、团结、风气的重要力学。邻里关系和谐健康是正能量，邻里关系不和谐不健康就是负能量。

常言道："远亲不如近邻，近邻不如对门。"一句话说出了邻里关系的重要性。中国古代有"孟母三迁"的故事，就是为避开不利的邻居，选择好的邻居，孟子的母亲不辞劳苦而搬迁三次的故事。

邻居是你居住环境的要素之一，是低头不见抬头见的左邻右舍。也是除家庭成员外，是见面较多的人。因此，搞好邻里关系，对提高生活质量，建设和谐社会具有重要的意义。

可能谁都想搞好邻里关系，但也不是谁都搞好了邻里关系。君不见，住在对门的，住在上下左右的邻居，见面像不认识似的冷漠；为邻十多年，叫不出姓名的大有人在；更有甚者，为了一件小事吵架、打架、甚至对簿公堂的也不鲜见。这样的邻居，不仅不能营造一个愉快的生活环境，反而，始终有一片乌云在你家的周围徘徊，多么烦心！

据报导，对门邻居，因一条狗经常狂吠扰邻，两家冲突，发生两死一伤三坐牢的惨案。案发后，两家邻居都悔恨不已，但为时晚矣！

搞好邻里关系，要双方共同努力，要与邻为善，并要主动从自己做起。

首先，要有搞好邻里关系的愿望，认识搞好邻里关系的好处和重要性。没有这种认识，很难搞好邻里关系。搞好邻里关系的好处很多，我国与邻邦的关系是：睦邻、助邻、富邻政策，一个极好的政策！你与邻居关系的基本准则是什么？把邻居当朋友一样看待，如果大家都有一个友好善邻的准则，一定会建立起良好的邻里关系。

其次，见面后要主动打招呼，问个好，说几句话，那怕是无关重要的话，如拉拉家常，报告一下天气，通报一下新闻，聊聊单位情况，谈谈体育比赛等，这样可以消除许多误解，拉近彼此关系。进而还应省视一下自己家的行为、动作，会不会影响邻居的正常生活；邻居家有什么事自己可以帮上忙，借此，探听个口风。

第三，主动拉关系，逢年过节或适当时间，到邻居家少坐拜访，拉拉家常，相互沟通。有事可以相互帮忙。只是隔了两道门，不能分成两个世界，我们都是有感情的人，所以邻居要多相互帮忙，首先是自己主动去帮忙。

可以和邻居一起去旅游，联络感情。和邻居一起去玩，观看清山绿水，美丽风光，留影风景照片。人多就多个照应，人多就多一份热情，多一份开心。

好东西可以分享。邻居关系是平时一点一滴积累的。也许平时没有时间去联络感情，但我们可以分享，有高兴的事可以跟邻居说说，有好玩的可以和邻居一起去玩，有好吃的可给邻居送一些分享，表示心意。

平时可以串串门，可到邻居家小坐，聊聊天，也可请邻居到家里来，介绍家里人，参观一下家景、影集，聊聊家庭建设。

第四，如果可能的话，邻里间可一起搞些集体活动，如简单的文体活动，郊外旅游，以及一些 AA 制聚餐等，这样可以增加了解，联络情感，减少误会，使邻里之间，更加轻松和谐。

可以有邻居节，搞一些活动，可以做很多桌佳肴，男女老少的聚在一起，可以聊工作，可以聊八卦，可以聊梳妆打扮，其乐融融。

第五，适度处理好邻里间的矛盾。犹太人有句名言：“当你的邻居在深夜两点弹钢琴时你别生气，你可以四点钟时叫醒他，并告诉他你很欣赏他的演奏。"邻里间经常会产生矛盾，比如水管漏水，下面的邻居感到受不了啦，可上面的邻居还不知道。这要迅速沟通，迅速解决。上面的动作太大，噪声太大，影响到下面，也要以适当的方式提醒才是。有的属于长时间对邻居有影响的，如音响太大，钢琴声太大，深更半夜的麻将牌声……这需要由引起方妥善解决。自己主动解决是上策，如果由领导出面，或付诸法律，就有失面子。

第六，时下养狗的人较多，有宠物狗，有大型狗，种类繁多，往往引起邻里关系不和谐。城市养狗虽然有明文规定，但也有不执行的。城市人口密集，可供活动的空间少。狗拉屎撒尿，对环境卫生影响很大，狗乱跑乱叫，对环境质量有影响，常引起邻里不满。狗必竟是动物，有野性，有时可能咬人。狂犬病是种要命的病，谁不害怕！有时在路上、在楼道里、在电梯里，与烈性狗狭路相逢，真有点胆战心惊，特别是老人和小孩。因此，许多人不欢迎，甚至反对邻里养狗，这是很有道理的。为搞好邻里关系，养狗者应三思。

邻里间是一种特殊的人群关系，既可择邻，又不可以择邻，就是你可以不住在这里，但你无权要求别人离开这里。有的要数十年为邻，有的要几辈子为邻，所以，有一百个理由应处理好邻里关系。对邻里要多包容不对抗，却不可一时冲动，破坏了这种和谐关系。应从长计议，下功夫处理好邻里关系。

85. 地球村力学

（1）地球村的基本概念

随着科学技术的发展，广播、电视、互联网、手机和其它电子媒体的普及，随着各种交通工具的飞速发展，人与人之间的时空距离骤然缩短，整个世界像似紧缩成一个“村落”——地球村（Global Village）。

“地球村”一词是加拿大传播学家 M·麦克卢汉 1967 年在他的《理解媒体：人的延伸》一书中首次提出，是现代科学技术的产物。地球村的概念不是地球变小了成为村庄，而是人们的交往方式以及社会形态和文化形态发生了深刻变化。特别是通讯高度发达，可在几分钟内联系到地球上任何人，人们交流十分方便。交通工具特别先进：飞机、火车、汽车、高铁、高速公路、轮船等快捷方便，能在很短时间内，到达地球上任何一个地方。人们的文化程度和思想水平有很大提高。相互交流、相互访问、相互旅游，习以为常。世界上一种通用语言比较普及，翻译人员众多，语言交流也很方便，或者可用一种多语言翻译器，为人们当翻译。城市化率很高，乡村和城市没有太大差别，曾经的城市老大，在城市化过程中，使地球上的原有村落都市化，城市集权逐渐消解，惟有吸引游客的是文化幽灵。任何公路边的一个小店加上它的电视、手机、报纸、杂志，都可以和纽约巴黎一样，具有天下在此的国际性。这时，时间和空间的区别变得多余。这种新兴的感知模式将人类带入了一种极其融合的环境之中，消除了地域的界限和文化的差异，把人类大家庭结为一体，开创一种新兴的和谐与和平。旧的价值体系渐渐崩溃，在新的体系下，建立一个人人参与的，新兴的、整合的地球村。事实上，这种地球村已经逐渐产生。麦克卢汉的“地球村”理论，是全球化理论的萌芽，对后来研究全球化的学者产生了深远的影响。地球人向往“地球村”，并为此而努力，必将推动社会进步，成为重要的社会力学。

地球人也是一个新的概念，不是地球上的人，而是地球村的人，就像说张家村的人、李家村的人一样。地球村的本质，也可以理解为全球网络化，全民网络化的社会形态。地球村的地球人——不分种族，不分民族，不分地域，不分肤色——地球上的网络公民。

所谓的地球村，不是某一个村庄，而是地球人共建的全球网络村。有村民，有村长，他们来自不同的地方，不同的职业，不同的岗位，不同的群体。有着不同的心理，不同的经历，不同的体会。

就宇宙而言，“地球村”相当于是一个网站，一个组织，有制度，有激励，有创造。它是发展中的一个群体，是网络创新中的一枝新秀。他是流量入股的创造者，网民生活的体现者，网络创新的代言人。是信息化社会的改革者，是具有网络思想的人。作为一个符合网民利益，体现网民劳动，促进社会进步的组织，有着它创业过程和曲折经历。人的思想千差万别，但有一个共同点，那就是对美好生活的向往。通俗点说，是对劳动的公平所得。人生在世，创造是主要的，创造的动力是公平、诚信。社会将走向何方，没有公平、诚信，又何来努力和创造。地球村的共赢思想抨击了龚断，建立了公平发展新机制，给网民带来了新思想，新机遇，新挑战，是网民的精神支柱。可以说，地球村给网络注入了新的生机，新的活力，开创了网络建设的新时代，为创建人类命运共同体，为世界大同创造了条件。

(2) 地球村的特征和对社会的影响

地球村的出现打破了传统的时空观念，使人们与外界乃至整个世界的联系更加紧密，交往频繁，人类相互间更加了解了。

地球村的产生改变了人们的新闻观念和宣传观念，每天都可以接受到来自世界各地的信息，迫使新闻传媒更多地关注受传者的兴趣和需求，更加注重时效性和内容上的客观性、真实性。

地球村促进了世界经济一体化进程。可以理解为地球村是互联网的发展，是信息网络时代的集中体现，是知识经济时代的一种形式。而现代交通工具的飞速发展，通信技术的更新换代，网络技术的全面运用，使地球村的形成得以可能。

简单说，就是虽然地球很大，但由于信息传递越来越方便，大家交流就像在一个村子里一样方便，就称地球这个大家庭为“地球村”了。 “地球村”——人类未来的美丽景色。

地球村概念的产生，更直观的表现了人民渴求世界和平的愿望。不论肤色、不论种族，不论地域，人人平等，都是地球村的村民——地球人。

地球村是个新生事物，还有待逐步完善，初期还存在某些负面影响，这是必须克服的。

负面一，全球经济不稳定将成为一种常态。在经济全球化过程中，各国经济的依赖性空前加强。不少国家对外的依赖度超过 30%，个别国家超过 50—60%。经济的波动和危机的国际传染，成为经常性而且不可避免的事情。任何一个国家的内部失衡，都会反映为外部失衡，进而很快影响到与其有紧密贸易和投资相关的国家，最后极有可能将所有国家都不同程度地导致失衡与危机的境地。

负面二，国际游资对地球村的影响加大。由于联系紧密，国际游资流动可能更加活跃，成为全球经济不稳的重要根源之一。作为一种超越国界的巨大金融力量，国际游资会一次又一次地扮演全球性金融动荡的制造者和推动者，扮演危机传染的媒介。尽管仍可以继续探索各种有效的监管机制，但对国际游资的完全控制是很困难的。

负面三，各国经济主权的独立性将面临日益严峻的考验。欧盟经济体发展的历程表明，随着一体化程度的逐步提高，各成员国经济主权则不断下降。同样。地球村的村规民约的建立，也会使原来各国的主权的独立性受到影响。

负面四，全球范围内的贫富差距会进一步扩大。经济全球化，本质上是一个全球范围内的市场化过程。在这个过程中，竞争创造了效率，同时，也使财富越来越向少数国家或少数利益集团集中，导致财富差距扩大。虽然几乎所有参与者都不同程度受益，但这并不意味着利益均等。因为，事实上作为资本和先进技术的主要拥有者，总是处于全球化的中心地位，他们通过价格制定，汇率控制，掌握获得经济利益主动权，首先使自己成为巨富。

（3）建造地球村的困难

语言不通带来交流障碍。无法直接交流，将导致和积累越来越多的具体的隔阂和误解。虽然学习通用语言，以及电子技术翻译器会有所帮助，但语言交流的困难，仍会长期存在。

本地文化受到冲击。人类有一个共同的难以磨灭的根性：渴望保留本地的文化和习俗。只要这个根性还存在，任何全球合作的项目都可能在分化、对立中瓦解。这是建立地球村最大的困难所在。

远距离贸易频繁，经济贸易随距离的增大而增加成本，受到抑制。

（4）为建地球村努力奋斗

地球村这不仅是个崭新概念，它有很重要的内涵。地球村的标志是：通讯高度发达，地球上的人可以充分沟通，消除怀疑；交通工具高度发达，人们方便相识相聚；共同活动频繁，文化交流、体育交流、参观、旅游、探亲、访友，村民们彼此更加了解熟悉。村子里的人也有矛盾、冲突、也有利害关系，但没有战争。因为村长不允许打仗，村干部是民主选举的，他们不想在自己的任期内，发动被人们所指责的战争。因为战争是要死人的，且破坏性极强。那时人们不认为发动战争的人是英雄，人们的观念变了，认为维护和平的人才是英雄。

中国现阶段提倡的社会主义核心价值观：富强、民主、文明、和谐、自由、平等、公正、法治、爱国、敬业、诚信、友善。是总结古今中外人类社会文明的结晶，具有普世价值，若把“爱国”改为“爱地球村”，就可能成为地球村的核心价值观。

“地球村”及其价值观是人类的美好景色，可能需百年或几百年才能实现。但是，从它提出之日起，它就渐渐在成长，就成为全球有识之士的关注中心和共同奋斗目标。

86. 选举选票力学

国不可一日无君，这是千年古训。同样，一个地区、一个单位、一个团体都必须有领导人，三人行就得统一意志，就得有个领头的，这是客观需要，不是人为的多此一举。否则，各自为政，就成无政府状态，什么事也干不好。因此，谁来当领头人，这是人类古今中外的重大问题。因为事情重大，情况复杂，所以每个国家、每个地区都可以总结出一部《选举法》。

最高领导是国家大事的决策者、管理者，他们直接影响国家的前途和人民的福祉，历来都是国家的头等大事。

在人类历史中，有很长时间里都是世袭制。就是皇位、王位老子传给儿子、儿子传给孙子，一代一代世袭下去，直至改朝换代。新的一个朝代，又是如此世袭。

世袭制有优点也有缺点，且缺点是致命的。即使世袭，也很注重选接班人，如皇帝确立太子，国王确定王储，都要经过精心挑选和培养，要德才兼备，能力超群，要让他们在困难环境下中磨练，在处理大事中磨练，不合格的要换人。但世袭制更多的是腐败，有的小娃娃就当了皇帝，成了国家的领导人了。世袭制的优点是，最高领导者责任心强，为了自己的江山社稷，时有明君出现，此时，政策能延续，政局较稳定。缺点是选择的局限性太强，不容易选到特别优秀的皇帝或国王。长期执政，权力太大，又不能形成有效监督，极易产生腐败，政局动荡，国家大乱。这是几千年的事实。世袭制是种愚昧落后腐朽的制度，产生过许多血的教训。

人类不断争取进步，从世袭制进入了新的民主进程，通过选举产生领导。上至国家主席、总统，下至部省县市乡的领导，有时班长、组长也是选举的，特别是选代表、选先进，也都通过选举来产生的，这是伟大的社会进步。当然，最重要的是选举国家最高领导人。因此，选举、选票就成了影响社会的重要因素。选举是种制度，投票是种方式，各国各地都各有特色，有严密的选举程序，有严格规章制度。选票才是决定的因素，得票多者当选。因此，选举选票是影响当今社会发展的巨大力量，是重要的社会力学。

选举程序，一般设计得非常严密，甚至滴水不漏，但仍在选举中会出问题。因为竞争对手都太想获胜了，总想找点问题打击对方，争取自己当选。所以常有选举舞弊发生，常有不承认选举结果的事件发生。

全民公投，凡重大事件感到难以处理时，就发起全民公投，它也是一种推脱责任的举措。如英国脱欧、爱尔兰脱英等，这样的大事就通过全民公投决定，否则不能平息不同民意。

选举是种相互制约的关系，选民与被选人既和谐又对立，又相互制约。和谐，都是为一个共同利益，选举出好的领导人，从出发点到落脚点理应和谐。对立，领导与被领导、管理者和被管理者有时是相互对立；制约，我不满意你，我不投票给你；你不服从管理，我制裁你。

选票的力量是巨大的，如果选民认真参与的话，它能明确表达选民自己的意愿：支持谁，反对谁；支持什么政策，反对什么政策。想当官的尽量不明显得罪民众。在竞选时，选票的力量迫使想当选者屈从于民众，讨好选民，为民众许诺；哪怕选上后不能兑现。所以，常常是竞选时的承诺如同商业广告，水分太大，不实之词太多。

为争夺选票，在选举时常有明显的欺诈行为，给选民送钱（贿选），送礼、表示友善，讨好选民；这样的违法行为有时也受到查处。

除了选举官员外，还有更多职位是上级长官任命的，这是非常重要的环节，任命德才兼备者才是公平正义的。但为获取个人利益，官员寻租，行贿、受贿，买官卖官层出不穷。对掌权人严厉监督是非常必要的。

选票承载着选民意志，也承载着各种各样、五花百门的利益。选票的力量很大；搞得侯选人、不同利益的群体神魂颠倒，拼命抢票。

选票决定侯选人的命运，选票多的当选，这是铁律。因此，竞选时拉票，就是竞选时的主要任务。发表竞选演说，标榜自己，打击对方，这是基本形式。造谣生事，无是生非，抹黑对手，这是必要的伎俩。贿选，讨好选民，直接或间接拉票，是主要手段。在选举中，明里暗里给选民一点利益，物质、金钱、许诺，把票锁定。在腐败严重的地方，选票明码标价，投你一票，给多少钱，在明里暗里进行。在这种情况下，所谓的民主选举已经变质为腐败选举。成了黑社会操纵的选举。结果是可想而知的。

重视选举，在民主旗帜下，努力选出民众满意的领导人，是天经地义的事，其条件是：民众对社会有信心，对选举有信心，相信政府能公平正义，认真按选举程序办事。但不要迷信选举选票，因为里面的猫腻太多，暗流涌动，各种利益集团、各种势力都在较量，常常置民众于不明不白之中，也不是守身如玉的人能获胜。因此，不断探索，不断改进选举制度，建立更好的监督制度，仍是追求的目标。

87. 民主心理力学

(1) 人类对民主的诉求

民主是种心理，是人的一种心理诉求。人人都有追求民主的心理，即自己是有尊严的社会参与者的心理，而不愿意被游离于社会之外，或被边缘化了。众多人的这种诉求，就促成了民主社会，即人人都可以表达自己的意愿的社会制度。社会主义民主制度本质上应是广大人民群众参与的民主制度，资本主义社会本质上是资产阶级参与的民主制度。

一个为人民服务的政府与一个为少数人服务的政府，对民主的理解是不一样的，产生两种完全不同的民主理念。一种理念是为广大人民群众设计的民主制度，认为穷人是社会制度造成的，认为穷人的数量众多，让穷人参政，设计有利于穷人的制度，是社会的进步，是理所当然的。另一种是为有钱人设计的民主制度，认为穷人是自己不优秀造成的，有钱人才是精英，是统治者。在资本主义国家，穷人不能当议员，认为穷人能力不行，怎么管理国家呢？这就必然产生两种完全不同的民主制度。

（2）民主的基本概念

民主一词源于希腊字 demos，意为人民，人民的主意，人民作主。其定义为：在一定的阶级范围内，按照平等和少数服从多数原则来共同管理国家事务的国家制度。这里强调了阶级范畴，即不同的阶级有不同的民主。在民主体制下，人民拥有超越立法者和政府的最高主权。尽管世界各民主政体间存在一定的差异，但民主政府有着区别于其它政府形式的特定原则和运作方式。民主是由全体公民直接或由通过他们自由选出的代表行使权力。

（3）民主政治的内涵

纵观人类的政治史，人类的政治生活方式经历了神权政治、王权专制政治、威权政治和民主政治等。民主政治是社会进步的产物。

民主政治本质上是奉行多数人统治的一种政治制度。与君主制、寡头制和独裁制相对立。民主政治，作为一种比较完整的国家体制和政治制度，最初产生于古希腊的城邦国家。资产阶级在反对封建专制的过程中，扩大了古代民主政治的基础，确立了以普选制和议会制为中心的资产阶级民主政治制度。其中把拥有财产多少作为参与民主的重要因素。

社会主义民主政治的本质是人民当家作主，是最大多数人享有的最广泛的民主制度。完全不以拥有财产多少作为参与民主的因素。

就民主政治本身而言，具有两重性：一方面，民主政治反映国家的阶级本质，不同阶级统治的国家，民主政治的本质是不同的，并由此表现出特殊性和差异性。另一方面，不同的民主政治制度在实现其阶级统治时，必须遵循民主政治的一些基本原则，如多数原则、确认和保护权利原则、代议制原则、有限权力原则、法律面前人人平等原则等。社会主义民主政治批判地吸收了资产阶级民主政治的合理成分，为人类民主政治的发展开辟了新的前景。

公共权力是人类社会的核心，也是民主政治的核心。政治的本质就是对公共权力的驾驭。掌权者（个人或集团）借助公共权力（或特权），管理冲突并实现特定价值目标。首先，政治和人群的冲突有关。人类共同体中有很多人，人与人之间意见不一致，由此发生分歧和冲突。人类共同体要维持下去，就必构建规则和秩序。政治就是以武力、说服、妥协等方式，解决分歧和冲突，并建立秩序和维持秩序，其中包括方法、途径和过程。从内容上看，分歧和冲突是由利益矛盾引起的，而利益矛盾是由利益的有限性和追求利益的无限性的矛盾运动产生的。政治，就是将利益分歧和冲突限制在一定范围内并使之秩序化，使追求正当利益的积极行为得以持续进行。政治现象又与公共权力有关。公共权力是具有普遍约束力的合法的强制力。解决分歧和冲突，意味着规约人们的行为，而规约人们的行为必须依赖人们的普遍认同和必须服从的约束力。政治，就是借助于公共权力使解决分歧和矛盾秩序化，其核心是支配和服从支配。人类管理冲突并建立和维持政治秩序的方式多种多样，并随着生产力的发展而发展，是人类政治生活永恒的话题。

（4）民主的基本特征

民主是保护人类自由的一系列原则和行为方式，它是自由的体制化表现。没有民主就没有自由，没有自由也就没有民主。只有平等参与才是民主，才能保护自己的自由。人不能绝对的自由，人也没有绝对的民主。民主是以多数决定的，同时尊重个人与少数人的利益为原则。所有民主国家都在尊重多数人意愿的同时，极力保护个人与少数人的基本权利。民主国家注意不使中央政府具有至高无上的权力，政府的权力分散到地方和地区，地方政府必须最大限度对人民敞开并对他们的要求做出反应。

民主体制的方式多种多样，反映着每个国家各自的政治、社会、文化特征。决定民主体制的是其基本原则，而不是某种特定形式。在民主国家、公民不仅享有权利，而且负有参与政治体制的责任，而他们的权利和自由也正是通过这一体制而得到保护。民主社会奉行容忍、合作和妥协的价值观念。因为民主国家认识到，人多嘴杂，时常达不成共识，所以要达成共识需要妥协。用圣雄甘地的话说："不宽容本身就是一种暴力，是妨碍真正民主精神发展的障碍。"

（5）民主政府和职责

民主政府的首要责职是：保护公民的基本人权和信仰自由，保护法律面前人人平等的权利，保护人们组织和充分参与社会政治、经济和文化生活的机会。民主国家定期举行全体公民参与的公正的选举。民主国家的选举力戒成为独裁者或单一政党的门面装饰，而是争取人民支持的真正角逐。民主使政府遵循法治，确保全体公民获得平等的法律保护，其权利受到司法体制的保护。

（6）民主制度的缺点

"民主"一词，听起来非常诱人。但是，民主只是最不坏的制度，但也不是最好的制度，它有很多缺点，甚至还有更多缺点没有暴露出来。

民主政治，是民主的最重要内容，是民主制度的目标。要实现民主政治，需要民主入主议会，组阁、而后才有民主政治，即首先有民主而后才有民主政治。民主政治是在少数派监督下，民主动用公共权力管理社会公共部门和服务公众的行为。

民主并不等于具体的民主制度。在民主的旗帜下，有各种民主制度。所以，"民主"很难和某种民主制度直接划上等号。而且，众所周知，就民主的设计而言，存在着各种相互矛盾和冲突的各种理念，所以，我们也知道很难根据某种具体的民主理念，来裁决民主的优点是什么，民主的缺点是什么。

至少就民主的设计而言，就存在着多种不同的民主理念，其中比较熟悉的有：自由主义民主、社会主义民主、参与式的民主、古典多元主义民主、激进多元主义民主等等。然而，他们对民主的看法也各不相同，这些民主观念有时相互冲突，相互矛盾。

①自由主义民主认为：民主从本质面言是一种方法，一种国内和平和个人自由不被侵害的有效方法。所以，只要民主不对自由的事业产生威胁，民主就是有用的；反之，民主如果威胁到了个人的自由，那么民主就应该被抛弃。

②社会主义民主认为：民主只有服务于无产阶级时，这种民主才是真实的和有效的。所以，列宁把民主分为无产阶级民主和资产阶级民主，并认为民主具有一定的阶级性，而且无产阶级民主要优于资产阶级民主。但在《国家与革命》中，列宁也认为即使在社会主义时期，民主仍具有一定的强制性，会形成多数人对少数人的强制，会干涉到个体的自由。所以，民主也仍不是最好的制度。列宁在设想的共产主义社会时，认为民主制度将会随着社会生产力与人类理性的极大发展而逐渐升华。

③部分欧洲的马克思主义学者民主：例如，法国的民主理论家克劳德·勒福尔认为，民主仅仅是一个不确定性的符号标识。而民主社会与传统的王公贵族所统治的旧社会的区别在于：民主社会中国家的权力来源于“人民”，而传统社会中国家的权力则来自于具体的个人（例如皇帝或诸侯等）。但因为“人民”这个词实际上是非具体的抽象，所以，国家实际上只能通过一些委任的或自我委任的人打着“人民”旗号的人来进行统治。因此，在勒福尔看来，在民主社会中，人民的统治不仅无法真正实现，而且“人民民主”的口号与旗帜非常容易为一些别有用心的人所利用。特别是一些民粹主义的威权统治者，特别善于运用“人民”来为其威权统治提供辩护。其中最出名的就是纳粹和希特勒。

④卡尔·施米特民主：卡尔·施米特的民主观念则是一种基于论证国家主权权力来源的法学上的观点。在他看来，政治的逻辑则是一种“敌我划分”的逻辑。因此，国家是由人民共同意志的代表捍卫人民利益，镇压敌对力量的工具。所以，在一些施米特分子看来，民主并不是一系列价值中立的民主程序，而是包含着一种具体的民主价值。所以，在一些极端的施米特分子看来，真正的民主是一种实质民主，而非程序民主。而一旦程序民主妨碍了实质民主的实现，那么就可以绕开现有的民主程序，去实现实质民主。所以，施米特对民主的批评主要是针对一些善于玩弄程序的议会至上主义者。

所以，施米特分子看来，民主制度改革的过程将不可避免的导至两种可能的结果：

一种是统治阶级内部出来一个强人，镇压阶级内部中的派系势力，然后进行强力改革。

另一种是代表上层各派系势力的议会议员们继续相互扯皮，不干实事，直到有一天人民终于忍无可忍，被革命党起来闹革命。

但无论如何，在旧民主制度被新的民主制度替代之前的过度时期中，这个国家一定会经历一个残酷的专政镇压阶段。而这个镇压者，要么是来自于旧统治阶级内部脱颖而出的强人，要么来自于横扫一切的革命党。而为了避免武力革命所造成的社会动荡，国内一些施米特分子一般都比较推崇强人政治。而列宁主义者则倾向于通过革命斗争来实现民主制度的更替。这也是列宁主义者与施米特分子的关键区别之所在。所以，从自上而下和自下而上的差别中，我们很容易看到二者阶级立场上的截然对立的差别。

⑤其他对民主的指责，则主要是包括民主可能造成“文化和道德的低俗化”，“政府的低效率以及大众选择的非理性”等，另外也有人认为，民主可能加速分裂，加剧国内冲突等。

中国现阶段的民主政治制度，在党的十七大报告中明确指出，发展社会主义民主政治是中国共产党始终不渝的奋斗目标。要坚持中国特色社会主义政治发展道路，坚持共产党的领导、人民当家作主、依法治国的有机统一，坚持和完善人民代表大会制度、中国共产党领导的多党合作和政治协商制度，不断推进社会主义政治制度完善和发展。坚持和完善中国共产党领导的多党合作和政治协商制度，是发展社会主义政治制度的重要内容，是高举中国特色社会主义伟大旗帜的必然要求。是符合中国国情的最先进的民主政治制度。

88. 自由心理力学

(1) 自由的基本概念

自由，一个多么诱人的概念，许多哲学家都为此作过探索。

亚里斯多德说：“人，在最完美时是动物中的佼佼者，但是，当他与法律和正义隔绝以后，太自由了，他便是动物中最坏的东西。”

从1789年《人权宣言》发布至今，全人类都在为自由，为了选择自由而奋斗。在这样的时代，拥有自由的人高呼：“我们每个人都是国王!”可是现代，却发现我们从不自由到自由，从孤独无助到无助孤独，从一个怪圈到另一个怪圈，哪里才是出路?

自由的概念，如果我们仔细考察的话，这一概念是一消极的概念。通过这一概念，我们更多想到的只是一切障碍的消除。按照亚瑟·叔本毕的观念，自由可分为三种类型：自然的自由、智慧的自由、道德的自由。

自然的自由：就是各种物质障碍不存在。由此，我们就说：自由的天空、自由的眺望、自由的空气、自由的田野、自由的场所等。

智慧的自由：正像亚里士多德说的，就思维而言是自愿的，还是不自愿的。这是自由的真谛。

蔡元培有句名言："囊括大典，网罗众家；思想自由，兼容并包。"

周海中有句名言："没有自由，就不可能有学术创新。"

萧伯纳说："真正的闲暇，是为所欲为的自由，可不是一事不做，无聊偷懒。"

道德的自由：个人的自由，以不侵犯他人的自由为自由。

除了诉求民主之外，人们还诉求自由。自由，是人性本质的诉求。因此，把民主、自由作为社会价值观的重要内容。人们追求"海阔凭鱼跃，天高任鸟飞"的自由景色，人们还追求很多理想化的自由倾向，甚至有许多极端自由的表现，认为"为所欲为"即为自由。

什么是自由呢？自由的本质是"不要限制我，或尽量少限制我。"自由是一个政治哲学概念，在此条件下，人类可以自我支配，凭借自由意志而自由行动，并为自身的行为负责。自由，涉及每一个人，并通过个人作用于社会，是重要的社会力学。

学术上存在对自由的不同理解。自由最基本含义是不受限止和阻碍（束缚、控制、强迫、影响）。"自由"的精辟解释是：没有外在障碍，能按照自己的意志进行的行为。广义上讲，自由是动物、植物在法律范围内一切不受压束的行为。正因为"自由"，众多的思想家自由地对"自由"纷纷作出自己的定界，据阿克顿勋爵统计，自由的概念竟有200余种。所以，萨托利说"自由是一条变色龙"，许多人都在自由地涂改它的颜色。

"自由"在中国有深厚的渊源。中国古代庄子的《逍遥游》等名篇，为"自由"奠定了思想理论基础，逍遥即自由。在《汉书五行志》中就有"自由"一词；汉朝郑玄《周礼》注有"去止不敢自由"之说。到宋朝时，"自由"已成为流行俗语。然而，中国长期处于封建君主专制统治之下，广大人民很少有自由。因此，中国历史上不像古希腊、古罗马那样曾出现过"自由民"阶级。

自由的含义多种多样，主要的有：

①意指由宪法或基本法所保障的一种权利，即自由权，能够确保人民免受某一专制政权的奴役、监禁或控制，或确保人民能获得解放。

②任性意义的自由。想说什么就说什么，想做什么就做什么，自由放任。

③按规律办事意义下的自由。所谓对必然的认识和改造，由必然王国到自由王国。

④自律意义下的自由。如法国大革命纲领性文件《人权宣言》中对自由定义："自由即有权做一切无害于他人的事情。"

自由是政治哲学的核心概念。自由也是一种社会概念。自由是社会人的权利，自由是与奴役相对立的。

在第二次世界大战中的特定环境下，美国总统罗斯福提出了著名的四大自由，联合国世界人权宣言重申了这四大自由的精神：

①表达自由；

②信仰自由；

③免于匮乏的自由；

④免于恐惧的自由。

（2）积极自由和消极自由

20世纪下半期，以赛亚·伯林开始用"两种自由"的概念来划分自由：积极自由和消极自由。他认为，积极自由是指人在主动意义上的自由，即作为主体的人，做的决定和选择，均基于自身的主动意志而非任何外部力量。当一个人是自主的或自觉的，他就处于积极自由的自主状态中。这种自由是"自主地去做什么的自由"。而消极自由是指在"被动"意义上的自由。即人在意志上不受他人的强制，在行为上不受他人的干涉，也就是免于强制和干涉的消极情绪状态下的自由。

（3）自由的深刻内涵

自由的内涵之一：追求自由的最终目的是为了获得幸福。因为人们最终追求是幸福，所以，人们追求自由不要给自己和别人带来不自由、不幸福。

自由的内涵之二：约束是自由之母。人们之所以会追求某种自由，就是因为人们感觉到某种不舒服的约束。如果你感觉不到这种约束，那么你就不会由此而产生渴求自由意识和行为。所以，感觉约束是产生自由的前提。

自由的内涵之三：心态决定自由。感觉约束是产生自由的前提，所以，如果人们不感觉有约束，那么人们就不会有渴求自由的意识，所以，心态决定自由。比如，真正的出家人无欲无求，所以，真正的出家人就不会有渴求自由的意识和行为。但是真正的出家人凤毛麟角。

自由的内涵之四：追求自由的思想人人有之。因为人的本性是不满足，因为人的最终追求是幸福。不幸福是幸福之母，压束是自由之母。人们想无压束地获取幸福只是一个空中楼阁。所以，人们要获取幸福，就必然要经历“不幸”的压束。诉求自由是人之本性。所以，人必然就会有自由的意识，追求自由的思想人人有之。

由此，我们可以知道“自由”是一个千行合一的词，即：自由包括自由意识和自由行为，自由意识也就是自由思想，自由行为包括自由言行和自由体行，自由言行包括自由语言和自由方言，自由体行就是获得自由的身体力行。

（4）自由的特性

第一，自由的限止性。因为自由的本身一定要保存自己的本质，而它的本质中就不能与非自由的其它东西相混杂，这就是自由的限止性。当火车在轨道上中跑的时候，它可以尽量发挥它机械的功能，可以自由自在的或快或慢，但它不能有越过轨道的自由，越过轨道的自由就是违背自由的自由，就是危害自由的自由，就是结束自由的自由。自杀的人都用了自由，因为没有人杀他，当他杀完了自己之后，他的自由就跟他的自杀同归于尽了，因为他已经没有再自杀的自由了，这叫自由的限止性。

有人说，自由就是无拘无束，不应该有所限制。如果自由是毫无限制，那叫野蛮、放纵、糊涂，那不是自由，那是没有方向的乱来。自由是有限制的。因为自由到了某一阶段，自由就与责任发生关系，所以，自由就在责任里面找到了它的限制。《圣经》从来没有随便剥夺人的自由，神也不轻看人间的主义，但是神也清楚地给自由划了一个界限，一个篱笆。让你走到那边时，发现自己不过是人。我们是人，表示我们比万物都高超。“我们不过是人”则表示人上有神。当我们真正体会到自己不过是人时，我们便在神与物之间，在天与地之间，找到我们的本位，也欣赏我们的本位；而这个本位有向上看和向下看两个方面。

第二，自由的矛盾性。当你用了自由以后，你就在自由中间侵犯了你自己的自由，在自由中减少了你自己的自由。例如，两个女孩都很可爱，都可能成为你的妻子，你可自由选择。但你自由地选择一个确定后，你就失去了选择的自由。

第三，自由的危险性。自由如果没有被真理压束，就会变成一个极大的破坏行为，是含有危险性的。当一个人误用自由的时候，他就在自由中成为抵挡真理的、与真理隔绝的人。所以，没有真理压束下的自由是危险的。

帕特里克？亨利曾说过一句很重要的话：“自由！自由！不自由毋宁死！”

如果没有自由他宁可去死！但是罗兰夫人却说："自由！自由！有多少罪恶借汝之名而行。"说明自由！自由！是很危险的。

(5) 绝对自由和相对自由

很多人不理解自由的本质，把自由的观念绝对化，其实绝对的自由是不存在的，存在的仅是相对自由。有些人不认为相对自由是自由，所以，他们否认相对自由的存在与意义。他们提出"自由王国"的哲学定义，指的是一种绝对自由。自由本来就以不侵害别人的自由为前提，是有限制的和有条件的。但这种限制，不意味着自由观念的就无意义，相反，在限制之外仍存在广阔的自由天地，这恰恰是需要保护的。

而专制主义者，反对的就是个人的自由和这些自由环境。因为个人的自由必然会瓦解到专制者行使的专制统治。所以，在专制国家，自由往往不被认可，自由的意涵也是受到刻意的扭曲和丑化。

自由是相对的不是绝对的，因而产生了相对自由的概念。也就是自由应该建立在不伤害他人，不破坏社会，不消极影响社会，不损害国家及民族利益前提下的自由。

由于存在自然条件和内在条件的局限性，这种取向有时是盲目的，甚至是非理性的。自由是一个非常具有时限性和相对性的概念，因此不同的群体、不同的个体对自由的看法是不同的。

社会中个体自由之间的制约，只有相对自由，没有绝对自由。绝对自由在社会中存在必然受到其他个体自由的限制，此种限制之间相互影响，形成了诸如法律、道德等约束性限制。

对任何社会而言，其中社会个体的自由都是相对的自由，必须受到该社会的约束。每个社会个体的自由之间相互的制约即为社会的约束。社会个体之间的自由若是平等的制约，即此社会为自由社会；若存在不平等的自由制约关系，即为不自由的社会。

自由是相对的不是绝对的，在各个领域都有它的基本内涵。

心理学上，自由是按照自己的意愿做事。就是人能够按照自己的意愿决定自己的行为。这种决定是有条件的，是受自己本身的能力、掌握的信息、外界环境等限制。但是，人的意愿可以自己按照各种条件的约束，自主的选择如何行为。如果这种选择是发自内心的选择，就可以说是自由了。如果这种选择是受到了外界的强制和干涉，就不是自由了。这就是佛所说的："你自己求的、你想要的，别人不愿干涉。"这个自由的准确称呼是自由意识，这是人的基本权利。自由意识下，无论自由意识带来什么后果，人都会自愿承担，这就是人的如意选择和尊严。无论基于什么目的，对自由意识的干涉都是违反人的本性的行为。

社会学上，自由是不要侵害别人的前提下，可以按照自己的意愿行为。对于与他人无关的事情，是自己个人的事情，那么人有权决定自己的行为。而与他人发生关系的事情，就必须服从不侵害的原则。否则，这个行为必然受到反击，至少是思想上的厌恶和不满。没有侵害他人的行为就是善行，就是可以自由的行为；而侵害他人的行为就是恶行，就是不可自由的行为。正常的社会是鼓励善行，惩罚恶行的，并通过赏罚归正人们的思想言行，限制人们相互侵害的发生，保护人们行善的自由。

在法律上，自由就是在不违法的前提下自由行为。然而，实际上很复杂，因为法律本身就有善法和恶法之分。旧社会有王法，而且执法者本身就是贪赃枉法的，所以，其法也是恶法。而恶法是限制人们的行为，规定只有按照其规定的行为才是被允许的。善法是符合社会学的要求，限制侵害他人行为的。因此在实行善法的地方，社会学的自由和法律的自由是基本一致的。而实行恶法的地方，法律是限制自由行恶的工具。

在政治上，自由是人们有权选择自己赞同的执政者，也有权不选择自己不赞同的执政者。就像《道德经》说的，执政者要“以百姓的心为心”，完全按照百姓的意愿管理国家，如果执政者不能做的时候，百姓有权更换，选择能够“以百姓的心为心”的领导者。洛克在《政府论》中提出，自由意味着不受他人的束缚和强暴。现代民主制度的本质就是保护人们的政治自由，尊重人们的自由意识，保护人们的行善自由，并制止侵害他人的恶行。

在意识形态上，自由分为理性自由和感性自由，理性的选择和感性的选择往往存在差异和冲突，因此不存在绝对意义上的自由。

理性自由，是理性意义上的自由选择，是人类个体、群体，以至民族和国家走向文明和发展的必然的先决条件。

感性自由，即自我感觉的自由。是不应该由谁的施舍、强制而被束缚的自由；即使被束缚，只要心不被压制，对于自己而言，随时都可称之为感性自由。从一般意义上来讲，人们更看重感性意义上的自由，而感性的自由更容易和外部世界发生联系与冲突。

（6）自由的普世价值

在知识经济时代，财富不过是在自由价值观普及的社会里，无数个人自由活动的副产品。在个人自由得到最大保障的社会，民众的智慧空前活跃，创新的东西也会层出不穷，财富作为副产品也会像火山爆发般喷涌而出。自由有这样的功能，管理却没有这样的功能。管理可以聚拢现有的智慧和力量，会创造一时的强盛，但会使智慧之源沽竭，为强盛的土崩瓦解埋下伏笔，而且无一例外地都导向死亡。所以，只瞩目科技与财富的繁花，却忽略了它赖以生存的自由土壤，甚至鄙视仇视自由，这是其它文化模仿西方文化屡败屡犯的通病。“精神之自由，思想之独立”是科学发展的理想境界，是创新的源泉。

对个体人而言，自由是指他（她）的希望、要求、争取的生存空间和实现个人意志的空间。这个空间包括社会的、政治的、经济的、文化的及传统的外部条件，同时也包括个人体质、欲望、财富、世界观、价值观、人生观等个人因素和社会因素。

自由是人类在获得基本生存保障的前提下，渴求实现人生价值，提高生活质量，进而提高生命质量的行为取向和行为方式。也就是说基本生活没保障的人，其自由是有限的。只有人们的闲暇时间多了，摆脱了生存斗争，人们才有真正的自由。人们自由了，人不会成为懒惰的饭桶，陷入退化，他们肯定会大大加速人类的进步，创造出千百倍的生产力来。人的最终解放，全要依靠摆脱生存竞争，人要真正自由，就应给他自由的时间和自由的空间。

人类的所有追求归根结底是利益。所以，如果人们觉得不自由，或人们渴求自由，追求自由，那么自由就会成为人们的利益所在。

人类的最终追求是幸福，但是在追求与获得幸福路上，总是会有许多障碍使我们不容易或不能获得幸福，从而使我们想要得到的利益和幸福的心愿常常受到约束。自由的本质是什么？就是人们想无约束地获得利益和幸福的意识和行为。

因为每个人对自由的认识都是一个真理，所以自由的分类与真理的分类大致相同。

什么是好的自由真理，什么是坏的自由真理？人民的和谐幸福是检验自由真理的唯一标准，所以，凡是利于人民的和谐幸福自由真理是好真理；凡是有害于人民的和谐幸福的自由真理是坏真理。

自由可以是个好东西，也可以是个坏东西，就看什么样的人追求什么样的幸福了。追求自由的人无外乎两种，一种是讲道德的人，一种是不讲道德的人。从根本讲，人是时代的产物，一个讲道德的时代环境，必然会产生更多的既讲道德，又讲自由的人，这样的时代，社会必然是和谐社会；反之，一个不讲道德的时代环境，必然会产生更多的讲自由，而不讲道德的人，这样的社会必然是不和谐的社会。

89. 人性善恶力学

人性是善是恶？是一个在中国争论了两千多年的问题，是中国人特有的问题，它广泛的影响着中国社会。因为它是认识人性，制定政策、法律，改造社会必须首先解决的问题。这对中国社会，特别是统治者如何治理国家，有着重大意义。这种争论，本身就是对社会发展的推动力。因此，人性善恶判别和改造也是重要的社会力学。

研究人性的目的是，揭示发扬人性之美，抑制人性之丑，避免人性极端而引起纷争和战争。如果认为人性皆善，所有的人都是好人，这不符合事实；或认为人性皆恶，就会树敌过多，这两者都是错误的。所以人性问题是个极其重要的问题。

“人之初，性本善”，是《三字经》中第一句，是孟子所言。“性相近，习相远”，是《三字经》中第二句，是孔子所言。可见人性多么重要，很早就为圣人们所关注。

如果政治家，对人性缺乏研究，人性都搞不清楚，等于医生未搞清楚药性。医生不了解药性，断然不能治病；政治家不了解人性，也断然不能治国。当世乱纷纷之时，实由政治家举措失当所致，其举措之所以失当，实由对人性欠精密观察所至。

人性本善？本恶？关于人性的善恶，是在我国历史上争论了两千多年的难题，近代才有个结果。

《厚黑学》作者李宗吾先生认为，中国言人性者五家，孟子言性善，荀子言性恶，告子言性无善无恶，杨雄言善恶混，韩昌黎言性为三品。这五种说法，同时并存，激烈争辩，未能折衷一是，令人深思。

孟子言性善，其证据有二，第一个证据是：“孩提之童，无不知爱其亲，及其长也，无不知敬其兄。”二是“今人乍见孺子将入于井，皆有怵惕恻隐之心。”孟子看见人心有此现象，认为人心善良，遂创性善说。他说：“老吾老，以及人之老；幼吾幼，以及人之幼……举斯心，加诸彼……推恩足以保四海。”承孔门学说，“己欲立而立人，己欲达而达人”，利己利人，合为一事，以善推进社会和谐。

孟子认为，凡人皆有畏死的天性，见孺子将入井，就会发生怵惕心，跟着就会把怵惕心扩大，而为恻隐之心，并教人把此心再扩大，推至于四海，此孟子立说之本旨也。

荀子洞察人有为我自私之心，遂创性恶说。他说：“妻子具而孝衰于亲，嗜欲得而信衰于友，爵禄盈而忠衰退于君。”在自己的利益面前，将亲、友、君放到了次要地位。可见为了自己，把别人利益放到次要地位。

孟子的性善说，荀子的性恶说，都带有诡辩性质。把整个的道理蒙着半面，只说半面，都说的条条有理，头头是道，是谓诡辩。就像当今大学生正反方辩论会一样，各说各的理，明知片面，也要坚持，力争战胜对方。孟、荀二派，各执一见，各不相让，对峙两千多年。其原因之一是受当时学风影响：战国策士，习于揣摹之术，先用一番工夫，把事理研究透了，出面游说，总是把真理蒙着半面，只说半面成为偏激之论，愈偏激则愈新奇，愈足耸人听闻。苏秦说和六国，张仪解散六国，策士游说人主，都是用的此种方法。其时，坚持黑白异同之说甚盛，孟荀生当其时，染有此种时风习气。

明白了这个道理，孟荀各取一半立说，各有一半是真理，所以相互攻击，都不能战胜对方。但是，主张性善者说：“世间尽是好人，你是好人，我也是好人。”说这话的人，怎能不受欢迎？主张性恶说者，等于说：“世间尽是坏人，你是坏人，我也是坏人。”说这话的人，怎能不受排斥呢？荀子本来是入了孔庙的，后来因为他言性恶，把他请出来，打脱了冷猪肉，就是受到了“逢人加命，遇货添钱”的公例制裁。于是乎程朱派的人，遂高坐孔庙中，大吃起冷猪肉。

孟荀两说就可以合而为一，就成为告子的学说了。

告子说：“性无善无不善。”人性本是无善无恶，也就是，可以为善，可以为恶。告子说：“性犹湍水也，决诸东方则东流，决诸西方则西流。”也就是，人性，导之以善则善，导之以恶则恶。即是《大学》上“尧舜率天下以仁而民从之，桀纣率天下以暴而民从之”。

1971 年全世界都因发现了塔萨代人而感到惊奇而兴奋，认为这是人性善的佐证，是和平的福音。塔萨代人是一个在菲律宾棉兰老岛上一直过着完全与世隔绝的生活的食物采集者部落，共有 27 人。在至少 6 个世纪的时间里，塔萨代人的先祖过着几乎相同的生活。这个小群体的行为的特征是，完全没有侵略性，他们根本就没有“武器”、“敌对”、“愤怒”、“战争”这样的词语。他们均等地分配采集来的食物。

不幸的是，就在世人知道塔萨代人的同时，人们又在巴布亚新几内亚发现了另一有 30 人的小群体，即芬图人（Fentou）。这个部落的人都是凶暴的武士，他们不断地用弓箭进行战斗。他们将自己的儿子培养成战士。这是人类战争的种子。

这对人类认识人性有什么样启示呢？历史和现实都表明，人类生来既不爱好和平，也不喜欢战争；既不倾向合作，也不倾向侵略。决定他们行为的不是他们的基因，而是他们所处社会教给他们的行事方法。也就是受到怎样的教育和训练，就有怎样的行为。

杨子为我，专讲利己。拔一毛利天下而不为也，极端尊重"我"字。然而，杨子同时尊重他人之我。其言曰："智者所贵，存我为贵，力之所贱，侵物为贱。"不许他人拔我一毛，同时我也不拔他人一毛，其说最精。利己不损人，又是另一种人性。然由杨子所说，只能做到利己而无损于人，与孔门的仁字不合。仁从二人，不能脱离他人。杨子学说，失去人我之关联，故为孟子抽斥。

墨子兼爱，专讲利人。墨子摩顶放踵以利天下，其道只为损己利人。然墨子之损我，是牺牲我一人，以救济普天之下的人，知有众之我，不知自己之我，此乃菩萨心肠也。其说只能行之少数圣贤，不能行之于人人。墨子损我，是自愿损之，非他所干预也；墨子善守，公输九攻之，墨子九御之。

可见，墨子兼爱，专讲利人。也是把一个道理，蒙着半面，只说半面。学术公例："学说愈偏则愈新奇，愈受人欢迎。"

孟子的学说，以"我"字为出发点，所讲的爱亲敬兄和怵惕恻隐，内部都藏着个"我"字。其言曰："老吾老，以及人之老，幼吾幼，以及人之幼。"又曰："人人亲其亲长其长，而天下平。"吾者我也，其者我也，处处不脱"我"字，孟子因为重视"我"字，才有"民为贵君为轻"的说法，才有"君之视臣为草菅，则臣视君如寇仇"的说法。

为我即为私，"私"是决定人性的根本。"私"可以获得个人利益，安身立命，甚至享受。但过度的私就是贪婪，将危害他人，也断送自己。人类相争相夺，出于人心之私；人类相亲相爱，也出于人心之私。阻碍世界进化，固然由于私心作怪；却世界能够进化，也与人之私心有关。由渔佃而游牧，而耕稼，而工商，而现代，造成某种社会文明，也全靠人有私心在暗中鼓荡。人们对于私字，应当熟考其性质，因而利用之，不能利用铲除之。私字不可去，犹如万有引力不可去一样，我们只好承认其私，使人人各遂其私，你不妨碍我之私，我不妨碍你之私，这可以说私到了极点，也就公到极点。可这样推想，即可知道：遍世界找不出一个公字，通常所谓公，是画了范围的，如个人、家、村、县、省、国、地球村等，范围内谓之公，范围外谓之私，我的，我家的，我们国家的等。又可知道：人心之私通于万有引力，私字去不了，等于万有引力之除不去，如果除去了，就会无人类，无世界，或是另一个世界。

为我是人类天然现象，不能说他是善，也不能说他是恶，告子言性无善亦无不善之说，最为合理。告子曰“食色性也。孩提爱亲者，食也；慕少艾、慕妻子者，色也。”食色为人类生活所必需，求生存者，人类之天性也，“生之为性”，天下之大德为生。

孟子言性善，是劝人为善；荀子言性恶，是劝人除恶。为善除恶，原是一回事。

孙中山先生曾说：马克思信徒，进一步研究，发现了“生存为历史重心”的说法。告子说：“生之为性”。达尔文生存竞争之说，本没有错误，错在因生存竞争而倡言弱肉强食，为了“我”，而妨害别人之“我”，已达到生存点了，还竞争不已，就是贪婪。

中国哲学家不然，告子“食色性也”的说法，孟荀都是承认了的，荀子主张限制；孟子对于食字，只说到不饥不寒，养生丧死无憾为止；对于色字，只说到无怨女无旷夫为止，达到生存点，即截然止步，随即讲究礼仪，因之有“衣食足而礼仪兴”之说。

西方社会也曾对人性特点引起争论，那就是达尔文和克鲁泡特金之争。达尔文说，互竞为人类天性，丛林法则，适者生存，弱肉强食。没有什么不合理的，也没有什么好商量的。达尔文以动物界和植物丛林状况进行研究，律之人类社会，故其说有流弊。

克鲁泡特金说，互助为人类天性。克鲁泡特金因要批驳达尔文的错误，在满洲、西伯利亚一带，考察动物及原始人类状态，发明互助说，以反驳达尔文的互竞说。他注意到了人类相互帮助的事实，比达尔文进了一步。但他没有看到人类中相互竞争的一面。文明社会与原始社会毕竟不同。原始社会，无有组织，一切处于无政府状态，克鲁泡特金的互助说，是从原始社会来，故他提倡无政府主义，他主张互助不错，但主张无政府主义就错了。

我们生在文明社会，要考察人类心理真相，有两个方法：一是研究历史。一部二十六史，是人类心智留下的影像，我们考察历史事迹，即可发现人类心理真相。二是研究具体事物。凡物体，每个分子的性质与全物体的性质是相似的。人类社会是积人而致，人是社会一分子，我们把身体之组织法运用于社会，一定成为一个很好的社会。人身之组织，即是合力主义，各部器官，心往一处想，力往一处使。如果“五官争功”，那就相互扯皮，一事无成。由人性而言，治国之道，采用互竞主义有流弊，采用互助主义也有流弊，必须采用合力主义。

在人类历史上，在几百万年的旧石器时代，人们过着乐意合作的塔萨代人的生活。但随着农业的发展，人口增加，财富积累的增加，可以争夺的东西越来越多了，靠战争掠地夺财，是最简单粗暴的办法，于是战争就频繁发生，也愈来愈具毁灭性。古代，手持短剑的古罗马士兵或身披盔甲的中世纪士兵杀死的人并不多，但到近代，大屠杀却变成很普通。第一次世界大战中，共有 840 万军人和 130 万平民死亡。第二次世界大战中死亡的军人和平民分别增加到 1690 万人和 3430 万人。如果发生第三次世界大战的话，死伤人员会大量增加。由来自 30 个国家的科学家组成的国际科学联盟理事会于 1985 年 9 月报告称，核武器攻击造成的冲击波和辐射效应，会直接夺走几亿人的生命，但全世界 50 亿人中，有 10 亿至 40 亿人将死于饥荒。因为这种饥荒起因于“核冬天”——核爆炸产生的巨大黑色蘑菇云会遮蔽太阳光，使全球的作物得不到热量和阳光而枯死，像恐龙灭亡类似。可见，研究人性是何等的重要。

90. 阶级斗争——群体意识力学

（1）普世价值与群体意识

什么是普世价值呢？泛指那些不分领域、国家、民族、超越宗教，只求善良和理性，皆为所有人认同之价值理念。一般认为，博爱、自由、民主是普世价值观的重要内容。什么是博爱呢？友善地对待每个人，尊重每个人。人人都有自由民主的心理诉求，让每个人都有充分的自由和民主。

现在有人倡导把普世价值确定为全球伦理：“每个人都应该得到符合人性的对待。”把人当人对待，以人的方式对待人，这就是普世价值观。承认和保障每个人的平等、自由，民主、宪政、人权。人类的普世价值观是一种美好的愿望，是一种试图消除人间矛盾和斗争的愿望。如果真有普世价值观，那就没有群体意识了，也没有阶级斗争了。

从现实社会来看，普世价值是种理想，是一个追求的目标，远没有实现。西方国家是普世价值观的倡导者，然而，谁又看到了普世价值的实现呢！如美国，自然条件很好，人少地广，物产丰富，长期强盛。但是，美国总统口口声声说：“为了美国利益如何如何！”“美国优先。”长期掠夺别国的资源和财富，美国人过着非常富裕的生活，谁触犯美国利益就打谁。在此基础上能形成普世价值观吗？所谓的普世价值观只是欺骗别人，为美国利益服务的骗局。

寻找人类真正的普世价值观，仍是人类的重要任务。好在人类慎重地对待这个问题，提出了许多新见解，提高了理性和警惕性。

从阶级的角度来看，不存在什么普世价值观，因为每个人都打上了阶级的烙印，统治阶级的价值观和被统治阶级的价值观是根本不同的。如果有都适用的价值观，只能是人性，人权、以人为本，民主、自由、博爱这些人类感兴趣的问题；然而，这些实际上又是虚伪的，做不到的；比如律师，谁给他钱，他就为谁辩护；不给钱，就不给辩护；说不好听的，谁给他钱，他就替谁去咬人；死刑犯，也可作无罪辩护，金钱践踏法律。有钱能使鬼推磨，完全违背普世价值观的思想和行为比比皆是。

在阶级社会里，普世价值就是矛盾、对立统一学说。世间充满了矛盾、压迫和反抗，哪里有压迫，哪里就有反抗，压迫越厉害，反抗力就越大。要实现社会生产力的快速发展，就必须协调好各阶级之间的利益关系，就必须实现价值资源的合理分配。

（2）群体意识与阶级的基本概念

物以类聚，人以群分。庄子说："同类相从，同声相应，固天理也。"这就是群体意识。

通常以经济基础和经济利益划分群体和阶级。因为经济基础直接影响人们的生存——衣食住行、教育、思维。按经济基础和利益划分不同的台阶，最为简单、朴实、实事求是。长期在同一台阶上生活的民众，产生类似的境况、利益和思想，这就产生了群体和阶级。不同的台阶，产生出不同群体和阶级。如工人群体、农民群体、知识分子群体、学生群体、军人群体、宗教群体、商人群体等。再小的群体就更多了，如有房群体、无房群体、炒房群体、开发商群体等。不同群体人的话语、诉求和行为是不一样的。群体意识是客观产生，客观存在，不是谁主观的臆造。什么是阶级呢？列宁说：所谓阶级，就是根据各自利益自然形成的集团阶层。现在看来阶级斗争学说尤为正确。在阶级社会中，各种思想无不打上阶级的烙印。当今社会，不是没有阶级和阶级矛盾，而是一直都有，只是被不愿意承认的人，不愿意揭示真像的人给掩盖了。

有人揭示，群体心理，与个人心理不同。个人独居时，常有明了的意识，正当的感情，一遇群体动作，投入其中，此种意识感情即完全消失，随群体动作而动作。往往平日温良恭俭让的人，一入群体之中，顿觉强大了许多，变成敢作敢为的人；平日柔懦卑鄙的人，一入群体之中，忽变为热心公义，不怕牺牲之斗士。

人人有一心，即人人有一力，一人之力不敌众人之力，群体动作身入其中，我一己之力，被众人之力相推相荡，不知不觉随同动作，以众人的意识为意识，以众人的感情为感情，自己的脑筋，就完全失去自主的能力了。因为有了这个道理，所以主帅才能驱千千万万平民效命疆场，当首领的人才能指挥许多党徒所向披靡。

水之变化，依力学规律而变化。人之心理变化，也是依力学规律而变化。每每会场中，平静无事，忽有一人登台演说，慷慨激昂，激情立即奋发，酿成重大事变，此会场中的众人，犹如深潭中的水一般，一旦堤岸崩塌，水即汹涌而出，势不可挡。

在千百人中间，必须要有一个人站出来，他有着无容置疑的力量。能够在摇摆不定的广大群众的思想世界中，形成花岗岩般的原则，并且为了这个原则的唯一正确性而斗争，直到在自由的思想世界的起伏波浪中，出现一块信念和意志完全一致的坚固的岩石。

战争犯子希特勒深有体会：世界上变革最强的推动力不是统治群众的科学认识，而是赋予群众以力量的狂热，有时甚至是驱赶民众向前的歇斯底里。

个人独居的时候，以自己的脑筋为脑筋。身入群体动作，是以首领的脑筋为脑筋。当首领的人，只要意志坚强，指导有方，就可以指挥如意。“强将手下无弱兵”，就是这个道理。

应对群体暴动的方法，如治水一样：或登高避之，或截堵限之，或疏通流之。

两力平衡才能稳定。万事万物以平为归。水不平则流，物不平则倾，事不平则鸣，气不平则争。处顺利之境，心要思危；处忧危之境，又要有一种迈往之气，使进退二力保持平衡，才不失败。达而在上的人，态度要谦逊；穷而在下的人，志气要高亢，不如此则不平。倘若在上又高亢，我们必说他骄傲；在下的又谦逊，我们必说他卑鄙。此由我们的心，是一种心力结成的，力以平为归，所以我们心中藏着一个“平”字，为衡量万事万物之标准，不过自己习而不察罢了。资本家对于劳工，帝国主义对于弱小民族，不平太甚，必激起反抗。心中之力与客观存在是相通的，故以我之一心，可衡量万物。

每个人都产生个人意识，积个人为群体，产生群体意识，群体意识包括阶级意识、民族（国家）意识、地域意识、集团意识、单位意识等。群体意识之间的差别，在一定的环境中、一定的条件下就会表现出来。其中阶级意识和民族意识是影响最大的两种意识。不同的群体意识，构成阶级意识，于是阶级形成。这是客观存在的，不是由个人主观臆构的。

在人类社会发展的历史长河中，人类经历了原始社会、奴隶社会、封建社会，正在经历着资本主义社会和社会主义社会。在阶级社会里，对立的两大群体称为两大对立的基本阶级，阶级斗争在两大基本阶级之间展开，如奴隶社会奴隶阶级和奴隶主阶级的斗争，封建社会农民阶级和地主阶级的斗争，资本主义社会无产阶级和资产阶级的斗争，在社会主义社会中上层建筑与经济基础之间的矛盾和斗争。在社会主义社会，因为人民当家作主，没有对抗的阶级矛盾和斗争，但有与资产阶级残余的矛盾和斗争仍长期存在，甚至资产阶级可能复辟。

阶级斗争指对抗阶级的对立和斗争，是根本利益对立的阶级之间相互冲突的表现，在于不同阶级的经济地位和物质利益的对立。一切阶级斗争，都是在物质利益和经济利益相互对立和冲突的基础上发生的。因此，调整物质利益和经济利益，是解决对立阶级之间矛盾的基本手段。

(3) 阶级矛盾存在的基本形式

阶级矛盾的形成与发展，紧紧围绕社会价值资源的分配再分配进行，它主要表现为三种基本形式：

①劳动力与生产资料之间的利益分配。在私有制社会里，基层统治阶级通常代表着生产资料，他们直接掌握着生产资料；被统治阶级通常代表着劳动力，他们本身就是劳动力。当分配给生产资料较多价值资源时，就会损害劳动力的利益，进而损害全社会利益。这时，被统治阶级就会起来反抗基层统治阶级的压迫；当分配给劳动力较多的价值资源时，就会损害生产资料，基层统治阶级就会加强对被统治阶级的压迫剥削。由于利益的决策权和执行权通常掌握在基层统治阶级手中，被统治阶级总是得到较少的利益份额，这种矛盾和斗争是经常存在的，只有不断地进行阶级斗争，才能得到相对合理的利益份额。因此，被统治阶级所进行的阶级斗争通常是生产力发展的要求。

②生产力与生产关系之间的利益分配。劳动力和生产资料的总和构成社会的生产力。在私有制社会里，中层统治阶级通常代表着生产关系，被统治阶级通常代表着生产力。当分配给生产关系较多的价值资源时，如各种各样的苛捐杂税等，就会损害生产力的利益，进而损害全社会利益，这时被统治（有时会联合基层统治阶级）将反抗中层统治阶级的压迫。

③经济基础与上层建筑之间的利益分配。生产关系的总和构成社会的经济基础，在私有制社会里，高层统治阶级通常代表着上层建筑，他们能够制定政策，发号施令，确定所有制；被统治阶级代表着经济基础。当分配给上层建筑较多份额的价值资源时，就会损害经济基础的利益，进而损害全社会的利益，被统治阶级（有时会联合基层统治阶级和中层统治阶级）反抗高层统治阶级——上层建筑的压迫。

如在奴隶社会和封建社会，土地是最基础的生产资料，土地的租息直接地决定着劳动力与生产资料的利益分配份额，国家的赋税直接地决定着经济基础与上层建筑的利益分配份额，因此是阶级斗争发生和发展的主导因素。当出现自然灾害时，如果租息和赋税不变，就会相对地恶化三方面的利益分配关系，使之不利于劳动力，不利于生产力，不利于经济基础的方向发展，当这种恶化程度超过被统治阶级所能承受极限时，就会爆发大规模的军事战争和暴力革命。

（4）阶级斗争的基本形式

阶级矛盾的客观存在，必然产生阶级斗争。要实现社会生产力的快速发展，促进经济繁荣，提高生活水平，就必须协调好各阶级之间的利害关系，调动各阶级的积极性，就必须实现价值资源在各阶级之间的合理分配。阶级斗争的本质就是各阶级按照自己的利益要求，通过经济、法律、伦理、军事和政治的手段，重新调节与其它阶级之间的利害关系。其中，军事战争和暴力革命是阶级矛盾发展到高度激化状态时才用的最后手段。

阶级斗争存在于阶级社会的各个领域，表现为多种多样的形式。阶级与阶级斗争的形式在不同的历史阶段有着不同的发展情况和成熟程度。就当代阶级斗争发展程度最为充分的资本主义社会来说，无产阶级反对资产阶级的斗争可分为经济斗争、政治斗争、思想斗争三种基本形式。

①无产阶级的经济斗争

工人为实现提高工资、缩短工时、改善劳动条件的要求，向个别资本家进行斗争。罢工是经济斗争的重要手段。工会是在这种斗争中产生的无产阶级最初组织形式。经济斗争作为无产阶级斗争的最初形式，起着动员、组织、教育工人的作用，也在一定的程度上延缓着无产阶级的贫困化过程。但经济斗争并不能触及资本主义制度的根基，为了从根本上改变资本主义制度，无产阶级必须进行政治斗争。

②无产阶级的政治斗争

包括从利用资产阶级民主制度，开展无产阶级自己的独立的政治活动，在夺取政权的广泛领域展开，斗争的根本目标和任务是推翻资产阶级政权，建立无产阶级专政。政治斗争要求无产阶级作为阶级整体投入斗争，通过斗争维护和实现无产阶级整个阶级的根本利益，要求建立自己阶级的最高组织形式，即马克思主义政党。政治斗争是比经济斗争更高形式的阶级斗争。

③无产阶级的思想斗争

思想斗争或理论斗争是无产阶级斗争不可缺少的形式。无产阶级及其政党在思想斗争方面的任务是，用马克思主义的科学理论武装工人群众，使他们从自在的阶级变为自为的阶级，摆脱和抵制资产阶级思想的影响，并用无产阶级的意识形态战胜资产阶级意识形态。以政治斗争为核心的三种基本形式，在阶级斗争的实际进程中，互相渗透，形成更为具体多样的阶级斗争形式，诸如隐蔽的和公开的、和平的和非和平的、议会的和非议会的等。无产阶级只有善于从实际出发，灵活地运用各种斗争手段才能完成推翻资本主义，建设社会主义和共产主义的历史使命。

（5）当代阶级斗争的新变化

在私有制统治政权建立的初期，劳动力与生产资料之间、生产力与生产关系之间、经济基础与上层建筑之间的利益分配通常处于相对合理的状态，可以有效推动社会生产力的发展。正因为这样，这种统治政权才可以建立起来并为人们接受和拥护。但是，随着时间的推移，由于统治政权的经济、政治和文化体制不同程度上的封闭性和僵化性，社会产生腐败，导致社会价值资源的分配或再分配越来越处于不合理，阶级矛盾日趋激化，最终导致旧政权的复灭。历史上改朝换代，基本如此。

从马克思提出阶级斗争理论以后，无产阶级与资产阶级的斗争一直在进行着，出现过共产主义运动的高潮，建立了以前苏联为首的社会主义阵营，20 世纪 90 年代苏联解体，走向低潮。青年学者刘周在“历史问题与理论根源”一文中阐述了当代无产阶级与资产阶级斗争的某些特点。认为二战以来民族斗争已经成为阶级斗争的重要表现形式，国际共运低潮的出现，是因为人们对变化了的阶级斗争新模式认识不足而造成的。国际共运低潮的主要原因：

①理论的根源

众所周知，国际共产主义运动潮流，是 19、20 世纪最重要的世界性历史潮流。但到了 20 世纪末，随着苏联和东欧社会主义国家相继解体，国际共产主义运动陷入了持久的低潮。这种持久低潮的出现，是国际共产主义运动史上最严重的失败。它的形成固然是由多方面的原因决定的。但是，如此重大的失败，如果没有理论指导上的原因，那是说不通的。任何历史事件的发生，都有其理论方面的原因。国际共产主义运动持久低潮的发生，也有其理论方面的根源。

这个理论根源，在于过多地强调阶级矛盾而忽略了民族矛盾，忽略了革命过程中物质利益的驱动作用，忽略了革命只是在物质利益基础上产生的一种社会现象。帝国主义国家的无产阶级与落后民族的无产阶级，存在着长远的共同利益：实现共产主义社会。但与本国的资产阶级则有着直接的共同利益：资产阶级进行军事侵略和经济掠夺，不仅使资产阶级获得高额利润，而且使本国无产阶级也获得更多的就业机会和更高的工资待遇。因此，在帝国主义国家里，无产阶级实际上充当着资产阶级高额利润的分赃者。他们因为这种分赃而滋长机会主义，放松或放弃了对本国资产阶级的阶级斗争，而归根到底，就是形成了恩格斯所讲的“资产阶级化了的无产阶级”和“剥削全世界的民族”的剥削民族，与此相对应的则是全世界的被剥削的民族。

所以，在实践中“剥削民族”中的“资产阶级化了的无产阶级”，更多地是根据其直接利益和民族观念，而与本国的的资产阶级实行了联合。而不是根据实现共产主义的长远利益和无产阶级的国际友情，与受剥削民族的无产阶级实行联合。这也就是在第一次世界大战中，德国的无产阶级实行与本国的资产阶级联合。同样，在遭受剥削民族军事侵略和经济掠夺时，受压迫民族的无产阶级也与本国的资产阶级联合，以抵御外侮。抗日战争时期中国各阶级抗日民族统一战线的形成，就是这种情况。抗日时期日本国内无产阶级的大部分也在事实上充当了日本资产阶级侵略中国的附庸。在茫茫现实中，一般人不容易看清楚，也无力改变这种现状。像一股洪流，汹涌澎湃，而潜流的涌动往往看不清的。

当前，世界已经划分成剥削民族和受剥削民族两大群体——无论在剥削民族还是受剥削民族，其国内阶级矛盾或因无产阶级参与掠夺后的分赃而获得缓和或因遭受外来压迫而被搁置——总之是阶级矛盾普遍降到了次要位置而为民族矛盾所取代。所以就当代的现实而言，无产阶级首先是民族的（本国的）无产阶级，其次才是世界的无产阶级，民族的凝聚力远超过阶级的凝聚力。无产阶级的民族性对“全世界无产阶级联合起来”战略口号的影响和冲击是很大的，已经使这一国际共产主义运动战略产生了的巨大局限性。这一点马克思主义的先哲们虽然有所认识，但是始终没有将其上升到原则的高度和理论高度，来指导革命实践。因而在这一点上始终处于被动的境地。是国际共产主义运动归于低潮的一个极其重要原因。所以，国际共产主义运动持久低潮的出现不仅是实践的失败，也是理论的失败。这一理论失败的要害，就是没把“全世界受剥削的民族联合起来”放到与“全世界无产阶级联合起来”一样重要或更加突出的位置。

② 资产阶级的和平演变——当代阶级斗争的新特点

当代，无产阶级的共产主义革命是在全球市场经济的环境中进行的，资产阶级的资本在全球范围活动，具有全球性。所以，国际主义成为无产阶级进行革命的基本原则；也就是无产阶级必须将革命放到全球高度才能制定出正确的策略，无产阶级不只是在本民族内活动，它也必须在全人类范围内进行活动。革命首先在世界资本最薄弱的环节发生，但是一旦发生，就必须制定全世界无产阶级的共同战略，才能获得最后胜利。

随着整个世界划分为二个世界——第一世界和第三世界，革命的形式发生了重要变化。无产阶级革命不可能首先在第一世界发生。只可能发生在第三世界——在资本链条上的薄弱环节和资本矛盾的焦点上，革命才会发生。

资本主义国家阵营同共产主义国家阵营的对峙，也使整个资本主义世界发生了巨大变化。首先是各国的资产阶级由于害怕无产阶级革命而普遍的在其国内采取了不同程度的阶级让步措施，改善本国无产阶级的政治待遇和生活状况，推行“和平演变”战略，所以各国国内的阶级矛盾均较缓和，例如，著名的“奶嘴乐战略”。

美国著名战略问题专家布热津斯基认为，财富不均匀“二八效应”，即80% 的财富集中在20%的富人手里；20%的财富集中80%穷人手里，财富分配严重不均衡，是个极大的社会问题。

1995 年，美国旧金山举行过一个集合全球500 多名经济、政治界精英的会议。精英们一致认为，全球化会造成一个重大问题——贫富更加悬殊。这个世界上，将有20%的人占有80%的资源，而80%的人会被“边缘化”。届时，有可能发生马克思在100 年前所谓的你死我活的阶级冲突。日微系统的老板格基表示，届时将是一个“要么吃人，要么被人吃”的世界。

布热津斯基及时献计献策：谁也没有能力改变未来的“二八现象”，解除“边缘人”的精力与不满情绪的办法只有一个，于是推出一个全新的战略——奶嘴乐战略，即在80%人的嘴里塞一个“奶嘴”。要使彼80%的人口安分守己，此20%富人高枕无忧，就得采取温情、色情、麻醉、低成本、半满足的办法，在这些人还没有觉醒时，卸除“边缘化”人口的不满，穷人与富人达到一个暂时的平衡。

另一方面，也是更重要的原因，是帝国主义的资产阶级对被压迫民族的资产阶级采取了较多的政治拉拢和经济援助措施，加强了整个资本主义国家的团结。而这时候的共产主义领导者们，则由于无产阶级革命的停止不前而对革命前途丧失了信心，信心的丧失最后导致信仰的丧失，而信仰的丧失就使革命队伍发生异化和质变。于是，无产阶级政党在不知不觉中就变成了资产阶级政党。所以，苏联和东欧社会主义国家的崩溃是从各国共产党的变质开始的。苏联和东欧社会主义国家的崩溃，就其实质而言，并不是共产主义运动的失败，它的全部意义不过是帮助人们认识了业已发生多时的变质。因此，从这一点上讲，它对共产主义运动的影响，积极的意义无疑是主要的。

③ 未来的阶级矛盾和斗争

什么是阶级呢？列宁说：所谓阶级，就是根据各自利益自然形成的集团阶层。在阶级社会中，各种思想无不打上阶级的烙印。当今社会，不是没有阶级和阶级矛盾，而是一直都有，只是被强大的政府功能覆盖了，被经济生产掩盖了。

毛主席生前语重心长地说过，我党真懂马列的不多。真正的马列主义者首先应该是一个思想者，而不是只为潮流表面的浪花起哄。有的人现在看来压根儿就不是我党的范畴。不是共产党的共产党员多的是。哪一个贪官是民主党派的？那些老虎和苍蝇本质上就不是共产党员，假如不是披了一件共产党员的外衣，没有权利在手，他们就是十足的盗贼。某些所谓的中国精英，在一套光鲜的外衣内全没了心肝。他们即使有灵敏的大脑却没有脊梁。他们只是潮流中的投机者。他们忘了潜心研究，却没有忘记标新立异。当别人说有异议时他们说这很正常；当别人认为很正常时，他们无耻说出不同见解。这样的精英不属于人民。真正的精英应该对时代动向有敏锐的洞察，与人民的心声息息相通。

改开以来，国门大开，妖魔鬼怪一同进来，旧社会沉渣泛起，黄赌毒遍地都是，封资修无处不在。潘多拉魔瓶倒空后，又装进了谁的利益。富人为富不仁正是当下仇富的根本原因，人民仇恨的不是富人的钱，而是富人对穷人的态度，富人的思想。是他们得意洋洋耀武扬威的作派。没有哪个时代有如此多的贪官，没有哪个时代有如此多的盗贼，没有哪个时代有如此多的娼妓，没有哪个时代有如此多的赌徒。

巨大的传统断裂，急剧的道德崩溃，深重的精神颓废，极端的精神上霉烂，极致的思想腐朽，罕见的行为猖獗。人类社会与动物世界的根本区别就在于人类有道德情怀，而动物只有单纯的物质需求。如果经济建设一定要以道德毁灭为代价，那么经济建设的意义何在？

崇拜伟人的民族是智慧的民族，崇拜英雄的民族是勇敢的民族，

崇拜明星的民族是失落的民族，崇拜金钱的民族是迷茫的民族。我们这个时代到底是崇拜什么？

如今鲜花都献给了美女，我们拿什么去献给英雄？明星被崇拜了，所以他们天天唱着“盛世太平”。国际形势如此危机四伏，国内天灾人祸频频发生，他们完全在歌舞升平中没头没脑地粉饰太平。

苏联和东欧社会主义国家的崩溃，是以苏联十月革命为重要标志的二十世纪共运高潮的一个总结，世界无产阶级将再一次觉醒，也是新的共运高潮的开始。随着苏联和东欧社会主义国家的崩溃以及资产阶级对共运失败的庆贺，势态就发生了新的转折：各国资产阶级曾经长期执行的阶级缓和政策必然发生变化，帝国主义长期执行的拉拢被压迫民族的资产阶级的政策将必然发生变化。因此，普遍于世界各国的资产阶级与无产阶级的阶级矛盾的激化，将是不可避免。在这个酝酿更大更激烈的阶级矛盾和民族矛盾时代，无产阶级的重新觉醒，

必须时不待我，积极行动起来，为新的、空前的国际共产主义运动新高潮进行思想的和组织的准备。

91. 仇恨与报仇力学

报仇是一种特殊的社会力，产生特殊的社会现象，古今中外皆有之。这种现象有时被谴责，有时被赞颂，很难简单地说清道明。仇恨与报仇，是社会中隐藏的定时炸弹，说不定什么时刻引爆，广泛地影响着社会稳定和发展，通常是负能量，在某些情况下是正能量。

报复会引发再一个的报复，形成没完没了的报复。宽恕的力量，往往超过报复。

要报仇、要报复，除了常见的以牙还牙，以眼还眼外，历史上出现过无数的惊天动地的报复案例，现代社会中也屡见不鲜，从中可以吸取有益的教训。

公元前九世纪，纪国国君姜靖公向周天子诬陷齐国第五任国君姜不辰。姜不辰遭斩首。二百年后，齐国第十任国君姜诸儿出动大军，把纪国消灭。《公羊传》中有人质疑事情已隔了九代，还要复仇，是不是应该？公羊高回答说："即令隔一百代也应该。"

公元前六世纪，楚王国十二任国王芈弃疾屠杀大臣伍子胥全家。十六年后，伍子胥率领复仇大军攻陷楚国首都，这时芈弃疾已死，伍子胥把他的尸体掘出，吊起来打三百鞭。这项行为受到历史的肯定，并受到骚人墨客的赞扬。

这里可以看出，复仇和雪恨是我们传统文化的一种特色，也是亲情的自然延伸。不仅中国如此，西方也不例外。《旧约圣经》中说，上帝是一位严厉的和复仇的神，动不动就摧毁一座城，或杀死一群不听话的人。犹太所罗门国王最被称道的，莫过于灭人之国，擒人之王，让他们在所罗门王的饭桌前爬来爬去，拣他吃剩下的骨头。

这些故事说明：人类至少在一段很长的时间里，认为"以牙还牙，以眼还眼"的报仇报复是一个普世价值。

然而，《新约圣经》中，自称和被称为救世主的耶稣向仇恨和复仇挑战，提出爱和宽恕。其发挥威力的范例，不胜枚举。

仇恨和报仇是一种复杂的社会现象，报复与宽恕哪个更高明呢？

世人常可听到这样吓人的豪言壮语："报仇雪恨"，"此仇不报，誓不为人!"，"为朋友报仇，两肋插刀，死而无憾!"假如在你的周围，或整个社会，处处充满了报仇的烈火，人们随时都可能被这漫延难控的烈火所吞没，你觉得如何?

报仇，有为公报仇，即通常所说的阶级仇，民族恨，或种族仇恨。也有为私报仇，为个人，以牙还牙，以眼还眼地报仇；为家庭（族）报仇，两家有杀父（兄）之仇，几代人报仇没完没了，武侠小说和影视片中常有此情结。为家庭报仇，为朋友报仇，为帮派报仇，为地域报仇等，杀的天昏地黑，残不忍睹。

报公仇，即为国家、阶级、民族去报仇，如果是为多数人利益，为了正义、伦理、公理去拼杀去战斗，不仅受到法律保护，还受到舆论张扬，可能成为烈士，也可能成为英雄，即使表现不突出，也可成为无名英雄。为此拼杀，拼斗者双方都互不认识，也无直接仇恨，只是各为其主，或为本派所谓的真理、正义、利益而拼杀。历史上的英雄豪杰几乎都是如此。

报公仇也要付出代价的，要花很多钱，要死很多人。要尽量避免造成这种仇杀的社会环境。政治家们要尽量开明，不要把人逼到非报仇的程度。“官逼民反，逼上梁山”就是这种环境的生动写照。

报私仇与报公仇有很大区别。报私仇是法律不允许的。尽管你冤情深重，怒火满腔，也许你十分有理，但你复仇的行为触犯了法律，法律还是要问罪的。这样，也许有理反而要遭罪受。应冷静克制，三思而行。

哲学家培根对“复仇”有哲理颇深的论述。他认为复仇是一种原始的公道……人之天性越是爱讨这个公道，法律越是应该控制和铲除。

因为首先犯罪者已经触犯了法律，而对该罪犯则以牙还牙以眼还眼的复仇，不仅使法律失去了效果，而且又增加一个新罪犯。从性质上讲，某一个人对其仇敌施加报复，那他与被报复者不过是半斤八两，并无高尚之处。而若他能不念旧恶，宽大为怀，那他就比对手高出一筹。谁都知道，“高抬贵手乃贵人之举，宽恕他人之过失乃宽恕者之荣耀。”复仇者应知道，过去的已经过去，且一去不返，而聪明人总是着眼于现在和将来的事情，而对过去的事，过度耿耿于怀者，无非是作弄自己吧了。

无庸置疑，念念不忘的复仇者，只会使自己的创伤始终新鲜如初，而那创伤本来是可以愈合的。深陷欲报私仇的人，可能过的巫师一般的生活，他们活着对人有害，死去则又可悲可叹!

如果一个人的行为引起别人的仇恨，那是最大的失败；如果他的行为引起了众多人的仇恨，那他可能就是坏蛋。千万不要惹起别人的仇恨，使你成为别人报仇的对象，这是每个人都应引以为戒的。

因为家仇未雪，而且越来越深，有的人一生背着沉重的报仇包袱；有的人生来就是为了报仇；有的人活着就是为了报仇，现实生活中真有这种人，在影视片中更是屡见不鲜。人们打打杀杀为报仇，浪迹江湖为报仇，习武修文为报仇，拉邦结派为报仇，几乎过着非人的生活，到头来源源相报何时了，一代一代何时休！所以，冤家宜解不宜结，请你高抬贵手，善解仇恨，千万不要像武侠片中那样，为报仇斗得蓬头鬼面，血红水黑，身残家破，可悲可叹而无味！

报仇雪恨的原因是多方面的。主要可归纳为：自己或亲人或挚友受到不公正的对待，感到很委屈；受到嫉妒、诬陷和诽谤，自尊心受到伤害；身体受到伤害；利益受损或严重受损等。在社会层面，“成者为王，败者为寇”是种残烈的斗争思想，使双方结仇积恨，是产生报仇的根源，使我们没有能力承受失败，只会缠斗、硬拗，陷入报仇，报仇，再报仇的怪圈。不管什么原因，报仇只是一种原始的公道，并非是值得提倡的道德准则，应该理性看待报仇问题，力戒感情用事。复仇不可超过仇人应得到的报应。

树立化解仇恨是最为高尚的理念。自己不制造仇恨，能善解仇恨，让世界减少仇恨，没有仇恨。人人都献上一点爱，世界会更加美好。

92. 自然灾害力学

前几年我们人类搞了个比天还大的笑话：世界末日即将到来。具体是“2012 年 12 月 21 日发生重大灾难，或出现连续三天黑夜，地球毁灭”等异象。这种说法来源是“玛雅历法”，该历法只编写到那一天，于是有些人就解读为世界末日来临。许多人好奇地等待这一天。迷信的人、邪教徒、别有用心的人甚至炒作这一天。有些人做好了思想和物质的准备，把钱尽快花完，米面吃食准备到那一天，一切都要毁灭了，悲观混乱到了极点。实际上，那天终于来到了，天体照常运行，地球照常自转，阳光照样普照，空气照样如常，人类照常生活，一切正常。天大的笑话，以人类的无知和炒作的笑料载入史册。这是人类历史上最荒唐怪诞的一天，同时可见，人类非常惧怕自然灾害会毁灭世界，毁灭人类，毁灭自己。

何谓自然灾害?

自然环境的某个或多个环境要素发生变化，破坏了自然生态的相对平衡，使人类或生物种群受到威胁、损害、甚至灭亡的现象。

自然灾害分为气象灾害、地震灾害、地质灾害、海洋灾害、生物灾害、森林草原火灾等。自然灾害可分为突发性的，短时间发生的，漫长的演变。突发性几秒至几天；短期的有的几个月，长期的则是几年至几百万年。

我国是世界上自然灾害最严重的国家之一。如旱灾、水灾、虫灾、草灾、飓（台）风、风暴潮、冰雹、雪灾、雷电、火山、山崩、地陷、泥石流、土壤沙化、地震、海啸、外星体碰撞等自然灾害都曾在我国或地球的自然界发生过。

随着科学的发展，人类抵抗自然灾害的能力越来越强。轻度的、不同的自然灾害经常会发生。小的灾害影响人民生活；大的灾害，造成人员伤亡；更大的灾害，会造成大量人员伤亡，生活困难，流离失所，甚至造成社会混乱；毁灭性的灾害，会造成人类的灭顶之灾，财物俱毁。科学研究证明，恐龙的灭亡，就是天外小星体碰撞地球，使地球剧烈震动，灰尘长期遮天蔽日而致植物不能生长。这种危胁也可能毁灭人类。所以，自然灾害对社会产生严重影响，是重要的社会力学。

人类生活的浩瀚世界，历来天灾不断，人类在不断承受自然灾害的苦难并与自然灾害斗争。近半个世纪以来，记忆忧新的大灾难有：1960 年 5 月，智利中南部海底发生强烈地震，引发巨大海啸，导致数万人死亡和失踪，沿岸的码头全部瘫痪，200 万人无家可归，堪称世间最严重的海啸灾难。1976 年 7 月，中国河北省唐山市发生 7. 8 级地震，顷刻间，百万人口的城市化为瓦砾，地震破坏范围超过 3 万平方公里，共造成 24. 2 万人死亡，16. 4 万人重伤，经济损失高达到 54 亿元。2008 年 5 月，中国四川省汶川、北川等地发生 8. 0 级地震，造成 6. 9 万人遇难，37 万多人受伤，1. 79 万人失踪，堪称中国最近 30 年来来，所遭受的破坏性最强、波及范围最广、总伤亡人数最多的地震之一。2011 年 3 月，日本宫城县以东太平洋海域发生 9. 0 级地震，海啸接踵而来，共造成 4882 人遇难，20405 人失踪。巨大自然灾害，给人类带来巨大的灾难，造成巨大的社会负面影响。

面对可能发生的自然灾害，人类应该怎么办?

面临大的自然灾害，应该采取积极态度，科学认识自然灾害，加强预测预防，组织人民与自然灾害作斗争，生产自救，减小损失。

随着科学的发展，许多自然灾害都可预测预报，如风灾、水灾、旱灾、虫灾，雪灾等。地震是突发性的、最难预测、最难预防、危害最大的自然灾害。地球有着自身的活动规律，地核中进行着热核反应，产生巨大能量，内部是岩浆，火山爆发时，喷出大量的火山灰和岩浆，形成壮观的火山奇观。从地球形成以来，经常发生火山爆发、地震、海啸等自然现象。

在科学不发达的古代，人类对这些大灾难产生迷信，把这些问题推给上帝，说是上帝震怒，对人类进行惩罚。这种认识，严重影响了人类战胜自然灾害的积极性和主动性。科学不发达的时代，人们就是这样解释大灾难的，如《圣经》所说：亚当之罪，玷污大地，世间果实繁茂之势便呈衰颓，万物哀哀，痛苦不堪。面对天神震怒，降罚人间，我们恐惧、茫然，手足无措，无以应对。人类那点可笑的财富、荣誉、自尊和高傲，在电打雷轰面前，顷刻间荡然无存。这是在自然灾害面前的一种态度：天神震怒，惩罚人间，是种迷信的态度。

在科学技术高度发达的今天，对大灾难这种自然现象应具体分析，不能迷信，不能完全推给上帝，也不能完全扣到人类的头上，要有科学正确的观点认识自然灾害，战胜自然灾害。

然而，面对严重的自然灾害，仍有人认为是上帝对人类的惩罚，装模作样、有声有色的和神联系起来。对各类自然现象提出了“灾难面前的神学思考”，搞得神神秘秘，伴随大灾难的混乱局面，造成另一种思想混乱的负面影响。有人说，上天之所以发难人类，是我们人类对这个世界所犯下的罪孽，例如称霸地球，破坏环境，发展科技等，桩桩件件，违背上苍意志，我们为自己种下的一颗颗苦果。因为我们无论信与不信，都是上帝的子民，上帝不能不管。惩罚人类是上帝的责任等迷信观念云云。

再说，人的属性，非孤立存在，它与世间万物息息相关。教会典籍说，“人乃被造之巅，万物之中心”。故人的精神世界所发生的一

切均影响环境。近观当下，世界正饱受生态危机的煎熬，此乃百年科技发展失控的恶果。

人类也应自我检讨。人类恶事做绝，孽债深重，毫无畏惧地毁灭自然，伐木毁林，滥捕滥杀，导致野生动物绝种或濒临灭亡；人类过度开发，毒烟毒水，污染江河湖海和高空大气，让世界失去了清洁饮水和可供呼吸的空气。这就意味着，科技时代，人类整体道德崩溃，远大于科技文明给人类带来的福祉。所以，现实发生的臭氧空洞，淡水匮乏，全球变暖，都是人类应该检讨的。至于上帝对我们人类的惩罚，惩罚我们的恶念，如追名逐利、贪得无厌、挥霍无度……正如《圣经》所说：“上帝见人在地上罪恶很大，终日所思所想的尽都是恶。”（创世纪，6，5.）在这种情况下，我们生活的地球，随时面临爆发重大自然灾难的可能，就不值得大惊小怪。这些都是人类对自然灾害的迷信，应彻底破除。

导致人类毁灭的重大灾难可能是：传染病漫延，无药物可控制；环境污染，环境破坏；全球气温升高，整体环境改变，不再适宜人类生活；核战争，人类自我毁灭；外空小星体的撞击地球；局部的大灾难是地震、海啸、台风、大涝、大旱等。其中有些是大自然的自身运作，人类难以控制；有些是人类的严重过

错，应接受教训，迅速改正。

某些人认为，无论是智利或者日本大海啸，还是唐山、汶川大地震，都是人类亵渎和毁坏大自然所得到的报应。换句话说，原本纯净的大自然已经被人类作践得百孔千疮，忍无可忍，上帝便用大灾难的方式警告人类。由于我们蔑视与大自然的精神关系，不屑于与它和谐相伴，上帝便用自己的方式警告人类。甚至可想，这个世界所发生的灾难，难道不是诺亚方舟的重复吗？难道上帝的警告还不够明晰和严肃吗？

通过反思自然灾难与人的关系，应当明白：毁灭自然就是毁灭人类，人的奢求超越被上帝赋予的属性，嘲笑造物主赋予其中的思想，即人之大罪。明白了人何罪之有，便理解灾难的发生之因果。先哲们告诉我们，我们的世界不是抽象的和孤立的，而是一个整体，某一部分遭到破坏，其他部分必定会有相应的反应，此乃牵一发而牵动全身，这就是当代生态学的核心思想。对于迷信者来说，地球自然灾难发生的条件，与人类龌龊的思想、罪恶的语言和邪恶的作为息息相关，这对迷信者，已不需要证明；对不迷信者而言，也许还要等待所谓科学的证据。

这表达了一种思想：人们反对破坏生态环境，反对违背自然规律行事，借神之口，警告人类要谨慎，可以说是一种善良之心。在人类重大灾难面前应该反思，破坏环境，违背自然规律，其严重程度，应引起人类严重关切，甚至动用人类历来崇拜的神来劝说人类，恫吓人类。但是，让一个原本就不存在的上帝管这些事，有用吗？只能贻误我们的工作。从科学而言，将人类的大灾难归咎于神的惩罚，是种笑话，不应持续下去。我们是无神论者，不信神，但我们相信真理。如果假设我们人类赋于神就是真理的化身，我们则可从中获得极好的教益。

93. 批评・批判力学

批评、自我批评、批判是个人净化、社会净化的重要手段。没有批评，个人身上的垃圾和错误就会很多而无法清除。没有批判，错误思想、错误思潮、错误观点、错误理论就不能有效的纠正，社会垃圾就会充斥整全社会，就会长期地危害社会。批评、自我批评、批判是社会的检讨、修正、净化功能。有了正确的批评和批判，指出错误、修正错误，赞扬好的、正确的；反对、拒绝错误的，促进社会健康发展。如果社会的批评、批判功能丧失，或出了问题，那整个社会就会黑白不分，是非颠倒，善无善报，恶无恶报，就像酱缸文化一样，把一切扔在酱缸里，发霉、发臭、腐烂成酱一样，阻碍社会发展，甚至毁灭社会。这是一个极其严重的问题，就像人的肾脏、肝脏患了重病，排毒功能出了问题，人的生命就很危险。所以，净化自我、净化社会是重要的社会力学。

何谓批评？批，就是分析；评，就是评判。批评使我们明确是非正误，指出优点和缺点，评论好坏，使我们认清自己，提升自己；认清社会，改造社会。批评与自我批评，就是对个人、单位、团体的缺点和错误及时指出，深入剖析，在原则问题上进行积极的健康的思想斗争，去掉不良作风，保持优良作风。

批评与自我批评，是人类一种优良传统和作风，是保持思想健康的有力武器，也是加强和规范人与人、人与社会关系的重要手段。中国共产党把批评与自我批评作为三大法宝之一，是非常灵验的法宝，对中国革命的胜利起了重要作用。

如何进行自我批评呢？

中华民族自古就有检讨自己，修正错误，自我净化的优良传统。“黎明即起，洒扫庭院。”就是每天都要打扫垃圾，净化环境。曾子说：“吾日三省吾身”，就是每天三次检讨自己，自我批评。这是非常好的净化措施。我们像继承珍宝一样重视，并发扬光大。

批评与自我批评必须坚持实事求是。讲事实不讲私情，讲真理不讲面子，坚持从善意出发，通过批评，纠正错误，达到团结的目的。按照“照镜子、正衣冠、洗洗澡、治治病”的愿望，严肃认真提意见，满腔热情帮别人，决不能把自我批评变成自我表扬，把相互批评变成相互吹捧，或相互攻击。

首先要知道，“金无足赤，人无完人”是一条真理，也是开展批评的思想基础。

人活在世上，谁都有这样或那样的错误和缺点，谁都难免有丑陋的一面，罗曼·罗兰说：“在你要战胜外来的敌人之前，先得战胜你自己内在的敌人，你不必怕沉沦与堕落，只请你不断地自拔与更新。”

还要深信，每一事物都有两面性。每一种才能都有与之相对应的缺陷，你不克服这些缺陷，这种才能就不能很好的发挥。克服这种缺陷的方法很多，但最主要的是“自省”和欢迎别人批评。像你的对手一样寻找你的毛病，去批评检讨自己，坚决克服掉你的错误和缺陷。像对对待疾病一样，对待你的缺点错误。像尊敬导师一样，尊敬批评你的人。佛说：“若人造重罪，作己深自责；忏悔更不造，能拔根本业。”

慎独是最好的自我批评。这是一种高度自觉的自我批评，就是在一个人自处时，检讨自己的言行，仍能按照道德原则行事，不做有损于道德品质的事。

何谓批判？如何进行批判？

批判是对错误思想、言论、行为，做系统性分析，指出其错误，加以否定。批判是一种带有一定的理论性和逻辑性高级形式的批评。通过批判，分清正确的和错误的、有用的和无用的。批判的对象是错误的事物、思想。批判的效果是产生一种肯定或否定的结论。

对事物的批判，是哲学家的基本品质。“否定之否定”，就是在批判中前进。哲理从批判中产生、认可、淘汰。肯定否定靠批判，推陈出新靠批判，破旧立新靠批判，进步改进靠批判，革新革命靠批判，改革开放靠批判。总之，在前进的道路上，每走一步，都要靠批判开路，批判的越准确越彻底，前进的道路越顺畅；不进行批判，则寸步难行。

批判什么呢？批判落后、陈旧的思想、意识、观念；批判落后的事物、落后的社会现状；批判社会的丑陋现象；批判社会上不断产生的垃圾和糟粕；批判不公平正义的行为；批判腐败行为。批判是惩治腐恶的有力武器，批判是消毒剂，批判是清洁器，批判是垃圾车。

“百花齐放，百家争鸣”就是一个提倡批判的政策。“齐放”就是多比较，提倡好的，淘汰差的。“争鸣”就是提倡摆事实讲道理，提倡正确的，批判错误的。中国的先进分子和革命家，曾经提倡过大鸣、大放、大辩论，解放思想，惩治腐恶的伟大运动。

哲学在批判中成长，没有批判不能成就哲学。德国哲学家康德是崇尚批判的哲学家。“批判哲学”，是他为自己的哲学取的名称。他认为他所处的时代是个“批判时代”，一切都必须受到批判，他企图从唯心主义立场克服经验论和唯理论的局限性，采用了批判的武器。他主张在认识世界时，首先应该批判地考察人的理性认识能力，以及这种认识能力的范畴和限度，他说：“我这所谓批判不是意味着对诸书籍或诸体系的批判，而是关于独立于所有经验去追求真理的理性批判，追求一切知识的理性能力的批判。”可理解为独立于经验，去追求真理。为了表明他的哲学跟怀疑论和独断论有别，故取名谓“批判哲学”。他的三部主要著作书名都加“批判”二字，如《纯粹理性批判》、《实践理性批判》、《判断力批判》。他认为人的一般认识只限于现象范畴，而“本体”即事物的“本质”，不是一般人的认识所能达到的。“现象”是认识领域，“本体”是需要深刻研究，是信仰领域。

批判性的思考，是一种理性的思考，是敢于质疑的理性的逻辑思维。批判是对现象、观念、思想的一种态度，是一种不迷信权威，不轻信经验，敢于质疑的一种态度。批判是一种方法，是抱着严谨的态度，去理性的分析、去逻辑的思考问题的方法。批判是鉴别好坏对错的方法和过程。批判的领域非常广泛，如文艺批判、道德批判、历史批判、思想批判等。

从历史来看，中国在长期的封建社会是打击、压制批判的，是最缺少批判的国家。所以，在没有批判的封建社会是固步不前的落后的社会。至今仍有很多旧的残余思想、风俗、现象要批判，比如对儒家学说、师承、酱缸文化、官本位思想、明哲保身等的批判。

一度我国改革开放以来，国门大开，妖魔鬼怪一同进来，旧社会沉渣泛起，黄赌毒遍地都是，封资修无处不在。潘多拉魔瓶倒空后，又装进了某些人的利益。没有哪个时代有如此多的贪官，没有哪个时代有如此多的盗贼，没有哪个时代有如此多的娼妓，没有哪个时代有如此多的赌徒。

巨大的传统断裂，急剧的道德崩溃，严重的精神颓废，极端的精神霉烂，极度的思想腐朽，罕见的行为猖獗，都是应该深刻批判的。人类社会与动物世界的根本区别就在于人类有道德情怀，而动物只有单纯的物质需求。如果经济建设一定要以道德毁灭为代价，那么经济建设的意义何在？

现代社会，特别是改革开放以来，许多外来的腐朽的、不健康的文化和现象也需要批判。如拜金主义、享乐主义、极端的个个主义、极端自由主义、虚无主义、疯狂的炒作、浮躁情结等给人们带来消极影响的思潮和歪风邪气，都需要批判。现代社会，人人都要习惯于在批判中前行，社会都要高举批判的大旗，人人都要积极参与。批判需要有先进的思想作为武器，遗憾的是先进的思想来自不易。这就需要不断学习，武装自己的头脑，提高理论水平，掌握批判的武器，投入战斗。

94. 道德力学

(1) 道德力学基本概念

道德，是社会意识形态之一，是人们共同生存的行为的准则和规范。在社会生活中，道德通过社会的或一个阶级的舆论对社会生活行为起约束或张扬作用。通过社会舆论的赞扬与谴责，表扬与批评、引导人们奉行或拒绝，形成所谓的道德力。道德是自觉自愿的遵守，可通过社会舆论监督执行，但不是强制性的执行。道德应分为基本道德和高尚道德。基本道德必须由舆论监督实行，违者要批评训诫，如孝敬父母、尊老爱幼、不打人骂人、不侵占别人的财物、爱护公物、讲究卫生、不随地吐痰等。《圣经》中的十诫，就是人类的最基本道德。高尚道德，倡导自觉执行，如助人为乐，舍已救人；杀身成仁，舍身取义；贫贱不能移，富贵不能淫，威武不能屈；正义，诚实，守信，勇敢，担当等。道德要分明确的档次，要让每个人知道自已的道德档次水平，向高尚的道德努力修进。基本道德、高尚道德对社会的影响力是正面的；而无道德、败坏道德对社会的影响力是负面的。

道德是很重要的社会力学。高占祥、王青青写了专著《道德力》。中国古代就崇尚道德，现在处于道德沦丧时期，故有“上古竞于道德，中世逐于智谋，当今争于力量”之说。

中国是著名的礼义之邦，礼义即道德也，所以中国也是著名的道德之邦。

2500 年前，中国法学智者韩非子已发现了道德的力量。他指出，中国社会在西周以前，人与人、国与国之间的竞争，实质是道德的竞争。谁的道德更好，得到民众拥护，谁就能取得最后胜利。全社会讲究道德，即“上古竞于道德”。不过，到了春秋战国的战争时代，道德力就不那么时兴了。战争时期，需要军事和战争的胜利，否则就会灭亡。所以，春秋战国时期，五霸迭兴，七雄混战，制胜的关键在于军事政治硬实力，而不是道德软实力。军事与政治是决定胜负的利器，道德才是长治久安的保障。在中国两千多年的历史中，也证明了这一点。缺乏道德的“强者”，往往会在崛起后瞬间倾倒。正如秦始皇虽能扫灭六国，却无法稳定江山。西汉学者贾谊认为，大秦帝国灭亡的原因是“仁义不施而攻守异也”，就是秦国不以道德施政，所以灭亡矣。

（2）道德力学的特点

道德力学不同其它力学，自有道德力学的特点。道者，天理也；德者，人心也。所谓道德，就是合乎天道、人心的人类行为规范。“知识就是力量”，为人们熟知。其实，“道德就是力量，而且是更大的力量。”得民心者得天下，就是道德力量的作用。但与军事与政治等硬实力不同，道德力不能暴风骤雨般地横扫万物，而是和风细雨般地滋润灵魂。道德力的作用，不是破坏，而是保护；不是摧毁，而是建设。道德力是和谐社会的基石，是维国之力、兴邦之力、安民之力、成功之力、和谐之力、共生之力……有了道德力，就体会到群众的支持，就会感到“更加众志成城”的无穷力量，

道德是一种社会意识形态，人类社会在不同时代、不同地域、不同阶级，形成不同的道德观念。

然而，人类社会还存一些跨时代、跨地域、跨阶级的道德规范。博爱、善良、孝义、诚信等，无论是基督信徒还是佛教信徒，无论是资产阶级还是共产

党人，都将这些道德规范作为做人的基本要素。世界上绝大多数人对善恶有基本相同的定义。对善恶的态度基本是一致的，扬善去恶是全人类的共同道德。道德是一种自律的修养，即在行为未发生之前，就自我判断出它的善恶，自行决断其可为或不可为。道德是一种信念，这种信念能够纯洁人的灵魂，激扬人的斗志，化腐朽为神奇，激励人们走向成功。

(3) 道德力的伟大作用

进入21世纪，我国在改革开放中，道德出现严重的沦丧现象。我们进一步认识到道德的力量，必须继承和发扬中华民族的优秀的道德传统，把以德治国作为以法治国的补充和完善，“德”、“法”相济，双轨治国，成为中国人普遍认可的治国方略。今天我们倡导的道德，应是中华民族传统美德与时代精神紧密结合的产物，是历史继承和时代发展相统一的道德。

道德是人心的火种，道德力是人类社会的光辉力量。从个人到家庭，从民族到世界，道德力的功用无处不在，我们不可对之视而不见。

道德力是中华民族振兴的维国之力。在《管子·牧民》中有四句话：“礼义廉耻，国之四维，四维不张，国乃灭亡。”道德是维系一个国家的伟大力量。历经百磨千折的中华民族之所以能够绵延不绝，屹立至今，有一个关键的原因，就是中华民族是一个重视道德力，倡导道德力的优秀民族。“己所不欲，勿施于人”、“老吾老以及人之老，幼吾幼以及人之幼”、“天下兴亡，匹夫有责”等这些道德理念支撑着民族的团结和兴盛。正因为如此，中华民族不会主动侵伐、灭绝其它民族；更不会束手待毙，甘心忍受其它民族的奴役、杀戳。推崇道德力的中华民族，信仰的是和谐共济的人性法则，而不是弱内强食的狼性法则。所以中国人只会“相逢一笑泯恩仇”，而不会你撕我咬尽伤亡。

道德力是社会和谐发展的兴邦之力。在阶级社会中，人类难免出现贫富差异。可是当贫富严重两极分化，甚至形成两个对立阵营时，那样的社会就会动荡，战乱也就不远了。我国提倡“贫而乐，富而有礼”，是较高的道德境界。而不是“要么吃人，要么被人吃”的弱肉强食理念。在贫富差距日益拉大的中国，我们需要用道德力来调节，化解矛盾，从而使富人不再贪婪骄横，穷人不再怨天尤人，整个社会得到和谐，平衡发展。

道德力是家庭和睦的安民之力。感情和道德是维系家庭关系的两大精神支柱。可是多种诱惑使感情往往具有不稳定性，有时甚至成为冲动的魔鬼。毋庸讳言，人类，尤其是男性，常有感情不专的痼疾。这种痼疾会直接引致家庭的破裂，并使老人孩子遭受池鱼之灾。只有道德力才能医治这种痼疾，用道德力纯化心灵，奉献真爱，抵御诱惑，给家庭带来和睦幸福。

道德力是个人健康成长的成功之力。北宋史学家司马光在《资治通鉴》中写道：才者，德之资也；德者，才之帅也——德胜才谓之君子，才胜德，谓之小人。个人是国家和社会的分子，他（她）对国家和社会是起正面作用还是起负面作用，决定的因素是道德。一个道德高尚的人，即使才学平庸，也能添砖加瓦，为人类贡献微薄之力。一个才学卓越的人，如果道德低下，只会摧梁折柱，给他人带来灭顶之灾。

道德力是人类家园的共生之力。地球是人类的共同家园，在国际交往中，由于政治制度、文化积淀、生活方式、风俗习惯、经济水平的不同，人们很容易产生差异、分歧、矛盾，但只要依靠道德的力量，平等协商、彼此尊重，就可以形成共同发展、和平共处、多方共赢的格局。道德是文明之花，只有当人类逐渐形成共生道德气质，才能实现世界和谐、世界大同的美好理想。

今天的社会和未来的世界，需要用道德的力量来引导、来保障、来维系、来调节、来构建。长期以来，我国和西方世界都提出了许多新思想和道德规范。但是近些年来，随着人性的解放和市场经济的发展，极端个人主义、极端自由主义、社会达尔文主义、大国沙文主义等观念也甚嚣尘上。与此同时，经济危机、金融危机、信仰危机、战争危机以及弱肉强食等非理性、非人性的现象不断发生，导致自然环境被破坏、世界经济失衡，社会道德迷失。通过第一次第二次世界大战，人类认识到，遣责战争维护和平是人类的最大道德。在这种背景下，以道德为核心的东方智慧，受到了东西方世界的一致关注。

2500 年前，中华民族的先哲老子在《道德经》中告诫我们："人之道，利而不害；圣人之道，为而不争。"孔子更是倾其一生努力，期望通过他倡导的道德因素：崇德、贵仁、尊义、守中、尚和来建立社会秩序。孔子之后，人们对道德愈加推崇，"得道多助，失道寡助"、"顺道者倡，逆道者亡"、"以德报人"、"以德报怨"、"爱人以德"等，这些观念，影响了一代又一代的中国人。

今天，我们在改革开放和发展现代化经济的进程中，正面对重建道德体系的严峻考验。道德的匮乏与道德力的疲软是当前无法回避的客观问题，其危害不容低估。我们必须承认，在过去几十年内，为了经济建设，我们曾付出惨重的道德代价：个人主义、拜金主义、享乐主义盛行，坑蒙拐骗、贪污受贿、弄虚作假成风——一件件令人发指的案例，使我们不得不忧心忡忡。古代的"仁义礼智信"，当代的"为人民服务"的精神都淡化了，甚至丢失了，实在可惜！尽管在社会转型时期，我们难以避免这些不良现象，但如果再不警觉，再不呐喊，再不提升道德力，一旦道德、精神、信仰的大厦坍塌，我们将会面临数十年甚至数百年都不可挽回的灾难。我们决不让经济上去了，却让道德下来了。

我们要用道德力去激浊扬清，建设美好的精神家园。才以立业，德以立人。有德才有得，“德”是因，“得”是果。人格是最高的学位。“人”字由一撇一捺组成，一撇代表品格，一捺代表学识，缺一要素不成人。21世纪的个人成长，靠文化力，靠精神力，靠道德力。道德可以唤起人们的良知；道德可以提升人们的精神世界；道德可以开发人们的心力资源。我们要在全社会建立新的道德体系，大力倡导以文明礼貌、助人为乐、爱护公物、保护环境、遵纪守法为主要内容的社会道德；以爱岗敬业、诚实守信、办事公道、服务群众、奉献社会为主要内容的职业道德；以尊老爱幼、男女平等、夫妻和睦、勤俭持家、邻里团结为主要内容的家庭道德。“予人玫瑰，手有余香”。我们应凭借中华民族文化中蕴涵着的道德力，使人类社会发展得更健康、更完善、更科学，并携手各国人民，共同创造和平发展的世界环境。建设道德高尚的地球村。

道德力是精神力的核心，精神力是文化力的核心，文化力是软实力的核心。道德力的形成和培植，需要继承、弘扬和发展中华民族的传统美德，同时要借鉴其他民族的优秀文化。我们要撷取传统文化之精要，把握社会变革之本质，整合世界文化之精华，展现时代精神之风采，以人的全面发展为目标，攀登人类道德的制高点，让道德的光芒照耀乾坤。

中国社会具有扎实而强大的道德根基，我们不仅能建成一个经济发达、物质富裕的强大国家，更能建成一个崇德向善、明德唯馨的文明国家。

国无德不兴，实现中华民族伟大复兴的中国梦，离不开扎实深入地推进公民的道德建设。中国梦的本质是国家富强、民族振兴、人民幸福。要实现国家富强，就需要我们不断增强包括公民道德在内的国家软实力；要实现民族振兴，就需要提高包括道德素质在内的民族素质；要实现人民幸福，就需要不断打造能为人民提供幸福感的道德环境。

积极培养和践行社会主义的核心价值观，切实加强道德建设，大力推进社会公德、职业道德、家庭美德、个人品德，知荣辱、扬正气、作奉献、促和谐的社会风向。一个人如果具备崇高的道德追求和严格的道德自律，就能够在平凡的事业和生活中做出不平凡的业绩。每个人都讲道德、尊道德、守道德，14亿人就能汇聚起无比磅礴的力量。

道不可坐论，德不可空谈。助人为乐、见义勇为、诚实守信、敬业奉献、孝老爱亲，是我们每个人要以积极的态度亲自参加道德实践。

(4) 孔子思想的道德力量

中华文明的传统思想道德，与孔子密不可分。孔子思想最重要的作用是确立了中国文化的价值理性，奠定了中华文明的道德基础，塑造了中国文化的价值观，赋予了中国文化基本的道德精神和道德力量，使儒家文明成为“道德的文明”。中国在历史上被称为“礼义之邦”就是突出了这个文明国家具有成熟的道德文明，道德的力量，成为中华文明的最突出的软实力，这一切都是源于孔子与儒学的道德塑造力量。孔子的道德内涵表现在如下几个方面：

①崇德　就是把道德置于首要的地位，无论政治、外交、内政、个人，都要以道德价值作为处理和评价事务的根本立场，对人对事都首先要从道德的角度加以审视，坚持道德重于一切的态度。孔子强调：“道之以政，齐之以刑，民免而无耻。道之以德，齐之以礼，有耻且格。”（《论语·为政》）就是用政令领导国家，人民可以服从，但没有道德心；用道德和礼俗来领导国家，人民乐于服从而且有道德心。孔子的理想是用道德的、文化的力量，用非暴力、非法律的形式实现对国家对社会的管理和领导，就是“以德治国”。事实上，孔子思想中涉及国家、社会、个人，孔子对道德理想、道德政治、道德美德、道德人格、道德修养的论述，处处都体现了道德精神，并成为中国文化的道德基础。

②贵仁　在《论语》中，孔子100多处谈到“仁”，仁是孔子谈论最多、最重视的道德观念，因此，战国末期的思想界已经把孔子的思想归结为“孔子贵仁”。贵仁是重视仁，仁是孔子思想中最重要的伦理原则，是孔子思想的最高美德，也是孔子的社会理想。仁在孔子道德体系中，也是全德之称，代表了所有的德行，仁在儒家思想中又代表最高的精神境界。在中华文明的发展中，仁成为中华文明核心价值观的首要道德概念。“仁者爱人”，把仁设定为社会文化的普世价值，仁有多重表现形式，在伦理上是博爱、慈惠、能恕；在情感上是恻隐、不忍、同情；在价值观上是关怀、宽容、和谐；在行为上和平、共生、互助、扶弱以及珍爱生命、善待万物等。

孔子不仅突出了仁的重要性，而且把仁展开为两个实践原理，即“己所不欲，勿施于人”（《论语·卫灵公》），“己欲立而立人，己欲达而达人”（《论语·雍也》），前者亦称为恕，后者亦称为忠。从恕来说，自己不想要的，决不施加给别人。从忠来说，自己要发展、幸福，也要使别人发展、幸福。孔子不主张“己之所欲，必施于人”，即自己认为好的，一定要施加给别人。这就避免了强加于人的霸权心态和行为。儒家伦理的出发点是尊重对方的需要，而不是把他作为自我的实现的对象人。儒家伦理不是突出自我，而是突出他者，坚持他者优先，他者先于自我。1990年代以来，“己所不欲，勿施于人”，在联合国，已经成为世界伦理的金牌。

③尊义　孔子看来，处理“义”和“利”的关系是人类文明永恒的道德主题。他说：“君子喻于义，小人喻于利。”（《论语·里仁》）又说“君子以义为

上。”(《论语·阳货》)《礼记·坊记》引孔子说“忘义而争利，以亡其身”。孟子尤其重视义利之辨。汉代大儒董仲舒明确强调儒家义的立场与功利追求的对立：“正其义不谋其利，明其道不计其功。”这里义是指道德原则，利是指功利原则及私利要求。孔子坚持认为，君子即道德高尚的人，其特征和品质是尊义、明义、任何时候都以义为上、为先，坚持道义高于功利。他把争利看作小人的本质，提出争利必亡，“见利而让，义也”(《礼记·乐记》)的道德信念。这种义利之辨不仅是崇德的一种体现更具体地影响了中国文化的价值偏好。孔子主张“国不以利为利，以义为利”。(《大学》)在现代化的过程中，在极大促进了人类生产力发展的同时，也在相当程度上破坏了传统义-利平衡，使社会文明向着工具-功利的一边片面发展。儒家的“义”还赋于“正义”的涵义，是强调对善恶是非做出明确的区分判断，对惩恶扬善下果断的决心。义不仅是个人的德性，也是社会价值。就世界而言，仁导向世界和平，义导向国际正义，二者都很重要。

④守中　孔子很重视“中庸”。中的本意是不偏不倚。中的一个意义是“时中”，指道德原则的把握要随时代环境的变化而调整。避免道德准则与时代环境脱节或固化僵化。“庸”是注重变中有常，即不变之常，尽管时代不断变化，尽管人要不断适应环境变化，道德生活中终归有一些不随时代移易的普遍原则，“庸”就代表了这样的普世原则。

中庸思想更受关注的意义是反对“过”和“不及”。《中庸》说“智者过之，愚者不及也”“贤者过之，不肖者不及也”，有智慧的人和有道德的人，容易犯的错误是过，而愚人、小人容易犯的错误是“不及”。事实上，道德上的差失无非都是对道德原则过和不及的偏离。

⑤尚和　早在孔子之前和孔子同时代的智者，都曾提出了“和同之辩”，强调“和”与“同”的区别。和是不同事物的调和，同是单一事物的重复，和是不同元素的和谐相合，同是单纯的同一。和优于同，和合优于单一。认为差别性、多样性是事物发展的前提，不同事物的配合、调和是事物发展的根本条件。崇尚多样性，反对单一性。因为单一性往往是强迫的同一，而和合、调和意味着对差别和多样性的包容、宽容，这也正是民主的基础。

孔子提出“君子和而不同，小人同而不和”(《论语·子路》)，还提出“和为贵”(《论语·学而》)的思想。“和而不同”的思想既肯定差别，又注重和谐，在差别的基础上寻求和谐。孔子还认为，和是君子的胸怀、气度、境界，孔子追求的和，也是建立在多样性共存基础上的和谐观。

21世纪的中国，以自强不息、以民为本、以德治国、以和为贵、协和万邦为核心，自觉汲取中国文化的主流价值资源，正面宣示对中国文明的承继。

95. 随大流跟风力学

树倒猢狲散，墙倒众人推。这也是一种社会力学，在社会发展中一般起着负面作用，多为素质较低的人所为。

在社会大变革中，在群众运动潮流中，在大场面的辩论中，在一般的议论中，在许多社会现象中，在广泛的社会舆论中，总会看到众多人随大流的影子。

随大流，就是随着多数人说话或做事，没有自己的主张和行动，或不愿意坚持自己的主张和行动。不愿意当出头鸟，怕枪打出头鸟。又怕别人说自己平淡无为，孤立，不随群，所以不少人紧跟众人走。罚不责众，即使犯了错误，也不会责众，随大流不容易受罚，就是天塌下来也由高个子顶着。

人性所至，人的群体性，使个人向群体聚集。随大流是种普遍的社会现象，是对社会思想潮流、行为潮流的态度和行动。小的潮流如吃什么饭，喝什么酒，抽什么烟，穿什么样式的衣服，穿什么颜色的衣服，留什么发型、戴什么首饰，用什么化妆品等等，许多人都是跟着潮流而行动。大的潮流如当时当地的思想潮流、信仰潮流、宗教潮流，社会组织潮流、迷信潮流、群众运动潮流、阶级斗争潮流、革命运动潮流等等，许多人也都是跟随潮流而动，或被潮流所裹夹。

在各种或大或小的潮流中，由于每个人的专注程度不同，认识水平不同，甚至立场不同，在一个潮流面前，其态度是各不相同的，不可能都走在前面，只有少数人走在前面，起领导作用，控制局势，称为弄潮儿，大部分人是受潮流裹夹而行，推波助澜，或消极泄气，其间有各式各样的思想动态和行为表现。特别是大的潮流中，谁能当弄潮儿？有思想有能力之士才能争当弄潮儿，把握大潮流的方向，掌控大潮流的局势。在各种潮流面前，随大流的人数可能很多。

人性所至，人性中包含着随大流的深刻哲理。人的行为趋向于压力小、危险性小的方向流动。羊随大群少挨打，人随大流少挨罚。这是随大流的普遍思想。正因为如此，随大流是一个普遍的社会现象，对社会的进步和发展，有重大的影响。通常是负面影响。正确看待随大流现象，有利于对问题本质的深化，变消极因素为积极因素，变负能量为正能量。

随大流的人有着明显的行为特征：在思想上，随众心理，随波逐流，没有自己观点、没有主见；或顾虑重重，不敢坚持自己的主张和观点；行动上、跟着众人走，行动不积极或消极。树倒猢狲散，他也赶快逃跑；墙倒众人推，他也跟着推；鼓破众人锤，他也跟着锤。世界观上，没有明确的奋斗目标，怕吃苦、怕奋斗、怕担风险，犯了错误大家承担，受到惩罚领头的顶着。

随大流是积极因素中的消极因素，同时也是消极因素中的积极因素。要正确对待随大流，随大流多是认识问题，很少是立场问题，是可以争取改变的对象，也是团结的对象。

随大流的思想和行动，与创新背道而行。所以，要创新切记不能随大流。一个人有随大流的思想和习惯，那么他就没有创新的意识，不具备创新素质，干不成创新的事。创新需要的品质是，独立之精神，敢于标新立异，独树一帜；自由之思想，独立特行，敢闯敢干，不怕失败，敢于担当。

随大流的思想和习惯，不具备科学研究的素质，很难有创新作为。搞科学研究，就是要创新。所以，随大流的人不适宜搞科学研究和发明创造。

随大流的人，不可能有积极的态度和行动，所以一般不可能是高才、将才、帅才，通常是通才、庸才。当领导，无主见，不能结合当时当地的情况，因地制宜，开展创造性的工作，是当不好领导的。

随大流的人，有盲目随大流，有清醒随大流。自己无主见，而盲目地跟着众人行事，是盲目随大流。

有些人，心明眼亮，对形势有深刻的窥视和判断，随大流只是一种权宜之计，该随大流就随，不该随就不随。这样做是明智随大流。

有的人大谈随大流的人生经验："我们已经有些经验：在群众运动中跟着大家走，随大流，随大溜。"有些人随大流，想让别人把自己带到好的境界，带到社会主义去；某些人想随大流，不经过奋斗，想流到社会主义去。典型的说法是：睡觉，睡觉，睡觉真好，三年听不见鸡叫，五年听不见狗叫，醒来一看，社会主义已经来到。随大流，亦称随大溜，表明意志不坚定，随时可能溜走，脱离大流。有些人想随大众流来流去，希望能流到好的地方去，流到好的境界去。

随大流可分为两类，一类是认识不到位，只好跟着别人走的随大流；毕竟，对某个潮流的认识上是有差别的，只有认识明确而激进的人，站在潮头当弄潮儿。其他认识不到位的，行动就迟缓，只能随大流。二是，认识到位，也想激进，但怕负责任，怕担风险，采取了随大流的态度，这样潮流胜利了，是利益的共享者；潮流失败了，罚不责众，没有太大危险。

随大流有利有弊。认清事实，认准形势，时刻保持清醒的头脑，再决定随不随大流。做人不能过分坚持自己，那样就太自我，太自私了。所以，万事心中有数，做好对每件事的各种后果预测，很好地找到自己的位置，面对各种潮流，决定自己的行动。

叭儿狗现象是随大流的极端。世上真有一种动物叫狗，有一种特别会巴结主人的叫叭儿狗。对主子无条件忠诚，它不是故意装势，而是一种天然属性。猫就不具这种特性，其他动物也几乎都不具有这种特性，虽然通过训练可以有一些，但狗是与生俱来的，可能有这样的基因。有些人看到了叭儿狗这一点，学着狗样讨主人欢心。狗讨主人欢心，就是想得宠主人，最多是狗仗人势。而人的思想就复杂的多，讨主人欢心，想不负责任，想获取更多利益，还想往上爬。

96. 自然环境力学

环境是相对于主体而言的。本文研究的是以人类为主体的自然环境，即与人类关系密切的自然环境。人类生活在大自然中，与自然环境关系极为密切，人类依靠大自然生存、生活、发展。如何对待环境，是一个重要问题。环境被破坏将危及人类生存和发展，善待环境，与环境和谐相处，有利于人类的幸福和发展。所以环境力学是影响社会发展的重要力学。

人类理想的自然环境是什么？人类对环境的诉求是什么样的标准，这是讨论环境问题的出发点和归宿。没有达标就应治理。这里不用文人们的美丽语言，而从大的方面，用朴素语言谈论人类的诉求：

“绿水青山就是金山银山”的理念，深入人心，到处都是青山绿水，包括绿色的田园和草原。

江河湖海水是清的，不被污染，鱼虾水生物能正常生长。地下水不被污染。

空气清新透亮，不被污染。天是蓝的，繁星满天。

人类对环境问题的认识是渐进的。大自然本身基本是清洁的，除了火山喷发，森林山火，动物生活垃圾，动植物遗体的污染外，其余全是人类对大自然的污染。人类为了提高生活质量，发展生产，发展科学技术，而且规模越来越大，造成环境的严重污染。人类的活动造成的主要污染是：

人类每年燃烧数十亿吨煤，生成 3.7 倍重量的二氧化碳、少量的有毒的一气化碳；煤中的微量硫生成二氧化硫，形成酸雨。

全球有几十亿辆各类汽车，每年燃烧几十亿吨各类油料，生成二氧化碳、油中杂质硫、氮，生成硫化物和氮化物等。

人类发电、取暖、做饭，每年用大量的燃料。

为了提高农作物产量，人类制造了大量的农药、化肥，污染地表水和土壤。

人类建造房屋、修铁路、公路，建工厂，产生大量的建筑垃圾。

人类制造了数以百万种化工产品，其中有许多是有毒有害的。

人类每年都要产生大量的生活垃圾。

地球上每年都有大量动植物其中包括人类的遗体等等。

在农牧业时代，及工业化初期，环境污染问题并不突出，主要依

靠大自然的自净化。随着科学技术的发展，工业化的规模越来越大，环境污染成了人类生存的极大问题。水质的污染，空气的污染、土壤的污染，使人类喝不到清洁的水，呼吸不到新鲜空气，吃不到干净的食物，生活质量下降，环境疾病越来越多，影响到了人类的生存和生活。问题十分严重。

人类对环境的破坏非常严重，招致天怒人怨，甚至有人借用“上帝”的话来警告人类。以下是前些年上帝找人类作最后一次谈话记录：

“——你们人类就要灭亡了。这绝不是恫吓。

想听几个比铁还坚实的依据吗？

眼下，你们只有 56 亿人，直接饮用的和间接利用的淡水已经十分匮乏。而你们每年仍用 500 - 1000 立方公里的工业污水去污染着它。到 21 世纪中期，你们最少繁衍到 83 亿，而那时你们每年的工业排污水量至少是 3000 立方公里。知道什么是 3000 立方公里吗？打个比方说吧：即使用最节约的方式——用 10 份清水去稀释一份污水——净化这 3000 立方公里的污水，所用去的淡水就恰恰等于地球上地表淡水（江、河、湖、潭、雨、雪）的总和！那么 83 亿人将不敢再奢望喝一口清水，洗一次淡水澡。而地表水的枯竭，又往往是地下水枯竭的直接先兆。

为此，你们必将消亡。

眼下，你们的邻友动物，以平均每天 30 种的速度灭绝着。这种灭绝的极限是什么？只能意味着人类的灭绝。

这个极限是完全可以算出来的。它依据的是数字定律，逃不掉！

——眼下，每年只有 56 亿吨矿物烟尘，有毒气体滞留在大气中，你们头上的天，就已经出现了两个大洞（臭氧层破坏），它的直接效应是每年有 400 万个皮肤癌患者。到了 21 世纪这个“ 56 亿吨”不知要变成几个 56 亿吨。

你们必将消亡……”

以上是毛志成先生的文学作品《上帝对地球人的最后一次谈话》的片段。上帝用当时确切的数据来警告人类：“你们必将消亡！”虽是文艺作品，但谁能

说不是现实呢！

人类应端正态度，善待环境。人类是自然界一个组成部分，人类从自然环境中获得维持生命、维持生存的一切，没有自然界的供给，人类将无法生存。然而，在过去很长的时间里，人类存在认识的误区：人类无知而傲慢，认为自己是地球的主人，其它的一切只不过是与自己有关系，而且只是供自己索取和使用罢了，所以，傲慢地对待环境，犯了很多错误。人类把植物界、动物界的一切生物视为己有，并以这些生物为食物，把它们剥皮、切片、煮熟、吃掉，毫无恻隐之心，毫无感恩之心。人类依靠其他生物才能生存，这一点人类并无正确认识。人类对环境的过度破坏，使得人类赖以生存的水、空气和土地受到严重污染，生态平衡破坏，造成某些物种灭绝。过度开采、使用煤、石油、氟里昂，造成了温室效应，臭氧层被破坏，地球上空出现了两个大空洞，这些都危及人类的安全和生存。

人类对待环境的态度确实太过分了！因此，就有人在研究假如人类退出地球的问题。据英国《新科学家》报导，人类是地球上有史以来最具优势的生物。仅仅数千年的时间，我们的城市、农田和牧场就侵占了地球陆地超过三分之一的面积。据估计，人类霸占了地球 40% 的生产力。直接造成的结果是：草原化为耕地，森林夷为平地，地下含水层干枯，工业废物越来越多、化学污染、生物大量灭绝、以及气候异常。如果地球上的其它生物有能力的话，他们会毫不犹豫地开除人类球籍。假如地球上的人类——65 亿人（这个数目正在膨胀）明天从地球上消失，被送到遥远的星球去改造，那么地球将会怎样变化呢？答：地球会自己设计未来的空间，自然之母将会重新主导地球。田地和牧场将重新成为草原和森林，空气和水将再次得到净化，公路和城市将化为乌有。一个悲哀的事实是：一旦人类真的走出这幅画面，地球会变得更美好。人类对自己的所作所为有何感慨呢！

如果人类突然从地球上消失，大自然需要多久时间才能将人类留下的痕迹全部抹去呢？科学家给出的答案是 20 万年。

现在已没有人否认科技是改变世界的根本力量，但这种改变有好有坏，特别是科学技术高度发达的今天，其双刃剑的作用越来越明显，一个小的失误，就会造成巨大的损失。科学技术的滥用，可能导致人类的毁灭，我们人类已经犯下了很多诸如灭绝物种等无可挽回的错误，我们不能一而再，再而三地打开“潘多拉的盒子”。我们只有一个地球，科技再发达，人类也不能违犯自然规律。现有的科技手段，如果危害社会，就不能把它变为现实。比如，应禁止研制比现有核武器威力更大的武器，禁止利用转基因技术培育比艾滋病毒危害更大的病毒，禁止随意克隆人，科技的发展必须有利于环境等。可见，科学家的良心和智慧同样受到空前的关注。

自然环境养育了人类，自然环境的变化可能灭绝人类，就像恐龙的灭亡一样。这些灾难主要的是：外空小星体碰撞地球；气候变化不再适宜人类生活，如温度长时间升高至45℃以上；衍生出不可战胜的特殊病菌；空气污染，水质污染，且长期得不到治理；土地沙化等。这些环境特殊的变化，都可能导致人类的灭绝。人类应该以自己的科学技术首先保护环境，禁止环境污染，保持青山绿水，空气新鲜，和动物、植物和谐相处，使环境更适宜人类生活。同时科学研究要保护人类，阻止人类灭绝的事件发生，是科学技术功德无量的重要任务。我们人类只有一个地球，保护环境，善待地球，是人类的职责和使命。

97. 法治力学

法——体现统治阶级意志，由国家制定或认可，受国家强制力保证执行的行为规则的总称，包括法律、法令、条例、命令、决定等规范性文件。统治阶级以法规定人们在社会中的权利和义务，使一些重要的社会关系具有法律关系的性质，以便巩固和发展有利于自己的社会关系和社会秩序。

法是上层建筑的重要组成部分，由经济基础决定，为经济基础服务。人们应该明确，历史上有两类性质根本不同的法，一是剥削阶级的法，包括奴隶制法、封建制法和资本主义法，它们共同的特征是维护剥削阶级利益，统治和压迫劳动人民。二是社会主义法，它是镇压敌人，惩罚犯罪，保护人民，保障社会主义民主，推进社会主义革命和社会主义建设，巩固无产阶级专政的工具。广大人民应珍视这个保护自己的法。“法”在各类言语形式表达上都有“公平”、“正直”、“正义”等含义。但在阶级社会里，不同阶级有不同的公平正义观念，而法总是与统治阶级的公平正义观念相适应的。

法制——就是法律制度及在该制度下建立的社会秩序。具体是由统治阶级按照自己的意志，通过国家政权建立起来的法律制度，以及由此建立起来的社会秩序。由于它主要组成是法律制度，所以狭义简称法制。由于它还包括社会秩序等，广义上，认为是管理国家制度化，法律化，包括制定法律、执行法律，遵守法律。法制是上层建筑重要组成部分，由经济基础决定，并为经济基础服务。

法制和国家同时产生，同时并存。没有出现一个过没有法制的国家。也没有出现过一个国家没有法制，哪怕是极不完善的法制。法制在不同性质的国家，有着不同的具体内容和表现形式。在君主专制制度下，施政施治皆出诸君命，在奴隶制国家和封建制国家的法制，在本质和内容上都是“王制”，即体现国王的意志。历史上只有资本主义法制和社会主义法制最为完善。资本主义法制，即资产阶级国家政权建立起来的法制，及由此建立起来的社会秩序，是在反对封建专制和等级特权的基础上产生的。资产阶级在革命时提出“三权分立”、“法律至上”、“保障人权”、“在法律面前人人平等”等成为法制原则，如1789年法国的《人权宣言》第五条规定：“凡非法律禁止的事，都是允许做的事；凡是法律没有规定做的事，都不能强迫任何一个人去做。”确立了许多前所未有的民主形式，在历史上有进步意义。但其本质是维护资产阶级统治的工具。社会主义法制，是无产阶级领导广大人民，通过国家政权建立起来的法律制度以及由此建立的社会秩序，是在打碎旧的国家机器、废除旧的法制基础上产生的。它代表全体人民的最大利益和意志，集中反映无产阶级政党的政策和主张。要求完善宪法和法律，并使之成为任何人都必须严格遵守的不可侵犯的力量。做到有法可依，有法必依，执法必严，违法必究。

宪法是国家的根本大法，具有最高的法律效力，是其它立法工作的根据。通常规定一个国家的社会制度、国家制度、国家机构和公民的基本权利。一个国家只有一部宪法，其他法可有很多部，具体规定各领域里的法律条款。如婚姻法、民法、刑法、刑事诉讼法、土地法、税法、林森法……还有各部门的法律、地方法规等。法律使民众和执法机关有章可循。

法治——“以法治国”的简称，一种主张依据法律治理国家的政治思想。法制是法律制度；法治是以法治理。法治最早产生于奴隶社会，在中国，法治是法家的基本思想，当时曾同儒家的“礼治”、“德治”、“人治”思想相对立。韩非集法家思想之大成，提出较完整的法治理论。他重视法律的作用，但又不作为唯一的治国之道。他除提出“以法治国”外，还提出“法不阿贵”，“刑过不避大臣，赏善不遗匹夫”的法律上人人平等的思想萌芽，以及“以法为教”、“以吏为师”，使境内之民，其言谈行为必轨于法。

什么是法治？英国思想家洛克说：“个人可以做任何事，除非法律禁止；政府不能做任何事，除非法律许可。”法治是给公民以最充分的自由，给政府以最可能小的权力。法治社会的真谛在于：公民的权利必须保护，政府的权力必须限制，与此背离的就不是法治社会。

法治是人类政治文明的重要成果，是现代社会一个基本框架。大到国家的政体，小到个人的言行，都需要在法治的框架内运行。对于现代中国，法治国家、法治政府、法治社会一体建设，才是真正的法治。把权力关进制度的笼子里，就是法治。

律师，法律之师，是懂法律的人。律师，受当事人委托或法院指定，依法协助当事人进行诉讼，出庭辩护，以及处理有关法律事务的专业人员。

律师本应维护法律的尊严，但实际上也有不敬业的律师。请律师大都要收费的，而且收费较高。因此，律师是个光彩的职业，也是个不光彩的职业，就看律师的素质了。律师为他的当事人辩护，收人钱财，替人消灾。有钱的可以聘请律师，聘请一个二个三个都可以，组成律师团也可以，有的是钱，有的是时间，打个持久战的官司都可以。有时通过律师辩护，可使重罪变成轻罪，轻罪变成无罪。所以，常见一些律师开场白就是作“无罪辩护!”反之，穷人打官司，请不起律师，没有时间，有理也不敢打官司，基本没有胜诉的可能。也可使无罪变成有罪，小罪变成重罪，就看请到什么样的律师。所以律师辩护，只要和经济利益连在一起，很难维护法律的尊严。所以，尊重律师，但不迷信律师。

法制、法治，在理论上是完美的。清官和昏官在任何朝代都有。

制定法律和执行法律，都是由具体的人——相关的官员完成。执法严明是最重要的问题，人们期盼执法官员清正廉洁，公平正义。人们盼望清官为民作主，特别是打官司时，希望司法公平。但贪官很多，历史上的清官有几个？一般情况，贪官与清官大致相等。“三年清知县，十万雪花银。”现代的贪官量多性恶，处处可以感觉到。

依法治国、依法执政、依法行政，才是真正依法。科学立法、严格执法、公正执法、全民守法全面推进，才是真正的法治。无论经济改革还是政治改革，法治都可谓先行者，对于法治的重要性，怎么说怎么强调都不为过。所以，法治是最重要、影响最大的、最有力的社会力学。

法治与人治是根本对立的、不同的治国理念。现实社会中，常有以人治取代法治的事件。人治强调个人权力在法律之上，往往蔑视法律，老子说了算，崇尚权力即法律。而法治理念正好与其相反。要法治就不要人治，要人治就没有法治。奴隶社会、封建社会都是人治社会，官就是法，权就是法。资本主义、社会主义都实行法治，但要强调，国家依靠法治并不是不要人的力量和人的作用，因为再好的法律与制度都需要人来制定和执行。好的法律和坏的法律，都是人制定的，执行的好，执行的不好也都是人在执行。但是，不可将“人的作用”与“人治”相等同，两者是根本不同的概念。

法治是以民主自由为基础，需要民主的力量推动法治建设。如果人民没有民主自由，那人民已经被打压，就没有真正的法治了。而我们的法治往往看上去好像是官方在发动和推进，民众似乎处在旁观者的地位，从而表现出被动和冷漠。其原因是缺少政府和民众的互动。主要原因是：民众对于自身的权利不知道，知道不执行，执行不彻底。对依法治国有错误的认识。如所谓的“三治三不治”，即“治下不治上”、“治外不治内”、“治民不治官”。影响了民众参与法治的积极性。我国的立法权属于人大，而不属于其他。行政机关没有立法权，但行政权力有时确实影响司法，通过各种行政权力来影响司法权。有时舆论以第四权力出现，通过舆论压力来影响司法。

法治是依据法律的治理，它是一种治国方略，是一种社会控制方式。法治强调以法治国、法律至上、法律具有最高的地位，是与人治对立的一种治国方略。

中国原来的土壤里并没有法治的种子，几千年的封建社会里，人们曾经只追求“人治”的完善，将治国理想寄托在“圣人”、“明君”身上，但历史的车轮却一次次无情地碾碎了这一幻想。皇帝的话就是最大的法，官老爷的话就是法，王爷可以制订“王法”，族长可制订族法，家长可制订家法，所以国人对真正的“法治”并不理解。我们也曾有过“法强则国强”的法治宣言，有过“王子犯法与庶民同罪”的法治原则，但也同时有过“刑不上大夫”的法治缺憾。当西方已经大致勾勒出法治框架时，我们才发现，原来法治在守护社会公平正义方面能发挥如此积极有效的作用，而耳目一新。

全面推进依法治国，离不开全民弘扬社会主义法治精神，努力培养社会主义法治文化，促进全社会形成学法遵法守法用法的良好氛围。君不见，交通违法行为屡见不鲜；君不见，一些考试监考规则日益严苛、技术手段愈发先进，但种种作弊防不胜防，恰恰是缘于人们的法律精神和规则观念的缺失。中国的法治的推进，需要国家层面法治建设的引领，需要我们每个普通人“自下而上”的积极参与。当遵纪守法成为一种自觉，当依法办事成为一种习惯，每个社会个体成为推进法治的源泉。

司法腐败是最大的腐败。再好的法律也是由人来制订的，再完备的法律也是由人来执行的，所以人的品质和水平是“法治”的关键。好人能执好法，坏人肯定是执不好法的。如果社会风气腐败到一定程度，不能制订公正的法律，执行法律的人贪赃枉法，黑白颠倒，是非不分，冤假错案横行，那时社会就会一片黑暗，人民就会起来造反，推翻原来的法律，打倒原来的执法人，改朝换代。

在中国这样一个 14 亿人口的大国，要实现政治清明、社会公平、民心稳定、长治久安，最根本的还是要靠建全、健康的法治。

98. 人口力学

人口力学有关人口的科学，称人口学，是重要的社会科学之一。狭义而言，指通过对一个国家一定时期的人口进行调查和统计，计算出各种有关人口的指数，如出生率、死亡率、增长率、男女比例等。广义而言，是研究人的数量、质量、人力资源，以及人口引起的社会问题，人的活动对社会发展影响的学说。人类社会是由人构建的，人是社会的主体，人是世界上最具活力的因素。人口是人才的源泉，杰出人才产生于众多的人口之中。在构成世界的所有因素中，人口是最重要的。哪里人口密集，称繁华；人口稀少地区，称荒凉。人口众多，称人口大国，人口太少，很难成为大国。先有人口，后有人才。一个国家、一个地区、一个家庭须有一定数量的人口支撑，所以人是最宝贵的因素。世界上所有的重要问题，归根结底都是与人有关的问题，或是人要解决的问题，所以人口问题就是直接影响社会发展的最重要问题，是最重要的社会力学。

人口问题，包括人口的数量、质量、结构、分布、生存和发展等多方面因素，造成人口与经济、社会、资源、环境之间的矛盾和冲突，构成了广泛的各类社会问题。

首先是人口数量问题。主要是非均衡生育（多子化和少子化）以及人口迁移造成的。多子化造成子女过多，养育困难，造成贫穷落后。少子化，人丁不旺，甚至绝后，造成孤独无望。盲目潮流性迁移，造成人口分布不均衡。人口数量问题只有通过均衡生育（每对夫妇，发达国家 2.17 胎，发展中国家 2.3 胎）和调控迁移来解决。当代出生率持续下降，是许多国家面临的严重问题，要奖励生育，帮助多子女家庭解决实际困难。

二是人口结构问题。主要包括年龄、性别、收入、人种、民族、宗教、教育程度、职业、家庭人数等人口结构问题；其中最为突出是多子化、少子化、高龄化，性别（男女比例失调）和收入（基尼系数高，中产塌陷）等结构问题。人口年龄结构问题通过均衡生育解决，性别结构问题通过限制坠胎和提倡男女平等来解决。人口收入问题，原因较复杂，主要是发展生产，创业创新，扩大就业，但最终都只有通过壮大中产阶级，使中产阶层成为社会主体才能真正解决。

三是人口分布问题。主要包括大城市病、高密度连绵城市群人口密集、环境污染问题、大片乡村缺少就近（200 公里内）大城市辐射带动的发展难题、生态气候等自然条件恶劣地区人口的生存困境、以及高密度大流量人口迁移等问题，主要通过城镇化合理布局，构建合理的城镇体系来解决，提倡城市均衡发展，以中小城市发展遍地开花为主，促进整个社会繁荣；限制特大城市、超大城市发展，因为城市太大，弊端太多，对国计民生的影响是长期的多方面的。

世界人口的迅速增长引起了许多问题。特别是一些经济不发达国家的人口过度增长，影响了整个国家的经济发展、社会安定和人民生活质量的提高，给人类带来许多问题。人类必须控制自己，计划生育，使人口增长与社会、经济的发展相适应，与环境、资源相协调。

美国人口学者卡尔·郝伯（Carl Haub）认为，在农业出现以前，以狩猎为主，全世界约有 500－1000 万人，公元一世纪约 3 亿人，迄今为止，地球上总共生活过约 1060 亿人，1900 年全世界只有 16 亿人，现在 61 亿人。

科学界普遍认为现代人是 5 万年前开始出现的，当时，不限制生育，人的寿命都较短，每个母亲生 6－8 个孩子。

统计数据表明，世界人口：1800 年 10 亿，1930 年 20 亿，1960 年 30 亿，1974 年 40 亿，1987 年 50 亿，1999 年 60 亿。据法国国家人口研究所统计，世界人口 2005 年 12 月 19 日突破 65 亿，预计 2012 到 2013 年突破 70 亿，预计本世纪中叶达到 90－100 亿。科学家测算，地球最多能够养活 100－150 亿人。这是一组关乎人类命运的极其重要的数据。

中国人口增长是快速的。自 1949 年新中国成立到 2005 年 56 年间，中国人口从 54167 万增加到 130755 万，净增加 76589 万人，增加 1.41 倍。

伴随人口的剧增产生了一系列社会问题，在各个时代出现的问题不同，在当代最突出的社会问题是：生态环境问题、就业问题、青少年犯罪问题、老龄化问题。

生态环境问题，突出表现为生态环境破坏、环境污染严重。它是社会运行和发展的重大障碍。预测未来社会问题的主要矛盾将集中在生态环境上，如不极早解决，它将给社会带来巨大的破坏，甚至是全球性的、毁灭性的破坏。

老龄化问题，一般指人口中 60 及 60 岁以上人口比例增大，从而影响社会生产和社会生活的问题。目前发达国家最为突出，不发达国家被高出生率造成的人口年轻化所掩盖。中国在 20 世纪末 21 世纪初进入老龄化社会，由于人口基数大，无论现在和将来，中国老年人口总数都将居世界首位。给社会、政治、经济带来一系列问题，它要求对社会生产、消费、分配、投资、社会保障和福利作出相应的调整。老龄问题，存在一个对老龄的鉴定问题，随着社会的发展，人的寿命越来越长，退休后还有10－30年的休闲时间，其中许多人身体很好，还很能干，很好利用这部分人，可以减轻人口老龄化压力。

单身意识，是当代产生的一种新意识，是一种不结婚不生子的丁克族现象。主流社会对单身个体和群落有一定的容忍性，除上述原因外，还有一个原因，就是人类生存环境的窘迫，造成现代人对人口爆炸的恐惧。2000年世界人口超过60亿。1974年联合国环境规划署提出世界环境规划议题，当年的规划主题是：只有一个地球。而1999年提出：拯救地球就是拯救未来。表现出了对人口爆炸和环境问题的恐惧。可以看出这些已经成为面临的最严重的问题。

拯救地球的呼吁，反映了人类面临的环境问题的灾难性。人口问题、环境问题像两个恶毒的符咒。1950年之前，人类达到17亿用了数千年，而50年之后，人类人口翻三倍只用了50年，人口增长形成的资源缺乏和资源破坏已经成为当今世界面临的最严重问题。发达国家耕地负增长，发展中国家耕地面积正增长，森林草地负增长，资源消耗46%归于人口增长，54%归于人均消耗水平的提高。

高增长率的人口及50亿的人口基数已经成了人类发展的瓶颈。传统观念认为：放弃生育就是放弃了责任和义务，认为单身者不要家庭子女就是放弃责任。这样的观念已经过时了，新观念是自觉地计划生育、从国家、家庭、个人全面考虑，优生优育才是对人类负责。

人口对社会的贡献和影响，主要取决于人口的素质。一个社会的发展，根本上有赖于人口素质的提高，培养出高水平的人才。当前，中国多的是人口，少的是人才。如何把人口数量转化为人才数量——高质量的人力资源，是国家发展一大战略问题。提高人口素质，是影响社会发展的关键因素。这就需要研究人才学。

人才学，研究人才成长和人才培养规律的新兴学科，20世纪70年代中国因解决社会主义建设就迫切地提出了这个问题。其研究内容有三方面，一是自然人才学，它的目的是通过脑生理学、胚胎发育学、遗传学、优生学、营养学等的研究，提高人的智能的载体。基本属于生理方面的自然科学。二是个体人才学，研究人个体成才的一般规律和自我修养，将人通过教育、修养、锻炼培养成人才。三是社会人才学，从社会结构和管理的角度，研究社会造就人才的能力，即如何广开才路，去发现、鉴别、选拔人才，合理使用和有效培养人才，研究智力投资和智力开发。按其研究的对象可分为文艺人才学，科技人才学、政治人才学。这些都是社会需要的人才。还要特别注意培养拔尖人才，大师级人才、推动社会向前发展。

99. 资本力学

简单地说，资本，就是资本家经营工商业的本钱，用来剥削雇佣工人的剩余价值。如果不是用来剥削雇佣工人的剩余价值的本钱，就不是资本。

理论上讲，资本不是简单的金钱，而是一个极具深刻涵意的重要概念。资本成就了无数大大小小的资本家，创办了无数的企业，成就了一个人类社会形态——资本主义社会。对资本深刻研究，卡尔·马克思写了巨著《资本论》，揭露了资本的本质，唤醒了无产阶级的革命斗争，建立了许多社会主义国家。所以，资本是最重要社会力学之一。

在理论上及实际运行中，将资本分为不同类型：金融资本，像股票、债卷等；自然资本，指固有的自然生态，如河流、矿产、土地等；社会资本，如商誉或品牌价值。

在研究宏观经济核算时，资本泛指有形资本、无形资本、金融资本、人力资本。

从企业会计学理论，资本是指所有者投入生产经营能产生效益的资金。在西方经济学理论中，资本是投入的（生产资料）一部分，投入包括劳务、土地、资金。

根据现今主流宏观经济学的观点，资本可以分为物质资本、人力资本、自然资源、技术知识。

资本是企业经营活动的一项基本要素，是企业创建、生存和发展的一个必要条件。企业创建需要必要的资本条件，企业生存需要保持一定的资本规模，企业发展需要不断筹集资本。

资本的基本含意是指有经济价值的物质财富或生产的社会关系。

在现实生活中，资本总是表现为一定的物，如货币、机器、厂房、原料、商品等，但资本的本质不是物，而是体现在物上的生产关系。

资本的主要特征是：

(1) 资本是能够带来剩余价值的价值。

(2) 资本具有运动特性。

(3) 资本是一个生产关系范畴，它体现资本家剥削雇佣工人的关系，属于资本主义生产方式本质范畴。

(4) 资本是一种支配权。

资本具有如下属性：一是资本的垫支性；二是资本的运动性；三是资本的增值性。

资本是一种运动中的价值。资本的运动表现为购买、生产、销售三个阶段，依次采取货币资本、生产资本、商品资本三种形式。资本只有从一种形式转变另一种形式才能产生剩余价值。资本一旦停止运动，实现价值增值的目的丧失，资本的生命就会停止。

按照马克思主义政治经济学的观点，资本是一种由剩余劳动堆叠形成的社会权力，它在资本主义生产关系中是一个特定的政治经济范畴，它体现了资本家对工人的剥削关系。就是资本家通过资本的运作，赚取雇工人的剩余价值。

资本主义的资本是什么？就是一套社会权力的计量手段。资本的不断增值的特性，来自资本家对劳动者的剥削其剩余劳动，作为资本积累在资本家手中。而资本家则运用这些资本争夺控制生产的社会权力。按资分配，实际就是按对劳动者剥削程度进行社会权力的分配。谁剥削劳动者最有效率，积累的资本越多，谁就获得控股权，成为首席决策者，或第一大股东，就更有发言权。资本主义国家以资本量化权力，共同支配整个社会。常以公司或国家的形式出现。他们的社会权力是由劳动者的剩余劳动积累成的。马克思认为，资本起着极为活跃的作用，造就了资产阶级和无产阶级两大对立阶级，无产阶级是资产阶级的掘墓人。曾经以苏联为首，无产阶级夺取政权，建立了多个社会主义国家。其间资产阶级一直想搞垮社会主义，包括和平演变，对无产阶级做一定的让步，提高工资和福利，缓和矛盾。但阶级关系的本质并没有改变，并不能改变社会发展的方向。

劳动力是第一生产力，科学技术是第一生产力，因为科学技术本身就是高级劳动力。

现在有人提出，“资本是第一生产力”，其理由是：资本处于主动，劳动力处于被动。在一个企业中，资本家对应资本，雇佣工人对应劳动力。资本家占有生产资料、生产工具、厂房等，雇佣工人虽有人身自由，却被剥夺了生产资料。只有当劳动者把自己的劳动力当作商品出卖被资本家购买后，劳动力和生产资料结合，才能进行生产。在企业生产整个过程中，都是资本家一手敲定，处于主动地位，雇佣工人处于被动地位，完全听命于资本家的。

资本可以改变劳动力的水平，通过技术培训、增加先进设备，提高创造财富的能力。劳动力就是人的劳动能力，是人的体力和脑力的总和。劳动力存在于活的健康的人体中，是社会生产的永恒条件。一个普通劳动力叫普通工人，普工；一个掌握高技能水平的劳动力叫高级员工或工程师。雇佣工人可以自我

“投资”，学习技术。资本包括科学技术、包括劳动技能和先进的机器设备。

有人在《财富论》中提出“资本创造财富”理论，认为资本是生产剩余价值和超额剩余价值的首要条件。

诚然，一个企业要正常运作，雇佣工人就必须损耗体力，企业家必须损耗脑力，机器就必须磨损，原材料就必须消耗等。也就是说，要生产，要创造财富，就必须消耗生产力。生产力创造了财富。

随着“资本就是第一生产力”理论的确立，就可以由生产力创造财富修正为“资本创造财富”，进而“资本财富论”。“资本创造财富”是“生产力创造财富”的发展，是经济学领域深刻革命，是思维意识的飞跃发展。是当今世界经济学最前沿的科学和理论，“资本财富论”出现在刘德著的《财富论》中。这显然是只考虑了生产环节，而忽略了资本造就了资产阶级和无产阶级、造就资本主义和社会主义等重大问题。

美国是最发达的资本主义国家，美国的资本具有当今最典型资本特质。美国资产阶级的资本非常雄厚，掌控着美国，也在很大程度上掌控着全世界。美国资产阶级编了一个美国梦掌控美国。在美国梦的笼罩下，人们过度消费，纵容每一种欲望，每个穷人的嘴里塞一个奶头，称“奶头乐战略”，防止穷人不听话闹事。如今，美国人消费了多达三分之一的世界能源，浪费地球的资源，尽管他们的人数只占世界人口总数的不到 5% 。资产阶级的战略家布热津斯基，想通过“奶嘴乐战略”消除穷人的反抗，维护“二八铁律”——世界形成 20% 的富人，80% 的穷人。这是美国金融资本家的阴谋。

美国的金融资本使美国成为一个可怕的国家。为了“美国梦”，美国人从总统至各级官员，大谈特谈“为了美国的利益如何如何”，强力推进称霸世界，充当世界警察，执行想打谁就打谁的霸权主义。美国利益实质是大财团的利益。在《美国控制世界，谁操纵美国》一文中指出：垄断金融资本操纵着美国。美国总统可以换来换去，但美国的金融、印钞大权却牢牢地掌控在美联储手中。谁要夺这个大权，就把谁干掉：如 1864 年 4 月 14 日林肯总统；1963 年 11 月 22 日，约翰·肯尼迪总统；在美国历史上有 7 位总统在任上被挂掉，还有更多的议员被挂掉，因为他们想夺美联储的印钞大权。美联储是美国联邦储备委员会的简称，相当于美国的中央银行。“联邦”多好听的名词，但他实际是一个私人银行家和大企业集团的组织，也就是纯粹的私人组织，美联储所有的高层都是这些集团的首脑，然后美国政府从这些首脑中“任命”主席。我们所说的美元，每一张都出自美联储之手，而不是美国政府。美国政府没有发行货币的权利，只有发行国债的权利，正像一个银行家所说：“只要我能控制一个国家的货币发行，我不在乎谁制定法律。”——梅耶·罗切斯尔得（银行家）。美元的流通是由美国政府向美联储“贷款”所有的美元，在美国和世界范围内流通，而以美国国债作为抵押。美国人民每年交纳的税收，直接进入美联储的帐户，作为美国政府贷款的利息。今天，美国人民欠下的国债中有外国购买的，不足2.5万亿美元，欠美联储的债务达44万亿美元，而这笔债务只会越来越多，永远没有还清的那一天。在美国，欠债的话，就老老实实当孙子，让你上就上，让你下就下，让你干什么，就老老实实干什么，没商量。

共和党和民主党是两个傀儡组织，背后站的真正主人是华尔街财团：盎格鲁撒克逊财团和犹太财团。

盎格鲁撒克逊财团就是当年从英格兰最早逃到美洲大陆的盎格鲁撒克逊人。盎格鲁撒克逊人是日尔曼族一支，罗马帝国崩溃时入侵不列颠，是近代英格兰人的祖先。日尔曼族是什么人呢？在罗马帝国统治欧洲大陆时，日尔曼人是区别于欧洲主人罗马人的未同化蛮人，今天看起来牛逼哄哄的西欧人祖先，主要就是日尔曼蛮人。

犹太财团更牛叉了。犹太人很聪明，靠经商起家。早在欧洲混战的年代，犹太人就通过给欧洲王室放贷赚的盆满钵满。仅是放贷，而不是生产。理解这点，就能理解西方资本主义的真正源头，以及今天所谓金融垄断资本主义的核心本质——金融才是资本主义的本质。这也是几百年来欧洲反犹运动（含二战纳粹屠杀犹太人）此起彼伏的真正原因，这里包藏的是欧洲底层人民对放贷犹太人的阶级仇恨和民族仇恨。在整个资本主义体系中，今天的德国日本等只掌握工商业和服务业的低端资本。居于高端资本的金融资本被犹太资本垄断！你为什么不懂？因为全球的主要媒体舆论也被犹太财团垄断！对全球人洗脑，这才是真正的洗脑！你已经是长着眼睛和耳的瞎子和聋子！

两个财团都在华尔街。盎格鲁撒克逊财团以摩根斯坦利等投行为主，犹太财团以高盛等投行为主，这才是翻手为云覆手为雨，才是能真正搅动世界风云的力量，并且投行还有控股人！控股人！控股人！这些金融投行还控制着一个全球最牛逼一个机构——美联储！可怜的美国人民为什么发起占领华尔街运动，这回你懂了。

美元捆绑在石油上，就是石油美元，必须用美元结算。全世界都使用石油，全世界都流通美元。所以，中东产油国谁不听话，美元就指使美国灭了谁，萨达姆、卡扎菲就是这样倒下的。这就是克林顿哀叹的——你做了总统，却发现决策都是别人做的。

现在人们意识到美帝国主义的金融资本，是以美国强大的军事力量、巨大的经济力量、先进的科技力量、善于谋划的智库力量所支撑，压迫、剥削世界不发达的国家，来圆美国梦。多年来的美国梦使世界资源以及世界人民所无法承担的。美国本身就已经在对世界的过度剥削中预支得太多。单边利益的最大化变得不切实际，除了引起强烈的反抗和冲突，没有更多的积极意义。

据报导，近30年来放松信贷，鼓励借贷消费，使美国人养成了花钱大手大脚的习惯，寅吃卯粮成为信用好的标志。美国人成了“借贷奴”。目前，美国政府、公司和私人累计欠债已高达天文数字。据国际经合组织的统计，如果按照美国现有人口3.05亿计算，美国人均欠债70万美元，每个家庭（按3.1人计算）欠债217万美元，折合成人民币，美国的每个家庭都成了千万“负”翁。而债权人是全世界。美国人就像是办了一个巨大的“会”，全世界都来买他们的证券，都期望拿到回报。美国开动印钞机，大量印美元，美元贬值还债，从而剥削全世界人民。这就是美国梦的现状。美国人仍在做着美国梦，全世界仍在忍受着美国梦，受着美国垄断金融资本的剥削。

100. 新孔子学说将影响全世界

（1）伟大的孔子及儒家学说

孔子和他创立的学说——儒学，对中国和世界的影响是巨大的。

孔子思想是时代的产物。约公元前8世纪以后，随着经济的发展，引起了社会关系、政治组织、生活方式、谋生手段等的深刻变化。社会发展到一定阶段，使人感到不安、不舒适，这时就可能萌生新的思想。当时人类的文明程度很低，野性很大，社会混乱，经常发生掠夺、抢劫、撕杀、战争。这引起了当时人们的思索和变革，主要问题是：理想政府的道德基础，社会制度的作用，能否促进社会和谐，使人民安居乐业，以及宇宙的起源和人生命的目的等深刻而重大的问题。那时，整个欧亚大陆到处提出和讨论这些问题。对这些问题的讨论构成了古典时代一些伟大的哲学、宗教和社会体系。这些体系的代言人——中国的孔子、印度的佛陀、波斯的琐罗亚斯德、希腊的理性主义哲学家：苏格拉底、柏拉图、亚里士多德。孔子研究了人与人的关系，佛陀研究了人与神的关系，希腊哲学家研究了人与物的关系。孔子在2000多年前，就是一位影响世界的伟大思想家了。在当代被评为对世界影响最大的十大人物之一。在中国很久以来称为圣人，孔圣人。孔庙随处可见，当代孔子学院在全球遍地开花。特别是对中国及周边国家的影响都极为深远。

孔子本身是个很伟大的人物，知识渊博，《春秋》责备贤者。发扬这种精神的孔子，真令人佩服。他阁下对人有深度的了解，对做人的道理有不可磨灭的贡献。由孔子发展起来的儒家学派，对中国人影响极为深远，一直影响到现在。孔子的学说内容非常丰富，常常一句话就是一种哲理、一种思想、一句格言。《论语》、《孟子》、《中庸》、《大学》、《春秋》，以及历代对孔子学说的注释等，是一个庞大的思想、道德、哲学体系，全部著作堆满了格言警句。对中国社会影响了二千多年。但这种影响有正面的也有负面的。

孔子本人极具同情心和对社会的责任感，使命感，立命感，主观上，以天下为出发点，谋求大任来改革社会，这是他的政治行动。他带领他的学生，不辞辛劳推行他的学说，说明了他的很强的社会责任感，也是一种难能可贵的精神，对社会影响很大。客观上没有实现，却以教书办学为业，创立了儒家学说。孔子对人类影响最大的是他的伦理道德思想和教育思想。孔子的思想非常丰富，主要表现在他的著作中，以及后世对他思想的发展中。通过二千年的风风雨雨的洗礼，孔子思想凝结为他的社会道德思想。最重要的作用是确立了中国文化的价值理性，奠立了中华文明的道德基础，塑造了中国文化的价值观，赋予了中国文化基本的道德精神和道德力量，使儒家文明成为“道德的文明”。中国在历史上被称为“礼义之邦”，就是突出了这个文明国家具有成熟的道德文明，道德的力量，成为中华文明的最突出的软实力。这一切都是源于孔子与儒学的道德塑造力量。孔子的道德内涵非常丰富，主要表现有如下几个方面：崇德、贵仁、尊义、守中、尚和。

(2) 儒家学说的严重缺陷和问题

通过两千多年的实践证明，儒家文化存在严重的缺陷和问题，给中国社会带来了极为严重的后果，曾使中国成为最贫弱的国家。

儒家文化本质上有三方面缺陷：一是儒家永远不开宪政；二是儒家迷信个人能力，寄托希望于君主的贤明；三是儒家过于强调个人道德，类似于宗教，形成道德原教旨主义，只讲道德，不讲真理。

一是儒家思想是保守的，没有民主自由要素，永远不开宪政。儒家思想的核心是社会等级秩序，大家恪守本分，不能逾规。所有的人都应该在等级制度下循规蹈矩，不能随随便便的做超出自己身分的事，也不能胡思乱想。用礼来强调和固化这种社会等级。所以，儒家特别重视礼，特别重视厚葬。厚葬其实质就是一种礼，强调突出死者应享受什么样的等级待遇。为了不让人胡思乱想，就提倡人民学习诗词，用诗词文学修养来消磨意志。即使一个伟大的，符合儒家思想的贤明君主，也是通过文学修养来巩固自己的信念和威望。所以，儒家盛行的朝代，诗词文化颇为发达。

二是儒家迷信个人能力，寄希望于明君、圣人、贤人。春秋时代的孔孟、汉时的董仲舒，以及宋代的二程、朱熹被后世视为尘世间的先师先贤。中国人尊崇的是人世间的圣贤先哲，读他们的书，接受他们的思想，科举时按他们规范答题。祖先崇拜的实质是先贤崇拜。遇事倒退一步，古代什么都有，古代什么都好。

三是儒家过于强调个人道德，迷信道德原教旨主义，只讲道德，不讲真理。儒家后来把道德提高到虚伪的层次，道德的功能被神话了。在他们看来，道德是决定国家生死存亡的核心，不是对超越凡世的造物者——神的崇拜和对末日审判的恐惧，而是对人间尘世中的社会秩序和基本社会伦理（三纲五常、忠孝义节礼智仁信等）等儒家道德的崇拜和恐惧。

在具体的社会实践中，儒家学说表现出没有自我检讨、自我反省、自我调整的净化功能。从历史上看，商鞅是法家思想，商鞅变法是制度的、社会的、文化教育的改变，他成功了，但最后还是失败了，他被车裂了，五马分尸，十分残忍。这对改革思想是严重的打击。那是公元前四世纪的事，以后两千多年，中国没有一次变法成功的突破。历史上最好一位改革家王安石，他的道德学问，无懈可击，可是他的改革却遇到了强大的阻力，也失败了。像张居正，他遭遇和商鞅一样凄惨，他刚死了之后，家就被查封，儿子活活被饿死。一直到康有为变法，都没有成功。儒家学派有一种说法：“利不十，不变法。”意思是，没有百分之百把握，绝对不能改革！所以，几千年来，一切东西都是有别人——圣人或有权势的大官之类，替我们想好了，自己不需要想，而且也不敢想，更不敢改革。

这种观念，正是我们中华民族不能进步，不能强大的根本原因。所以近代，特别是“五四”运动以来，“打倒孔老二，砸烂孔家店”，成为一种进步潮流。非如此，不能拯救腐朽落后的旧中国。

儒家文化腐朽保守落后的思想，必然形成一种“酱缸文化”。儒家思想多为情理，很少上升为哲理，没有批判净化的能力，只能用“独尊儒术”来维持其存在。所以，自宋朝理学以后，儒家的思想加速腐败，酱缸的浓度也一直加速沉淀。因为除了儒家思想外，佛教、道教也受到酱缸文化的腐蚀。佛教的大慈悲，导致不计较今世，只计较来生，消极的人生观到了极致，就严重地伤害了政治权力病毒免疫系统。而有些道教徒看来，作恶的人，只要肯向神灵行贿，连神灵都会贪赃枉法的。

另外，特别值得批判的是，儒家的反智、反商思想。儒家思想以“何必曰利，唯有仁义而已”或“正其谊不谋其利”的旗帜。对商人充满了轻视、嫉妒、愤怒，一提起商人就是“奸商”。至今不但官界，就是学界也有瞧不起做生意的，认为做正当的生意赚钱是丢人。

中国的统治阶级从古就有种倾向：一是反智，一是轻商。儒家定于一尊后，并不是帝王尊重知识分子，而是重用儒家保镖护院，儒家也小心翼翼地推行帝王的愚民政策，以便帝王称心如意，大小赏给他个官。儒家一旦和政治结合，思想垄断，反对别的学派，形成反智，于是尽量推广他们的教化。他们的徒子徒孙更认为：“半部《论语》治天下”，“天不降仲尼万古长如夜”，进行吹捧，是反智的典范。

二十世纪民国初年胡适等一批人提倡白话文，反对的都是知识分子，认为连贩夫走卒都可以写文章，岂不是斯文扫地。他们之反智，只是一旦教育普及，他们那点可怜的知识就失去市场。

轻商的实质也是反智。在中国社会，长期广泛轻商。商人和农夫，差别较大，商人的知识较高，因为他们需要记账、通信、采购、推销，眼界也宽阔得多，而且有冒险精神。“要钱不要命”是商人投机性、冒险性的基本哲学，即使帝王也不敢相信他们，其他人也对商人的诚信也表示警疑。民主政治骨子里就是商人政治，主张协调商议，讨价还价，言论自由，动手（举手投票）不动枪。商人的财富集累要比农人要快得多。仔细考查历史，会从字里行间发现，皇家和贵族，往往靠商人豢养，所以对商人的威胁，感受也最敏锐。

孔子和儒家学说，使中国成为最落后、腐朽、贫弱的国家，成为被世界列强瓜分的国家。所以，不应提倡现代人学三字经、千字文、论语、孟子、大学、中庸、弟子规等，中国梦不可能通过读“经”而完成。“五四”运动打倒孔老二，砸烂孔家店，是基本正确的，是中国两千多年来的深刻反思。况且，孔子学说的本义被历来的文人学者搞得面目全非，极须正本清源，拔乱返正。

孔子的学说是诸子百家中的一家，每家都有自己的特色和可取之处，如果“取其精华，弃其糟粕”，吸取好的营养，可以发展壮大；如果独尊一家，排斥百家，那就会出问题。如独尊儒术，就是这样，使两千多年，一直在儒家思想的统治之下，使很多痼疾根深蒂固地留在了中华民族之中。如果中国实行“百花齐放，百家争鸣”，就不会那样守旧，固步自封，就会吸取百家的精华，也会吸取世界之精华为我所用。可是中国历史上一而再再而三地重复着一个独尊儒术的模式。社会变革时反孔子，取得政权以后就又尊孔子，而且没有质的提升和飞跃。学者们往往一个腔调鼓吹，形成独尊儒术之势。因为儒家学说很适合当权者。如果，我们总把两千五百年前孔子的学说当成圣经，能不出问题吗？

能行得通吗？就是孔子在天有灵，他也会骂不肖子孙太无智慧了。

（3）新孔子学说将影响全世界

理出于易，道不在远。孔子的许多基本观念是正确的，甚至颇具普世价值观，问题是两千多年来缺乏创新，缺乏与时俱进，缺少自我净化能力。比如，吃饭养生，这个理念是无比正确的。但原始人吃的是野兽的生肉，生食。人类的食物越来越讲究，现在人讲究色香味，美食。在同样的理念下，更新了许多内容。如果要让人类一直吃生肉行吗？同样，孔子的许多理念，如礼智仁义信忠孝节、己所不欲，勿施于人等哲理，都是社会伦理的基本原则，在任何时候都推翻不了，就像数学公式定理一样，但其内容必须与时俱进。比如，“卧冰求鱼”是敬孝的典范。如果现在谁还用体温将冰化掉，抓鱼让父亲吃，他爸一定会骂他笨蛋！

新孔子学说正在产生和发展，可能会深刻地影响全世界。这一方面是以儒学为代表的中国传统文化已有两千多年的历史，内容博大精深；另一方面，现代的中国人，思想水平[illegible]高了，认识了孔子学说的伟大和存在的问题，决心发扬和改进中国的传统文化，提倡文化自信。孔子和儒学原是中国的特有问题，现在孔子学院遍及全世界，也就成为世界性问题了。中国倡导社会主义核心价值观，倡导人类命运共同体，都体现着中国传统文化的精华。

什么是新孔子学说呢？时过境迁，时代在进步，完全否定孔子是错误的，因为孔子学说中某些普世价值是正确的。所以，历代都有反对孔子的人，但都没有彻底把孔子打倒。可以说，孔子是打不倒的，因为孔子的学说中包含有人类普世价值的基本原理，诸如礼智仁义信忠孝节等基本哲理。任何社会都不可能反对这些哲理。新孔子学说就是在坚持孔子学说基本原理的同时，也应适应时代的发展，用新视野、新观点、新内容，充实注释孔子学说原理。比如，在仁中加入救死扶伤，人道主义、博爱理念；在义中加入自由、民主、平等理念；在信中加入阶级、阶级斗争、群体意识理念；在和中加入和平、和谐、人类命运共同体的理念；在忠中加入忠于国家、忠于人民的理念；在礼中加入道德、法制理念等。取其精华，弃其糟粕，与时俱进，如此，新孔子学说将征服全世界，这是符合科学发展规律的。

由于时代的局限性，以人性、社会性，人与人的关系为基础的儒家学说，是在两千多年前形成的，虽然有些内容以经不适用了，但仍有许多基本原理是适用的。以人与人关系为基础的孔子学说，是深刻的社会科学哲理，不信神、不信教、不信鬼，不像西方宗教信仰上帝。从这一点而论，孔子的认知超越了外国的宗教，超越了当时一些哲学家，是极为了不起的。

现代科学技术有力地批判了人与神的关系后，则显得人与人的关系更为突出。这正是孔子学说的核心和优势。一种学说的意义，在于它对人类社会的影响力，特别是对现实社会的影响力、现实的实用性。

在倡导孔子和儒家文化时，要特别考量：站在对面何许人也？给虎狼送肉，给贪婪者让利，给侵略者讲和谐，给敌对者礼让，无疑于脑残，必将自讨没趣，自取灭亡。

在中国历史上，无论高度赞扬孔子的学说，或是严厉批判孔子学说，都是错误的，它不符合事实，不符合批判的原则；对古人，还是别人——都应采取科学的态度，实事求是，全盘肯定，全盘否定都是错误的，但这恰恰是国人爱走的极端。

儒家学说对中国社会发展的影响；这是因为儒家学说为封建统治阶级所接受，成为治家治国理政的正统思想；统治者提倡这种思想，而且，进教材、进课堂、进考卷。科举考试就是这种命题，不学儒尊儒就考不上秀才、举人、状元……就当不成官。现在有些尊儒者，又试图把某些内容，进教材、进课堂、进考卷。这是民主革命的任务，是倒退，就可能成为革命对象，孙中山复活要革你的命。这是很危险的事。

一部著作，有的是说明社会的，反映社会某时某地的社会状况、风俗人情、如小说、评书、戏剧等，对社会是描述性的，说明性的。有的书的影响深远，如《论语》、《中庸》、《孟子》、《道德经》等，因为它们是思想性的、指导性的、哲理性的。

儒家学说在历史上起过重要作用，但也难以顺利实现，因为那时人类太穷，需要为生存而撕杀，很难按孔子的教导去。和谐社会在人类社会的现阶段容易实现，人类的物质较丰富或极大丰富，不需要为生存而拼杀，而以和谐社会方式实现成为可能。有些青年成了佛系者，因为不需要为生计而拼杀、掠夺、偷盗、欺诈；因为自己比较幸福，也容易考虑到别人的幸福，如动物主义者，善待各种动物，特别是宠物。物质匮泛之时，为填饱肚子，也容易使人犯罪，容易产生不和谐种种。

中国的知识分子，也许还有世界的知识分子，有个通病，就是片面鼓吹自己所学的知识，鼓吹自己的学派，既不知道创新，也不知道包容，只要一旦得势，就疯狂地鼓吹自己，打击别的学说，从而在学术、政治、经济、名声等方面得到好处，这是很危险的。

101. 神·鬼力学

什么是神呢？神，宗教指天地万物的创造者和统治者；迷信的人指神仙，或能力、德行高超的人死后的精神或灵魂。但谁也没有见过神，都很茫然。切确地讲，神就是人性的升华，神人一体，虚实交融，神是人的理想之作，是新神学观的重要内容。

什么是鬼呢？鬼，迷信的人说是人死后的灵魂。其实，谁也没见过鬼，也很茫然。切确地讲，鬼就是人性的堕落，把倒霉的事都推给鬼。倒霉事一个接一个，遇到鬼了，鬼跟上了！

神权，神鬼对人类的影响，不仅是从没见过的玄虚的神鬼影子，更重要的是，神鬼形成的权力——神权，以及人们长期形成的迷信习惯。神权是宗教迷信宣扬的鬼神系统的权力。在旧中国，神权指的是由阎罗天子、城隍庙王以至土地菩萨的阴间系统，以及由玉皇大帝以至各种神怪的神仙系统，总称为神鬼系统的权力。早在夏代，奴隶主就用天命鬼神来束缚和统治人民，后来统治者一直利用宗教神学谶纬迷信等吓虎人民，以维护其统治。

早在两千五百年前，就有对神鬼有质疑，当时的孔子就对鬼神的问题进行了论述。

孔子认为这个问题很难，采取不谈论鬼神的态度，主张“未能事人，焉能事鬼”，“未知生，焉知死”，(《论语？先进》)“子不语怪、力、乱、神”(《论语？述而》)，“敬鬼神而远之”(《论语？雍也》)，认为世人应“畏天命”(《论语？季氏》)，对天道、祖先要有诚敬之心。以孔子为代表的儒家学说中，都没有对人死后“天堂”、“地狱”及最后审判的描述。有关这方面的内容是道教、佛教、基督教、伊斯兰教的理念。

子不语：怪、力、乱、神。意思是：我孔子不谈论怪异、暴力、变乱、鬼神一类的怪事。

关于谈论鬼神之事，孔子说的是真实的，一句话：“我不了解鬼神，暂不谈论。”按当时的科学水平，能作这样的客观认识，也是了不起的。

但在《中庸》（第十六章）中，说孔子是相信鬼神的，对神鬼产生了深度迷信。子曰：“鬼神之为德，其盛矣乎！视之而弗见，听之而弗闻，体物而不可遗。使天下之人，齐明盛服，以承祭祀。洋洋乎如在其上，如在其左右。《诗》曰：‘神之格思，不可度思，矧可射思！夫微之显，诚之不可揜如此夫！”

《中庸》是孔子死后，孔子的孙子子思写的。他把孔子写成了深度信神的人，代表了儒家的思想。孔子说：鬼神的功德也是很大的。对于鬼神看不见其形像，听不见其响动，但世间万物都由鬼神化育，体察万物不可将鬼神遗漏。鬼神让天下人肃然起敬，齐明盛服，虔诚祭祀。祭祀时，鬼神仿佛飘忽或在上方、或在左右。正如《诗经》中说："鬼神降临，不可揣度，虔诚敬奉，还怕有疏忽，怎么可以厌弃呢！"鬼神之事，既隐微虚无，又在善赐福，恶降病时具体而明显，其诚实的德行是如此不可遮掩！

儒家思想是相信神鬼的，这对中国几千年的影响是十分深远的，中国人几千年来都信神鬼，而且有些人根深蒂固。这与时代的局限性有关，也与两千多年来的文化有关。

中国人通常所说的神都是有尊姓大名的，如西天如来佛、弥勒佛、太上老君、观音菩萨、玉皇大帝、龙王、雷公、电母等，这些神被人们信奉为善良、本领、智慧、权威、公平的化身；有些神本来就是人，如孔子、关公等，他们在世时是思想家、教育家、政治家，或是忠义勇仁的代表，其品质高尚，令人钦佩，垂范于世，被人们供奉为神。中国的皇帝本来就是人，但为区别于一般人，称皇帝为"天子"，说是天上派下来的代表。有本书叫《封神榜》，里面封了许多神，可见神是由政治家、文学家、艺术家虚构出来的。例如老子，在人间，姓李，名耳，字聃，职务"周守藏室之史"也，相当于国家图书馆馆长。老子写了《老子》即《道德经》一书，其中《道经》37 章，《德经》44 章，震惊千古。据说老子骑一头青牛西出函谷关，守关小吏尹喜看到人才外流大为惋惜，便逼他写下《老子》一书，只有 5000 字，分为 81 章。可是在《封神榜》中，老子是"太上老君"，救过吒咤的命。在《西游记》中，他用"八卦炉"烧过孙悟空。这与人间的李耳判若两人。

"神恩默佑"这是家里正堂常挂对联的横批，是最普遍的迷信文化心态的写照。祈求神灵在默默地保佑全家安康好运，避祸得福，神恩无量。这个横批，几千年来，不知安慰了多少人、欺骗了多少人、麻木了多少人、期许了多少人。类似的神迹鬼迹故事，可以说数不胜数。所以神鬼的力量对社会的影响有不可估量作用，表现为长期的严重的负面影响。对神鬼迷信的力量也是非常强大的，它可以动员数以千万、亿万计人参与迷信活动，所以破除迷信，实在是任重道远。

犹太人是一个神奇而智慧的民族，其中不乏有更智慧的人，他们是信仰神和宗教最早的民族之一。理解了他们对神和宗教的的所作所为，对理解神和宗教的本质极有帮助。

犹太人，古称希伯来人，在未进入迦南之前，生活在艰难之中，他们在茫茫沙漠中，以游牧为主，逐水草而居。千里黄沙，烈日如火，自然界对他们最大的威胁是干旱少雨。

没有水，牲畜无法存活，人也无法维持生命。可是，沙漠里没有河流，没有湖泊，也没有出水的源头，人们只好把期待的目光投向苍天，只要有了雨水，人们就可以储存备用，牧草就可以发芽生长，牛羊也就不会饿死渴死。这样，“雨神”便成了犹太人顶礼膜拜的对象，这样便产生了“雨神”。他的名字叫耶和华。犹太人不敢直呼耶和华的名字，而称他为“阿特乃”，意思是“我的主”。今天的犹太人仍这样称呼。“神”在人们急切的盼望中诞生了！这也许是人类最早的神。这就是某些神产生的来源。这和中国农村天旱祈雨类似，农民们跪在龙王庙，敲着锅碗瓢盆，向龙王求雨，只不过中国的雨神是龙王。

如何认识神鬼的真象呢？这是问题关键。历来众多人盲目于迷信，很少有人探讨真象问题。认识神鬼的真象亦难亦易。难，谁也没有见过神鬼，都是道听途说，人云亦云，添油加醋，搞得玄而又玄，神像越塑越大，故事越传越奇离，很难求得真象。易，实事求是调查研究，首先调查神鬼的籍贯、性别、年龄、家庭出身、学历、专业等基本数据，就会发现，无论中国的神还是希腊的神，他们的出身都是神话故事、小说、民间传说等文艺作品中，产生于作者的想象中，有些神本来就是人，如孔子、关公、妈祖、鲁斑，是人把他们神化了。作者根据人们想象中超凡力量和普世价值哲理，根据人们的心理需求编写故事，塑造神化人物。这就是所有神鬼的出生和基础档案。或者说，这些作家捕风捉影创造了神，而不是如实地记录了神。当然，这种杰作要编得生动有趣，喜闻乐传，符合大众的思想感情，给人留下美好希望。这些作家就是神鬼之父母。这些故事，或明或暗地体现普世价值哲理，以及对超凡力量的崇拜。比如，孙悟空七十二变，一个跟斗十万八千里，唐僧虽没本事，但能控制孙悟空，如来佛本领更大，孙悟空翻不出他的手掌……可以说，关于鬼神的故事，或者是满足人们的心理要求，或者妖言惑众，或者“逗你玩”，或者“逗你开心”。

几千年来，人类根据自己的愿望塑造神。神就成了美好的愿望，成了力量、本领、享受、善良、正义的化身。比如说大旱无雨，就希望风调雨顺，就产生了雨神；希望猛兽不要害人，就产生山神；希望阳光普照，就产生了太阳神；希望人间和谐，就产生了菩萨；希望灵魂转世，永远不死，就产生了佛教的六道轮回；希望爱情美丽而永恒，就产生了爱神；希望家庭平安，就产生了门神；……每个神都是由人们的愿望而产生的。

这种虚构反映了人们的心理要求，人们太需要能为他们解决问题的神了。

人们面对自然现象无法解释，面对天灾人祸无法抗拒，如日蚀、月蚀、日光环、月光环、光晕、雷鸣、电闪、台风、海啸、大涝、大旱、地震等，特别是重大传染病，如伤汗、霍乱、天花、鼠疫等，人们更没有能力解决这些问题。多么希望神能帮助他们。因为求神拜佛毕竟是最简单的事，投入最低，期望值最高，如果神出鬼没能解决问题，谁都会来讨这个便宜的。即使不能解决任何问题，留个精神寄托，试一试也不妨。所以信神的情绪，是很容易被煽动起来的。

如果人类没有任何愿望，像动物那样，世界上也就不会产生任何神。在人类没有力量解决这些愿望时，就寄托于神，这时人类不能没有神。当人类有力量能通过科学技术手段解决这些问题时，神就逐步退出历史舞台。

对于神鬼的论述，是迷信，是文化，是科学，也是个带有神秘色彩的问题，历来都有重大的事件和争论。这与人们的科学水平有关，也与人们抵抗自然灾害和疾病的能力有关，也与人们的思想意识有关。“谣言止于智者，迷信止于科学”，应是不谬之言。

事实上，除了神化了的人之外，有谁见过真正的神？神住在什么地方？在科学不发达的过去，认为神住在天上，住在天堂。人们认为天上无限美好，蔚蓝的天空，有无数盏灯光在闪烁，那里的空气一定新鲜无比，神仙在那里过着逍遥自在天堂般的生活。因为人们当时上不了天，无法证明这种想象是否正确。现在科学技术高度发达，航天技术可以到达月球、火星等星球，天文望远镜对较近的星球看得相当清楚，证明月球、火星都是不毛之地，其它星体也是寸草不生的大石头，没有水，没有空气，白天气温高得能热死人，甚至烤熟、烤焦；黑夜气温低得能冻死人，神仙哪会在那里受罪！神仙会住在地下吗？现代钻探技术已能钻到一万多米深，地下都是石头，地下很热，很闷，神仙愿入地居住吗？至于山洞里也是阴暗潮湿，空气不流通，神仙也不会屈尊于此。可见，宇宙间不存在神仙的安身立命之所。如果说神仙和人同住在地球上，那一定有人见过神仙，可谁见过神仙呢？

道理很清楚，无神论是正确的。但实际上信神的人仍很多。君不见，在科学技术高度发达的今天，善男信女烧香拜佛络绎不绝，其中不乏有农民、工人、也有青年学生，还有企业家、教授、国家公务员等。他们祈求神保佑健康平安，仕途顺风；有的学生祈求考上名牌大学；甚至贪官求神保佑他不被败露……纵观历史，一轮一轮的造成神运动层出不穷，现在的中国，整修庙宇，塑造神像，兴佛修塔的地方实在不少。

笔者认为，传统意义上的神是不存在的，但精神之“神”是确实存在的。这种精神称为精气神之神，通常称为精神。人们的精神产生于人体的某些器官，特别是大脑，通过人的意志、决心、意愿、风度、语言表达于世，通过行动践行于世。这种精神之神，是人行为的动力，是人的魅力所在，是人的灵魂。人不可没有精神之神，否则就是植物人。植物人最能说明人的精神产生于大脑。人的精神之神是需要激发和凝聚的，是需要做思想工作的，念名言警句、语录、喊口号、唱歌曲、开声讨会、作气功等形式都可激发起来，使之付诸于行动，由精神力量变成物质力量。也可以通过求神拜佛、诵经文、许愿、或祈祷“伟大的神给我力量吧!”等形式激发起来。所以烧香拜佛之后，精神会有所好转，好像神在暗中默佑。有句名言：“诚则灵。”就是自己必须真诚地调动自己的精神，才能有激励精神作用。所以“信神不如信自己，自己才是真神”。如果自己的精神不振，萎靡颓废，神是帮不了你任何忙的，只能说你气数已尽。因为“精神”有一定的神秘性，摸不到、看不着，但能感觉到，所以人们常把精神之神和迷信之神往往混淆，甚至已混淆了几千年。这是很现实极待弄清的问题。

如同信神一样，人们也信鬼。世上根本就没有鬼。但人们思想深处是希望有鬼的，包括笔者本人。因为人都希望自己永远不死，即使死了，也可变成鬼，再轮回转变成人。多么美好的愿望啊！历代编写过许多关于人变鬼，鬼变人，阴曹地府的故事。《聊斋志异》就是蒲松龄想象出来的，很付合许多人的心理，人们很希望这是事实，所以流传很广。许多教义也有这些人鬼相继轮回的内容，反映了这种愿望。

客观上鬼是不存在的，谁见过鬼？但关于鬼的故事不胜枚举，也确有“鬼附人体”、“鬼压身”的现象，说“鬼”要说的话，做“鬼”要做的动作，就是所谓的“闹鬼了”。笔者亲自经见过此事。人死了以后，他的精神事迹仍留在熟悉人的记忆之中。这种精神作用于人会有多种表现，可以成为继承的遗志，激励后代为死去的人争光；也可以在特定的条件下，控制或影响活着人的思想，使之表现出异常情绪和动作，就是民间说的“闹鬼了”，这种情况仅发生在对死者熟悉的人身上，对不相识的人，绝对不会发生此事。当一个人思想不坚定时，或当时身体健康欠佳，思想处于恍惚状态时，或精力疲惫时，他的思想较易被奇异的思想所控制，表现出失态的动作和语言，如是酒醉失态胡言乱语，做梦时的幻觉。但对知识丰富，身体健壮之人，从未发生过闹鬼闹神之事。所谓有鬼是自己的疑心，疑心生暗鬼。

信神则有神，信鬼则有鬼；不信神则无神，不信鬼则无鬼。相信鬼神者，处处疑神疑鬼，缺乏自信，全部或部分放弃了对自己的自控权；不信鬼神者，自信心强，能全部控制自我。山西某地，有种迷信文化，相信处处有神，在不大的小院里设了许多神位，有天地、土地、中古、马王、灶君、山神、门神、水道、磨道……凡是能想到的，都设之以神，以求其保护，过年过节，烧香祭祀。迷信的人，对鬼神寄予希望，常把困难、挫折、失败、灾难与鬼神联系起来，妨碍了自己总结经验教训，反而倒霉的事就多些。相反，不迷信的人，常把困难、挫折、失败、灾祸与主观和客观环境联系起来，正确总结经验教训，克服困难的能力强了，反而倒霉的事就少些。

美国毕竟是建立在基督教上的国家，也是个科学技术高度发达的国家，他们那里只有神，没有鬼，也就没有鬼的思想基础。基督教认为死亡无非是永生的开始，是去天堂和在天父母以及先行的亲朋好友团聚，还能获得不再生病、痛苦的身体，好事一桩，没有什么可怕的，一个人活着的时间，比死去的时间要短很多，对死亡看通点，活得也轻松些吧。

其实，由于人类迷信了两千多年而根本就不存在的神，使得许多人都很困惑。

僧人是很困惑的：身穿腥红道袍，光头素食，不结婚、不生子，现世消极，完全寄托于来世，当知道来世就根本不存在时，原来的信仰是迷信，除了享受迷信之外，就会感到极大的失落。

有神论者也很困惑：究竟有没有神，若有神，谁见过？若无神，我们为什么要崇拜一个不存在的东西。是否迷信？是否上当受骗了？

无神论者也有困惑：认为实体神是不存在的，看到了神的本质，揭开神的面纱，人世间赤裸裸的、没有掩盖、没有润滑，现实显得太冰冷，太残酷。面对现实，需要一副钢一般的神经，否则，承受不了。

其实，多数中国人对于神鬼，一方面是追求精神的慰藉，一方面是功利的索取。在社会动荡，世事无常之际，要慰藉；在太平无事之时，则索取。所谓的慰藉，就是让自己躲进一个精神的壳里，任何佛理都不用讲，只一个因果报应，就足够了：我没做坏事，神在保佑我。而所谓的索取，则是通过僧人和寺庙的中介，通过付出一点金钱给神行贿，交换更多的利益，比如求子求妻、升官发财等。

这样的信徒，其实心中无信可言。他们可以信佛教，也可以信道教，甚至可以信别的什么教，只要传说有灵验，他们就可以信。将释迦牟尼、老子、玉皇大帝、观音菩萨、妈祖、耶稣放在一起膜拜的人，并非少数。对他们而言，所谓的神佛，只意味另一个世界神通广大的能人而已，多拜一个，就像多个朋友多条路似的。所谓信神的时候，也并不在意自己的道德，即使作恶，也相信可以通过布施佛院和僧人，得以弥补。所以，佛寺香火，也是一种利益关系，跟神的威严、僧人的品行没多少关系。

对每个人来说，自己就是神，自己就是佛，自己就是上帝。这是真正伟大的自信。“放下屠刀，立地成佛”，可见成佛并不难，其本质就是放下屠刀的高尚精神。要想成为神，就要努力塑造伟大的精神。

现在讨论神鬼问题，比起人类历史任何时期都必要。现在科学技术高度发达，是人类思想大转变时代，人们要推翻传统的神鬼观念，建立破除迷信的观念，彻底解放人类自己。人们的文化水平空前提高，自然科学家、社会科学家、博士、硕士、大学生比任何时代都多；医学、生物学、遗传学、心理学、哲学、天文学、科学检测仪器都取得巨大的进步，能站在新的高度评价社会的发展。在强大的科学技术面前，人们的信仰必将发生深刻的变化，必然引起思想深刻的变化。

神、鬼——都是理想中的产物，完全是由作家、思想家、政治家、艺术家想象、虚构出来的，通过编书、绘画、表演，广泛流传于社会，满足人们的思想上好奇、心理上的需求、精神上的寄托、理想上的追求。人类有史以来就与神鬼相伴，过去有之，现在有之，将来有之，只是过去迷信的成分多些，现在科学成分多些，将来更科学些。

无论是犹太人摩西、耶稣；无论是古希腊的苏格拉底、柏拉图、亚里士多德；无论是印度的释伽牟尼；无论是中国的孔子、老子；无论是穆罕默德、多玛斯·阿奎那……他们都是古代的圣贤，都是生活在科学不发达的时代，他们对自然的认识，都处于不认识阶段，或者是蒙昧，甚至是迷信阶段，所以他们在认识上、信仰上都有不科学的甚至迷信的色彩。

现在是科学高度发达的时代，对自然科学和社会科学的认识，有了飞跃的进步，有了质的变化。因此，在信仰上、思想观念上都应有一个质的变化。首先，人类认识了自身肉体，解剖学详细研究了人体的各个部分；认识了生殖、遗传的基本知识；认识了物质由原子、分子组成；认识了地球、月亮、太阳的组成和运动规律；认识了宇宙间的基本知识；认识了风雨雷电阴晴雨雪的基本规律，并能准确地进行预报；认识了精神和物质的基本知识；现代人能上天、能入地、能下海……这和不懂科学知识的古代圣贤有着本质的差别。当今的人类，不必过分迷信古代的权威，因为我们是掌握了科学技术的现代人，我们的思维理应高于科学技术落后的古代人。所以，现在是人类信仰大变革的时代。

102. 有神论力学

有神论之所以作为一种重要的社会力学，因为已有的人类社会历史主要是有神论统治的历史。虽然，欧洲文艺复兴时期，开始反对神学严酷的统治，但并非从根本上否定神学。在近代才开始质疑有神论，但有神论的影响仍很深，破除迷信，任重道远。

人类最初是不信神的，就像猴子、猿人、老虎、狮子等没有迷信的概念，也没有神的概念一样。但人类发展到有思想有追求以后，没有别的办法实现追求，就产生了一种期望；同时，在人类现实生活中遇到了很多问题，自己无力解决，就创造出了神，祈求神来帮助解决。几乎人类过去的文明史，就是有神论占统治地位的文明史。所以，在相当长的一段时间里，有神论是很有影响力的社会力学。

有神论中神是主人，神管理社会，一切由神来安排，人是朦胧的，接受命运的摆布好了，自己不需要太操心，只需要烧香、拜佛、布施、许愿，等待神的恩赐和默佑吧！结果是除了美好的期望外，什么都得不到。宗教是靠神管理社会的；信教的人比较轻松，一句话——听天（神）由命。一旦揭示，管理了人类几千年的神根本就不存在，神的大厦将轰然倒塌，世界的管理就得重新洗牌，就会产生新的思路。一部分人有神论者会很失落，感到很失败；另一部分有神论者则会很兴奋，终于有了摆脱神的理由。无神论者将以胜利者掌控世界。

3 有神论（Theism）一词来自希腊文“Theos”，即“神”的意思。这种信念把神或神灵人格化，当成值得崇拜的对象。定义“神”是超越于这个世界，但又关注这个世界。神可以将他的意志或思想通过某些个别人、通过某些事迹或事件、通过某些经典传达给世人。如果人们认为：可以借助自己的经验去理解神，可以借助某些行为同神发生联系，如象祈祷、祭祀、赞美等宗教活动与神联系，承认神的存在，并是以崇高的人格化的形式存在。这种信念就是有神论。这样的神，在道德上是至善的，能力上是无穷的，相信神是值得礼敬的，神足以影响人类社会和人类生活，

根据神产生的根源、职权范围、社会影响力，对人类信仰影响的程度，以及人类科学发展的水平，人们的认知水平，人类创造了五类神：

第一类神是超自然之神，造物主之神，是主宰宇宙的最高之神。外国的上帝、安拉、真主、耶和华、中国的老天爷都是这类至高无尚的神。这些神“创

造了天地”、“支配着日月”、“降了甘霖”、“救人于危难”，这种神具有绝对的权能，他无求于任何东西。天地万物的创造，日月星辰的运行，昼夜的循环，风云雷雨的发生，植物的生长，人类的生死和繁衍，以及人生的富贵贫贱和生死祸福等，都是最高神的意志决定的。即人类发展到一定阶段，就产生一种幻觉——苍茫大地谁主沉浮？人们找不到答案，于是就创造了神。而且世界各地：犹太人、中国人、印度人、埃及人、中亚人、希腊人、罗马人都是这样认为的。

第二类神是人修炼成的神：佛陀（释伽牟尼）、佛教中菩萨、罗汉，中国的老子（太上老君、道德天尊）、孔子、关公、妈祖……他们原来都是有名有姓有血有肉、实实在在的人，他们著书立说、修身养性、行善积德、行侠仗义、忠义仁勇，对社会对人类有重大的影响，被人们尊敬成了神。这类神的背后都有很多美妙的故事。

第三类是神的人间代表：穆罕默德。伊斯兰教认为，安拉是唯一的神，穆罕默德是人不是神，穆罕默德是安拉的使者和仆人。“真主”与“安拉”有区别吗？“真主”是汉语，“安拉”是阿语，波斯语叫“胡达”，欧美叫“上帝”，中国民间称呼的“老天爷”。伊斯兰教兴起前，一部分阿拉伯人和犹太教徒、基督教徒都用“安拉”一词称呼所信奉的最高神，没任何区别，也是对唯一的造物主的一种认识，可以用一个字来统一——“神”或最高神。

穆罕默德是安拉的使者，耶稣是上帝的儿子（代表）；皇帝（天子）是老天爷的代表；这是上面派下来的神。

第四类是文人写书编故事编造的神——传说中的神：爱神、太阳神、火神、孙悟空、古希腊中神话中的神，中国的《封神榜》、《西游记》、《聊斋》中的神和鬼；“八仙过海”中的八个神；白素贞、小青由白蛇和黑蛇修练而成的蛇精。还有各地域各民族所信奉的神。

第五类是民间习惯流传的神——传说中的神。有的地方把许多现象、事物、地方都冠于神，如财神、土地神、门神、灶君神、河神、风神、雷神、雨神（龙王）、山神、海神、马王、牛王，甚至一棵草、一块石头、一种动物都可冠以神……

每个宗教都有一个神的系列——神谱。如佛教中的神有：佛祖（释伽牟尼）、各路菩萨、各种护法神、五百罗汉等。

道教中的神灵系列：至高无上三尊：元始天尊、灵宝天尊、道德天尊。还有玉皇大帝、四御、五老上帝、斗姥元君、三官司大帝、四值功曹、六丁六甲、三十六天罡、七十二地煞、真武大帝、东岳大帝、碧下元君、关圣帝君、城隍、土地、灶君、门神等。佛教、道教中的神，是中国传统文化中的神。

本文所讨论的神是和人类关系密切的神，神的种类和数量很多，还有其他分类方法，许多国家有各类神谱。

有神论有系统的哲学思想和许多描写记载它的书籍，而且数量很多，这是人类几千年信仰神的产物，也是有神论历史的见证。如《圣经》、《神学大全》、《西游记》、《封神榜》、《中国古代神话人物》、《中国古代神话故事》、《希腊神话》等，多神信仰的民族大都有神谱，如《中国神谱》、《希腊神谱》、《埃及神谱》等。这些神谱将民间信仰之神集中起来，并对诸神排列次序，介绍各种信仰的缘起，阐明民间信仰文化的内涵以及民间信仰文化，内容丰富，从生老病死、天文地理、江河山川、自然现象及日常生活与人文有关的现象，总结了人类对民间信仰认识的轨迹。这些信仰在民族的发展中，有的演化成美丽的神话故事，有的凝固为美好的习俗和艺术作品。

从迷信和科学的角度来看，人类对自然界的认识，可分为三个社会管控阶段；即迷信管控阶段和科学管控阶段，以及由迷信管控向科学管控的过渡阶段。其中迷信管控阶段已经历了几千年，影响最为深广。真正的科学管控社会还没有完全到来，只有初步的特征。

迷信管控社会阶段的特征是：

(1) 科学不发达，人对自然现象、人身、疾病认识蒙昧，更不能掌控，迫切希望能有一种超人的力量——神，来管控世界。先知们把人的思想、行为托付神来运作，显得深刻、好奇，有时能获得奇效。比如与神签约，神托梦于人，神的使者，神的儿子，显灵，都是借托神的力量达到某种目的，甚至可达到奇效。而这时仅靠人的训教，力量不够，必产生怀疑、忧豫。

(2) 犹太人是人类历史上最活跃的民族之一，人类历史与他们息息相关，他们出了许多先知先觉奇才大腕和近代诺贝尔奖获得者。古代的先知们想出管控社会的办法，借助一种超人的大腕——神，来说服或吓唬民众，让其相信世界的一切，都是由神（上帝）管控的，人要听从神的召唤。犹太人创造了世界上第一个神——耶和华，第二个神——耶稣。如《圣经》所言：对于这些疑问基督教神学家们提出：首先，人们不要忘记一个解经的原则，那就是《旧约》的《申命记》第29章中所说：“隐密的事，是属耶和华我们神的，唯有明显的事，是永远属于我们和我们子孙的。因此，所有关于天上的事，地上的人类只能作有限度的推测。”这样就堵住了爱说人的嘴，可以把一些疑难问题推给神。

(3) 玄言造神，编故事造神，雷玄言造神。西方的天使、先知，中国的天师、法师、写书人，都是造神、编造神迹、奇相、天方夜谭的能手。主要事件有：

犹太人创造自己的神——耶和华；借助于神的力量，完成了人类自身根本完不成的大事：上帝七天创造世界；上帝创造亚当与夏娃作为男人、女人的始祖；挪亚方舟拯救人类；亚伯拉罕与神签约；神于西奈山授命于摩西，订立“旧约”，主要管控犹太人；所罗门建立犹太教，并修建人类第一个教堂；耶稣出世，耶稣为人类赎罪被钉在十字架上受死，耶稣复活，耶稣订立新约，新约管控所有的人；使徒约翰等著《圣经》；神学家多玛斯·阿奎纳著《神学大全》；印度释伽牟尼修练成佛，广收门徒，门徒著《佛经》诸卷；中国的天师创造原始天尊、太上老君诸神；穆罕默德创立伊斯兰教，著《古兰经》。人们没有能力否定这些事件，并希望这是事实，被人类接受，于是神管控的世界的基础——领军人物和理论著作形成，在人类历史上延续几千年。迷信神，时历几千年，这是人类发展史上不可逾越的阶段，

在科学不发达的过去，几乎所有的人都迷信，几乎都是有神论者，随着科学技术的发展，产生了许多新的理论，能够解释过去不能解释的现象；许多现代的实验手段，能证明过去许多不能证明的现象；有神论者越来越感到困惑，无神论者越来越多，有神论者越来越少，直至全都成为无神论者，这是社会发展趋势。

只有认识神，才不迷信神；只有研究神，才能理解神；只有理解神，才能肯定神；只有理解神，才能否定神。

英国哲学家培根对神也有过深刻论述，他好像是一位理解了神的哲学家。哲学家培根是另一类的有神论者，他在《谈无神论》中说：“宁信《圣徒传记》、《塔木德经》和《古兰经》中所有虚构的故事，也不相信宇宙之既定秩序中没有神灵。”他宁肯相信虚构的神灵，也不相信没有神灵，是另有用意的。

他还说：“无神论者可毁掉人之高贵，因为人在肉体方面无疑与野兽相似，而如果在精神方面再不与神相近，那人类真的会成为一种低级下贱的动物。无神论者亦可毁掉人的高尚品质，并阻碍人性之升华。若以狗为例，世人可见当狗意识到有人改养它时，会显示出何等的豪情和勇气，因为人于狗就是神灵，或曰一种更高级的生命，而若无一种比自身更高级的生命与之信赖，狗无论如何也不可能拥有它显示出来的那种勇气。人也如此，如果他信赖或使自己确信有神的庇护和恩宠，它便会获得人性本身无法获得的力量和信心。”哲学家培根是为了“使自己确信有神的庇护和恩宠，它便会获得人性本身无法获得的力量和信心”，就是心目中相信一个更高尚、神圣的偶像来激励自己，默佑自己，自己获得了力量和信心。就像心想一个忠勇义仁的关公在自己身边默佑，自己感到安全了不少，也勇敢了不少一样。所以，哲学家培根选择有神论，是一种善

良的选择，或者他混淆了本不存的神和实际存在的精神之神，也是一个值得研究的问题。

美国前总统林肯说过："没有上帝的扶持，我不会成功。有了他的扶持，我不会失败。"这是一种谦虚的智慧，把自己的成功和失败与神联系起来，显得特别高大，他不一定真信神，但这种恣态对他是很有利的。似乎他是理解了神的一位总统。

从"神恩默佑"、犹太人树立耶和华为雨神、培根选择有神论、美国总统林肯依靠神，都是崇拜一种伟大的精神，这和我们无神论者树立的榜样是一样的，如倡导某种精神。根本区别是前者是想象的，后者是真实的。在科学高度发达的今天，只能坚持真实的，再不能坚持想象的，欺骗的。否则，社会的疑问将越来越多，理性越来越脆弱。

每个神都是由人们的愿望而产生的，在人类没有力量解决这些愿望时，就寄托于神，这时人类不能没有神。当人类有力量能通过科学技术手段解决这些问题时，神就逐步退出历史舞台。

103. 无神论力学

无神论之所以成为一种重要的社会力学，是因为无神论代表了社会发展方向，人类社会正在由有神论向无神论转变。未来的社会，是无神论思想管理的社会，有神论思想将逐渐退出历史舞台。

广义上讲，无神论是不相信一切神或灵魂存在的思想理念。无神论并没有统一的哲学思想，例如一些无神论者可能完全否定任何超自然事物存在，但另一些无神论者可能相信诸如占星术、缘分、星座、卜卦等伪科学。无神论经常同反神论相混淆，前者是拒绝相信有神论，而后者是直接明确反对有神论。

根据定义的不同，无神论可以分为强无神论（或显无神论）和弱无神论（或隐无神论）。强无神论明确声称神不存在。很多情况下，无神论其实是指强无神论。弱无神论即一切不是有神论的关于神的思想，其中包括不可知论。

成为无神论者不需要任何诸如皈依或洗礼之类的仪式标记，因此，对于无神论者不容易判断。只有少数声称自己是无神论者的人，才可以肯定他是无神论者。

历史上的无神论一般都提倡理性和科学，反对信仰神和蒙昧主义，反对传统宗教的精神束缚，讴歌人的尊严和自由，与启蒙思想具有类似的性质和意义。

一般说来，唯物主义者同时也是无神论者，无神论者常常是“自由思想家”的同义语。无神论首先来自具有自由思想的资产阶级。在西方国家，无神论一般都指一种认为根本没有神的理论，而在中国大陆，一般的无神论者其实只是不可知论者。在西方人来讲，不可知论者只是没有宗教信仰的人。

欧洲文艺复兴批判神学的束缚，动摇了神学统治的基础，但当时的科学也不发达，没有达到彻底否定神学的阶段。20世纪以来，科学技术迅猛发展，人们对神的认识有了本质的变化，世界由有神论思想管理社会向无神论思想管理社会，由迷信管控社会向科学管控社会发展，其发展方向已成定局。

科学管控社会阶段，其基本特征是：

讲理性、讲科学，以科学道理为基础管控社会。科学高度发达，其中包括社会科学：社会学、哲学、管理学、历史学、文学艺术等；自然科学：数学、物理学、化学、生物学、医学、天文学、气象学等迅速发展，人类对自然的认识有了空前进步，能上天、入地、下海；能制造飞机、轮船、航天器；能造汽车、火车、高铁；能用先进的仪器诊断疾病；能检测到分子、原子量级的物质；能制造千百万种有机物和无机物；能制造具有各种性能的材料……于是人们的认识产生了质的飞跃。

检验性：可以验证、可以重复，说服力强，可信度高；可以及时纠错，及时自我净化。

改造性；人可认识世界，也可改造世界。不仅理论上能讲清楚，并能运用于实际。

人类社会首先经过迷信阶段，也可称神学阶段。在迷信阶段和科学阶段之间有一个过渡阶段，即以迷信为基础，不断生长科学的因素，但对科学仅是一知半解，片面极端，所以常常犯形而上学，极端、片面错误，也可称玄学阶段。

西方的天使、先知、神学者；中国的天师、大师、小说作家、评书演员，都是这一阶段表演的主角。

现在是科学高度发达的时代，对自然科学和社会科学的认识，有了飞跃的进步，有了质的变化。因此，在信仰上、思想观念上都有了质的变化。首先，人类认识了自身肉体，解剖学详细研究了人体的各个部分；认识了生殖、遗传的基本知识；认识了物质由原子、分子组成；认识了地球、月亮、太阳的组成和运行规律；认识了宇宙间的基本知识；认识了风雨雷电阴晴雨雪的基本规律，并能准确地进行预报；认识了精神和物质的基本知识；现代人能上天、能入地、能下海……这和不懂科学知识的古代圣贤有着本质的差别。当今的人类，不必过分迷信古代的权威，因为我们是掌握了科学技术的现代人，我们的思维理应高于科学技术落后的古代人。所以，现在是人类思想大变革、信仰大变革的时代。

无神论是人管理社会，一切都是由人来安排，自己是清醒的，与命运抗争，事事要自己操心，无神论者需要担当，需要勇敢。

在无神论与有神论的斗争中，无神论者需要勇敢。正像鲁迅先生有篇文章讲到醉虾。当虾子面临死亡时，是清醒地去面对还是醉醺醺地去面对更好呢？引申去想，当人面对死亡时，是清醒地去面对还是醉意朦胧地去面对更好呢？无神论者就是选择清醒面对的人，有神论者就是选择醉意朦胧的人 。

可以认为，无神论者是个头脑清醒的人，对于神鬼之事，他心中都是清清楚楚明明白白的，他的头脑就像一个大晴天，连一丝云彩都没有。这种感觉平日倒是很清爽的，只是在面对像死亡这类痛苦异常的事情时，那疼痛感觉与信教的人相比，却是更加尖锐的。同样“死”一件事，一个叫死亡，一个叫谢世，一个叫原寂，一个叫归位（归西天）哪个更好听、哪个更柔和、哪个更残酷？残酷的事实以一种赤裸裸的方式，没遮没挡，直不笼统地摆在面前，让人痛苦到必须把眼睛闭上不敢直视的程度。但是没有用，因为心中的眼睛还是人睁着的，一切都看得清清楚楚明明白白。不知能否这样说：无神论者就是那个大睁双眼的人，宗教信徒则是那个闭上眼睛的人。

世上的宗教各色各样，教义千差万别，但是有一点是共同的：它们像一层薄雾，将可怜、枯燥、丑陋、残酷的现实弄得朦胧一些，让它显得不那么真实残忍，不那么质地坚硬，看得见摸得着。如果人们把这丑陋的现实看得太清楚了，神经脆弱的人会经受不住，神经强悍的人虽然能受得住，但也免不了精神上的痛苦和折磨。所以无神论者必须具备一副强悍的神经，在看清事实之后，还能不崩溃，还能有勇气继续生活下去。世界上大多数人的神经都没有如此强悍，所以大多数人都是有信仰的，不是信基督，就是信佛、信安拉，甚至信狐仙、信大树、信泉水、可谓万物有灵，泛泛有神，将现实搞得朦胧些。

民间对神有一种说法：这些事不可不信，也不可全信。使有神论和无神论的界限模糊了许多。相信这种态度在民间很有代表性：不信吧，怕真有神灵，给自己带来麻烦，或者耽误了什么好事；信吧，谁见过？有时候求神拜佛并不总能灵验，也难免让人将信将疑。

做一个无神论者不仅要双眼圆睁，心如明镜；不仅要有一副铁打的神经，还要经受内心狐疑的折磨。还因为对这个世界，科学能够解释的只有十分之一，也许只有百分之一，更多的事情科学的解释力达不到，人类的智力也达不到，无法真正了解和解释。

总之，作为无神论者，必须冷静地看待自己的存在，不把眼睛闭上，也不把自己灌醉，真实地面对客观世界。不管有多少关于天堂地狱的传说，不管有多少关于轮回转世的假说，最有可能的真实状况却是：人像其他有生命的动植物一样，由一些性质和形态略有不同的细胞和身体组织构成，在死后会彻底分解，包括灵魂、意识（如果它确实是一种物质存在的话）在内，彻底消失，重归于无——变成元素或化合物形式，参加新一轮的循环。循环，循环，再循环，以至无穷。

104. 迷信·破除迷信力学

从迷信的角度，可将庞大的人类群体分为迷信的人群和不迷信的人群。什么是迷信？就是迷惑而信，即不知道，不懂得而相信。什么是不迷信？就是明白道理后而信。迷信与不迷信人群的数量都很多，力量都非常强大，是不可忽视的重要社会力学。破除迷信，解放思想，仍是现代人类重要的任务。

迷信是个广泛的概念，主要是对神鬼的迷信，还有对大自然的迷信、对权威的迷信、对书本的迷信、对圣人的迷信等。无知就会迷信，知识越多，就越不迷信。

人类最主要的迷信，是几千年来对神鬼的迷信。对过去的迷信不必过于自责追究，那是因为当时科学不发达，对大自然不了解所致，所以产生了迷信，这是人类认识必经的阶段。现在不同了，科学高度发达，相信科学，信仰科学是人类发展的必然趋势，人们应该逐步摆脱迷信。有了科学知识，谁还迷信呢！不过这有个过程，因为有许多人科学知识还比较贫乏，不能操之过急，有科学知识的人要耐心等待，多做普及科学知识的善举。

迷信是随着人类社会的发展而产生。人类产生初期，人的思想一片迷茫，产生了很多迷信。人类生活在大自然中，首先是对大自然的迷信，迷信超自然的神密力量主宰一切；迷信灵魂不灭，转世轮回；迷信因果报应，迷信宿命论等；迷信万物有灵论或唯灵论，迷信占卜算命，招魂驱鬼等巫术；迷信存在阴间阳间两个世界、神灵界和人间界、人间天堂地狱等。

在人类的迷信阶段，神在管控世界。人敬畏神，人依靠神，人与神的关系非常密切。神就是美好的愿望，也是力量、本领、享受、善良、正义的化身。在人的美好希望中，产生了无数的神，人们迷信神。每个神都是由人们的愿望而产生的。在人类没有力量解决这些愿望时，就寄托于神，这时人类不能没有神。当人类有力量能通过科学技术手段解决这些问题时，神就逐步退出历史舞台。如果人类没有任何愿望，像动物那样，世界上也就不会产生任何神。

迷信是人类的无知无奈和智慧的表现。无奈，是人类无法解决当时那些危及自己生存的问题；智慧，是想象一个具有超凡能力的神，让神帮助解决，把困难推给了神。无知是产生迷信的根源。对每个迷信的人，都要给予足够的关心，帮助他们学点科学知识并自信起来。

每个人都要破除迷信，因为迷信阻碍了自己的发展。佛教名师梦参长老对破除迷信深有体会，他说：把佛菩萨当作神明去膜拜，这就是迷信。这个说服力更强，给有迷信思想的人上了一堂好课，从另一个角度破除迷信。

梦参长老，当代高僧，出生于1915年，现在五台山真容寺静修。1931年在北京出家，法名“觉醒”。他认为自己没有觉也没有醒，再加上是做梦因缘出家，遂自己取名为“梦参”。梦参长老早年曾因不愿还俗被捕入狱，又在狱中宣传佛法，结果被判刑十五年及劳改十八年，1982年才平反出狱。他的经历，使他对迷信很有感悟。

梦参长老说：“把佛菩萨当作神明膜拜，就是迷信!”

怎样学佛才不迷信?

梦参长老说：“学佛人不能脱离生活，日常的起居都包含着禅意的存在，修行不离世间觉，修行是改变自己的心境，使自己的心境得以升华。当你的心还不能转物时，你的一切要顺其自然，生病时一定要看大夫，该吃药就吃药，该打针打针，手术也如是。”

什么是迷信呢?就是迷惑而信，对自己信仰的对象并不了解，盲目地信奉。比如有些自称是信佛的人，经常烧香磕头、求神拜佛，甚至到寺院里去吃斋念佛，以为这样就能求得佛菩萨的感应，保佑自己心想事成，这种人就是迷信。佛并不能保佑任何人，佛告诉我们一切都要靠我们自己，佛明了世间宇宙真相，告诉我们万事万物都有一定的因果关系。我们要得到什么样的果报，我们就必须通过自己的努力、用正确的方法从因上下手，就好像农民种地必须先下种、施肥、浇水、小心看护，然后经过一段时间，我们才能得到所要的瓜果，也就是“种瓜得瓜，种豆得豆”。一切都必须自己亲自动手，天上不会掉下来的。这就是佛告诉我们的因果定律，如果自己不努力，靠求神拜佛去求，这就是正宗的迷信。

梦参长老开示人们：

现在学佛的人，说实在话，迷信的多!他到庙里面去烧香拜佛，为什么?为了升官发财，为了求保平安。

学佛的人，不懂得什么是佛法，这就是迷信！他求神拜佛，能不能得到好处？得不到，只是自己在安慰自己而已。

听说这个地方的佛很灵、很有感应，他去求，偶然机会，他得到了，与拜神求佛不相干。

如果真的那么灵，一百个人求，一百个人统统都得到，那就是真的；一百个人求，只有一两个得到，其他的统统都没有得到，那怎么会是真的？

对这个人喜欢，给他；对那个人不喜欢，不给他：哪有这种道理？没这个道理。中国对于神明有一个定义，正直称之为神。正直，哪有不公平的道理！

不懂得什么叫佛法，神佛不分，认为自己常常到庙里面去烧香、去许愿、去供养，这就叫学佛，这个错了！佛法是师道，这要清楚，你把佛菩萨当作神明去膜拜，那就是迷信。

佛教里头没有迷信，你真正依教奉行，你决定得真实的利益。利益从哪里来？不是佛给我们的，是我们自己修得的。离开经典，烧香拜佛，求佛菩萨保佑，没这回事情。

人类不仅经历了几千年封建迷信，而且在科学技术高度发达的现代，居然产生了现代迷信——超级迷信。如何对待现代迷信，是当代人类的重大问题。

现代迷信是用现代科技装扮的封建迷信，在理论上是诡辩的，行为上是欺骗的，目的是搞乱人心，搞乱社会，经济上骗取利益。现代迷信和封建迷信在本质上是相同的，它们有着共同的特征，另外，现代迷信还有新的特征：

一是用科学的语言包装迷信思想。

二是打着气功、特异功能的旗号招谣撞骗。

三是披着宗教外衣蛊惑人心。

四是具有一定的组织形态，有一些学历高、职称高的人参与，有一些能说会道的人张罗鼓动。

这些超级迷信的人，他们的主要表现是：鼓吹神的存在，神主宰宇宙的一切。用“人类无知论”、“世界不可知论”，抵挡所有的反对者。超级迷信者惘顾科学事实，披着科学外衣，疯狂鼓吹超级迷信，是当前发展科学，破除迷信新动向。

关于鬼神问题，眼见为实，耳听为虚。对于看不见的鬼神和宇宙超自然力，超级迷信者更是谬论重重，无耻的诡辩，并对不迷信的人疯狂指责，态度非常嚣张。请看超级迷信者的诡辩：

“对此，要么你从今往后转变自己的世界观，重新审视探索这个未知世界，要么你采取自欺欺人，以阿 Q 精神指责别人迷信，自己继续在这个世界上浑浑噩噩活下去。”

“人活在世上，不能被世俗物欲蒙蔽自己的眼睛和智慧，也不能沉睡自己深处的灵魂。人生当有追求，人生当有梦想，但只为享受而活着，却不去思考曾经的往世和未来的去处实乃可悲。人只不过是一个被操纵的机器，生生世世在已设计好的游戏环境中来来回回扮演不同的角色，以为是自己思想行动的选择，其实是被程序设定的虚拟所决定，自己自得其乐却浑然不知。”这些就是现代迷信的诡辩。

超级迷信还给鬼神增加了安定团结的任务，说什么：鬼神的区别在于能量的强大或弱小。能量高的上升为神，能量低的下降为鬼。但鬼可以通过修行以及在人间做功德成为神类，神也会因犯错误遭到贬罚成为鬼类，而人介于两者之间，有双重选择的权利，可以升为神，也可沦为鬼。在实际中，自然界是不允许神灵界干扰人间界的，因为两种是不同的空间，各自有各自的生存法则，但神灵界对人间界有维护安全稳定的责任。如果神灵界有神灵非法侵入地球破坏人间界的稳定与安全，神灵界必将采取措施缉拿非法入侵的鬼神。如果人间界有人非法闯入神灵界并给神灵界带来破坏，神灵界亦将对其最严厉的处罚。这些只是神灵界维护自然平衡的手段而已。

如果人间界遭到重大变故以及危害到人间界的生存，神灵界将采取措施派遣鬼神加以阻止。而有些神灵是以领取任务的方式下界到人间界投胎为人，为今后人类的道德文化建设以及智慧文明的发展做出指引与规划。比如战争及战后的重建，人类文明发展因选择错误路线避免走向毁灭。如果人间界因为道德沦落、人心向恶、为非作歹、怨气冲天，引起非良性磁场共振，神灵界将先给予警示的方式告之人间界；若人间界不思反省反而变本加厉，神灵必将以灾难的方式惩罚人间界。比如地震坍塌、海啸狂发、黑天漫日、病毒瘟疫肆虐、行星突袭等。人类在可预知的未来不会走向灭亡，因为人类时刻受到神灵界的保护。只有当人类造成的恶业结果无法扭转时，神灵界也无能为力，那时人类真正面临灭亡的危险。这是现代迷信的荒唐理念。

当今时代，因为科学成为世界发展的第一要素，信息技术飞速发展，人类标榜科学思想高于一切，以实践为基础，凡是经得起检验的才认同接受，凡是经不起检验的斥之为伪科学。可笑的是，超级迷信用“人类无知论”、“不可知论”进行诡辩。说什么：人类科学发展才短短几百年，就想探索鬼神世界的奥秘，最终会缘木求鱼得不偿失。宇宙的历史亘古连绵恒长久远，若以佛教的世界观和时间观来论述当今的科学，那只称得上学龄班层次而已。人类科学要虚心接纳不同观念。不能验证的事物，只能说是宇宙的超意识还不想让人类知道更多秘密，因为人类若超前知道更多秘密，而人类文明发展未能达到所需了解秘密的智慧高度，以人类的私欲无知和狂妄自大而带来的后果，那将是对整个宇宙空间是一个毁灭性的灾难。只有当人类文明发展到智慧文明的高度阶段，宇宙一定会放开胸怀让人类踏进神奇的领域，因为人类是宇宙的一部分，人类有了解自己的权利。

世界上很多受人膜拜的神灵其实是一个神灵的化身。因为地域发展不一样，人们的思想观念不一样，为了起到教育以及随顺众生的需要，有些神灵会在世界各地化身为不同的身份供人们膜拜供养。其实他们所做的只不过是引导人们改恶向善，增长人们智慧以期教导修行的方式，救拔更多的灵魂脱离苦海。其实这种教育方式在推进人类文明发展进程中所带来的利益远远超过人类自有的教育体系。

如此等等，可见当代超级迷信多么顽固，多么荒唐可笑!

人类文明的早期，所受历史条件及环境的影响，当时的人们不可能认知他们所面对的世界，总认为有一种高于人类的神力存在，从而在现实生产生活中给他们提供帮助以及指引正确的方向，于是鬼神观念随之产生。再加上鬼神在人间无数次“显灵”的误解，更加激发了对鬼神的崇拜之情。从全球历史来看，中国是世界上鬼神数量最多的国家之一。这些鬼神常识在中国历史上流传几千年，已经成为中华文明不可否认的一部分，哪怕它是身上的毒瘤，在促成中华文明的形成和发展过程中起到了一定的作用。

如何批判现代迷信，是破除迷信、解放思想的重大问题。用科学战胜迷信，是唯一的利器。科学在迅猛发展，破除迷信日渐彻底。

当哲学家在研究神是否存在，当神学家在津津乐道膜拜神时，当有神论者在迷茫时，科学家的火箭已射入宇宙苍穹，千百个卫星在天上傲游，把月球上、火星上的岩石土壤样品带回到了地球实验室，进行研究。科学的迅猛发展，人类科学文明大放异彩，是对超级迷信最有力的批判。

为什么要迷信神？神的本质是什么？现代的人们，以现代的观点来讨论神，使所有的人耳目一新。下面是一首揭露神的本质的深刻思考，发现神的本质就是一首优美的诗：

神是人类祖先的无奈；
神是人类祖先的无知；
神是人类祖先的迷信；
神是人类祖先的智慧；

神是一种默佑的力量；
神是一种崇高的威严；
神是一种普世的价值；
神是一种保险性投资；

神是一种高尚的崇拜；
神是一种美丽的传说；
神是一股漂眇的仙气；
神是一片玄言妙语；

神是一种美好的企盼和愿望；
神是一种慰籍欺骗的文化；
神是一种不值得信仰的虚构；
神是一种值得深思的社会现象；

神是伟大的精神；
神是光辉的楷模；
神是思想的光芒；
神是一首不值得朗诵的诗；
……

当前，寺庙发行股票上市，将神庙、神像搞成旅游景点，调侃神灵、娱乐神灵、疯狂炒作神灵，是对神的本质的揭露，都是对神的批判背判，其实质是否定神，也是以不的同形式破除迷信。

105. 疯狂的造神运动力学

造神运动力可谓大矣！它修建了无数的寺庙、佛塔、神龛，造出了无数的大大小小的神，遍及全世界，走到哪里都会听到关于神的传说，看到庙宇和神像。它已影响了社会几千年，还将继续影响下去。造神运动是一种什么力量呢？是谁有这么大的能奈发动民众去造神呢？造神力学，那么有力，那么猖狂，是对人类社会影响最大的力学之一。

人类的思想进程可分为神学、玄学、科学三个时代。神学玄学都是造神的时代。“雷玄言造大神，不雷玄言造不出大神”。虚玄力学对社会的发展，曾有过极大的影响。

玄学，抓住一点，大话假话连篇，片面极端，故弄玄虚。玄学经不起推敲，更经不起科学检验。真的追根问底，玄学家也会十分茫然。但是，正因为它“玄”，也能刺激一些人的神经，引起关注。例如：本书作者在《信仰论》一书中有关神学家对安拉、上帝、耶稣、释伽牟尼、太上老君的描写，就是用玄言造出了一个又一个大神。说的太玄了，无法证实，很多人都很恐惧。这就是玄言造神。

玄言造神，古代各国皆有，但最玄乎的应算中国的道教。就以太上老君为例：说明如何玄言造神和对社会的影响，说明这种社会力是何等的强大和疯狂！道教是如何塑造太上老君呢?

“老子者，老君也，此即道之身也。元气之祖宗，天地之根本也。夫大道元妙出于自然，生于无生，先于无先，挺于空洞，陶育乾坤。号曰无上正真之道，神奇微远不可得名。故曰：吾生于无形之先，起乎太初之前，长乎太始之端，行乎太素之元。浮游出虚，出入杳冥。观混沌之未判，视清浊之未分，步宇宙之旷野，历品物之族群。夫老君者，乃元气道真，造化自然者也。”……

据传，太上老君一共八十一化，在关键时，转化出世，影响时局，老子是第十七化。

第一化：老君生于天地之先，空洞之中．所谓空洞，便是真一之气，此一气生后，九十九万亿九十九万岁，而生上三气，每气又各相去九十九万亿九十九万岁，三气相合，生无上，也就是虚皇天尊（元始天尊的真寂不动之身，" 真灵位业图" 第一中位 " 上合虚皇道君应号元始天尊" ）无上生后，又经过如上的岁数，生中三气，每气又各相去九十九万亿九十九万岁，三气相合，生玄老，也就是元始天尊。玄老生后，又经过如上的岁数，生下三气，三合成德，生太上，也就是太上玉晨大道君。道君生后，八十一万亿八十一万岁，而生前三气，每气又各相去八十一万亿八十一万岁，三气相合，生太上老君。老君生后，才有太易，太初，太始，太素，太极这五运的天地变化。

第二化：空洞之中，又生太无，太无之内生玄元始三气，三气混沌，凝结变化，化生玄妙玉女，也就是无上元君．老君于是化作五色弹丸，流入玉女口中，积八十一年而又生，不过此时，还是天地未分。老君生后，便分辟三气，其中轻气上升为天，重气下沉为地。中气化为水气，化生万物。

第三化：太虚之气 往来乱射，经百亿万气之后．其气才慢慢的往来流行，又号弥罗万梵之气。又经过了九万九千九百九十九亿气之后。结吉祥之气，成“盘古圣人”。自号元始天王（这是元始天尊的化身）。同时生五老（五行之主），立年号龙汉。又经如上气数。化生太上道君，立年号赤明。同时生九老，分为九天。又经如上气数，又一次生太上老君，立年号上皇，时生八公。老君又结阴阳二气，分布天地，万物才齐备。

第四化：如是又过数十亿岁，老君分出神识化作一圣人，号女娲娘娘，攒泥土而造人，凿巨石而补天。

第十七化：老君分出神识降世为人名曰李耳，于人间立教，史称道家。

玄言造神，在全世界造出了无数的神。但多停留在故事和传说中。以故事为版本，再添油加醋，修庙造神，则是修无数大大小小的庙宇、寺塔，塑难以计数的神像，使传说的神话固化。

疯狂的修庙造神力，在中国历史上曾推动一波又一波的造神狂潮，敦煌石窟、云岗石窟、龙门石窟……就是古代造神狂潮的见证。为什么如此疯狂，一句话：无知迷信，深度的无知，深度的迷信。

例如，最著名的乐山大佛，建于公元713年，位于四川峨眉山东31公里的乐山市，依凌云山栖霞峰临江峭壁凿造而成，又名凌云大佛，为弥勒坐像，是乐山市最著名的景观。

佛像高71米，是世界最高的大佛。大佛头长14.7米，头宽10米，肩宽24米，耳长7米，耳内可并立二人，脚背宽8.5米，可坐百余人，素有“佛是一座山，山是一尊佛”之称。

乐山大佛开凿于唐玄宗开元初年。当时，岷江、大渡河、青衣江三江于此汇合，水流直冲凌云山脚，势不可挡，泛滥成灾，洪水季节水势更猛，惊涛拍岸，过往船只常触壁粉碎，货沉人亡。凌云寺名僧海通见此甚为不安，于是发起修造大佛之念，欲借佛力镇三江洪水。海通募集20年，筹得一笔款项，当时有一地方官前来索贿，海通怒斥：“目可自剜，佛财难得!”遂自抉其目，捧盘致之。海通去世后，剑南川西节度使韦皋，征集工匠，继续开凿，朝廷也诏赐盐麻税款予以资助，历时90年大佛终告完成。我们的祖先深度迷信，认为佛力能镇三江之水，出于好心，不惜劳民伤财，历时三代皇帝，90年，开凿成乐山大佛。这是人类迷信典型例子之一。

乐山大佛，为的是镇三江之水，让一块大石头去镇三江之洪水，创造了人类迷信的奇迹，流传后世，人们觉得古人好可笑。但对海通法师的真诚行善及献身精神还是很感激的。

可是在科学技术高度发达的今天，又掀起了一波造佛运动，佛像造的更多、更大、更狂，可见这种社会力也是更大、更狂，这又是为什么?

香港《南华早报》网站报道：2013 年，88 米高的灵山大佛吸引了大约 380 万游客，收入数亿元，可谓收入不菲。香港的天坛大佛高度仅 34 米，不及前者大佛的膝盖。在内地，高于天坛大佛的佛像名单还在增加，包括江苏的一座 88 米高观音像、安徽的 99 米地藏菩萨像、江西的 48 米阿弥陀佛像。还有县级乡野建的普通庙宇神像更是不计其数。

“造佛运动”实际比港媒报道的更火爆。江苏南京、陕西扶风、山东汶上、福建泉州，一批城市正在争抢“佛都”之名。各地造佛像，不仅追求在高度上破纪录，在用料上也力求奢华过人，攀比“高贵”，似乎成了当今佛像建造方的主导思路。

在科学高度发达的今天，为什么还会吹起造神的妖风呢?答案各不相同。

一曰：“为吸引游客争造大佛”。这是因为在传统的意识中，宗教信仰不该成为经济活动，更不能成为牟取暴利的工具，否则，当事人就和宗教上的“渎神”或世俗中的“不诚实”，紧密地连在了一起。例如，2012 年 9 月美国时代周刊曾报道“中国四大佛教名山正在筹备上市”，用讥讽的口气说道：“在今天的中国，几乎没有用钱买不到的东西，甚至包括信仰。”看了这些，国人不甚感慨!

二曰：借神炒作，造大佛发大财。“借神发财”吗?对现代中国来说，这只是司空见惯的正常举动，也是个不值得通报的生活常识。大家比境外记者知道的更多、更细，比如明知神像、神迹的管理者并不信神佛，还知道有些寺庙的和尚、道士，只是披着神皮的假信徒。

为信仰吗?挣不来钱，还花大钱造大佛，神经了吧?造大佛不为增加旅游收入，难道还为信仰吗?

为信仰和迷信造大佛。也许有部分人是为信仰、为信众而鼓励造佛像，但这是不被官方允许的项目，同时也找不到仅为此而投下巨资的建设者。

按理论基础所推定，各地官方只有将民众的宗教情愫作为经济驱动力、作为创收顺风车来驾驭，方能“政治正确”，犯不下严重错误。也就是说，官方其实不愿看到某某真的虔诚信神，他们和商家一道，乐见大家对神佛假情假意、把神佛当作交易伙伴或行贿对象——只要掏钱给我，有这一条就很得力。

不信神的家伙和假和尚、假道士一起做派，狂敛信众和将信将疑者、拜无定向者的钱财，先对其做“心诚则灵”的动员，诚心掏钱，然后再满怀智力优越感，鄙视被蛊惑、被榨取了的“傻帽”。说白了，就是拿骗钱当职业，不怕报应的骗子，自视毁人诚心的欺诈活动为光彩事业。

三曰为旅游。地方政府将造大佛视为吸引游客之举，“这些项目利用佛教的受欢迎程度，是一种有助于社会和谐的办法”。此乃糊涂说法。利用佛教反佛教教义，树立装模作样、口是心非的榜样，对社会、对佛教和佛教徒分明是一种严重伤害，说这有助于无诚信社会的“和谐”，甚为荒唐。

在官家宣传、商家竞标、项目申报等文本上，造大佛的理由肯定很充分，官面堂煌，如传承传统文化、体现安定繁荣、展现盛世盛况，都是其承载的伟大意义。不过，佛像的大小和价格贵贱，与信徒对佛陀的虔诚无关；创纪录大佛像的出现，也不说明太平盛世已从天而降。

有人批驳了“盛世造大佛”的说法，曾在《中国民族报》撰文说，汉传佛教开始在山崖巨石之上雕造露天大佛，尤以隋唐时期最为集中。把佛像刻在石头上，风吹、日晒、雨淋，反映了对佛的不尊重、不信任。

要是我们还有信仰的话，压根就不会造大佛，更不会抢着造大个子佛。不信佛才造大个子佛，是玩佛陀、玩信仰、戏诚信的劣作。

现代人一味仿效乱建，以为是对当前社会繁荣发达的赞美，其实是无知盲目、南辕北辙、适得其反。

在造大佛这个领域激烈竞争，还是文化、艺术无能的证明，创造力丧失的证明，是缺德少才又大兴克隆、抄袭工程，又浪费社会资源，物质精神都不文明。不见善念，愚民伤财，毁败诚心。因此，有人说：“造大佛者，造大孽。”此话很有道理，且入木三分。

106. 战争与和平力学

战争，为了一定的政治目的而进行的武装斗争。战争，始发于私有财产和阶级产生以后，是解决国家与国家之间、民族与民族之间、阶级与阶级之间、政治集团与政治集团之间矛盾的一种最高斗争形式。战争是政治性质的行动。在中国，早在春秋战国时代，《孙子兵法》中已论述了政治与战争的关系。

我国古代，《资治通鉴》中辩证地论术了战争与和平：“国虽大，好战必亡；天下虽平，忘战必危。夫怒者逆德也，兵者凶器也，争者末节也。夫务战胜，穷武事者未有不悔者也。”

孙子曰：“兵者，国之大事，生死之地，存亡之道，不可不察也。”就是战争是国家的头等大事，是关系民众生死所在，是决定国家存亡的途径，不能不认真考虑研究。孙子研究了兵法战策，写出著名的军事著作《孙子兵法》。孙子兵法是用兵打仗的，会用兵的，能打胜仗，产生正面力学；不会用兵的，打了败仗，产生负面力学。孙子兵法是种斗争的智慧，有人用孙子兵法的知慧去经商，发动商海战争，战胜对手；有人用在为人处世，克服困难，战胜环境方面。

在欧洲，十九世纪普鲁士军事理论家克劳塞维茨在《战争论》一书中提出他的至理名言："战争是政治通过另一种手段的继续。"他揭示了战争的本质，把战争的本质与政治联系起来。他对战争的看法，后来为马克思主义经典作家所发展，成为马克思主义考察战争问题的根本观点。列宁指出："任何战争都是同产生它的政治制度分不开的。某个国家即该国的某个阶级在战时所推行的政治，必然是，而且一定是它战前长时期所推行的政治的继续，只不过在行为方式上有所不同罢了。"

战争的基本原则是"保存自己，消灭敌人"。它普及于战争的全过程，贯彻于战争的始终，是一切战争行动的根据，从战略行动起，到战术行动止，都离不开这个基本原则的精神。

按照马克思主义的观点，战争分为正义战争和非正义战争两类。正义战争指一切符合人民群众和民族的根本利益的战争，如革命战争、解放战争、反侵略战争等。非正义战争指一切违背人民群众和民族的根本利益的战争，如镇压人民革命运动的反动战争、掠夺和奴役别国人民的侵略战争、利益集团争权夺利的战争等。马克思主义者积极赞助一切的正义战争，而反对一切的非正义战争。战争是剥削制度的产物。因此，现代战争的根源是帝国主义和霸权主义。只有消灭了剥削阶级和帝国主义、霸权主义，才能最后消灭战争，实现人类的永久和平。

和平，指没有战争的状态。在没有压迫、没有剥削，人民当家作主的条件下，和平环境是最理想的社会景色。但在被殖民、被压迫、被剥削的环境下，不起来反抗，不允许革命并不是好事，而是统治者镇压或愚民的结果。

和平主义，又称非战争主义，广义包括非暴力运动和不抵抗运动等。狭义则专指主张建立永久和平，反对一切战争的思想。起源于古代宗教的思想，认为一切杀人的行为都是错误的，主张制止战争，裁减军备，组织国际法庭解决国际争端等，和平主义对帝国主义发动侵略战争起过一定的牵制作用，但也容易成为帝国主义利用来麻痹人民的战争准备，松懈斗志的阴谋。以斗争求和平，和平存；以妥协求和平，和平亡。这是千古之经验和教训。

柏杨等学者研究了社会战争史，发现世界特别是中国，从有文字记载以来，几乎每年，甚至每天都在打仗，或准备打仗。为什么？是什么力量推动了战争，又是什么力量争取了和平？

第一，在物质极不丰富的时代，人们对物质极为关切。战争是掠夺财富的重要手段。别国的、别域的、别家的、别集团的，通过武力占为己有，就是最原始的战争根源。“弱肉强食”的法则是在自然界随时随地发动的小战争。弱肉强食，就是最简单、最粗暴的掠夺方式。所以，古人多崇尚武力，特别专注练习武功，有的人是为保护自己，有的人是为抢夺别人。

第二，本质上“战争是政治的继续”。战争是夺取政权维护政权的重要手段。伟人毛泽东形像地说：“枪杆子里出政权。”历史上许多战争都是为了夺取江山（政权）而大战不休的。这种战争往往顺应历史潮流，称为革命战争，或农民起义。中国四千年来的战争史，深刻地说明这一规律。

第三，人性使然，或曰动物性使然。人性中有种好斗的因子，刺激、好勇爱斗，两人对打，群欧，为了小事，不计后果的撕杀。

人类有史以来，不知进行了多少“权贵龙骧，英雄虎战；如蚁聚膻，如蝇竞血；是非蜂起，得失猬兴”的场面，使人类蒙受了巨大的痛苦和损失，不知多少人为此丧命。可能人类一直认为自己是很伟大的智慧生物，不可能与那些茹毛饮血的野兽相提并论。但是并没有认真反省一下，人类是否摆脱了野兽的兽性。如狼的凶狠、狗的势利、鳄鱼的虚伪、狐狸的狡猾，在人类身上都可以发现，人类并没有脱离兽性，人类还有低级的一面，这也是战争的根源之一。

第四，传统的英雄史观推波助滥。追求名誉，特别是“英雄”、“民族英雄”的桂冠，激励着人们去打仗。“两国交兵各为其主”，其主就需要这种英雄。从历史看，战争产生大批英雄。世界各国，都产生过无数这类英雄。人类应该审视自己的英雄史观是否正确。如果改变过去几千年的英雄史观，战争不再产生英雄，和平才产生英雄，就是对战争斧底抽薪，谁还会背着骂名去送死。这正是世界和平需要的。有的国家把战犯供奉为英雄，这是鼓励战争，是种反人类行为；应该把战犯钉在历史的耻辱柱上，让人人都鄙视、斥责、唾弃。

人类社会发展至今，科学技术发展到了极高的水平，人类显示了超高的智慧和创造力，人类的本领太大了！科学家研制了原子弹、氢弹、中子弹等可以毁灭人类的武器；化学家发现和制造了上千万种物质，其中有剧毒的、剧爆的、恶性病菌等；信息科学，使若大个地球变成了“地球村”……人类的超高本领，可以做出很多有益的好事，但也可以做出许多疯狂的傻事。特别是现代战争，毁灭性更强。

科学是把双刃剑。学问本应是为人类生存需要而产生和发展的。但科学的发展也可以推动战争。当今社会，许多人忘记了这个不说自明的道理，人们已经不再学习和遵守这个做学问的基础，甚至产生了“失去人性的学问”，而一味追求最新、最奇的成果，甚至是对人类安全有巨大危害的成果。

崇文习武，武运长久，反映了人们对战争特别重视，赞美兵书战策，敬仰将军元帅战斗英模。战争有正义战争，非正义战争，正义战争往往是被非正义战争逼出来的。正义战争产生英雄，非正义战争产生战犯。

在人类历史上，在几百万年前的旧石器时代，人们过着乐意合作，不知道战争为何物的塔萨代人的生活。但随着农业的发展，人口增加，财富集累的增加，可以争夺的东西越来越多了，靠战争掠地夺财有利可图，于是战争就频繁发生，也愈来愈具毁灭性。

古代，手持短剑的古罗马士兵或身披盔甲的中世纪士兵杀死的人并不很多，但到近代，大屠杀却变成很普通。第一次世界大战中，共有 840 万军人和 130 万平民死亡。第二次世界大战中死亡的军人和平民分别增加到 1690 万和 3430 万。如果发生第三次世界大战的话，死伤人员会大量增加。由来自 30 个国家的科学家组成的国际科学联盟理事会于 1985 年 9 月报告称，核武器攻击造成的冲击波和辐射效应，会直接夺走几亿人的生命，但全世界 50 亿人中，有 10 亿至 40 亿人将死于饥荒。因为这种饥荒起因于“核冬天”——核爆炸产生的巨大黑色蘑菇云会遮天蔽日，使全球的作物得不到热量和阳光而枯死，像恐龙灭亡类似。可见，研究人性是何等的重要，人的私利彭胀到了极点，就可能做出损毁他人、损毁社会的、损毁人类的罪恶事情。

第二次世界大战的最大战犯：阿道夫·希特勒，奥地利裔德国人，政治家、军事家，德意志第三帝国元首、总理，纳粹党党魁，第二次世界大战发动者。希特勒疯狂宣扬法西斯主义、极端民族主义、反共产主义、反资本主义、反犹主义，改组并建立国家社会主义工人党（即纳粹党）试图在欧陆建立以纳粹德国为首的新秩序，力主扩大日尔曼人的生存空间，并重新武装德国。他成为第三帝国元首后，积极扩军备战，并于 1939 年指挥德军入侵波兰，直接导至第二次世界大战的爆发。期间犯下种种罪行，并迫害和屠杀六百多万犹太人。1945 年 4 月 30 日，在德总理地下室自杀。希特勒的罪恶行为给欧洲造成了空前的浩劫，也对世界历史的发展产生了极为严重的影响。

希特勒是个罪恶累累的战争狂人，他说了很多毫无德性毫无底线灭绝人性的狂言，人类从中可以看到战争罪犯的思想特征和狰狞面目，警惕这种狂人上台。希特勒狂言：

“历史总是在军刀上前进，这个世界就是弱肉强食的世界。要生存要尊严就要有强大的军备。”

“我要站在世界最高的地方，向全世界的人说一声：立正!”

“强者的独裁成为最强者。”

“政治的最终目的是战争。”

“德国要么成为世界强国，要么不复存在。”

“人类的整个生命离不开三个论点：斗争产生一切，美德寓于流血之中，领袖是首要的、决定性的。”

“我宁愿在50岁而不是在55或60岁发动战争。”

“这个世界没有正义与邪恶，没有好与坏，被称作“好”的是那些实力强的人。“

“每一代都至少应该经历一场战争的洗礼。”

“年青人本来就是要牺牲的。”

“不要让我们的青年有判断力。只要给他们汽车摩托车明星、刺激的音乐、流行的服饰，以及竞争意识就行了。剥夺青少年的思考力，根植他们服从指导者命令的服从心。让他们对批判国家、社会和领袖的人抱着一种憎恶。让他们深信那是少数派和异端者的罪恶。让他们认为想法和大家不同的就是公敌。”

“多数，常是愚蠢和懦弱的政策辩护者，集合一百个愚夫，不能成为一个聪明人，所以英武的决断，决不能从一百个愚夫中得到。”

“人类在永恒的斗争中强大，在永恒的和平中灭亡。”

“愈大的谎言愈多的人会相信。”

“在上帝和世界面前，总是强者有权利贯彻他的意志。”

“去征服剥削掠夺乃至消灭劣等民族，乃是我无可推卸的职责与特权。”

战争已经变成一种神秘的科学，令人高深莫测。但是战争其实是一个极自然的东西，也是日常生活中最必要的东西。战争就是生活。

……

从以上希特勒的某些疯狂言论看可以见出，若战争狂人得势，战争就在眼前。

有的学者对当今世界形势进行了研究，提出了当今国际政治结构模式。当前国际政治是什么结构？它与战争与和平有什么关系呢？

学者们认为：很简单，当今世界是一个西方国家，也就是北美白人、欧洲白人的国家，是美国等霸权主义统治下的世界，其余都是被统治者。

在西方眼里，整个世界都是西方的奶酪，其他人都低欧美白人一等，需要被其统治。

对企图摆脱西方霸权统治的国家，西方都是不遗余力地刁难和制裁。

西方的强盗逻辑是什么?

“谎言重复一千遍就是真理”;

“真理只在大炮的射程之内”;

“胜利者拥有一切”。

今天，我们不仅面临着西方政治经济军事的控制，而且还有西方意识形态、精神和文化的控制。

总之，西方奉行丛林法则，打败你就弱肉强食，打不败你才和你谈判，如果你打败他，他们也会投降雌伏。

其他国家没有别的选择，只能强大，只能斗争并战胜西方。

中国一直倡导“合作双赢”的政策，这个愿望很好，也得了许多国家的拥赞。但要清醒认识到，友好善良的中国主要面对的，可不是类似中国的国家，而是信奉丛林法则、弱肉强食，奉行双重标准的霸权国家。美国内心才没有想什么双赢。它心里根本不想双赢，而是整个世界，都被视为它的奶酪，它只想单赢，只想维护它的霸权。任何双赢都被视为动了它的奶酪，都是要真心打击和消灭的。

中国，一定要读懂西方的强盗逻辑，才会清楚地知道，自强和斗争才是解决方案，与西方大国博弈时态度才会坚决。

西方一直将中国视为严重的威胁，所以，中国别无选择，只有认清西方，自强不息，斗争到底。

当今的人类聪明了许多，不像古人那样直来直去，一触即发，大打出手;也不一定要通过战争夺地掠财，今后的战争，最可能的形式是在武装力量掩护下的利益战争，争夺控制权的利益战争，其中包括：意识形态战、金融战、经济贸易战、科学技术战等。当这些利益冲突用和平的办法不能解决时，最后发动常规战争，进而发动核武器战争解决。

107. 武器力学

武器作为保护自己，战胜对手、战胜敌人的重要厉器。武器在不断地发展，在整殇社会、推动社会发展，发挥着巨大的作用。人类从“以牙还牙，以眼还眼”，以自身的牙和眼当作武器，到手脚腿头作为武器，以至使用石子、棍棒、刀枪剑箭矛，练习武功，练习如何使用武器，成了古人重要的生活内容。武功是以身体为基础修练的技能和力量，武功对古代社会发展有重的影响，一般是对外国（外邦），表现为武力对抗、征服、掠夺、压迫；在人世关系中，表现为强势、霸道、欺负；或自卫、仗义，路见不平，拔刀相助。

在冷兵器时代，武功的力量是举足轻重的，有时是起决定性作用的。一个武力强悍的人，可战胜多人，成为当时的无敌悍将。如果强悍的武功与谋略相结合，有勇有谋，就是所向无敌将军元帅了。

然而，在热兵器时代，特别是现代武器的时代，武器的威力太大了；远距离就有极大的杀伤力，是任何武功都不能相比的，武功逐渐退出参与战争的历史舞台，成为强身健体的项目。

以枪炮火箭导弹核武器等为代表的现代热兵器时代，武器更是决定战争胜负的重要因素，是十分重的社会力量。有句名言：“真理只在大炮的射程之内。”拿破仑说：“上帝始终站在大炮多的一边。”就是武器在改变战争的胜负，决定战争的命运中有巨大的作用。但决定战争胜负的不仅仅是武器，拿破仑滑铁炉战役的失败，并不是他的武器变差了，而气候变冷了，把士兵冻坏了丧失了战斗力。

两军相逢勇者胜。战士的战斗勇气往往胜过武器。

正义的力量是不可战胜的，正义之师有人民的拥护，人心所向，将最终取得胜利。

在革命战争中，中国共产党领导的人民军队以小米加步枪，打败了蒋介石的飞机坦克加大炮。这是伟大的历史事实。

人类在战争中用过很多武器：牙齿、指甲、手拳擘腿脚头，刀枪箭矛、鞭锏棒棍，手枪步枪冲锋枪机枪，手榴弹手雷大炮，导弹、洲际导弹、原子弹、氢弹、脏弹，战斗机、轰炸机、无人轰炸机、战略轰炸机，军舰、潜艇、航空母舰及某些特种武器等。现代战争的战场，不分前方后方，海陆空战、太空战，电子战、机器人大战、信息战、生化武器战、细菌武器战、核武器战，都可能使用，而且可同时使用多种武器。用这些武器不知已死伤了多少战士和平民。在未来的战争中又会死伤多少战士和平民。

随着科学技术的发展，武器越来越先进。各国投入巨资研制更先进的飞机大炮导弹核武器、军舰、航母、潜艇、常规武器等。

站在敌对的一方来看待武器，与站在全人类的立场来看待武器，就有完全不同的观点。前者是如何战胜对方，后者是如何实现世界和平，维护世界和平。打仗是非常残酷的，我们看一下现代的武器和发展趋势，就会震惊，就会呼吁全人类，要热爱生命，热爱和平。

以核武器为例，看核武器会怎样危胁人类的存亡。

1945 年 8 月 6 日，美国在日本的广岛投下了第一颗原子弹，揭开了人类使用核武器的序幕。接着 8 月 8 日，在长畸投下第二颗原子弹，日本损伤残重，陷入瘫痪，8 月 15 日，宣布无条件投降。从此围绕核武器开展了军备竞赛。许多国家都进行了原子弹和氢弹的研制和试验，其威力之大令人惊心动魄。在上世纪 90 年代，所有国家的核武器储备之和已经超过 1 万枚，足以摧毁地球许多次。核武器产生的极强的光波、冲击波、高温、持久的放射性，对人类的生命和健康，以及人类所建立的一切文明，都有极大的杀伤力和破坏力。下面是前苏联核试验绝密内幕解密后的报导片断（取自《大家文摘报》）：

从 1949—1989 年，前苏联曾在哈萨克斯坦的塞米巴拉金斯克秘密进行了 343 次核试验，670 次核爆炸，当时已经 80 多岁的苏联生物科学家沙伊姆·巴穆克汉诺夫在 1957—1962 年曾带领一个科学研究小组，调查核武器的危害性。这个研究小组向莫斯科提交了 20 多份报告，陈述了早期核试验带来的巨大破坏：土壤浸透了放射性颗粒，存活的牲畜身体畸形，此外还讲述了人类病状，癌症患者增多。

1954 年，为试验核战争中士兵对核武器的适应能力，一颗相当于 4 万吨 TNT 炸药破坏力的核弹爆炸后，4. 5 万名士兵全副武装被派遣到爆炸地点作战 15 分钟，有关部门要求他们宣誓决不泄露这一机密。复员后不久，大多数士兵都死了。

前苏联曾进行过一次历史上规模最大的核试验。这次超级氢弹的威力要比美国投向广岛的原子弹大 1 万倍，比美国在比基尼爆炸的氢弹大 10 倍。原决定在新地岛试验场进行爆炸试验，设计者计算的威力半径为 1000 公里，因场地小而改为把装药量减少了一半为 5000 万吨当量。专家测算，假如这样一颗超级氢弹被投在像纽约这样的大城市，城市会立即化为灰烬。即使躲在很深的地铁下面也难以幸免。因为地铁的所有出入口都被烈焰熔化。离爆炸中心 700 公里以内的城市也在劫难逃。

1961 年 10 月 30 日一大早，前苏联国务委员帕拉夫斯基、战略火箭军司令莫斯卡连科元帅，亲自赶到试验场观看这次核试验。重达 26 吨的“大伊万”氢弹装进了一架由利亚斯尼科夫驾驶的图 -95 战略轰炸机，当飞机从距离试验场 1000 公里外摩尔曼斯克奥列尼机场起飞后，上午 11 时 32 分，“大伊万”在试验场上空爆炸。图 -95 以最大的速度离开了投弹地点，并在氢弹爆炸前飞出了 250 公里。利亚斯尼科夫和试验场负责人库德里亚采夫是这样回忆当时的爆炸情景的：“我们看到一道强烈的光，感觉比 100 万个太阳还要亮。在离爆炸中心

250 公里，大家的眼睛还是感到一种强烈刺激的灼热，爆炸发生时，轰炸机与舰艇、地面的无线电联系全部中断，1 小时后才恢复，电磁波扰动三次传遍全球，通红的磨茹云高达 70 公里！”

在爆炸地点，厚 3 米直径为 15—30 公里的冰块被熔化。为试验而放在爆炸区内的坦克被炸得七扭八歪，建筑物荡然无存。爆炸区做试验用的动物，总数达 15000 头，当时还活着的寥寥无几，大批死亡的动物连皮毛都不见了。特别是在试验掩体之外的那几个大铁笼里的大猩猩们，脑浆飞溅，肝肠涂地，惨不忍睹。爆炸后 4000 公里内飞机、导弹、雷达、通讯等设备全部受到不同程度的影响。

这就是前苏联核试验的绝密内幕，现已解密。核武器的威力如此巨大，核武器可以使人类倾刻间覆灭。

核爆炸、核反应产生的放射性元素，对人类的危害极大。

1986 年 4 月 26 日，前苏联的乌克兰共和国切尔诺贝里核发电厂发生了严重的核泄露和爆炸事故。事故导致 31 人当场死亡，上万人由于放射性物质的远期影响而致命或患重病。至今仍有受核放射性影响而导致畸形的胎儿出生，成为人类有史以来最严重的核事故。

据报导，核反应产生的放射性元素，有的毒性极大。如放射性元素钋 – 210 的毒性比剧毒的氰化物高 2. 5 亿倍。与钋元素致毒机理类似的剧毒元素还包括锕系元素的锕、钍、镤、铀，以及 11 种超铀元素，尤其是人工合成的锕系超铀元素，以钚为例，一片阿司匹林大小的钚，足以毒死 2 亿人，5 克钚足以毒死全人类。

现在已知的还有最危险的四大生化武器。

炭疽热：是一种由炭疽热杆菌引发的急性传染病，主要以孢子形式存在，孢子囊且有保护功能，使细菌不受阳光热和消毒剂的破坏而能长期存活。

沙林神经毒气：是二战期间研发的一种致命的神经性毒气，它可以麻痹人的中枢神经，可以通过呼吸道或皮肤黏膜侵入人体。日本的奥姆真理教曾经用它制造了东京毒气恐怖事件。

天花病毒：恐怖分子之所以青睐天花病毒，除了它具有极大的传染性和杀伤力外，一个重要的原因是全世界的人都已失去了天花免疫力。因为 1980 年，联合国卫生组织正式宣布天花绝迹，所有成员国相继仃止接种牛痘疫苗。所以如果天花漫延，人类将无法招架。

人造微生物：这是现代版的炼丹炉。自从美国科学家合成了自然界不存在的微生物噬菌体之后，人造微生物开始进入了公众领域。目前多种合成装置已经出售。这项技术作为武器，如果落入恐怖分子手中，那就如同打开了一个潘多拉的盒子。

现在，已没有人否认科技是改变世界的根本力量，但这种改变有好有坏，特别是科学技术高度发达的今天，其双刃剑的作用越来越明显，一个小的失误，就会造成巨大的损失。用先进的科学技术制造武器已经成为一种强国的标志，美国推行霸权主义，挑起军备竞赛，武器威力越来越大，可能导致人类的毁灭。爱好和平的人民一定要警惕，也必须研制新式武器以于对抗，这是被迫的。我们人类已经犯下了很多诸如灭绝物种等无可挽回的错误，我们不能一而再，再而三地打开“潘多拉的盒子”将人类灭绝。

已经有人告诫科学家，“不要搞没有人性的科学”。这是每个科学家必须引以为戒的。不要辛辛苦苦成为历史的罪人。所以，科学家不应把精力放在研制杀人武器上，现在的武器已经很先进了，手枪、冲锋枪、炸弹、匕首可立刻使人毙命。原子弹、氢弹可使人类毁灭于一旦。现在的人类非常聪明，为什么不换个角度思考，不要称霸，不要你争我夺，去发展生产，去减少灾害，去歌颂和平呢！从文学、历史、哲学、经济学、自然科学，去研究如何避免战争，如何争取和平。

108. 熵增原理力学

熵增原理是个自然科学原理，它揭示了宇宙的发展规律，从宇宙的产生到宇宙的消逝，是个不以人类意志转移的客观规律。人类社会是建立在宇宙存在的条件下进化的。当宇宙变化了，人类社会也会变化；当宇宙不存在了，人类社会也就不存在了。大自然的发展就是这样真实，就是这样残酷。所以，熵增原理从理论上、心理上都深刻地影响着人的思想、深刻地影响着人类社会。

熵，热力学体系中不能利用来做功的热能，可以用热能的变化量除以温度所得的商来表示，这个商叫做熵，是个物理学概念。

根据热力学第一定律，能量是守恒的，可以相互转化的，但不会消失。热力学第二定律进一步指出，能量可以转化，但无法100%利用。写成公式是：能量的总和 = 有效能量 + 无效能量。

有效能量指的是，可以利用的能量；无效能量是，无法利用的能量，又称熵。所以熵是系统中无法利用的能量。

熵增，体系内能增加，温度升高，可利用的能量减少，最终体系内能越积越多，有效能量越来越少，最后爆炸毁灭。这是一个不可抗拒的自然规律，也必将影响人类社会。

熵增原理是宇宙的基本原理之一，是宇宙发展的终极规则。宇宙的秩序——大到宇宙，小到基本粒子，都在不断地变化着——在无人为干预的情况下，都是从相对的有序，向相对的无序变化，向熵增的方向变化。例如，一支队伍在人干预下，排列整齐，行动一致。如果不加管控，很快就不成队形，再过一些时间，人都走散了，再过一些时间，各奔东西，再以后，人先后死亡，变成有机质和无机质。若以现在为起点，熵增就是由相对的有序变得比现在更加相对的无序。要使更有秩序，必须有外力的干预。从能量最低原理分析：物质的状态向能量最低的方向变化（发展），即可利用的能量向最低能态转化。如坐着比站着舒服（能量较低），躺着比坐着舒服；自由比管控舒服；水往低处流；下坡比上坡容易；随大流比上进容易。

在最近几十年间，人类才最终真正搞清了宇宙的起源、走向和结局。那些简洁而不容置疑的事实就被科学家那么赤裸裸地、形象地呈现给世人，甚至以科普知识的形式摆在众人面前，令人无比震惊。

随着时间推移，宇宙从有序状态走向无序、从无序走向更无序、衰亡和毁灭。熵在增加，永远是熵增趋势。也就是物质状态由较高能量趋向较低能量，再趋向更低能量，而系统的内能在不断的增加。也是由秩序井然趋向混乱，再趋向更混乱。因为维持秩序需要较高能量，能量趋于最低是个原理——即能量最低原理。熵是体系内不能运用的能量。如果体系内不能利用的能量越来越多，可利用的能量就越来越少，发展下去，宇宙变得混沌起来。

过去，人们对宇宙的起源、走向和结局只是猜测，如各类科学的假说：佛教的假说、道教的假说、基督教的假说、伊斯兰教的假说。当科学研究像铁板钉钉一样把确凿的事实呈现给我们，它带来的震撼是震聋发聩的。我们终于知道了，事实原来如此：既没有天堂，也没有地狱；既没有上帝，也没有佛。宇宙出现——恒星时代出现——地球出现——人类出现——人类消失——地球消失——恒星时代结束——宇宙消失，最终归于空无，时间终止。就是这样一个过程，无限熵增的趋势无法改变。地球是如此渺小，人类更加渺小，人的时间是如此短暂。

看到一个关于宇宙熵增趋势的科普影片。在最近几十年间，人类才最终真正搞清了宇宙的起源、走向和结局。那些简洁而不容置疑的事实就被科学家那么突兀地、赤裸裸地呈现给我们，令人无比震惊："时间箭头：宇宙从有序状态走向无序、衰亡和毁灭。永远的熵增趋势。"天文学家最近观察到了一颗红矮星，人类之所以能看到它乃是因为该星球热寂时发出了伽马射线，该星球爆炸发生在130亿年前。换言之，我们是在此事件发生的130亿年后看到它的。恒星出现是宇宙发展的转折点。地球形成于50亿年前。人类形成于300万年前。50亿年后太阳消失，地球生物死亡。100亿年后，恒星时代结束。恒星渐次演变为红矮星，白矮星，黑矮星（恒星燃烧的灰烬），原子消失，黑洞消失，时间消失，在几万亿亿年之后，宇宙进入永恒黑暗和空无。然后，再来一次宇宙大爆炸，形成许多恒星和星球，形成新一轮的宇宙。

人生是宇宙的瞬间光亮。片中用形象的方式演示了熵增趋势的原理：人生只是宇宙的瞬间闪亮。科普影片中用形象的方式演示了熵增趋势的原理：人用水和沙做了一个小小城堡（有序），在风中，沙的城堡渐渐解体，化为无形（无序），熵增。因为沙子被风吹走了。如果要阻止熵增趋势，每一粒被吹走的沙子要由另一粒沙子在同一位置补上，而只要没有人为干预，这是不可能的事，因此熵增趋势是绝对的。

据此，任何一个理智健全的人，只能是无神论者。相信科学，相信自然规律，对宇宙的发生、发展和结局稍加了解就只能选择无神论了。最近五十年间人类对宇宙的形成和走向的真相认知，就这样轻而易举地击碎了所有的宗教信仰。人类再也不会回到蒙昧状态去了，因为一切已经水落石出，真相大白了。无神论胜利了，有神论者会极其困惑的。

在确认这一切之后，我们心中不再存侥幸：侥幸有来生，侥幸有佛，侥幸有神，侥幸有意义。我们每个人拥有的一切仅仅是这几十年（幸运者约一百年左右）的时间，它只是宇宙的瞬间闪光而已。

生命有限，我们应当用自己的生命做什么呢？可以做点什么，也可以什么都不做。当然，最好是快乐地度过这几十年时间，而不是痛苦地度过这几十年时间，因为除了这么短暂的几十年时间，我们没有什么更多的时间。如何过好属于我们的几十年时间，是我们一生的任务。至于科学家研究的那些遥远的事，我们普通人完全可以不去理会，不去承受“杞人忧天”的烦脑，全神贯注地过好自己的当下人生。

本书名言警句

1. 自信是健康心理的重要因素。《社会心理力学》/10

2. 宇宙界既有万有引力，也有万有离力。引力胜过离力，其物则存；离力胜过引力，其物则毁。目前所存之物，都是引力胜过离力的，故有万有引力之说，其离力胜过引力之物，其物早已消亡，无人看见，所以万有离力一说，无人注意。其实，万有离力和万有引力一样的普遍，同样的重要。《社会向心力学和社会离心力学》/18

3. 公平正义，是社会力学平衡的标准。两力平衡才能稳定，万事万物以平为归。水不平则流，物不平则倾，道理不平则鸣，生理不平则病。《社会力学中的平衡和制衡》/26

4. 物质不平衡患不均，思想不平衡患不安。财富分配不均衡，是社会大患。许多思想上的不平衡，是由物质不平衡引起的，由财富分配不公引起了思想的不平衡，是常见的社会问题。《社会力学中的平衡和制衡》/27

5. 适度用力，人生做事之大道也。做工作、处理问题，用力要适度，不能太大，也不能太小；行为要适度，不能太偏激，不能太保守；思想要适度，不能太左，不能太右，否则，办不成事，办不好事。这是社会力学中的用力适度原理。《社会力学中的适度原理》/29

6. 凡事都有个“度”。要想成功，就得“适度”，凡是失败皆因“过度”或“不足度”而致。《社会力学中的适度原理》/30

7. “三思而行”，思什么？一思“适度”，二思“适度”，三思还是“适度”。人们三思而行，不就是为了使行为更适度吗？不适度的行为是要付出代价的。《社会力学中的适度原理》/30

8. 人类社会中的志士仁人，一直在做“世界大同梦”，这种顽强努力和实践，推动着社会进步。《大同世界力学》/44

9. 人类社会的基本要素是人和人的活动。人，要活命，要活得更好，更有价值，这是社会发展的基本动力，其它的社会活动都由此而产生。由此，演绎出人

在社会舞台上的形形式式的表演。人在活命中生活，价值在活命中发展。生命力学的第一定理。《生命力学》/48

10. 人有爱表现的属性，一有机会就表现自己；无本领、无机会，无可奈何才不表现自己。人的生命第二定理。《生命力学》/54

11. 无论哪个国家、民族、个人，无论大事小事好事坏事，都是思想先行，思想指挥行动。对于关乎国家大事而言，也就是思想家先行。《思想力学》/56

12. 人性是离不开私字。但自私是人性中最低级的因子，属动物级别的；高一级是自私不影响别人，利己不损人；再高一级利已又利人；再高一级是利人又利已；再高一级，毫不利已，专门利人；再高级为当仁不让；再高一级杀身成仁，舍身取义。这是无私的最高层次。许多人都为此努力攀登，成了大公无私的典范，成为“人生自古谁无死，留取丹心照汉青”的英雄。《利益力学》/60

13. 要使每人知道自已自私的级别，自私的程度，”私”字的大小和水平。制造一面照看“私”字的镜子，明镜高悬，鉴别自己公心和私心的比例，为改进自已的思想、推动社会进步指明方向。《利益力学》/61

14. 身居高位，大权在握，有条件行善，也有条件作恶。《权力力学》/65

15. 当官便露真相。当官使有些人变得更好，也使有些人变得更糟。想一想，你是哪一类?《权力力学》/65

16. 鲜果易腐难存。不反腐败，就会腐败。《腐败·反腐败力学》/70

17. 社会制度必须帮助官员解脱：看淡当官，看重学者。否则，一种深刻的忏悔就永远存在官员群体——“好多跟我一样的人，现在还在外头。虽然没‘进来’，但他心里时刻担心进来，内心的愧疚、恐惧的折磨，是可以想像得到”。《腐败·反腐败力学》/74

18. 公平正义是一种浩然正气，是一面伟大的旗帜，是推动社会前进的强大动力，许多仁志士为宏扬公平正义而英勇奋斗，许多英烈为公平正义而光荣牺牲。《公平正义力学》/85

19. 若问舟船沉浮事，民众之中观舆情。《舆论力学》/87

20. 礼是规范人们行为的仪式，是人的社会形象和姿态。《礼的力学》/90

21. 你有多大的期望，你就可能有多大的成功；你只有微小的期望，你最多也只有微小的成功；你没有期望，你就绝不会有成功；如果一个人绝望，那就可能要出大问题。《期望力学》/94

22. 要珍惜自己的希望之光！有理想的地方，地狱也是天堂。有希望的地方，痛苦也是欢乐。《期望力学》/95

23. 人是生活在“期望”之中的动物。哪一天满怀期望，哪天就风和日丽；哪一天没有期望，哪天就暗淡无光；哪一天绝望，哪天就天混地暗，风雨交加，

可能大祸临头。《期望力学》/95

24. 科学发展的前凑是想像。创新源于想像，没有想像力就不能创新。想像力是创新的必备条件。《想象力力学》/95

25. 人之本性是人之性格的基础。本性与遗传有关，与每个人的生理构造特征有关。本性是与生俱来的，性格是本性的外在表露——有优良的，也有不良的。应改变不良本性，使自己更加完美，这是人生的必修课。《性格力学》/99

26. 在可能的条件下，社会应鼓励人们：人尽其才，首先应是人尽其优良本性的发挥。《性格力学》/102

27. 人的本性很难改变，但本性又是可以改变的。甚至可以用“矫枉过正”的方法，强化培养，形成习惯，习以成性，性格就能更加完美。《性格力学》/102

28. 自身无德者常嫉妒他人之德；自身无成就者常嫉妒他人之成就。所以，常常极力贬低他人的德行和成就，以达到心理平衡，是嫉妒者的基本特征。《嫉妒力学》/104

29. 炒作的后果是产生泡沫，经济泡沫、政治泡沫、思想泡沫、感情泡沫、人际关系泡沫、信仰泡沫……当泡沫太多了时，整个社会就会被泡沫充满，人类将生活在炒作的泡沫之中，窒息得喘不上气来。“什么都不真实，什么都不可信”，人类将很难呼吸到“真实”的空气，人类的思想会因为缺少“真实”而窒息死亡。《炒作力学》/106

30. 群氓时代，是人类自身消亡自己，这不是因为物质的匮乏，而是精神之狂巅，使人类自身觉得生命不过如此，人生不过如此，生活的追求不过如此，众多的人“看破红尘”，因而失去生活的动因。这是多么可怕的一天啊！《情绪·民众运动力学》/113

31. 奋斗与选择是改变命运的重要方法。人的一生，除了“自己不可选择的客观存在”之外，还有许多的客观存在，是自己可以选择的。比如，努力学习，还是不想学习；学什么专业；成为谦虚的人，还是成为骄傲的人；做好事，还是做坏事；做好人，还是做坏人……这就是选择。选择的正确，成功了，就是与命抗争胜利了；选择的不正确，失败了，就是“造化小儿作弄人！”《天命与命运力学》/117

32. 人的一生，应专注于选择。实际上，人的一生在选择中度过。人生选择，意味着取或舍、坚持或放弃、爱或恨、赞成或反对。人生的选择，就是人生走到了岔路口，向左还是向右，向前还是向后，向上还是向下，这对今后的影响极大，甚至影响一生，可谓“失之毫厘，差之千里”。《天命与命运力学》/117

33. 人生最大选择是做好人，还是做坏人。这并非多余之谈。有些人就是明

知故选做坏人的。坚持做好人，决不做坏人，应是人生最基本、最重要的选择。《天命与命运力学》/117

34. 人的一生在选择中度过，其间有几次大的选择外，小的选择伴其终生。学会选择是智慧的表现。机遇加上正确的选择，是成功的关键。对绝大多数人而言，职业的选择和对待职业的态度的选择，是决定个人命运的关键。《天命与命运力学》/117

35. 本质上，社会发展前进的历史，就是科学技术发展前进的历史。无庸置疑，社会发展的里程碑是以科学技术标记的：石器时代、青铜器时代、铁器时代、蒸汽机时代、电气化时代、计算机时代、互联网时代、智能化时代。每一个时代，都有明显的科学技术特征。《科学技术及伪科学力学》/118

36. 几千年的文明史告诉我们，在没有发现科学之前，人类社会充满迷信色彩，只能缓慢的、无方向的爬行。自从科学发展后，人类社会不断地大踏步向前。电灯、电话、计算机、电视机、手机、飞机、火车、汽车、高铁、互联网、机器人……如果把科学技术删除，人类立即退回到愚昧、无知、落后的原始状态，美丽繁荣的大千世界，立即暗然失色。《科学技术及伪科学力学》/119

37. 知识是学来的。智慧是想来的。《知识与智慧力学》/125

38. 知识就是力量，智慧是更大的力量。知识在书本上能找到，知识通过思考产生智慧。在书本上能找到的是知识，而不是智慧。《知识与智慧力学》/125

39. 知识能解决许多问题，但不能解决重大问题，智慧才能解决重大问题。知识能解决“照猫画猫”的问题；智慧能解决“照猫画虎”的问题，甚至能解决“画龙画凤”的问题。人类的许多大事都是用智慧完成的。《知识与智慧力学》/125

40. 个人拥有巨额财富有什么实质性用途呢？没有。人们像清除垃圾一样清除自己身边多余的东西，像清除垃圾一样，清除自己身上过多的财富。因为它会影响你的生活和幸福，使你的生活很紧张和不安。当然财富对社会来说是好东西，可以奉献给教育、科研、慈善事业，造福于社会，才能排上很好的用场。《财富力学》/130

41. 挣钱是一种很强烈、很普遍的社会驱动力。人人都要生活，还要养家糊口，所以人人都要去挣钱，否则你就生活不下去。人人都想成为富人，所以想方设法挣钱致富。人类的挣钱活动，充满整个社会的各个角落。《挣钱力学》/134

42. 没有钱的要研究如何挣钱；钱多的，特别是大款富豪，更应该研究如何花钱。不然，辛辛苦苦挣了那么多钱，很可能在社会上落个骂名，在家里养出一群不肖子孙。这是多么可悲呀！花钱和挣钱同等重要。《消费节约力学》/137

43. 神与人的精神世界有密切的关系，没有人的精神世界，就不会有神，在动物界就没有神的概念。神就是人的精神世界向上的升华；鬼就是人的精神世界

向下跌落。神性就是人性的升华。神人一体，虚实交融。这是新的神学观的重要内容。《神力学》/140

44. 一旦揭示原来的“神”根本就不存在，那些经不起科学考验的巨量文化大厦——纸质的、电子的、思想的、建筑的、官方的、民间的——将轰然倒塌，就像一个天文数据乘以零等于零一样残酷，世界就得重新洗牌，就会产生新的思想。《神力学》/145

45. 由精神力量变成物质力量，是个重要原理。就像爱因斯坦质量转变能量原理一样的重要。称为由精神力量转变成物质力量原理。《灵魂・鬼魂力学》/152

46. 神，就是人类想象中的超凡力量和普世价值哲理的偶像。没有普世价值哲理，没有超凡的力量，就成不了神。没有神，就产生不了宗教。神和宗教对社会的影响可谓大唉!《“神”“教”力学》/156

47. 人生本来没有价值，是信仰标记了人生的价值。信仰自由，人有不同的信仰，每个人都以自己的信仰标记自己的人生价值。《信仰力学》/164

48. 现代科学技术如此发达，原来信仰神或以神为基础的信仰受到了挑战。信仰神的基础动摇了，这是产生信仰危机的根本原因。《信仰力学》/169

49. 信仰危机的主要特征是：信仰什么不确定，原来的信仰动摇，思想混乱，莫衷一是。信仰什么？找不到切确的理论根据，缺乏信仰，没有信仰，胡乱信仰。《信仰力学》/169

50. 一种新的信仰——信仰科学，在人类社会中，像早晨的太阳渐渐光芒四射——无论是国家领袖、公众人物、社会精英、僧人长老、芸芸众生……最终都与之有挥之不去的关系。《信仰力学》/174

51. 现在是科学技术高度发达的时代，什么都要讲究科学，科学逐步深入人心。人类最重要的问题——信仰问题，也应讲科学，人为什么要有信仰？信仰什么？那么，信仰科学，将是各种信仰博弈的最终结果。《信仰力学》/174

52. 所谓“信仰科学”，就是相信科学，崇尚科学，利用科学，发展科学；破除迷信，杜绝迷信。对原来的信仰，挤掉其中不科学的、迷信的内容，保留其科学的内容，以达到信仰大同，世界大同的目标。《信仰力学》/174

53. 由热爱科学、相信科学、科学的信仰，信仰的科学直接升华到“信仰科学”，这是人类信仰的一次大飞跃，从此人类有了终极信仰，“信仰科学”也就成了美丽的、永恒的灵魂安放之所。无需再信仰什么不自信的、束缚思想的、无用的、迷信的、骗人的、清规戒律的东西了。一种实事求是的、科学的、有益的、自信的、有理有据的信仰——“信仰科学”的旗帜，高高飘扬在人类社会上空。《信仰力学》/175

54. 中国人的祖先崇拜，就是对祖宗传承的信仰，其核心是传承和奋斗。祖先崇拜让他们同时具有守护和奋进两个特质；一是守护祖先的荣誉，不给祖宗丢脸；二是奋进争取更大的荣誉，光宗耀祖。《祖先崇拜力学》/178

55. 人格尊严支撑着健康的人类社会，人格越有尊严，社会越健康，否则，到处都是没有尊严的人，就是不健康的社会。人格尊严是评价社会的重要标志，争取人格尊严，是推动社会发展的重要动力，《人格尊严力学》/182

56. 人，因有家为福；家，因有人为贵。家中最宝贵的是人，人才。如果家里培养出了为国家，为社会，为乡里做出了杰出贡献的人才，全家感到荣耀。所以培养人才是家的重要责任和义务，也是家的头等大事。要教育子女为自己争光，为父母（家庭）争光，为单位（学校）争光，为国家争光。《家庭力学》/189

57. 因为婚姻大事重要，所以有人把它看成有危险性的喜事。有人把恋爱比做飞机起飞前的滑翔，结婚好比飞机离地升空。能否起飞决定于恋爱，只有恋爱关过得好，才能起飞。恋爱和结婚的激动是人生之旅的开端。《恋爱·婚姻力学》/194

58. 子女是父母基因的传承，是父母生命的延续；子女是家庭的前景、父母的期望。因此，爱子女就成了父母的天然感情和天性。为了保护孩子，他可以拼命，向豺狼虎豹扑过去；为了孩子，他可以含辛茹苦，挣扎着活下去。《爱子护子力学》/197

59. 世界上最真诚的爱是父母对子女的爱。世界上最勇敢的行动是父母的护子行动。《爱子护子力学》/197

60. 对父母来说，孩子健康地成长，便是一份千金难得的厚礼；而对于孩子来说，子欲“爱”而亲犹在，也是至高无尚的幸福。父母与子女在一起，其乐融融，就像天天都在庆祝节日：每天都是母亲节，日日都是父亲节，时时刻刻都是儿童节！《爱子护子力学》/198

61. 正确的财富教育是对抗童年富裕病毒漫延的良方。要教育孩子具有三大财富能力：正确运用金钱的能力，处理物质欲望的能力，承受金钱匮乏与金钱过多的能力。其思想核心是能清醒地控制自己，解决自己成长中的问题。《可怕的儿童富裕病力学》/202

62. 一个民族最重要的智慧是“学习的智慧”。有了高超的学习智慧，通过学习，就会有高超的其它智慧，就能立于世界民族之林。《教育力学》/202

63. 一个家庭，如果有位八、九十岁老人，甚至百岁的老寿星，那真是一座无言的丰碑，它记载了或正在记载着许多重要的事件。《健康高寿力学》/209

64. 健康高寿是最高深的学问。一个人高寿，能活到 90、100 以及 100 多岁，本身就是件了不起的实事，必定有丰富的内涵。高寿的人常被尊敬，“人活百岁即人仙，不曾辉煌亦经典。”高寿亦丰碑。《健康高寿力学》/209

65. 有人把人生比成一本书，少年是开头，中壮年是书的内容，老年是书的结尾。不能因为是结尾，就随意胡来，应保持晚节，至臻至善至美。书的结尾部分往往是最精采、最感人、最令人难于忘怀、余香远幽的部分。《健康高寿力学》/210

66. 老年人应充分认识自己，肯定自己。一般来说，青少年是家庭和社会的希望，中壮年人是家庭和社会的中流砥柱，老年人是家庭和社会的功臣。人越老越成熟。《健康高寿力学》/210

67. 老年群体是个海纳百川的圣地，也是智慧的海洋，那里有做工种田的高手，有顶尖的能工巧匠，有工程师、教授、科学家、思想家、艺术家、政治家、将军、元帅、国家元首。一个单位，一个地区，一个国家，如果多数老年人都说好，那就是真好；反之，如果多数老年人说不好，那就是真的不好。《健康高寿力学》/210

68. 社会对待老人问题也应与时俱进。随着社会的发展，人的寿命会大幅度提高，原来“花甲之年”、“古稀之年”的界限也在不断刷新。在孝敬老人的观念上也在不断改变。老人能自立的，就让其自立，能劳动的就让其劳动，切忌为了孝敬老人，什么事也不让老人做，什么事都不让老人参与，这对老人是种打击。《健康高寿力学》/211

69. 王阳明先生有句名言：“持志如心痛。”借题发挥，再加一句：“守责如心痛。”前者主要是坚守自己的意志，后一句是坚守对社会的责任，两者都很重要。《责任心力学》/212

70. 一个人的责任和他的生命价值是密切相关的。承担什么责任，就有什么人生价值，要以能承担重大责任为荣，以不负责任为耻。一个民族有许多能勇挑重大社会责任的人，是民族昌盛的标志。《责任心力学》/214

71. 一个人假若在年轻时便急着把人生变得很短浅、很轻率，那就等于放弃了真正担当人生责任的机会，放弃了认真地接受人生乐趣，而仅靠自己固有的本性感受人生，并停止了追求生命价值的努力。我们应该去珍惜重大责任，并努力学习承担重大责任的本领，准备去承担重大的责任。《责任心力学》/215

72. “勇敢是理智加激情”，没理智不是勇敢，仅有理智没激情也不是勇敢。《勇敢力学》/216

73. 勇敢意味着在你经过反复思考后，决定承担一些你力所不能及的事情或后果很危险的事情。由于勇敢，能使肌肉产生一种应急反应，能使你的潜能，如体能、技艺、思维和判断都能超常的发挥，从而可取得奇效。因而，许多奇迹都是勇敢者创造的。《勇敢力学》/216

74. 人为什么要读书呢？一句话，为了生命的完整。人的生命，一半是物质，一半是精神。吃饭补充物质的能量；读书补充精神能量。在世界的万类中，只有人有精神生活，有广阔的精神世界。《读书力学》/218

75. 图书有两大作用：一是塑造人，二是为社会传承文化。书这种东西，是专门给懂得精神享受，有精神进取的人准备的。《读书力学》/219

76. 读书是讲究层次的，读低层次的书，是不会有大的长进的；只有读高层次的书，才能有大的长进。《读书力学》/219

77. 对待书本的态度是个重要的理念。热爱书本还是讨厌书本，是两种截然不同的态度。书是人的“精神食粮”，一个人，一个民族如果“精神食粮”贫乏，其后果是不堪设想的。《书本力学》/219

78. 对一个人，一个家庭，也应看有多少书籍和对待书籍的态度。看一个家庭的兴旺和未来，首先看家里有无书架，有多少图书，如果家庭没有书架，没有图书，或只有几本小人书，这个家庭的未来堪忧。如果一个学生毕业了，把所有的书都当破烂卖掉，这个学生很难成才。《书本力学》/219

79. 书籍是引导我们走向社会的捷径，是到达最伟大的思想家、科学家、文学家、艺术家那里去的最好的交通工具。是达到能工巧匠、种田能手，各行各业状元的要道捷径。《书本力学》/219

80. 一本才华横溢，飞珠溅玉的名著，就是生机勃勃的灵感泉源，历经百岁千年，仍光华四射。伟大的思想从作者的心灵流出，其新颖如初。时间唯一的影响是淘汰坏的作品，推陈出新。因此，只有好的作品才能与世长存。时间对伟大的思想是没有淡化作用的，而有砺练增强、肯定的作用。《书本力学》/221

81. 对待时间的态度，无论是别人的时间，还是自己的时间，是衡量一个人的人格尺度。一个国家、一个社会，如果大家都珍惜时间，养成了珍惜时间的风气，工作和学习效率高，则这个国家一定是兴兴向荣的；否则，不把时间当回事的，一定是懒散颓废的国度。《惜时力学》/224

82. 人的生命是由时间坐标筑成的人生画卷，在从生到死的时间坐标轴上，日日清晰，四时分明，历历在案，若想赏心悦目的话，你得让你的每寸光阴精彩入画。《惜时力学》/225

83. 人的一生，朋友好像一座金字塔，一般朋友最多，是塔的下部，即塔基；交往甚厚之友是塔的上半部；直言诤友数量少，是塔的顶端，最为弭足珍贵。《交友力学》/227

84. 谦虚原理：跟着真理走，卑谦地走向真理。站在真理一边思维、说话、行动，是真正的谦虚。《谦虚力学》/230

85. 越有知识越谦虚，越谦虚越有知识。《谦虚力学》/231

86. 谦虚的真谛就是正确看待自己，特别是多看到别人的长处，多看到自己

的短处，取长补短，完美自身。《谦虚力学》/231

87. 人人以谦虚处世，就能靠近真理；拒绝真理，往往是不够谦虚的缘故。《谦虚力学》/231

88. 人类应有时代性的情真意切的感恩哲理，有优美动听的感恩

格言，就像自然科学中的公理一样，光芒四射：

感恩恩公，滴水泉涌；

感恩父母，山高海深；

感恩师长，助我成长；

感恩兄妹，左手右手；

感恩子女，慰我欢乐；

感恩朋友，为我解忧；

感恩英雄，人天共仰；

感恩自然，天恩地恩。

《感恩力学》/235

89. 凡有人群的地方，就可能有流言蜚语和小道消息。背后传播一些毫无根据的议论、诽谤、诬蔑、挑拔的言语。如何对待这一社会现象，是人生走向成熟的重要标志。流言蜚语猖獗的地方，是混乱肮脏的地方。流言蜚语，常常使人愤怒不已，相互猜忌，团结涣散，关系紧张，影响情绪，影响工作。《流言蜚语力学》/235

90. 好的家风有个特点，优良的道德氛围、健康的思想氛围、主动的感情氛围、认真的学习氛围、节俭的生活氛围，造就了一个个身心健康的人、有所作为的人、对社会有突出贡献的人。《家训·家规·家风》/239

91. 将心比心，你能深刻了解自己，就能够了解所有的人。你希望别人怎样对待你，你就应怎样对待别人。《社会环境力学》/253

92. 荣誉，不仅来自上级的嘉奖，更多来自百姓的口碑。任何人的荣誉和名声都是靠人传播的。所以，在群众中树立美好的形象，才能有真正好的口碑。既重视自我，又重视别人，才能得到别人的好评，才是真正重视荣誉的人。《荣誉力学》/260

93. 有人总结出获得荣誉的哲理：自己要好，要有人说你好，说你好的人要好，自己的身体要好，四者缺一不可。《荣誉力学》/260

94. 赞美别人是一种美德。在我们周围，上至长辈：爷爷、奶奶、外公、姥姥；下至儿子、女儿、孙子、孙女；平辈中的兄弟姐妹，以及亲戚朋友，他们都需要你的赞美，你赞美过他们吗？上至领导，下至普通百姓，以及同事、邻里，他们也需要你的赞美，你赞美过他们吗？《赞美与虚荣心力学》/261

95. 爱表现、有虚荣心是人的属性之一。一有机会就表现自己，无本领、无机会，无可奈何才不表现自己。人生虚荣心定理。《赞美与虚荣心力学》/261

96. 何谓美？适度即美。适度者，不大不小、不余不亏、不艳不淡、不上不下、不左不右、不过不欠，谓之美矣。《求美力学》/269

97. 优雅之态是气质之美，此乃非丹青妙笔所能绘之，亦非乍眼一看所能识之，而是更深层次之美。若善性附于美者，并产生美之升华，那就是世上美之极至。《求美力学》/270

98. 有人总结出健康快乐妙计：肚子饱加心情好，多看优点少唠叨，化解矛盾靠协调，学会赞美乐淘淘。《快乐力学》/274

99. 要学会捕捉快乐，时刻捕捉住当下的快乐，是聪明的做法。不会捕捉快乐，就会失去很多快乐。《快乐力学》/275

100. 世界上不仅有富人和穷人之分，还有快乐的人和不快乐的人之分。富人善于经营物质财富；快乐的人善于经营精神财富。富有而快乐，那是人生高手。《快乐力学》/275

101. 宽容是向善的通道，做到和以处众，宽以接下，恕以待人。宽容是一种爱，宽容是以心对心去包容，去化解，《宽容力学》/276

102. 如果世界没有宽容，那处处都会针锋相对，处处充满矛盾和斗争。因为有了宽容，世界就和谐得多了。《宽容力学》/276

103. 自制的方式有两种：一是能顽强地做自己应该做而不愿意做的事；二是能顽强地不做自己想做而不应该做的事。《立志奋斗力学》/280

104. 人与人之间，弱者与强者之间，成功者与失败者之间，最大的差异就在于意志力的差异，人一旦有了意志力量，就能战胜自身的各种弱点。《立志奋斗力学》/282

105. 权威人士常因头脑中定型的见解和习惯，对自己苦心研究的成果紧抱不放，遇到同类问题，总是以习惯为标准去衡量，而成为创新的障碍。《权威力学》/285

106. 权威也会害人的。权威的能量很大，所以对人的伤害也就大。当权威到了学阀、学官（有官职的权威）时，他就听不得不同意见，压制不同学派，失去了科学立场。这样的权威也是屡见不鲜的。《权威力学》/285

107. 一个尊敬权威的民族是理智的民族；一个过度崇拜权威的民族，必定是创造性很差的民族。创新者是不应被束缚在原有的框框内的，过度崇拜权威的人，其思想可能已被束缚，而无所创新。《权威力学》/286

108. “把自己的工作做得好上加好，就是创新，就是创造。”能否定旧的，才可能创造出新的。“好上加好”就是不断否定旧的，创造新的。各行各业都可

以创新，人人都有创新的机会和可能。《创新力学》/287

109. 调动全民的创新精神，把自己从事的工作搞得好上加好，我国就是全民创新的国家，各种事情都是好上加好，国家将欣欣向荣，傲立于世界民族之林。《创新力学》/287

110. 没有创新点，不写文章；没有众多的闪光点，不写著作；俗套文章家常钣，可吃，不提胃口；不写，少写俗套文章是写作的创新。《创新力学》/286

111. 创新的本质是什么？就是否定旧的，建立新的。《创新力学》/287

112. 在处理大事与小事的关系上，人们总结出一条哲理：大事小事都精明——少；大事精明，小事糊涂——好；大事糊涂，小事精明——糟；大事小事都糊涂——傻。《难得糊涂·韬光养晦力学》/291

113. 有些人不懂“难得糊涂”的真谛，事事较真，结果活得很累，甚至很危险。有些人深谙“难得糊涂”的真谛，处事游刃有余，活得轻松，事事顺利。《难得糊涂·韬光养晦力学》/292

114. 发怒是种最危险的情绪，因为难以控制的怒气，而做出不理智的事，甚至违法至极之事。当怒气消退时，已犯下大错，甚至大罪，悔恨晚矣！《愤怒力学》/292

115. 喜怒哀乐中，发怒是最糟糕的情绪，怒发冲冠、怒气冲天、怒不可遏、怒目而视，每一个成语，都画出了发怒者可怕、狰狞的凶像。《愤怒力学》/292

116. 人生只可保持适度的压力。人在生活中，压力不可过大，也不可毫无压力，要学会增压，也要学会减压，保持适度的压力。《人生压力力学》/295

117. 适度的压力可以变成动力，可以提高人的兴奋感，使人眼明、手快，思想集中，效率提高。《人生压力力学》/296

118. 人是通过自己的工作来体现社会价值的。没有工作就没有展现自己的舞台，可见工作对人是多么重要。当然这里所说的“工作”是广义的，包括对社会有益的各种工作。《敬业力学》/297

119. 一个人的终生职业，就是亲手为自己在作塑像，是美丽、是丑陋，是可爱，还是可惜，都是由他自己完成的。因此，要时刻增加塑像的品质，使它更加完美。《敬业力学》/299

120. 影响力的本质是一种人格魅力的感染力。使人产生了相信、拥护、跟随的信心和决心。影响力与权力不同，它不是强制性的，好的影响力是一种让人乐于承认和接受的一种向心力。《适度表现自己与影响力力学》/299

121. 赌徒都是贪婪辈，吸毒全是堕落人。《贪婪力学》/304

122. 一念贪私，就改变了人的形象，刚变柔、智变昏、恩变惨、洁变污，由君子变成了小人，由公民变成罪犯。《贪婪力学》/304

123. 老年人要有适度的追求，这是养身之道的要点之一。健康第一应是老年人的最大追求。老年人追求的原则应是力所能及，生活充实，天天有事，不知老之将至，利于健康长寿。《修身养性·成熟力学》/307

124. 未老先衰，首先是思想上的先衰，使精气神不振，免疫力下降。因此，要想健康长寿，首先要建立信心，将自己的寿命设置在 90 岁、100 岁、110 岁、120 岁……并为此而积极行动。这样近期不会为死担忧，而活得很轻松，觉得自己还年轻，还能干很多事，因而充满活力。这样更有利于长寿。这和经常挂念死、担心死的人，完全判若两人。有些人，一过 60 岁，就觉得老了，常将“老”字挂在嘴上，因而失去活力。《修身养性·成熟力学》/308

125. 动以健体，静以养神，动静结合，相得益彰，是适度的养身之道。《修身养性·成熟力学》/309

126. 人往往按习惯做事，习惯的力量已经形成了一种自然重复的惯性。成功是一种习惯，失败也是一种习惯。好的习惯助人成功，坏习惯使人受挫，必须养成好的习惯，克服坏的习惯。《习惯力学》/312

127. 使人产生行为的动力有两类：诱因和恐惧。如果一个习惯改变了，是因为诱因足够大，如果一个习惯没有改变，是因为恐惧不够大。《习惯力学》/317

128. 客观世界作用于我们的主观世界，经过思考，产生心态，再以自己的心态作用于客观世界，所以，人是首先通过心态作用于社会的。《心态力学》/318

129. 人的心态可分为四种：积极乐观心态，消极悲观心态，平衡心态，不良心态。《心态力学》/319

130. 英雄观改变，就是人类一致认为，好战、挑衅、侵略，不再产生英雄，只有捍卫和平，保家卫国，高举和平旗帜的人才是英雄；白种人不是英雄，黑种人也不是英雄，消灭种族歧视的人才是英雄；奴隶主不是英雄，奴隶也不是英雄，消灭奴隶制度的人才是英雄；地主不是英雄，农民也不是英雄，实行土地改革，实行耕者有其田的人才是英雄；穷人不是英雄，富人也不是英雄，促进共同富裕的人才是英雄；制造两极分化的人不是英雄；欺负弱势的人不是英雄，行侠仗义的人才是英雄。人们不再认为位高权重是英雄形象，而认为助人为乐是英雄，辛勤为人民服务是英雄；贪婪敛财，不是英雄，好善乐施是英雄；救死扶伤的人是英雄；见义勇为的人是英雄；科学家为人类造福，为世界和平奋斗是英雄；科学家、工程师的良知受到质疑，研制杀伤性更大的武器侵略别国，不被人们赞许，很难成为英雄。英雄史观的转变，是人类历史最大的转变之一，是一种伟大的进步。《英雄观力学》/322

131. 哲学家培根说：“人的美德犹如名贵的香料，在烈火焚烧中散发出最浓郁的芳香。”英雄的美名往往就是这样形成的。在平时英雄人物就具备优良的潜

质，在关键的时刻燃烧发光，散发出最浓郁的芳香。《英雄观力学》/323

132. 世界是靠英雄的臂膀支撑着。英雄是社会的中流砥柱，是推动历史前进的最活跃的力量。人类历史是由英雄和普通人共同创造的，其中英雄是最为光彩夺目的。因为有了英雄，世界才变得更有希望，变得庄严而美丽。《英雄观力学》/323

133. 把学生分成三六九等，给他们造成心灵的伤害，这就犯了教育的大忌：教育应使人自信，而不是使人自悲。《教育力学》/326

134. 学校排名是干扰学校的指挥棒。学校是一个各具特色复杂体系，谁有本事能准确排出个名次？可是排名的乱象满天飞，成了教育的指挥棒，搞得沸沸扬扬，非常浮躁。《教育力学》/327

135. “考试”是学习的指挥棒。考什么，就得学什么，而且要学好。考试不及格，毕不了业；考试分太低，升不了学；通过考试选拔人才，分太低，被淘汰。《考试（监督、检查）力学》/329

136. 试题是考学生的，命题是考老师的。命题是考老师的基本素质，考老师对教学大纲的理解和执行，考老师对教材的理解是否融会贯通，考老师的师德。从命题中可见一般。《考试（监督、检查）力学》/330

137. 一个国家的人如果个个都明哲保身，缺乏追求真理的勇气，缺乏勇敢的斗争精神，人人都在自我保身，整个国家必然是一盘散沙，沦为被人奴役的弱国。《明哲保身・一盘散沙力学》/332

138. 虚无主义思潮的特点是，诡辩猖獗，认为社会虚无缥缈，人类的存在没有意义，认为人总是要死的，所以没有什么可计较的。虚无主义根本上挑战“人（生物）不想死，想活的更好”的基本原理。因而是错误的。《虚无主义力学》/335

139. 人类的思想认识总是趋向于否定之否定。在太多、太快的质疑和否定中，产生了虚无主义。“不破不立，不止不行，破字当头，立在其中。”破了不立，或立的速度滞后，就产生了虚无的空隙。《虚无主义力学》/335

140. 如果自由就是随心所欲，那普天之下就没有自由了。人人都想随心所欲，谁还能随心所欲?《虚无主义力学》/336

141. 饥寒出盗贼，温饱生淫逸。优越的生活条件，极端的个人主义，极端的自由主义的社会底色，不负责任、任性的人生态度，正是虚无主义产生的温床，是没落阶级颓废思潮的表现。《虚无主义力学》/336

142. 酒有高雅之气，也有卑俗之情。饮酒不适度，严重过量，就会变成卑俗，有损于健康。劝君饮酒应适度，莫拿生命陪俗情。《饮酒力学》/340

143. 人类千军万马的社会活动，概括为一句话：追求幸福。整个社会形成了浩浩荡荡的追求幸福的洪流，影响社会的方方面面。《幸福观力学》/344

144. 莫把堕落当幸福。树立积极、上进、健康的幸福观是十分重要的。有的人认为，不劳而获，饱食终日是幸福；有的人认为花天酒地，醉生梦死，放荡淫乐是幸福；有的人认为吃喝嫖赌是幸福；甚至有的人把吸毒当成幸福。这是把堕落当成了幸福，是十分危险的。《幸福观力学》/345

145. 适度享受是幸福，过度的享受就不是幸福，甚至是不幸。沉迷于享受而不能自拔，只能遭受毁灭。《幸福观力学》/346

146. 生在福中要知福。会判断是否幸福，是智慧的表现。本来是幸福，就要爱护它，珍惜它，发展它，而不要折腾它，破坏它，抛弃它。否则，无异于将黄金无知地乱扔乱抛。《幸福观力学》/346

147. 金钱的多少不一定与幸福成正比，的确，有时金钱把人搞得很残败，很不幸。《幸福观力学》/346

148. 找不到活着的意义，就永远找不到幸福之门。幸福不是客观存在的物体，而是一种感知，当你觉得幸福的时候，幸福就来了。《幸福观力学》/347

149“窝里斗”现象，是一种社会乱象，是一个民族、一个国家的耻辱。要根除窝里斗的恶习，要大力提高国民素质，提高道德水平，提高生活水平，提高人格尊严，创建和谐社会。《“窝里斗”力学》/350

150.“师承”是需要智慧的，而且需要大智慧。后代们选择性继承才是最重要的，只继承好的，不继承不好的，这是个原则。师承对社会的影响极大，继承得好，能推动社会前进；继承得不好，会阻滞社会前进。《师承（继承）力学》/351

151.“师承”的残留对中国人的创新意识的影响极大。中国人常责备人“不孝”“数典忘祖”“欺师灭祖”，用来打击进步和改革，打击超越和创新。在这种意义下，中国人只有冒着超越祖先、不孝、不肖的责备，才能推动社会前进。《师承（继承）力学》/353

152. 邻里间是一种特殊的人群关系，既可择邻，又不可以择邻，就是你可以不住在这里，但你无权要求别人离开这里。有的要数十年为邻，有的要几辈子为邻，所以，有一百个理由应处理好邻里关系。《邻里关系力学》/359

153. 民主是种心理，是人的一种心理诉求。人都有追求民主的心理，即自己是有尊严的社会参与者的心理，而不愿意被游离于社会之外，或被边缘化了。众多人的这种诉求，就促成了民主社会，即人人可表达自己意愿的社会制度。《民主心理力学》/366

154. 自由，是人性本质的诉求。因此，把民主、自由作为社会价值观的重要内容。人们追求“海阔凭鱼跃，天高任鸟飞”的自由景色，人们还追求很多理想化的自由倾向，甚至有许多极端自由的表现，认为“为所欲为”即为自由。《自由心理力学》/371

155. 研究人性的目的是，揭示发扬人性之美，抑制人性之丑，避免人性极端而引起纷争和战争。如果认为人性皆善，所有的人都是好人，这不符合事实；认为人性皆恶，就会树敌过多，这两者都是错误的。《人性善恶力学》/377

156. 报复会引发再一个的报复，形成没完没了的报复。宽恕的力量，往往超过报复。《仇恨与报仇力学》/390

157. 如果一个人的行为引起别人的仇恨，那是最大的失败；如果他的行为引起了众多人的仇恨，那他可能就是坏蛋。千万不要惹起别人的仇恨，使你成为别人报仇的对象，这是每个人都应引以为戒的。《仇恨与报仇力学》/391

158. 树立化解仇恨是最为高尚的理念。自己不制造仇恨，能善解仇恨，让世界减少仇恨，没有仇恨。《仇恨与报仇力学》/392

159. 人类生活的浩瀚世界，历来天灾不断，人类在不断承受自然灾害的苦难并与自然灾害斗争。《自然灾害力学》/393

160. 批评、自我批评、批判是个人净化，社会净化的重要手段。没有批评，个人身上的错误就会很多而无法清除。没有批判，错误思想、错误思潮、错误观点、错误理论就不能有效的纠正，社会垃圾就会充斥整个社会，就会长期地危害社会。《批评·批判力学》/395

161. 克服缺点的方法很多，但最主要的是“自省”和欢迎别人批评。像你的对手一样寻找你的毛病，去批评检讨自己，坚决克服掉你的错误和缺陷。像对待疾病一样，对待你的缺点错误。像尊敬导师一样，尊敬批评你的人。《批评·批判力学》/396

162. 对事物的批判，是哲学家的基本品质。“否定之否定”，就是在批判中前进。哲理从批判中产生、认可、淘汰。肯定否定靠批判，推陈出新靠批判，破旧立新靠批判，进步改进靠批判，革新革命靠批判，改革开放靠批判。总之，在前进的道路上，每走一步，都要靠批判开路，批判的越准确越彻底，前进的道路越顺畅；不进行批判，则寸步难行。《批评·批判力学》/397

163. 道德应分为基本道德和高尚道德。基本道德必须由舆论监督实行，违者要批评训诫，如孝敬父母、尊老爱幼、不打人骂人、不侵占别人的财物、爱护公物、讲究卫生、不随地吐痰等。高尚道德，倡导自觉执行，如助人为乐，舍已救人；杀身成仁，舍身取义；贫贱不能移，富贵不能淫，威武不能屈；正义，诚实，守信，勇敢，担当等。道德要分明确的档次，要让每个人知道自已的道德档次水平，向高尚的道德努力修进。《道德力学》/398

164. “知识就是力量”，为人们熟知。其实，“道德就是力量，而且是更大的力量。”得民心者得天下，就是道德力量的作用。《道德力学》/399

165. 与军事政治等硬实力不同，道德力不能暴风骤雨般地横扫万物，而是和

风细雨般地滋润灵魂。道德力的作用，不是破坏，而是保护；不是摧毁，而是建设。《道德力学》/399

166. 个人是国家和社会的分子，他（她）对国家和社会是起正面作用还是起负面作用，决定的因素是道德。一个道德高尚的人，即使才学平庸，也能添砖加瓦，为人类贡献微薄之力。一个才学卓越的人，如果道德低下，只会摧梁折柱，给他人带来灭顶之灾。《道德力学》/401

167. 通过第一第二次世界大战，人类认识到，遣责战争维护和平是人类的最大道德。《道德力学》/401

168. 随大流，就是随着多数人说话或做事，没有自己的主张和行动，或不愿意坚持自己的主张和行动。不愿意当出头鸟，怕枪打出头鸟。又怕别人说自己平淡无为，孤立，不随群，所以不少人紧跟众人走。《随大流跟风力学》/405

169. 随大流的思想和行动，与创新背道而行。所以，要创新切记不能随大流。一个人有随大流的思想和习惯，那他就没有创新的意识，不具备创新素质，干不成创新的事。创新需要的品质是，独立之精神，敢于标新立异，独树一帜；自由之思想，独立特行，敢闯敢干，不怕失败，敢于担当。《随大流跟风力学》/406

170. 科学研究要保护人类，阻止人类灭绝的事件发生，是科学技术功德无量的重要任务。《自然环境力学》/410

171. 人类社会是由人构建的，人是社会的主体，人是世界上最具活力的因素。人口是人才的源泉，杰出人才产生于众多的人口之中。《人口力学》/414

172. 先有人口，后有人才。一个国家、一个地区、一个家庭须有一定数量的人口支撑，所以人是最宝贵的因素。世界上所有的重要问题，归根结底都是与人有关的问题，或是人要解决的问题，所以人口问题，是直接影响社会发展的最重要问题。《人口力学》/414

173. 几千年来，人类根据自己的愿望塑造神。神就成了美好的愿望，成为力量、本领、享受、善良、正义的化身。《神・鬼力学》/429

174. 传统意义上的神是不存在的，但精神之“神”是确实存在的。这种精神称为精气神之神，通常称为精神。《神・鬼力学》/430

175. 从迷信和科学的角度来看，人类对自然界的认识，可分为三个社会管控阶段；即迷信管控阶段和科学管控阶段，以及由迷信管控向科学管控的过渡阶段。《神・鬼力学》/436

176. 只有认识神，才不迷信神；只有研究神，才能理解神；只有理解神，才能肯定神；只有理解神，才能否定神。《有神论力学》/437

177. 每个神都是由人们的愿望而产生的，在人类没有力量解决这些愿望时，就寄托于神，这时人类不能没有神。当人类有力量能通过科学技术手段解决这些

问题时，神就逐步退出历史舞台。《有神论力学》/438

178. 当今的人类，不必过分迷信古代的权威，因为我们是掌握了科学技术的现代人，我们的思维理应高于科学技术落后的古代人。所以，现在是人类思想大变革、信仰大变革的时代。《无神论力学》/439

179. 迷信是个广泛的概念，主要是对神鬼的迷信，还有对大自然的迷信、对权威的迷信、对书本的迷信、对圣人的迷信等。《迷信·破除迷信力学》/441

180. 无知就会迷信，知识越多，就越不迷信。《迷信·破除迷信力学》/441

181. 在人类美好的希望中，产生了无数的神。如果人类没有任何愿望，像动物那样，世界上也就不会产生任何神。《迷信·破除迷信力学》/441

182. 人类的思想进程可分为神学、玄学、科学三个时代。神学玄学都是造神的时代。“雷玄言造大神，不雷玄言造不出大神”。虚玄力学对社会的发展，曾有过极大的影响。《疯狂造神运动力学》/447

183. 乐山大佛，为的是镇三江之水，让一块大石头去镇三江之洪水，创造了人类迷信的典范，流传后世，人们觉得古人好可笑。《疯狂造神运动力学》/478

184. 在物质极不丰富的时代，人们对物质极为关切。战争是掠夺财富的重要手段，别国的、别域的、别家的、别集团的，通过武力占为已有，就是最原始的战争根源。“弱肉强食”的法则是在自然界随时随地发动的小战争。弱肉强食，就是最简单、最粗暴的掠夺方式。《战争与和平力学》/452

185. 从历史看，战争产生大批英雄。世界各国，都产生过无数这类英雄。人类应该审视自己的英雄史观是否正确。如果改变过去几千年的英雄史观，战争不再产生英雄，和平才产生英雄，就是对战争斧底抽薪，谁还会背着骂名去送死。这正是世界和平需要的。《战争与和平力学》/452

186. 科学是把双刃剑。学问本应是为人类生存需要而产生和发展的。但科学的发展也可以推动战争。当今社会，许多人忘记了这个不说自明的道理，人们已经不再学习和遵守这个做学问的基础，甚至产生了“失去人性的学问”，而一味追求最新、最奇的成果，甚至是对人类安全有巨大危害的成果。《战争与和平力学》/452

187. 战争有正义战争，非正义战争，正义战争往往是被非正义战争逼出来的。正义战争产生英雄，非正义战争产生战犯。《战争与和平力学》/453

188. 人类社会是建立在宇宙存在的条件下进化的。当宇宙变化了，人类社会也会变化；当宇宙不存在了，人类社会也就不存在了。《熵增原理力学》/459